今生今世

胡蘭成 著

今生今世

CONTENTS

【目錄】

有鳳來儀 111

漁樵閒話 173

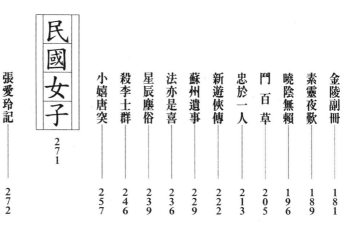

天涯道路

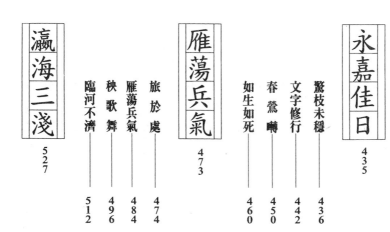

社鼓溪聲

原序

胡蘭成

新近我濃愁如酒，不知要怎樣纔好，就索性不負責任，長日只去街上遊蕩，如為中學生時。隨後忽然又彷彿想明白了，且連這一晌的自暴自棄亦覺得是好的。

縱使不能這樣快就打倒中共，我亦不焦急了。我而且賞識他的好處，如賞識秦始皇的造萬里長城，與其新法，棄灰者有刑。他將來被打倒，亦只是四時之序，功成者去。

《今生今世》是愛玲取的書名，我來日本後所寫。寫的是中國民間、江山有思。對共產黨，是將來勝負之機，決於一髮。且尚須度得過核兵器的世界戰爭的劫數。然中國即使劫後只剩了十萬人，亦文明依然可以再建的。

此書承水野勝太郎先生千金然諾，始得出版，使我感激，而亦感慨。這裏我還謝謝服部轍君排印時為我校對。

水野先生所做的亦不容易，他說是三分人事七分天，而因尚有著七分天意，所以人事倒也急切不得窮絕。我此書便亦如曹孟德的詩的終篇「幸甚至哉，歌以言志」。

中華民國四十七年六月於日本

前言

熊啟萍

胡蘭成說〈今生今世〉是張愛玲給取的書名，用散文體寫自傳，也是張愛玲的主意，名為今生今世，卻有歲月忽已晚的意味，其中和張愛玲有關的有《民國女子》、《漢皐解珮》、《天涯道路》、《永嘉佳日》、《雁蕩兵氣》，佔了書中極重篇幅，迴腸般寫初識張愛玲、二人平淡有真意的交往、訣別、別後絲連的裊裊餘音。

儘管張愛玲的讀者如何不喜歡胡蘭成，終得承認，《民國女子》是寫得最得其情的一篇，胡蘭成眼中的張愛玲驚才絕艷，頂天立地，又有些彆扭，不合時宜，但只要有一句話、一件事是關於張愛玲的，便皆成為好。

他直指天性的寫張愛玲，由外表——與他所想的全不一樣；到內在——張愛玲的脾氣、性情，「世界都要起六種震動」，他們談書論畫，胡蘭成並不都贊成張愛玲，但一經張愛玲點撥開示，皆虎虎有生氣，彷彿天眼一開，重新看見了自己與天地萬物，見著了平日不見的諸多微妙好處來，他甚至不覺她是美的，但她是這樣年輕，這樣的傾囊相授無機心，而他真懂她，欣賞她俗又不同流俗的一面，這樣的光景，於張愛玲是相知，胡蘭成只認為自然如此，一紙「歲月靜好，現世安穩」的婚約，卻也禁不起時代和現實的考驗，胡蘭成同時和小周、秀美、愛珍等人交往，在她們身上尋求溫暖慰藉時，張愛玲佔據了一個奇怪的位置，既非太太，亦非情婦。和張愛玲一起，連叫她的名字「愛玲」都覺得狼狽，只要和她比鬥，像薛仁貴與代戰公主在兩軍陣前相遇，舞完、鬥完，做了夫妻，只覺是非分明，不落愛憎。

因了張愛玲，〈今生今世〉讀來別有一番滋味，若未讀張愛玲，先讀胡蘭成，從波瀾壯闊的時代之嘆，到日暖融融的尋常人世，胡蘭成倒也寫盡世事的無可預測裡的清平無驚，總在苦的況味裡尋出一些人與物的好處來，淘金似的，淘出無際風光；亂世中百姓的日子依然風風火火照舊過下去……

詔華勝極

桃花

桃花難畫，因要畫得它靜。我鄉下映山紅花是樵夫擔上帶著有，菜花豆花是在畈裏，人家卻不種花，有也只是籬笆上的槿柳樹花，與樓窗口屋瓦上的盆蔥也會開花，但都不當它是花。鄰家阿黃姊姊在後院短牆上種有一盆芷草花，亦惟說是可以染指甲。這不當花是花，人亦不是看花賞花人，真是人與花皆好。桃花是村中惟井頭有一株，春事爛漫到難收難管，亦依然簡靜，如同我的小時候。

小時候，我鄉下每年春天，嶀浦廟的廟祝來挨戶募米一升，給一張紅紙貼在門上，木刻墨印，當中畫的嶀浦大王，冕旒執珪而坐，兩邊兩行小字，風調雨順，國泰民安，上橫頭印的廟名，下橫頭印的嵊縣廿二都下北鄉檀越。我家的是下北鄉之下填寫胡村，檀越之下填寫胡門吳氏，即我的母親。這其實歲月安穩，比現在的貼門牌來得無事。

胡村人皆姓胡，上代太公是明朝人，販牛過此，正值大旱，他遺火燒盡畈上田稻，把牛都賠了，隨即卻來了好雨，禾秧新苗，竟是大熟年成，全歸於他，他就在此地安家了，我愛這故事的開頭就有些運氣。胡姓上代有胡瑗是經師，故堂名用五峰堂，猛將明朝有胡大海，但我不喜他的名字。我喜歡宋朝胡銓，金人以千金購求他彈劾秦檜的奏疏，現在祠堂裏有一塊匾額「奏議千金」，即是說的他。此外我愛古樂府羽林郎裏的胡姬，但是胡姬不姓胡。

胡村溪山迴環，人家分四處，倪家山，陸家奧，荷花塘，大橋頭。叫倪家山陸家奧，想是往昔住過這兩姓的人，可是現在都不知道了。我家住在大橋頭，門前一條石彈大路，裏通覆卮山群村到奉化，外通三界章鎮到紹興，田畈並不寬，但人家迤邐散開，就見得平曠陽氣。

胡村出來十里，有紫大山，傳說山上有兵書寶劍，要真命天子纔能取得，我雖幼小無知，聽了亦覺天下世界真有王氣與兵氣。紫大山我只望望見，去要隔條江，這江水即剡溪，晉人王子猷訪戴安道來過，李太白亦來過。我家門前的山沒有這樣大，只叫南山，則我去拾過松枝。每見日色如金，就要想起人說有金雞在那山腰松樹下遨遊，還有人看見過，是一隻母雞領了一群小雞。紹興戲裏有掘藏，比印度的無盡藏菩薩更世俗，掘出的金元寶銀元寶或捉得金雞，皆只是人的好運氣。

胡村進去十里有下王村，下王出財主人家，雕刻一張床費三百工，起屋磨一塊地磚要一工，子孫稍稍不如從前了，亦人進人出仍騎馬坐轎。傳說一家有穀龍，倉裏穀子會只管溢出來，其後因用釘耙開穀傷了龍，遂龍去穀淺。下王我去過，那裏的溪山人家果然齊整。下王人家做親，嫁粧路上抬過，沿村的女子都出來看，雖是他人有慶，這世上亦就不是貧薄的了。

下王再進去三十里是蘆田村，在山岡上，那裏已是四明山，因有竹木桑茶之饒，亦出財主人家，那家與我家倒是親戚。蘆田王家的小姐名叫杏花，她到杭州讀喜，轎子經過我家門前大路上，在路亭裏歇下，我那時幼小，只會看看她，大家女子新打扮，我亦心裏愛意。不止我如此，凡是胡村人看著她皆有這種歡喜，竟是階級意識全無，他們倒亦並非羨慕或起浪漫想頭，卻因世上何處有富貴榮華，只好比平疇遠畈有桃花林。

胡村是太平軍前後興旺過，彼時絲茶桐油輸出外洋大盛，胡村份份人家養蠶採茶，還開設油車打桐油，所以上代太公多有瑩田，子孫春秋祭祀不絕，但至今村裏粉牆瓦屋，總算像樣，還有倪家山的上台門與陸家奧的下台門，都是上代建造的大院落，稱為眾家堂前。我祖父手裏開茶機，彼時豬肉一斤廿文，我家帳房間及老司務的福食每天用到一千文，這種世俗的熱鬧至今猶覺如新。胡村的大橋即是我祖父領頭捐款建造的，橋頭路亭裏有塊石碑，上刊著胡載元，底下還有一排姓名。凡起屋上樑，造橋打橋腳，皆要踏正吉時辰，往往天還未亮，燈籠溪山人影，祭告天地的爆仗，散給百工的酒食，都是祥瑞。我小時聽堂房哥哥梅香講起這些，大起來所以對現代工業亦另有一番好意思。

其後絲茶桐油外銷起了風浪，胡村亦衰敗下來，但胡村人比下沿江務農人的泥土氣另有一種灑脫，因為輕過約八十年的工商業，至今溪山猶覺豁達明亮，令人想著外面有天下世界。

所以胡村人又會說會講，梅香哥哥即講故事一等，還有我的四哥哥夢生亦戲文熟通講。四哥哥帶我到畈裏，講給我聽有五個人下渡船，士農工商俱全，外加一女子，但渡船裏只有一個坐位，就大家比口才，贏的得坐，我今只記得商人的與女子的，那商人道：

無木也是才，有木也是材，去了木，加上貝，是錢財的財，錢財人人愛，我先坐下來。輪到女子，女子道：

無木也是喬，有木也是橋，去了木，加上女，是嬌娘的嬌，嬌娘人人愛，我先坐下來。後來卻還是那務農人得勝。而除了錢財人人愛，嬌娘人人愛之外，我想就是民間的這種沾沾自喜，鬥智逞能的可愛了。

胡村人家的宅基好。克魯泡特金著「田園都市手工場」，想要把都市迤邐散開在農村裏，中國人家可是向來鄉村裏也響亮，城市裏也平穩。胡村亦不像是個農村，而紹興蘇州城裏亦閭巷風日灑然。上海樣樣好，惟房子都是開港後外國人來了倉猝造起，有些像玩具模型，但如杭州，雖然成了現代都市，亦依然好風景，單那浣沙路的馬路，就新潤可人意。為人在世，住的地方亦是要緊的，不但金陵有長江龍盤，鍾山虎踞，是帝王州，便普通的城市與鄉村，亦萬姓人家皆在日月山川裏。秦始皇時望氣者言東南有天子氣，大約就是這樣的尋常巷陌，閭閻人家皆有的旺氣。陽宅風水之說，我不喜他的穿鑿與執念，但亦是民間皆分明感知有旺發之氣這個氣字，在詩經裏便是所謂興。

詩經以國風居首，而國風多是興體，「關關雎鳩，在河之洲」，興也，這個興字的意思西洋文學裏可是從來沒有的。而至今亦中國民間隨處有童謠與小調。外國亦有兒歌與流行歌，可是中國民間的完全兩樣。

我小時總是夜飯後母親洗過碗盞，纔偶爾抱我一抱，抱到簷頭看月亮，母親叫我拜拜，學唸「月亮婆婆的的拜，拜到明年有世界」，這真是沒有名目的大志，那時還是宣統，而明年亦果然有了民國世界。可是唸下去，「世界大，殺隻老雄鵝，請請外婆喫，外婆勿要喫，戒櫥角頭抗抗咚，隔壁婆娘偷偷喫終哉，嘴巴喫得油羅羅，屁股打得阿唷唷」，卻又世俗得滑稽可笑，而從來打江山亦果然皆是這樣現實喜樂的。

又兩三歲時學語，母親抱我看星，教我唸：「一顆星，葛倫登，兩顆星，嫁油瓶，油瓶漏，好炒豆，豆花香，嫁辣醬，辣醬辣，嫁水獺，水獺尾巴烏，嫁鵓鴣，鵓鴣耳朵聾，嫁裁縫，裁縫手腳慢，嫁隻雁，雁會飛，嫁蟳蟻，蟳蟻會爬牆」，正唸到這裏，母親見了四哥罵道，「還不樓窗口去收衣裳，露水湯湯了！」現在想起來，母親罵的竟是天然妙韻。

這一顆星，葛倫登，到蟳蟻會爬牆，簡直牽扯得無道理。但前些日子我偶又看了宋人平話崔寧玉輾觀音，在話入本事之先，卻來講究春天如何去了？王荊公說春是被雨打風催去了，有詞云云，但蘇小妹說不是雨打風催去，春是被燕子啣去了，有詞云云，而這亦仍有人不以為然，說也不是雨打風催去，也不是燕子啣去，春是與柳絮結伴，嫁給流水去了，如此一說又有一說，各各有詞云云，一大篇，亦都是這樣的牽扯可笑，但那說平話的人彈唱起來，想必很好聽。紅樓夢裏的明明是真事，卻曰：「滿紙荒唐言，一把辛酸淚。」便是漢高祖亡秦滅楚，幸沛置酒，謂沛父老曰：「遊子悲故鄉。」他亦做人到得那裏是那裏，像一顆星葛倫登的惟是新韻入清聽。

我母親不會唱歌，而童謠本來都是唸唸，單是唸亦可以這樣好聽，就靠漢文章獨有的字字音韻具足。中國沒有西洋那樣的歌舞，卻是舞皆從家常動作而來，歌皆從唸而來，無論崑曲京戲嵊縣戲申曲，蘇灘等，以及無錫景，孟姜女等小調，乃至流行歌，無不這樣。經書裏說「歌永言」，又說「一唱而三歎，有遺音者矣」，這樣說明歌唱，實在非常好。

初夏在庭前，聽見夾公鳥叫，夾公即覆盆子，母親教我學鳥語，「夾公夾婆，摘顆喫顆！」還有是燕語。

「不借你家鹽，不借你家醋，只借你家高樓大屋住——住！」

燕子每年春天來我家堂前做窠，雙雙飛在廳屋瓦背上呢喃，我就在堦沿仰面望著跟了唸。這燕子也真是廉潔，這樣少要求，不驚動人家。後來我讀書仕宦至出奔天涯，生活一直是這樣儉約，我在人世亦好像那燕子。基督說「人子沒有棲身的地方」，不免於人於己多有不樂，唐詩裏「夫子何為哉，恓恓一代中」，還比他不輕薄，但亦不及這燕語清好。

小時我還與鄰兒比鬥，一口氣唸「七簇扁擔稻桶芯，唸得七遍會聽明」，則不是母親教的。又秀煜叔家的阿五妹妹，比我小一歲，與我兩人排排坐在門檻上，聽她清脆的唸，「山裏山，灣裏灣，蘿蔔菜子結牡丹」。牡丹怎會是蘿蔔菜子結的？但她唸得來這樣好聽，想必是真的。

我從小就是受的這樣的詩教，詩書易春秋，詩最居先，如此故後來我讀詩經曉得甚麼是興，讀易經及宋儒之書曉得什麼是理氣，讀史知道什麼是天意。而那氣亦即是王氣。

等我知人事已是民國初年。民國世界山河浩蕩，縱有諸般不如意，亦到底敞陽。但凡我家裏來了人客，便鄰婦亦說話含笑，幫我在簷頭剝筍，母親在廚下，煎炒之聲，響連四壁，炊煙裊到庭前，亮藍動人心，此即村落人家亦有現世的華麗。娘舅或表哥，他們乃耕田樵採之輩，來做人客卻是慷慨有禮義，賓主之際只覺人世有這樣好。又有經商的親友，不如此親熱，倒是條達灑脫，他們是來去杭州上海路過胡村，進來望望我們。這樣的人客來時。是外面的天下世界也都來到堂前了。

我小時每見太陽斜過半山，山上羊叫，橋上行人，橋下流水湯湯，就有一種遠意，心裏只是悵然。我在郁嶺墩採茶掘番薯，望得見剡溪，天際白雲連山，山外即紹興，再過去是杭州上海，心裏就像有一樣東西滿滿的，即說不出來。若必說出來，亦只能像廣西民歌裏的：

唱歌總是哥第一，風流要算妹當頭，出去高山打鑼望，聲鳴應過十二州。

今我飄零已半生，但對小時的事亦只有思無戀，等將來時勢太平了我亦不想回鄉下去住，惟清明回去上墳是理當。胡村與我的童年雖好，譬如好喫的東西，已經喫過了即不可再討添，且我今在絕國異域，亦與童年在胡村並非隔世，好馬不喫回頭草，倒不是因為負氣。漢朝人的詩，「浮雲蔽白日，遊子不顧返」，我不但對於故鄉是蕩子，對於歲月亦是蕩子。

胡村月令

陌上桑

桑樹叫人想起衣食艱難，我小時對它沒有像對竹的愛意，惟因見父親那樣殷勤的在培壅，纔知世上的珍重事還有比小小的愛憎更大的，倒是哀怨苦樂要從這裏出來，人生纔有份量。

三國時龐德公在樹上採桑，司馬徽來訪，又劉備小時門前有桑樹團團如車蓋，英雄豪傑的本色原是出在如此有份量的人世的。我鄉下的桑樹也這樣高大條暢，不像新式栽桑法的切短，拳曲糾結。桑樹初發芽舒葉，金黃嬌嫩，照在太陽光裏，連太陽光都成了是新的。女子提籠採新桑，叫做「小口葉」，飼烏毛蠶的。及桑葉成蔭時，屋前屋後園裏田畈裏一片烏油油，蠶已二眠三眠了，則要男人上樹採葉，論擔的挑回家。

惟有雨天簷頭廊下堂前，連樓下到處，都牽起繩索晾桑葉，溼漉漉的我很不喜，但雖小孩，亦知道不可怨，只得用扇搧，又幫母親用毛巾把桑葉一張一張揩乾。又有時半夜蠶飢，母親叫醒我，命我提燈籠，母子二人開出後門去採桑葉，外面月黑風緊，那時我還只六，七歲，也知做人當著大事，不可以害怕。一次蠶已三眠，有十幾大匾，家裏葉盡，父親和四哥都不在，我母親急得哭泣，恰好宓家山娘舅路過，他一見如此，就大罵外甥，又埋怨姐夫，叫姐姐不要哭泣，像潑水救火一樣，他去下沿山採了一擔桑葉來。李白詩，「蠶飢妾欲去，五馬莫留連」，我纔知道這樣的寫美人實在有斤量。

胡村人家春花就靠絲茶。正月裏來分春牛圖，又便是蠶貓圖，都木版印出，家家貼一張在正房間牆壁上。還有綽灶王的人來，到每家灶君菩薩前舞一回，分下蠶花供養，得米一碗而去，蠶花是紙剪出纏在像棒的細竹條上，形狀好像稻花，分黃綠白紅四種，都是極正的正色，我小時非常喜愛，問母親要得幾枝當寶貝。正月裏婦女去廟裏燒香，也是求的蠶花。

二月裏木鐸道人來沿門挨戶打卦，是穿的清朝冠服，紅纓帽，馬蹄袖袍掛，手搖一隻大木鐸，他先口中唸唸有詞，第一句是「官差木鐸」，恐怕還是二千年前周禮裏王官的流傳，聽他說下去都是勸人為善，要勤儉農作之意，我小時只聽得懂不多幾句，如「三兄四弟一條心，灶下灰塵變黃金，三兄四弟各條心，堂前黃金變灰塵」，以及「廿年新婦廿年婆，再過廿年做太婆」之類，我有些不敢近攏去，因聽母親說小孩不聽話就讓木鐸道人捉去。他唸完了，懷裏取出三片竹筊，形伏像對中剖開的半邊冬筍，拍啦啦擲在門檻內地上，說出卦象，我母親便問家門順經不順經？年成可好？蠶花幾分？桑葉貴賤？他一一答了，得米一碗，又去到第二家。

孵蠶子的一天拜蠶花娘娘，在堂前擺一張八仙桌，只設一個座位，點起香燭，供一盞清水，去茶樹上採小小一條鮮茶葉放在盞裏，我母親拜過就收起，吹熄的紅蠟燭留下來做蠶花燭。孵蠶子是還穿棉襖的時候，由婆婆或母親當頭，尚未出嫁的女兒與纔來的新婦各人孵一些在懷中，托托老年人的福氣，年青人的運氣喜氣。烏毛蠶孵出了，用鵝毛輕輕把它從蠶種紙下撣下，移在小匾裏，飼的桑葉剪得很細，每天要掃除蠶沙，每過幾天把蠶分一分，從小匾移到大匾。我母親孵一張蠶子，一張蠶子是一兩，分得十大匾，喫起桑葉來像風雨之聲，此時飼蠶是從桑簾裏抓起桑葉大捧大捧的舖上去，夜裏都要起來兩三遍，桑葉一擔一擔的挑進門來都來不及。我幫母親飼蠶，夜裏飼蠶我執燭照亮。

小孩對蠶不可以說是蟲，要說蠶寶寶，亦不可以說蠶爬，要說蠶行。又忌說老鼠，老鼠要喫蠶，所以蠶時貓最當令。蠶又最怕被蒼蠅蚊子叮，要掛帳子。還有天時不正蠶要殭。還有因放桑葉錢的利錢太重，市面上桑葉價錢驟貴，自家的桑葉不夠了，把蠶倒了的。最是誰家把雪白的蠶倒了，順溪水流去，叫人看了驚心，我小時因此彷彿曉得了仁者對於萬民的哀痛。

蠶時鄉下人個個曉得體諒妻子的辛苦，兄弟待姊妹也比平時客氣，不可有粗言暴語，亦不可說不順經的話，做一樁大事情要有好心懷，果然也是應該的。蠶時是連三餐茶飯都草草，男人都在畈裏，女人在樓上養蠶，小孩在大路上玩耍，家家的門都虛掩著，也沒有人客來，牆跟路側到處有蠶沙的氣息，春陽瀲灩得像有聲音，村子裏非常之靜，人們的心思亦變得十分簡潔，繁忙可以亦即是閑靜，這理該是通於一切產業的德性。

及蠶上簇，城裏人就來胡村開秤取繭，行家水客即借住在村人家裏。他們戴的金戒指，用的香皂與雪白的洗臉手巾，許多外洋碼頭來的新鮮物事兒，婦女們見了都有好意。而且也有是從城裏來的少年郎，不免要調笑溪邊洗衣洗菜的婦女，但她們對於外客皆有敬重，一敬重就主客的心思都靜了，有調笑的話亦只像溪水的陽光淺浪，用不著羞傍人。繭客年年來，我小時卻不聽見說有過羅曼史。

這時家家開簇拆繭，皎潔如雪色，都是婦女與小孩拆了，由男人挑到繭行去賣，繭行在各鄉及三界鎮上都有開著，路上都是挑繭的人，互相問答，評較各家的價錢，賣繭得來的是新鑄的銀元，照得人眼裏心裏明明亮。有價錢不合，亦不等錢用的，則自己繅絲再拿到城裏去賣，但各家婦女亦多少都要留下一些繭，繅絲收藏著，為應急或私房積蓄，總總是人世之事。

清明

「正月燈，二月鷂，三月上墳看姣姣」，但是燈市臺閣要到嵊縣上虞城裏去看，我鄉下也不放風箏，且上墳沒有姣姣可看，因為陌上路上相見都是相識的姊妹，嫂嫂。但是女子有她的正經，恰像桃花的貞靜，乃真是桃花了。蘇賦初出四川到帝京，過漢陽時作詩，有云「文王教化處，游女儼公卿，過之不敢慢，佇立整冠櫻」，紀曉嵐批說稚拙，但我很歡喜，這首詩也寫出了蘇軾自己是個志誠年青人。

上墳做菁餃，我小時就管溪邊地裏去覓艾菁。菁餃與上墳用的酒饌，只覺是帶有風露與日曬氣的。還有是去領清明豬肉與豆腐，上代太公作下來的，怕子孫有窮的上不起墳，專設一筆塋田各房輪值，到我一輩還每口領得一斤豆腐，半斤豬肉，不過男孩要上十六歲，女兒則生出就有得領，因為女兒是客，而且雖然出嫁了，若清明恰值歸寧在娘家，也仍可以領。若有做官的，他可以多領半斤，也是太公見子孫上達歡喜之意。我母親把這些都備弁好了，連同香燭紙錢爆竹，及上墳分的燒餅，都把來裝在盒擔裏，由四哥挑了，一家人都去上墳，母親是只上爺爺娘娘的墳她也去，因為她是新婦，此外她是留在家裏看家。

清明太公的墳是由輪值塋田的一家去上，要用鼓吹，各房都要有人去拜。上過太公墳，喫清明飯，各房全家到齊，婦女都穿裙，打扮了去。在倪家山眾家大堂前，有四五十桌，小菜自己帶去，飯由輪值塋田的一家備弁，坐攏來都是同一個太公的子孫。吃清明飯在傍晚，其時日子已放長，吃了回來，許多人紛紛渡過溪橋，我跟著母親，只覺暮色像早晨白茫茫天快要亮時，胡村人還要出去到外面打江山。

上墳要上許多天，各家有遲早，一家祖先的墳都上遍有的也得兩三天。墳有的在路邊，有的在山腳下，有的在半山裏。上墳去的路上，只見茶葉已不久可採，地裏誰家的蠶豆今年種得這樣好法，麥已晾花，桑葉已成蔭，還看得出去年桑樹的枝條剪得非常齊整。此地是整個田畈都齊齊整整，日色映溪連山，又照在村子裏，只見人家的烏瓦白牆益發顯明。做生活有這樣勤謹，所以墳前拜掃人也個個都是孝子順孫了。

我五，六歲時，大嫂還在家，我頂與她要好，聽見誰家上墳我就與別的小孩去接燒餅，有時一個，有時一雙，不捨得喫掉，都交給嫂嫂，嫂嫂給我盛在一個瓦罐裏，擱在灶梁上，吃時我也總要分給嫂嫂。嫂嫂是大人，當然不在乎這種一兩文錢一個的小燒餅，但她也當大事替我保管，有時近處上墳她也去接燒餅，要幫我積成十五到二十個。嫂嫂去井頭拎水，我跟去，她燒飯時我與她排排坐在燒火櫈上。可是他們夫妻不和，母親說兩人都不好。他們兩人常時打攏來，我幫嫂嫂不得，就一面大哭，一面抓打大哥，但因人小，只打得著他的腿與腰身，大哥道，「我難為六弟」，總算不打了，因為大哥也是頂喜歡我的。可是嫂嫂又動了氣，當下整整包袱必要回娘家，我牽住她的衣裙不放，叫「嫂嫂啊，不要去！嫂嫂啊不要去！」嫂嫂只得又坐下來，罵大哥道，「我是難為六叔」，她不走了，打水給我洗臉，我還哽咽難言。

嫂嫂在後屋與堂姊妹們做針線，叫我坐在小竹椅上，拿手中的鞋面佈比比我的腳寸。比對過了，她一面做，一面唱，「油菜開花黃如金，蘿蔔子開花白如銀，羅漢豆開花黑良心」，說道，「黑良心就是你大哥」。

採茶

我鄉下山地高寒，採茶先從平陽地方採起，自己的採了便幫人家採。亦有穀雨之前採的，叫雨前茶，但只是少量為供客之用。胡村人是甚麼都要成長了纔拿來派用場，蠶豆必要莢裏的豆粒七分飽滿纔摘來吃，黃瓜南瓜茄子纔結下來也不作興就摘來嘗時新，像城裏人的吃雛雞乳豬當然更沒有。我五哥不知如何想得出來，他用一隻酒甏覆住竹筍，那筍在甏裏不見天日，彎彎曲曲，長得很大亦仍是極嫩的黃芽筍，我母親見了亦不許，說是罪過的，要讓它自然長大，作了肴饌亦饒有日月風露。依這來說，今時把未成年人來派政治的用場，當然亦與暴殄天物是一樣。何況採茶是有個旺時，前山後山處處山歌，而採雨前茶則單是那冰冷澌索就不成風景。

茶葉旺時，沿江村裏來的採茶女，七八人一夥，十幾人一隊，一村一村的採進去，多是經過我家門前大路上。她們梳的覆額干絲髮，戴的綠珠壓沿新笠帽，身上水紅手帕竹布衫，各人肩背一隻茶籃。她們在胡村一停三，四天，幫茶山多的人家採茶葉，村中的年青人平日挑擔打短積的私蓄，便是用來買胭脂花粉送她們。還有買大糕請她們，大糕是二寸見方，五分厚，糯米粉蒸的，薄薄的面上用胭脂水印福祿壽禧，映起豬油豆沙餡的褐色，流流動，留出雪白的四邊，方方的像玉璽印。這大糕在紹興城裏長年有，胡村則只茶時有人蒸來橋頭路亭裏賣，年青小夥子一籠一籠買去茶山上送給採茶女。他們又給採茶女送午飯，順便秤茶葉，背著爹娘，把秤棒放給美貌的，五斤半秤成六斤。茶山上男女調笑，女的依仗人多，卻也不肯伏輸。

白天採來的茶葉都堆在堂前地上，叫青葉子。吃過夜飯在後屋茶灶鑊裏炒青葉子，採茶女與主家的年青小夥子男女混雜，笑語喧嘩，炒青葉子要猛火，燒的松柴都是頭一年下半年就從山上砍來，劈開疊成像牆頭的一堆堆，曬得綷縩粉燥，胡村的年青人惟有做這樁事頂上心。我小時就幫燒火及搬青葉子，茶灶鑊底已燒得透紅，一簸箕青葉子倒下去，滿滿的一鑊，必烈拍啦亂爆，採茶女立在灶前就伸手下去炒，要非常快，本來有茶叉的，但是她們不用。她們左右手輪換著炒，茶鑊裏就像放鞭炮，水蒸汽直冒，熱得她們只穿貼身一件水紅衫，繫一條長腳管柳條褲，粉汗淫淫的，額上的干絲髮都被汗貼住。她們一面炒，一面哄笑說話唱小調。等到青葉子淺下去，爆聲也小下去了，就可盛起，是用簸箕覆向鑊裏一闔，隨手翻轉就盛起，再用棕帚撣兩撣，鑊裏不留一粒，這都要手腳快，不然青葉子全焦掉老掉。然後夾手又是第二鑊。炒過的青葉子倒在板桌上，男人雙手把它來搓揉，揉成緊緊的一團，碧綠的漿水微微出來了，纔又抖散攤在竹匾裏，明天用幽幽的火炒。

夜裏炒青葉子，主家的老年人都已先睡，由得一班年青人去造反為王。他們炒青葉子炒到三更天氣，男女結伴去畈裏鄰家的地上偷豆，開出後門，就聽得溪裏水響，但見好大的月色，一田畈裏都是露水瀼瀼的。他們拔了大捆蠶豆回來，連葉連莖，拖進茶灶間裏，燈下只見異樣的碧綠青翠，大家摘下豆英，在茶灶鑊裏放點水用猛火一煠，撒上一撮鹽花，就撈起倒在板桌上，大家吃了就去睡，因為明天還要起早。

但是也很少聽見有戀愛的事，因為青春自身可以是一種德性，像楊柳發新枝時自然不染埃塵。以胡村來說，上下三保大約一百五十份人家，我小時十年之中，聽人說有男女曖昧事情的也不過六七件，其中兩件是五十以上的鰥夫，二件是店員，對像皆是中年婦人，尚有四個年青婦人是在上海做娘姨的，到時到節回來家鄉，有些引蜂沾蝶，但未出嫁的女兒則沒有過一件。

沿江來的採茶女是頭年下半年挑私鹽去就約定的。胡村人下半年田稻收割後，身剛力壯的就結隊去餘姚挑私鹽，他們晝伏宵行，循山過嶺，帶著飯包，來回兩百里地面，要走六七天，用頂硬的扁擔，鐵鑲頭朵柱，力大的可挑一百六十斤至一百九十斤，一個月挑兩次，一次的本錢兩塊銀洋錢變六塊。但也有路上被緝私兵攔去，又亦有與緝私兵打起來的，五代時的錢武肅王及元末浙東起兵的方國珍，就是這樣挑私鹽出身。胡村人挑私鹽經過下沿江，村村保保有相識的採茶女把他們當人客款待，而亦即在此時約定了明年茶時與女伴們再來。

採頭茶時養二蠶，採二茶時是秧田已經插齊了，畈裏被日頭氣所逼，田雞叫，田螺開靨，小孩與燕子一樣成天在外，摘桑椹拾田螺，拔烏篠筍，聽得村中午雞啼了，纔沿溪邊循田塍路回家，赤腳穿土布青夾襖，有時身上還穿小棉襖，滿面通紅，一股熱曬氣。

夏始春餘，男人在畈上，女人在樓上養二蠶，大路上及人家門庭都靜靜的，惟有新竹上了屋簷，鵓鴣叫。鵓鴣的聲音有時就在近處，聽起來只當它是在前山裏叫，非常深遠。灶頭間被窗外的桑樹所輝映，漏進來細碎的陽光，鑊灶砧板碗櫥飯後都洗過收整好了在那裏，板桌上有小孩養在面盆裏的田螺。母雞生了蛋亦無人拾，「各各帶！各各各各帶！」的叫。而忽然是長長一聲雄雞啼，啼過它拍拍翅膀搖搖雞冠，伸直脖子又啼一聲。我小時聽母親說，龍的角本是雄雞的，借了去不還，雄鵝啼「哥哥哥！」就是叫龍，可是此刻青天白日，人家裏這樣靜，天上的龍亦沒有消息。惟後屋茶灶間裏有人在做茶葉，即是把炒過搓揉過的青葉子再來二度三度焙乾，灶肚裏松柴微火，只聽他悠悠的噓一聲，雙手把鑊裏的茶葉掀一掀，日子好長。

端午

小時每年端午，總是我去拔菖蒲。來日本後，新宿御苑的菖蒲花前年大前年我都去看過，今天我住在龍雲院，方丈的侄小姐學插花，前天又是先生來教，插得一盆菖蒲擺在我房裏，起先我還當它是水仙，但我鄉下溪澗邊的菖蒲是一股辛辣氣很強烈的，小時我對它很有些敬畏。而且菖蒲的根生在水石裏非常堅韌，小孩用力不得法，一拔拔斷，人會仰天一交。我拔來菖蒲，母親便把來剪成像兩股寶劍，用紅紙黏在門上。我四哥是拿了柴刀去斫來黃經草，一大把堆在庭前燎煙，也是一股辛辣氣味，除蛇蟲百腳的。又吃雄黃酒，把雄黃放在老酒裏，濃濃的，各人呷一口，還用指頭蘸了在小孩額上寫個王字。只是我鄉下不像城裏人的還掛鍾旭，且亦沒有枇杷。惟吃黃魚。

端午也是出嫁了的女兒歸寧娘家的好日子。秀煜叔叔家的阿黃姊姊出嫁頭年，被接回來娘家過節，不知如何她就變得是人客了，臉上擦的水粉，項間帶的銀項圈，見過了父母見四鄰，我母親請她吃茶，她安詳的坐著說話。我走近去望望，她叫我六弟弟，而且站起來，她在家做女兒時是頗為驕橫，和我沒有這樣親熱要好的。

阿黃姊姊帶來的婿家節禮是一付盒擔，此外一擔毛筍。盒擔揭開來，一盒一盒是饅頭，黃魚，活雞，桃子扇，都用盤盛著，還有松花糕餅印出梅蘭竹菊或狀元及第，又一對桂圓白糖包，及團扇，桃子扇。桂圓白糖包是專敬爹娘的，饅頭糕餅扇子分贈四鄰，我分得的是一把桃子扇，扇面是白紙上畫一隻帶有枝葉的大桃子，枝葉是綠的，桃子半邊楂的紅色像臙脂滲開來，扇的竹骨是竹肉的本來顏色，沒有加工過，這種十文錢一把的扇子我可是很歡喜，只覺節氣真是初夏了。

白蛇娘娘

我鄉下不曉得屈原，只知端午節是與白蛇娘娘的事。白蛇為許仙，真是宛轉蛾眉馬前死，都只為人世的恩情。她又是個烈性女子。而她盜取官庫，且偷了天上的仙草，對白鶴童子及法海和尚都是捨了性命去鬥，這樣叛逆，也依然是個婉順的妻子，中國民間的婦道實在華麗深邃。

長江流域民間故事最偉大的一是梁山伯祝英台，一即是白蛇傳，一代一代有幾億人聽講說。以前晉朝時有許旌揚斬蛟，那還是楚民族的，而梁山伯與白蛇傳則出在漢文明的平人的天下，白蛇傳裏西湖香市之盛，即是庶民的，而許仙亦不過是店夥，白蛇娘娘與她隨身的青蛇丫鬟亦不過是眾中女郎。生在這樣的人世，即使毫無緣故，亦使人覺得有一種知恩感激，所以白蛇娘娘在眾中見了許仙，她即刻心裏對他非常親。她作法下起一陣大雨，向許仙借傘，又借故還傘，要許仙第二天到她家去取。她等得許仙來了，獻茶置酒殷勤相待，便自己開口提出婚事，中國民間原來只說婚姻是終身大事，還比談戀愛更意思綿密深長，當下是許仙惟老實，白蛇娘娘則珍重叮嚀囑咐，而單是這樣，彼女亦已可以不羨瑤池了。

佛經裏有「善心誠實男，法喜以為女」，梁山伯與許仙就都老實到簡直叫人生氣，倒是女的大膽，祝英台不用說，連三笑姻緣裏的秋香亦還比唐伯虎調皮，白蛇娘娘與許仙也是白蛇娘娘主動，且凡事會得安排。白蛇娘娘與許仙成親後，便一個口稱官人，一個叫她娘子，娘子見了夫家的姊姊姊夫及四鄰便有做新婦的禮。許仙是在姊夫開的藥店裏做夥計的，現在娘子便和官人商量要自己開店，這都是民間新做人家理該有的志氣與打算，娘子是為此作法盜取了官庫的銀子，中國民間的氣概，要打就打江山，要偷就偷官庫，白蛇傳裏便也有像水滸傳裏阮小七在水泊用篙撐漁船在官兵面前唱的歌聲。但是過得幾個月，庫銀事發，遭了官司，許仙雖然不知情，到底被遞解充軍，白蛇娘娘與丫頭青蛇是差役到了家門被遁走了。王母要白蛇娘娘來人世，恰如賈老太太給寶玉的一件孔雀裘，吉日良辰纔穿得一回，可可兒的就燒了一個洞。

結果是白蛇娘娘去多方營謀，纔了得官司，許仙回來又夫妻團圓。可是偏又來了個法海和尚，這要怪許仙不該去金山寺看香市，法海和尚給他點明了，教許仙端午節要白蛇娘娘吃雄黃酒。娘子因是官人相勸，不忍固拒，又想自己也許抵當得住，就接來飲了，勉強又坐得一回，央請官人出去外面玩一回，自己掩上房門，到床上就現了原形。許仙偏又急急回家來，青蛇攔阻也不聽，開進房去，只見床欄帳頂盤著一條碗口粗細的白蛇，他當場嚇死了。這個法海，實在可惡，人家的事與他何干，要來僭越干涉？白蛇娘娘得了人身這件事他最最恨，亦不知他是甚麼心思。

卻說白蛇娘娘恢復過來，見許仙嚇死在地，當下大哭，青蛇是個烈性丫鬟，她本已氣得臉色發青，恨許仙不曉得體諒主母的苦楚，但見主母如此，也只得上前相勸。白蛇娘娘命她守屍，自己去天上盜取了仙草要救丈夫，卻被守仙草的白鶴童子追來，它哈哈大笑，說今天有一頓大麵吃了，鶴是頂會吃蛇的。我小時聽梅香哥哥講到這裏，這白鶴童子的非人的笑聲使我非常驚駭，又著急白蛇娘娘，不知逃得了逃不了，只覺在這樣的情景中白蛇娘娘就像嫂嫂姊姊的是親人，想要哭起來叫她。而後來是白蛇娘娘招架不住，一陣急痛產下嬰孩，血光把白鶴童子衝退了，是這樣一幕人之出生，對一個超自然的大力的威嚇爭鬥，而且鬥勝了。

她滿心悽涼，回家救活了許仙，央求他不要再上金山寺了，天上人間但願只是這樣的夫妻相守。可是過不得多久，許仙又去見法海，法海把他藏在寺裏不放回家。這個法海，他是為衛道，而且因他那樣的是道，所以白蛇娘娘是妖了。要我做寧可做妖。白蛇娘娘去索夫，便演了水漫金山，天兵天將都在法海那一邊，蝦兵蟹將則都幫白蛇娘娘。水漫金山傷害田稻生靈無數，如此白蛇娘娘就犯了天條了，又是法海有了理，他像共產黨，思想錯誤的總是人民。但是要做人，像陶淵明的飲酒詩，「但恨多謬誤」，常常會得思想錯誤，也是沒有法子的。

如此，法海便放許仙回去，教給他一個鉢。白蛇娘娘見丈夫回來了，又是悽惶，又是歡喜，許仙卻趁她梳頭的時候，把那鉢往她頭上一罨，即時就陷進肉裏，白蛇娘娘一手還握著髮，只叫得一聲「許仙呀！」我小時聽到這裏，大哭大怒起來，要打梅香哥哥，但是仍聽他講下去，原來許仙並不知道會這樣，當下他亦淚流滿面，要扳那鉢，可是扳不下來了。一時白蛇娘娘便被收進鉢裏，變成一條小小的白蛇，法海來取去鎮在雷峰塔下。

白蛇娘娘的兒子中狀元回來祭塔，母子天性，他纔拜下去塔就搖動，再拜，白蛇娘娘在塔頂窗口伸出上半身來，叫道，「我要出來報仇！」拜三拜塔就倒的，可是杭州人都恐懼起來，拽住他不讓拜了。所以傳說下來，雷峰塔倒，西湖水乾，白蛇娘娘出世，天下要換朝代。

白蛇娘娘說要報仇，亦並非像西洋那樣的，卻依然是中國豪俠的生平重義氣，恩怨在人世。而那法海和尚則後來天上亦憎惡他的僭越，他逃去躲在蟹殼裏，至今紹興有一種小蟹，蟹黃結成一個和尚形，名稱便叫和尚蟹，比起白蛇娘娘的轟轟烈烈來，他的真是卑劣了。和尚蟹我沒有吃過，可是後來我在杭州讀書時，一個屋期六下午在白堤上，忽聽得一聲響亮，靜慈寺那邊黃埃衝天，我親眼看見雷峰塔坍倒。

三界渡頭

胡村到三界鎮十里，要渡過一條江水，靠這邊渡頭有個大豐茶棧，茶時開秤，秋天收場，專收裏山人家的茶葉，配搭了重新揀過做過，分出等級，裝箱運到上海賣給洋行。我父親也在那裏幫鑑別茶葉，且把自己向山戶收來的賣給茶棧。我小時常奉母親之命去茶棧問父親要錢，又渡江到街上糴米回家。

那茶棧是借用周家的大院落，一開秤就四鄉山莊的行客行家都趕來，一批一批茶葉挑到時，從庭前歇起歇到大門外，帳房間的先生們與老司務一齊出動，鑑別作價，過秤記帳付現，先把茶葉袋頭都堆疊起來，由阿寶頭腦來安排指揮配茶做茶揀茶裝箱。每忙亂一陣，隨又晝長人靜，六月驕陽，外面桑蔭遍野，帳房間的先生們打牌歇午覺，看閑書，聊天，且又庭院廊屋這樣開暢疏朗，便是老司務們各在做生活，亦像蜜蜂的營營，反為更增加這晝長人靜。

大院子裏兩廊下，是做茶箱的竹木工匠，銅錫工匠，油漆工匠，各在掄斧施鑿，劈竹鋸板，扯爐熾炭，溶鑄錫皮，銲銅打鉸鍊。我鄉下對百作工匠特有一種親情，胡村人家放著街上有現成的簟籮桶櫃不買，說買來東西不牢靠，必要自請木匠簟匠箍桶匠來做，連廚刀柴刀，鋤鐮犁耙亦寧可買了生鐵請台州鐵匠來打，因為一樣東西要看它做成纔歡喜，且農業與工業本來是親戚，用酒飯招待百作工匠也情願。嫁女娶婦不必說，較為殷實之家常年百作工匠不斷，而現在大豐茶棧便亦好像是份大戶人家。

後院一排房間取下門扉，地下打掃非常乾淨，老司務在配茶，把十幾擔毛茶倒在地上，用耙來拌勻，就像穀倉裏耙穀。然後用大篩來篩，我鄉下出的是圓茶，篩下來的頭子標名蠶目蝦目鳳目，粗粒的亦還要分出幾種，各有名稱。頂粗的用鍘刀鍘細，中擋貨則多要重新焙過，後院就有兩個大茶灶間，一間裏幾十口茶灶鑊，用微火在悠悠抄做。還有揀茶葉是在帳房間外邊堂前，排起許多板桌，雇人揀出茶子茶梗，論兩算工錢。揀茶葉的都是從江對岸來的婦女，街上打扮比山村採茶女的又自不同，年輕的穿白洋布衫闊滾邊，底下玄色洋紗褲，而或是一色天青衫褲，袖口及褲腳都釘闌干，那時作興小袖口窄褲腳，民國世界的女子好像印度及緬甸壁畫裏忉利天女的肢體，項圈手鐲都是有的，只差沒有帶腳鐲。

茶棧裏使人只覺銅錢銀子像水流，場面開闊，百業興旺，人情慷慨。他們都吃食很好，連老司務及工匠亦每餐有酒，帳房裏尤其講究，天天吃燉蹄膀，燉老鴨，江水裏新網獲的扁魚，白蛤，火腿燉鼈，黃芽韭菜炒鱔絲，中國的商號與工場，雖在杭州上海，除了機器工業與銀行等是伙食自理之外，皆是酒飯款待很體面的。新式的工場，銀行與公司雖有俱樂部及外面的交際宴會亦可以一擲千金，但尋常生活總沒有這樣的慷慨。而且現代資本主義或社會主義的產業無論它有怎樣大的國際規模，也不能像大豐茶棧的有生在一統山河裏的氣宇軒昂。

我小時每去茶棧見了父親，又到街上買了東西，從渡頭走回家，十里桑地秧田，日影沙堤，就像腳下的地都是黃金鋪的。

暑夜

夏天夜裏胡村大橋上尚有許多人在乘涼，那石橋少了木欄杆，大約一丈二尺闊，五丈長，他們有的坐欄杆柱上，拍拍芭蕉扇聊天，有的就用圍身青布大手巾一攤，睡在橋上，也不怕睡著了滾下去。只見好大的月色。漸漸起露水，人聲寂下去，只聽得橋下溪水響。

這時有人吹橫笛，直吹得溪山月色與屋瓦皆變成笛聲，而笛聲亦即是溪山月色屋瓦，那嘹亮悠揚，把一切都打開了，連不是思心徘徊，而是天上地下，星辰人物皆正經起來，本色起來了，而天下世界古往今來，就如同「銀漢無聲轉玉盤」，沒有生死成毀，亦沒有英雄聖賢，此時若有恩愛夫妻，亦只能相敬如賓。

此時我們家台門裏，是我母親與小嬸嬸及阿鈺嫂嫂坐在簷頭月亮地下剪麥莖，板桌上放著一隻大鉢，泡的劉季奴茶，誰走來就舀一碗吃，阿鈺哥哥坐在沿堦石上，他剛去看了田頭。對面畈上蛙鳴很熱鬧，有人車夜水，風吹桔槔聲。倪家山的炳哥哥來蹌人家，大家講閑話，無非是說田地裏生活來不及，及今年的歲口。螢火蟲飄落庭前，閃閃爍爍掠過曬衣裳的晾竿邊，又高高飛過屋瓦而去。我捉得螢火蟲，放進麥莖裏，拿到堂前暗處看它亮，但是阿五妹妹怕暗處，兩個小孩便又到簷頭，齊聲唸道，

「大姑娘，奶頭長，晾竿頭裏乘風涼，一蓬風，吹到海中央，撐船頭腦撈去做婆娘」，唱畢，我伸一個手指點著阿五妹妹的鼻頭，說，「吹到海中央就是你」，她當即哭起來，阿鈺哥哥叱道，「蕊生阿五都不許吵！」

此時荷花塘的建章太公亦手執艾煙把，來蹌夜人家。還有梅香哥哥小挑黃金瓜去鄰村叫賣了回來，他叫梅香嫂嫂飯就搬到簷頭來，嗄飯是南瓜，茄子，力蕉，他一人在板桌上吃，就講起桐石山與丁家嶺人家的前朝後代事。一時梅香哥哥吃過飯，眾人的話頭轉到了戲文裏的五龍會。原來殘唐五代時，劉智遠他們亦是出身在月亮地下剪麥莖這樣人家的，五龍會是韓通打登州，劉智遠郭威柴榮趙匡胤等來相會，這種故事由耕田夫來講，實在是還比史學家更能與一代豪傑為知音。

隨後是我父親與小舅舅月下去大橋頭走走回來了。小舅舅下午來做人客就要回去的，我父親說天色晏了留住他，現在阿鈺嫂嫂卻說，「小舅公來宣寶卷好不好？我去點燈」。一聲聽說宣寶卷，台門裏眾婦女當即都走攏來，就從堂前移出一張八仙桌放在簷頭，由小舅父在燭火下攤開經卷唱，大家圍坐了聽，每唱兩句宣一聲佛號，「南無佛，阿彌陀佛！」故事是一位小姐因父母悔婚，要將她另行許配別人，她離家出走，後來未婚夫中狀元，迎娶她花燭做親，眾婦女咨嗟批評，一句句聽進去了心裏。

那寶卷我十五，六歲時到傅家山下小舅舅家做人客，夏天夜裏又聽宣過一次，現在文句記不真了，我只能來摹擬，其中有一段是海棠丫鬟解勸小姐：

唱：

稟告小姐在上聽，海棠有話說分明
爹娘亦為兒女好，只是悔婚不該應，
但你因此來輕生，理比爹娘錯三分，
你也念那讀書子，他是呀，男兒膝下有黃金，
此番發怒去趕考，不為小姐為何人，
女有烈性去就死，何如烈性來求成，
況且姻緣前生定，那有失手墮埃塵，

白：

依海棠尋思呵，
唱：
小姐好比一匹綾，裁剪比布費精神，
白：
小姐小姐，不如主僕雙雙出走也，
唱：
侯門繡戶小姐慣，街坊之事海棠能。

如此，小姐就逃出在外，與海棠刺繡紡績為生。及那書生中了狀元來迎娶，小姐反而害怕起來，說我不去也罷，海棠催她粧扮上轎，說道：當初吃苦受驚，其實也喜，如今天從人願，喜氣重重，其實也驚，當初亦已是夫妻的情份，如今亦小姐仍是小姐，官人仍是官人也。

是這樣清堅決絕而情理平正的人世，所以大亂起來亦出得起五龍會裏的英雄。記得那天晚上宣卷完畢，眾人起身要散，但見明月皓皓，天邊有一道白氣，建章太公說長毛造反時也這樣，民國世界要動刀兵了。

子夜秋歌

我鄉下秋天的節過得清淡，因為這一晌田裏很忙。中秋前後胡村人還到下沿江客作割稻，下沿江是曹娥江下游餘姚慈溪一帶，那裏是平陽地方，田稻比嵊縣的早熟。所以胡村人雖中秋節也除了去街上買一個月餅來吃吃，別無張致。倒是七月初二的三界鎮上有花迎，扮臺閣做戲文，四鄉的人都趕來。七月初七乞巧夜，胡村人家在簷頭或樓窗口陳設瓜果拜雙星，都極其簡單，惟教小女兒在暗處拿線穿進針裏，穿得進就是乞得了巧了。又女兒戴耳環，先是用彩線一針穿過耳孔，就用彩線繫住，亦在乞巧這一天。還有是地藏王菩薩生日，家家戶戶都點香插在門前地上，擺一碗清水。此外是七月半做羹飯拜祖宗，秋分在大橋頭路亭裏做蘭盆會，又婦女們到橋下大廟裏拜龍華會。

我對胡村的大廟沒有興趣，小時只跟母親與姑母燒香去過。但我喜歡路邊的土地祠，瓦屋一間，泥牆泥地，只供一尊石像，倒是大氣磅礡，香案上惟有陳年的蠟淚及點剩的香棒，牧童多來玩耍，早秋尚遍野驕陽蟬聲，此地卻陰涼。他們說明太祖朱元璋小時看牛，便也是在這樣的土地祠地上午睡，手腳張開，一根趕牛的烏篠橫在頭上，成了個天字，一個會望氣的人經過見了大驚，想這牧童如何可以，就用腳踢踢他，他側過身去仍睡，這回是斂攏手腳，把烏篠橫在眉項上，成了個子字，那望氣的人就知道這小小孩童是真命天子了。

重陽節吃白酒。這一天吃白酒是在橋下胡氏宗祠裏，荷花塘倪家山陸家奧三胡村的人都來，白酒太公最尊，胡村人都是他的子孫，家譜裏他另有名諱，因是頭代祖宗，且留下瑩田，輪值之家清明上墳用鼓樂，及於重陽節備辦白酒，白酒是不設殽饌。

在祠堂裏辦酒，此外我記得一次是荷花塘建昌太公用潮煙管打了倪家山潔齋公公，大家都評建昌太公理錯，罰他在祖宗面前擺了四桌酒向各房謝罪。建昌太公是家長，眾家之長，後來我進紹興第五中學，要寫學生的家長姓名，我不知是該寫我父親的，第一學期的成績單便寄到了建昌太公那裏。

我喜歡晴天，春雨梅雨秋霖我都厭惡，雨天鄉下人在家裏做的事，如剪番薯苗，刮苧麻，溼漉漉的不用說，即襲穀舂米，我亦何時聽見都覺其是和在雨聲裏，還有是捶打稻草編織草鞋，那聲音總使我想起雨天。惟有晴天落白雨，大太陽大雨點，雷聲過後半邊天上垂下虹霓，最是好看。但秋天到底晴天多，秋霖過了，殘暑已退，太陽就另是一番意思。鄉下人忙於收成，畈上稻桶裏打稻，一記一記非常穩實，弘一法師說最好聽的聲音是木魚，稻桶的聲音便也有這樣的安定。

人世因是這樣安定的，故特別覺得秋天的斜陽流水與畈上蟬聲有一種遠意，那蟬聲就像道路漫漫，行人只管駸駸去不已，但不是出門人的傷情，而是閨中人的愁念，想著他此刻在路上，長亭短亭，漸去漸遠漸無信，可是被裏餘溫，他動身時吃過的茶碗，及自己早晨起來給他送行，忙忙梳頭打開的鏡奩，都這樣在著。她要把家裏弄得好好的，連她自己的人，等他回來。秋天的漫漫遠意裏，溪澗池塘的白蘋紅蓼便也於人有這樣一種貞親。

重陽過後，天氣漸漸冷了，村裏的新婦與女兒們清早梳洗開始搨起水粉，堂兄弟與叔伯見了故作驚詫說，「哎？天亮快時霜落得這樣厚！」她們也笑起來。我三哥哥在紹興營裏當排長，新討了三嫂嫂，是紹興城裏人，回胡村參見宗祠，辦喜酒，頭一年就留她在家裏奉侍娘娘，她開箱子取出緞子裁剪，因為已入深秋，剪刀與緞子涼涼的，就覺得人體的溫馨，且亦是新婦的溫馨。

戲文時

十月小陽春，田稻都割進了，村口陌上路側烏桕樹，比楓葉還紅得好看，朝霜夕陽，不知何時起忽然葉落殼脫，只見枝上的桕子比雪還白，比柳絮比梅花又另是一種體態，把溪山人家都映照了。此時嵊浦大王出巡，經過的村子都辦素齋酧神，招待迎神諸眾。較小的村子菩薩只停一停，打了午齋或只分糖糍，較大的村子則做戲文，請菩薩落座，翌日再啟行，胡村也年年此時必做戲文。

菩薩有三尊，一尊白臉，一尊紅臉，一尊黑臉，也許就是桃園結義起兵的劉關張三兄弟，但是叫嵊浦大王。出巡時三乘神轎，緩緩而行。轎前鼓吹手，旗牌銃傘，又前面是盤龍舞獅子，耍流星拋菜瓶，最前面是十幾對大銅鑼，五，六對號筒，還有是串十番的人，此外神轎前後手執油柴火把及燈籠的有千人以上，一路嗚鑼放銃，真是逢山開路，遇水搭橋。

十番班是唱紹興大戲，有鑼鼓鉦笛絃索來配，惟唱而不扮，菩薩出巡時較大的村子都出一班娛神，跟菩薩到落座的村裏，若無戲文的，便留一班在神座前唱，其餘則在較有名望的人家裏打齋，就在那家的堂前唱。一年我父親與胡村一班十番去迎神，路上得知下王的十番今晚到蘆田要唱軒轅鏡，下王與蘆田都是財主村子，軒轅鏡又是一本難戲，胡村人就在路亭裏在田塍邊歇下來時看戲本，一路走一路記。傍晚到蘆田，菩薩落座。諸眾被請到各家打齋，胡村與下王兩班十番恰好落在同一台門的兩份人家堂前。鑼鼓開場，先是下王班唱軒轅鏡，胡村班唱紫金鞭，隨後那邊軒轅鏡只會唱半本，這邊見那邊停了就來接下去，是我父親擊鼓執拍板指點，竟是唱得非常出色，引得女眷都出來聽，堂前庭下大門口擠滿了左鄰右舍，及從杏村各堡迎神同來的諸眾，都說胡村十番班壓倒了下王十番班，主家也得了體面，添燭泡茶，搬出半夜酒，茶食點心八盤頭。

迎菩薩我頂愛看盤龍，龍有二，三丈長，八個人擎，一人擎龍頭，一人擎龍尾，六人擎龍身，前面一人擎珠，龍頭是布與竹骨再加彩紙金箔做成，龍身只是一幅布繪上龍鱗，就像被剝下的龍皮，每隔二尺套一個像燈籠殼子的竹骨，用帶子繫著，這竹骨紮在一根五尺長盃口粗細的棍子上，由一個人高高擎起，如此八個人擎著走時，便有飄飄然蜿蜒之勢。菩薩出巡到胡村時，神座還在台登山腳下，前頭的龍就已到了村口，路邊田裏割過稻，正好盤龍，當下數聲銃響，鑼聲大震，兩條龍飛舞盤旋，各戲一顆珠，另外田裏也是兩條龍在盤。但還有兩條龍則一直跟菩薩到祠堂裏。

龍之後來了幾面牌，一面牌，風調雨順，一面牌，五穀豐登，一面牌，國泰民安，一面牌，狀元及第，再後面就是神轎。神轎本是四人抬的，一進村就換了八人大轎，一派細細的音樂前導，經過我家門口大路上，村裏男女老小都出來焚香拜接，祠堂裏正門大開，神轎將到時止了鼓樂，一齊放銃鳴鑼，先由校尉鳴鞭喝道，庭下連放頓地銕炮，震得祠堂裏的屋瓦皆動，又鞭炮如雨，就在這樣驚心動魄裏倒抬神轎進來，三出三進，纔奉安在大殿上，於是庭下盤旋起兩條龍，非常激烈，一時舞罷，鑼銃俱止。供桌上擺起全豬全羊，及諸家齋饌，建昌太公上香獻爵，大家都拜，禮成。正對神座的戲台便開鑼，先唱做一齣八仙慶壽。

戲文時四親八眷都從遠村近保趕來，長輩及女眷是用轎子去接，家家都有幾桌人客，單是戲台下見了鄰村相識的就都款留，家家戲文時都特為裹粽子，上三界章家埠趕市備饌，客人都謙遜，主人都慷慨。堂前請酒飯點心，橋下祠堂裏已戲文開頭場，一到大橋頭就聽得見鑼鼓聲，大路上人來人往，都是誰家的人客，男人穿竹布長衫加玄色馬褂，瓜皮緞帽，上綴紅頂子。女人都戴包帽，身上穿的，年輕的多是竹布衫褲，亦有穿華絲葛，臉上臙脂花粉，年長的多是藍綢衫黑裙，包帽像兩片海棠葉子聯成，中間狹處齊額一勒，分向兩邊，鬆鬆的遮過耳朵，到後面梳髻處把兩片葉尖結住，頂上的頭髮依然露出，依著年齡，包帽或是寶藍緞子繡紅桃，或是玄色緞子繡海棠雙蝴蝶，或玄色緞子甚麼也不繡，但沿邊都綴珍珠。腳下穿的，年輕女子天足，緞鞋兩側繡的彩鳳雙飛，小孩也是新袍褲，穿的老虎頭鞋，戴的藍緞子瓦稜帽，當前綴長命富貴或金玉滿堂四個金字，亦有只是一寸八分寬的一個帽圈，紅錦細繡，上綴一排金身小羅漢。

戲台在祠堂裏，祠堂內外擺滿攤販，直擺到大路上田塍邊，賣的甘蔗，荸薺，橘子金橘，薑漬糖，豆酥糖，麻酥糖，芝麻洋錢餅，還有熱氣蒸騰的是油條饅頭雲吞辣醬油豆腐，及小孩吹得嘟嘟叫的泥蛙彩雞響鈴搖咕咚，一片沸沸揚揚。戲台下站滿男看客，只見人頭攢動，推來推去像潮水，女眷們則坐在兩廂看樓上，眾音嘈雜，人叢中覓人喚人，請人客去家裏喫點心。看樓上女客更不時有娘舅表兄弟從台下買了甘蔗橘子送上來，她們臨闌檻坐著看戲，而台下的男人則也看戲，也看她們。

戲文時真是一個大的風景，戲子在台上做，還要台下的觀眾也在戲中，使得家家戶戶，連橋下流水，溪邊草木，皆有喜氣，歌舞昇平原來是雖在民國世界亦照樣可以有。但如今都市裏上戲館看戲則單是看，自己一點亦不參加，風景惟是戲台上的，台下與外面的社會沒有風景。

卻說胡村戲文時是做的紹興大戲。偶或做徽班，即掉腔班，一句戲前台只唱大半句，尾巴由後台眾口接唱，紹興戲像京戲，惟唱工不同。且京戲唱時配胡琴，而紹興戲唱時則配樂以橫笛為主，胡琴亮烈，橫笛嘹亮，但橫笛多了個悠揚。紹興戲的橫笛是元曲崑曲的流變，且更配以板胡而已。胡琴有三種，一即京戲裏的，亦稱二胡，最剛，又一是配洞簫的，最柔，而板胡則近似二胡。京戲與紹興戲的唱工與配樂的直諒，及生旦淨丑的明劃，取材自閭巷之事以至於天子之朝庭及歷朝民間起兵，皆極其正大，可比詩經的大雅小雅，而此外如嵊縣小戲及河南墜子山東大鼓等則是國風，廣東戲亦只能取它的南音。但掉腔班的來歷較奇，或是古昔楊柳枝和歌的流變。

紹興戲開鑼敲過頭場二場，先必八仙慶壽，次則踢魁綽財神，然後照戲牌上點的戲出演。中國的舞皆已化成戲，惟踢魁綽財神仍是舞，戴的假面。魁星不像書生，卻是武相，右手執筆，左手執斗，筆點狀元，斗量天下文章，舞旋踢弄極其有力，民間說文曲星武曲星，只是一個魁星。踢魁綽財神皆不唱，惟魁星把筆題空時，一題一棒鑼響，後場有人代唱，「解元！會元！狀元！連中三中！」魁星的假面極猙獰，但與其說猙獰不如說崢嶸。財神則白面，細眼黑鬚，執笏而舞，倒是非常文靜，白面象徵銀子，卻只覺是清冷冷的喜氣，財富可以這樣的文靜有喜氣，這就真是盛世了。

過年

從我出生，胡村有己田塋田共二，三十畝的不過兩三家，尚有兩三家稱為殷實的都是靠做點生意活動活動，總算梢田本錢接得著，年年梢得七，八畝田種，加上已田五，六畝，一年的飯米歸得齊，外有茶山竹山養蠶來補湊，一家的壯丁男婦都早起夜做，還僱長工看牛佬，又常請百作工匠來做生活，人來客去現成餚饌搬得出，就見得是熱鬧堂堂有風光的人家了。此外多是靶山墾地不夠吃，靠挑腳打短，去沿江客作割稻，到餘姚挑私鹽，來糴米添衣。最是年關難過，五元十元乃至四毫八毫都討債躲債，衣飾與祭器亦在當典裏不知沒了多少。

雖然如此，漢唐以來盛時的禮樂，人世的慷慨繁華，民間亦還是奉行。每年過年必趕市辦年貨，家家殺雞，有的還宰豬殺羊，又必舂年糕裹粽子。十二月廿三送灶君菩薩上天，除夕在簷頭祭天地，祭天地要放爆竹。又堂前拜家堂菩薩，又供養灶君菩薩從天上回任，舊的菩薩面像送上天時焚化了，現在貼上新的，也是木版印的王者之像，旁邊兩行字：

天增歲月人增壽，春滿乾坤福滿門

祭畢分歲，全家團圓吃年夜飯，把鄰人也你拉我請。小孩袋裏都裝滿瓜子花生炒豆番薯乾，還有壓歲錢。堂前高燒紅燭，掛起祖宗的畫像，陳列祭品，一家人守歲。堂前及灶間及樓上樓下房間皆四門大開，燈燭點得明晃晃，床腳下及風車稻桶裏都撒上一撮炒米花年糕絲番薯片，把鋤頭犁耙掃帚簸箕都平放休息，因為它們這一年裏也都辛苦了。銅錢銀子的債是討到除夕亥時為止，但這一天便債主亦要客客氣氣，因凡百要吉利，不可說不好的話。據我所知，胡村人常年亦沒有過為債務打架，訴警察或吃官司，有抵押中保的大數並不多，其餘都不過是小數目出入。我小時家裏，除夕就也有人手提燈籠來收帳討債，怎樣嚴重我雖不知，但總是除夕，時辰一過，天大的困難也過去了。

做人憂心悄悄，但是仍舊喜氣。

除夕守歲到子時初，送了舊歲，迎了新歲，纔關門熄燈燭，上樓就寢，關門時放三響大爆竹。正月初一起來開門亦放三響，中國是雖鄉村裏，亦有如帝京裏的爆竹散入千門萬戶，而如此繁華亦仍能是清冷冷的喜悅。

正月初一家家堂前掛的祖宗的畫像，爺爺都是藍色朝衣紅纓帽，胸前繡的白鶴，娘娘都是鳳冠霞帔，紅袍寶帶錦裙，也繡的白鶴，冠服亦不知是甚麼品級，面貌亦少有個性，卻好比日本的人形是一切武士及美人的昇華為一。我家掛在堂前的一軸，當中坐的爺爺，娘娘有元配及續弦兩位，皆去世時年輕，坐在兩傍。西洋彫刻或繪畫人像，總強調表情，惟印度佛像能渾然不露，但中國民間的畫工更有本領單是畫出天地人的人。我小時爬上椅子看八仙桌上的供品，聽母親說爺爺娘娘要罵了，我就又爬下來。我常時把爺爺娘娘看得很久，心裏很喜愛，又見我母親穿了新衣裳坐在堂前，也如同畫像，只覺天下世界甚麼事情也沒有發生。

我小時惦記著正月初一早起，及至醒來，天已大亮，新年新歲早已在樓下堂前了。我來不及奔下樓梯，只見父親母親與哥哥們都在吃湯圓與年糕，我洗過臉，開口先吃糖茶。正月初一惟早餐舉火，中飯夜飯皆吃隔年飯，餚饌亦都是除夕已做好的。彷佛祭供之品，人亦成了仙佛。我向長輩拜了年，就在堂前玩，把壓歲錢問母親換成大清錢，用紅頭繩編成一串，佩在腰間像一把劍，又圍攏來作寶帶，堂前堂哥哥推牌九，嫂嫂姊姊都來押，小孩則在地上簸銅錢。橋下祠堂裏頂熱鬧，有七，八張賭桌，不知那裏來的人人都身上忽然有了銀毫銅元，擲骰子押牌九。我轉轉又轉到母親身邊，母親卻和小嬸嬸只在堂前清坐說話兒，每年正月初一我皆不知要怎樣纔好，只覺愛惜之不盡。而傍晚又家家例須早睡，因昨夜是除夕守了歲之故。放了關門爆竹上床，我見瓦椽與窗隙還有亮光，心裏好不悵然。這一天竟是沒有起訖的，過得草草，像宋人詞裏的「掛䠐楓前草草盃」。

桐陰委羽

李義山詩，「溪山十里桐陰路，雛鳳清於老鳳聲」，我愛它比西洋文學裏的父與子更有與人世的風景相忘。輿地志裏尚有委羽山，云是千年之前，鳳凰獸來此山，棲於梧桐，飛鳴飲水，委羽而去。如今我來寫我父母的事，即好比梧桐樹下拾翠羽。

我祖父去世，父親十八歲當家，家業當即因茶棧倒帳賠光，此後一直只靠春夏收購山頭茶葉，轉賣與他家茶棧，得益可二百銀圓，來維持一家。但他不像是個生意人。有時他還愛到地裏去種作，亦人家一看就知道他不是務農人。他筆下著實文理清順，但他從沒有想到自己或是讀書人。他亦為人管事講事，而不像個鄉紳，他擊鼓領神眾樂，彈三絃吹橫笛裂足開胸，但與大戶人家敗落子弟的品絲弄竹完全兩派。廣西民歌：

讀書不像讀書人，好遊不像好遊人，
衫袖恁長褲腳短，你有那條高過人，

若有傾心的女子，亦要這樣笑他的，笑他只是個至心在禮的人。而民歌裏那男的答唱倒也極有聲色，我今只記得兩句，「不是毒蛇不攔路，不是浪子不交娘」，像舊小說裏的善者不來，來者不善，而自古江山如美人，她亦只嫁與蕩子。我父親與民國世界即是這樣的相悅。

辛亥光復，宣統退位，出來臨時大總統孫文，浙江亦巡撫與將軍沒有了，朱瑞張載陽他們成立軍政府，戲文裏看熟了的官人娘子一旦都被取消，倒是別有富貴榮華照眼新。我家即有個親戚俞煒，他種地抬轎出身，出去投軍，於光復杭州及南京的戰役，陞到旅長，後來轉為省議員及杭州電燈公司總辦。若把富貴比好花，則他們的是樵夫柴擔上的，還比開在上苑裏的更有山川露水精神。乃至胡村人在杭州上海當當工人或娘姨的，以及學堂生，他們亦皆眼界開闊，身上出落得與眾不同。小時我跟父親到杭州，民國初年杭州的新式陸軍兵營，共舞台女子演的髦兒戲，以及街上穿旗袍鑲水鑽的婦女，著實刺激，我父親卻能與之清真無嫌猜。彼時作興袍褂外面穿呢大衣，叫衛生大衣，還有衛生衫，他亦看了都是好的。他買了兩件衛生衫，一件給母親，又一件皮袍子，名色叫蘿蔔絲，給母親的是一件老羊皮襖，只覺果然暖和，總總都是物心人意的珍重。民國世界千般風光，我父親是像顏回的不違，他本人卻又一簞食，一瓢飲，這樣的儉約。

我父親好客，對人自然生起親熱，但皆止於敬，怎樣久亦不能熟習。市井男女，鄉紳與生意人，連愛充在行人的耕田夫，說話多有調子與板眼，婦人更會哭罵亦像唱山歌，惟有我父親出語生澀，好像還在文法之初。他亦喜踰人家，中國民間是人家亦成風景，但他沒有冗談或清談的嗜好，穢褻的話更不出口。

鄭家美稱叔與我父親最相好，兩人是全始全終之交。我父親出門，家裏沒有飯米，去和他說，總挑得穀子來，人家說有借有還，我們那時卻總還不起，可是借了又借，後來等我做官纔一筆還清。美稱叔家裏有己田四十畝，外加瑩田輪值，父子三人耕作，只僱一名看牛老，鄰近要算他家最殷實，他亦不放債取利，亦不兼做生意，亦不添田添屋，他拿出來使用的銀圓多是藏久了生有烏花。他就是做人看得開，他的慷慨且是乾淨得神遊俠氣亦不沾帶。他亦不像是泥土氣很重的人，卻極有膽識，說話很直，活潑明快，天然風趣。我常見他身穿土布青褉褲，赤腳戴笠，肩背一把鋤頭在橋頭走過，實在大氣。他叫我父親秀銘哥。鄭家亦是一村，與胡村隔條溪水，兩人無事卻亦不多來往，先輩結交即是這樣的不甜膩。

父親在家時教我早起寫字，總要筆畫平直，結體方正。還講書我聽，他卻講的正書如閒書，講的閒書如正書。他從不誇獎我，總覺我寫的字與作文不對，使我想起學問真也難伏侍，而亦不要學問來伏侍我，我對於學問，還是像愛蓮看竹，不要狎習的好。惟有父親的妙解音律我不曾傳得，他亦不教，以為把它當作正經事來學是玩物喪志，藝術神聖的話原來污濁。父親亦等閒不弄，惟村人串十番時他擊鼓，又有時小舅舅來望姊姊，父親為陪他，偶或湊起管絃，亦只一曲兩曲即止，但已夠他郎舅二人好比「飛絮落花滿江城，雙髻坐吹笙」。

我父親待新婦侄新婦及侄女輩像待人客，他在橋頭走過逢著六，七十歲的村婦，論輩份是遠房的嫂嫂或婆婆，他總有禮的問候應答，那婆婆亦當他是規矩聽話的小輩子侄，那嫂嫂亦當他是有親熱頭的小叔叔。他去俞傅村作客，我見他與俞家年青的庶母說話，只覺男女相悅真有可以在戀愛之外。我父親一生沒有戀愛，他先娶宓氏，早故，繼娶吳氏，即我的母親。我父母何時都像是少年夫妻，小時我每見父親從外頭歸來，把錢交給母親，或吃飯時看著母親，一樁家常的事，一句家常的話，他說時都有對於妻的平靜的歡喜與敬重，而做妻子的亦當下即刻曉得，這就是中國民間的夫婦之親。

我父親不飲酒，知母親做女兒時會飲，有時下午見母親做完事情，他去橋頭店裏沽半斤酒，買兩個松花皮蛋，幾塊豆腐，裝兩個盤頭下酒，在廳屋裏請母親，他自己斟半盃相陪，母期亦端坐受父親的斟酒，是時母親已五十一，父親五十了，卻依然好像是年輕女子年輕郎，纔訂了婚男女相見，有歡喜與安詳。我方十歲，闖了進去，依傍母親膝下，母親折半塊豆腐乾給我，臉上微微笑，待我亦像賓客，我得了豆腐乾隨又自去大路上玩了。

但我父母有時亦打架。母親怪父親不曉得上心把我肩上的五哥懷牛薦去店裏學生意，又四哥夢生不肯好好的務農，趁強賭博，父親亦不管管他，卻去管外頭的閒事，且為此把家裏的東西也拿出去賠帖，兩人從樓梯口打下來，父親奪路跑了。可是母親到底亦把我父親無法。

我父親的愛管閒事，叫人真不知要怎樣說他纔好。我鄉下每二，三十里地面總有個把鄉紳轎進轎出為人家講事，我父親卻沒有這種派頭，他為人家解決了爭端，也只過節送來一隻鴨或一斤白糖，算為謝禮，因感激我父親的多是貧家，且他們亦不太感激，因那樁事的解決只是理該如此的。而且有時竟是管得非常不討好。我曉得的有俞傳家一份農家，為田產與鄉紳家糾紛，我父親幫那農家訴訟，縣裏敗訴，我父親倒貼訟費旅費陪他又告到杭州，前後凡經過兩年，官司纔打贏，那農家的妻卻很怨懟，說早知如此，當初退讓也罷了，如今雖保持了這畝斷命田，為打官司費了工夫又傷財，如何合算！我父親聽了只默然慚愧，他的仗義變了沒有名目，且連成功失敗亦不見分曉。但旁邊人坤店王看了這樁事情，曉得和我父親是可以做朋友的，前此雖非素識，今卻要我拜他為義父，是年我十二歲。也是攀了這門親，後來我纔能到紹興杭州讀書。而我大起來亦像我父親，生平經歷過的事竟是成功失敗都不見分曉。

民國世界本來名目尚未有，成敗尚未定，但亦自有貞信。小時我跟父親到高沙地種麥，他椓坎，我敷麥子。父親來到田地裏好比是生客，畈上鄰人見了都特別招呼他，連泥塊草根亦於人都成了蘭儀。我又和他到後園種菜，那菜畦與菜秧亦是這樣好法，父親身材長大條達，在我旁邊除草分菜秧，他的人與事物皆如此歷然，使我對於自己亦非常親，卻不可以是喜，不可以是悲，不可以是愛，連不可以是甚麼想頭。

有霜的早晨，父親去後園割株捲心黃芽菜，放在飯鑊裏蒸，吃時只加醬油，真鮮美。胡村有時還有早羊肉賣，父親在家時亦常買來吃，吃時亦只蘸蘸醬油。還有豆腐漿豆腐花，清早拿隻大宣花碗先放好豬油醬油與蔥，去橋頭豆腐店裏一個銅元沖得一大碗。夏天還有霉千張，飯鑊蓋揹開，就已香氣好聞，最是清口開胃。我家除過年過節及待人客，平時常常只見三四碗都是醃菜乾菜，惟父親有時作出花樣，他想到吃一樣東西，都是從他的心苗上所發，可以說是他的私菜，看著妻子也吃，他端然有喜色，其人如金玉，所以饌是金玉之饌。阿含經裏佛與阿難乞食，惟得馬麥，阿難覺得委屈，佛告阿難，「如來所食，乃天人饌」，還不及我們家的世俗真實。

我父親穿衣裳不費心機，洋傘拿出去常常會得忘記帶回來，打牌輸贏都無所謂，一樁事情失誤了他亦不驚悔。我在蕙蘭中學被開除，小叔要他去向校長求情，且對我施家規，父親卻只問了問我被開除的緣故，當即不介意。他好像種種馬虎，但他其實最最是個惜物謹事的人。他對於家計更不曾輕佻。我家廳屋後來租給疊石村人馮成奎開回春堂藥店，帶賣老酒，著實興旺，父親無事常去他店裏閑話，一次我聽見他與成奎說，「早晨在床上聽見內人燒早飯，升籮括著米桶底軋礫礫一聲，睡著的人亦會竄醒」。我父親的豁達慷慨是古詩十九首裏的，古詩十九首多是蕩子蕩婦之作，但真有人世的貞親。是這樣貞親的人世，不可以有奇蹟與夢想，卻尋常的歲月裏亦有梅花消息，尋常人家的屋簷上亦有喜鵲叫。

我父親的一生，好像正月初一這一天的草草，連沒有故事。他在世五十八年，我母親比他大一歲，但我總覺兩人沒有變老過，說金童玉女，大約是從現世有這樣的人而想出來的。父親去世，我母親晨夕啼哭，如新婦喪夫，我著實詫異，甚至以為她不應該。我父母的一生都是連沒有故事，即這樣動人魂膽，好像白蛇傳裏的雷峰塔要倒下來搖了兩搖。

我父親犯的胃潰瘍，這亦是蕩子的病。他去世前一兩年裏，在鄰家與人閒坐稍久，即垂頭昏嘿如入睡，但鄰婦敬茶來，他當即驚悟，應對有禮。大涅槃經裏記佛示寂前，在桫欏雙樹間藉枕而臥，云我今背痛，但文殊一請，他即起趺坐，頓又相好光明，如來身者，終無有疾，這竟是真的。父親病危時我去招土灣醫生處換方，路過嵣浦廟，進去拜禱過，明知也無效。嵊縣溪山入畫圖，我父親即可比那溪山，不靠仙佛來護祐，倒是仙佛來依住。

可是父親生前，我卻有過一次對他不樂。那年我在杭州蕙蘭中學讀書，父親從鄉下出來，與我遊西湖。二人坐在遊艇裏，一直少有話說，因為無論是說家裏的事或學校裏的事都好像不適宜，便對船舷外伸手可及的流水及剛纔到過的岳王墳，亦無話說。父親身穿半舊布長衫，足登布鞋，真是大氣，但又這樣謙遜，坐在我對面，使我只覺都是他的人。見著他，如同直見性命，我自身亦是這樣分明的存在，十分對的東西反為好像不對似的，當下我毫無道理的生氣起來，很不滿意父親，見船肚裏有划槳潑進來一汪水，涓涓流溼父親的鞋底，父親不覺，我亦不告訴他，竟有一宗幸災樂禍之心。

昔年我回胡村，家裏尚隨處有父親的遺筆，寫在蠶匾上桔槔上的名諱及年月日，抽屜裏翻出來的與三哥的及與我的手諭，還有紹興戲抄本，教村人串十番用的，我只覺甚麼都在，連沒有想要保存。還有母親的遺照是青芸收藏著，我亦不問她要。中國人的倫常稱為天性，不可以私暱，而惟是人世的大信，使我對於自身現在作思省。

自彼時以來，又已二十餘年，民國世界的事誰家不是滄桑變異，不獨我家為然，我父母在郁嶺墩的墳，他年行人經過或已不識，但亦這自是人間歲月。我在溫州時到過葉水心墓，斜陽坵壠，旁邊尚有宋元明清幾朝及今人的墓，上頭一漢墓最古，他們生前雖只是平民，但與良將賢相同為一代之人，死後永藏山阿，天道悠悠皆是人世無盡。

胡門吳氏

西洋人的耶和華是父親專門家，瑪麗亞是母親專門家，中國卻父母叫爺娘，做了父親亦仍是少爺大爺老爺的爺，而娘是女子之稱。女子以字行，稱幾娘幾娘，而妯娌亦稱幾娘幾娘，嬸母稱嬸娘，又嬸母姑母祖母皆或稱娘娘，出嫁了為妻為母，亦仍像做女兒時的貴氣。

娘娘最貴，亦用以稱后妃稱神女，至今民間在廟裏香火供養不絕，在戲文說書及寶卷中萬古流傳的有瑤池王母娘娘，九天玄女娘娘，南海觀音娘娘，和番昭君娘娘，雷峰塔白蛇娘娘等。我小時跟母親到村口大廟裏燒香，母親在神像前走過，我只覺她與那娘娘都是現世之人。胡村出去七十里，地名曹娥，有娘娘廟，我母親亦去燒香過，曹娥娘娘是未嫁過的女子。胡村蠶時還祀蠶花娘娘，戲文裏做出來還有華山聖母娘娘。

後來我在溫州，見街邊大樹下多有一個神龕，祀花粉娘娘。是三尺高的坐像，花冠垂旒，深粉紅錦袍，腰圍玉帶，瓔珞霞帔。她粉面雲鬢，好像新娘子做三朝，又是敬畏，又是歡喜，反為變得沒有表情，卻依然留著未嫁女子「蛾眉猶帶九秋霜」的殺氣，我每走過，總要停步看一回。這且不表。如今單表華山聖母娘娘，取她的一段母子之情。

紹興戲寶蓮燈，演華山聖母是天上玉帝的甥女，灌口二郎神的妹子，她在華山，見山下一隊兵馬經過，當頭一員白袍小將，她恰如桃花對了梨花，年青女子蠻橫好勝，無緣無故的要來鬥一鬥。她毫不容情的打敗了那白袍小將，卻亦同樣無緣無故的起了愛意，遂兩人配了夫妻。她產下一子名沈香。她哥哥二郎神最是個烈性要體面的，惱妹子與凡人成親，把她打入孤洞受苦辛。

及沈香稍長，因書房裏同學誚薄他，回家問父親，他父親就告訴了他。寶蓮燈唱做到這一段，是為父對兒子說他母親的事，卻好像對朋友說自己的私情，而兒子因是親人，遂更是知己了，他說到當年華山遇聖母，有熱淚如新。那沈香，一怒去到華山，他小小孩童竟也有他娘親的法力，他不管天條，不怕玉帝與二郎神，就打開孤洞救出娘親。紹興戲二丑起俠義烈性人，沈香便是二丑起。

西洋人的母愛真是悔辱兒女，人為地母所生。多有苦難，生是靠她的乳房而生，死亦是在她的懷抱裏得到最後的安息，被撫摩創傷，流淚歎息，不能有像沈香的救母，兒子亦在娘親面前逞英雄。動物只知有母而不知有父，於母亦只有母愛而無孝道，西洋人只有地母無晝無夜手執火把，天涯地角尋女兒的神話，而沒有孝子萬里尋親記。世界上惟有中國，兒女與父母是平人。

寶蓮燈演聖母見著沈香的一段，訴說與他父親從前的事，及哥哥二郎神把她打入孤洞所受的苦辛，那唱詞非常好，只覺她是母親，而亦仍是年輕的妻，且仍像做女兒時的是妹妹。她沒有悔，像唐朝小說非煙傳裏的非煙，被拷打至死，惟云「生得相親，死亦無恨」，但她比非煙更蠻橫。而沈香救出娘親，亦是為世人打抱不平。聖母與沈香母子相見，皆惟是這樣的英氣逼人。

比起來，西洋人的母愛亦且是侮辱婦女。他們的社會生活弄到身心疲乏，想要振作，只能強調原始的生命的無明，生物愈低等，生命力愈熾盛，如蠶蛾的一生即只為性與生殖，雖加以怎樣的聖化，到底不能有女兒的清好。華山聖母卻完全不像那聖母瑪麗亞。最有資格做聖母或地母的要算觀世音，但西遊記裏的觀世昔菩薩倒是像姊姊。

哥德的少年維特的煩惱裏，寫那女子對弟妹的母愛，但中國人的姊姊不像母親，倒是母親像姊姊。姊姊多是不耐煩傯懶的弟妹纏在身邊，我小時母親即也罵我，也打我，說我「這樣大了還要抱，小孩不自己去玩去，大人要做事呢！」

我母親與我沒有像華山聖母與沈香那樣的故事，卻不過是尋常中國民間母子。我甚至不曉得我母親的名字，十幾歲時一次向母親問起，母親只笑笑不說，罵我，「小人怎麼這樣頑皮」！及後事隔多年，母親已去世，一日不知因何說起，青芸笑道，「娘娘的名字我曉得」，卻不肯就對我說，到底是她做孫女的有本領問得了。可是青芸告訴了我之後，我竟又忘記，好像是菊花二字。

舊時我鄉下女子惟在父母及塾師跟前叫名字，在生人前不叫，在夫家亦不叫，紹興戲遊龍戲鳳裏有這樣一段：

生：敢問大姐的名字？**旦**：奴家是沒有名字的。**生**：當今朝庭亦有國號，三尺孩童亦有乳稱，豈有為人無名字之理？**旦**：名字是有，只恐軍爺要叫。**生**：為軍不叫就是。**旦**：奴家名叫李……。**生**：李甚麼？李甚麼？**旦**：李鳳姐。**生**：哈哈好一個李鳳姐美名！**旦**：軍爺說過不叫，可又叫了。**生**：為軍衝口而出。**旦**：下次不可。

這雖然老派，其實新鮮潑辣。但胡村是男人有名字亦不傳，何況女人，我母親只是胡門吳氏。胡村人是好像皇帝后妃，只是朝代年號，名字倒反堙沒。

中國是民間亦貴，因為人世有禮。我母親在家著短襖長褲，但出台門到溪邊浣衣必繫裙子，在堂前紡棉花亦繫裙子，不但對外客，連族中長輩，堂房叔伯經過台門外進來簷頭坐坐，她亦奉茶盡敬。她卻不輕易到鄰家，亦從不道人長短。房族裏或親戚的女眷來，我母親陪坐說話，惟是清嘉，亦令人不厭。

我小時跟母親去探望同村九太婆，在荷花塘，一盞茶時就走到的，母親也開箱換上藍綢衫黑裙子，且在路亭裏買了燒餅，手巾包了拎去，因為是去做人客。九太婆住的是泥牆屋，半下晝太陽斜進來，如金色的靜，九太婆客來掃地，炊茶燒點心，點心是醃菜下湯年糕，我母親連說罪過，起立又起立，然後兩人安坐說話兒。我立在母親膝前，心思對付後門口的一盆葱，後門開出即是田磡，山勢壓簷，畈上都在放秋田水了。起坐間是泥地，與灶間連在一起，板桌條櫈，都在茶煙日色裏，賓主相對雖只得一個時辰，卻似人世迢迢已千年。我只覺母親與九太婆好像一種牌子的火柴盒子上的採蓮人，是明清木版書裏插畫的線條，但紙張與彩色是民國初年的。

母親教我「小人要坐有坐相，立有立相，走路不可油頭螞拐，」因為她自己就是人相極好的。小時我每跟她去溪邊，去桑園茶山，去傳家山下小舅舅家，還伴她去過嶀浦廟，平時只見她在灶間，樓上樓下及堂前走動，現在卻陌上多少行人，她走路這樣安穩，沒有一點誇張，亦只是人與天地為三才，日月麗於天，江河麗於地，而她的人則在天地間，與世人莫失莫忘，仙齡永昌。她在家裏，是洗出衣裳或飼過蠶，稍有一刻空，就自己泡一碗茶吃吃，我在傍嬉戲，見母親一人坐得這樣端正，室中灑落悠閑，只覺有道之世真是可以垂衣裳而治。

但我母親是一家衣食之事切切在心，對小孩亦不隱蔽世俗的艱虞。小時我家裏有人客來，母親常叫我走後門向鄰家借米，卻具饌相款，不使人客知覺不安。惟父親及我的慷慨若涉浪漫，她就切責，她是直道待人，不過其情，所以蕩蕩如天，但父親及我時又不免稍稍違犯，亦無不好。

有時沒有飯米下鍋，傍晚纔弄來穀子，礱出拿到橋下踏碓裏去舂，天已昏黑，鄰家都夜飯喫過了，我家還在簷頭篩米。母親用木杓撮米到篩裏，父親篩，我在旁執燈照亮，把大匾裏及籮裏的米堆用手攞攞平，只覺沈甸甸的如珠如玉。

一次我在橋頭嬉戲，群兒都回家吃午飯去了，我不回去，因家裏沒有午飯米，怕母親為難。小孩沒有悲意，但亦知道這是重大的事，惟更端莊了起來。我在溪邊摘了木蓮蓬，用繩穿起兩個，一人在大路上耍流星。隨後母親卻來叫我，回家只見飯已煮好，是留做種籽的蠶豆。母親坐在高橇上看我與五哥哥七弟弟盛來吃，帶著歉意的微笑，十分安詳。

我到杭州讀書，母親為我理行裝，每回總吩咐，「出門要理睬世人，常時飢餓冷暖要自己曉得，不可忘記家裏的苦楚」。三十年前的事仍像是今天的，今天我在日本，亦只要好好的，自己會得當心，家裏雖然顧不到，但今天是祖國民間家家苦楚，我皆切切在心的。

我母親安詳如畫中人，但他對丈夫兒子與家家一樣有現世的火雜雜。我兄弟七人，大哥積潤二哥積忠為前娘所生，積潤是敗子，人家叫他風水尾巴，他遊手好賭，把老婆也賣賣掉，因此上被逐在外。他卻對兄弟情重，又愛充場面上人，父親去世後他倒仗義回家維持了三年。積忠當兵，病歿福建，我只在他那年回來娶婦時見過。這兩個兒子雖不是親生，母親待他們亦總盡了人世之禮。三哥積義在嵊縣城裏蠟燭店做學徒，三年滿師，已會得刻龍鳳花燭，但是他去當兵，進了杭州講武堂，出來到紹興營裏當庶務長，陞排長。要算他白手成家，常寄五圓十圓來與母親，娶了嫂嫂，頭兩年亦叫她來胡村侍奉公婆。

母親最惱四哥夢生，夢生在兄弟中最身長力大，廣有才藝，就只不是個至心人。他小時不肯讀書，逃學被捉到私塾裏，只坐著嘴巴閉得緊緊，用筷子也撬他不開。十七八歲他即長成好一條漢子，樂器上手即會，紹興戲本本會串，畈上的生活無人能及，但是他不肯務農。他去學木匠，只一年就水草八仙桌都會造，連宮殿式建築他亦心知其意，但亦不肯三年滿師。他貪心太重，而且殘忍。為他賭博謊騙，母親趕來趕去打他，祠堂裏亦施過族規，他終不改。他收買山戶的茶葉，又販苜蓿種子，帳都討到家裏來，他卻在縣城裏把他人的錢充闊綽，紡綢長衫穿穿，金戒指戴戴，美麗牌香煙啣啣，麻將啦啦搓來。其後他在家鄉到底存身不牢，飄到嘉興，在那裏有田十畝，且開花轎店，鼓樂酒食，大小老婆俱全。我四哥是有蕩子之才而無其德。

五哥懷生，為人忒善良，優柔儒弱，在家受四哥欺壓，拿柴扛打他上山去樵採。十五歲到釣魚潭豆腐店做學徒，又被店主店婦酷使，苦得手腳凍瘡腫爛，動彈不得，母親知道了叫他回家來，在簷頭柴堆上鋪棉被躺著就日取暖，三個月纔平復。他在胡村開小店，賣紙墨筆硯，及針線鞋面布，彩蛋水鯗糕餅，但是又被大哥四哥吃倒。他往紹興依三哥，想開木行不成功，寄食三哥家裏一年，三嫂差他洗碗購物。彼時我在紹興高小讀書，亦住在三哥家，三嫂只有差我不動。五哥後來是去當兵，親事尚未娶，年紀輕輕就病歿在寧波。訃音到時，母親在簷頭對天遙祭，大哭一場。父親去運他的靈柩回來，葬在下沿山。下沿山桑茶田疇，茶娘耕夫活潑喧嘩，我五哥的墳卻是人世的委婉循良，令人歎息思省。

父親去世翌年，三哥亦病歿，還有我肩下的七弟周有，十八歲夭折，在我娶玉鳳的第三年。玉鳳與他嫂叔情親，侍疾帶孝哭泣盡禮，他若還在，倒是個厚重有主意的人。我家這樣七零八落，但亦總是民國世界的事。杜甫登慈恩塔詩，「秦山忽破碎，涇渭不可求，俯視但一氣，焉能辨皇州」，民國世界多少人家都像我家，而一代的兵氣與王氣，還是出在這裏。

父親過後，我母親尚在世十二年，有玉鳳與青芸侍奉她，我亦會得賺錢養家了，我母親一生辛勞，又哭夫哭子，但她漸益靜悟，無有不足。她與我父親數十年夫妻如金童玉女，是第一貴。兒子有我三哥會爭氣，三哥歿後有我接得上，在廣西教書，鄰近三保說起來總也名聲好聽。是第二貴。晚年她犯冷風嗽的毛病，秋冬臥床，三餐茶飯都搬到床前，要等天氣陽和纔起得來，她也平靜和悅，沒有過慪氣躁怒，看著跟前的玉鳳與青芸想著蕊生在外頭，她忖忖自己做人是稱心的。

竹萌乳轂

三月韶華勝極，紅樓夢裏一枝花名簽上卻道是「開到荼蘼春事了」，未免喪氣，不如蘇洵的句子，「竹萌抱靜節，乳轂含淳音」來得好。惟蘇洵當年自昰寫他庭前兩個小孩，蘇軾蘇轍兄弟，與我何干，而我卻如小學生作文，磨墨蘸筆字未寫成，先來顧閑野，與鄰兒叫應。

卻說我小時很聽話，簷頭晒粉，台門口晒醃菜，母親命我管雞，我還只四五歲，就手執烏篠坐在門檻上，見有雞來趕開它。日色在堦沿，大路上挑擔的人經過，歇肩換肩時朵拄落地，鏗然響徹田畈，母親在後院燒灰汁水洗被單，小叔家的鈺嫂嫂去阡陌上刁薺菜。

今時多是單方面大人服事小孩，我鄉下卻說小人要做活腳蟾，會替大人手腳。母親縫補衣裳或在堂前砌鞋底，我遶膝嬉戲就幫遞剪刀，穿針線。煮飯時母親上灶，我燒火。去溪邊洗衣，我拎籃提杵，得得的走在母親前頭。母親教我剪桑葉，要照她的樣一把理齊了剪得細，因為烏毛蠶還嘴巴小。她教我溪邊洗白菜，要挖開菜瓣洗得乾淨，上山採茶，要採乾淨了一枝纔又攀另一枝來採。我這樣做事時，母親待我像小人客，見我做錯了她亦只是笑起來，但亦從來不誇獎，故我長大了能不因毀譽擾亂心思。

母親差我到橋頭豆腐店買醬油，三文錢有半碗，雙手端著走，小孩生怕潑翻，眼睛望牢碗裏，一步一盪，好不危險，到得家門，已盪翻得所剩無幾，母親趕快過來接了，笑叱道，「你要眼睛看路，不可望牢碗裏」。至今想起，我總要看不起共產黨的渾身緊張，眼睛望牢政權，越是這樣，越要打翻。

母親教我的真是簡靜。如日本的劍道，從師數年，難得聽見一句鼓勵的話，本因坊的弟子亦數年中難得與師對局一次，中國的商店及百工學徒，亦先生教的極少。母親教我做人的道理，只是說「小人要端正聽話，要有規矩怕懼」，此外無非叱罵，如不可手腳逆簇，不可問東問西，不可要這要那，見人家吃食，不可站在旁邊伺望，小人不可敗大人手腳，不可揀食吃，不可沒有寸當，這也不可，那也不可，像佛門戒定慧，先要從戒字起。

母親每說，「靠教是教不好的」。本來怎樣纔叫好，是要你自己會得生化，靠教只能教成定型的東西，倒是少教教免得塞滿。母親寧是諫，「小人要聽大人的諫訓」，諫是諫非。且諫是對朋友的，書上又說臣諫君，子諫父，而父母對子女亦曰諫，則我從母親纔聽得，中國平人之敬原來是這樣直道的生在民間。

中國民間教小孩的竟是帝王之學。胡村戲文時做戲文，我就愛看的漁樵會，而且與我一樣的小孩都聽過羅隱的故事，民間這樣把真命天子說成釣魚斫柴挑擔種田之人，真的是蘿蔔菜子結牡丹。

漁樵會是朱元璋起兵，與元朝的兵對陣，禿禿丞相扮漁翁探看地形，這邊徐達亦扮樵夫探看地形，兩人恰巧相值，一個口稱老丈，一個叫他小哥，心裏都已經知覺，遂話起天下事來。徐達笑那禿禿丞相可比老丈涸澗垂釣，枉費心機，禿禿丞相援引姜尚來回答，徐達道：「只聞姜尚興周，不聞姜尚存商。」禿禿丞相亦笑那徐元帥可比小哥斫得柴來，皆成灰燼，徐達答以他斫的是月亮裏的娑婆樹，為新朝建造天子的明堂。禿禿丞相道：「要如小說所說，除非日月並出也。」翌朝朱元璋的兵打起「明」字大旗，果然是日月並出，台下看戲文的人都覺得大明江山好像是今天的事。

再講羅隱。小時母親煮飯我燒火，火叉敲得灶坑叮噹響，母親說灶司菩薩要罵了，引羅隱為戒。羅隱本該有真命天子之份，但是他的娘不好。羅隱小時到私塾裏讀書，走過廟門口，菩薩就起立，他的娘把一個雞蛋放在神像的膝上來試，果然羅隱走過雞蛋滾落。他的娘知道他會做皇帝，燒飯時拿火叉敲敲坑沿，數說某家不肯借米，等你做了皇帝殺他，羅隱答應「噢」。某家不見了雞賴我們，某家為曬衣裳與我相罵，等你做了皇帝要把他們全家誅滅，羅隱答應「噢」。豈知飯鑊蓋浦起來都是人頭，因為羅隱是聖旨口，不好答應殺的。灶司菩薩就到天上去奏，說羅隱若做皇帝，人要殺無數，我亦兩股挨了打。所以火叉不好敲灶坑的。

卻說天上得了灶司菩薩的奏，當即雷霆霹靂大作，羅隱哭叫「姆媽姆媽，我一身啦啦響！」他的娘知道天上來取他的骨頭，教他快快嘴巴咬牢馬桶沿。一時雷止雨歇，羅隱的金枝玉葉身就換了賤骨頭，後來討飯做叫化子，惟他的嘴巴因天上厭惡穢，沒有改換，仍是聖旨口。

羅隱大約是浙東一帶，宋有方臘，元有方國珍，又明末流寇清末太平軍皆到過，他們原有做真命天子之份，可是民間對他們的嗜殺人失望了，所以造出來的故事，但查考不的確，總之也相宜於毛澤東。

羅隱後來還做出一些狠毒的事，但講說的人已經又對他原諒，不為鑑戒之意了。羅隱到過蘆田，因恨毒他叔父，說「羅隱蘆田宿，蚊蟲去叮叔」，蚊蟲聽錯了去叮竹，所以毛竹山裏蚊蟲多。還有是羅隱走過田塍，見務農人在吃麵，只乞討得一些麵湯麵腳，他生氣把來倒在田水裏，說「大的變牛蛭，小的變馬蟥」，就變了牛蛭馬蟥，專咬種田人。

羅隱的娘舅收留過他，叫他放鴨看牛，他把鴨殺殺吃掉，卻招了一群野鴨傍晚趕回家，次晨開籠都飛了，說是鴨自己飛了之故，騙他娘舅。他又用蘆葦殺牛，因不曾帶得刀來，而那蘆葦經他題破，就變為這樣鋒利了。他叫一班看牛佬都來吃牛肉，卻把牛頭牛尾嵌進山岩裏，說是牛自己鑽進去的，他娘舅去看，果然一邊頭，一邊尾巴，拉拉尾巴頭會叫。羅隱的故事即如此回到了民間的跌蕩自喜。

結局是羅隱避雨危崖下，因為他說了一句會壓下來的話，那崖巖就崩倒把他壓在裏面了。小時我對著堂前的壁叫叫有回音，就曉得是羅隱在答應。故事編到像這樣，今天他也還活著，竟是可以叫喊得應，真是有本領。

這故事抵得一篇孟子，孟子說天下惟不嗜殺人者能一之，而如張獻忠的立起七殺碑，則到底不成大事。稱為天子，寧是要像子弟的端正聽話，端正故天下簡靜，聽話故與世人無阻隔，還要有規矩有怕懼，規矩是「天生蒸民，有物有則」，怕懼是「文王小心，畏天之命」。但也不必引經書，中國民間的帝王之學，我覺還比孟子說先王之教來得氣魄大。從來儒生學聖賢，民間則多說做官做皇帝，聖賢倒少提。

而世界史上亦惟中國有諫臣，當面說皇帝怎樣不對，要怎樣纔對，彷彿他做皇帝的不懂，倒是你懂，那麼皇帝你來做吧！而你亦真的會做。又皇帝對臣下，如劉邦愛漫罵，亦寧是平人相與。這裏其實有著謹嚴。而在民間是對小孩已然，我母親對我即比修行律宗另有一種不原諒。

孟子教人從其如舜者，去其不如舜者，胡村人未必有幾個讀過「舜有天下而不與焉」，但都曉得戒小孩不可要心太重。我小時衣裳都是上頭幾個哥哥穿下來的，袖口蓋沒手指，下擺拖到腳面，秀卿叔家的阿水比我大一歲，卻一身印花洋布衫褲，我看在心裏，但是不存與他比的念頭。阿五妹妹比我小一歲，她家開豆腐店，不乏小錢買點心吃，又她母親去曹娥娘娘廟燒香，帶回來玩具，我皆沒有，小孩未必因為傲氣，只是自己更端莊起來。曹植詩極明艷，史冊上對說他車服儉樸，這還比宋儒說去人欲存天理，更沒有議論的餘地。蘇賦天際烏雲帖裏寫美人，「肯為金釵露指尖」，真是貴氣，而舜貴為天子，富有四海，即只是這樣的有法，這樣的貴法。

我四歲時，西鄰梅香哥哥家裏一班老太婆剪麥莖唸佛，我去嬉戲，半下晝在造點心了，是蕎麥麵，我還不走開，大概也有想吃之意，梅香哥哥取笑的說了一聲，小孩被道著心事，頓時大哭，伯母罵了梅香哥哥，又給我說好話，盛麵給我，我必不要了，後來梅香哥哥抱我回家，連一碗麵送來，我亦到底不吃。小孩亦知怎樣的困難事都還不可惱，可惱的是自己下賤。

又一回是我七歲，弟弟三歲，兩人到屋後竹園裏，我背弟弟下溪岸到洗衣石上，我先下去站著，他從岸上向我一撲，背是背住了，卻兩人都倒在水裏。我連忙爬起，好言央他莫哭，也莫告訴母親，怕衣裳溼了回家挨打，脫下在溪灘上晒，要等它晒乾。可是弟弟等不得，他一人走回去，而且都告訴了。母親又氣又驚，卻也笑起來，只罵我「你這樣犯賤，且這樣的無知識」。不可犯賤，是貧家的小孩亦像千金之子坐不垂堂，凡人身皆是千金之體。

我小時吃醃菜揀菜莖吃，母親說菜葉是大旗，吃了會做官，我就也吃菜葉。我家飯桌上沒有那一樣是父親的私菜，小孩更不許吃獨食，不許霸佔好菜，不許霸佔坐位。大起來我見有些才能的人最大的毛病就是霸氣，世界不太平也是因為霸氣，實在可思省。又小孩不可嘴饞，我家三餐之外不吃零食，有言女子嘴饞容易失節，男人嘴饞容易奪志。小孩亦不可嘴巴刁，揀食吃的小孩會營養不良。我或筷子含在嘴裏潤潤，沒有中意吃的嗄飯，母親便罵，「如何可以吃飯萎癟癟，小人該有甚麼吃甚麼！」儒生只讀經書，不大中意民間的東西，就有點像小孩揀食吃。我大起來，富貴榮華與貧苦憂患都過，不挑東嫌西，而凡世人過的日子亦果然是好的。

母親戒我，吃食要有寸當。又過年過節，次日收起，我覺不捨，母親便罵。原來對於好東西亦要像君子之交淡如水，不落情緣，纔得性命之正。中庸的中字非常難解，但像民間教小孩要有寸當，就極明白。我與群兒發喊戲逐正起勁，母親就叫：「小人嬉戲也有個寸當，這樣跌魂撞頭胎似的，還不停了！」小孩白天玩得出神，夜裏要做荒夢的，一個人大起來不攪亂世界，從小他就要不荒唐，此則又好像書經裏的「思安安」了。

「思安安」是讚舜的，但民間平常就如此課小孩。我鄉下嬰孩尚在繈褓時，必把手腳鬆鬆的綁住，恐其亂動扭傷。及能坐立，剛剛學行走，仍要留心他攀翻盤碗，見他抓了甚麼塞向嘴裏，趕快奪下。成了兒童，抱雞摸狗，把母親針線筐翻翻搗搗，都要挨罵，「小人怎麼這樣逆簇，會手腳一刻亦不停的！」一次堂房的哥哥阿煥去看田水，紅姊坐在簷頭織帶，他走過身邊把紅姊鬢邊插的山花一撩，紅姊罵道，「手腳這樣逆簇，難道小時嬸嬸沒有把你綁過！」

不許小孩蹦蹦跳跳，似乎不合體育，但中國雕刻繪畫裏的人體，以及拳術，皆含蓄柔和，調順舒齊，不重西洋人那種筋肉與骨骼相撐拒，爭強壓迫的發達。便是細胞新陳代謝的話，今時生理學家亦並沒有說得好。原來生物愈低等，新陳代謝愈快，細胞短命，人又如何能長壽？所以說神仙八百年伐髓換腸，細胞倒是要生機不停滯而代謝得慢纔好。中國又向來忌生機發露無遺，今人卻每會精力過剩，非發洩不行，只因不能涵養渟蓄縈迴，故亦不能持久耐勞，容易神經或心臟衰弱。精力要涵蓄渟洄為氣，如王羲之的帖裏即每說體氣，氣以充體，且還有志以持氣，如此纔是人身。

小孩且亦不可知識開得太早。今時的小孩百伶百利，會買東西，會應酬生客。玩具及漫畫讀物多到無數，學校裏亦功課忙逼，讀書像拼命，這其實不好，知識的根本是智慧，他們把根本來傷了。惟簡可以使繁，惟靜可以用動，現代社會忙得不堪，即因不能簡靜。聰明智慧要含蓄如花朵的盈盈，知識與技術纔可以是從它生出來的儀態萬方。我母親的規矩，大人在說話，小人只許聽聽，不可七嘴八舌，見了一樣新奇東西，亦不可問這問那，凡百要放在肚裏過一過。興奮不過是動物本能的飛揚，好奇心亦不過是動物本能的反應，但知識的妙機是生於人的「思安安」。民間老法教小孩，是先要他曉得人世的莊嚴。

我小時很笨，不曉得用錢，亦不會在人客面前應答如流。比我大一歲的小孩我就打不過他，因我頭大，上重下輕，有時自己跑快也會跌一交，額上起來瘀青塊，母親常用燒酒黃梔溼了紙給我敷貼。可是這條命也急切難休，長大後層層折折到得今天，雖無過人之處，但昔年比我能幹的小孩後來還比我不如。我小時是惟獃鼓鼓的，好像自有一經。

民間老法小孩並無特權，我母親常說「三歲至老，你以為還小呢！」竟是從三歲起就要學大人的帝王之學，而因我不成材，幾次被父親惱，更常被母親用烏篠打。我五歲時，夜飯桌上，記不得因何四哥拿筷子撩了我一下，我哭起來，母親罵了四哥，又簡單給我說了一句好話，但我心有未足，仍舊哭，不料母親就不理。我變得不好收場，哭得無味了，索性發野性，如此就惱了父親，他倒不打我，只把我一把拎出門外。外面堂前間黑暗，我心裏害怕，登時放聲大哭大喊起來，但是由我擂門也不開。後來裏邊吃過飯收拾碗盞，聽聽我已不哭，母親纔放我進去，仍罵我小人犯賤，不識抬舉，我惟不作聲。

被母親打，最後一次我已十一歲，小舅舅來作人客我作怪，且以為已經這樣大了不會再挨打，人客一走，毋親笑顏送到門口，我曉得風頭不對，想溜身躲躲過，但是已經來不及，被母親一把拖到後屋一頓痛打，問我以後還敢不敢再這樣。我小時每次挨打後，鄰兒羞我，一齊唸道，「攤眼烏妻妻，油炒扁眼豆！」還有年長的堂哥哥們見了亦取笑我，我只不作聲。母親說下次要記錯，我亦聽了不作聲。

新派不作興打小孩，但小孩的特權是養成他要被人容忍，大起來要社會亦容忍他，而他若是弱者，則輪到他容忍別人，這樣容忍與被容忍兩組人作成的社會，從中雖出來基督的饒恕，無抵抗主義與革命的鬥爭，到底亦不得不得天下清安的。又新派的家庭是溫床，小孩所作的只是社會的假演習。但舊時中國家庭，則小孩是到了日月雨露的人世，做人真刀真槍，雖父母亦如天地不仁。我大起來若有豁達與認真，即因我是這樣的出身。

我在書房裏也被先生打過。一次是聽講書，並坐的同學從桌下遞過來一隻紙摺的鳥兒，我怕先生看見，推開他的手，誰知先生反打我兩記手心。這要算得冤屈，而我竟不曉得辯明。基督的代人贖罪我很不喜，印度的忍辱仙人還好些，我的卻不過是老實，當下也很煩惱的。但世上的事也有不能辯明的，抗戰勝利後，我沒有像陳公博周佛海的寫答弁狀，只覺雖然理直，到法庭總不如逃走的好，這還是靠了我從小的涵養。

我小時亦寧是喜歡大人拿我當平人看待，亦沒有說爸爸媽媽愛我，我愛爸爸媽媽。原來小孩亦不過像初陽裏的新枝，或剛剛會得吃食及嬉逐的小貓小狗，凡幼小生物皆有的一種可愛，對是還要約於禮，把來變成人生的鮮活潑辣纔好。稱小孩為天使，說青年是時代的棟梁，還不如上海人叫小眾生倒喜樂。愛玲說年青人憊賴，小孩她亦不喜，一點不怕有頑固的嫌疑，因為她自己正當妙年。

小孩其實是羡望成人的，很想自己快快長大起來。我上學的一年出痲疹，母親樣樣當心，我頭蓋一塊舊綢片，怕風吹著眼睛，長日只在屋內。還有出痲疹時哭泣也要壞眼睛。要忌嘴，一隻醃蛋我吃三餐。我雖有些倚病撒嬌，但也母親說的我都依順。我坐在高凳上正吃早飯，台門外大路上群兒經過，高聲叫我「蕊生懶學胚！」我不睬他們。阿五妹妹走到窗口，悄悄問我去不去溪裏挖塘？我不去。我是當著大事呢，只覺自己像大人的正經，而他們則是小孩。

還有是一年暑天，晝長人靜，我沒有去處，走到隔壁小叔家後屋裏，只見階前一株棗樹已結白蒲棗，鈺嫂嫂與阿黃姊姊坐在門口當風處繡鞋頭花，說著話兒。還有阿五妹妹也在開手學做針線，她還這樣小，不過九歲，她們亦和她正正經經的說閒說兒，惟有和我不搭訕。阿五妹妹是今年起已入了大人隊，不和我嬉戲了。我當下無手無勢，惆悵難言。

法無戲論

左傳裏有魯國的使者對晉侯曰：「寡君幼不喜弄，弱不好鬥」。舊時民間小孩與鄰兒打架，大人不問曲直，各把自己的小孩責罵一頓了事。我小時愛看庭前雄雞鬥，及畈上牛抵角，但是大人見了只把它們趕趕開。這且按下一邊不提。如今單說小孩不可玩物喪志，現在有賣的許多玩具，我小時就簡直沒有。

現在這種塞珞璐製及橡皮製的狗馬，洋囡囡，鐵皮製的汽車飛機，一般輕薄得沒有內容，形態不是太像，即是太不像，精密而草率，成了對於真物最惡劣的諷刺。而因沒有內容，故又種類數量務求其多，徒然造成小孩的佔有慾。還有小孩讀的漫畫本亦是如此，不知人世可以有文物清嘉。

紅樓夢裏榮國府寧國府這樣人家，鳳姐的女孩抱在奶媽懷裏，玩的亦只是一隻佛手。一般年輕母親或是拔下一枝簪給小孩且玩一回，或是由小孩弄母親的手鐲與耳環。佛手與手鐲耳環這些都是真物，小孩亦因此知道世上的一切都是真的，這是最初步的格物致知。是真的東西，纔有意致，所以亦可以是玩意兒。紅樓夢裏黃金鶯採柳枝編的籃子送給林姑娘，自謙說是個玩意兒罷了，但這籃子就有著大觀園的春風春日，河水亭榭，及黃金鶯這個人，而且是可以實用來插花的。

禮樂射御書數何等正經，卻稱為六藝，亦即皆是玩意兒，燈市百戲本等是玩意兒，卻又如承大賓，如奉大事，人世一切皆是這樣的遊戲自在，而又真實不虛，所以連一架鞦韆，中國的亦和西洋的兩樣。日本人今大造玩具，我覺不及他們原來三月三女兒節設的人形，及五月五有男孩人家豎的鯉幟，那雖然也是玩的，卻有一種清肅的喜意，不可以狎弄。

小時我家裏夜飯後洗好碗盞，大人還略坐一回說話兒，我拿煤頭紙就燈點火來玩，或把點著的棒香就暗處旋舞，正高興處，母親卻不許，說小孩玩火，夜裏要遺溺。又我和弟弟揭竿為兵，在堂前掉舞，母親也喝止，她道，「不許掄槍施棒！」及進高小讀書，從紹興域裏學來做風箏，且買得一隻小皮球到溪灘上去踢，可是人家都在畈上做生活，我這個學堂生清客不像清客，縱或母親不罵，自己也覺有一種輕佻。中國的戲文好，是從大人的事而來，舞龍掉獅子好，是生在人世的風景裏，但小孩及幼小動物的戲逐則怎樣高級化了亦只能是Sports。

我做竹蜻蜓，水槍撚旋子，又用雙線穿起菱角或栗子做扯鈴，母親都由我。但我若太熱心，成天在門檻上斬斬剁剁，竹頭木屑攤得一地，阻大人手腳，且因正在做一樣東西，大人叫喚也不理，母親可要罵了。她罵的是「枉長白大的，你還小哩？這種東西又不可以當飯！」又我在戲文台下十文錢買來一隻彩釉泥蛙，形制樸實，有哨子可以吹，我著實心愛，夜裏也捏了睡，吃飯時也拿來吹一吹，母親愁道，「你不要討我把它來摔了，小人會沒有寸當！」饒是這樣，後來我二十幾歲時，還是幾乎不把馬克思主義連睡覺時也捏在被窩裏，且弄到飯桌上來，不必論那主義如何，單是對它這樣感情沉湎貪婪，先已不好。

至今我想起小時的製玩具，實在沒有一樣好。倒是過年時春年糕，央叔伯或哥哥捏糕團做龍鳳，羊及麻雀，來得有情意。以及央紅姊用深粉紅的蕎麥莖編花轎，有紅姊的女心如深秋的艷。

此外我小時遊嬉多是去溪邊拔烏篠筍，地裏摘桑葚，山上採松花，端午節掘清木香，小澗裏拔菖蒲，但也都是正經事。便是捕魚釣魚，也為可以做嗄飯。沿溪釣魚，山色橋影，桑竹人家，春風春日，皆在溪水裏，人與溪水與魚兒一樣的鮮活。可是後來我在紹興杭州見人河邊釣魚，及來日本見報上常有人物介紹，趣味一欄裏或填釣魚，我覺得好像不對。

胡村溪裏的是三寸二寸之魚，我小時釣得了或捕得了幾條，趕快拿回家養在面盆裏，蹲著只管看。那魚依然如在溪水裏的精神，且還黏有溪裏的沙泥，現在卻來到我家像個生客，它悠悠的游一回，忽然撥刺一聲跳出面盆落在地上，水濺了我一臉。而隨後是煎來吃了。但是我不喜城裏人家養的金魚，還有熱帶魚，我更不知拿甚麼態度對它，因為我沒有玩物的習慣。金魚除非是養在大的荷花缸裏或荷花池裏。又我在西湖玉泉寺，見池裏養的大魚，一批一批像豬群的堆堆擠擠，只覺還不及魚店門口木盆裏養著待賣為饌的活魚，那至少是真的魚，還有著江湖之氣。

草蟲我是喜歡紡織娘。胡村夏夜簷頭飛來一隻紡織娘，嗆啷啷叫得好響亮，就像整個庭院門內門外都成了藕鏤邊繅絲的紡車聲，夾在湯湯的溪水裏流去。我小時捉到過一隻，用南瓜花餵它。這種紡織娘與普通的叫嘓嘓兒不同，我鄉下叫它績佳婆婆，惟不知這佳字到底如何寫。兒歌有，

火螢蟲，夜夜紅，績佳婆婆糊燈籠，公公挑菜賣胡蔥，新婦抽牌捉牙蟲。

我養的一隻績佳婆婆入夜果然也叫起來，一樣是那種金鼓夾絲絃之聲，又繁華又爽朗。但是我因為待它好，開出籠來看看，給它飛走了。

此外我捕過幾隻蟬，我鄉下叫知了，知了在原畈上來得個會叫，且叫得來調子來得個好，捕了來它可是不作聲了，用指甲刮它腹部的發音處也無用，只會發出嘎嘎聲。還有蟋蟀，但是胡村的小孩們不弄這個，我養得一回也不養了，它夜裏肯叫還好聽，調弄它們可是不怎麼愉快的。後來我在紹興杭州看見街頭賣叫嘓嘓兒，倒是熱鬧，而且真也是夏天了，但我總沒有想要買過。

鳥是我小時在書房裏，看見一隻小燕子學飛墜地，我把它放在欄杆上，好等大燕子來引它，焉知那大燕子就不要它了，反為趕它啄它，因為人手所沾，氣味異樣之故。當

下我心裏非常難過，想到早上先生剛教的一課書，周濂溪的愛蓮說，原來世界上的東西都有一種貞潔，像蓮花的可遠觀而不可狎玩，我真是做了錯事了，差一點沒有哭出來。

雛燕事件之前，我還養過一隻小麻雀，也是學飛墜地，被我捕得。我鄉下燕子來是人家發，要待它好，其餘鳥雀則不在此例。我關那小麻雀在銅腳爐裏，拿米與水飼它不吃，捉了草蟲來飼它亦不吃，養得兩天就死了，我當然悲愴，母親卻不怎樣同情。又我家有雞無鴨，中秋節有個種田人送來一隻老鴨，放在後院嘎嘎叫，我非常驚喜，可是大人把來殺了，毫不理會我的攔阻。中國文明原來是親親而仁民，仁民而愛物，層次分明，不許像基督的待路人與待親人無別，或釋迦的待眾生亦如待人，所以感情清平。

我不喜古玩舖，不喜博物館的生物標本，又比起鳥店裏嘈雜的籠鳥，我也寧愛野味店門口掛著的新打來的野鴨與大雁。我小時看見山上飛起雉雞，及桑樹上的斑鳩與桑椹鳥，及喜鵲飛來廳屋瓦上喳喳叫，總要心裏一動，因為那都是真的鳥。有一天，我到屋後竹園裏，見地上立著一隻貓頭鷹，兩隻黃眼睛真像貓，想是它白晝看不見東西，我躡手躡腳走得很近了它亦不動，我正待捉它，忽然忒兒一聲飛走了。又一次是一隻珍禽，不知幾時飛來停在我家西簷桑樹上，它停了好一回，拖著長長的赤色尾羽，其時傍晚，天色陰灰，更覺得它鮮明真實。那貓頭鷹使我敬畏，這珍禽卻只是妙意有在，如蘇軾梅花詩：「酒醒夢覺起繞樹，妙意有在終無言」。

大起來我也說過一回西洋哲學，但是不想求真理，因我從小所見的東西皆是真的。

新近我又隨意看些白居易及蘇軾的詩，那怕是一首極平常的，但凡用的一個字眼，寫的一樣東西，皆永絕戲論，而你用怎樣的思想亦到底不能及。這就是孔子說的民無信不立的信。但凡真的東西，即妙意有在，所以又奇恣使人驚，卻與漫畫式的諷刺完全兩樣。

我小時沒有甚麼玩，但是曉得遊。而我的遊亦只是遊於平常，如平常屋後的竹園我就愛之不盡。竹子的好處是一個疏字，太陽照進竹林裏，真個是疏疏斜陽疏疏竹，千竿萬竿皆是人世的悠遠。

不但竹子好，筍也好。屋後竹園裏茁筍，一株株都是我先覓見。我清早起來就開後門出去，一見又有幾株茁來了，便蹲下去看，纔從被窩裏出來的熱身肌碰著竹子，竹梢葉裏積著的夜來雨露灑啦啦一大陣搖落在我臉上頭頸上，水涼的又驚又喜。胡村人家種在屋後的都是燕竹，毛竹則種在山上，燕竹只有大人的臂膊粗細，燕筍亦不像毛筍的毛茸茸，卻像緞子的光緻緻。我總想用手去摸摸，但是母親說摸過的筍要黃萎，長不成竹子。

小燕子也不可以摸，筍也不可以摸，凡百皆有個相敬為賓。這回我在日本，偕池田遊龍澤寺，進山門就望見殿前坡地上有梅花，我心裏想「噢，你也在這裏！」而那梅花，亦知道是我來了。但是我不當即走近去，卻先到殿院裏吃過茶麵，又把他處都遊觀了，然後纔去梅花樹下到得一到。這很像昔年我從杭州回家，進門一見玉鳳，就兩人心裏都是歡喜的，但我且與母親及鄰人說話，玉鳳亦只在灶前走動，不來搭訕。

卻說燕筍也比毛筍好吃。毛筍若煮得欠透，吃了喉嚨裏有點哱哱動。毛筍乾卻好，要晒成肉桂色，鹽味淡的最上等。此外裏山出蘆鬚竹，只有兒臂粗細，還比燕竹小，筍殼微黃，有褐色斑點，味苦，恐怕即是苦竹筍，黃庭堅字帖裏有寫著的。蘆鬚筍最遲，又多到不論錢，吃它時初夏的風光皆來到了飯桌上。毛筍是端午前後最盛，我鄉下婦女歸寧，及女婿去望丈人家，凡轄有毛竹山的，皆掘筍送禮。誰家人客來時，堂前挑到一擔毛筍，只覺鬧熱堂堂，而這亦都變了是毛筍的好味道了。

還有燕筍毛筍蘆鬚筍醃在甏裏壓緊，六月炎天在簷頭板桌上吃飯時，拿它下飯，非常清口，婦女們尤其愛。好筍要留成竹子，新竹解籜時，我拾箬殼最上心，把來晒燥，留著過節裏粽子用。秋天我尋鞭筍，揀沙土墳裂處掘下去，就見有鞭筍潔白如玉。掘來鞭筍給母親煮榨麵，請請人客。人家有個竹園，就人來客去也叫喊得應，抵得一個魚池。

凡好東西皆是家常的。我五，六歲時到溪灘裏挖蟹，一路沿溪灘走去，忽回頭望不見橋頭人家，卻來到了山邊探潭，半邊溪灘裏晒不著太陽，松風吹水，我就心裏害怕，尋原路回轉，邊走邊哭叫，赤膊穿條青布褲，背脊晒得通紅，赤了一雙腳，手拿一隻蒲柳口袋，裏邊有幾隻小蟹。望不見世上人家了，果然是可怕的。

古鏡新記

（一）

我鄉下的土話，見不當於禮要招愆尤的事，說是罪過柏辣，又見悽慘殘忍的事是說慘忍搭煞。罪過柏辣通常是到人家裏作客，見長輩捧茶來，趕快起身去接，一面說的恐縮之辭，但有時亦用以說慘忍可哀，意思與說慘忍搭煞相通。原亦如此，一切悽慘事多從不當於禮而來。

胡村小孩吵架，先是口角，說「昨天我給你的燒餅要還了！」這時對方大都默然，因為還不出。但亦有抵抗的，說「那麼你吃過的炒豆也還來！」於是互以手指攤攤自己的下眼臉扭對方，說「好不臉皮！好不臉皮！」如此一個急了，就又攏打起來。又或並不打攏來，卻是朝對方拜，因為被拜是罪過的，要被拜殺。當下被拜者很驚慌，趕快背轉身去表示不受。而或則兩個小孩立得遠遠的，隔條大路，各人依著自己的家門口，你拜我也拜。再敵不過，則去告訴對方的母親。

甚至大人，如某家的公公遭兒媳婦不孝，虐待得做人不來了。他就橫了心伏下地去跪拜孫兒，那媳婦也果然驚慌，一把拖開孫兒。旁邊人都不直那媳婦，但那老人竟用這樣的絕計，也看了大不以為然。惟這樣的事是千中揀一纔有。

這要拜殺對方的話很可笑，可是連紹興戲裏亦這樣做。甚麼戲名忘記了，是一員女將叫百花女，陣前槍挑了烏龜精，掛在城頭示眾，那烏龜精有個師父，覺得難堪，好言勸說百花女，那百花女也忒年青美貌恃強，見了這身穿土黃衲衣，手執拂塵的老僧，一聽說是那烏龜精的師父，就罵他披毛戴角，這話傷了他的心，因他正是峨嵋山修鍊千年的老猴。他原已不開殺戒，且亦不袒護徒弟，百花女卻這樣傷他，還掉槍逼來，他也動氣了，但也只用拂塵挌開槍，讓百花女收兵回城。

我小時看戲總幫女將，單為那美艷的戰袍，珠冠上插長長的兩支雉尾，且如雙陽公主，樊梨花，百花女這樣的名字也好聽。連編戲的人亦和我一樣心思，總是女將還比男將本領高強。惟有這一回，我卻覺得百花女理虧，同情那老僧，但仍希望他對百花女手下留情。

可是那老僧越想越氣，他回營紮了一個草人，供在法壇上，向她拜跪之後起來射一箭，那邊城裏百花女就一陣心痛。如此要拜七七四十九日，每天射一箭。到第四十八日，百花女已瀕死了，幸得她師姊從梨山老母處趕來，掩入法壇抱走那草人，進城救活了百花女。我先頭看那老僧拜跪之後射一箭，戲台上一捧鑼響，我當下十分驚痛，及見他又在拜跪了，我非常著急，只覺人世上沒有比這更凶險的，我憎惡那老僧到了極點。等師姊抱走了草人，我纔舒了心，這回是那老僧拜跪之後起來又要射，卻不見了草人，他的驚慌狼狽我毫不同情，連幸災樂禍我也不屑。

拜跪以成禮，非禮而行拜跪，果然是再沒有比這更不祥的。中國民間到底聰明，一見共產黨和顏悅色說要為人民服務，知道他要拜過來了，就驚慌得趕快想要避開，可是現在避也避不開，只好學兩個頑童在對拜，共產黨要拜殺人民，人民要拜殺共產黨，但是還得有師姐從共產黨的法壇上把草人抱出來。

（二）

中國民間向來非常之當心巫魘，怕魂魄失落或被攝去。共產黨是學的西洋法子，西洋人是他們的靈魂都在上帝那邊登記，並無異議，俄國小說死魂靈裏的農奴死了，魂靈還賣來賣去，不得個解脫，而現在共產黨行的人民身份証國民身份証也就是這樣的東西。可是中國民間仍要招魂招它回來。

我鄉下招魂是小孩遭逢邪祟，受驚得病了，一人前導，手執掃帚簸箕，又記得好像是米篩，上覆一塊布，一人跟在後頭，出去到那失落魂魄的地方，前導的人叫，某人啊，回來嗄！跟在後頭的人即答應，噢，回來了！如此叫聲應聲引回到家裏，把米篩裏的幾粒米撒在小孩身上，說某人已回來了。這雖是迷信，但意思非常好，有效無效總之於病人無礙。我小時母親就也給我招魂過一次。

還有是曹娥江造大橋，那年恰值四鄉小孩病疫，想是腦膜炎，卻紛紛說是魂魄被攝去鎮了橋腳了，還有典有眼的說，橋腳合龍時，眾中有個石匠聽見哭叫聲喚，「爹爹，是我呀！」他一驚回家，他的小孩果然死了。那些日子，又有生人來沿門大路上叫賣哈拉貝，不知哈拉貝是甚麼東西，那生人一定是來攝小孩魂魄的，於是家家驚恐，我也被關在家裏不許出去。

這些固然都是荒唐話，但今世亦確有著許多荒唐事，共產黨當其尚是新四軍八路軍時就使用小鬼隊，那些小鬼就像聊齋誌異裏的長治女子，被通士攝了魂魄去，正身殺死在崖石下，取血滴在一個小木偶上，成了楊柳神，從此就供那道士的驅遣。那道士攝魂魄先是套得那女子的生辰八字，共產黨恰恰也是要人自白，從他的出生寫起。又攝了魂魄鎮橋腳的話，則現在共產黨的治淮河即是像這樣的弄到白骨如山。秦始皇築長城，隋煬開運河，共產黨做的還要更厲害，我小時正值民國初年，忽然流行起唱孟姜女哭夫造長城來，民間原已早有著這樣的預感了。

這回就要看中國民間守住魂魄的本領了。我小時和四哥在後園籬邊種一株小桃樹，母親叫我走開些，不可把人影種在桃樹裏，若種了進去，那桃樹就成了我的本命樹，它開我亦榮，它枯我亦死的。桃花雖美，但我這個人亦仍要是我自己的，所以其後我幸而不獻身於藝術的女神或革命之神。而這回是一班知識分子為了解放軍初期的好風景，把他們的本命種進了馬克思主義。幸得民間還能守住自己的本命，雖目前一時生身陷入了地獄，亦必定還有出頭之日的。

古印度人的智慧，教人要當心會生身陷入地獄，地獄且有一種叫阿鼻，意即無間，無間地獄是時間空間沒有一分一秒一處一所不是地獄。現在共產黨的就像這樣的統統是地獄，連一點間隙也沒有，實在可怕。佛經裏有大目犍連入地獄救母，大目犍連只到地獄裏見了一見母親，就又出來了，他母親業重難救。可是傳到了中國，中國人就不服，目連救母變成了「破地獄」，不但救出母親，且連地獄都破了。破地獄是我鄉下死了婦人必請道士演的，那道士扮目連，頭戴紫金冠，腳登草鞋，白袍的下裙褰起，不像和尚的良善，卻是手執寶劍，一路破到血污池。血污池是由一碗紅糖汁水來表示，放在堂前就地一個木骨紙糊的架子下，那形狀像走馬燈，四面點有燈燭。道士先是遶架子綽綽唱唱，一路破去，像過五關斬六將，破到最後，一把揭開架子，意思是把整個幽冥界都掀翻了，這時露出血污池，與亡人的牌位，由披蔴帶孝的孝子跪下去匍匐在地，一口喝乾，把碗底翻轉朝天，那道士即用劍一擊而碎，把他母親的牌位搶給孝子抱走，當下滿堂舉起哀來。我小時乃至長大後見了破地獄總要流淚，這實在悲壯，而且叫人歡喜，因為那母親其實沒有罪，血污也不過是因為生男育女，正正堂堂的。

地獄當然可以破，而且必定要用劍，這回中國的事即是反共要以民間起兵。但丁神曲裏的地獄，罪人推重石上峻坡，千年萬年也推不上，只見老是很吃力的頂住在那裏，中國民間則從來不信壞事情壞東西會長久，長久的只有是好的事情，好的東西。

(三)

昔人的筆記小說裏有這樣一則，我講給愛玲聽過。是一武弁奉命去他鄉別縣投遞公文，宿夜店的人與他說樓上的房間有怪氣，但是他不怕。半夜裏果然一黑衣者進來，他與之格鬥，黑衣者大呼二斑，即又有一物衝來，格鬥聲益急，移時始寂。翌日一清早，店主見他下來，顏色悽慘，惟言樓上的房間勿開，等我幹了公事歸途再過此地，就草草而去。我纔講到這裏，愛玲已驚駭起來，但是仍舊聽我講下去。卻說過得半個月，那武弁果然又來，面上有喜色，像是了得一筆心事，店主就同他到樓上，到得房門邊他忽撲地而滅。一看那房門卻是裏面閂著，打開了進去，只見武弁與二犬駢死在樓板上，壁上題句有悔憾。愛玲聽完了說道，「真可怕！先前我聽到說臉色悽慘，就曉得不對，真可怕！」

我是從小母親即不許我作這樣的好勇鬥狠。我小時摸摸貓狗，不知如何激惱了，它就嗚的露出牙齒來，母親罵道，「牲徒臉上有毛的，你去惹它！」有一等人玩笑開不起，玩笑會當真，我鄉下說他是貓狗臉，翻臉就不認得人。我記得這句話，所以總小心。戰時我與日本將佐說話，必要折伏他，且也鬥過許多回，但我仍隨時防他當場一下子就翻臉。又後來共產黨請我去北京，也因怕他會忽然翻臉不認得人，所以纔給我走脫了。

母親又戒我水火不留情，要我火燭小心，要我去深潭游水時小心。又走橋要走在中間，不可出邊出沿。我幾次因挨近四哥哥劈柴的斧頭下，及舂米時挨近臼杵，被一把拎開，還挨罵，我四哥更只是一掌把我打開去，我當即哭起來，母親卻道，該應！

我十三四歲時，胡村大水，一溪滾滾黃浪都從我家台門裏穿過，水沒了半樓梯，只聽見牆倒，幸得急流挾帶來的沙石有兩尺高，埋住了柱腳，房子纔不被沖走。台門外大路上是一片汪洋，男男女女都披蓑戴笠在救水，在撈被沖走的桌椅稻桶與牛羊雞鴨。我與弟弟在樓上，聽屋瓦上風雨搖撼，我竟非常高興，大聲唱起學堂歌來，這回我母親可真的氣惱了，罵道，「你還是人？還是牲徒？」

饒是這樣，後來我看顯克微支的小說描寫羅馬皇帝放火燒羅馬城，及果戈理的小說裏十二世紀哥薩克人攻掠波蘭，殺人如剖瓜切菜，他們自己亦像剖瓜切菜的被殺，只覺是生命的大飛揚，當下我也雄糾糾起來。我且曾佩服過托爾斯泰著戰爭與和平裏的安特來，把他的Cynical當做高貴。戰時我偕池田初次到漢口，住在德明飯店，當晚空襲，地上高射機關槍像雨點又像放煙火，飛機投彈都就在近傍，旅館的屋頂險不塌了下來。池田在房裏裹住棉被躺著不動，我依然立在窗口看，炸彈與炮火的閃光在我臉上一亮一亮，玻璃窗啦啦響，我反為一身都是雄心浩氣。過後池田說他真害怕，我纔忽然慚愧了。眾之所畏，不可不畏，Cynical的勇氣原來孩童就有，那是不曉得禍福之正。

但我到底也有一點做人的根基，否則此身怕早已化為灰塵了。我幾次過得昭關，皆是幸得小時聽母親的話，唯臨機未必記起，事後想想倒是都依了的。我在政治上頻頻闖禍，其實我亦並非不顧一切，倒是每次皆把可能的最壞的結果先想過了，知道即使到了那樣亦還有餘地可以遊戲，所以敢斷行的。水滸裏盧俊義明知山有虎，來作採樵人，他路過梁山泊，叫從人在車上扯起一面大旗，上寫著：

慷慨北京盧俊義，金裝玉匣來深地，
太平車子不空回，要收此山奇貨去，

那可真是好詩。易經裏有「動乎險中，大亨貞」，以金裝玉匣之身入深地，是要先把因愚昧及輕薄僥倖來禁斷了，雖遭生命的危險亦還有人世不失，不會是死得不明不白，如上海話罵人「屈死」，或冤魂向親人托夢說我死得好苦。亡命以來，我雖更把生死也看淡了，又中國的事今後我還得出入於白刃之中，亦只覺做人理該如此，且依於向來的謹慎，我若身入險地，總是先看過了地形的。

（四）

昔人有被誣不辨，又或他欺我，我雖明知，亦對他仍信而不疑，此是一嫵媚。因為人人有面，樹樹有皮，我總不可眼中著不得他人，不干自己之事，無所傷害之事，由他人去掉點槍花也罷了，何用去破法。孔子說，「惡訐以為直者」，所以法海和尚被人人惡，而且他比白蛇娘娘更不得好收場。

我小時聽梅香哥哥講故事。他講變戲法的人鳴鑼開場，例必向觀眾抱拳為禮，吆喝道，

「爹娘生我三兄弟，大哥河南開封府，二哥四川廣德州，小弟不聽爹娘話，流落江湖走天下」。

接著又一捧鑼響，吆喝道，「在行人看看笑笑，裏山毛賊，惡屁亂撒。」他是打招呼在前，所以你總不可以破他的法。一次變戲法的人當著觀眾把他的小孩四裩六開斬殺，放進一隻覆有紅布的箱子裏。不料廣場對過樓上有個頑童看著，照他的動作，把隻青蛙也來四裩六開用剪刀剪落。及後變戲法的人等觀眾擲錢夠了，喝一聲小傢伙還不出來謝賞！」但是箱子裏寂然，三喝不出來，原來被破了法，真的斬殺了。變戲法的人就大哭，聲言此仇必報。那頑童的姊姊和弟弟闖了大禍，趕快借攏來七七四十九隻鐵鑊，層層疊起，叫他伏在下面。果然時辰到了，一聲響亮，四十九隻鑊都被斬為兩半，她的弟弟總算不死。死不死只有一刀之仇，那變戲法的人亦只得罷了。

這是說破法最不祥，做人本來是你不可弄到他人落不得場，他人纔也給你留三分情，一生少有凶險。以訐為直的人，我在戰時及亡命來日本後，曾遇見過幾個，起初我每錯認為剛正有才志，要等十足看穿其原來只是霸戾之氣，纔一下與之斷絕，實在有慚孔子之明。

還有我鄉下說老虎不吃人。我小時聽母親講有個婦人去汲水，井頭忽來一隻老虎，

先還只朝她望，她在井水裏照見自己是隻狗，一聲驚叫都來不及，那老虎就撲過來把她拖去吃掉了。現在水素爆彈殺人比滾湯潑螞蟻還厲害，也只因人先已成了比螞蟻還不如。佛經真說如來之身不受劫毀，孟子說人之異於禽獸者幾希，上海人說子彈是生眼睛的，命裏若不該橫死，它不會打著你。這命是正命，生於正命，死於正命，都先要做人能像個人。

禹鑄九鼎，歷象魑魅魍魎之形，使民入山林不逢不若，意思重在避，而民間重陽登高即是避凶煞。得避時該避，這個道理好像很簡單，可是抗戰勝利時汪政府的人竟多不知，坐以待擒，而我是幸得避過了。又唐人小說裏有古鏡記，鏡能辟邪，意思重在明，能萬物歷然，即妖無由生，則更使人想到大學裏的格物致知。九鼎與古鏡記的典故，民間多不曉得，但他們教小孩竟然亦是這樣。我母親即教了我甚麼是吉祥，又甚麼是凶煞，而特別是戒凶煞。古詩如孔雀東南飛，結句每是「持謝後世人，念之慎勿忘」，漢文明歷劫不壞，亦多靠有這樣的垂誡。

中國人對於凶煞如此謹慎細到，真是性命之學，所以沒有不可以解，如云解冤結。而且還有大膽無敵的祓除法，如胡村人過年過節及婚禮，第一是喜氣先已使邪祟不能近身，有吉星來把煞神解了，所以用爆仗。放爆仗最是蕩滌情穢，雙響大爆仗，百子爆仗，還放銃放頓地炮，一派喜氣洋洋的大威力，對凶煞毫無容赦。從這些地方都可見漢民族的壯闊無宿滯，是有本領掃蕩共產黨的。

怨東風

離胡村四十里有個俞傅村，在上虞地界。俞傅村有份財主人家，上代做鹽柴生意旺發，起屋買田，如今坤店王名聲極好，不足只是年已五十，現放著嫡妾二妻，膝下尚男花女花俱無，因此上要了我做過房兒子。那年我纔十二歲，還糊裏糊塗，一天就與父親坐了兩乘轎子到俞家。叫他人做爺娘，我己覺不自然，又見俞家一股土氣俗氣，與我所想的完全不對，當下更心裏不樂。俞傅村全是種田人，是也不及胡村人的世界響亮。

但俞家真是好人家，義父為人厚道，雖然泥土氣，然而是陽光裏田頭的泥土。他是務農人底子，家裏僱有長工與看牛佬，仍自己歇歇又荷鋤去到畈上。在他家裏，只覺銀錢亦沉甸甸的有情意份量，早晚開關堂前門的聲音亦有高堂大廈的深宏，吃飯每餐有酒有肉，下午必造點心。他最是個惜物的人，但富自身可以即是慷慨，且是世俗現實的安定，這是我第一次接觸富的德性。

若不結俞家這門親，我未必能去紹興杭州讀書，雖然我亦不曾去想到將來，且覺求人總是一件倒霉的事。但為依順父母，我不好說不願。我寒暑假回家，總是住在俞家的日子多。俞家吃飯分內外，我與義父二人同桌在正房裏，他待我像個小人客，我雖不肯親近，但是他安著一份心思要培植我讀書，大了給我娶親，又分一點房地產給我，也是過房父子一場。只這樣世俗的平實的厚道，就抵得上多少英雄美人的情高意真。

俞家庶母，人家叫她春姑娘，那年她正三十二歲，生得吊梢眼，水蛇腰，像京戲拾玉鐲的旦角，因她的人有英氣，倒是得人敬重，且嫡母甚麼都不會，內裏都由她當家。

我第一年去俞家時，庶母在嫡母的娘家吊喪。翌年正月裏又去時纔拜認她。那次仍是我父親陪我去，轎子到時，她正在堂前紡紗，身上尚帶輕孝，我被引到她面前行大禮，叫她母親，跪下去拜得一拜，她就連忙攙起，滿面帶笑，說話聲音響亮，叫我蕊生官，夾手去房裏取出一個銀項圈往我頭上一合，就戴上了，單這落手重，就可見她是個狠辣的人。我是男孩，見了女人很怕不好意思，叫她做母親完全不慣，她又給我兩把木刀，我也不玩，因為小孩的事我不屑。

我漸漸只跟庶母，她去晒場裏晒穀，或在簷頭繡花，我都跟在身邊。她在房裏開衣箱取東西，一面與我說起她的娘家，她原是杭州女子，出身很好的，我只覺她的人亦像這衣箱裏的華麗深藏。下半晝畈上要送點心去給僱工吃，庶母便去燒。廚房裏很靜，大路上有母雞叫，陽光疏疏穿入窗櫺，庶母切韭菜，我剝豆，聽她講李三娘被打落磨坊，後來兒子中了狀元，迎接娘親去上任。我知道這是為我與她而說的，心裏想著我也必定這樣，嘴裏卻不肯表示，我連很少肯叫她。

庶母繡給我一個紅桃綠葉的筆袋，要我佩帶，我也不慣，衣裳又有大花的，我怕難為情穿，還是半新不舊的青布衣裳於我頂相宜，她要把我打扮得像戲文裏的讀書小官人，可是總失敗。

庶母與我講說她的身世，賽過一部寶卷，但亦因是對我講說，若對別人，她未必能講說得這樣好的。她做女兒時，家住在杭州塘棲，父親是當典裏朝奉，就像寶卷裏的員外，母親是老夫人，都當這個女兒是寶貝。她夏天月下乘涼，她母親也用簾子給她遮蔭，說月亮會晒黑肌膚。小孩時當典裏夥計抱她，她定要騎在肩頭，人家說女孩兒家不可以跨過男人的頭，她偏不管，有這樣嬌橫。及年十五六，閨房中她結拜有七姊妹，個個像戲文裏番邦的公主，姊妹們衣襟上皆繡雙刀為記。親友家有喜事，眾姊妹同去赴讌，堂上眾賓，堂下鼓樂，每酒過三巡，女眷們即起去更衣，那時作興穿百襇繡裙，頭上插一排金枝翡翠蕊頭，終讌要更換衣裳三，四次，一次比一次更打扮得花枝招展。

塘棲原是好地方，但她少去外邊，因她自己這個人即是風景。她是逢有節日喜事纔出去，打扮得真齊整，門口上轎下轎，街坊上的人都走攏來看施家的姑娘，那時還是清朝末年。她家去當典只隔一衖條，也坐轎，那當典就在大街上，上元夜她與眾女眷去當典樓上看燈市，靠欄杆擺起桌椅，水果茶食都是夥計一包包一筐筐的送上來，還有燈市上賣的各式玩意兒。她與女眷們吃茶磕瓜子，看樓前一隊隊燈彩台閣明晃晃的迎過，此時天上一輪皓月亦與人相近，只覺是月兒如燈人如月。

她上頭有個哥哥，十五歲就會開當票，也在當典裏，外頭得人敬，家裏得人寵，兄妹相貌生得相像，煞是俊秀。她哥哥且會得畫花，常給姊妹們描枕頭花鞋頭花的底樣。她肩下一個弟弟，也是生得粉團玉琢。我小時聽庶母講說她哥哥相貌好，弟弟生得齊整，就像新娘子房裏金紙彩帛剪的人形，我總不免悵然，因為自己萬萬及不到。庶母又說她家有一時曾住在杭州城裏，晚飯後人未寢，便好比小調裏的「美貌佳人紅燈坐」，意綿綿暖玉生香，連那燈兒亦是有情有義的了。這時卻聽得城站火車到，她哥哥回來了，家裏的人尚未寢就是為等他。她敬哥哥是男人，那樣的敬意真是女心無限。她家的規矩，箱子裏女子的衣裳不可放在男人衣裳的上面，男人的貴氣是生在女心的喜悅。

女心就是悽涼喜悅的，但她那時尚未自覺，亦不知有悽涼。如此到了廿二歲，來做媒的人踏斷門檻，她父母挑三揀四總難得相當，而她本人亦不在其意。忽一日，她去後園裏樹上晾手巾，見園門開著，就移步至河邊路側看看杏花，卻遇著一少年也在那裏，她知是鄰家的親戚，挽了人來說過媒的，此刻不意相見，雖兩人立處相隔數步路，彼此簡單招呼得一聲亦很不自然，她卻心裏一驚，她是現在纔分明看見了自己是女身，且心裏對他有感激，兩人都覺不好意思，她更是站立不住，就逃回來了。

就是那年四月裏，她娘舅來說接她去東陽與表姊妹為伴繡花，焉知這娘舅是個不成材的，騙她去賣給紹興城裏一富室為妾，她到了纔曉得，大哭大鬧，少爺來同房，她打了他一記耳光。如此便又被轉賣到上虞章村槐三家，那章槐三廣有田地，人倒斯文，成日只彈絲吹竹，非常愛惜她，她也只得罷了。不到三年，那槐三病死，大婦纔又把她賣給俞家的。她先不知，見俞家義父來看人，她心裏還想是那裏來的買豬客人，論俞家這點財產她原不在心上，且不喜義父的泥土氣，真真好比一朵鮮花飄落到了泥土裏。可是也像泥土與花纔真是性命相知，義父這樣一個實心人，凡百事情上頭都看重她，她雖儘管不滿，義父死後她卻真心哭泣，此後縱有風浪浮華，亦她的一生只是義父的了。

庶母這樣好勝逞強，紅樓夢裏鳳姐似的人物，做女兒時卻是個很怯生人，外事不知的，會遭人拐賣，那糊塗就像三春的明迷，花事草草，也不知是已經過去了沒有。

俞家簷下滴水缸邊種有月季花，纔得三兩株，花朵淺紅色，開了又謝，謝了又開，我每看它含苞，看它開放，半上晝照著太陽，花苞微拆，清露滋滋，雖每回開出不過三朵兩朵，卻這樣好法，待怎樣比擬都不是，它只是真的月季花。對著這花，便堦前簷下的水缸風車柴蓬與墻頭竹梢，亦皆是真的了。對著這花，便亦是看見了我自己了。還有庶母，她家常穿竹布衫褲如村中一般婦女的打扮，惟她的雖是竹布衫褲亦必鑲上滾邊，每出入堂前，她的人亦是真的。我立在水缸邊看花，庶母走來批蔥，蔥盆在水缸板上，她探身過去，一朵月季花恰好掠著她鬢際，如她與我的親情。庶母說花有花神，讀書小官人不可以採花，採花罪過，我聽了只覺今生的華麗果然是要遠離傷害。

我幼年在俞家的一段是不得已，先存了求人之心而攀親，這樣委屈，我又叛逆，又順受，一直矜持如作客，是個小官人。而我亦漸漸喜歡俞傅村，夏天村人去大溪裏捕得蝦蟹，一升米換一斤，這是在胡村吃不到的。還有秋天到樓上望見稻田自照牆外直接天邊，一片成熟的金黃色，與村落路亭，遠山遠水，皆在斜陽蟬聲裏，如我此生的無窮盡。俞家不住樓上，樓上燈通三間，兩間樓板上堆著收來的租穀，有半人高，惟左首一間空著，只堆些雜物，我難得隨庶母到樓上拿東西，偶然這樣一望，便有門前是天涯的悵然。江山無限，是私情無限。庶母見我如此，她就不樂。詞裏有「新帖繡羅襦，雙雙金鷓鴣」，女子對於丈夫或兒子，舊式的想法是中狀元，與她像金鷓鴣的安定，但我是要飛去的。

一次我辭俞家回胡村，胡村祠堂裏正做小歌班，出來一個旦，扮相像庶母，我看了不等戲文散場，就一人回來到樓上哭了一場，記得是下午，屋瓦上都是陽光。又其後去杭州讀書，從俞家動身，當晚在百官過宿，旅館裏一人燈下鋪被，心裏好不難受，說戀說愛都不是，而只是極素樸的思慕。原來孟子說「人少時則慕父母，知好色則慕少艾」，這個慕字竟是用得極好的。但我沒有對庶母說起過。而庶母可亦愛我是沒有過，為我壞心思是有過，因為我倔強。

及我十五歲，義父病沒。庶母那時三十五歲，她渾身縞素，在靈前痛哭，仍堅起心思料理喪事，還要與覬覦遺產的侄子爭訟。有一夜，庶母的房因和尚道士在做法事，被除不吉，我睡的帳房間亦讓出來，庶母叫我與她及三歲的妹妹同睡在側屋柴間裏。以前義父在時憐我小，招我同睡我不肯，今夜卻因當著大事，只覺得是親人。柴間裏蠟燭火盪漾，柴堆上舖起雪青印白花土布大被，我與妹妹先睡下，然後庶母也解紐子脫衣裳，卻清到一夜無夢。

頭七過了，我要去杭州進學校，是日早飯後，庶母在靈幃裏哭過，又當著滿堂弔客與侄子們了，抽身叫我到她房裏，她臉上尚有啼痕，取出一包銀元給我做學費，吩咐我一些話，句句是親人的言語。

但是庶母後來對我不好了。她依照義父生前的意思，催我父親給我定親，聘金她拿出。她又買下戴家一座樓屋連同竹園桑地，約值五百銀圓，等我成親了交與玉鳳，我前後所受於俞家的亦要算是千金之贈了。但她這樣做是多麼的面酸心硬，我因末後一兩年裏問她要學費已忍著羞恥，那房地契我辭得一辭，她也生了大氣，當著玉鳳說你們也不必再來了。今世裏她與我的情意應當是用紅綾袱襯著，托在大紅金漆盤子裏的，可是如何堂前竟沒有個安放處，她這纔覺得自己的身世真是委屈，比以前她所想的更委屈百倍。

她益發變得好勝逞強，待人辣手辣腳。她嫌老屋不夠暢陽，別出心裁，在西側建了新屋。又每年去杭州，在塘棲娘家置了產業。她生有一子在外頭。她辛苦找到了娘家，但是隨即不樂了。她的老爹老娘竟還在，惟兄弟中有的已故，但是家道消乏了，反要女兒幫助。娘家人來俞傅村走動，愈承迎她的笑臉，她愈生氣。庶母後來是對親生的兒女亦不喜，甚至虐待，因為這也不如她的所想。她的一生就有這樣怨。

屏開牡丹

我十三歲那年，芝山小學舉行會試，十里內的小學與村塾皆各選拔四五人去應試。我坐轎去，四哥哥與阿鈺哥哥抬轎，他們都是望兄弟成名。芝山小學是新制高小，我到得那裏，只見樣樣開通，人人明達，看看自己身上穿的花洋紗短衫，茄色紡綢褲，還佩著俞家庶母繡的紅桃綠葉緞子筆袋，真覺得不好意思。試畢回來，胡村學堂裏的先生問我們考得怎樣，三個同學皆答得頭頭是道，惟我無望。焉知放榜倒是我考得好，賞了一部史記菁華錄，還有四角銀毫，他們即只得一支鉛筆或一錠墨。

其後我讀高小及中學，亦仍是這樣的謙遜。我考進紹興第五師範附屬高小二年級，同學都是城裏人，都來欺侮我，我起初因情況不明，不敢爭鬥，但後來他們不欺侮我了，倒又用不著爭鬥。第五師範及第五中學多有諸暨新昌嵊縣義烏永康來的學生，個個身長力大，城裏人同學開口輕薄，他們就動手打人，人亦不敢欺侮他們。但是我不打架，人亦不欺侮我。可比我初到上海，碼頭上的挑夫與黃包車夫都敲我竹槓，竟是要反抗亦無從反抗起，其後住在上海，閒時走街竟從不遇見流氓，可見只要自身不太觸目，就海晏河清，許多事原不必靠鬥勝或屈伏來解決。

高小畢業後我進紹興第五中學，只讀得一學期，學生鬧風潮，第二學期久久開不得課，我就回胡村了。我連不知這風潮是所鬧何事，只覺人世太大，不可唐突干與或僅僅動問。此後表哥吳雪帆帶我到杭州考進蕙蘭。蕙蘭是教會中學，青年會在禮拜堂歡迎新同學，彈琴唱讚美詩，且分糖果，那樣的「兄弟愛」於我完全不慣。

我在蕙蘭讀到四年級，已在舉行畢業考試了，即因一樁事被開除。我是校刊的英文總編輯，校聞欄有一則投稿，記某同學因帳目問題被罷免了青年會幹事職。校刊顧問是教務主任方同源，他說有關教會的名譽，不可登。經我說明，他就不再言語，我當他已經默認了，焉知登出後他叫了我去罵，當下我不服，他遂向校長以辭職要挾，開除了我。我倒亦不驚悔，惟一時不敢回里，後來是父親寫信來叫我，我纔回里的。

蘇軾十二歲時，有代歐陽修謝賜玉帶名馬表，「豈伊墜之，而帶有餘，非敢後也，而馬不進」，真是謙遜。我連理直氣壯的不屈，亦對同學對父母沒有慷慨之言。

但那幾年的學校教育對我也是好的。彼時學校功課不像現在的忙，考試亦不在其意，很少團體活動，很少競爭比賽，讀書只是讀書，沒有想到要拿它派甚麼用場，亦不打算將來的職業，且連對世事的意見亦沒有。我所以亦不信基督教。蕙蘭做禮拜，我總是可躲則躲，因為不喜基督教的無故鄭重其事。

但比學校教育更好的仍是紹興杭州的風景，使我的人亦在風景裏。民歌裏有「送郎送到房門邊，抬頭只見太平錢」，如此一路唱到「送郎送到九曲灣，九曲呀彎彎看牡丹」，當年父親帶我到紹興杭州，於我的一生裏就好比屏開牡丹。

我出外讀書，雖是我父親與俞家義父早有此意，但我自己完全沒有想到。我十三歲那年夏天，在傅家山下小舅舅家作客，與雪帆表哥為伴，我父親忽來叫我同去章家埠，有十五里路，我就替父親背錢搭，沿剡溪沙堤走到那裏，他事先沒有和我說要到紹興杭州去，卻就趁了夜航船。後來這條路我自己來去走過多少遍，不是一句離情別緒的話可以說得盡。

章家埠是上虞地界，剡溪到此，再下去就成了曹娥江。到紹興去，從三界亦可趁船，但水淺時埠船只到章家埠。從三界章家埠趁船到蒿壩，要過壩換趁內河船。蒿壩街上，只見飯店拉客人吃飯，熱鬧非凡，那條石板街路晴天也是溼溼的，一股黃芽韭菜的氣味，我倒是喜歡聞。在此過壩換船的人，惟見扁擔錢搭包裹雨傘戢戢如林，夾著一兩乘轎子，經過飯店門口，都像搶奪打架一樣，被拉進去吃飯。飯店裏四方板桌長條凳，點叫的無非是白飯二分錢一碗，紮肉三分錢一塊，滾熱豬油燒魚頭豆腐八分錢一大碗，要吃酒也有五香豬肚，炒腰花。客人多是農夫及生意人，亦有去外頭讀書的山鄉少年少女，他們都計算著路費，仍不免稍稍吃驚於自己在路上的豪闊。那堂倌是搬饌收碗，像穿梭一般，渾身都是手眼，客人叫聲應聲，灶頭煎炒，鍋鏟敲得噹噹響。

還有蒿壩的過塘行，埠船到時客人聚集，開票轉船換船，泡茶絞熱手巾，單是塘柴一天裏要燒好幾擔，中小企業的這種興旺熱鬧慷慨，天下世界的財富可比新鮮魚蝦的燒好了即趁熱烙現吃，我一直喜愛。

從蒿壩換船在內河中行，比外江就另一番景像，河岸迤邐人家，一路有市鎮。到得鑑湖水域，田地便平洋開闊，山也退遠去到了天邊，變得斯文起來。這裏的田地都是好土壤，陽光無遮攔，所以出得紹興這樣名城。紹興城此時從船上還望不見，只覺它隱隱的浮在水鄉上，又像是在雲中，卻人語與雞犬之聲可以聽得見似的，河水裏漸漸繁密起來的菱角荇葉，與從我們船傍掠過的一隻兩隻烏蓬船，好比從紹興城裏流出來的桃花片。

及至五市門，說是紹興到了，我一看不過是沿河塘的行家店家，不禁失望。惟因東湖烏門山出石板，此地的河岸塘路都鋪得極好，人家的粉牆也很白，河塘裏許多烏蓬船，對河平疇遠山，都在下午的太陽裏。當下我跟父親進城門，走過大街，纔不再失望，卻不曉得自己的感情是說高興好，還是不高興好，只覺我自己這個人與父親非常分明，此地的一切也一步一步都是分明的。

紹興城裏大街小巷，一色是石板鋪的路，許多節孝牌坊，狀元牌坊。惟我對那些石牌坊不大有好感，走過時怕它萬一壓下來，且狀元及孝子節婦的人世有點安穩過了頭。又家家後門都是河，地名也是橋，八字橋，廣寧橋，探花橋，蓮花橋，大郎橋，小郎橋等，坐船賽過坐黃包車，探親會友，女兒望娘，外婆到女婿家，都自家後門口下船，那家後門口上岸，那些烏蓬船，就像要撐入人家的堂前與灶間，可比小艇撐入荷花深處，那櫛比鱗次的人家便是荷葉荷花。

紹興城裏要做一府五，六個縣的生意，要算得工商業發達，卻只見是住人家的，大街也只得一條，其餘惟江橋頭熱鬧，又東郭門頭，西郭門頭，水偏門，旱偏門，及五市門頭是熱鬧的，凡米穀，魚蝦，木材，酒業及各種工業生產都在那裏成交，錫箔的製成是分散在小戶人家裏，有名的紹酒釀造，及陶器鐵鑊，酒甏酒缸，則都在城外市鎮裏。城裏的大商號，如陶泰生布莊及錢莊酒莊茶莊，皆反開在大街邊的小巷裏。便如杭州比紹興更市面大，亦沒有受工業區商業區壓迫的感覺，不須特為規定住宅區，這實在是最高的設計，怎樣的現代都市皆應當採用的。

紹興城裏許多台門房子，平家台門，王家台門，陶家鮑家台門等，數也數不清，最大是呂府，宋朝宰相的宅第，但已夷為閭巷小家了，這些台門都有照壁，獅子旗桿石，很高的避火牆，獸環漚釘門，裏邊石砌大院，三廳兩廂，正房側院，有花園亭台，門上廳上掛滿功名匾額。但如今多是子孫分數家居住，且有租出的。我住在三哥家，即租的平家台門的一個側院，我喜中國舊式的深宅大院，但不喜住在裏邊的敗落子弟，他們一點銳氣也沒有。

紹興城裏的小家小戶也好，便是從那樣的人家出來得龍鳳鎖裏的金鳳姑娘，又如水滸裏藏匿恩人魯提轄在樓上的金老兒父女，宋人平話及元曲裏廣有人世風情的小民亦是住的這種房子。破落的大家子孫少爺小姐的稱呼我聽了不慣，但我喜小戶小家婦女像小姐少奶奶，有女體的香氣。明眸皓齒本來多是出在尋常百姓家，因為不染富貴的沉溷不潔。其後我在杭州，亦喜歡在長巷短巷裏走，看看這種臨街淺屋人家，門多開著，好像都可以進去堂屋裏坐坐，討盅茶水吃或借紅燈。

紹興老酒有名，又越鷄極嫩，我父親每次來，必去府前街買旱羊肉，及芝麻醬，油條是沿門來賣，此外各式蒸糕都便宜好吃，竟成了家家的早點心。但我自己只買過幾次油條，現在還數得出來。大街上的洋貨店我當然喜愛，雖然讀書時沒冇錢，且亦根本不想到要買。

但是紹興的名勝古蹟我不知，在讀書的那兩三年裏，我連沒有去過禹陵蘭亭，我常去的倒是水偏門，只見舳艫如林，米市魚市非常熱鬧，四處田疇河漢，不必登高望遠，也城郭山川都在這裏了。再出去，離鬧市稍遠，沿河石砌官塘大路，一次梅香哥哥來，我與他走過，太陽晒得熱起來，進去路亭要有賣老酒的攤子，四枚銅幣一碗，水紅菱一枚銅幣二十隻。

但我還是更歡喜杭州，紹興人有一種熟祁祁，像西瓜熟透了瓤，與我的脾氣合不來，杭州則有辛亥起義以來民國世界的清明。我在紹興高小時，五四運動只在學校裏剛起來，而到了杭州，則尋常巷陌人家，湖山市廛，皆只覺五四時代皆是向來的本色，好到使人不起懷舊之感，因為沒有一個舊時代在死滅，然而眼前的已是全新的。

我第一次跟父親去杭州亦是十三歲那年，其後在十五歲纔又跟表哥吳雪帆去杭州進蕙蘭中學。跟父親去時，有個親戚是胡村進去二十里前岡村人，在電燈公司當工人，領我們到機器間看正在轉動的發電馬達，那樣大聲激烈，我有點害怕，就像山西梆子「呱呱！」一把感情思想都軋掉掃盪掉了，剩下來的只是更純簡且更端然的人。那天去他家吃夜飯，錢塘江的鯿魚這樣鮮美，我也是初次吃著。飯後又請去共舞台看髦兒戲，正大鬧天宮，京戲的鑼鼓與錦襖花帽的孫悟空皆與我山鄉地方戲裏的不同，而是民國世界東吳的繁華，新鮮到幾乎是帶有刺激性的。那親戚能有多少工錢，卻這樣豪爽重義，這也是我初次見識了現代工人。後來他又陪我們到旗下洋貨店裏，我只見電燈光像水晶的條條射目，身穿旗袍，頭戴絲絨帽的女子在買東西，我還當她是男人，她卻又臉上粉敷得這樣白，襟邊水鑽閃爍，我只覺不順眼，然而這正是我對現代都市的初次驚艷。

要說杭州，道杭州，只能用三個字，杭州地方好風景。無論人或物，但凡能是風景，即私的亦皆成了公的，西湖裏私家的莊子皆開放，西冷橋畔蘇小小墓，當年兒女之私亦成了天下世界的風景，所以杭州女子這樣的喜歡在門口小立。一次我與蕙蘭中學的同學鍾志謙走過誰家庭院，大門開著，他便昂然進去看花看魚，即或主人出來干涉，他也會得應付，我可是膽怯，像歐陽修詩裏的「黃鳥飛來立，搖蕩花間雨」，生怕驚動人世。

我愛杭州的紫氣紅塵，浣紗路河畔洗衣的女子，我走過總要看看，只覺這裏的楊柳纔真是楊柳。我是個俗人，世上富貴榮華我都愛，只是不信伏權力。彼時孫傳芳當五省聯軍總司令，轅門在旗下督軍署，一次我與鍾志謙走過，見說孫馨帥今日要遊湖，就停步想要看他出來，此時已日上三竿，轅門外衛隊勒馬盤旋，步哨一直放到岳王墳，等了很久，轅門裏卻還不見動靜，我忽覺得自己可以平視他。還有蕙蘭的同學于瑞人與我最好，他家在三元方開于天順洋貨莊，做錢塘江上游的生意，有錢得華麗深邃，還比官家清潔，這也是我第一次見世面，好比讀花間詞。

我在蕙蘭時，西湖是每逢星期六總去，但沒有像他人的風雅，且要化錢的事亦輪不到我。我是過西冷印社亦不吃茶，過杏花村亦不買醉，惟獨自在白堤蘇堤走走，或化四個銅元搭遊艇從岳王墳回旗下。因為我與西湖真是自己人，不在乎虛花。便是靈隱淨慈寺這樣名剎，及巍巍的岳王墳，繫人冶情的蘇小小墓，也見了我不講甚深微妙法，不講英雄恨，不講痴情艷意，因為真是親人相對了。

又彼時承五四運動的風氣，我表哥及與他同班的馬孝安，及他們的好友第一師範的學生汪靜之，崔真吾，還有劉朝陽，他們都有愛人，且都會做白話詩，惟我在低年級，既不會做詩，亦不想到要愛人，雖常跟表哥與他們在一起，總之沒有資格入群。我對他們都只有佩服，他們說話我惟敬聽。西遊記裏花果山的石猴，纔出生下得地來，搖搖拐拐的行走，參拜四方。早驚動天上玉帝，令太白金仙查看了，回說是下界小小一生靈，倒曉得有個向善之心，因此亦就不問。我年幼的可笑便像這樣，是人家所說可憐兒的一條小性命罷了。

有鳳來儀

思凡

三嫂嫂一次叫我小官人，我一笑，她也笑了，說，「你笑甚麼？難道我叫錯了？太陽未出總是早，老婆未討總是小，況且包文正稱嫂嫂為嫂娘，我不比你大？」是年我已十八，正議親事，是前岡蘆田進去，離胡村五十里裏山地方，唐溪人的女兒，名叫玉鳳，父親唐濟仙，人稱他三先生。

是年夏天杭州學堂放暑假回來，夜飯後坐在簷頭，有月亮，母親問我的意思。前兩年提及婚事，我說不要，這回卻聽母親說下去，心裏曉得要了，只覺在母親跟前，且對於人世的事我都婉從，這婉從倒是與女兒的有幾分相似。但仍微微詫異，有個女子將是我的妻，意意思思的不禁有一種歡喜，可比花片打著了水面。

可是我母親也聽人說如今作興文明結婚，要自己看中，我大哥哥又是個無事忙，就陪我去唐溪，只說買茶葉，到了三先生家裏。三先生在鄰家，差人去叫，我們坐在客堂間，時已晌午，玉鳳從山上採茶回來了，她肩背茶籃，正要往前門進來，望見有客，不知如何她似乎已經覺得了，即轉身改走後門。我正像三嫂嫂說的是個小官人，怕難為情都來不及，那裏留心，急得大哥哥向我使眼色，又悄悄的指點給我，我張望又不好，不張望又不好，只見是個穿青布衫褲的女子，從後門一直轉入灶間去了，臉仍沒有看清楚。

一時三先生來家了。便與我大哥哥攀談，在客堂間款待酒飯，玉鳳的弟弟纔十二歲，出來搬菜，只不見他姊姊，他們都已心裏明白，我那裏是去看人的？分明是倒送上門去給人看，但我也只得老起臉皮，彷彿拚此一命似的。

飯後陪去月樵店王家。月樵店王是玉鳳的堂房伯父，縣裏有名，杭州上海也有交遊的大紳士，家裏是洋房，青翠的迴廊欄杆。在他家客堂間坐得一坐，我亦沒有留心大哥哥如何賣通關節，他帶我到屋後田陌上，我只當是去走走，焉知那裏正對後院，玉鳳與眾姊妹在院裏乘風涼繡花，大哥哥指點叫我看，這種慌慌張張的樣子我從來何曾慣，且相隔有十幾丈，還來不及看清楚四人中誰是她，那邊卻已經知覺，都逃上樓去了，只剩有日色阡陌，人家的樓屋非常齊整。

婚後玉鳳說，那回她倒是把我看得清清楚楚，即我跟大哥哥從屋後又回到客堂間時，她在樓上看我走過廊下，穿的茄色紡綢褲，白洋布短衫，心裏只覺得是好的。千萬年裏千萬人之中，只有這個少年便是他，只有這個女子便是她，竟是不可以選擇的，所以夫妻是姻緣。

如此就行聘，男家女家的長輩都放心，說兩人已經自己看中了，使我無從剖白，但也不覺得是被誤會或受了委屈，人世最最真實的事每每會有像這樣好的糊塗。

煤人男家的是宓家山可楨娘舅，女家的是蘆田少彭表哥。下定是一百銀圓，兩端緞子，外加一付盒擔及兩罈老酒。盒擔裏是一對雞，兩尾魚，一方肉，幾對荔枝桂圓蓮子白糖包及庚貼，都用朱漆大盤子裝著。彼時我父親還在世。

先一夕整理盤擔，父親把銀圓用燥粉擦亮，每塊上面用銀硃筆寫一個囍字，我也幫同寫，只見八仙桌上攤徧銀洋錢，紅燭光下都是喜氣。又壁柱上掛著兩尾胖頭魚，灶間廚板上放著金絲黃芽韭菜，還有倚在門邊一大綑茭白，都發出腥味與香氣，茭白的莖葉在燭光裏更見得青翠碧綠。此時廚下肉餅子已斬好，海參也泡好，魚肚發好，扣肉扣好了，廚子辭去，等明朝再來，母親也放好盒擔裏的禮品，就端坐等父親與我把銀圓上的囍字都寫好。

次日煤人到來，請集親房叔伯，祭告天地祖先及家堂菩薩，在堂前高燒紅燭，寫我的年庚帖子，托在盤子裏，向天地祖先及家堂菩薩面前供過，然後連同父親的大紅拜帖皆裝進盒擔裏。於是請媒人上座，吃過酒飯，由媒人押送聘禮去女家。女家收下聘禮，回的盒擔，揭開來，一盒的盤子裏是新娘子的庚帖，一盒是親家翁的拜帖，其他一盒盒是新娘子做給公婆的鞋，胭脂點過的饅頭，及折回的蓮子白糖包。

行聘之後，親迎之前，去丈人家是要被取笑做毛腳女婿的，但既行過聘，這人世上就已有著一人是我的妻了，而她是還在做女兒，不知她想著時是怎樣的想法，大約也和我一樣只是這個感覺非常好。如此兩年。

婚禮

我喜愛舊式婚姻。小時見叔伯家堂哥哥喜事，前二，二日已把親戚接來，房族裏都來幫忙，抬轎趕市，司帳司廚，女人則幫燒飯送茶，照應人客，長輩們都和悅，子弟們都齊心齊意，姊妹嫂嫂們都隨叫隨應，雖然尚未發花轎，亦已經鬧熱堂堂，是喜事人家了。此時做公婆的不單是一家之主，且更是人世一樁大事的主人，如同佛經裏說的是世尊。雖然為兒子娶新婦，籌辦費用或幾經艱難，且在忖度今後的家計，亦但覺人世的苦勞與慷慨都還給了人世，自己像有得道者的悟悅，是法喜。而新郎則隨眾照應諸事，只不去抬轎迎嫁粧，大家都覺得他是新郎，大家都覺得他今天變得是個非常聽話的子弟，姊妹們更對他新有一種親熱，平常叫名字的此時都叫他哥哥弟弟。

做親前一日，堂下宰豬羊，後院殺雞剖魚，二，三十人出發去抬嫁粧。半下晝嫁粧抬到，一扛一扛從大路上直通到堂前抬進來，只見是祭祀用的錫打香爐燭台，全付碗筷壺盞，新郎的冠履，新娘的紅綠棉被枕頭帳子，四隻或八隻衣箱，然後是木器，合歡床，几桌櫃桶盆盤，鏡台，皆簇嶄全新，每件上頭繫一綹大紅絲棉，撒些五穀。祭器先在祖宗面前供過，所有嫁粧皆歇在堂前堂下，讓四鄰的人走攏來看，然後搬進洞房，由老嫚幫忙佈置。老嫚是樂戶的妻室，或女兒，專走喜事人家，伏侍新娘新郎，並幫忙照應賓客，就像新娘是寶卷裏的小姐，她是陪嫁的貼身俏丫鬟。

到了正日子，新郎親迎，吃過早酒發出花轎，媒人在前，一隊人鳴鑼，一隊人執銃，一隊人擎油柴火兜，一隊人拎燈籠，燈籠上一面三個大字，「安定胡」，一面三個大字，「五峰堂」，及全班樂戶，總共五，六十人，走過田畈，走過山嶺，迤邐去女家。

女家是日早起，女兒作新娘穿戴，鳳冠霞帔，纓絡垂旒，玉帶蟒袍，下面百花襇裙，大紅繡鞋，拜謝天地祖先，家堂菩薩，生身父母，親房近族長輩及兄弟姊妹。正午堂前辦酒席，她上座，眾姊妹陪讌。此時此際，她的身份是在女兒與新娘之間，也喜悅也悽涼，父母及叔伯長輩受拜時一面說些訓誨的吉利話，一面也不禁心裏一酸，兄弟姊妹答拜時，亦眼睛裏要發潮。及讌罷上樓，卸粧，只穿大紅棉襖褲，脂粉不施，姊妹們在房裏陪伴，說些體己話兒，人人待她都這樣知心知己。這一天好像世界上發生了無數大事，而又過得草草，連朝晨與晌午所作所為，都好像是不切實。

不覺日已銜山，去村口候望的人來說花轎已來了，在嶺路上，果然隱隱聽見鑼聲漸近，且連著放銃，只覺驚心動魄，登時女兒的一生都分明了。花轎進村，一派細樂前導，又是鑼又是銃，此時台門大開，百子炮仗放得嫣紅滿地，花轎進了台門，到堂前歇下。眾人都在堂前及兩廊受招待，吃酒吃點心。新郎被引到客堂間，獻糖茶，吃湯圓，點心老酒八盤頭，新娘的兄弟相陪，女眷在窗前門側偷看新郎，且暗暗在給新郎的一碗湯圓裏以胡椒為餡，要辣他一辣，使他曉得女家的厲害，不好欺侮新娘。

吃過點心，樂戶在廊下動樂，新郎出至堂前，先拜女家祖先，次拜丈人丈母及房族長輩，後揖諸舅，拜罷又回客堂間，樂止。隨即堂上張筵，上頭一桌，兩傍八桌，簷頭廊下亦五，六桌，女酒則在樓上。動樂，新郎入席。樓下堂前是新郎上座，樓上房裏是新娘上座。堂上華燭，庭下油柴火把。一時樂聲大作，進觴上饌陸繹不絕。讌罷，新郎回客堂間，獻清茶，廊下樂戶唱戲文一齣，各各休息。

將及半夜，吉時已近，樓下鼓樂催粧，新郎欲起，女家請新郎稍待。逾時又鼓樂催妝。凡三催，新郎出至堂前拜丈人丈母及諸房長輩，又揖諸舅，始見新娘子下來，是她的哥哥抱她上花轎，通過人叢時，聽見她嚶嚶啜泣，眾姊妹相隨送到花轎前，放下轎簾。此時鼓樂大作，鳴鑼放銃，百子炮仗如雨，眾人點起油柴火把燈籠，喧闐並發，堂前及樓上頓時變成冰清冷落，只剩丈母放聲大哭。這邊則花轎出了村口，新娘的啜泣聲漸止，一路人馬浩蕩，沿山傍溪燈籠火把照著走，單是間歇的鳴鑼。兩對兩對的鑼聲，「白生——白養——」半夜裏經過，路邊村子裏的女兒及年青新婦都驚醒聽見，想著生身父母，想著自己是女身，好不悽涼。

是日男家從午前打發花轎親迎去後，留下動用的人手只是整治酒餚，備辦几桌碗盞，堂上掛起福祿壽三星圖及喜聯，入夜緒事就緒，漸漸三更向闌，等花轎來還著實有些時候，動用人都去和衣假寢，惟餘公婆與娘舅在東廳商量明天的人事調度。我小時亦硬撐著不肯去睡，要等花轎，漸漸瞌睡朦朧，但見堂前無人，燭燄照著三星圖更加惺忪，簷際夜色青森，繁星滿天，我去地上拾取放殘的百子炮仗，對中折斷，就庭燎點燃，看它火花噴濺，後來不知何時我在母親膝上睡著了，被抱去輕輕放在床上。及至醒來，只聽得鼓樂大作，花轎已經來了，我來不及去想自己怎麼會身在樓上，就奔下去看。

此時天纔東方發白，花轎進大門，轎上轎下前前後後一片聲放百子炮仗，打鑼吹號筒，轎前一人以五穀撒地，祓除不祥。花轎到了堂前，稍歇一歇，等交進了吉時，纔揭開轎簾，攙扶新娘出來，新郎新娘拜堂。只見滿堂前花團錦簇都是人，點起一對龍鳳燭，動樂。拜堂時的音樂非常華麗，是鉦，盪鑼，咚鑼，梅花。鉦亦是一種鑼，徑只五寸，相當厚，繩紐套在左手拇指上，右手以闊二寸厚二分圭形竹籤的邊刃擊打，作端端聲。盪鑼較薄，直徑八寸無紐，惟以左手食指頂住上邊，擊打亦是用竹籤，音聲清淺。咚鑼直徑一尺二寸，還比鉦厚，中央受搥處凸起盃口大的一圈，擊以搥，聲音深宏。梅花像短喇叭與簫笛的混合形制。這幾件都是銅樂器，鉦年盪鑼咚鑼合成的音節是

「端端痴端痴端咚——
端端痴端，痴端痴端咚——咚——」

「痴」是盪鑼一擊隨手一捫煞住的聲音。而配的樂調則在梅花，那梅花吹起來就像晴日溪山裏水流花開。這音樂是迎神的，亦是拜堂的。

拜堂是新郎新娘並肩先拜天地，然後新郎新娘交拜，樂戶一人司儀，唱，

作揖，拜——。

作揖，作揖，拜——。興。

新娘有老嫚在一傍攙扶行禮。新娘是上花轎時的裝束，身穿太婆衣，頭戴紙冠，覆一塊蓋頭紅帕，說是桃花女與公公鬥法作下來的，紙冠是喪服，為欺騙凶神惡煞，女子一生裏當著這樣的大事，真個是直見性命，如生如死的決絕，她亦不施脂粉，拜堂時便是這樣的天地人素面相見，一男一女的素面相見。

拜過堂，樂戶吹號筒，廊下大鑼大鼓，新郎抱新娘上樓，眾人圍隨到洞房裏。新郎新娘並坐在合歡床沿，人叢中出來福壽雙全的翁媼二人，拿湯圓餵新郎一口，新娘一口，又持整株紅皮甘蔗向新郎新娘祝三祝，多福多壽多男子。於是新郎揭去新娘的蓋頭帕，老嫚來助新娘更衣梳粧，要到此刻，纔穿戴起鳳冠霞帔，敷粉搽胭脂，如雨過牡丹，日出桃花，鳳冠霞帔是后妃之服，拜天地又是帝王的郊天之禮，中國民間便女子的一生亦是王者。

樓下又動樂，是平旦時分了，新郎新娘又下來到堂前，拜福祿壽三星及家堂菩薩。又然後拜祖先，拜公婆及房族中長輩，新郎新娘每行動必隨以鼓樂，人世是可以好到像

步步金蓮的。

於是開讌。早酒晏酒夜酒。滿堂親賓，一次總有二十桌，堂前最上一桌是新娘上座，新郎坐在下手主位，左右女眷相陪，樂動酒行，新娘惟垂旒端坐，不舉盃筯，真好比九天玄女娘娘。親賓中有人上來獻爵，新娘起立，由老嫚代飲，新郎亦起立陪飲。一時音樂轉成緩緩的細樂，新郎新娘到各桌敬酒，滿堂親賓皆起立，由老嫚執壺把盞，眾人皆飲。敬酒畢，新郎新娘歸座，眾各安席，鼓樂大作，酒過三巡，各桌猜拳行令，只見火雜雜的盃光衣影相射，那音樂是大鑼大鼓，還吹號筒，使人想起唐詩裏的醉和金甲舞，擂鼓動山川。

半下晝發箱。女眷們多來到新房裏，由叔婆婆或太婆問新娘要來鑰匙開嫁裝箱子，把衣裙一件一件發出來給眾人過目，用筷子做籌碼點數，取快快興發之意。發到最底一層是孝服，就停止，把發出來的衣裙又理齊放好。孝服是為公婆百年後服喪的，嫁裳自祭器至孝服，連同綳嬰兒的帶子色色齊備，女子的一生真也悽涼，也莊嚴安穩。

晚上洞房花燭，親友鬧房，鬧房都是男賓，百計引新人笑，女賓則心裏袒護著新娘。新娘端坐在床沿，不言亦不笑，連眼睛亦不抬，臉上甚麼表情都沒有，但只這樣的正容端坐，就是個無限意思的存在。此時多虧老嫚一張嘴百伶百俐，處處替新娘解圍，又好語引逗眾賓，使之謔而不虐。直至時候深了，眾人都下不得台，新娘纔為一騳然，於是說新娘已被引笑了，纔紛然下樓，老嫚搬出新娘的喜果，在堂前請吃酒吃點心，新郎新娘則在洞房飲合巹酒。

我村裏凡有娶親，便連大路上亦都是喜氣。喜事人家門外大路上陰潤潤的，不知是露水抑是夜來細兩，亦不知時候是半早晨抑是半下晝，只見日頭花開出來了，地面上散著嫣紅的鞭炮紙屑，乾淨得似未經人踐踏。日頭花晒進新房裏，只覺粧台如水木清華。樓下眾賓，樓上新房裏則姊妹妯娌們陪伴新娘，好像新娘只是他們的，有這樣貼心知意。有時新郎進來轉一轉，新娘亦仍端坐不抬眼，但明知道是他進來房裏又出去了。

辦喜酒凡三天，頭一天是正日子，讌眾賓，翌日謝媒酒，新娘謁宗祠，三朝辦房頭酒，新娘入廚下作羹湯，家祭。熱鬧收場，隨即家裏一切又如常，只是多了一個人了，也見她炊茶煮飲，也見她洗衣汲水，但仍覺她是新人，恰如三春花事過後，隨來的四月五月天氣，仍是新竹新荷，只覺人世水遠山長。

這婚禮，中國民間幾千年年來都這樣行，卻人人都覺是專為他一生中的好日子而設的，不可以摹倣或第二次。我與玉鳳便亦是這樣的花燭夫妻。

鳳兮鳳兮

我二十歲那年，九月父親去世，十月家裏喜事，這依喪禮是不可以的，但貧家凡事不易，已是父親都備辦好了，遺言要如此。初時因宓家山娘舅做媒人傳話傳得不好，玉鳳的父親又小氣，許多誤會，後來是得女家媒人蘆田王少彭妥結了，少彭出身大家，與男女兩造都是親戚。如此家裏就即刻除舊佈新，我母親亦轉哀為喜，蓬萊海水纔乾淺，隨又瑤池桃熟，世上的一月抵得過世外已千年。

親迎時因胡村去唐溪山路有五十里，這裏一早發轎，那邊也前半夜就上轎。途中在前岡表親家吃半夜點心，眾人都進村去了，花轎停在山邊大路上，月明霜露下，我一人守著花轎。婚後玉鳳說，「那時雖轎簾緊閉，且兩人都不說話，我知是你在跟前」。規矩是新娘在花轎裏不可以與人交言的。

卻說那晚眾人去村裏吃過點心，加了擎燎的松柴之後，花轎又起行。我坐兜子轎在前，至一處嶺上，回望與花轎相隔有數百步，忽見左手山邊燈籠火把明晃晃的也有一乘花轎抬來，不知是那村那家的，兩乘花轎在十字路口交叉而過，我想倘使兩家抬錯了呢。婚後我還向玉鳳取笑，說那時我倒是擔心，玉鳳道，「這豈有個會弄錯的」，人生也真是明迷得使人糊塗，卻又精密可靠到一點難差。

花轎至疊石村已天亮，沿溪轉過田畈就是胡村了，霜風曉月覺得冷。及至上田畈，放銃，八面鑼齊鳴，一派細樂前導，花轎緩緩進了村。及進大台門，放百子炮仗如雨，花轎至堂前歇下，眾人各去取便休息。約過半個時辰，纔踏準了吉時，堂上高燒龍鳳花燭，廊下動起鼓樂，由叔叔家紅姊上前揭起轎簾，講新娘出轎，由老嫚攙扶，我與她在堂前雙雙拜天地，又交拜畢，紅姊教我抱新娘，我從來亦沒有做過這樣的事，只是無可選擇的心思一橫，略相一相，當即俯身抱起她，幸得姊妹們圍隨攙扶，直抱上樓到了新房裏，因為新娘衣裳穿得非常之多，很不好抱。

這一切，於我都是這樣的生疏。及至坐床，老嫚給新娘摘下花冠，叫我揭去新娘的蓋頭帕，一見是穿的半舊青布太婆衣，臉上脂粉不施，我心裏一驚，簡直不喜，且連這不喜亦完全是一種新的感情，對自己都非常生疏的。西洋人常會得見到神，而中國文明裏驚天動地的事卻是看見了人的素面。

我且因一夜沒有睡，害了火眼，隨即獨自去到隔壁母親床上歇息，聽見樓梯上下人聲不絕，堂前廊下賓客沸沸揚揚，而鄰室新房裏是姊妹們在陪伴新娘，但是這些好像與我無關。我一點亦不興奮感動，甚麼也不思想，也不是不樂，也不是悽涼，是甚麼一種情懷好不難說。

樓下又動起鼓樂，我起身去到新房裏，此時陪伴的姊妹們都下樓關照甚麼去了，只剩老嫚在幫新娘打扮，因為就要下去堂前拜家堂菩薩。眾人看是新娘，我看則只是她，她坐在臨窗靠床的梳粧桌前，身上還只穿紅棉襖褲，桌上放著一碗麵，還有一碗她只吃過幾筷，她把筷子移近給我說，「你吃些點點飢」，這是她初次向我開言。玉鳳比我大一歲，而且夫妻的名份女子比男子更分明的承受，當下我也覺得兩人真是夫妻了。但我不說甚麼，只把那碗麵來吃了。新郎新娘是只顧行禮，尤其新娘，正式酒席上是不吃東西的。

晚上鬧過新房，眾賓下樓去後，老嫚送新娘的喜果去堂前，又進新房來鋪好被枕，解開新娘上花轎時懷裏帶著的紅巾包，是荔枝及和合酥這些，專為給新郎的，叫做懷裏果子，把來湊成幾個盤頭，擺起兩雙筷子兩只酒盞，這就是合巹酒了。那老嫚很年輕，她自己也是新婚纔滿月，生得很俏，臉相身裁像李香蘭，專會花言巧語，甚麼話到她嘴裏都變為吉祥，眾賓都愛兜攬她，此時她在洞房擺合巹酒，卻非常簡靜清純。她擺好了，斟上酒，叫聲姑爺姑娘，說了句吉利話兒，返身曳上房門出去了。

房裏只剩兩人，我不知如何是好，只得舉盞說聲請請，兩人都飲了一口。倒是玉鳳先開言，她道，「這次的事情真也叫人怨心，那忞家山娘舅來說聘禮嫁粧，說得好無道理，爹為我這個女兒也夠受了」。我聽了一驚。女兒總是信爹的，看她就有這樣理直氣壯，而此刻是對著蕊生要表一表了。她要算得糊塗，洞房花燭夜初次交言，說這話豈是相宜的？可是此時或只有像我的不知如何開言，若開言，除了說這樣糊塗可笑的話，此外還有甚麼更相宜的，莫非說我愛你？而我亦只是端然的回答，說我家不是爭執嫁粧的，那可楨娘舅說話原有些小娘氣，自作聰明。玉鳳聽了亦就不再提，她原只要有朝一日對蕊生表過了就是了的。

玉鳳見我吃了幾個荔枝，她就把包裹的荔枝再添些在盤裏，又給我斟了一盞酒，只在這些小動作裏她就這樣信賴的把我當作親人，我心裏感激。可是兩人都東西吃得很少，合巹酒，就是這樣草草盃盤，不成名色。我看她先解衣睡下了，我去睡在另一頭，兩人即刻都睡著了，真是天地清明，連個夢亦沒有。

風花啼鳥

我年輕時的想頭與行事，諸般可笑可惡。我不滿意玉鳳，因她沒有進過學校，彼時正是五四運動的風氣，女學生白衫黑裙，完全新派，玉鳳不能比。她又不能煙視媚行，像舊戲裏的小姐或俏丫鬟，她是繡花也不精，唱歌也不會。我小時團頭團腦，因此喜歡女子尖臉，玉鳳偏生得像燉煌壁畫裏的唐朝婦女，福篤篤相。逢我生氣了，她又只會愣住，不曉得說好話，我就發恨，幾次說重話傷她的心。

玉鳳繡的枕頭，我起先只當不好，其實花葉葳蕤。還有我要她唱歌，她不得已唱了一隻，是「小白菜，嫩靄靄，丈夫出門到上海，洋鈿十塊十塊帶進來」，我也以為俗氣不過。可是這種民歌真有本地的閭巷明淨，民國世界出去在外鄉外碼頭的親人依然是這樣的可靠。婚後我在胡村小學校教書，半年只得銀洋三十五元。玉鳳很得我母親的心，她也孝順，我母親也待她如賓。還有侄女青芸幼受後母虐待，後又三哥亡故，一直留在祖母身邊撫養，玉鳳來時青芸還只八歲，也待她像妹妹，她叫玉鳳六孆孆，其後青芸長成，還比親生女兒孝順。雖然家道貧寒，玉鳳卻相信丈夫是讀書人，必定會出山，便燒茶煮飯也都有情有義。她娘家堂房姊妹葵蘭春蘭在杭州讀書，暑假回來，她與她們在後院乘涼繡花說話兒，她雖不進學校，也一般感知了民國世界。她並不勉勵我，而只是相信我，男子的大志是動的，女子的大志卻使她這人更靜好。有時她洗好碗盞，走過我面前略站一站，臉上笑迷迷，問她有甚麼好笑，她答不知道。

夫妻恩愛當時是不覺的，惟覺是兩人，蕊生與玉鳳。玉鳳在溪邊洗衣，搗衣的棒槌漂走了，我赤腳下水去撈住給她，就站在齊膝的淺水裏幫她把洗的衣裳絞乾，水滴濺溼了踏砂石上靜靜的日光。周圍山色竹影，因有這溪水都變得是活的，橋頭人家已起炊煙，兩人所在之處只是這樣的沙淨魚嬉，人世便好比秦始皇帝的嶧山刻石，「因明白矣」。

一日傍晚，我坐在簷頭小竹椅裏讀書，鄰家小叔走過，小叔與我父親是異母兄弟，性情全然各別，對人多有恨毒，見我當了小學校教員很看我不起，這回他又拿話傷我。我一氣，就到廳屋樓上去躺著，夜飯也不吃。玉鳳來叫，問我，解勸我，我只不作聲，隨後見她淚流滿面，我纔說你先下去，我會來的，但她如何肯依。忽聽見我母親在庭前發話了，那小叔倒也不敢應嘴。及母親點燈上來叫我，我纔下去一道吃夜飯。其實我的生氣傷心有一半是假的，因為有母親與玉鳳，所以我可以這樣奢侈。這變成了習慣，其後我做了時局的弄潮兒，遇到大驚險大困難，每每憂傷憔悴亦像這樣有一半是假的，會得對自己的感情遊戲，纔不至於掩臉沉沒。

翌年三月裏，一日我正在下畈塘釣魚，有人去鎮上回來帶給我一封信，是杭州郵政局叫我去當郵務生，月薪三十五元，這個位置還是我在蕙蘭中學二年級時考取的，竟還保留著。我就去蘆田，問少彭借得九元，留給母親五元，到樓上又給玉鳳二元，玉鳳不肯要，說你路上也要帶一點，我說路費剩有二元已夠了，推推讓讓的一定塞在她手裏。

我到了杭州，在城站郵局上班，每月寄二十五元給母親。郵局是鐵飯碗，但我只做得三個月。郵局的職工個個但求無過，圖個歲久加薪，還有養老金，我覺得這也未免志氣太短了。彼時郵局在外國人手裏，對顧客很傲慢，連職員自己淘裏亦毫無情義，半分郵票過手都要簽字，各人責任分明。我不佩服的是他們手續有一點點不到之處就唬得要命，如郵件趕班時，漏下一對信遲到下班發出，罰洋一元，罰洋一元是小事，可笑的是周圍的同事們見你做錯了都扮起那樣一付嚴重的面孔，冷淡無人情。我雖未曾被罰，心裏卻想，假使錢塘江漲大水或因打仗郵件不通，難道你也去罰天罰軍閥。那種現代西洋的嚴肅其實只是認真的兒戲，計算得極精密的浪費，到頭是個大誑。

有個管賣郵票的同事，已是五十多歲的人，歲久積勤，二十年來薪水從二十元起已加到了一百一十元，再做滿五年就可得終身養老金了，局中要算他最年長，也只他還是個有人情的人。我每見他吃中飯，是媳婦或女兒送來。一日，有人買了郵票，又把三分的要掉一分的，他就掉了給他，局長見了冷然說，「你懂得章程嗎？」大約是郵票出了窗洞即不許掉換，那職員即刻垂手起立，答道「是！」局長說「你來！」把他叫到局長辦公桌前責罵，我見他垂手躬身一一只答「是」。我雖與他連未攀談過，但想起他也是一家之長，若他家裏的人知道爸爸這樣卑屈會如何難受。

又一次是有人拿收集的郵票要我蓋戳，我給蓋了，不知也給局長巡見了，被申斥說不可以。翌日偏又有個英國婦人也來要我蓋戳，我拒絕了，那局長看見卻走過來與她攀談，伸手出窗洞外接了她的集郵冊，叫我蓋戳，我不蓋，他就自己給她蓋戳，笑臉送那英國婦人走後，狠狠的瞪我一眼，唾罵一聲，見我不服，把我叫去到他的辦公桌前，越發罵出難聽的話來，我仍不服，就這樣被開除了。

我回胡村，無事又只可去溪裏釣釣魚。我失去郵局的位置，母親與玉鳳當然可惜，但是也竟不介意。唐朝宰相牛僧孺詩，「休論世上升沉事，且鬥尊前現在身」，我母親與玉鳳也只覺現前的人是蕊生，就甚麼意見都沒有了。但也幸得那時家計有我大哥擔當。

韓信釣魚，我想他當時也只是個無聊賴，未必去想像楚漢的天下。這樣的無聊頗我除了這次，後來還有是北京歸來無事可做，住在杭州斯家，及在廣西有一次不教書，住在南寧城外，雖亦憂愁，只覺人世如海日潮音，使我想起觀世音菩薩。還有是中日戰時我在南京出獄之後，未去漢口辦報之前，住在丹鳳街石婆婆巷，五月裏風風雨雨，整日與衛士的小孩打橋牌，只覺外面天荒地老，我甚麼心思亦沒有。

我在家兩月，無中生有想著要去北京讀書，先在嘴上唸說要去杭州，就有個芹香叔托我帶兩塊錢宓大昌的旱煙，我正好拿了做路費到杭州。在坑州問斯家借得十六元，買二元煙寄給芹香叔，到上海又問同學借得四十元，一路看地圖坐火車到北京進了燕大，燕大先有兩個同學于瑞人與趙泉澄在那裏。這種一看像是絕不可能的事竟也可能，但宋玉的高唐賦可以真是一篇好文章，人事亦一樣，倒是在荒唐上見好。

這次我出門，母親正在橋下祠堂裏拜龍華會，玉鳳聽我忽然說要動身，她定要燒了一碗桂圓給我吃了走，兩人又謙讓一番，我只得吃了。人世這樣荒唐，但又是這樣的真實，使人感激。這時大路上有個頑童望見我們兩人在樓窗口，就叫道，「蕊生的老婆！」玉鳳笑起來。

遠遊

去北京的路上，渡長江，濟淮水，望泰山，過黃河，此地古來出過多少帝王，但我在火車上想，便是下來在鳳陽淮陰或徐州濟南，做個街坊小戶人家，只過著今天的日子，亦無有不好。

是年我廿一歲，九月裏到北京，進燕大副校長室抄寫文書，每日二小時，餘外就偶或去傍聽。我每月還寄十五元與母親。我在燕大一年，算不得正式學生，所以後來做事既無學歷，亦無同學援引，且至今學無師承。

在燕大我沒有學到一點東西，卻只是感受了學問的朝氣，不是學問的結果，而是學問之始。而科學亦真是清明可喜。在校園湖邊看見穿竹布長衫的先生走過，趙泉澄與我說那是周作人，那是數學博士，連地球有幾何重他都會算，那是有名的西北史地學教授陳垣，那是當代法律學家郭雲觀，我雖不聽他們的課，亦覺望之如天上人。凡是燕大各系的學科我皆覺非同小可，叫人驚喜。

如今我在日本，一日見東京大學的學生下課後走過鐵路，想起他們也能造鐵路，發明並運轉現代社會的一切，實在可以驕傲，但轉念一想，如今倒是這鐵路及現代杜會的一切在要求大學製造這樣的人才，就令人氣短。昔年我在燕大所知的現代人與科學不如此。

我在燕大只覺對一代人有謙遜。乃至去圓明園廢址散步，及遊頤和園，旅行南口，登長城，訪明十三陵，又或星期日到城裏東安寺場，我亦是謙卑的跟著同行的人。我沒有去過故宮，因為門票要五元。還有天壇天橋我都沒有去過。又北京是京戲名角薈萃之地，我卻只看過一回梅蘭芳。可是後來我亦不覺得有遺憾。彼時東安市場的五芳齋，前門的電車，及單是望望見的紫禁城，單是門外走走過的北京飯店，乃至張作霖的大元帥府，我皆對之毫無意見，只覺是日月麗於天，江河麗於地，世上的一切無有不好。

北京是古時薊燕之地，天高野迥，一望黃土無際，風日星月無遮蔽。而我每在燕大到清華一段路上，驕陽柳蔭下向路邊攤頭買新棗吃，所見男人多是大漢，婦女臉擦臙脂，紅棉襖紮腳褲，騎驢而過，只覺凡百都安定著實。那平原雖遠，那黃土雖單調，但都成了人世的壯闊。若在西伯利亞或烏克蘭，即令是一樣面積的地方與土壤，亦必定異致。中國地方不但北京，便是再荒涼些像大同或蘭州，亦令人感覺是塞上日月漢人家。

燕大在西郊，校門外隔條楊柳溝有個大校場，我幾次看見張學良的騎兵在操演。有時夜裏醒來，天還未亮，聽見馬號吹動，真是悲壯悽涼，叫人萬念俱灰，卻流淚亦不是，拔劍起舞亦不是。那夜氣曉色裏的馬號，是歷史的言語，山河的言語，在殷勤囑咐，使人只覺民國上承五千年香火，現有東洋西洋為鄰舍，有一種惆悵，卻不為得失或聚散離合，有一種追根問底，卻不可以作成一個甚麼問題，且連解答亦不需要。它惟能是一種反省，但亦不是道德上的計較或行事上有那些要悔改。

於是南方起來北伐，兵纔到長沙，風聲已吹動了北京城頭的旗腳，從照片上看見國民革命軍總司令蔣介石的相貌真是少年英俊，還有宋慶齡亦真是生得美，而汪精衛則每次演說，廣州的女學生皆擲花如雨，連此地燕大的教授與學生亦在遙為響應了。但我那時還不會看報，對於當前在發生的一代大事糊里糊塗。詩經裏有「胡然而天也，胡然而帝也」，美人令人糊塗，但歷史上真真是風動四方的大事，那一代的人原來亦皆是這樣好的糊塗。

而我竟亦在燕大學生淘裏加入了國民黨，卻不知到底是國民黨抑或共產黨。昔年國民黨容共，其實是氣象壯闊，而到得有今天的共產黨之禍，則又是別一段閒話，橋歸橋，路歸路，一點亦不必追悔當初的容共的。

彼時我那一組，是四年級學生卿汝楫帶頭，每星期一次在男生宿舍他的房間裏開會，他的說話，樣樣於我都是新知識，我心裏惟有十分佩服。我在別的同學處第一次見著了布哈林的共產主義ＡＢＣ及馬克思恩格斯的共產黨宣言，但我只翻得一翻，沒有看下去，可比小時在胡村看見傳道者頒發的小冊子馬可福音，馬太福音之類，那洋紙的印刷氣味及插畫耶穌與門徒的彩色光影，有一種敬畏的不祥之感，當然我沒有一點去想到要批評，世上有些東西倒是這樣的存而不論，也許誇張不起來。

後來李大釗與其他七個委員到俄國使館開會，一齊被張作霖捕殺，只剩一個委員卿汝楫，那天開會後他一人先返校，倖免於難。燕大因是美國人辦的，天天有偵探來窺伺，卻不敢在校內捕人。卿汝楫有事必要出校門時，我總陪他同行，心裏想著若遇不測，我可以挺身相代，給他脫走，因他的人才我萬萬不及，殺了他可惜，殺了我無所謂，惟這個話我終未對他說過。這卿汝楫，其後事隔多年，我亡命溫州時報上見過他的名字，是在上海聯合國軍的機關裏任職，當然沒有昔年我所想的偉大，但彼時我若替他死了，是不值得麼？那倒也不是這樣說。

卻說李大釗等被絞殺後，每見張作霖到西山去，汽車護衛經過燕大校門外，我想了很久，一日纔對卿汝楫吐露道，「我要行刺張作霖」，言下又怕自己所想的不當，卿汝楫卻只淡然道，「那可用不著」，我因佩服他，纔沒有捨身。那幼稚，也如今想起來要難為情，但亦做人都不是合算不合算的話。

我在燕大只一年，北伐軍已克武漢，下南京，前鋒渡過長江，我就南歸。這回是從天津飄海到上海，上岸即趁滬杭路火車。到杭州下來，在城站老順興吃麵，我纔初次看見換了朝代。鄰桌一個軍人，身穿淺藍中山裝，肩背三角皮帶，帽徽是青天白日，這樣的有朝氣，我心裏竟是覺得親，想要和他說話。新朝的一切都還在草創，像舊戲裏漢王劉邦將要出來，先是出來一個又一個的校尉，各執一面短柄大旗，走到台前揮動一下，挨次分兩傍站立，表示十萬大兵，這扮校尉的臨時湊數，有的原是旦角，粉黛猶殘，珠髻上戴一頂校尉帽，身披勇字對襟褂，這種草率我覺得非常好。民國世界的事，如辛亥起義及這次北伐，乃至後來的抗戰及解放軍初期，皆是連烏合之眾亦可以是好軍容，許多來不及的人像花旦扮校尉，實在是新鮮。

但我的南歸是一點計劃亦沒有的。新朝的事，我沒有能力與機會參加，且連想亦不想。我只是生在那風景裏即已知足。我在杭州一宿，翌日即渡錢塘江，過紹興蒿壩歸胡村了。江山晚秋，正是去與此時，去過北京回來，自己亦不知當初何所為而出門，如今又何所為而歸家，真真是「無知亦無得，以無所得故」，好不難說。

我到家還剛剛踏進簷頭，玉鳳趕即把懷中的嬰兒塞給我，說，「爹爹回來了！」嬰孩已週歲，出生之日正當我去北京火車過黃河鐵橋，想起夏禹治水，信裏給取名一個啟字。但當下我接抱啟兒在手，好生不慣，而且不喜，惟因見玉鳳那樣得意，我纔不得不抱一抱，馬上就還了她。父子天性，性可是不能即刻變出來適當的情。

是年我在胡村過年，那時家裏幸得有大哥積潤維持，這種無錢無米的當家也著實虧他。我當然亦想到生計。平日我在報上看到陝西川北的大災荒或上海人失業的新聞，每不免聯想到自己，而我是讀書做事總不取巧，後來做高官，所取亦與教書時的勤勞所得差來不多，又後來亡命，衣食亦仍靠真本實力去得來，以此我一直只是與齊民為伍。但我二十幾歲時真也危險，因為實在甚麼本領亦沒有，竟不被社會打落，要算是天意。衣食的事我切心是切心，但即在彼時，我亦少有幻想或驚怖絕望，並非我有自信，卻是人世的存在自是個有餘，我就如此的生在天道悠悠裏。

翌年夏天，我到唐溪，岳父陪我遊奉化雪竇寺，赤腳在寺前瀑布源頭弄菖蒲，看一溪的水在咫尺之外墜落千丈巖，群山皆驚。而我竟不知雪竇寺是這樣的有名，且在宋朝出過雪竇禪師。我是連岳父帶我來蔣總司令的家鄉的用意，亦自己不甚在心，無思無慮。

是日從雪竇寺下來，到葛竹王家。那王家是蔣總司令的表親，兄弟隨軍北伐，在南京為官，鄉下家裏新造房子，庭下木匠泥水匠的工事尚攤著，照牆外的溪山直逼到了堂前。堂前掛有孫總理及蔣總司令的簽名照相，還有張靜江寫的對聯，但婦女說話仍一股鄉氣，有人客在，兒童亦赤著泥腳爬上椅榻。我倒是愛意這種新發人家，好像民國世界的未完工。

隨後我去南京，到過總司令部，謀事卻不得頭緒。總司令部尚是草創時的樣子，而我其實亦甚麼都不會。我住在碑亭巷一家旅館，卻也不憂急，白天無事到近處街上走走，還有心思去台城與莫愁湖登山臨水，身穿一件藍布長衫，真真是一無所有，連學問亦沒有，企圖亦沒有，所有只是我這個人，如此謙遜，但是對誰亦不卑屈。我本為職業衣食而來，倒像是探訪花消息，此花不比凡花，惟許聞風相悅。

我上到雞鳴寺，雞鳴寺的軒窗併開，對著玄武湖，擺起許多八仙桌供遊人吃茶吃素麵。正中壁上掛著譚延闓新寫的對聯。

北望青山如峴首，西來達摩尚嗣音，

及傍邊壁上掛著蘇曼殊的隸書屏條，我看都是好的。出雞鳴寺，登梁武帝台城，又下去到陳後主的臙脂井，但江山遊人皆是今天，想要懷古竟也不能。

我也探尋秦淮河，到了卻一點不好看，還以為沒有到。其實我又不是王孫公子，即使見著了昔年的畫舫美妓，也是多事。我又一路問人莫愁湖往那裏去，從城裏走出城外，暑日下直走得徧體汗淋漓如雨，化了七個銅元買隻小西瓜解渴，吃得飽出來。及到得一處，完全是鄉下地方，有個園門，上頭卻榜著莫愁湖，進去看時，有些水，有些草樹，原也是個湖，當中只有中山王徐達的勝棋樓，不見甚麼遊人，我覺得不是這樣的。但我這樣的遊客亦可笑，身上焉有一點艷情雅意？也許莫愁未嫁時，徐達未起兵時，倒和我是儕輩之人。

鍾山我只上得一半，已經夕陽在西，望望上頭也沒有東西。燕子磯我不曾去得成，想必那裏也只是浪打石頭城，並無我聽過三絃彈的「燕子樓」遺跡。南京就是這點偉大，好像沒有古今。我便愛在南京的城牆上走，也不知上去的地方是甚麼城門，惟見那城牆又高又大，在上面只顧迤邐走去，有城外落日長江，城內炊煙暮靄，走了半日到底也走不完。也只有我會做這樣的傻事，就只為那山河浩蕩。

世上人家

我在南京八天，又回杭州，無事住在斯家一年。斯家大少爺是我在蕙蘭時同學，如今他進了光華大學，卻因病休學在家。他家老爺是辛亥起義發跡的豪傑，前三年去世，在時他當浙江省軍械局長，待人豪爽，好像家裏轄有金山銀山，身後遺下來的財產卻只有一家人力車公司，靠太太親自經管，家境並不寬裕，並且變成經商了，但這位太太凡事明白，出手大方，依然是官宦人家。

他家兄弟姊妹六人，上頭是太太，是年還只四十五歲，及一位姨奶奶年方二十三。太太待我像子侄，又是賓客，她家女眷在內院，我住的是前廂房，喫飯在客廳上，有時兄弟們都不在，亦必由最小的妹妹出來相陪，賓主二人一桌。她名叫闇闇，纔七歲，惟她是姨奶奶生的。我到斯家第一天是怎樣的款待，往上一年亦一點不走樣。且我照他們兄弟姊妹的例，按月還有零用錢，二十角銀洋，都是我不在時太太進房來放在我床前抽屜裏。過年又有壓歲錢，是兩塊銀圓，紅紙封包，放在除夕的果盤裏由使女捧進來。

斯家從前住在金洞橋，有花廳樓台，現在搬到金剛寺巷，不過是兩院三進的平房，且又大門裏側即是人力車公司，太太常出來這裏帳房間料理業務，可是晝長人靜，總覺得一般是深宅大院。內院內室我從不進去，太太只是經過前廳時看見了向我帶笑招呼，我亦只叫她一聲斯伯母。姨奶奶亦如此，只出入時遇見叫我一聲胡先生，我卻因她年輕，生得明眸皓齒，雪膚花貌，說話的聲音嬌亮使人驚，每回倒是不好意思也叫她。

住在金洞橋時，康有為亦常來他家飛觴揮毫，如今搬了房子，大廳上仍掛著康有為寫的中堂，「大江東去，浪淘盡千古風流人物，古壘西邊，人道是三國周郎赤壁」。但此地是杭州，三月陽春，滿城柳絮如雷，飛入閒庭，成團逐毬的撲面舞空，門外細兩初過，深巷有賣花聲。一次太太經過前廳，柳絮撲在她髮際，她停步在穿衣鏡前伸手去拂除，抬頭看見我，她連忙招呼，難為情的好笑起來。

太大見人笑逐顏開，但她獨自時是好嚴肅的呢，便是與人帶笑說話，亦神情之間有一種霜威。她早起晏眠，成天總有事情在做，她的走路腳步，做事情時的小動作，都那樣端正認真，但是輕快敏捷，像早晨露水裏山川草木的爽氣。家裏雖有兩個女傭，但凡事還是太太自己心到眼到手到。她是炒碟青菜也精緻，子女們上學去打被舖，太太亦叫不可打得太緊，怕棉胎被壓壞硬化了，文王視民如傷，她是對物亦生怕傷害。她自己很節省，用錢一個個都數過，連櫃裏一包棗子有多少顆她亦數過，但是使女偷來喫過了她亦總不說破，因為人人有面，樹樹有皮。

太太娘家姓袁，單名一個珺字，上代似乎也是官宦人家，但她為女兒時景況並不好，她是三姐，與哥哥領瓷器店的碗碟畫花得錢，那種花比名家的繪畫更有民間現實的清潔喜悅。她大哥苦學成名，後來做到江蘇省高等法院院長，二哥在上海經商，且在杭州開了鐵工廠，四弟留學外國，早死。太太嫁老爺時，老爺尚在杭州武備學堂，未能養家，太太去蘇州當過半年家庭教師。

民國初年，杭州龍吟虎嘯，武備學堂出身的同學都登了顯位，他們練新兵，開電力公司，開銀行，開共舞台戲館，騎馬遊西湖，華堂酒讌好比群英會，其中老爺尤其豪爽重義氣，朋友皆如兄弟，浙江都督興武將軍朱瑞與老爺最相契，警察廳長夏超最敬聽老爺的話。朱瑞的夫人亦與太太情如姊妹，但亦只是節日或有事時纔來往，兩人攜手到了房裏，在床沿排排坐說話兒，就像姊妹牌花露水瓶上畫的兩姊妹。

老爺四十四歲去世，全部遺產折算不過一萬銀圓，二娘舅勸太太叫子女學生意，守守過日子，但是太太立意不回，要培植子女都進大學，這要算得冒險，但她有她人世華麗的想頭。

她對子女用錢一點不慳刻，對親友她總不求助，只有別人得他的好處，窮困者得她金錢的好處，富貴者得她情意的好處。我小時最喜地藏王菩薩生日，家家門前點香插在地上，供一碗清水，斯家伯母便使人只覺她的衣箱裏，她的一生裏是個無盡藏。

太太說話的聲音像春風牡丹，終年我不曾聽見她有過一次對女傭或子女粗聲惡氣，她待人接物總留有餘地，可是無人敢對她欺心，因為她又決斷分明。她的說話，一般是帶笑說的，聽的人即又歡喜慶幸，又慚愧恐懼，前人說皇帝的說話是天語綸音，這原來不是權力社會或神道所能有，而是出在人世的莊嚴。

太太是對小兒女，對女傭，亦如同待賓客的有禮意。公司裏的管帳，師傅與工匠，鄉下出來求事的親友，到了太太面前，便怎樣的自輕自賤者亦會覺得自己原是個上品之人，便怎樣的失意者亦覺得世上原不會有絕路，人人都說太太好，太太明亮。原來佛度眾生，以及真命天子的天下人來到他面前都變好了，變有用了，亦不過是像這樣。

斯家兄弟姊妹都稱官，如頌德官，闓闓官，此外親友都照輩份稱呼，女傭亦惟對親友纔稱爺，太太叫我胡先生，但女傭稱我胡少爺。斯家小叔均當過上校軍需，如今鄉居，偶來杭州在他家住三，五天，還有二娘舅亦一個月從上海來杭州兩次，我見他們這樣的尊敬，亦覺這小叔叔與二娘舅簡直偉大，而我不過是個平常小輩，在前廳上見著了亦不敢攀談。還有他家堂房的大哥及大嫂嫂，在第一中學當總務，每來他家，所受到的親熱與尊敬，在我看來都好像是天上人，非同小可。而太太把我亦這樣看重，只因我在他家為客，且是個讀書人。此外他鄉下出來的種田人，與請托謀差使，只能當當事務員或書記的小角色，到了他家亦都被稱為某哥某官，在一種親情敬意裏變得偉大起來。斯家的親舊，與老爺同在武備學堂及日本士官學校出身的同學，在南京在各省做大官的很多，太太極少和他們來往，但或提及，皆只是好意，覺得他們在世上各有風光無際。

有時我在前院，聽公司的人說太太要出來了，頓時空氣緊張，有如清塵避道。今人有北伐軍總司令蔣介石初到杭州，萬人爭看，哨兵從城站一直放到西湖邊，昔人則有蘇小小的油壁香車，出來時亦驚動錢塘人，但斯家現在不過是尋常百姓家，太太又是四十幾歲的婦人，一點架子亦不擺，竟也有這樣威嚴。正月裏的一天，我聽女傭說太太要去城隍山燒香，不一時太太果然出來，經過前廳，她比平時換上好衣裙，女傭幫拎香籃送到大門外坐上人力車，我只覺今天正是好日子，杭州城裏艷陽天氣，六街如畫，吳山上有蜂喧蝶飛。

但是我偏要來出毛病。彼時雅珊官纔十六歲，在一女中讀書，性情剛烈，衣著打扮，不染一點女娘氣。一日她在畫堂前與我相遇，問我借小說看，我就專為去買了來，交由奶媽拿進去給她，如此者二三次，我彷彿存起壞心思，雖然並未有事。我是在她家這樣的彼此相敬，不免想要稍稍叛逆。原來人世的吉祥安穩，倒是因為每每被打破，所以纔如天地未濟，而不是一件既成的藝術品。果然忽一日頌德從光華大學來信，只得短短的一句，要我離開他家。當下我只覺得自己真是不好，而且一時未有去處，但亦人世於善惡之外，乃至於窘境之外，別有豁然。我只得辭歸胡村，斯伯母倒是甚麼亦不說穿，還為我設饌餞行，贈我五元為路費。

其後大約過了半年，我又出來杭州，仍住在斯家為客，這也只有我的厚臉皮，可是來得個自然，斯伯母亦毫無芥蒂，相敬重如故。梁元帝採蓮賦，「畏傾船而誼笑，恐沾裳而斂裙」，原來人世邪正可以如花葉相忘，我做了壞事情，亦不必向人謝罪，亦不必自己悔恨，雖然慚愧，也不過是像採蓮船的傾側搖盪罷了。

女心

翌年我進中山英文專修學校教書，在杭州馬市街，校長吳雪帆是我的表哥。斯伯母為我製棉被，搬出她家的一天，午飯在內院喫，比平常特為備了酒饌，一家兄弟姊妹，連姨奶奶與斯伯母都一桌相陪。我在英專一年半，有時星期六或星期日去看看斯伯母，又是只在前廳與頌德兄弟說話，斯伯母在內院聽見我來了必叫女傭搬出點心來，是餛飩或筍片肉絲湯麵。及後我轉到湘湖師範，湘湖師範在蕭山湘湖，斯家我纔少去了。

我教書的那兩年裏，每月寄錢去胡村家裏。玉鳳我不帶她出來，因為新婦應當伏侍母親，我不想組織小家庭，且亦不覺有甚麼離情。我與母親及玉鳳亦不必在於身邊，而只是同在這人世，如同星辰在銀河。到放暑假寒假，我當然回去。

我與玉鳳成親後第二年，四哥四嫂連同三嫂發動要分家，就分了出去，貧家不是分產，倒是分人，母親與青芸跟我與玉鳳，大哥因是單身，且七弟夭殤後兄弟中我是最小，就幫我當家，頭兩年裏也多是靠的他。但大哥與玉鳳不和，他聽信三嫂。又四哥四嫂亦與三嫂投機，與玉鳳不投機，惟不曾相爭。

三嫂是續絃，三哥在時就縱容她，及三哥亡過，她經常住在紹興城裏她娘家，胡村不過暫時回來。她是城裏人，會說會笑，欺侮玉鳳是山鄉女子。且因她虐待青芸，青芸跟娘娘與六嬸嬸，她心裏也忌，每開玩笑都是帶惡意的。她叫玉鳳，「六嬸嬸，你是喫的空心湯圓，六叔將來會不要你的。」玉鳳嘴頭笨，無話招架，且知我不喜妻說叔伯妯娌不好，所以對我也不說，惟一次三嫂當我的面借取笑拿話侮弄玉鳳，玉鳳面紅氣急，我叱責了三嫂。三嫂見了我倒是怕的。

玉鳳姊弟很親，她只一個弟弟名叫遂暘，在寧波第四中學讀書，暑假必來看姊姊，一住月餘，與我侄女青芸兩相願意，玉鳳亦望他們做親，娘娘原說輩份不對，但三嫂與大哥就一個冷笑，一個破口大罵，說了許多侮辱玉鳳娘家人的話，幸得娘娘照常顧念玉鳳。

一次大哥來到湘湖師範，我就把這月份要寄給家裏的錢交給他，回家他即向玉鳳發話道，「我已和蕊生說了，蕊生說你不對，我亦只蕊生這個阿弟他是極敬重長上的，自從我當家，他每次寄錢來都是寫的大哥收。你好不好，將來我要蕊生一乘轎把你送回唐溪！」玉鳳聽了果然驚慌。其實大哥當我的面並沒有說過甚麼，那次他來，反是我問他，母親好嗎？他答好的。又問玉鳳怎樣？他答也照常。我謝他當家辛苦，他說，「也只望你阿弟出山，家裏總能苦則苦，下去也可以好些起來了。」我不知他回家竟是那樣說。

娘娘叫玉鳳不要信大哥亂話。青芸那時已十三歲，玉鳳凡事與她商量，青芸更斷然說六叔不會。玉鳳道，「我亦知道你六叔不會。」但是她千思萬想，總要見蕊生，娘娘亦許可了。她付托青芸伏侍娘娘，就懷抱生下來纔三個月的次女棣雲，生平也沒有出過遠門，竟一人直奔蕭山，來到了湘湖師範。

我見玉鳳來到，喫了一驚。學校裏女同事與同事的夫人都摩登，玉鳳卻是山鄉打扮，但我的慚愧倒不是因為虛榮勢利。往年我在蕙蘭中學讀書時，一次父親來看我，我亦不喜。我見別的同學亦如此，逢有家裏的人來，悄悄的接了東西，只願他快走，有位姓于的同學，他父親是杭州商界名人，來校裏看他時，他一般亦面紅耳赤。因為在世人前見著了親人。又佛名經裏有善慚愧勝佛，中國舊小說裏亦英雄上陣得了勝或比箭中了紅心，每暗暗叫聲慚愧，及元曲裏誰人陞了官或掘得寶藏，或巧遇匹配良緣，都說聖人可憐見或天可憐見，因為是當著世人看見了自己。現在我便像在深山裏忽被誰叫了我的名字，我急急的到校門口去接著玉鳳，連不敢高聲張揚。我還比誰都更注意玉鳳的姿貌與打扮。紅樓夢裏黛玉與眾姊妹正說笑兒，偏是寶玉留心，他使個眼色兒，黛玉便進去一回照照鏡子，是鬢際鬆了。這就因為是自己人。

玉鳳卻來到生地亦不畏懾，因為有丈夫作主，因為夫妻在人間是這樣的大信。可是她也糊塗，她來是專為要問我個明白，一見著我卻就即刻安心，只晚間像敷衍她自己似的問了我一問，聽我說大哥沒有和我說了她甚麼，我竟不知這些，她亦就不需要我再解釋心跡，連無須我說安慰她的話。

在湘湖草草一宿，第二天玉鳳就回家，我送她到蕭山汽車站。那時正是春天，十里湘湖一葉舟，四山開遍映山紅，雖然晴天，舟傍山邊行時，朝陽未照到的地方花枝露水猶溼。舟中即是我與玉鳳，我抱嬰孩，玉鳳只端然挨我身邊坐著。

及後玉鳳亡過，我和青芸說起，青芸說，六孃孃生前一直擔心六叔日後會不要她，苦的日子她來過，福由新人來享。但玉鳳自己總不和我言明，直到她病重自知不起，一次她纔說，「你待我是好的。只是你有一回說，和我結婚以來你沒有稱心過，這句話我聽了一直擱在心裏」，說罷她歎了一氣。我解釋那是對她生氣時故意要傷她，原來亦口不對心的，但她只是靜靜的聽。

玉鳳待我，好比白蛇娘娘待許仙，瑤池風日，世上人家，她是這樣的感激知恩，所以總擔心許仙會不要她。她低心伏小做個新婦，種種委屈都甘願，但是夫妻大信，反為似真似假，像杜甫的詩新婚別，「妾身未分明，何以拜姑嫜」，白蛇娘娘修得了人身，到時候仍又自己疑疑惑惑，便是這樣的妾身未分明，又如林黛玉，亦為她自己住在外祖母家與寶玉的終身大事未分明，每次流淚。黃金萬兩容易得，知心一個也難求，而及至覿面相逢了，亦仍然像「一自高唐入夢後，舟人指點到今疑」。

我出門在外，玉鳳在胡村，她入廚下燒茶煮飯，住堂前簷頭做針線，到橋下到井頭洗衣汲水，心裏只記著我。李群玉詩：

黃陵廟前春草生，黃陵女兒茜裙新，

輕舟小棹唱歌去，水遠山長愁煞人，

人世就有這樣的水遠山長，而玉鳳亦是這樣的愁。她每和娘娘要說些蕊生的甚麼，未及說得一半，見娘娘笑起來，她也慚愧笑起來，但她心裏真是歡喜的，到底等於甚麼也沒有說。她與青芸是甚麼知心話兒都說的，卻也說來說去等於沒有說，因為她兩人，一個對於丈夫，一個對於六叔，都是稱心知足的。

中國沒有西洋那種宗教，卻有仙意，人世可比「春來偏是桃花水，不辨仙源何處尋」，有惆悵。孟子說的君子有終身之憂，與曹操的慨當以慷，憂思難忘，乃至林黛玉的纏綿悱惻，皆是這種惆悵。林黛玉千思萬想，她的人就像，

可憐楊柳傷心樹，可憐桃李斷腸花，

這而且亦就是聖賢豪傑的風姿。而玉鳳則不過是更樸素罷了。她是詩經裏的，「春日遲遲，女心傷悲」。

玉鳳從來沒有向我表示過妒忌，或防範我。她臨終雖提起我傷她心的那句話，亦是因為她已經諒解了，不過是拿來註銷，而想起她自己一生的功行圓滿，故又有那一歎。

而彼時我在杭州是曾經戀愛過一個女子，即同學于君的妹妹，在家裏叫四小姐的。我年輕貪戀杭州的繁華，而于家是大家，年青人又凡事喜歡有名目，戀愛是有名目的。但我笨手笨腳，老實過度，當然不能成功。我的妻至終是玉鳳，至今想起來，亦只有對

玉鳳的事想也想不完。

中國文明裏的夫妻之親，竟是蕩蕩莫能名。梁山伯不能想像祝英台是女子，而且可以是他的妻，十八相送裏祝英台百般譬說，他還是不曉，而且生了氣。我與玉鳳更是已做了夫妻，而我亦仍這樣的糊塗。真是，「此情可堪成追憶，只是當時已惘然」。

生死大限

蘇軾南貶，朝雲相隨，朝雲原是個歌扇舞袖的女子，而在惠州時她只燒茶煮飯，做做針黹，人世多少悲歡離合，亦只是這樣尋常的日子，尋常的兩人。蘇軾作她的墓誌銘，只短短的一百字，這朝雲幾歲來我家，十五年來待我盡心盡意，是個知禮的人，她跟我來惠州，某月某日病瘴誦金剛經六如偈而歿，我葬她在此云。此外她生得如何美貌聰明，身世之感，悼亡的話，一句亦不提。我避匿雁宕山時在蘇詩綜案中讀到，不覺潸然流下淚來。人世是可以這樣的浮花浪蕊都盡，惟是性命相知，我與玉鳳七年夫妻，亦行於無悔。

是年暑假我離開湘湖師範，回到胡村，本打算翌年春天去廣西，恰值上海一二八戰爭，道路不通，又玉鳳疾病，我就家居了一年。玉鳳本來身體弱，婚期遲到廿一歲也是為此，及來我家，操作辛苦就發微熱，又總有心事，身體就更虧了下去。往常她發熱，夜裏她一轉動我就醒來點燈，給她倒茶，而最後是瘧疾纏綿把她拖倒了，乃至病成癆損，臥床不能起動，便溺都是我抱她起來，她只說這種貼心人做的事應當是我伏侍你的，實在對不住。她不因家貧咨嗟過一聲，卻總覺為她的病錢化得多了。

玉鳳先時還自己驚慌啼泣，我扶她坐起來飲湯藥，她說，「死不得的呀！」我雖拿話安慰鼓勵她，聽她這樣說亦心裏震動。她是對於這人世，對於眼前的親人，有大事未成，大恩未報，憑這一念，便今生的不了之情，到來生亦要再訂不誤的。

及她自知不起，又是另一種智慧的明淨，不再悲切，就像惠明唱的「掩本是赤條條來去無牽掛」，又似那銀漢無聲轉玉盤，人世的悲歡離合皆超過了它自己。我見她這樣，不禁伏在枕邊痛哭失聲，我的熱淚都梳溼了她的臉，她亦仍是靜靜的，只看著我叫我一聲蕊生。我哭道，「你若不好了，我是今生不再娶妻的了」。她說，「不可，你應當續娶的」，竟像是姊姊對弟弟說的，而又分明是妻的心。她說，「我死後亦護祐你的」。

我母親來床前看玉鳳，玉鳳叫娘娘，說「我這個病是不能好的了。我不能伏侍娘娘百年歸西，是我不孝順」。玉鳳的生年肖蛇，我母親夢見一條蛇從灶間游出後門而去，此刻又見她如此，不禁眼圈紅了，但是仍忍住，帶笑叱責道，「你年紀輕輕，不可說這種話，你也要為蕊生。娘娘是沒有女兒，靠你兼當女兒呢」。

我岳父原是中醫，從玉鳳病重，他就來我家坐醫。當初結婚頭一年裏，玉鳳每說她父親為辦嫁裳賠了錢，我母親一次帶笑說，「玉鳳端的是個聽話女兒。但你父親給你買的衣料被面並不當真值這些錢」。玉鳳聽了當時面紅氣結，我還覺得母親不該道破，可是這一言使玉鳳成了大人，不再是小孩，原來兒女相信父母，亦要凡事明白，連我亦從這一言得了教益。我岳父極愛女兒，做人心意也好，只生成小氣黏滯，不是個爽快人。他亦看重我，但貧家總對病人不能週全，他看了心疼，不免對女兒說了一句，「這樣的人家，是我做爹的委屈你了」，不料玉鳳就生氣，因這話竟是侮辱了她的七年做新婦。

於是我去俞傅村。我沒有說明，但母親與玉鳳乃至青芸皆知是為想錢的辦法。當年我與玉鳳結婚，還去俞家辦喜酒，一般的做三朝，鼓樂謁祠堂，俞家庶母也按長輩的禮備辦一切，可是翌日辭行時她卻冷然的說，「你夫婦亦不必再來了」。我當然不樂。此番我去，她明知我所為何來，但是聽我說起玉鳳的病，她一點亦不關心。但是要錢的話我亦因循不開口，因為親情義氣應當是她的美。

我在俞家一住數日，家裏差梅香哥來叫我回去，我只得向義母開口了，但是她說，「家裏那裏有錢？」我就不響，起身走出，和梅香哥只說得一聲，「我去了紹興就回胡村」。梅香哥驚得呆了。時候已經是半下晝，五月天氣，太陽斜過了屋後曬場，我經過曬場，一直渡溪越嶺向百官船埠頭而去，義母追出後門口叫我，我連頭亦不回。紹興有我的一個同事陳海帆，及同學馬孝安，我要去向他們借錢，三天可以來回。但是俞傅村到百官有六十里山路，我纔走得十幾里，天已向晚，忽然大雷雨，山石草木都是電光，都是聲響，我遍身淋溼仍往前走。

可是我那種殺伐似的決心漸次變了滑稽，分明覺得自己是在做戲，人生就是這樣的賭氣與撒嬌，那裏就到得當真決裂了？我就回轉。回轉是虎頭蛇尾，會被恥笑，我亦不以為意。及到俞家，已近半夜，義母聽見大雨中敲門是我回來，滿心裏高興，起來點燈開門，也不叫醒女傭，知我尚未喫過夜飯，她自己整酒治餚，如同小時候待我的親情熱意。

我在俞家又一住三日，只覺歲月荒荒，有一種糊塗，既然弄不到錢，回去亦是枉然，就把心來橫了。我與玉鳳沒有分別，並非她在家病重我倒逍遙在外，玉鳳的事亦即是我自身遇到了大災難。我每回當著大事，無論是兵敗奔逃那樣的大災難，乃致洞房花燭，加官進寶，或見了絕世美人，三生石上驚艷，或見了一代英雄肝膽相照那樣的大喜事，我皆會忽然有個解脫，回到了天地之初，像個無事人，且是個最最無情的人。當著了這樣的大事，我是把自己還給了天地，恰如個端正聽話的小孩，順以受命。

卻說那天梅香哥回到胡村，已黃昏盡，一進門他就怒氣衝衝告訴我母親，一面破口大罵，罵我是碧玉簪裏的陳世美，天底下再沒有這樣無良心的人。我母親大不以為然，發話道，「蕊生可不是那樣的人」。玉鳳病在樓上聽見也很生氣，恨聲道，「這個梅香大話佬！」青芸雖不好說梅香伯伯，也心裏幫六叔。玉鳳亡過後母親說起這一段，我聽了心裏竟連感激都不是，一個人曾經有過這樣的知己，他的一生裏就怎樣的遭遇亦不會搖動對人世的大信。

我母親與青芸因我不在跟前，好像要代我向玉鳳抱歉似的，但是只帶著慚愧的微笑，不說解釋與安慰的話，因為玉鳳也不要，她們是婆媳嬸姪之間，各各覺得蕊生是她的。

玉鳳病中神志益益明晰，樓下堂前與灶間的說話聲響她都聽得清清楚楚。樓前大路上有人荷鋤去田畈，口唱嵊縣戲走過，那唱的是盤夫：

「官人呀。官人好比天上月，為妻真比得月啦邊啦星，月若明時星也亮，月色暗來星也昏啊。官人若有千斤呀擔，為妻分挑五哎百啦斤，你今有何為難事，快快與妻說啦分明啊。」

玉鳳句句聽到心裏，但是病到如此，已連一點感慨也沒有。如今好比月明星稀，她這顆月邊星亦不是昏了殞落了，而只是在月亮中隱去。官人的千斤擔子，如今她是不能分挑了，但既是自己人，也必定原諒的，所以她臉上仍是那樣的平靜。

我不在家，都是青芸伏侍。玉鳳平日節儉做人家，病中還叫青芸來把她床前的燈吹熄，要省燈油，後來我母親向我說起，還以袖拭淚。

臨終時玉鳳吩咐青芸，「我當你像妹子，你待我比親生的娘還親，我雖不能謝你，也是你自己積福。娘娘跟前，我指望和你作伴兒再孝順幾年，但是竟也不能了」。青芸已泣不成聲，我母親與岳父亦在床前，皆再要忍亦忍不住，那眼淚就像斷線的珠子一般直流下來。只聽玉鳳又叫阿啟到床前，向青芸說，「阿啟今年四歲了，我把他付托於你，我放心的。此後你一人奉侍娘娘，撫養阿啟，我陰中護祐。阿啟日後長大了，知道不知道我這個娘，記得不記得你這個姊姊，是他的事，但你六叔會謝你的」。青芸失聲痛哭道，「六嬸嬸呀，你吩咐的話我句句聽，但是我要你在世做人呀，你也念念小妹妹棣雲呀！」棣雲還只一歲半，因為娘病，已成了奶癆，抱在姊姊懷裏。玉鳳此時要哭亦已一滴眼淚都沒有了，她只靜靜的看看青芸，又看看棣雲，叫青芸不要難過，說「棣雲是養不大的，我會帶去」。

她又叫娘娘，說「我做新婦七年，娘娘沒有說過我一句重話，蕊生沒有責備過我不會伏侍娘娘，人家也說我們婆媳講得來，這是娘娘的恩典，我心裏曉得的。我去後有青芸孝順娘娘，我也放心了。娘娘是福壽之人，管顧娘娘長命百歲。蕊生日後再娶親，新人總也是可以配得上他的，阿啟有娘娘與青芸帶領，日後受晚娘虐待的事，我曉得他爹的，也必不會」。娘娘說，「娘娘是老了，只要你與蕊生長久，你還要堅起心思做人」，說時用手撫摸玉鳳的眉毛，玉鳳只安靜的受撫。娘娘又含淚笑道，「這樣一個聽話的小人，娘娘既是依你說有福氣的，總要能保得住你這個新婦」。岳父哭道，「阿鳳，你若不好了，叫我做爹的回去如何見你的娘」。

等岳父暫止哭聲，玉鳳說，「爹，女兒一生敗爹娘的手腳，回去與娘說不要太難過。爹也如今年老了，家裏沒有多人，娘一世做人也是辛苦的，爹不可常時對娘怨聲搡氣，家裏還有口飯喫，總要心思平平，凡事看開些。弟弟你傳話要他讀書上達，日後可以跟姊夫。爹與娘待蕊生，要像我在時一樣，到時候差個人來看六外甥」。

岳父聽女兒如此說，又哭起來，說「你這樣收場，叫做爹的怎不肝腸痛斷。你是委屈的，是我做爹的對不住你呀！」玉鳳卻不耐煩起來，說「這是命裏註定，我也知足了」。她自言自語的叫了一聲蕊生，因又與青芸說，「你六叔給我辦來的人參還有一截，你去煎來我喫了去」。及至煎來喫了，她又要坐起，青芸連忙去扶住，她要梳子自己梳頭，梳好扶她睡下，她就嚥氣了。當下樓上諸人一齊舉哀，揚聲號哭，看看日影正是上午八點鐘，中華民國廿一年，舊曆五月廿五日辰時，享年二十八歲。

是日我在俞家喫早飯，正是玉鳳嚥氣時，義母還在搬餚饌，叫我先喫起來，我舉起筷子，無緣無故一陣悲哀，那眼淚就直流下來，簌簌的滴在飯碗裏。我趕忙放下碗筷，去床邊坐一歇，心裏還是悲悲切切。及義母叫我，我纔又去喫了半碗飯，她想是從我臉上有所覺察，但是不說甚麼。

飯後我說要去胡村，義母說，「真是，你也該回去看看了，放著家裏你的妻在生病」。我不答，也不說要錢，起身就走了。此時只覺憂患亦是身外之物，我惟是要看看玉鳳，好比我是花神出遊，忽然要回到她的本命樹，仍是一枝寂歷的桃花。我的本命樹就是玉鳳，我與玉鳳是二人同一命。

我走了十里，尚不到半路，就遇見四哥來趕，聽他說玉鳳今晨歿了，可是我一點亦不想要哭泣。我與四哥，就到章鎮，四哥去看棺木，我去成奎家借錢。

成奎借我家廳屋開酒肆藥店起家，有疊石村人的慓悍，早年他依靠體力兼人，在山鄉木石之間創業過勞，今年纔過四十，已身體都敗壞了，後來就轉向放高利貸。創業時他極有膽識，且學起折節下士，敬重神道聖賢，但現在他變得害怕迷信，早先的節儉也變成刻薄，才氣也變成對愚者弱者無同情。現在是因山鄉有匪警，他纔避居章鎮的。我從小承他看得起，我纔向他開口借六十元治喪，焉知他簡單一句話回絕，說沒有。但他且是殷懃留坐，我也且歇一歇腳，只默然喝茶。

這時外面又來了二人，也是問成奎借錢的，借票寫五百元，利息長年一分半，當場現款點交。我一氣，站起身要走，成奎又務必留我喫了午飯，我想想還要走路，空肚是不行的，喫飯就喫飯。飯罷出來，我關照了四哥一聲，就急急趲行折回俞傅村，一路上怒氣，不覺失聲叫了出來「殺！」

一到俞家，在簷頭看見義母，我就說現在我要六十元去治喪。她不問亦知玉鳳已死，也自感慨，但是臉上一點不表示出來，卻道「你也說話好新鮮，家裏那裏有錢呀？」我說你拿鑰匙來，她就把帶在身上的鑰匙擲給我，我開了錢櫃，見有現洋七百，包做七封齊齊整整排列著，我打開一對，取出六十元，闔好錢櫃，交還鑰匙，拔步就走。義母笑道，「到底還是我被打敗了！」說時眼圈一紅，喉嚨都變了，我也不答，管自出大門而去。

趕到章鎮，四哥已看好棺木，他原是木匠，所以內行，我付了錢，即由四哥與同來的人抬回家去。章鎮去俞傅村二十里，去胡村也是二十里，路上四哥說，這具棺木值四十元，三十五元是便宜的，在路亭歇息時，也與過路的鄉下人講說，大家都說好料子，我得意非凡，只覺這具棺木果然是世界上最最好的。我又與四哥計算喪事開銷，剩下的二十五元也都夠了，四哥說來年做墳，就在下沿山，磚頭現成有，今年且殯在郁嶺墩爹墳邊，這樣的排場總算體面，我聽了益發高興。論理我是應當悲傷的，但是人事的艱難竟成了另一種莊嚴。

我們走到日影啣山纔到家，只見堂前設起靈幃，親賓都到齊，他們見棺木抬到便都出來庭下觀看，漆匠連聲讚道好材，就動手施油漆。此時我聽得堂前青芸說六叔回來了，她與守靈幃的堂姊妹們當即舉哀，我亦仍是那樣的好精神，自以為做了這樣一樁大事，玉鳳見了我必要誇讚，說我能幹的。

我上靈堂搴幃進去，見玉鳳挺在板上，蓋著心頭被，臉龐變得很小，像個十二三歲未經人事的女孩，我只覺詫異，立在她枕邊叫聲「玉鳳，我回來了」。但是我想到應當哭，便也急不暇擇的努力使自己哭了一回。哭過之後，我仍站在板頭看她，俯身下去以臉偎她的臉，又去被底攜她的手，輕聲叫她，忽然我真的一股熱淚湧出，來不及避開已經沾溼了她的面頰，我一驚，因聽說親人的熱淚不可滴在亡者臉上，她下世投生要成痣。但是成痣也好，因是我的淚，來世可以認得，玉鳳呀。

我攜玉鳳的手，她的手仍是很柔軟的。又見她眼睛微微露開一線，我輕輕撫她的眼皮，她就闔眼了。她腳後頭點著一盞燈，在世為人時，她是皆在蓮花路上行的。

我出靈幃，到正房見母親，母親含淚帶笑叫我蕊生，那一聲叫裏有萬種憐惜，我不覺又哭起來。其後入殮。入殮時仵作把玉鳳抬起，我與啟兒捧頭，青芸捧腳，放進棺內，又把玉鳳要帶去的東西都放好，看過都端正了，就闔上棺蓋，我不能想像這是最後的一面，從此不能再見了，聽眾人一齊舉哀，心裏竟也不能悲切。其後做道場破地獄，四歲的啟兒渾身縞素，伏下地去喝那碗紅糖水，為生身之母喝乾血污池，這裏的母子之親，而他還如此幼小，我看著一陣悽涼酸楚，不覺眼淚滿眶。

第三天出殯，許多人送上山。出殯了回來，下午的太陽荒荒，樓上樓下空空落落，惟見母親坐在灶間，我走去叫得一聲「姆媽」，就伏在她膝上放聲大哭起來。有一種悲哀竟不是悲哀，單是肝腸斷裂。

此後二十年來，我惟有時看社會新聞，或電影並不為那故事或劇情，卻單是無端的感觸，偶然會潸然淚下。乃至寫我自己的或他人的往事，眼淚滴在稿紙上的事，亦是有的。但對於怎樣天崩地裂的災難，與人世的割恩斷愛，要我流一滴淚總也不能了。我是幼年時的啼哭都已還給了母親，成年後的號泣都已還給了玉鳳，此心已回到了如天地不仁。

路入南中

玉鳳出殯後過得兩個月，我到廣西去教書。是崔真吾介紹，除了我還有馬孝安與陳海帆，真吾亦同行。行前我把俞家贈我的竹園賣了，價錢一百二十元，三十元留給母親安家，九十元我做路費。俞家庶母當然不快，卻裝得灑然，而我亦不顧。

從上海去香港的海船上，孝安海帆言談甚豪，他兩個與真吾都是新文學者，有錢人家子弟。獨有我的情形難比他們，且因玉鳳新亡，鮮言寡笑，每每一人到甲板上看月亮，聽風濤打擊船身。真吾賀我喪妻是從舊式婚姻得了解放，我當下大怒，差一點沒有發作。孝安與海帆又笑我的草帽陳舊，在房艙裏拿它拋擲為樂，我很不喜這種輕薄。他們都算是五四運動以來的新人，真吾倒沒有改，孝安海帆卻因家境在逐年走向下坡了，慷慨也變得不自然，待人不免為勢利分出上落，想起卓文君的白頭吟，「男兒重意氣，何用錢刀為」，我不禁為他兩個難受。他兩個都捧真吾，三人凡在說一樁事情，總是一股正經，我只可在局外。但我的一生中，令我自慚形穢的漂亮人兒與莊嚴事兒，後來本色相見，原來都不漂亮莊嚴。

船過廈門時，我跟他們上岸遊公園，此地已是炎方南中，只見一派海氣驕陽，白雲急雨，採得紅豆回船。他們各把紅豆寄給愛人，我把紅豆放在衣箱裏三年。及到香港，我跟他們住了兩天旅館，一同上街飲茶喫叉燒包，茶樓裏招待的廣東姐兒們倒是灑落挑撻，卻自有一種正直。孝安海帆到公司買襯衫，都是上等貨我不買。

後來到梧州，卻聽說教育廳長李任仁提出張海鰲當一中校長，省府會議通不過。原先是張已內定了，李廳長同意他聘請我們的，現在我們可是還去南寧不去呢？真吾說已經到得此地，還是去，請李廳長另外設法。孝安海帆齊聲道，「此行原為南中有朋友山水之樂，若為一百二十元月薪，那裏去不得，要這樣路遠來教書？我是到南寧看看，好就多玩幾天，不合心苗就鞭馬而回」。惟有我不言語，只覺生死有命，富貴在天，倒也心裏一橫。孝安還說，「只是蘭成的情形不同，此去但凡有個樓會，我與海帆就讓給蘭成」。當下我聽了亦不接口。

到得南寧，同去見李廳長，李廳長倒也負責，但各處中學已於前一兩天開學，且三人都是文史教員，臨時要安插實在也難。我們且搬到真吾處暫住。真吾在省黨部及第四集團軍總司令部政訓處做事，住的公寓是稱為白屋的一幢洋房。入夜樓下院子裏夜來香濃烈得一陣陣如潮水般漲溢，樓上聽得見街上的夜氣暑氣也都像是有萬千言語，時有賣唱的人吹簫管經過，那種簫管我在別處沒有聽見過，吹的調門是粵謳，那聲音的繁華只能是生在海市如沸，村中桄榔葉暗，木棉花紅的南中。

第三日李廳長叫真吾來說，一中有個空缺，問我們三人中誰去？我不好開言，海帆想要說但是難為情，卻聽孝安對真吾過，「我還是下午就搬行李進去呢？還是先去見了校長，也帶便看了教員宿舍？一中的房間若好，我住校亦可以的」。一中就在南寧。翌日我們到校裏去看過孝安一回，果然已經諸事舒齊。再過一星期，李廳長又叫真吾來說桂林三中有個空缺，問我與海帆誰去？我仍不言語，海帆就訴說他出來時家境已相當為難，他需要職業，且桂林山水是他所想望一遊的。翌晨真吾與孝安送他上汽車，我亦去送他的。

如此只剩下我一人，仍住在白屋，這公寓白晝很靜，諸人皆去機關辦公，樓上連屋瓦與走廊都發出驕陽的音響。我初來不服水土，就病倒了。卻不知是甚麼病名，亦不延醫服藥，時時發熱譫語，醒來只仰面看天花板，此時惟有一個念頭，等病好了我去江西加入紅軍，但此念是從平靜的心底生起，對人世一點仇恨亦沒有的。我病在床上二十日，忽一夜夢見玉鳳，她煎藥給我喫，醒來渾身汗津津，頓覺神志清爽，天明就起來得，也喫得飯了。當天我出去到街上稍稍散步，回來卻見桌上有李廳長的介紹名片，到這時候一中竟還有教員出缺。我就補了進去。

一中教員廣東人多，他們沒有江浙人的文氣，卻吵吵鬧鬧，大說大笑，呼朋引類喫東西，這我倒是喜愛。星期一在大禮堂開紀念週，學生在台下，校長教員在台上，教員中忽有七八個一齊頭戴紅頂子瓜皮帽，坐在那裏一笑亦不笑。在教員宿會裏常常追逐為戲，學生見了亦不以為意，有時已打上課鐘，教員房裏還在角力，一個被撳倒在地，背上擱一枚板凳，凳上把面盆茶壺茶盃墨水瓶等甚麼都擱上，面盆裏又滿是水，好讓他起不來，那一個就管自去上課了，這一個卻一撐起身，豁啷啷把面盆茶壺都打翻，也神色泰然去上課了。我當即與他們相習，往往看過一回書，使到同事的房裏去撩，「我們來打一架好麼？」他也放下事情道，「好呀，不打架還是人麼！」如此就又角力。

同事中惟國民黨員與桂林籍的風雅之士，於我性情不宜。公民教員黃鈞達是省黨部委員，大家與他少有來往，訓育主任姓潘，他每每講述白副總司令的飲食起居，我亦不喜聽。一中與女中的教員一晚在省黨部聯歡聚宴，這潘主任坐在我傍邊，聽他又講說，我時已醉，因道，「你們廣西人真小氣，我家鄉近地出了個蔣介石，我都平然」。他一怔，卻笑問，「那麼你不佩服白副總司令？」我怒他這句話問得陰毒，乘醉大聲道，「他也不過是白崇禧罷了，而我自是胡蘭成」。他再拿話引我，我大怒道，「你是想引我說出反對白崇禧，你聽著，我就叫一聲打倒白崇禧！」當下我只見席上凌亂，女中的體育教員，我今已忘了她的姓名，大約是個共產黨員，常時倒待我很好，今見我闖渦，她就領頭叫眾人都唱歌來掩蓋，我被用汽車送回來。

翌日下午酒醒，我記起昨晚的事，心裏很不自在，又是星期日學校裏空蕩蕩，我就去到馬孝安房裏，他臉色十分難看，發話道，「真吾介紹你我來此地教書，你今闖下這樣大禍，豈不連累於我，且你也對不起真吾」。我本來也知愧，但他這樣說，我倒是不伏，而且不樂，心裏想這馬孝安，他平時的豪放何在了？我遂道，「對真吾我此刻沒有適當的話，但我必負責不致牽累到你的」。孝安兀自怨恨道，「你還不牽累我？你使我只可離開廣西了，總不能為您飯碗把命也送掉」。到底還是真君，他倒沒有怎樣說，雖然他亦不以我為然，而我亦不對他表示抱歉。自這回闖禍幸得無事，我就多年不曾再醉。

下學期一中仍續聘我，偏是孝安不得續聘，他真的只可離開廣西回紹興了。這馬孝安，昔年他在蕙蘭畢業，又去廈門大學讀書回來，住在杭州，用錢完全是大少爺的派頭。他研究西洋文學，做得好白話詩，舊詩亦甚艷，學王次回，卻還比王次回的好，在杭州就只飲酒遊西湖，與他的愛人鍾小姐，兩人可比三潭印月，一個是潭水，一個是印在潭水裏的月亮。那鍾小姐在人前只是抿著嘴唇笑，更見得是出身名門，甚麼都大有深意。馬孝安是凡接到鍾小姐的信，他臉上即刻非常正經嚴肅，這也是極應當的。但我總覺得不對，即因其太應當，而又太喫力。如此數年，到他從廣西回去後，到底離了先前的妻，與鍾小姐成其夫婦，在紹興家居，一個退化為沒落的地主，一個變得蓬頭垢面，生男育女，俗到風韻全無。禮記裏說弊盡而不見惡，他們卻這樣的經不得。

後來陳海帆亦離開桂林三中回紹興去了，就只剩下我一人在廣西，從南寧又轉到百色及柳州，教書凡五年。在那五年裏，我夙興夜寢，專門研究馬克思主義。這雖是因我年少氣盛，哀樂過人，但中華民國實亦要有一個反省，何況民間起兵開創新朝的氣運，雖經過辛亥革命，軍閥內戰，及國民革命軍北伐，尚遼遼未央，所謂人心思反。

玉鳳病死的那年我在胡村，所見景象已與我小時的大不相同，左右鄰舍都窮到連幾毛錢亦無處借，有如日暮群雞的荒愁，連社戲十番都衰歇了。有錢人如馮成奎的刻薄，皆闇淡驚懼於迷信，及外面紹興那樣大地方出來的新式紳士馬孝安陳海帆的藐小破落，皆使我憂傷發怒。第一中華民國現在這樣貧弱總不是事，孟子讚大禹亦因他的功利在天下，所以馬克思主義的功利遂合了我的意。第二，那些不誠實的豪放與優雅，實在應當一掃，還有辛苦學得來的西洋東西，到底連對自身亦不能傾心相知，這時卻有個馬克思說要掃清一切霧數的感情，而且敢於平視西洋的權威東西，這就可喜。馬克思主義雖是他人的聲音在叫喊，但也激發了中華民國一代人的大志，且要從新來格物致知。可是亦因如此，所以我到底沒有加入共產黨。

當時廣西有李宗仁白崇禧黃旭初禮賢下士，勵精圖治，就中白崇禧尤其是名將，志在渾定中原，招聘留俄學生為用，因此就有不少在上海失了風的共產黨員避到廣西來了，一中教員即史大林派與托洛茨基派皆有，而我是敬服托派。起先聽他們談國際問題與國內政治經濟的形勢，真叫我望塵莫及，但我且只顧從基本的書學起，後來倒也忽然一日都追上他們了。我教的幾班學生都與我好，全校中惟有我對學生可以令出必行。我多少資助貧苦學生的學膳費，且資助他們去上海進工廠做工人運動。我還通過一中的學生指導他校的學生，要他們恢復廣西學生聯合會，惟因幾個中堅學生都到上海去了，此事進行得沒有成功。

但我自己甚麼熱鬧都不參加，我亦不與桂林籍同事聯吟古詩，我亦不留意黨政軍要人的佳話，我亦不與左派同事合唱瓦爾珈船夫曲或國際歌。書生我原不喜，於要人我更無緣，而且許多所謂革命者我亦與之相遠。首先我就怕聽慷慨激昂的話，那其實只是激昂，卻並不慷慨，他是假意的這樣說說，已經不好，而他若認真這樣的做起來，更其不好。這樣人又往往會現實得出奇，非膽怯涕泣，即冷靜得殘酷，因其總不離神秘。我看現時這批社會的頂尖兒人物有朝一日都要被掃蕩。

但是我這個人也著實可惡又可笑。一中有個女同事李文源，是廣東軍閥李揚敬的堂妹妹，北京師範大學畢業，一向在上海做共產黨員，幾番被捕，得李揚敬保釋，這回纔避到廣西來的。她教初中國文，遇疑難常來問我。晚飯後天色尚早，時或幾個人出去郊原散步，到軍校附近，聽她唱國際歌。另有個男教員賀希明，也是共產黨員，在對她轉念頭，不得到手，卻猜疑她是心上有了我之故。我原也覺得李文源生得活潑倜儻，但是不甚喜她的黨員氣派，兩人說不上存有意思。那賀希明，後來事隔多年，共產軍南下後做起蘇北軍管會主任，但早先原是托派，惟我總看不起他的粗獷而用權謀。那天幾個人在賀希明房裏，他拿話試探我，我不喜道，「那李文源也不過和千萬人一樣，是個女人罷了，有甚麼神秘複雜」。他又拿話激我，哄我打賭敢與李文源親嘴不敢。我明知他是想要坑陷我，偏接受他的挑戰，也給他看看人害人害不死人，除非是天要除滅人。

我當即起身到女生宿舍那邊，一直走進級主任先生李文源房裏。是時已快要打鐘喫夜飯，南國的傍晚，繁星未起，夜來香未放，亦已先有一種濃郁，李文源房裏恰像剛灑過水似的，陰潤薄明，她正洗過浴，一人獨坐，見我進來起身招呼，我卻連不答話，抱她親了一個嘴，撒手就走了。

我走後李文源還在原來的地方一動不動，怔怔立了多時，饒她強做強，到底是女人，她不免思前想後，心裏一酸。本來也無事，只因賀希明去觸蹩腳，對她說我是為打賭，她纔大怒，逕去告訴了校長。校長劉九思只是笑笑，倒是沒有說我。但我從此看不起李文源。心裏想你既告訴，你便是個沒有志氣的。如此，她氣我，我氣她，面人變得避路而行，見了亦不交言。

賀希明還把這件事說得人人皆知。幸好學生極信我，他們不加批評。惟有潘訓育主任原已不以我為然，這回他豈肯放過我。女教員中教音樂的是省黨部書記長尹治的太太，最是個好女子，她當然亦曉得了。尚有個劉淑昭，正經派得像教會婦人，惟她非常憎惡我的無禮，我心裏卻想你也省省罷。此外還有幾位娘兒們不知背地在怎樣說我，總之我亦不睬。我對李文源這件事，說壞也壞，說好也好，但我等於喫了鳩摩羅什的一鉢針。

及學期結束，我與李文源都被解聘，我轉到百色第五中學去教書。行前一日傍晚，我在房裏收拾行李，忽然李文源進來，說要同我去百色。我問你去做甚麼？那裏又不聘你。她道，「我只是跟你去」。我當下一默，只見她雖不打扮，卻盡有炎方女子的漂亮，但是這件事我倒要想想過。她是有錢人家的小姐，當然不是為了生活。翌日我邀古泳今到西江上盪舟，商量此事。古泳今也是廣東人，同事中要算他夫婦待我最好。當下他道，「你續娶應該，但李文源不宜於家室」。我回去就謝絕李文源，說你不宜於家室。後來我在百色，她在香港，還幾次寫信說要來。又後來是抗戰第二年我到香港，一次問起，聽說她已嫁了一位師長。

我那年二十八歲，不要戀愛，不要英雄美人，惟老婆不論好歹總得有一個，如此就娶了全慧文，是同事介紹，一見面就為定，與世人一式一樣的過日子。我除了授課，只在家用功讀書，有時惟與慧文去墟場買龍眼黃皮喫。墟場還有鷓鴣賣，一對只四毛錢。百色地方使人想起諸葛亮征南蠻，至今瘴氣尚重，我住了兩年，倒是無災無病，亦不嫌那地方小氣悶。

後來我在柳州四中亦教了兩年，還到過桂林，但我是對於風景亦不留心，對於歷史上的事亦不在意。柳州有柳宗元祠，但那柳宗元，我也當他只如街坊之人，與我無甚相干。桂林山水奇麗，然而不可以漁樵，我凡到尋常巷陌都有想要安居下來之意，但在陽朔即或有別墅，我亦不想住的。要論山水，倒是西江上游將近平馬縣的一段，舟行迴環，往往數十里不見人煙，濁浪激流，崖峽蕭森，日色半隱，皆成水氣，中有太古之心。

中華民國二十五年，兩廣軍興，兵諫中央抗日。第七軍長寥磊聘我兼辦柳州日報，我就鼓吹發動對日抗戰，必須與民間起兵開創新朝的氣運結合，不可被利用為地方軍人對中央相爭相妥協的手段。閱二月罷兵，我在佳林被第四集團軍總司令部軍法審判，凡監禁三十三日，後來是我寫信到南寧與白崇禧，纔得釋放。出獄前一晚夢見我母親，我母親是前年纔去世的，我不曾回去奔喪。白崇禧且使人送來五百元路費，我遂攜家小北返了。

此番是走湖南，在漢口趁船到南京，轉上海歸胡村。這條路上有瀟湘洞庭及長江天險，古來多少豪傑，但是我連沒有發思古之幽情，亦不指點山川論用兵形勢，因為我只是個簡單的行旅之人，好像小時去杭州讀書歸來，船車上單是謹慎謙虛。而雖是現在，我亦身上一無所有。

木石証盟

五年之別，到家只見青芸，她已二十歲。我尚未坐定，一面與她說話，一面瞧瞧灶間，青芸知我是為母親不在，但我不說甚麼，青芸也且顧招呼新來的六嬸嬸與寧生弟弟，尚有小芸留在廣西阿姨處。我問啟兒呢？青芸笑道，「在學堂裏，我就去叫」。我起身同青芸去橋下小學校裏看他。阿啟已九歲，與鄰兒拼坐一張書桌，見姊姊來只不作聲，青芸教他過來叫爹爹，他不叫。先生一面招呼我，一面說「阿啟，你爹爹回來了」，他亦不開口。青芸拖他到我跟前，我說，「阿啟你領路，爹爹和你去下沿山」，他就得得的走在前頭。早春的半下晝，偏溪山是斜陽。

下沿山我小時常跟母親來採茶，又跟四哥來桑樹地裏拔豆，如今玉鳳的墳即在桑樹地斜對上茶山腳左邊，女兒棣雲夭殤，與娘同槨。我見墳做得很好。我在墳前施了一禮，站住了看看想想，可是一點感慨亦沒有。我走近去，用手撫摸墓門石，叫聲玉鳳。我叫的是平常的聲音，沒有回答，我亦不覺得人間有長恨，好像此刻也沒有阻隔，生前也沒有更相親。棣雲是娘死後，連雇奶娘的錢一個月三元，亦家裏拿不出，姊姊怎樣的哭泣亦救不了她，可是地下她有娘帶她也是好的，而且眼面前爹爹來看她了。

翌日半上晝，我與青芸去到郁嶺墩母親墳頭。路上青芸只與我講講做六嬸嬸的墳及娘娘的墳的經過事情，走到了，只見墳果然做得很好，我母親是與父親合葬，座向極開暢，左下路亭，當前望得見胡村的溪橋人家田畈。右首對上是茶山桑地，靠墳旁邊一個竹園，疏疏的百餘竿竹，倒也陽氣。我拜過，青芸也拜了。我謝她這幾年當家辛苦，青芸道，「有六叔寄錢來，我這樣做人當然會」，死喪之感，亦並非世上就有了滄桑之隔，卻一切只是這樣平常的做人道理。我問了青芸，她說娘娘臨終時亦沒有甚麼遺言。本來我母親與青芸與我三人之間，是沒有不放心，亦無須得囑咐的。

我把祭壇石縫裏長出來的草拔去，墳前有樵夫遺落的柴薪，青芸亦把來移移開。小時我跟人上墳，總見在墳頭添土除草，原來也是只能做做這些的，因為墳亦仍是在人間現世。

劉邦說，遊子悲故鄉，我現在回到胡村，見了青芸，且到了母親與玉鳳墳頭，只覺自己仍是昔年的蕊生，有發見自性本來的悽涼與歡喜。做人亦要有這種反省，曾子說「吾日三省吾身」，我鄉下的俗語「做人要辨辨滋味」。我家實在要算得貧苦，後來幾年我教書寄錢回家，亦不過按月二三十元，我母親卻覺有這樣的好兒子，就滿心裏歡喜，且村裏人也都敬重她。玉鳳當年及青芸亦都是這樣的心思。西洋沒有以苦為味的，惟中國人苦是五味之一，最苦黃連，黃連清心火，苦瓜好喫，亦是取它這點苦味的清正。但如今只有青芸是我的知己了。

我在胡村住上兩個月，中華日報聘我當主筆，我就又到上海。到上海三個月，蘆溝橋變起。此後八年中日戰爭，重慶國民政府回來，又此後是共產黨南下，民間多少流離，誰家的事都像中華民國的江山，從來霸圖殘照中，樵蘇一嘆，舟子再泣，但東南之地王氣雜兵氣，今天亦仍是白虹貫日的歲月。

漁樵閒話

楔子

我在百色時，一日散步郊原，賦詩：

古道斜陽老婦耕　山城年少正點兵
西江不比瀟湘水　援瑟偏多殺伐聲

當時其實中原到處皆是這樣的兵氣，而其後遂有中日之戰，戰後且又解放軍南下，且又至今仍人心思反。凡此皆非權謀所能造成，而是中國歷代開創新朝，民間起兵的即景之興。今他們的成功失敗皆尚未算數，卻要這民間起兵的氣運有了歸結，兵氣化為王氣纔算得數。由此且亦可知汪政府當年是縱使辦到平等的講和條件，亦不能銷兵的。

彼時中國屢敗，仍堅持要日本無條件撤兵，及交還滿洲，毫無折扣，還必定要勝利，這從事例簡直不可解，卻要從中華民國一代人開創世界的大志纔得解，只看從辛亥起義到今天一路發生的大事，那一件不是做得來有隨和而無遷就，像天命不回。

中華民國三十二年春天，汪精衛先生登雞鳴寺，文武百官皆扈從，長江西來，上游是重慶，太平洋的方向惟見天際白雲悠悠，外面天下世界在戰爭，跟前是草木無恙，紫金山上王氣雜兵氣。汪先生慨然有歎，想起太平天國及辛亥起義孫中山先生在此定都，皆歷數不永，因賦詩說南山是酖毒山川。

汪先生那一歎，如今已成了漁樵閒話。霸圖殘照中，樵夫一歎，舟子再泣，其實可說是無緣無故，但亦真有好風日，好意思。太平天國與曾國藩是敵對的，後人卻覺兩者皆有可傳，當年的和平運動與抗戰亦一樣皆有可傳，乃至解放軍亦有可傳。

漁樵閒話裏的古今江山，使人想到天意。桃紅又見一年春，國民黨來過來共產黨，民間有的說還不及汪政府那班人。原來民間當初等待天亮，是一個堂堂的人間歲月的來到，而至今真命天子未出，民國世界依舊名花無主，毛澤東政府亦還是偽的。民間這種閒言閒語，其實有著品格很高的東西，三個政府皆惟有從它受記。王昌齡詩：

琵琶起舞換新聲　總是關山離別情
撩亂邊愁彈不盡　高高秋月照長城

秋來春來雙燕子，話不盡滄桑興亡，那恩怨是非分明都在，卻唯見皓月流空，江山有思。

天下兵起

卻說我從廣西回來時路過上海，見了古泳今，他今在中華日報，要我撰稿試試，到胡村後我就寫了一篇論中國手工業，又一篇分析該年的關稅數字，寄去發表了，都當即被日本大陸新報譯載，且被轉載於經濟學論文拔萃月刊。中華日報以為有了面子，就請我當主筆。本來是當總主筆，因我謝絕林柏生，說不想加入汪派，故總主筆讓給了古泳今。

是年五月英皇加冕，從外白渡橋到英租界入晚一派火樹銀花，夏天發生蘆溝橋事變，接著就是八一三，世事好比潮音，歷歷天數，但一時言語欠明白。

八一三之夜，大場一聲砲響，接著又是幾聲砲響，我出報館到北四川橋邊去看。北四川路住戶店鋪白天已搬光，此刻燈火全無，只望見虹口過去煙燄紅了半片天，那邊機關槍夾大砲，如急雨裏夾雜雷聲，橋邊黑影裏還有幾個人也在看，我聽見他們偶或在自言自語。這稀稀落落的人語，如庾信賦裏的「鶴訝今年之雪，龜言此地之寒」，夜半龜鶴對人世微微有驚異。

第二天上海滿街難民，人人皆覺得大事當頭了，且有哭泣嘆氣的，但下去如何呢，他們也並不怎樣深刻的去推測打算，中國人的現實，落難中亦只是火雜雜的，到不得浪漫。戰爭的殘酷其實亦有著限度，只當它是一種事理，即省了巫魘。

此後秋雨淅瀝，戰爭漸漸遠去，難民又回鄉種田地做生意去了。轉瞬年關，上海依然物阜民殷，南貨店水果店綢緞店龍鳳禮燭店裏的年貨，一包包金字大紅招頭紙，都是吉祥如意，雙囍連環的取意兒。長長的戰爭，但覺無限江山，金烏墜，工兔東升。

我與妻兒遷避法租界。中華日報從開戰就停止發薪，一律改發生活維持費四十元，我新從廣西回來，此地未有交游，無處通融銀錢，可是三人租住一個亭子間，房租已去了十二元，一時且又青菜木柴騰貴。冬天慧文又分娩，我晚上去報館，日裏在家照料產婦及嬰孩，又帶領學生。寧生纔四歲。我還洗衣煮飯，冷天清早起來就去後門口風地上生煤球爐子，與鄰家的娘姨們一道，卻彼此都不同情，與上海人我實在尚未習慣。買小菜是每天二毫，其中一毫買牛肉，專為產婦及寧生，還得省出錢來給寧生喫奶粉。我每上菜場，見那些東西可買，又那些東西買不起，與其說愁慘，寧說是對凡百皆有一種至心在意。後來嬰孩患了肺炎，是看的兒科祝慎之，到底無救，但凡有點錢，亦不致這樣。我去向林柏生開口，兩次只商借得十五元，柏生也慳刻。嬰孩殮在小棺木裏僱人挾去，雖出生尚只二十日，也是父子一場，傍晚燈火街道，我步行跟隨送到普善山莊。

但我還有心思看世景。世上窮的不止我一家，他們有的還做人比我端止。又儘有日子過得舒齊的人家，雖是他人有慶，好像我亦有份。

如我那二房東，他是南貨店倌，他店裏家裏一般熱鬧興旺，大塊的醃肉，大個的青魚，及金絲黃芽韮菜，只見他拿回來家裏。他的妻年紀三十左右，生得斯文白淨，是民間唱詞裏的娘子，上海人家竟也這樣綿密深穩，有情有義。我與他們雖不叫應，看看亦心裏覺得好。有時我還聽見這位二房東在和他的夥伴談論抗戰必勝，我亦覺得世事這樣可靠，當然必勝。

倒是與文化人我不大合得來，因我與他們每以理論相抵。但亦只是報館同事姓蕭的夫婦偶來我家，寒暄喫茶坐一回。他們身上一股日曬雨露氣，好像隨時都可到大後方去，我也心裏敬愛。他們雖或只是浮沫，亦因中華民國實在水深浪闊。

惟我沒有打算。有時帶寧生去散步，就在住的地方桃源村過去不遠，轉彎處馬路寬闊爽蕩，路旁邊洋梧桐，人家都是法國式赭紅建築，路上卻少有人行，西風落葉，日光淡遠，秋天就是使人思省。

過年戰場益益西移。我被調到香港南華日報當總主筆，用流沙的筆名寫社論。偶或也看看他報的文章，只有一個叫喬木的倒是不錯，我當下不無愛才之意，但是沒有特為想要打聽。我還在蔚藍書店兼事，蔚藍書店在皇后道華人行，是國民政府戰時研究國際情勢的機關，我與林柏生，梅思平，樊仲雲分擔按月寫一篇報告。但我有些不入他們的淘伴，惟與樊仲雲要好。

樊仲雲只大我四歲，但我還在中學讀書時他已成名，所以我總存著對長輩的敬重。他也是嵊縣人，與我鄉下胡村只隔八十里路，他叫我蘭成，我仍叫他樊先生。他寫國際問題的文章另有一種清和平正。他有時請我到皇后道咖啡店喫點心，香港是個無情思的地方，他卻灑落如在上海。

但是便對樊仲雲，我亦不常接近。此外南華日報的同事，我亦少有與他們一同玩。曾仲鳴到過香港，林柏生約蔚藍書店諸人去見，其時熱天，他對張顯之說，去時最好打領帶，意思是對我，我就謝絕了沒有同去，以此仲鳴生前我與他緣慳一面。汪先生的親信尚有陳春圃在香港，我亦一直不知不問。

我住在薄扶林道學士台，鄰居有杜衡，穆時英，戴望舒，張光宇，路易士，他們都是文學家或畫家，我亦只與杜衡玩玩，餘人不搭訕。林柏生他們有社會地位的人，我雖不看得了不起，又要高攀我亦不來，但我對他們自有一種謙遜，單為敬重現世。而我卻像易經裏的「女子貞不字，十年乃字」，未嫁女子的身份未定。

林柏生大約當我是呂布，陳登謂曹操，「明公養呂布如養鷹，飢則為用，飽則颺去」，我的薪水只六十元港幣，想要離開也沒有路費。我在香港照樣穿藍布長衫，下班就回家，時或自己上街買小菜。又或是帶寧生到就近山邊捉蜻蜓，撲蚱蜢，但是沒有登山望海的雄心，且亦很少出去行街看看商店。香港夜裏明燈照海如珠環，我卻早已就寢。

及廣州武漢亦淪陷，國民政府遷都重慶，輪到我寫報告，我判斷自此軍事將成長期相持之局，中日間的政治活動將出現，外交形勢則英國將退卻，美國將由旁觀轉向介入。是年冬，汪精衛先生脫離重慶到河內，響應近衛聲明，發表艷電，主張講和。

艷電發表之日，我一人搭纜車到香港山頂，在樹下一塊大石上坐了好一回，但亦沒有甚麼可思索的，單是那天的天氣晴和，胸中雜念都盡，對於世事的是非成敗有一種清潔的態度，下山來我就答應參加了。當時諸人皆興奮相告語，以為國人必紛起響應，我對泳今說不然。我發表社論，要趁第二次世界大戰尚未爆發，作成中日和平。

和平運動初起時，從汪先生夫婦數起連我不過十一人，其後成立政府，也奄有東南半壁江山，擁數十萬之眾，直到覆亡流離驚恐，但是世上其實亦平平淡淡。我與和平運動是一身來，去時亦一身去，大難過去歸了本位，仍是青梗峰下一塊頑石，汪政府在南京建都五年，像一部金陵十二釵的冊子，到此只有碑上的字跡歷歷分明，當年的多少實事虛華，真心假意，好像與我已沒有關係，卻是這些字跡已還給人世，還給天地了。

金陵副冊

金陵十二釵，分正冊副冊，而晴雯鴛鴦平兒這班人亦實在是與黛玉寶釵鳳姐她們同生在大觀園的風景裏，你若標簽為主子冊，奴才冊，徒然見你是個言語無味，面目可憎的人罷了。當年汪先生一朝人與國民政府在重慶，亦不過像這樣的一個是正冊，一個是副冊。

卻說艷電發表後，轉瞬新年，周佛海，陶希聖來香港，曾仲鳴被刺，林柏生亦遭擊傷。二月，陳春圃約我見面，交給我汪先生的親筆信，信裏開首說「茲派春圃同志代表兆銘向蘭成先生致敬」。春圃要我寫回信，他說前次的信不得回覆，汪先生很掛念，我答我收到的這是第一封信，春圃聽了就不語。早先的信是林柏生沒有轉到。又問我的月薪，我答了，春圃驚道，「這怎麼可以，汪先生是不知道，汪先生知道了一定心裏不安的」。此後不數日，汪夫人到香港，叫林柏生太太來接我去見她，當即把我的薪水增為三百六十元港幣，另外還有二千元機密費。

於是汪先生離河內秘密到日本，當面與近衛要約為信，返抵上海，隨即叫我去。我到上海，春圃在碼頭接我。他說汪先生在虹口，問我可以過橋去見麼？這是汪先生要他先向我致意，因為當時上海人有一句話是不過北四川橋。

翌日春圃陪我去見汪先生，汪先生解釋「這是褚民誼交涉得不好，他問法國領事館，汪先生若來法租界住，你們可以保護麼？法國領事館不敢。他理該只去通知，汪先生要來居住，請你們保障安全」。汪先生又道，「但是就在虹口亦可。八國聯軍之役，李鴻章在北京議和，那時北京亦淪陷。淪陷區仍是中國的國土。」汪先生卻隨即轉入本題，說道：「我把宣傳的事付托蘭成先生，必要堅持中國的領土主權獨立完整」。

當下我惟敬聽。與中華民國歷史上這樣有名的人初次見面，竟難說明甚麼感想，只覺山河大地盡皆端然。汪先生問知我家小亦來了，春圃已為我租好南陽路的公寓，就在趙叔雍家斜對面，他即起身去到內室取來二千元給我置家具。我辭別汪先生出來，只覺甚麼事都像新做人家。

不久汪先生搬到愚園路。九月裏召開國民黨全國代表大會，議決和平大計，改選總裁及中央委員，成立新的中央黨部。但實際行動尚只有宣傳，警衛及外交。宣傳的行政在宣傳部，部長陶希聖，副部長林柏生，中華日報代理社長趙叔雍，但宣傳的方針則在社論委員會。社論委員會主席汪先生，總主筆胡蘭成，撰述陶希聖，周佛海，林柏生，梅思平，李聖五，樊仲雲，朱樸之。警衛是七十六號，主任周佛海，副主任丁默村，李士群，大隊長吳四寶。外交與宣傳一樣，亦是汪先生親自擔當，交涉委員周佛海，陶希聖，高宗武，林柏生，褚民誼，李聖五，周隆庠。此外是財務及秘書的事情，財務交由周佛海，秘書是陳春圃，林柏生及我三人分擔曾仲鳴的空缺。當時的經費是向日本交涉發還的關稅餘金，按月四千萬元，汪先生也對我說明，關餘原是中國的，並非接受日本的錢，他是想到同志們也許在疑念。

中華日報的社論，汪先生每朝必看。周佛海寫道：「淪陷區是蔣先生把它丟了的，不是我們把它丟了的，我們今與日本交涉，只有收回多少的問題，沒有喪失多少的問題」，江先生看了不樂，但因是周佛海署名發表的，為顧到他的體面，且還隱忍著不說。隨後梅思平寫的一篇社論，痛責國民黨禍國殃民，把事情弄到今天的地步，又樊仲雲寫的一篇非難蔣先生，又一篇我今記不得是誰寫的，響應建設大東亞新秩序，汪先生看了皆把我叫去，問是誰寫的，怒道：「凡是中華民國的事，即無論是蔣先生做的或誰淪陷的，我們皆應負責」。又道：「國民黨是孫先生交與我們大家的黨，罪己亦不是這樣的」。又道「我們做和平運動是為使抗戰有終之美，不是為與抗戰敵對」。又道：「日本人說的大東亞新秩序，今尚性格未明，我們自應以孫先生的大亞洲主義為準」。但是汪先生仍顧到諸人的體面，惟關照我「以後社論不管是誰寫的，請蘭成先生一概不要顧忌，便是我寫的若有不妥，亦請通知我要改」。

是年九月，第二次世界大戰爆發，我發表社論要趁中日戰爭尚未與世界大戰打成一片時趕快單獨停戰，以求隔離，將來歐美疲弊，亞洲獨完，改造世界歷史在此一舉。

但是日本亦不悟，重慶亦不諒，汪先生的和平運動又因脫離了民間起兵的氣運，說話不得響亮。歐陽修論五代史，「自古興亡盛衰之際，雖曰天命，抑亦豈非人事哉」，中日當年一段事，是幾方面皆於天命亦有所未知，於人事亦有所未盡。如今敗戰後的日本人罵倒戰前戰時派，國民政府在台灣尚對舊時汪政府的人律以大義名份，而未有於此作一反省，死者已矣，所不釋然者，只是生者又在遭遇新的不祥。這是後話不提。

卻說汪先生組府，周佛海，梅思平，丁默村等力主，陶希聖，樊仲雲等則反對。希聖堅持戰則全面戰，和則全面和。惟我無可無不可，但看是怎樣的做法。我發表社論「戰難和亦不易」。轉瞬新年，汪先生飛青島與王克敏，梁鴻志會商解消維新臨時兩政府。陶希聖，高宗武出走香港，揭露密約草案。上海當時惟汪夫人留守，她命陳春圃以汪先生的隨從秘書長名義對此發表聲明。

那天汪夫人叫我到愚園路汪公館看春圃擬就的聲明稿，我把它改了幾個字，還有英譯稿，是汪夫人自己改正。我因向汪夫人道，「希聖的三個學生，鞠清遠，武仙卿，沈志遠，怕七十六號也許逮捕，請夫人吩咐他們可以安心」汪夫人怒道，「人家要我們的命，你還顧到他的學生安心不安心！」我默然告退，卻見點心搬出來了，汪夫人留我喫，但我已走近門邊，她遂亦由我，卻高聲道：「你去通知，與他的學生無關」。我答知道，又施一禮，纔出來了。

希聖出走，頗有人暗暗稱心，且有人為了討好，讕言希聖有神經病，近來哭過幾回，我聽了很不喜，及汪先生從青島回來，在中全會報告畢，我請間跟汪先生到鄰室，與他說，「方才和平運動以義合，宗武我與之無素，希聖是不合則去，今其家眷尚在此。昔宋祖稱趙普之妻為嫂，想必先生能全朋友始終之義」。汪先生道：「我亦是這個意思，所以剛纔我報告僅到此為止，即是不許他們輕薄。希聖的家眷可派他的學生送到香港」。

汪先生這樣灑然，是因近來交涉進入現實的階段，不免重新思省日方，思省蔣先生，思省他自己。他以為陶高事件倒也是給日方一個教訓，且這二人到重慶見了蔣先生但凡照實講，使那邊曉得這邊的情形，亦不為無益。

陶高發表的密約亦可說是事實，亦可說不是事實。前此汪先生到日本與近衙首相當面談妥的和約草案，汪夫人給我看過，當頭有一條即是軍事同盟，我還說這條不好，要防日美開戰被牽入，汪夫人道：「這回汪先生與近衛二人是用筆談，連翻譯亦不用，汪先生亦曾率直言明對軍事同盟有顧慮，近衛說日美決無開戰之事，汪先生纔同意的。」我道：「形勢將非近衛所能作主，日美戰爭我看難免」。汪夫人不樂道，「人家是以負責的地位說此話的」。我遂默然。再看下去，關於經濟文化的條文，惟云兩國以平等互惠，緊密合作，這只是原則，方式可是要保留到全面和平後二年內日軍撤退了纔商談。惟華北為兩國共同防共，未免特殊化，但根據的只是同盟條約，即將來形勢變遷，同盟解除，特權自亦隨之消滅。可是汪先生到上海後，與影佐禎昭他們交涉從日軍佔領體制現狀收回主權，俾可組織政府。日方遂有意把基本和約與戰時暫定的協定混為一談，單方面提出了一個草案即是陶高發表的密約草案，但因這邊堅拒，遂成擱淺。及被陶高發表了，日方果然也驚，不得不又把基本和約與戰時暫定的協定分開，後來南京政府成立，頒佈的基本和約，即大體依照當初汪先生與近衛所作的，僅是些原則，多少也是陶高事件之賜。

可是一面在交涉要從日軍佔領體制現狀收回主權，真亦甚非容易，汪先生往往為條款裏的一個字，夜裏睡不着起來徬徨。前此臨時維新兩政府所訂的協定，隨著兩政府的解消，日方答應汪先生可把來改正或廢棄，汪先生一次與我說起，歎息痛恨道：「原來他們竟連玄武州的魚亦都已斷送與日本人！」

汪先生從與近衛及現地日軍交涉的經過，深感若能全面和，條件可以更好，所以最後又一次電勸蔣先生主持議和，蔣先生仍不答，這邊纔管自組織政府。汪先生的新語是：「從局部和平祈致全面和平」。

組府時我見諸人紛紛營謀，因稱病數日不到汪公館。林柏生不樂周佛海，恨朱樸之兩頭跑，告訴汪先生說是朱樸之教蘭成反，汪先生大怒，即刻打電話與佛海說。「你得當心那朱樸之是小人！」是晚我在中華日報，樸之來信痛哭流涕，說「不知何處開罪吾兄，使弟蒙此奇冤」，柏生亦忙差泳今與我說知，我道：「汪先生若問我，我不能欺騙，但我可以不答」。第二天汪先生果然叫我去，柏生在旁一直擔心，見汪先生不提，他纔胸口一塊石頭落地。

汪先生只問我身體可好些了，隨就親自上樓取來一千元，與我為醫藥之用。汪先生不開支票，且數目亦總是一千元兩千元，倒是有民間人家對朋友的親切，汪先生因道：「這幾天為人事，蘭成先生是自己人，所以且放後，但我亦已擬就了」。是有三個職位由我選擇，行政院政務處長，立法院外交委員長，宣傳部政務次長。我答「官吏的榮辱在國體，惟願政府能像樣，開向中華民國全面，我只做做科長都已知足了」。但結果我當了宣傳部政務次長，因為知道汪先生的意思，中華日報總主筆仍要我兼任下去。

中華民國二十九年三月，國民政府還都南京，仍遙奉林森為主席，汪先生是代理主席。那天在國民政府大禮堂舉行還都及就職典禮，我看看一堂同僚，及飄有和平反共建國黃條子的青天白日旗，心裏微有感喟，快要流露出諷刺，但因汪先生之故，奏樂時我亦肅然改容。

民間一直說汪先生必是與蔣先生串通做的，連跟汪先生的許多人亦將信將疑，我不曾當面問過汪先生汪夫人，因為我知道事實不如此。汪政府滅亡後，於今已十有餘年，民間尚不信汪先生是病死，卻傳說他是被日本人謀殺的。還傳說當年汪先生到日本與軍部會見，先與隨身一衛士說好，「你見我若被迫抽筆要簽字時，你就拔槍打死我」，因為民間不信汪先生會簽賣國條約。但當年的抗戰其實像天道蕩蕩，包含有和平在內，而和平亦與抗戰非異類，所以民間的這些傳說雖虛多實少，亦另有一種真。

乃至當年汪先生的想法，亦似真似假。他尚在河內時，曾仲鳴被刺，接著林柏生亦遭擊傷，汪先生寫信給柏生與我，問「國事尚可為乎？抑已不可為乎？若不可為，銘當自殺，以謀諸同志之安全」。是我起草回信去安慰。彼時李聖五，樊仲雲等以為汪先生不如且出洋，周佛海，梅思平等則主張強行。汪先生訪問日本後到上海，尚只欲以在野的運動促請蔣先生主持和議，而終至於召開國民黨全會，成立政府，且與蔣先生訣絕了，其間經過，汪先生倒也不是因被部下逼迫或日本人挾制，且汪先生亦不是個有貪心或不勝其情的人。他這樣做，只是像漢樂府裏的「與君別離後，人事不可量」。

人世的事，是在諸力關係或民主的表決之上尚有天意。蔣先生領導的抗戰與汪先生領導的和平皆是中華民國的，且亦皆是天地未濟。雖當時議論紛紛，乃至千年後尚「舟人指點至今疑」，可是人世悠悠，如桃李不言。

素靈夜歎

卻說還都之日，文武百官扈從汪主席謁陵。我與古泳今同車，他今為宣傳部秘書長，在我屬下，但兩人仍是平素之交，我們到了中山陵還到明孝陵，我覺明孝陵好，中山陵的建築設計太刻意，不及明孝陵的山河同一色，歲月無分別。

下午回城進中山門，春陽滿田疇閭闔。車中泳今說起德軍大勝，很興奮，我道德國要敗，當下他待反駁，但是只關照我這種話對他說說不打緊，對別人不可。我偏告訴他，前些日子當著德國外交參贊官的面我也斷言德軍不可能渡過英倫海峽。我還拿話激泳今道，「便是日本的兵威與汪先生的政府亦不久長」。焉知泳今就教訓我身在和平運動裏，不該是這樣的態度。我見他動了真氣，只好不辯。

我也到各部去看看，見了周佛海，我道：「周先生當初主張組府最力，且在一篇文章裏說，中日間今在進行中的交涉竟不是外交的談判，而是自己人的商量。但現在看來竟是事情很不好辦？」他倒坦白承認，太息道：「我想不到日本人會是這樣子的！」但是我對他總歸不喜。

日本人是有意打擊跟汪先生這班人的銳氣，因為這班人到底不比前此臨時政府維新政府的官吏。剛還都時，常聽見那一部會的司長科長在城門口不下車被日本憲兵打耳光。直到第三年，還發生過日本兵與汪主席公館的衛隊衝突，那是日軍總司令部參謀長後宮大將來見汪先生，前驅到得門口闖的禍，雙方開槍，這邊死了衛士一名。

汪政府惟軍事委員會及經濟委員會有日本人的軍事顧問及經濟顧問，各機關即不設顧問，惟設聯絡員，連汪主席公館亦有聯絡員。國民政府，汪政府，滿洲國政府及中共政府皆有外籍顧問，其職權各異，或惟以備諮詢，或更與之協議，或應向之請示，而汪政府裏日本顧問的職權則在諮詢與協議之間，向之請示倒是沒有的。至於連絡員，雖暗寓監視之意，但亦不過是通消息，等於間諜網，因為他們並無發言權。顧問多少是交涉的對手，連絡員卻沒有這樣的資格。

日本對汪政府平等不平等，干涉不干涉，都還未定，若要根據，只能根據戰時軍事現狀，但這軍事現狀是停頓著，且漸於日本不利，所以汪政府對日本的相持不下，進退寧是在於士氣，汪先生到底是出身辛亥革命及北伐的人物，日本人小覷他不得。且這次他與他的數十萬之眾，雖然大小賢愚不齊，但都是經過兩年抗戰來的，與滿洲國政府或維新臨時兩政府的出身不同，對日本人當然不服。

日本大使館的一等書記官清水董三，其後事隔數年，一日與我說起，彼時汪先生幾次與日方的重要會見，他均在場，他道，「我在旁看著，這邊是戰勝國，坐著我們的大臣，大將與司令官，對方是戰敗國，坐著汪先生，但是比起來，只見汪先生是大人，我們的大臣大將司令官都藐小了，近有近衛公與汪先生坐在一起還相配。汪先生的風度氣概，如山河不驚，當時，我嘴裏不說，心裏實在佩服」。

還有汪夫人也是個狠腳色，一日我到汪主席公館的內室，汪夫人與兒女皆在，不知是怎樣說起頭的，汪夫人道，「貴陽鑄有汪精衛陳璧君的鐵像，照秦檜夫婦的式赤膊跪著，遊人澆以小便，但我胃口來得個好」。便是這位陳璧君，她可是一概不見日本人。她到火車站飛機場，日本的新聞記者圍攏來一大群，各各手執照相機及鉛筆記錄簿，正待一擁而前，卻見副官來說，「夫人有令，不拍照相，且亦沒有談話！」他們簡直拿她無奈。一次我從上海到南京，火車上看見汪公館的侍從，問起汪夫人也在這車上，我走過去見她。她是包的一列專車，女兒媳婦連同秘書副官總共十餘人。我見過了待走回去，汪夫人卻道，「你就坐在這裏，免得日本人闖進來」。

一個樊仲雲，一個我，也是與日本人沒有往來的。偶或見了日本人，那人熱誠得很，必要握手，說「我們大家都是好朋友」，我只答，「還要等做起來看」。彼時只有中華日報沒有日本人連絡員，但也一次虹口的日軍報導班為一條新聞送來抗議書，我就在那抗議書上批「著毋庸議」，原件退還了。他們也沒有法子。

但我過城門時，像小百姓的不高興亦寧可小心些。一次我從上海返南京，帶有兩套西裝料子，那還是吳四寶太太送我的，出站時我先坐汽車走了，副官拎箱子在後，被日本憲兵叫打開箱子抄了去，雖然交涉是要得回來的，但是想想也罷了。我連不覺得這樣的事是失面子。

我是與淪陷區民間一樣想法，人欺人欺不殺，人有九算，天有一除。還都時發表中日和平基本條約及中日滿三國共同宣言，我在中華日報發表社論，對承認滿洲國表示哀痛，寫道，「這些皆未能算數，卻是要等到國際局勢大變動的結果纔見分曉」。汪先生看了卻亦不說甚麼。其後汪先生訪問東北，滿洲國人開群眾歡迎大會，汪先生即席致辭，「我們過去是同胞，現在也是同胞，將來還是同胞」，當時熱淚滿眶，日本關東軍的將官亦在座，聽了失色。及回南京，汪先生在行政院會議上報告，我見他尚不勝悲憤，卻只簡單的一句，汪先生說道，「日本人真不該那樣！」關於此行經過及滿洲的大工業建設，汪先生卻一語亦不提。那幾天古泳今求汪先生的字，汪先生寫給他那首舊作：

「梅花有素心，雪月同一色，照徹長夜中，遂令天下白」

他的人依然如昔年刺攝政王時，而這回的和平運動，他真真是做了精衛之鳥，啣石欲填東海。

大江東流，汪先生及跟他的一代人今已灰飛煙滅，但當年南京的官吏若有好處，那就是他們心裏總讓重慶方面三分。他們雖未必以重慶方面為然，卻亦不敢即以正位自居，連他們的官吏自身，亦自己看看多少有點滑稽。而因此，他們的派頭倒是與淪陷區的百姓相近。他們亦像淪陷區民間的日本人，剛剛柔柔，柔柔剛剛，雖然敬畏現實，而亦仍要講道理，世界上惟中國民間纔有的千人抬不動的一個理字。日本人要抵抗，只得部下推諉他們的上司，上司又推諉他們的部下，身當交涉要衝的影佐少將最是滿喫這樣的苦味，他埋怨東京當局，又埋怨現地日軍。影佐亦與一般日本人一樣，未必有大見地，他單是當著中國人即自覺理虧。中華民國到底是莊嚴的，而日本的國策則遠在破滅之前已自慚形穢了。

南京政府不成一個類型，而重慶政府則雖後來抗戰勝利了亦未能定局，致有今天的共產黨禍亂，此是中華民國的流年尚在交運脫運，易經：

「屯，剛柔始交而難生，動乎險中，大亨貞。雷雨之動滿盈，天造草昧，利建侯而不寧。」

中華民國這部運是從辛亥起義交進，至今尚在盤桓。而汪先生是「雲雷屯，君子以經綸」。又那易經裏亦真有好語，「雖盤桓，志行正也，以貴下賤，大得民也」，中華民國因是為了將來要王天下，故抗戰之前對日本隱忍，且在抗戰之中亦仍有一種謙遜。汪先生的和平運動亦只是存的謙遜之心，幹的平常之事。

單這謙遜而平常即好，不必更說當年汪先生若得伸其志，將不致有今日共產黨的禍亂。因為成敗自有天意，不是這樣簡單。亦不必更說當年有個南京政府，淪陷區的百姓到底減少許多苦痛，因為日本軍的暴虐總有一記好擋，而後來汪先生被掘墓毀屍，南京政府的人皆被判漢奸罪，民間卻仍寄與思慕。但中國的歷史沒有基督的十字架，那樣要為人贖罪的傲慢，卻是要清潔得多。汪政府的人被審判時多是承認自己錯了，還希望寬大，但是不覺得有罪惡的重荷，惟犯法是實罷了，此即仍是那種謙遜與平常。而連錯亦不承認，且終不悔恨的，恐怕只有汪先生夫婦及我，雖然我於中途離開了汪先生。但這些都是後話。

卻說南京當年對日本的交涉，我是既不參加，亦不打聽，而我當機關報總主筆，寧願不知道的好，因為不知者不罪，反為寫文章可以強硬。但汪先生總隨時把交涉的現實說給我聽，他這樣待我好，我當然亦歡喜。一次汪先生提起我的那篇文章「戰難和亦不易」，很感慨，他道，「這次的和約，日方本來還有許多要求，我說日本是與中國講和，並非說得了汪兆銘即可，我縱使答應了亦白白的，因為中國人民必不聽，所以我不能簽字」。

一日下午我見汪先生，是暑天，說過正事之後，兩人兩盃啤酒，一碟海苔，稍稍閒談。我看汪先生臉色尚有餘怒，問可是為軍隊的事情，汪先生衝口而出，「剛纔板垣參謀長來，要想我們與日本軍並肩對重慶作戰，我當即答他，如此則我們的軍隊必反轉槍口打日本軍！板垣就不好意思再提了」。此刻他的聲音還是這樣激烈。

又有時是與汪先生喫過夜飯，到庭前堦下乘涼，月亮在短垣上出起，汪夫人自與兒女及陳國祥兄弟在說搭的涼棚，我則與汪先生隨意說話。我提起李鴻章，汪先生道，「我的情形比他難。李鴻章議和，他背後的清廷是統一的，加今卻蔣介石在抗戰」。江蔣雖分離，但兩人尚久久在人前背後提到對方仍用敬稱，我注意到汪先生是新近纔只稱蔣介石。

月亮已從短垣上出來，堦前的暑氣和夜氣，令人想起北伐當年的廣州，但此地是南京，可以感覺鍾山壓境，大江去無聲，而我是與汪先生在一起。因為剛纔的話說到統一不統一，我遂問起民國元年，汪先生與蔡元培先生代表孫臨時大總統北上，與袁世凱議和的史實，汪先生竟連月日都記得清清楚楚，好像是今天上午的事。他說，「孫先生當年雖尚天命未定，他亦何時都有一個光明燦爛的中華民國在前面」。

但我覺得汪先生所說的好像不大切題。重慶何故不能議和，怕不是這樣簡單可以責備，而即或是蔣先生出來主持和議了，天下事恐亦仍未可知的。光明燦爛的中華民國到底是怎樣的，好人叫人糊塗，原來從辛亥那年直到今天，所有發生過的大事，便皆是這樣的難切題。

曉陰無賴

我不搶官做，但我喜愛官人的貴氣。中國民間有幾樁貴氣事兒，新郎新娘是貴人，新女婿到丈人家，外甥到娘舅家，皆是貴賓，做官在人前的貴氣亦是像這樣的居於其位，而非權力或架子，做新郎新娘是不曾習慣的，做官亦寧是不熟練的好。

我不曾行過官勢，而且於官場不慣。在上海有個相識是生意人，家裏要娶媳婦，但是房客不肯遷讓，來問我想法子，我覺此事只可好好的商量，由我出面寫信與那房客，焉知那房客不信，說做這樣大官的人豈有這樣客氣，一定是假名冒充。乃至我鬥日本人，鬥周佛海，李士群，鬥汪先生，亦不是憑藉權力。再說我的外行。在香港時汪夫人給我的機密費，我都不知即是津貼，卻以為必要用於公事，就以之發動外圍政治團體，按月向汪夫人如實報銷，焉知汪夫人連看亦不看。及後到了上海，我想這種外圍工作不用我管了，幾次三番拒絕接受，纔把那機密費來停了。

一次有個蘇州縣政府的秘書來見，應對之間那樣的規矩恭敬，我巴不得他就走，他送我一軸明人的畫，我連那畫亦不喜。我害怕人家對我卑躬屈節，可是我亦很少與人稱兄道弟，卻多是帶姓稱人先生。一次汪夫人與我說，「你只當汪先生是你的大哥，當我是你的姊姊，依年齡我你做的姊姊也做得過」，我聽了也不接下聯。我在汪先生夫婦前原如子弟般端正聽話，但仍願他們待我如賓。汪先生對周佛海他們是帶名稱先生，對公館派的人則只稱名，惟對我稱蘭成先生。

還都後周佛海，林柏生他們都官比我大，惟因起初一段地位差不多，所以仍是平交人。但這還是因為我的性情，不但是因為歷史關係。我也許像孫悟空，那孫悟空初到天上為弼馬溫，問是幾品官，人答無品，他道「無品想是貴極了」，我想著不禁好笑起來。後來他為齊天大聖，亦不知到底是玉帝所封，抑是他自己所封，我卻愛他的在太上遨遊無事。

我與同僚少搭訕，次長軍長級以下的官我連不識得幾個，與日本人我更一個亦不來往，有點眼睛裏看得東吳無人。我在南京有官邸，但常住上海，侄女青芸已與阿啟從胡村出來，上海家裏即由她當家。南京惟一個月中去一二次。我很少到宣傳部，因凡事有林柏生在辦。我每去南京只是見見汪先生。我兼任汪先生的機密秘書凡四年，卻沒有到過秘書室，汪先生有事叫我去，總在客廳裏見。

我不但於官場是素人，於政治亦是素人。我與同僚不但少作酒食冗談，且亦沒有事需要鄭重商談。我對秘聞無興趣，不去留心甚麼內幕。我出入汪公館，沒有一次洩漏秘密，因為根本沒有秘密。官場的起居往往被看成政治化，在汪公館我卻見國家大事亦只是家常，所以好。

我去汪公館，有時即在那裏喫飯。通常是午飯分兩桌，汪先生夫婦與兒子女兒媳婦，及褚民誼，陳春圃，林柏生夫婦，陳國棋陳國強兄弟等，我來亦一道。汪先生上座，右手汪夫人，媳婦傍婆坐，餘人均隨意就坐。菜是六肴一湯，飯後有水果，要算得簡單，只因為汪先生，遂覺有似帝王的供饌撤饌，可以寫入雅樂。汪先生來到，諸人亦不是畏懼，而只是自然端正起來。喫飯亦是一相，汪先生胃口最好，且總是開開心心的，看他談笑飲食，真像生龍活虎。

夜飯比午飯熱鬧，有時曾醒方君璧亦來，還有褚民誼太太，便改為大圓桌，團團坐在一起，菜亦增為十道。曾家方家褚家都是汪先生的親戚，曾醒是黃花崗烈士方聲侗之妻，曾仲鳴之姊，與方君璧是姑嫂，大家都叫她曾三姑，當年孫中山先生在時亦敬她是同志姊妹。方君璧則從小在法國的時候多，繪畫有名。曾醒原來倒是個有膽識的，方君璧人很老實，她那本色倒也是一種活潑，但我在汪公館見她們像舊式名門婦女的不多說話。汪先生對她們很客氣。就中惟林柏生太太等於女官，她在汪夫人跟前如同女兒，汪先生亦拿她當個小學生，她有點像紅樓夢裏的鳳姐，卻漂亮現前，使人感覺是在廣州五月裏。

汪主席公館亦如同尋常百姓家，惟何時都好像在過節日的有喜氣貴氣，原來汪先生的憂國憂民，日理萬機，夜裏還批公事到更深，亦只如百姓人家在吉日良辰承當大事。

公館裏的人無雜言，不胡亂行走，客廳裏與房間裏沒有甚麼陳設，自然簡靜，氣象壯闊。我只有幾回穿房過戶，都是汪夫人叫我。樓上只汪夫人帶我上去過一次。見有一個房間是汪先生夜裏批公文的，亦在那裏寫字做詩，像個書房，一般無特別處，但每經過，使人憬然作念。

汪先生要算得待我好。從來王者興於民間，跟他打江山的一代新人皆是政治素人，汪先生是一個極練達的行政人才，卻一直保有政治素人的氣概，所以我那樣的外行話他也能聽。陳公博，周佛海他們於公餘之暇寧可胡調，不談政治，因為他們的政治沒有性情，所以要以嗜好來調劑。汪先生可是沒有這樣的公私之分，雖晏息之時，談政治說國事亦無不宜，因為這裏自然有著性情。有言「政事文章」，政事是可以好到即是文章。而且汪先生這個人又最清，私生活亦別無嗜好。

我是如同民間人，所以敢平視日本軍，亦平視重慶延安，亦平視南京政府，而汪先生亦到底不能把我收伏。

汪先生把和平不僅看作外交政策，而看作革命的課題，說「和平反共建國」，這實在是他的廣大。當初自滿洲事變以來，汪先生主張一面交涉，一面抵抗，他說「和平未到絕望關頭，決不放棄和平，犧牲未到最後關頭，決不輕言犧牲」，一到了這關頭，他便提出焦土抗戰。國軍自上海南京武漢敗退到重慶而止，汪先生當即有了自信，知日本不能征服中國，即改焦土抗戰為抗戰建國。此與後來他說的和平反共建國，日本欲戰則與之戰，日本求和則與之和，前後原是一貫。而使我動心的是汪先生說的建國。他到底是孫先生的學生，何時都不忘記「革命尚未成功」。便是他的召開國民黨全國代表大會與組織政府，我雖稍嫌其是烏合之眾，但亦敬服汪先生的白手起家，驅市人以成朝廷，如韓信的使用爛兵兵爛卒卒亦可以是堂堂之陣。他像孫先生的動不動開府，自稱本大元帥，本大總統，比起滿洲國政府及維新臨時兩政府的奉旨組織，汪政府到底是從民間興起的，多少有著革命的氣概。

但我總心有不滿，嫌只嫌同僚們對日本晚力不夠，豔電裏原說「日本亦不能滅亡中國」，汪先生雖承認中國已敗戰了，但程度還遠不至於被征服，故可以和平，縱或有所讓步，但非城下之盟，遠不至於國體的屈伏。且此有限度的敗戰，尚可曉以道德及遠大之計，或者可能使日本不以戰勝者自處，中國不以戰敗者自處，而做到雙方資格完全對等的和約。可是周佛海，梅思平並不體會汪先生的意思，他們看得中國敗戰的程度已瀕於被征服。汪先生沒有說再抗戰下去中國將亡於日本，他只說再抗戰下去中國將亡於共產黨，但周佛海，梅思平他們則以為日本有滅亡中國的力量。我對周佛海，梅思平他們不快即是在此。

和平運動初起時我對於議和的雙方資格問題，與汪先生的想法完全一樣，但到上海之後，接觸了日本軍與日本的所謂國策，我起了反感，變得相信中國根本未敗戰，連有限度的敗戰都不是，第一次是對日本海軍報導部長，我就如此抗辯。我這對於雙方形勢的新判斷，未必是根據何種標尺，而寧是因為與中國民間一樣敢於平視強權。昔人詩，「長嘯激清風，志若無東吳」，我是身在東吳而看得東吳無人，連那日本軍在內。

和平運動原該是革命的。但這革命又是怎樣的革法呢？說抗戰建國或和平反共建國，不過是政策該與革命結合，卻未曾說明了革命，又汪先生的行事，乃至我的敢於平視日本軍，亦平視南京政府，平視重慶政府，雖多少有著革命的氣概，但除了氣概還有本體，這革命的本體又是甚麼呢？我卻簡直茫然。

我早先相信無產階級的世界革命，前此在香港，我還拿汪夫人給我的機密費幫助托派，言明無條件，連接受個人友誼的贈與若亦躊躕，那麼你們只當是路上拾來的好了。是一位姓王的推卻不過，兩次纔接受了約五百元港幣，但他報告上去，上級仍命他如數都退還給我了。托派的貞介我至今猶敬，而我不加入做共產黨員，彼時是謙卑，量量自己不大會服從紀律，怕一旦弄到對不起這樣崇高偉大的黨。說實話我是不慣將身許人，幼年要我叫俞家義父義母就千難萬難，其後亦不肯在郵政局定終身，現在雖做了國民黨中央委員，我亦自己看看不像個黨員。

我原來於知求其必至，於事求其必達，還比他人認真，如我看錯了七七事變，以為它不會擴大的，及後竟擴大了，我有一年半載切切在心，非到找出了當初觀察錯誤之故，不肯罷休。又如我在汪政府，終也沒有過一刻兒玩忽，卻是每每思前想後，他人未憂我先憂。雖然如此，我的性情卻又是對於理論乃至對於天下事的成敗有一種灑然。而且彼時我一面仍敬重托派，一面卻在南京做官，於自己的思想的衝突彷彿是對之不求甚解，好像陶淵明的讀書。

彼時我自己也說不明白，單是漸漸覺得無產階級革命好像不對，我雖一直不喜史大林派，而且現在我是跟汪先生在做和平運動，但毛澤東宣佈放棄階級鬥爭，單是像民兵一樣的抗戰，似乎比托派更有世俗的好。而如此我乃更茫然了。是和平對抑是抗戰對，這樣的問題我倒還不甚措意，我所弄不明白的是和平或抗戰的基本，即革命的問題。

在那一段期間，我把學得來的東西都丟開，回到了世俗人們的各式各樣的想法，糊塗也罷，幼稚也罷。一次我冒冒昧昧的問汪先生，「和平建國豈不就好，為甚麼要加上反共？延安今已宣佈放棄階級鬥爭，我們似乎不值得強調反共了？」我亦不過是這樣的問問，其實並沒有卓見，不料汪先生即刻臉上變色，斷然道，「共產黨無論做甚麼，都是決不可信的！現在我們與重慶爭中華民國的命運於一線，即在於反共或被共產黨所利用！」但我聽了仍將信將疑，多半不以為然。

我又一次向汪先生說，「和平運動要以東南沿海城市的民族產業資本家為基層，如此來組織可好？」我這話實在可笑，簡直不像是我說的，那是北伐後國民黨裏的新派以資產階級鬥爭無產階級的想法，我說時連自己亦不相信，汪先生聽了當然不納。如今回想起來，汪生生總要算得待我好，我雖說錯了話，他亦不使我難堪。

還有一次是我與周佛海說起，我道，「我們如今實際只有和平政府而無和平運動，我們應當發動民眾團體，如工會農會學生會婦女會商會公廠聯合會等，使和平運動革命化」，周佛海卻道，「革命又怎樣革法？我說實話，民眾團體又有甚麼用！」佛海是共產黨過來人，凡從共產黨脫退的，提起革命與民眾團體都反胃。他的話我當然也不佩服。

可是民間這些年來把革命這個字聽厭了，我便亦厭見林柏生的文章裏加進革命的話，他無非是迎合汪先生罷了。那麼中華民國的一代大事到底將是怎樣的呢？我是後來從離開了汪先生之後在武漢，又後來汪政府覆滅後我逃亡在溫州，纔弄明白了是民間起兵，而結果是人民解放軍來做了我的相知與佐證，我雖也欣喜，但是着實咨嗟。我之所以竟能弄得明白，倒是多靠早先那一段的糊塗，那幼稚可笑至少有從理論解脫的可愛。

彼時是抗戰生於民間起兵的氣運，而和平運動則不能，故汪政府的人士氣不揚。但和平運動亦不是沒有做法來結合民間起兵的氣運的，而後來的共產黨禍亂亦不是命裏註定的，可惆悵的只是彼時我亦見不及此，不能啟發汪先生，以至於有今天的生民塗炭，那一段情由，仍是歐陽修說的「雖曰天命，抑亦豈非人事哉？」

詞裏有「曉陰無賴似窮秋」，其實卻是春天，中華民國當年汪政府的一段，乃至今日共產黨的政權的事，亦皆像這樣。連我的吊兒郎當，亦是這種無賴。三個政府皆於我有合有不合，到底不能勉強，而汪政府彼時，我是還都那年夏天起即不再作汪先生的代言人了。昔年孫中山先生即不曾有過代言人，汪精衛，胡漢民，鄒容，吳稚暉諸同志只是各人說他自己所要說的，沒有禁忌，卻能自然不相違反，如今汪先生倒亦是這樣待我。

可是我到底辭去了中華日報總主筆兼職，雖汪先生不准，但我自己准了自己。此後我尚留在南京政府裏，惟因汪先生的作風尚未成一種類型，而且我也珍重政治現前的一笑一淚。

鬥百草

我觀測時事，有說中的，亦有說不中的。希特勒進兵波蘭，汪先生招李聖五、樊仲雲、林柏生及我論形勢，聖五說無事，仲雲說未可知，柏生無意見，惟我說這回必戰，英法參戰前旬日，後來又蘇俄參戰的一月，中華日報社論皆先已如此判斷了，現代的西洋文化益益到了限度，以西洋為主的國際形勢益益只是機械力學的關係，看樣子將要發生甚麼事兒，容易被計算。但我不曾先見中國會起這樣偉大的抗戰，還有後來的解放軍亦是，因為這裏有著文明無限，開創新朝的氣運是人事還夾有天道，所以難算了。想起占人的夜觀天象，識大下大勢，比起以辯證法只觀測得國家社會或國際社會的動態，倒是有著個好意思。

但最高的觀測是孟子說的「地方百里而可以王」，有這樣的大信，便其餘的妙算如神亦皆只是小術罷了。故又只有用世的大人，沒有觀世的大人。如孫中山先生當年革命，他自身即是形勢。而學者所謂客觀的觀測則不過是無聊罷了，因為干你何事？且孫先生許多舉事失敗，要算得許多次判斷時機錯誤，這倒是天意人事之際的活潑。故又觀測時事說中了也休得意，說不中也休煩惱。

我對第二次世界大戰乃至對日本發動太平洋戰爭都看準了，亦不算為甚麼本領，我不過是不服權威，不以為現存的秩序規律是一切，看事偶有合於天機，亦只如童言婦語無忌罷了。而我觀測，是因我身在與強橫勢力相接觸中，多有鬥志。

卻說還都那年夏天，我在上海時，日本海軍報導部長間直顯來見，我有意拿話傷他，說道，「現在凡事尚未定局呢。等日美開戰之後再看吧」。他道不然，日美絕無開戰之理。我顯然不信他這位日本海軍現役軍人的形勢判斷，他亦分明覺得了，遂向我解說道，中國人看不起日本是錯的，日本地方雖比中國小，但現代國家是立體的，大國是日本而非中國。他這說的亦是一理，但我仍只當它耳邊風。中國人是不但對日本，連對英美俄德亦不大看得起的，覺得必要能王天下纔是大，他們卻那裏算得。

我又與中央社社長郭秀峰打賭，我說一年半之內日美必戰，他說日美必不戰，拿我的一件皮袍子賭他的一隻手錶。太平洋戰爭我也與之喜怒哀樂相關，但也我仍然是我自己，待要說看不起它，我卻也對它存有敬意，不把來看作蝸牛角上之爭，待要說看得起它，我卻又連印度的鮑斯來南京亦不想要與之相見。霸圖興亡事，我所參加的一份卻只像是春天鬥百草。

大平洋戰爭我料到它要發生，可是一旦竟然發生了，我卻又似信似疑。對於既成的事實與形勢，我總不像他人的安心，不像他人的以為本來是這樣的。我只覺得天下事本來不是這樣。而亦因此，我對現前的喜怒哀樂，倒是還比他人真切，太平洋戰爭發生，上海租界一夜之間被日本軍佔領，這就是一樁有聲色的事，小時我來上海，見了外灘英國洋行銀行的石頭房子，有一種恫嚇，使人們的胸口都收緊，我就起來反叛之心，覺得工部局與街上走的外國人的威嚴皆不過是認真的兒戲，今天果然看它倒下來了，雖是日本軍所為，我亦還是很開心。而外面太平洋上，是日本空襲珍珠港，三天就打下了香港，不出旬月，席捲了越南、馬來新加坡、菲律賓，前線深入緬甸，到達印度邊境，且佔領澳洲紐西蘭對海的島嶼。這亦是好的。

可是那幾天裏我到南京見汪先生，汪先生很興奮，我卻答以太平洋上備多力分，英美的弱點今後轉為日本的弱點，日本的武力今已到了限界，現有的戰果並未確立。當下汪先生怫然，抬頭只看天花板，我知他不願再聽我說下去了，就起身告辭。汪先生待我，向來言聽計從，今天是第一次說話不投機。我這樣想著走出汪主席公館大門口，只見陽光滿街路，忽然覺得我便像這樣子的與世人都無親無故無功業，也是好的。太平洋戰爭最輝煌時，正當日本開國二千六百年紀念，南京派慶祝使節團去，我亦在內。團長是農礦部長趙毓松。來日本我這次是初次，船到長崎，坐火車至京都一宿，路上給我的好印象是田地山林勤墾整潔，且京都的旅館使我覺得真是來到日本了。

但是到了東京之後，我一股悶氣怒氣。初到時日本派人陪我們參拜明治神宮及靖國神社，卻不是派的外務省的人，而是派的憲兵。回來已下午，去訪問各省，到了海軍省，聽傳達說惟派個課長下樓來接見，我就回絕說那麼不必見了。第二天遙拜宮城，要先排好隊，並且拍照相，滿洲團的代表與華北的代表要爭上前，這邊還與之理論，我說，「何必理論，有本領就不拜」，我當下一人離隊走了。在走回旅館的街上，人生路不熟又不懂日本話，我好像當學生時到了一個生疏地方，看見甚麼都新鮮別緻，心裏無想無念。

第三天正式舉行慶祝典禮，午前皆在宮城前廣場上齊集，凡六萬人，最前是德國及意大利的使節，南京華北滿洲及東南大平洋諸國的使節，其餘則是日本軍政商各界臣民，我坐在中間連排的板凳上四面看看，覺得天下有道，果然可以是萬民歡動，萬邦來朝，但是日本做得來不對。

這樣的場面，我亦還是有好感，孜孜的望著台上。先是命官命婦來到台上，分兩旁侍立，那班命婦的和服及步姿非常端莊典雅。又等了很久，踏正吉時，纔遙見天皇與皇后的汽車出二重橋，汽車深紅色，上有金色菊花徽章，緩緩向這邊而來，前後有幾輛汽車是親王殿下及宮內省的，只聽得夾道萬民歡呼「萬歲！」卻亦頃刻之間到了全會，在君代的奏樂聲中天皇與皇后下車，到了台上，我只覺天子之尊果然是世上最美的。近衛首相在台上領導三呼萬歲時，我看見我旁邊前後的日本臣民感動得熱淚滿臉。我亦隨眾起立，但是我不呼。

第四天，我忽然也想找個日本人說說話，就帶同郭秀峰去見外務省顧問白鳥敏夫，郭可以翻譯。我問白鳥敏夫對中日和平的想法，他說，「必要中國人奉天皇陛下，天皇陛下不單是日本的，而亦是中國的」。我聽了一驚，當下很生氣，就反問他日本與德意親善，你當著德國人意大利人亦說天皇陛下是德意的麼？郭害怕起來，白鳥的答話他就不敢再翻譯給我聽。現在我可以諒解，王道無外本來不是王一國，而是王天下，但彼時白鳥敏夫說的總之不對。

那天話不投機，從外務省辭了出來，與郭秀峰同去看他的妻舅，郭的太太是日本人，她哥哥在東京。到得他家，請喫茶後，必要我寫字。那妻舅大學畢業，在公司裏做事，中國人讀過書多少有點氣宇軒昂，志在天下，但在他身上只見是個職工，雖說日本教育普遍，大學生不足為奇，亦因現代技術組織的社會不許人有一點慷慨飛揚，那到底是寂寞的。

歸途尚有個市井之人亦要我寫字，我給寫了一首詩，也是給日本人日後的一個紀念，詩曰，

我遊蓬萊山　神仙徒聞名
惟見刑天舞　干戚敵八繽
欲致交聘禮　無主焉有賓
我心實慍怒　拂衣亦逕行
所過郊與市　仍惜其民勤

但恐再來日　鰲翻寂滄瀛
郵亭一宿意　不覺淚已盈

我是寫的草書，欺他未必能讀，雖然我亦並不怕他。本來慶祝典禮過後，還有旬日的觀光程序，但我因為心裏不高興，總共住得四天，就脫離團體先回國了。

在東京我惟初到時出席松岡洋右外相的讌會，乃日華文化協會的讌會，後來近衛首相及各省大臣的請帖我一概謝絕。銀座我到過白木屋，上海的百貨公司裏滿眼洋貨，日本的百貨公司裏卻樣樣都是本國製造，我也心裏敬重，覺得是好的。日本紙張便宜，鋼鐵便宜，我帶回來的有在京都買的兩串珍珠，三百日元，及在東京街頭買的一串鋼製鑰匙圈鍊，二分錢。

去日本回來之後，撚指間過了半年，我在南京宣傳部，忽一日新明正道來見，有個日本佐官陪來，我當時沒有好氣。新明正道是日本的政治學者，日軍總司令部請他來看看戰時中國及汪政府的。我想起那回在日本訪問海軍省的傲慢，今天我可亦不輕易接見，無故讓他在會客室等候了許久。及至見了，我冷然問他有甚麼事，他答是為要想曉得中國人的心意，我遂說：「今天我本來見不著新明先生的，原想早車去上海，但你們日本兵在上海動不動封鎖，上次我去，走這條路也被攔住，繞那條路也被攔住，這回想想懈悶，不去了，所以纔有見到新明先生的光榮」。新明正道抱歉說，那是小兵沒有知識，封鎖須不是為胡先生這樣高官的。我道，「我倒是願與百姓一起被攔阻，因為這是日本人對待中國人」。

那陪來的佐官是日本總司令部的參謀，他已臉色變得不自然，我只當不見，因答新明正道問，我偏說，「大道理且不談，你們日本軍先把殺人放火奸淫及運銷鴉片來停止罷」。新明正道一驚，「說這是事實麼？」我答「怎麼不是。南京現有宏濟善堂是日本軍的鴉片總機關。鷹揚宮附近一個池也是日軍進城時數十中國婦女被追逼投水的地方。剛剛前三天，日軍又把常熟鐵路沿線十幾個村莊都放火燒光，因為對付游擊隊」。那少佐參謀但為尊敬新明正道，不便插言，我由他去怒容滿面。我隨看看錶，說還有事，一面立起身來，那新明正道只得告辭了。

後來日本軍總司令部有人向汪先生說我是抗日分子，汪先生答以「他是我的代言人」，笑起來。

那時的情形便是這樣，日本人盡欺侮淪陷區百姓及汪政府的人，但你抓住他的痛處也可以殺足他。淪陷區百姓種種調皮，對日本人大地方喫虧了，小地方佔回一點便宜也兀自得意，只覺在人世即刻又有了好情懷。乃至汪政府的官吏，雖才能人品各有不齊，亦皆有像民間的這種天機，一時的勝負得失何足介意，難得是氣不餒。中國人是一般都有點像孟子說的浩然之氣。

還有我剛剛從日本回來，林柏生先生與我說，「你見汪先生報告時，不可刺激汪先生」，但我還是照實對汪先生說了，惟亦不雜憤慨。汪先生聽了當時不語，他是在思省。

孔子說惟仁者能愛人能惡人，中國人一般是對日本沒有畏懼，所以亦不怎樣憤慨，還有餘裕，替日本也想一想，為他可惜，單是這樣淡淡一份情意，已比基督的愛仇敵乃至釋迦的慈悲都更清朗，而且真是有平等了。

忠於一人

彼時淪陷區各人任意而行，如蘇詩「縱橫若無主，蕩逸侵人寰」，而其中有小心端正者，那是汪先生，我就忠於他。共產黨說忠於人民，但我亦不是人民，你亦不是人民，他亦不是人民，人民在大家之外，都要大家都為之服務，到底冤屈。我寧喜古詩的「日月光華，弘於一人」，又說「夙興夜寐，以事一人」，又說「一人有慶，兆民賴之」。原來你自身即是天下人，故君子居其身正而天下自正。又你必有個同心之人，或是父子兄弟夫妻或是君臣朋友，同心打得江山，你見他就是見了天下人了，你待他君臣有義，父子有恩，兄弟有序，夫婦有別，朋友有信，你也就是待了天下人了。我與汪先生有這樣現前人身的可喜。我每念不合則去，且幾次想要造反，其實我還比誰都更忠於他，還都的頭兩年裏，我要為汪先生建立中心勢力，那意思有似尊王。

還都之初，華北政務委員會仍是個特殊的存在，華中各省市縣長與軍司令官亦尚是維新政府的舊人，此外湖北江西福建廣東更尚在日本軍佔領下，連行政尚未交還。而汪先生的幹部，內裏又分公館派與周佛海派。彼時五院除行政院外，等於虛設，行政院長及軍事委員長皆是汪主席兼，這且不去說他。但軍事實力寧是在綏靖軍總司令任援道之手，他與內政部長陳群都是維新政府的舊人。財政部長則是周佛海。周佛侮還兼中央儲備銀行總裁，特工委員會主席，及警政部長。周的人有梅思平羅君強丁默村，梅為工商部長兼糧食部長，羅為中政會秘書長，丁為社會部長，其中工商部及糧食部在彼時日軍物資統制下有一種變態的重要性。公館派惟陳公博為軍事政治訓練部長，林柏生為宣傳部長兼青少年團長，我為機關報總主筆，這些都是要有像北伐時的革命氣象纔能發揮力量，現在可是還不及周佛海派把持的機關實惠。公館派尚有陳春圃為行政院秘書長，褚民誼為外交部長，陳春圃還好，民誼根本無用。

第三年上海市長維新政府舊人傅筱庵被刺，由陳公博兼任。李士群加入公館派，繼維新政府舊人陳則民為江蘇省主席，並利用清鄉的軍事關係，相當可以控制陳援道丁錫山謝文達的地方部隊。尚有陳君慧新任為經濟部長，陳昌祖新任為空軍署長。公館派的勢力是較前強大了。但周佛海派亦推傅式說繼維新政府舊人當了浙江省主席，又羅君強新任為司法部兼稅警團長。

維新政府舊人的地盤如此逐次讓了出來，是與日本的態度變化有關。更後日本在東南太平洋的軍事益益逆轉，逼得改變國策，要尊重南京國民政府，連日軍佔領體制下湖北廣東等省的行政亦交了出來，公館派陳耀祖當了廣東省主席，楊揆一當了湖北省主席，林柏生當淮海省主席。可是周佛海派亦羅君強當了安徽省主席，又浙江省主席由傅式說到梅思平到丁默村，一直在周派之手，他們招兵買馬，還比公館派更聲勢浩大。舊時維新政府的軍隊，他們畏懼李士群，多去依附周佛海。還有在日本軍直轄下的雜牌軍隊，現在改編直屬中央了，但他們亦與周佛海相結。

其後李士群死，江蘇省主席又落於維新政府舊人陳群之手，而陳群的內政部長則為周佛海派梅思平所兼。南京政府自始至終，周佛海派的勢力一直咄咄逼人，不然抗戰勝利時這朝人的收場將不致如此。

但汪先生還是保持他的尊嚴，無論外對日本，內對各派，他若說不可，便日本軍人亦要避他三舍，便周佛海亦還是畏懼的。汪先生到底是辛亥革命以來的人物，北伐當年他就做過國民政府第一任主席，現在亦仍是那樣火雜雜的人格，他的其實是大人的尊嚴，只覺他真是有地位的，這種地位倒不是做了主席就能有。後來汪先生去世，陳公博代理主席，對周佛海就完全沒有辦法，所以怎樣的現代政治，亦還是人存則昌。

我不喜周佛海他們的不忠於汪先生。其實誰亦沒有對領袖宣誓效忠的義務的，若有志氣，是雖造反亦可的，我只不喜周佛海他們的沒有志氣而有野心，在人前那種觸目的霸佔僭越的存在。所以我與他們為事還在其次，而寧是不喜他們的為人。

周佛海有湖南人的熱情才氣，本性倒是個豪爽的，但是當過共產黨員的人精神上有一種空虛，而又無忌憚。日本在太平洋上軍事逆轉，王克敏的華北政務委員會始尊重南京，汪先生派周佛海前住宣喻中央意旨，他到北平威勢煊赫，自言書生有今天的顯達，生平之志已遂，他說這話亦有可愛，但他是熱情與直爽亦以之行其奸偽。他後來看見勢頭不對，又暗通重慶，結果重慶人回來了，他還是熱淚滿面，死於獄中。他的現實主義異於人世現前，他死於自己佈置的機關，因他的權謀活潑不能即是天機。

梅思平是個官僚徹了骨，加上現代人的理智，他對行政法精透精透，真個是練達有才幹，做事的派頭與說話非常得體，甚麼他都不喫驚，可以神色不變。一次李士群向汪先生說某事外間輿論不好，他意思要打擊梅思平，汪先生即座問梅，梅卻平靜簡單，答道，「請先生惟以不變應萬變」，以不變應萬變這句話本出在新近汪先生的文章裏，汪先生聽了點頭。士群回來告訴我，笑道，「那梅思平果然厲害，我說了十句八句，不敵他一句」。梅於抗戰勝利後被審判，他不求饒亦不認錯，死後他的自辯書曾在大公報發表，說汪政府當年承敗戰之餘，訂屈辱條約，與現政府的抗戰勝利而亦屈辱承認雅爾達協定，同樣可得現實政治家的諒解，我讀了很不喜。梅的現實主義竟是另一種本色，本色到人世之情他一概無動於中。

梅思平與陳群恰好做一對，雖然一個是周佛海派，一個是維新政府舊人，兩人都是能吏，而且私生活都是一塌糊塗。那陳群，是過去跟蔣先生時為對付赤化，他殺人殺得多了，與楊虎被稱為「養虎成群」，變得像西洋的犬儒學派。他卻又除了玩女人，還收集圖書。他為內政部長，鴉片便在他手。他與周佛海梅思平三個都是沒有人世的大信，卻又都有才氣，他那才氣像灰白的天宇中一片刀光。陳群是抗戰勝利時他堅持不能投降，勸陳公博擁兵自固，看機會與蔣先生講條件，但被周佛海所阻，當晚他就自殺了。

這三人都是狠將，且都是見過大場面來的，其實有著他們修煉得米的高級東西，如同一種藝術的境界。我與梅思平熟，與陳群不熟，但和兩個都少往來，偶然相見了亦話不投機。我是凡見世人，即有一種親近之意，可是梅思平陳群我與之當面亦不見其人，想要與他們玩玩亦玩不起來的。我有些不入他們的眼。只是我並無事情要與他們相共，他們亦沒有事情犯到我手上，所以不曾發生衝突。我與周佛海倒是還可以傾談，我且與羅君強相當要好，羅君強亦是能吏。公館派與周佛海派界限相當深，惟我不管這些，與周佛海本人近於要發生交情了，但是到底兩路，我就著實鬥了他一下，解除了他的特工，使李士群直接成了汪先生的人。

但我鬥周佛海只是即景生情，而與李士群亦是無意之合。還都那年夏天，諸人在南京各有所忙，上海惟我李士群兩個次長留守，李是警政部次長。我要照看中華日報，他要照看七十六號。但是兩人迄未相識。忽一日無事，我想到了去七十六號玩玩，極司斐爾路七十六號是特工機關，我向來對那班人正眼兒也不看一看的，偶然卻把來當作閒遊之地亦無不可，當它是千家詩裏的「雲溪風輕近午天，傍花依抑過前川」。那李士群正在想要跳過周佛海的管轄，只苦無路可以直達汪先生，見我來到，好比天上掉下了寶貝。我亦愛他們人才，且對七十六號印象甚好。七十六號當初是著實陽氣，寧像梁山泊忠義堂。

那李士群，後來在汪政府可比太平天國的北王韋昌輝，變得與我為敵，作惡過多而死，但我仍想念他。雖如毛澤東這班人，亦有使我神旺，這樣的敵人還比友人來得響亮。李士群豁達有膽略，像他這樣的人是孫中山先生亦要用他，汪先生亦要用他，日本人乃至共產黨亦都要用他的，雖明知他，跋扈，但是他聰明，做人本來是人騙人。唐人綠珠詩，「此日語笑得人意，此時歌舞稱人情」，李士群在人前亦有這種漂亮。

可是汪夫人來上海，我為李士群先容，汪夫人卻不喜道，「七十六號是血腥氣的地方」，我說，「特工除非把來廢了，既來能廢，則應直屬於元首，如今直屬於周佛海，世上各國無此例」。汪夫人纔說，「那麼你告訴他可以來見我」。我去南京又與汪先生說了，汪先生亦纔初次召見李士群。我向汪先生進言撤廢特工委員會，改設調查統計局，在軍事委員會下。汪先生就與陳公博研究，還在看時機。

那周佛海已稍稍知覺，一晚他在上海宴請公博士群，見公博已醉，拿話挑他，「公博要當心你那女寵莫國康被胡蘭成搭去」，公博還言，「你還是當心當心你自己，胡蘭成在造中心勢力，要解消你的特工呢」。士群回來趕忙告訴我。翌日一早我往南京，果然與周佛海同飛機，他是要去向汪先生哭訴。我卻比他先到主席公館，與汪先生說了，汪先生笑起來，說道，「公博竟說了出來麼」。汪先生便是能把尷尬事情亦變成滑稽好玩的驚訝。

佛海隨亦來見汪先生，我且避到樓上，等到他走了，纔又下來到客廳裏。汪先生還是笑，一見汪夫人進來，他道，「哈哈，公博都對佛海說了」。汪夫人卻罵我，「為甚麼要與莫國康這樣輕賤的女人來往？你與公博恰好配對，一個老糊塗，一個小糊塗。下次公博來也罵他」。那莫國康是國民革命軍北伐時已跟陳公博，現任立法委員，為人喜勝好強，仍像當年做女學生的風頭，惟不入汪夫人的眼，但我只在眾人前見過她兩次。

我的建議不久實現，成立了調查統計部，部長李士群。我原來是說的調查統計局，現在改為部，規模更人，而且像公開性質。汪先生本性不喜特工，他的意思寧是要使之政治化軍事化。但調查統計部到底不能是一個綜合的武力機關，而後來李士群竟能集特工，軍隊，行政，及經濟權力於一身，那是靠清鄉。

清鄉的起因也是我，真真是事與願違。組府還都第二年，我已完全脫離中華日報，自己創辦了國民新聞。國民新聞開辦時，機器與館址是李士群弄來給我的，在他算是報答，我就借這個報來重申和平運動當初的主張，拒絕承認現狀，不肯稱和平區而仍稱淪陷區，且指出淪陷區與抗戰區是一個中華民國。當初說「和即全面和」，現在汪先生既改為「以局部和平漸致全面和平」，我就提倡要日本「從局部撤兵做到全面撤兵」。我想著去問李士群，如何使日本軍先從江蘇撤退，由我們自己來維持秩序，你有這樣的武力可以接防麼？他說，「我有特工與警察，你只要說得動汪先生，你儘管一口答應下來」。我就到南京見汪先生建議，汪先生亦果然向板垣大將提出了，板垣竟同意，惟單是警察與特工不行，必要軍隊接防軍隊。結果成立清鄉委員會，汪先生自兼委員長，李士群是主任，可以用汪先生的名義指揮南京政府在江蘇的一切軍隊與行政及經濟機關。

那天士群到虹口去與日軍接洽，開始這新工作，去之前我再三關照他必須堅持日軍一地一地撤退的程序，他答應然，他回來時非常高興，臉上帶酒意，我問他，他裝醉大笑道，「我不覺世界上的人有何難對付，便是日本軍也好對付，世界上難對付的人只有胡蘭成」。我當即甚麼都明白了。原本內定我當秘書長，李士群當參謀長的，現在我決定退出。那清鄉，變得只是幫助日本軍維持佔領地秩序，並對抗戰區封鎖物資，為這件事我很遷怒於汪先生。

正值我沒有好氣，財政部卻發表了新近與日本簽訂的經濟協定，國民新聞就在社論上指名財政部長周佛海，罵他喪權辱國，那社論是陶希聖留下的學生鞠清遠寫的，但我是社長，我發下去叫登載的。是日周佛海恰好在上海，儲備銀行的人告訴他，他一讀非常狼狽，第二天他返南京見汪先生引咎辭職，說，「財政部的處境是整個政府的處境的一部份，我要不這樣做也無法，但胡蘭成罵我句句有理，我要說他不對也無法，為顧全政府在國人面前的威信，只可我辭職」。汪先生慰留他，下令免我的宣傳部次長職。我在上海，林柏生寫信給我，「先生因你是自己人，你還是來京見先生，當有所面諭也」，但是我回信說不去。

我免官無事。忽一日我想要到吳四寶家裏去玩玩，向來我去七十六號，惟與李士群說話，對他的部下我眼睛裏不看人，一次萬里浪來我家裏見我，呈上李士群的字條，我問他「你是萬里浪？」他答「是！」他立正報告畢，又敬禮退出，那萬里浪是後來李士群死了，特工都歸於他。吳四寶則我幾次聽見他的名字，但亦不在我心上。前時我每去李士群處回來，士群必要親自送我，一次卻有個彪形大漢說，「我送胡次長」，他便給我開車門，自去坐在司機旁邊，我當他是保鏢，倒要與他交一句口，也是對下人體諒珍重，給他面子之意，等汽車已進美麗國衖堂，我問他，「你貴姓？」焉知他答的是「敝姓吳，小號四寶」，我笑道，「你很有名」，他說，「不敢，四寶小時失學，不曉得道理，要請胡次長教誨的」。車子到門口停下，他先跳下來給我開車門，我亦不曾客氣一聲請他進來坐坐。他自己有汽車跟來，就這樣讓他回去了。

吳四寶家裏廣有亭台樓閣，上海的白相人黃金榮已老，杜月笙到重慶，青幫就只有吳四寶如日中天。那天他正在家。與一班學生說話，聽說我來到，就撇了眾人出來迎接，請我到花園裏，叫人移過藤桌藤椅請我坐，又叫他的太太親自送威士忌酒來，他自己在禮不飲，只恭謹相陪，他與我文武不搭擋，沒有多話，我飲得兩盃，略坐坐亦就告辭，他送我出大門，還像從前一樣給我開車門。史記裏有韓信貶為淮陰侯居長安，一日過舞陽侯樊噲第，噲大驚，擁篲跪迎，曰，「不意大王乃肯幸顧臣」，韓信進去略坐了一坐出來，笑曰，「生今日乃與噲等為伍」，這與我有像有不像。

新遊俠傳

七十六號初期實在有它的特色，單是那暢陽豪華即為世界上任何國家的特工機關所無。原來凡特工機關，都是政府所組織的，奉令執行秘密工作，自然就帶陰慘嚴冷的性格，七十六號則靠上海一班白相人打出來，所以有江湖豪傑之氣。七十六號是到後來纔變得也是陰慘嚴冷的純特工機關，這初期後期的分界便是吳四寶的進來與退出。

最早丁默村李士群勾結在上海的日本軍要想組織這樣機關，但是日本人只當他們和那些做諜報的朝鮮人台灣人一般看待，雖在滬西，開出門就是越界築路，如何動得。那李士群曉得上海白相人有吳四寶，千方百計要結交不得，後來是找到季老太太。季老太太的男人李雲卿生前也是白相人，她那時當捕房的女監頭腦，李士群還是共產黨員，拜在季家門下。這季老太大是吳四寶太太亦叫她做娘的。如今李士群就央求她拉攏四寶。四寶心裏本不願，但因是季老太太的面子，且李士群夫婦來得腳頭勤，必要結拜為兄弟，趕著四寶夫婦叫大哥大嫂，又宣誓是為了擁護汪先生救國救民，決不做漢奸的，如此四寶纔參加了，是他招來張國震這班人。

張國震是像京戲鐵公雞裏張國梁那樣的好漢，與他的一班結義弟兄原在上海附近一帶當忠義救國鐵血軍，重慶發給他們槍械，糧餉則自己想法子，這班人又那裏能安份。可是日本軍要招降他們，李士群要收用他們，他們總也不信。他們必要吳四寶一句話，且設起香案拜了他做先生，纔率眾攜槍來歸。這班人都是上海人說的「死脫外國人勿管」，租界的捕房車子開到他們做機關的門前來窺伺動靜，張國震這個殺胚會爬上窗口擲下手榴彈，殺傷巡捕不算數，一次還殺脫了外國人的枯榔頭，從此捕房車子再也不敢到越界築路來了。於是打導報，打大美晚報。他們打大美晚報也是明火執仗，與法租界工部局的巡捕交戰，如同梁山泊眾好漢大鬧江州，依特工的暗殺團來說都是很不合格的。

但張國震他們是外巡。另有警衛大隊是吳四寶選拔他的學生子在鄉下有身家財產的來編成。這警衛大隊亦就是和平運動初起時汪先生的惟一的武力。吳四寶叫警衛大隊長，與他的學生子張國震那班人何嘗是做特工的性格，單是他的人情大，手面闊，又有膽量作為，又待人慷慨，上海的銀行，廠家，金子紗布交易所及賭場，便都來投拜門牆。白相人放交情在江湖，凡江湖落難上門來求助的，四寶無有不應，重慶分子被七十六號捉到了，歸警衛隊收監，他亦對他們好看待，能放的他都給了路費放回去。七十六號與租界捕房的衝突，及七十六號與重慶特工在上海對南京政府的儲備銀行行員與重慶政府的中央中國交通農民四銀行行員的暗殺報復，吳四寶因兩邊都有朋友交情，總是出來調解，這何嘗是特工的作法，卻完全是白相人的講事情。他手下張國震他們亦只曉得書遊市上，夜到賭場，先生凡有吩咐，就水裏水裏去，火裏火裏去。他們在外闖怎樣大的禍，先生一喝就喝止，真是從心底裏聽話起。他們個個都是拚命三郎石秀，卻與日本人不投機，且他們自有人情手面，不需要靠日本人。吳四寶有這麼多朋友，就只與日本人一個也不往來，他覺得對日本人上面有李士群在辦外交，與他沒有關係。

七十六號開始像個特工機關，是楊傑林之江王天木蘇成德萬里浪唐惠民胡均鶴馬嘯天等進來之後，他們原是重慶的CC，藍衣社與共產黨的格別烏，被丁默邨李士群重用，成立了警衛第二大隊及行動大隊等，這班人纔真是幹特工的，個個陰慘殘忍，無情無義無趣。吳四寶後來就搬出七十六號，在愚園路新置了邸宅。及至有一天，李士群關起房門親自擬定了純化特工的計劃書，漸漸事實表現出來，吳四寶就爽爽快快把警衛第一大隊長的職位來辭掉了。

前此吳四寶夫婦皆住在七十六號裏面的時候，我去看李士群，三天五天總有一次酒讌，大廳上擺起十幾二十桌，就像瓦崗寨眾英雄聚義，我是貴賓坐首位，李士群坐主位相陪，但我少飲酒說笑，不大應酬，好像我小時候坐筵席一樣。吳四寶搬出後，七十六號我就只到過兩次，一次去是李士群在，但見樓房院地都變了黯淡冷落，又一次去則李士群不在，他上午到南京去了，我也不過無事來玩玩，就到左首院落萬里浪家裡略坐得一坐，只覺得他有權力亦仍是藐小，多有不義之財亦一股貧寒相。後來林之江楊傑夏仲鳴家裏我亦去過，他們都在外面住的大洋房，但都不像是一份人家，藐小貧寒無趣尚在其外，真是枉為了他們殺人如草，強搶強奪無算。

惟有吳四寶搬到愚園路新房子裏，無官無爵，甚麼後台都沒有了，他家裏亦依然像唐詩裏的：

宅中歌笑日紛紛　門外車馬如雲屯
他與他的太太，夫婦兩個都是
好鞍好馬乞與人　黃金不惜栽桃李
桃李開來一番新　世上萬事如流水

吳家於應酬朋友之外，還對街坊窮人施捨衣食，過年過節鄰近里衖得到吳家好處的總有數百家。且又廣施醫藥義材。且又在杭州重開了一個戰時停閉的學校，即是原來的蕙蘭中學。有錢人做點慈善事業不足為奇，我只喜歡吳家凡做這些，好像紅樓夢裏榮國府演戲及上廟燒香時台上台下撒錢，將瑯瑯一地都是金錢的響聲，還有賈母寶玉鳳姐諸姊妹及丫鬟小廝的人意。

吳太太余愛珍，與她的男人吳四寶齊名，前番在七十六號時夫妻同管警衛第一大隊，我去李士群處看見過她多次，卻要過了三四個月之後我纔問姓。外來的人不識她的，一眼就先看到她走動時的安詳輕快，有一股風頭，又注意到她的腳樣鞋樣好，同樣一雙絲襪，穿在她腳上就引起女伴的羨慕。

她長挑身裁，雪白皮膚，臉如銀盆。她那種臉相，只有小時是圓臉，隨著年紀成長，從她這人的聰明秀氣與英斷舒發出來的輪廓線條，筆筆分明，但又難說是長圓臉或長臉帶有方形圓意，可比花氣日影搖動，不能定準，都變得是意思無限。她眉毛生得極清，一雙眼睛黑如點漆，眼白從來不帶一絲紅筋，真真是像秋水。頭髮是她為女兒讀書時作興梳橫S頭，至今不改樣，女伴都說她梳的頭好看。

她不擦口紅，不穿花式的衣裳，夏天只見她穿玄色香雲紗旗袍或是淡青灰，上襟角帶一環茉莉花。人說雪膚花貌，容貌已如花，衣裳就只可穿一色，而肌膚如雪，若再穿白，那真要變得像白蛇娘娘了。那年她二十八歲，人家看她總要看小十年，且覺得女人的妙年只能是像她現在這樣的歲數。

她是生的男人相，性情亦大方條達像男人，誰亦與她只能是極清潔的男女相見，不覺得她有魅力，卻自然大家都歡喜她，敬重她。她不是宦人家的小姐或派頭，卻完全是現代中國大都市的民間女人，沒有一點書本上美人的誇張。她原籍廣東，生長在上海，父親余銘三是白手成家的商人，做茶葉火腿出口生意，等她出生已是大人家，且一直興旺，所以她從小嬌養，像元稹的牡丹詩：

花從琉璃地上生　光風眩轉絕埃塵

但她又自會得曉事知禮。她惟沒有禁忌，只是女人的本色而沒有女人腔，說話亦都是現地風光，沒有書本上的。她在啟秀女子中學校畢業，四寶卻識字不多，銀錢出入與待人接物皆聽她調度。她且又從太太小姐到女傭的事件件皆能，凡落她手都點畫分明，且做得來真是感情上沒有禁忌。這些她都沒有人教，她父親白手成家是他自己生發出來的，這位女兒的做人亦是她自己生發出來的。

吳家的房子是西式，正廳則中國式，擺設紅木傢私，是禮堂。正廳獨立，右首樓房是居室，左首通過去是一個舞廳。樓上吳大太房裏，樓下客廳裏，正廳前沿階下及花園邊走路上，日常多有女客男客，各行各業的學生子，過房兒子，乾姑娘，姊妹淘裏，及稱兄道弟的朋友。花園裏則有個亭子，檀香燒得氤氳，一隻八哥會說「黃包車」。我愛白相人重義氣，從那次去過之後無事就常去，有時主人不在，我也一人在花園裏走走當散步，但是不與人搭訕。又後來熟了，我去時便到樓上，與吳太太及眾女客往往一坐坐上半天。凡來吳家的，不論男客女客，皆見了四寶必見太太。

吳家的舞廳，原是左鄰的一座洋房，買過來打通了改裝的，在樓上。間常朋友讌會擺得十幾桌酒，叫了樂隊與舞女來湊熱鬧。但那年吳太太四十歲生日，則是花園右首開出側門，那裏還有個大院子，在網球場及曬場上搭台做堂會，演戲擺酒三日，京戲申灘及嵊縣戲的紅牌，如荀慧生麒麟童筱月珍傅瑞香等皆到齊，來客則凡是上海的場面上人，還有南京政府的高官周佛海等，及四寶的結義兄弟各地軍司令官等，連同四親八戚，學生子，過房兒子，乾姑娘，姊妹淘裏，總共幾百人，擺酒要擺到論百桌。

我也喜歡這樣的現世繁華，且吳家的金玉器玩陳設都比周佛海李士群家裏的看得順眼，來到吳家的客人，亦比上周佛海李士群家裏的客人別有一段民間的風光。而我如長安城頭月，在這樣的現世繁華裏，有我便如同江山有思。

蘇州遺事

汪政府當年最欠缺的是與民間起兵無緣，惟清鄉的軍事行動有點近似，但亦只是造成了李士群的威力。曾國藩與太平天國作對，但太平軍是民間起兵，湘軍亦是民間起兵，汪政府的清鄉亦不是不可以與重慶延安的抗戰並分民間起兵的氣運，但汪先生見不及此，而李士群則捨不得他的特工，雖飛揚跋扈亦到底有限。且李士群因當過共產黨員，共產黨的作風已經徹了骨。

李士群與周佛海一樣豁達明快，且熱情橫溢，惟周佛海已當了官僚多年，李士群則新近纔跳起，還比周佛海更無習氣。他說話動作隨隨便便，女傭都笑他每天早晨找襯褲的褲帶，到得洗浴時一看，腰裏會綁有好幾條，原來都縮上去了。他一副眼睛生得有殺星威力，惟因他的氣概，且又簡易近人，所以每說謊話大話，眾人亦都信他。我去七十六號看他，他總是穿了拖鞋就出來迎接，我先頭賞識他，是看在他的不裝腔。他這人極有深度，身上卻不見有戒備，或秘密，又儘管可以閑談，七十六號算得事情多，他卻能不是個忙人。能夠不忙，能夠談正經事亦像閑談，這都使我看得起他。

李士群使我明白後來解放軍初期的將領，我見他們都有這樣的脫略自喜，平易可親。三國演義裏官渡之戰，故人許攸夜見曹操，操倒屣出迎，攜手入張坐定，攸問糧秣，操正色答以可支一年，攸拂衣逕出，操挽留，曰，實以相告，可支三月耳，許攸偏揭穿他只有三天的糧，操聞言一驚，卻大笑說，你真聰明，他當即也說真話。我聽聞有個國民黨人於協商小組會議時派在延安，與毛澤東說起一件事，毛澤東的權詐可愛就像那曹操答許攸。毛澤東見人，亦親自遞煙敬茶，不搭架子。乃至周恩來派在重慶，當時政府諸人皆為他的態度自然所魅，至今在國際接觸上，英國印度日本的代表見了他，仍為所動。中國歷來開啟新朝的一代新人，皆能從事務與感情的末梢走出來，與人似真似假，所差只是共產黨人沒有人世的大信。

我先時沒有防到李士群與周佛海是一票貨，但亦漸漸對他不以為然。七十六號捉到一個重慶分子，那人有相當的官位，羅君強亦曾與之相識，李士群遂偕羅會審，勸誘其投降，那人卻至終不屈，李士群事後對我說，「今日我看出了羅君強膽小無用，我命把那人打藤條，羅君強驚得掩面不敢看」。這是第一次我聽了他的話不喜。又一回是我與李士群從上海往南京，同坐一部汽車到北站，經過北四川橋蘇州河邊時，見市民擁擠著等候領配給米，我心裏惻然，士群卻說，「這是優勝劣敗，像你與我即不必也去排隊」，我道，「這話在排隊的人也許可以說，但你今是江蘇省主席，便不應該說」。我因勸他把江蘇省的事要好好的做，但他近來倒轉可以教訓我了，他說我是書生，他說政治的現實只是形勢。我勸他要跳出特工，纔開創得新規模，他道，「但我的根基是特工」。

李士群當省主席，也請我無事到蘇州去玩玩，我與他從郊外進城，蘇州城內大街上惟見步哨，商店住家都閉門閉戶，人影全無，電車隊過後，是李士群的坐車，前面架起機關槍，後面亦是機關槍，一共十幾輛汽車，都開足速力，如雷聲動地而來，真真是八面威風，我不禁想起黃巢李守貞當年在長安。蘇軾登守貞閣詩，「古人雖暴睢，作事令人驚。」蘇州吳苑茶樓裏亦至今尚在閑話李士群當年。

後來是因李士群殺了吳四寶，我纔與他大大傷了道。卻說七十六號白從吳四寶帶同他的學生子張國震等退出後，一面是完全特工化了，一面卻又四出劫掠，楊傑萬里浪夏仲鳴他們不比白相人要面子，上海一時綁票偷汽車之風大盛，直弄到吳四寶的親友亦汽車不見人失蹤。且夏仲鳴手下有個分隊長亦姓吳，人家聽說是吳隊長，還以為就是吳四寶。吳四寶為此幾次暴跳如雷，派張國震等捉了綁票偷汽車的人來，一問都楊傑萬里浪夏仲鳴手下的，他把他們都交給李士群，但李士群隨把他們又都放了，而楊傑他們當然更要向李破壞吳四寶。彼時上海等於是陳公博李士群周佛海吳四寶四個人的上海，而周佛海為上海的金融及商場要四寶協力，兩家新近多了交往，這又是一忌，還有李士群的太太也不是個東西。李家在上海的家與吳家近鄰，那房子還是吳四寶送給他的，吳家有十分慷慨，李家便九分疑忌更多了一分疑忌。吳四寶因與李是八拜之交，始終對李忠心，吳太太亦李士群夫婦的事她無有不顧到，但吳家是有人世的繁華，李家總覺甚麼也不能及，那妒忌就像法海和尚的妒忌白蛇娘娘。李士群要除滅吳四寶，不比普通所謂殺功臣，而是用共產黨清黨的法子。

那一日，吳四寶正在家裏，忽然外面日本憲兵二百人到來包圍，四寶卻機警逃走了，這就全上海變得風聲鶴唳，到處皆是捉人，李士群則先一日已避往南京，且要汪先生也下了通緝令。我在家接到電話，一聽是吳太太的聲音，纔知她亦逃匿在外面，七十六號的人不是樂禍即懼禍，她只能聯絡我去向李士群求援，當時都還不知是李士群要借刀殺人。是日傍晚李士群來到，我去北站接著他，只覺李士群的隨身衛士及來接的七十六號部下，及至李士群本人，皆寂寞冷落。及至李家，李太太在蘇州，隔壁吳家出事，竟連這裏李家亦感覺一股薄暮的荒愁。這事本來李是勝利者，但是勝利得這樣陰慘。

我不疑李士群，還責以大義，「由日本憲兵來捉人，國體何存，這件事你必得出來挺」。李要我聯絡吳太太出來見面，翌日我陪同吳太太到李家。唐生明亦在場，唐生明是靠他哥哥唐生智的牌頭，與李士群吳四寶倣照桃園三結義，拜為兄弟的。當下士群說，「此事非四寶哥到日本憲兵隊自首不能了，我與蘭成兄及老四陪四寶哥同去，我以我的紗帽及身家性命當場保釋四寶哥回來，日本人怕我反，亦不能不答應的」。我與吳太太到隔壁小房間裏商量了一下又出來，還是不放心。士群道，「你們三位都在此，燈光菩薩為証見，我李士群若出賣兄弟，日後一般不得好死！」焉知此誓後來當真應在他身上。當下是我與吳太太信了他，吳太太纔去四寶隱匿的地方把他帶了出來，交與士群。翌晨士群與唐生明陪同四寶到憲兵隊，吳太太就注意到士群沒有叫我也同去。及至士群老四回來，卻說是要扣留調查幾天，就可去保釋的。但士群從此就又避往南京蘇州，推說調查統計部與江蘇省政府的公事忙，兩個月不到上海。

四寶的學生子張國震為救先生，自己投到日本憲兵隊，憲兵隊把他交給李士群，李士群當即把他綁赴刑場槍斃，監斬官是楊傑。但因李士群推說是日本必要這樣做，我還沒有深悟其奸。

我只是覺得對不起吳太太，幾次去南京蘇州催逼李士群，末一次正值汪先生到蘇州巡視，在李士群家駐蹕，一干人都在樓上，我只上去見了見林柏生與陳春圃。是晚我在樓下與士群交涉，必要他回上海踐約。士群被逼得不能過門，就借酒說亂話，他說吳四寶無惡不作。吳四寶有的是錢。你胡蘭成死了睏楠木棺材，我李士群死了睏銅棺材，吳四寶讓他睏金棺材去罷。我聽了大怒，發話道，「做還是真醉？還是假醉？還是酒醉出真言？別人也許可以說吳四寶不好，但是你不應當，且你為甚麼早不說，到現在纔來說？你既對不起人，我亦不做你的朋友的！」士群笑道，「我是與你說玩笑，你就發老極」。他隨即正色道，「我與吳先生比你與他還關係深，去我當然去」。於是去睡。我睡在士群夫婦的鄰室，衛士來大盆裏加了炭掩門出去，半夜裏我差一點被炭氣窒死，夢魂中掙扎著起來打開了窗門又睡。翌晨汪先生回南京，諸人送上火車後，就在蘇州車站我與李士群說，「現在你就同我去上海！」真是「擒之制在氣」，他只得依了。

一到上海，士群倒果然去日本憲兵隊領了四寶回來，但是要移到蘇州看管，士群說，「交給我看管不過是一句話，就請四寶哥在蘇州玩一個時期吧」。當下我與吳太太聽了亦無二話。是日四寶回家，沐浴理髮更衣，到正廳拜祖先，轉身又向士群下跪，謝他極救之恩，我在一傍，見四寶忽然流下淚來，心裏感覺不吉。第二天一清晨我又去吳家，因為今天他就要跟士群去蘇州，吳太太也陪同去。我一逕到樓上臥房裏，見吳太太在一面幫四寶穿衣，一面吩咐四寶幾句話，一種患難夫妻的親情，我看著心裏好不難受。

他們去到蘇州之後，第二天下午，我接到吳家的電話，說吳先生已經去世了，我一獃，當即趕到蘇州。那時已經傍晚，只見孝堂如雪，吳太太哭成一個淚人相似。我在靈前行禮畢，還揭開孝幃看了一看遺體，臉上倒是安詳乾淨，不知原曾七竅流血，已經抹去了。好好的一個人，死得這樣蹊蹺，大家都心裏有數。而那李士群，是又避到南京去了。吳太太見我來到，她只與我說起汪先生的通緝令，又傷心痛哭。我就搭後半夜的火車趕到南京去。

天未亮我到南京，先在汪曼雲家寫了請求取消通緝令的聯名簽呈，帶了去找李士群，士群在家正喫過早粥，我甚麼亦不與他多說，只要他簽字，他還想推諉，說別人簽了他再簽，我說我沒有工夫再找你，把筆遞在他手裏，「你現在就簽字！」他只得第一個先簽了。當即我又去找到褚民誼陳春圃等都簽了，然後我自己也簽了，並催春圃面呈汪先生批准。我得了汪先生批准的字條，當天下午又趕回蘇州，給了吳太太。也算是一個小小的安慰，因為要通緝令取消了，喪事纔可以舖排。

翌日專包一節火車，護送靈柩回上海。蘇州車站上李士群的部下竟沒有一個來送，他們是無論樂禍或避嫌，皆自覺不能見人，連蘇州的街道與車站亦為他們慚愧。靈柩先在火車裏安置好了，然後眾婦女攙扶吳太太上車，吳太太身穿重孝，一進車廂就坐在我身邊，叫了一聲胡次長，頭伏在我肩上又哭泣起來，她當我是親人，我但覺心靜如水，對世人與萬物有端正與感激。

靈柩到上海北站，上海人執紼來迎，護柩而行者不計其數，大馬路上沿途都有路祭，靈柩到了萬國殯儀館，然後奉神主到吳家。時已黃昏，吳家正門大開，燈籠火把與電燈照耀如同白日，神主在正廳奉安畢，諸親友祭拜，吳太太纔至靈前跪下，即哭倒在地，怎樣也解勸不得，眾人都嘆息，服侍吳太太的沈小姐說，「已經兩天水米不沾，只是這樣摧藏悲哀，鐵打的人也是喫不消的呀！」沈小姐與吳太太的弟弟及弟婦央求我說，「胡次長勸勸阿姐，惟有你的話她聽的」。我走近俯下身去向吳太太耳邊輕聲說，「不要哭，將來我會報仇」，吳太太已哭得昏迷，亦不知她聽見不聽見，我一拖把她扶起，她倒在我身上，我就抱起她，她生得長大，幸有她的弟弟，弟媳，及沈小姐等攙護相隨，從正廳抱過花園邊走路，一直抱上樓梯，到她房裏床上放下，竟像當年我抱玉鳳。

法亦是喜

秦始皇東遊，封泰山，禪梁父，李斯為文刻石，言四海之內，日月所照，罔不賓服，男耕女織，無有奸慝，制度號命，莫不如畫云云，若能法意如禮意，即法嚴亦可以是法喜。

我免官後過了四個月，汪先生又任我為行政院法制局長。我自從要為汪先生建立朝廷尊嚴，引上了士群，又計劃要使日本局部撤兵，變成了清鄉，皆事與願違，遂且息念，以為此時多一事不如少一事，以與民休息，故在法制局長任內，各部會及省政府特別市政府，凡呈請新花樣，我皆把來打消。

先是司法行政部長羅君強呈請核准該部舉辦律師重新甄別登記，我知其意是為私，要使律師變成羅君強系，即批，現國民政府尚奉林森為主席，汪先生稱代理主席，既與前國民政府並非異統，前國民政府所辦理之律師登記當然繼續有效，所請應無庸議。羅君強是周佛海手下第一紅人，對誰都不賣帳，他在我這裏碰釘子還是第一遭。

又南京特別市長周學昌呈二件，一件是呈請核准電燈附加捐，拿來做清涼山日本居留民團裝設電柱電線的經費，我批南京市民對日本居留民團無此義務，亦無此自願，所請應予駁斥。另一件是要人力車公司向市政府按車輛納保證金，我批車輛乃公司所有，非向市政府租用者，何須保證，所請礙難照准。但周學昌沒有羅君強的驕，亦不及羅君強的與我相熟。

於是輪到了李士群。江蘇省政府主席李士群呈一件，呈為舉行江蘇省土地及房產丈量查報，現已籌備就緒，理合呈請備案云云，我批此乃關係重大之事，未經核准，何得逕請備案，著即不准，其擅自籌備就緒之機構及人事著即撤消。江蘇省政府只得另上呈文。先請求批准，我批土地及房產丈量查報惟宜行於戰後，今非其時，不准。

彼時李士群氛燄正熾，江蘇省監察使陳則民見汪先生，報告民間在說清鄉是清皮箱之箱，李士群聽到了就大怒，揚言「陳則民若再來南京，我要殺他！」陳則民嚇得躲在上海不敢露面。這回卻是李士群請我到他家喫飯，酒數巡，江蘇省財政廳長余伯魯請我到鄰室講條件，我說條件不必，但若有新的事實或理由，我可以再看看。二人隨又返席，李士群以為已經說好了，只補一句，「江蘇省的事請蘭成兄幫忙」，我答，「儘可能在法理許可的範圍內」。可是第三次來呈文，我仍不准。

我計算江蘇土地及房產丈量查報若實行，全省人民要繳納的登記費，加上當時的貪污為正規費的五倍到十五倍，姑作七倍論，共達四十餘萬兩黃金。且那辦法是所有權以登記為憑，明明叫惡霸地痞串通吏胥以偽契喫沒人家，當然要大亂。我把這件事硬打消了，許許我後來大難不死還是靠此。

此外梅思平的實業部來呈文，我亦有一次駁回。但我沒有一點矯激，且亦不專為對李士群或周佛海，雖對陳公博的上海特別市政府我亦一樣不留情面。這亦好得行政院長是汪先生兼，法制局長只能擬批，還要汪先生加上「如擬」，而汪先生亦沒有一次是不依照我的。

我是當了法制局長，纔知道法亦可喜，且一點亦不必強調法治，卻法律亦寧只是人的清好。

我南京的家就在行政院旁邊丹鳳街石婆婆巷，平時到法制局辦公通一天不過三四小時，所以總有閑暇。春日好天氣，我偕妻女及胡金人太太殷萱連同殷萱的小女孩，還有衛士的女人阿毛娘，去屋後雞鳴山採松花。松花日影裏，殷萱立在樹下向我含笑，顏面好嬌艷，像帶了面網。松花我們採回去做餅喫。我家院子裏紫藤花開得滿架，亦採了做餅喫，還有香水花連窗沿牆一路開，五歲的小芸仰面問道，「香水花不可以喫的呀？」

我並不怎麼喜歡西洋的民主或平民精神，我的生活簡靜只是中國的。西洋人是怎樣民主，亦上面還有大神，怎樣平民精神，亦仍到處是戲劇化的浪漫刺激的不安場面，所以法必要是法治。但法可以只是人世的不落浪漫，自然平正簡靜。

星辰塵俗

在周佛海家，見案上有管夫人寫的南華經，倒是真跡，但一想到這是馬嘯天或儲備銀行的誰所送，便不為可珍了。又陸軍部長葉蓬給我看他所藏的端硯數十方，我也覺得無意思。還有李士群家客廳裏面玻璃櫥，擺滿白玉青玉琢成的瓶，壺，如意，吉羊，月兔之屬，還有珊瑚瑪瑙水晶球及黃金龍鳳盤，我每立在櫥前細看，卻連 件亦不想要。漢樂府：

「妾有繡羅襦，葳蕤自生光，紅羅複斗帳，四角垂香囊，箱簾六七十，綠碧青絲繩，物物各自異，種種在其中，人賤物亦鄙，不足迎後人，留待作遺施，於今無會因。」

想起真要為那些東西心痛，而且連當時亦不曾葳蕤生光過。

我且亦不喜官場應酬。在上海，警察局長盧隱，租界工部局秘書耿家驥，與交易所領袖潘三省他們有個俱樂部，晚上惟見厚窗簾，厚地氈，沙發椅塞滿，那地方想必連白天亦不通氣的，電燈只覺其昏濁不清，叫來舞女陪酒，亦只覺是潦草凌亂的一群人在喫東西。我去過一次，看看政界軍界的要人有羅君強丁錫山，聚餐後羅君強一人坐在沙發椅裏像在納福，丁錫山不知何時走了，又一些人是帶同舞女到樓上小房間裏打牌，這裏是誰也不必招呼誰，各人自由，雖然散漫零落，卻亦另有一種濃重的情調，上海人真是學一樣像一樣，做到了與西洋人的俱樂部一式無二。但是我很不喜，去過一次就倒胃口。

而我亦沒有跟褚民誼春秋二季遊棲霞山的雅興。在南京時惟因雞鳴寺即在屋後，無事常上去走走，但亦與走丹鳳街差不多。此外我只去玄武湖與明孝陵。紫金山我一次從台城上去，但走得一半就又下來了，覺得單是這樣的住在紫金山下，每天相見，也是一樣的。南京燕子磯，與上海近郊龍華看桃花，我都沒有到過，我覺那古蹟名勝單是在著那裏，即已成為好，不必皆到過，亦是人世的有餘不盡。

劉備愛聲色狗馬，我知甚好，而中國歷朝帝王畋獵，大臣每諫，我亦一般以為諫得對。時人的趣味，電影球賽旅行古玩，集郵或釣魚，我沒有一件，連讀書我亦不貪，只覺家裏最好只有幾本書，故從來不曾想到要有一個書齋。

我也很少去同僚家裏。常走動的三家，一是胡金人家，我倒不因他是畫家，而只因他家是戰時上海小戶人家，他與殷萱年青夫妻恩愛，底下兩個小女孩，每次留我喫便飯，雖只青菜豆腐湯，炒一碟雞蛋，也是待客情殷。又一家是吳四寶家，有錢便要像他家的有錢有得風光，好像全上海的繁華都來到了他家堂前。又便是汪主席公館了，那裏的門庭清肅，更有在富貴榮華之上。

我與人結交，亦不貪圖聖賢豪傑學者雅人或革命青年，卻只與里巷之人往來，雖然平常之極，但沒有機心，即如雲日高高，山川皆靜，不落情緣，自有嘉禮。

我沒有勸過一個人參加汪政府，只有穆時英自己來說要參加，我纔介紹他辦報，不久被刺，我幫穆太太領得了撫卹金。此外是胡金人的幾個朋友，有因戰時生活困難，要找職業的，我用他們在法制局。這皆單是朋友之情，還比政治更真實，且亦與政治無關。杜衡與戴望舒悄悄到過杭州，很害怕緊張，我卻見了，戴望舒，與他說世上的事那有這樣多與政治相關的，不要叫人好笑。

胡村人道路傳說，只曉得我在外頭做官了，便有男女出來投奔，但他們多是不認得字，我只得到處介紹他們當事務員或雜役，或給路費叫他們回去。他們每來一夥人，就住在我上海家裏，不管住得下住不下，說自己人地板上打鋪亦可以，都是這樣的不識起倒，使得青芸又無奈又好笑，但山鄉人粗雖粗，也是有元氣，我亦與青芸一樣沒有嫌憎他們之理。

如此，就連俞傳村的妹妹，成奎的兒子壽先，還有陳海帆他們，亦統統來了。俞家義妹小時凌辱我，待與她計較，她是小孩，待不計較，她又說出話來不像是小孩說的，分明是義母叫她如此。於今八年不見，她嫁了個男人全無出息，但既在上海，我理應去看看她，她就黏住我這個哥哥，我用她夫婦在宣傳部當個小職事，還給她做了幾件衣裳，因為我小時總也用過俞家的錢。可是她在宣傳部非常粗濁放蕩，我只好少理睬她了。若在西洋文學裏，愛她恨她，或是基督式的饒恕，可以是好材料，但我的待她單是做人的道理，便甚麼刺激的場面亦不能構成。

那成奎，昔年為玉鳳喪葬不肯借錢給我，但我在廣西教書時按月寄錢到胡村家裏，仍由他轉，因他住在章鎮取款方便，可是我母親病歿，青芸去問他借十五元他亦不肯，好得我寄回來的錢隨即到了，這種地方虧他做得出來，事後青芸向我提起亦只是無可奈何的笑著說說。及戰時紙幣跌值，成奎的重利盤剝一旦成空，他的獨養兒子壽先出來投奔於我，我還是收留他住在我家裡，照應他的讀書及職業，從上海又到南京。

在我南京家裡，夏天一個晚上大家到庭前乘涼。一隻鵂鶹被門燈所惑，飛來墮地，又決起亂飛亂撞，翻翻跌跌墮地幾次，待要去捉，卻給狗啣了，連忙搶下，已被咬死。我不是個戒殺生的，惟因它剛纔亂飛亂撞，死得像巫魘夢寐，心裏好不難受，就叫衛士把它去丟掉，那壽先卻想要燒來喫而不得，不勝惋惜。又衛士老左有心痛病，弄了隻刺猬來剖心做藥，那刺猬都是刺，非常難殺，也是找到壽先纔把它殺了，他做這樣的事連眉頭亦不皺。可是一次他家裏來信，後院做酒作坊的房屋失火燒了，他看信慟哭起來。這也是多哭的，年青人打得江山，且他家至今在鄰近三堡仍是首富。待人接物剛硬，一犯得自身就流淚，到底是個沒出息的。

我想要給子侄置點田產，寄去一萬四千元托成奎轉交我大哥，那成奎，他的兒子現靠著我，他竟也拿這筆錢去囤貨看漲，過得一年半後纔還，原來買得三十畝田的，紙幣跌值到只賸得祖業五畝田。後來成奎家種種不吉，壽先回去，聽說在鄉下游蕩，喪魂落魄的樣子，父子不和，壽先不久病死。是這樣的竟不成喜怒哀樂的名色，真叫人連淡淡的感慨亦不適宜似的。

陳海帆與馬孝安是昔年在我之先已從廣西回來。戰時海帆家裏已甚窮，他到上海來見我，我用他在國民新聞當編輯。馬孝安則在他故鄉吳融當鎮長，差他的兒子到上海來見過我。他們身上五四時代的餘輝已經熄滅，真是人生一世，草經一秋，根蒂只剩紹興舊家的大少爺派頭，亦紅蓼白蘋都枯了。紅樓夢裏賈寶玉要叫人拔去那些敗荷殘梗，實是闊達之見。但是黛玉引了唐詩「留得殘荷聽雨聲」亦好，不但有著忠厚之意，且把盛衰之感亦超脫到了只是盛衰之理。

還有杭州蕙蘭中學的徐校長避在上海，我也見了，蕙蘭是美國浸禮會辦的，太平洋戰爭起學校關門，但他仍像我小時見他那樣的待人，不過老了。昔年要開除我的倒亦不是他，而是教務主任方同源，那方同源像大多數教會的人有一個架子，連他的走路亦好像是裝在架子上的，他且有個上帝可以向世人皺眉，現在卻聽說他在當定海縣長，定海也歸南京政府。蘇軾說人生如雪泥鴻爪，「雪上偶然留蹤跡，鴻飛那復計東西」，其實卻是人生何處不相逢，真乃三世十方皆是現前。

杭州斯家的三娘舅，昔年我住在斯家時，見他威嚴得連眼梢角亦不瞧人，他很有錢，卻吝嗇得對姊妹亦利息一分難差，他住在上海，家裏冷落得像個財神廟，如今他亦然藍袍黑褂紮腳褲，坐了陳則民的汽車來看我，他就是會扮小丑。又如昔年我在百色教書時，嶺南大學有個教授帶了助手來考察，我領他們到農村與墟集，與他說話，他或則嘉歎，或則說「不，你不知道」，如今他來宣傳部當參事，我倒做了他的上司。劉禹錫答牛僧孺詩有：

「初看相如成賦日，今為丞相掃門人，追思往事咨嗟久，幸喜清光過從頻」，我就愛這一句「追思往事咨嗟久」，非常謙遜，卻不是悔恨慚愧，且在褒貶之上。

還有杭州于家四小姐的父母，戰時困在上海，我亦去看過他們，且見了三小姐。昔年我痴痴獃獃的想要她四妹，惟有她是心裏幫我的。這三小姐是個有志氣的女子，亦且才調練達，她做女兒時在娘家，出嫁後在夫家，內裏都是她當家。夫家與她娘家是門當戶對的杭州富商，但她覺得嫁了個丈夫是紈袴子弟，做人沒有出山之日，後來到底離婚到日本去學紡織了，今番是因戰爭回上海。

從前我廿二歲那年新秋，于家太太在西湖滿覺櫳養病，我去探望，喫了藕拌粉新鮮桂花栗子，歸時與三小姐四小姐同坐一隻遊艇，三小姐留心她妹妹的動靜，又見我是一股老實樣子的窮學生，怕我被冷淡，便有意無意間對我有一種照顧，雖然彼此說話很少，我亦心裏感激的。那日舟中殘暑未盡，三小姐是杭州女子的白皙俏秀臉面，穿一件白紡綢旗袍，襟邊繡一朵花。

十年後的今天我見她，她仍是女兒家的無禁忌，當著我的面稱南京政府的警察為偽警，而我亦仍像昔年的是男孩，和女兒家說話總難以習慣似的。人生原是一時一時的風光，以此在世與人總是緣，雖說黃金萬兩容易得，知心一個也難求，但即如這樣的與賢不肖同在世上，一一分明，亦是一種肝膽相照。

殺李士群

李士群自從毒死吳四寶，我就對他心思冷了。汪先生却越來越寵他，因他是個有為的人，現世的力量本身總有一種美。南京政府裏他與周佛海陳公博三人，像太平天國的東王西王北王。他在蘇州，像董卓的兵入長安，每晚部下將領到他家裏聚議，都是關於白天的劫掠，他弄到這樣天怒人怨，總有一天要遭雷霆之劫。後來他果然碰著了對頭熊劍東。

那熊劍東是新昌人，二十二年前他叫熊俊，在紹興營裏當一等兵，我三哥則是准尉庶務長。我在第五師範附屬高小讀書，食宿卻在營裏我三哥的房間，和熊俊兩人要好，他十八歲，我十四歲，他還教我英文，焉知他後來當了逃兵。事隔二年，我進杭州蕙蘭中學讀書，他忽來看我，穿一件青灰布長衫，說要去上海沒有路費，我說我有。我有兩塊銀洋錢要作一學期雜用的，生怕遺失，藏在一個蝴蝶牌牙粉盒子裏壓在衣箱底層，我就取出都給了他。自此又隔了二十年，在李士群家兩人纔又遇見。

那時吳四寶尚在，一晚他家裏讌集，我先到鄰院李家，見士群在樓上客廳裏與一遠客在說話，向我介紹這是熊劍東先生，我亦不在心上，他亦只顧繼續講他的黃衛軍最近在湖北的一場血戰。理髮匠叫來了，熊劍東即在客廳裏理髮，士群且進去他太太房裏，剩下我與劍東二人。他先問我府上那裏，我泛答紹興，問是城裏是鄉下，我只得答說紹興府嵊縣。他說他是新昌，問我嵊縣何處，我遂答三界進去十里胡村。他忽問有個胡某你可認識？我一獃，他道，「他也是你那地方的人，許多年來我總打聽不著」。我問你打聽他待怎樣？他道，「他是我昔年最要好的朋友，他小時讀書寫字聰明，不知他後來有沒有讀書讀上去，我打聽著他，若有學問，我要請他出來做事，又若在鄉下種田，則我想送錢給他」。我聽了一時還是想不起來。他說話時因在理髮不好轉動，我就在他身邊立立走走，忽注意到他太陽穴上的一個疤，纔恍然說，「從前你是在紹興當營的？」他亦立起身執住我的手，聲音好響亮，說道，「我就是熊俊呀，焉知你也名字改了」，就高興得笑起來。

士群聽見笑，又走了過來，見了詫異道，「你們原來相識？」劍東即告訴他蘭成小時給了我兩塊銀洋錢。他等不及理完髮，就與我攙手過鄰院吳家赴讌，亦等不得終席，就帶我去到他家，我自己有車，他卻必要我坐他的汽車，好像一刻也不能分離。原來他在湖北當黃衛軍總司令，住家卻在上海。到家已經夜靜了，他必要叫起他的太太出來相見，倒是個出身大家的婦女，夫婦請我喝了一盃白蘭地，燈下我仍驚異，說劍東「你居然討著了一個體面老婆」，劍東亦笑得有點傻里傻氣，只管問我要甚麼，照相機愛不愛？

翌日一早他夫婦就登門來拜訪，必要我接受他的一隻拉克照相機。

熊劍東早先原在蘇常一帶游擊抗戰，因到上海開軍事會議被日本憲兵捕獲，監禁年餘，釋放後他變得了相信日本人。這次他是來太湖招收舊部，那李士群卻叫日本軍士部隊攔擊，從此結怨。及後黃衛軍改編為南京政府的第二十九師，他就交與參謀長鄒平凡當師長，熊劍東自己則來上海南京看我。我先把他推薦給陳公博叫他當上海特別市保安司令，因見公博一股懈悶相，只得又推薦給周佛海，還是佛海聽我的話，叫他當了稅警總團長，那稅警團等於正規軍隊，熊劍東遂與羅君強並肩成了周佛海手下的兩員大將。劍東原從行伍出身，能征慣戰，且與日本憲兵及部隊長的關係漸漸勝過李士群，以此李必要鬥倒他。

熊李相鬥，起初我是不管，只見他們互欲行刺，七十六號二門多加一重戒備，熊家亦樓梯口架起機關槍，如此數月，可是誰也奈何不得誰。

這時卻有七十六號的行動大隊長林之江暗通熊劍東，李士群逮捕了他要殺他。那林之江原不是東西，但李士群行動就要殺人，且他總是下了逮捕令即避往南京，使我想起前此他對付吳四寶。我就教劍東趁士群不在，叫日本憲兵到七十六號，只說要問話，使李手下的人措手不及，把林之江裝進汽車就開了出來。李士群及至知道，這一氣非同小可，他料定是我出的主意，就也趁我在南京時，他叫七十六號武裝包圍在上海的國民新聞，把我用在報館的人都趕走，國民新聞遂成為黃敬齋的了。等我接到電報去責問士群，士群只裝假痴假獃。

前此吳四寶死後，他的學生還有在李士群身邊，要為先生報仇，吳太太都制止，說，「你們不可，也要顧到我師娘怎樣做人，將來自有別人出來，好花讓他自謝」。我亦是與人可鬥可不鬥。惟熊劍東來問計，我說，「特工不得兼行政官，總要把李士群的特工或江蘇省主席免掉一個，削減他的勢力再看後來，這是一句總訣，你自己去想法子」。劍東果然照我的話，要周佛海陳公博及日本方面向汪先生進言，可是汪先生必要護住李士群，如此又數月不得結果。

我在南京，忽一日到士群家裏，喫過夜飯，他的眾部下打牌玩撲克，士群一件事驀上心頭，叫我到樓上談談，兩人相對，他就說，「你幫我有了今天的地位形勢，但你近來為熊劍東，對我不好了」。我說我沒有為誰。他道，「林之江是你救的，熊劍東一個草包，他沒有這樣聰明。還有你對江蘇省政府種種為難。我要請你仍舊與我聯合」。我笑說，「如今你已凡百都會得自己照顧，何用這樣鄭重與我說話」。士群卻答，「人家當你是書生，惟我幾件事上過手，知道你是個權謀厲害的人，那熊劍東是匹夫之勇，你若幫我，我就勝利，你若幫熊劍東，我就失敗」。我聽出這是含有殺機的話，因說，「你們吵架，我兩邊都不幫好了」。但是士群必不答應。

士群道，「政治沒有中立，非友即敵」。我問為敵又如何？他就舉出榜樣，說「吳四寶是我要他死，所以他死的」。此外他還舉出他殺了的幾個人名。當下我動了怒，說，

「現在的李士群我大約亦打不倒你，但我要對你自衛自衛，這點力量我大約還有」。士群卻又轉彎，他說，「那是我比方，對你當然不如此。我是要你也想想，你與我聯合已有這樣的歷史，而熊劍東則不過是在我家裏你纔認識他的」。我因問「你是不是要我與熊劍東斷絕往來？」他答，「你仍與他往來，但是幫我」。我說這樣出賣朋友的事我不做，士群卻道，「政治第一忌感情，你的政治才略勝過我，但我比你曉得政治是無情的大力，你還是聽我剛纔說的，你仍與熊劍東往來」。我生氣道，「我也不說我的身份，單說我的性情，便汪先生下令要我做間諜我亦不幹的」。

士群見我動氣，他說，「你與我聯合也是為你。你的弱點是沒有錢，現在我的錢比周佛海的還多，我可以幫你，你要多少都可以，此刻就可開支票。還有政治地位，以前是你幫忙過我，但現在我與汪先生的關係勝過你了，我亦可以與汪先生說給你一個部」。我謝了他，說我沒有錢是因我不要，當初汪先生留請我當特任官，亦是我自己謙退，豈有現在倒來鑽營之理。

我見衛士進來倒咖啡牛奶，心裏想李士群不要也毒殺我，但是他未必有這樣的準備，就坦然的喝了。士群必要得個妥結，他還想談下去，但是連隔壁客廳裏的牌桌亦已收場了，李大太穿了寢衣在房門口叫道，「士群呀，已經半夜過兩點鐘了，有甚麼話要這樣談的！」李太太早先百般巴結我，這半年來變得兩樣了，現在她就是這樣厭聲厭氣的說話，我卻巴不得這一聲，就站起身說，「正是，時候也不早了，下次再談罷」。士群道，「你此刻是感情衝動，且你向來是誠實人，你不以我的話為然。但你回去想想，會知道我的話是對的」。他送我到樓梯口，說，「明日請你答覆我」。我答好的。他又送我下來到大門邊，夜氣裏帶槍的衛隊開了大門，士群等我坐進汽車裏，引擎已發動，他還說，「明天你來我家裏喫中飯」，我答「明天再看」，車子就開出大門走。

那晚的談話要算得危險，我也幸得無事。這還是因為我沒有那種凜然大義的剛以取禍，亦沒有狡滑以不誠意的話引誘對方的機心到得是殺機，忠厚本色為吉。李士群是想我與周佛海不致要好，且亦未必存心要幫熊劍東，因為我做甚麼都像無心。而我雖是對於敵人，見面時亦仍有親情敬意。即如林柏生，他一直待我慳刻，兩人不和，但每次見面，聽他說「我們自己人」，我也即刻覺得與他是自己人，且我初進中華日報他為長，有言一日所尊，終身敬之。便與周佛海李士群，見了面我總依照事理說話，也肯真心為他好的方面著想那晚我就曾先勸過士群，「你今在政府裏的實力是第一人，熊劍東你不理他就是了」，但是他不聽。我對敵人也像對朋友的替他想法子，因為天下的眾善可以像數理物理的不分人我友敵。所以我亦不愛敵人。

從那晚談話後，我就絕跡不再去看李士群。惟在一次遊藝會上見過他，汪先生亦在場，士群於眾人中與我打了個招呼。還有一次是為保釋廖越萬與士群通過一個電話。

廖越萬是重慶的特工，被逮捕關在南京，他太太來營救，找到梅思平，但是李士群不賣帳，她住在鼓樓小旅館裏探監送飯，恰值有我的幾個同鄉人也住在那旅館，誇口說這種區區小事，我領你去見我們蕊生先生，馬上放出來。可是他們那裏敢來見我，廖太太就自己闖上門來。我聽她一說，當即拒絕，因為無論那一邊的特工我那不喜。翌日她又來，我已沒有話說，但既到得我家，她總是女客，也不好太失禮，只得仍陪她坐一回，找別的話來說。這要怪我自己取消門崗，她隨便就進來到了階前，難道看見了好不招呼她。

那廖太太，年紀三十幾歲，雖是城市裏打扮，身上依然有像鄉下映山紅花日曬氣，我因問她原籍，她答諸暨，我問她斯家，她說不知。我說我小時受過斯家的好處，她聽在心裏，一口都說諸暨話。她幾乎天天來，我決計不管，她亦仍舊來，但她很聰明，避免多說求情的話，每次來多是說閑話，我卻不能不顧到她正心事重重，如此在客廳裡一坐總是兩小時。我待要生氣，但是想想人家已經落難，不救她也罷了，冷淡她不夠，若再來怒喝她，到底不可以太殘忍。我只得關照衛士留心她以後再來，只說我不在。但她在門外巷裏立著等候，兩小時三小時都會猷等。我到法制局去辦公，出門口見著她，只得招呼她一聲，而我已坐上汽車走了，她亦只得又回去，這倒心裏不過意。下午她又在我家門外等，等到我回來又見著了，我只得請她進來坐一坐，我實在下不得辣手。

如此月餘，我又恨又氣，又可憐她，但是真的為難，因此事是要與李士群說的，但我已與士群不再往來了。最後有一天，我從法制局回家，又見廖太太等在門口，我停車叫她，「好吧，現在就去釋放你的男人，請你坐上汽車一同去」。但我不知道他被關的地方，廖太太連忙說她知道，汽車就一直開到了那裏。李士群的部下都知道他們的部長極敬重我，不曉得新近已兩人不和，他們見我到來，當即開大門迎接，我與那主任說要放廖越萬，他連聲答「是」，惟請我打個電話與李部長，我只好打，李士群在電話裏一口答應，以為我已對他回心轉意了又約我去他家裏喫飯，隨即他叫那主任聽電話，命令他立刻釋放廖越萬。我隨車帶他出來，到得我家，廖越萬跪下去叩謝我救命之恩，我但願了得一筆事情，就叫他們夫婦雙雙回去。

那邊熊李的鬥爭仍是相持未下，熊劍東又向我問計，我教他先斷李士群與日本的勾結。如此又是數月，果然李士群在江蘇放縱部下劫掠民間，民間益益恨日本人，這事實漸漸促起了東京方面的注意，但對李士群還是無法。劍東只好對我歎氣，又笑道，「這個李士群倒果然厲害，竟是怎麼也弄他不倒」。我教他去與周佛海說，要周佛海與陳公博請李士群喫飯，即在筵席上殺了他，數以殃民之罪，然後向汪先生自請處分，汪先生見李已死，亦不能把周陳如何的。劍東果與周陳商量了，回說周陳不敢。我道，那麼你用甚麼法子都可，只把李士群殺卻。我這樣說過之後，由劍東去與日本憲兵商量，我亦不問。

如此又過了兩個月。我在南京，忽一日到羅君強家裏去玩玩，進得客廳，衛士說，「部長在樓上，熊先生與岡村憲兵中佐亦在」，就要去通報。我說，「沒有事情，不必，我自已玩一回就走的」。卻見熊劍東已下來，說正要問我一件事。他告訴我，「東京方面的覆示已到，李事現地善處，惟須避免引致嚴重後果。現在就是這點不決，你是汪先生的親信，所以要問你，若殺李士群，汪先生會不會一怒說不幹了？」我答不會，政府非可如此隨便拆散，且人已死，汪先生亦惟追悼而已。劍東道，「你敢這樣判斷？」我答當然。他又匆匆上樓去了。我一人在客廳裏看了看水仙花，亦隨即回家，心知事變即在目前，但是對熊劍東我甚麼亦不問。此後過得五六天，就聽聞李士群從上海回蘇州死了，與吳四寶一樣，也是被毒殺。他在上海是日本憲兵出面調停，與熊會面，雙方講條件，熊做李的副手，李與熊三千萬元，便一道喫的夜飯。

一個月後，我到上海。吳家從四寶死後，我已少去，這回我想到去看看吳太太，在樓上房裏見了她，與她說吳先生的仇我已報了，吳太太聽了卻不接下聯，我亦頓時覺得慚愧，人世是這樣的遼遠，恩怨事亦如花開花謝，皆是等閑。那李士群是對人世太傲慢，挽弓挽強，自取滅亡，亦不是人力所為。我常常會忘記要鬥，連鬥意都不許有，更著不得權謀，李士群是他自己碰上刀口來的。他與我同年，肖馬，死時三十八歲。李士群纔死，林之江就向李太太要報仇，連李的親信萬里浪亦逼李太太算賬。林之江是吳太太出場說退了，吳太太說，人死無仇，你們欺侮她孤孀不算為能。

李士群在時，他專殺藍衣社的人，ＣＣ的人則他一個也不殺，為將來留餘地。但他的最後一隻牌還是與共產黨的關係，他用共產黨的特工胡均鶴在七十六號，且把共產黨戰時在上海的主要負責人潘漢年一直藏在他蘇州家裏。李士群若不死，抗戰勝利時他必不東手就縛，卻將帶了他的部屬投降共產黨。他自己原是共產黨員，因被捕投降過C C，後來在南京政府做到位極人臣，主義思想是餘話，因為共產黨根木不是紙上談兵，單他這個人，就與後來我所見初期解放軍的將領十分相像，他的雜牌隊伍十萬人，雖然亂七八糟，亦還比任何正規兵更宜於一旦轉化為初期人民解放軍。他回到共產黨，依當時的形勢及地理，他可以在程潛程明仁之上，也許與陳毅粟裕饒漱石齊驅。但他機心太深，偏遇著了我是個沒有機心的人。後來解放軍南下，潘漢年當了上海副市長，胡均鶴當了共產黨在上海的特務負責人，李士群太太因此關係尚能安居。

卻說那熊劍東，打倒李士群後，他在上海很顯赫，他比李士群老實，但在當令頭上，不免行動說話亦要教訓人，見我不受教，倚著他從小是我的兄長一般身份，有時要叱責。你要叱責，我就你家少來來。他人都有成功失敗，惟有我總是這樣子，無敗無成。對劍東夫婦，我總退讓幾分，因為總角之交到底不可磨滅。我問起劍東，昔年紹興營裏還有個下士汪如淵，他說聽聞汪如淵今在處州抗戰區當師長。

汪如淵亦是新昌人，昔年在營裏，劍東當了逃兵之後，我只與他要好。一日汪如淵一人在操場發獃，我見了問他，知是他家裏來信妻病故，他去領餉銀，想要寄回去為喪葬之費，扣除伙食只得三元在手，若有十元也還可以呀，但是那裏去想法子。我就說我有。那年已進了第五中學，纔讀得一學期，第二學期不及開課就鬧學潮，我是初年生當然不懂，只住在我三哥的營裏等開課，家裏帶出來的十五元學費還沒有繳付，我就給了汪如淵七元。汪如淵卻怕要了小孩的錢不好，但我非常堅決，他乃把他的一雙銀掛錶硬塞給我，說，「這錶雖新買時亦只值五元，但你拿去，你家裏人問起，你也好有個應答」。後來學潮一連三月，我回胡村，母親見我十五元只剩八元，聽我說是買了錶，罵我，「你有這樣貪，買這樣買那樣」，我只得實說了。二十年前事，到我後來亡命過麗水時，也曾一念他若還在這裏當師長，遇著了也是好的，但是想必他已調往別處了。我與他就只當初的一段情節，甚麼下文亦沒有。

原來我與世人，無論是與吳四寶夫婦或熊劍東汪如淵，皆只是一時之緣。漢朝的故事，張騫出使西域，黃河裏坐船到一處，見浣紗女子，他因問她，那女子取一石與他說，「歸問嚴君平」。古說黃河之水天上來，張騫竟不知是到了銀河，那女子是織女，給他的是織女的支機石，唐詩有「故將支磯石贈君」。而我與世人，便是壯士的一劍存知己，美人的十年誤佳期，亦不過像這樣的曾在天上人間邂逅相見，從我得了一塊支機石，於他們亦不見得有用。人世恩怨，要到故事完了纔相忘，如紅樓夢裏到得只有頑石上的字跡。但即在現世相忘，一似不曾發生過故事，亦是好的，且因為它是更真的。

小嬉唐突

我鄉下山洪暴發，叫做出順，順就是蛟。說有一位年青姑娘在堂前紡棉花，簷頭大雨如簾，照得明明亮，忽然一聲響，堂前的地裂開一穴，隨著一注清泉，跳出來一隻小山羊，嗎哈哈走到紡車前，依依親人，那姑娘就把一縷紅頭繩繫羊角上，它也聽她繫，然後得得的走下階沿，纔出大門口，當即迅雷疾風，山洪大至，那羊就化為蛟，乘浪挾濤而去，那人家與姑娘即安然無恙。蛟原來也這樣的順。

民間戲裏有呂洞賓三戲白牡丹，還有唐伯虎三笑姻緣，我卻有三鬥，鬥周佛海，鬥李士群，鬥汪先生。但我其實是個婉順聽話之人。左傳裏兩軍陣前，對敵人亦還是有禮，而我是對敵人亦有親情。且我的那幾場鬥，在南京政府中除了最後陳公博周佛海相火拼，要算是影响最大的鬥，可是市壓不驚，像那蛟的使那人家與姑娘無恙。又我的那幾場鬥也許是根本不必要的，也許像桃李競妍梅雪爭春的不過是閒情，古今來興廢恩怨，惟有江山無恙，歷史原來亦是閒情罷了。此所以曹孟德能臨陣安閒。

（一）

卻說一次我從上海趁夜車南京，與同行的某立法委員談天，他一口說清廉，為國為民。我就要戲他一戲，問他可有甚麼弄錢的法子，便是與日本人聯絡做生意亦好，因為時局看起來靠不住，將來不要連逃難的錢亦沒有。他就當真與我談起生意經來。我寧可這樣，因為總比剛纔聽他假正經的說話更此中有人。但我聽得一回，就借故早睡了。及至醒來，天已東方條白，火車正經過龍潭，成竹枝詞一首：

又是征輪逐曉星　棲霞山下有人行
富貴榮華原一夢　仍愛此夢太分明

看來看去平仄不對，但亦沒有法子。

我做官亦像我做詩的是生手。當法制局長剛滿一年，各部會省市長官約齊了到汪先生處訴苦，說我使行政院與他們之間成了有隔膜，但是不好把我免職，汪先生就索性取消法制局。我轉任全國經濟委員會的特派委員，不過是到時候去開開會。

太平洋戰爭第三年春天，日軍為宣傳武運，在南京玄武門外郊野裏佈景起南太平洋，雲天碧海，海峽裏的兵艦，對岸新加坡的現代都市好明麗，飄揚著日章旗，遊人見了齊喫一驚，照耀得眼睛都亮了。我在他們佈置尚未完工時就去看，想起自己二十七歲去廣西時過廈門，今日亦依然是天下世界這樣新。

及至完工開放，第一天日軍總司令部招待汪先生參觀。汪先生來到郊原坡陀處下車，站住先望了一望那佈景，隨與汪夫人步行，夫婦不知因何口角起來。走到一間像路旁的房子，眾官扈從汪先生於此歇步獻茶，不防廳上掛有褚民誼寫的「國民政府還都紀念碑」的拓本，汪先生一見就伸手去撕，侍從武官忙上前把它取下，褚民誼亦在旁，眾皆恐懼。於是後宮大將來陪伴汪先生到場上去參觀，汪先生只草草的巡了一轉，亦不甚與後宮大將說話。

汪先生是亦為這景色所驚了。他想起當年與孫中山先生在南洋鼓吹革命，而現在身邊的汪夫人亦即當年在一起的女同志陳璧君，那時的天下世界就有這樣新，他們曾想像黃種人將有如太平洋戰爭這樣的雄圖大略，單看日俄戰爭時孫先生的興奮即可知。但現在的日本真是可惜了。嘗言「成則為王，敗則為寇」，敗固不必說，惟成亦不能王天下，纔是遺恨，日本人現在便做了出來總不像樣。汪先生是為此感觸，但他又是強者，有惆悵乃變成無故發怒了。

是年秋，汪先生至日本訪問昭和天皇，並與東條首相會談。行前我寫信給汪先生，指陳太平洋的軍事已逆轉，日本必對中國讓步，與東條交涉要開足價錢。汪先生不答。乃至日本，東條果然自動提出一切尊重南京國民政府，下令在華日本派遣軍，大使館及僑民一體稟遵。東條且對汪先生坦白說明日本存亡不可知，汪先生見日本在危難中如此真心，遂亦自動說要對英美宣戰，東條還勸阻過他。汪先生是大俠，但王者應如天道無親。汪先生回南京，就召見我，說我上次信裏的見解很好，但我當面表明不贊成對英美宣戰，汪先生聽了遂又不樂。這是我最後一次與汪先生單獨晤對，此後雖尚有幾次見面，那是在開會及讌集之地。

但汪夫人我仍到時候去看看她。一次我說，「和平運動初起時我位居第五，六，現在名落孫山之外又之外了」。汪夫人道，「因為你時時要造反」。她與我說過幾次，要我仍回到汪先生身邊當機要秘書，因為汪先生近來常對秘書室發脾氣。但我想想還是不去。汪夫人的弟弟陳耀祖當廣東省主席，汪夫人要照應兩邊，她見我諸般不聽話，但她心裏總有我這個人，說，「你還是與我去廣東」，又解釋道，「廣東是我的，你去不要管誰，只代表我做事」。我亦想了想沒有去。

我當國民黨中央委員及全國經濟委員太閑散，也想做事，且朋友中有人知此如彼的勸我，但我的上司至今惟是汪先生，此外只有林柏生我還讓他三分，要末與陳公博商量商量看，公博即徵求我願不願當南京特別市土地局長，我回信公博，只說「謀之內人，內人曰不可，你如何去當周學昌的下屬」，公博很氣，亦寫信罵我如何聽婦人之言。

西遊記裏齊天大聖在天上無收無管，怕他生事，就有太白金星啟奏玉帝，叫他住在園子裏，管管蟠桃亦好，我的情形有點像。一日郭秀峰來看我，郭是在我之後當了宣傳部次長，他與我說，汪先生還是關心你的，林部長要我來商量，請你給中央導報寫文章，五千元一篇。我試寫了一篇，到底不能被登載，雖然照樣給錢。我與汪政府是要新近亦不能了。

我只得離開汪政府，纔覺有中國歷史之大，但我仍未能決絕。我也不是不想遷就，在我是已經到了遷就的盡頭。而汪先生夫婦亦尚如此關心我，待我要算得仁至義盡，所以後來雖結果還是分手，總也無遺憾。孟子去齊，遲遲其行，及知齊王終不用他，然後浩然有去志，而唐人綠珠詩則有「辭君去君終不忍，徒勞掩袂傷紅粉」，中國人是兒女之情亦如聖賢。

（二）

南京轉瞬到了十一月裏，我在家無思無慮。也是合當有事，忽一日傍晚郭秀峰又來看我，是從這起因，有份教我，異國存知己，身邊動刀兵，故主恩義斷，江湖日月新。卻說那天我與郭秀峰就在院子裏搬出桌椅，兩人坐著說話，枯草斜陽，惟覺對眼前人有一種親切意。他的來意，是日本大使館新近有個懇談會，每星期六召開，要他轉言希望我參加，問我今晚就同去好不好？我說，「理他呢，你也不要走，還是我們兩個玩玩吧」。可是去玄武湖已經太晚了，此外亦想不出地方，我留他又坐得一回，只是對於寸寸的斜陽有依惜，意意思思的也無多話說。好吧，我就同了他去。

那懇談會是在日本大使館一等書記官清水董三家裏，司法行政部長羅君強，糧食部長顧寶衡，駐滿洲國大使陳濟成等已比我們先到，宣傳部長林柏生後來。日本人惟清水及新從華北調來的池田，清水給我介紹他，我連姓名亦不記在心上。諸人坐攏一桌聚讌，我先只飲酒不開口。聽見清水問，「日本憲兵檢查城門口及火車站的現狀，中國人民諒解麼？」陳濟成答，「中日既親善一體，當然諒解」，我不禁發話道，「我說不諒解。譬如中國憲兵檢查東京大阪的交通站，日本人至少清水先生就不喜」。清水歎道，「總之當初兩國不該打起來」，話題轉到了這幾年來的戰爭。那羅君強，過去是蔣先生的秘書，他就敘述南京撤退時的混亂，及初到武漢時佈置未定，彼時日軍不急迫實是個大錯，若彼時躡跡急迫，不但武漢即刻陷落，連要退到重慶亦措手不及，早已一舉終結戰爭了。我聽了大怒，說道，「歷史一筆為定，但不像你說的輕佻，中國不亡自有天意，豈在一戰略的得失？」在座諸人一時寂然。

飯後到客廳裏又談。郭秀峰說，希望日本解除對中央通訊社的統制，新來的池田就斥責道，「這種事原沒有約束規定，但是日本要這樣做就這樣做了，你卻只會得求情，枉為你是國民政府的長官！」郭被說得面孔發熱。我想此人倒是真曉得尊重中國的，但他也不要太目中無人，我就安著一個心要鬥他一鬥。恰值顧寶衡問日本戰時糧食能否自給，池田答，完全自給，不靠外米。我就駁他，引最近一篇日本的散文為證。那篇文學原為宣傳克苦奉公，寫一個教授病倒，親戚送來五升米，那女兒專為留起給父親喫，他喫了歎說，今天我纔知日本米的味道好。我道，「可見日本國內已不易喫到日本米」。我因責池田，「中日戰爭於今六年，不應再如此說話不誠實」。池田當下滿面飛紅，只是微笑。我亦隨又喜愛他的老實。散會時他走到我面前，給我一張名片，上印著池田篤紀。

翌日池田來訪。他三十六歲，比我小兩歲，生得劍眉赤面，筆筆都正，倒是英雄相，穿一套藏青西裝，那藏青的顏色稍稍帶寶藍，就連他的人都有了新意。我見他進來，聯想到小時我四哥從田畈裏回來，剛走進屋裏，只覺屋裏都是他這人。自此為始，池田每隔三五天總來一來，我亦漸漸的去回看他。

與池田相識纔一星期，一日他來我家，見稿子攤在檯子上，他問可以拜見麼，我一想他是日本人，但亦不怕，說「也可以」。那是我有感於太平天國敗亡時忠王李秀成的供狀，我將來逃走，也要留這麼一篇文學在世上，文中歷敘和平運動事與願違，結論日本帝國主義必敗，而南京政府亦覆沒，要挽救除非日本昭和維新，斷然從中國撤兵。而中國則召開國民會議，如孫先生當年。我寫了三天剛剛寫完，凡一萬一千字不是為發表的。池田看了幾頁，問可以拿回去看麼，我又想到他是日本人，但我不喜世上有這麼多秘密嚴重，照樣答他「也可以」。

焉知池田拿了回去一夜之間翻成日文，送給谷大使看，谷大使又轉到東京外務省，連近衛文麿與石原莞爾他們都看了。這篇文章而且在華日軍派遣軍的佐官中廣被傳觀。池田來告訴我這些，他面有喜色，且言谷大使今天把你的這篇文章給汪先生也看了。我想給汪先生看可不妙，但是也可以。

我想到要去上海避一避，但是大難臨頭我亦不喜看見自己倉皇。如此又過了四五日。一日傍晚，與池田散步過林柏生公館門前，池田說，「這樣巍巍的威嚴其實可笑，我們日本的大臣家裏都非常簡單的」，我道，「你也不要小看，南京政府要逮捕我，還是有這個力量的」。池田聞言不省。二人走到鷹揚宮，池田家就在那裏附近，華樹夕照裏，半天紅霞如虬龍，我心裏荒涼，分手時說，「這一段時期裏我要每天來看你，我若在上海，必通知你，我若有一天不來看你，你就要來看我」。池田答「好」。我不點穿，因為我不願驚動世人。

十二月七日，林柏生請我下午三時到他家，我心裏有點覺得，並非我特別有預感的才能，而只因我看重現世，不敢傲慢。但我在英娣面前不露聲色，惟在房裏換襯衫打領帶時囑咐她，「我是去到林柏生家裏，若至晚不回來，你就去通知池田先生」，她雖答應，亦不以為意。及至林柏生家，在客廳裏坐了五分鐘，不見柏生出來，我心裏不樂，起身要走，他的副官無論如何請我再等一回，又等了五分鐘，即見一個彪形大漢進來，請我出去坐上一輛特工的汽車開走了，原來是汪先生下的手令逮捕我。

車子開到一個地方，是一宅洋房，就有警衛開了兩扇鐵的大門，放車子進去了當即又緊閉。我被安置在門衛室，等待裡邊臨時在釘監房。我不知這裡是上海路十二號蘇成德的特工機關，問警衛惟答是曹公館。生死果然是大事，現在真的身入湯火命如雞了，我安靜坐著，但有十分鐘的工夫身上自然會發抖，要抑制亦抑制不得，我劃火柴吸煙，亦手打顫，我對自己生氣起來，纔顫抖停止。在門衛室坐了約一個鐘頭，就送夜飯來，是一大碗糙米飯，一小碗蘿蔔湯，我也慢慢的都把它喫光。及至裡邊監房釘好了，我就被關了進去。

監房裏一個著地鋪，一桌一凳，一盞電燈，窗子都釘沒，房門上鎖，一人持槍站在房門外看守。我不禁用手摸了一模牆壁，想知道它堅固不堅固。我想這回大約是要死的了，在地下撿得一枚針，在桌面上刻起一首白話詩，

花呀，
以你的新鮮，
補你的短命吧。

如此把心思來橫了，一宿無話。

但是翌晨起來，我就估計形勢，除非汪先生當即把我殺卻，若過得三天，他便要殺我亦不能了，我料他這三天裏還要調查，如此我倒要與汪先生鬥一鬥機智。子夜歌，「小嬉多唐突，相憐得幾時」，其實我的鬥汪先生，乃至鬥周佛海鬥李士群，皆是一種對世人的思慕之情，好比親親之怨。

英娣那晚等到九點鐘見我不回家，就去找池田。池田是個直心人，有時卻看事情機頭欠靈，要有人提頭，英娣則年少不更事，她理直氣壯的發話了，池田乃投袂而起，連夜與清水見谷大使，谷大使又派他聯絡總司令部及憲兵司令部，一面命清水先打電話與林拍生，要他保障我的生命安全。翌日，大使館方面清水與池田，總司令部方面三品隆

以報導部長，憲兵隊方面河邊課長，會議援救。但此事是中國的內政，不能以外交干涉，且東條內閣剛剛說要尊重國民政府，尤須避免對汪先生不敬，故只可把責任加在林柏生身上，由清水代表三方面勸告他。

是晚林柏生偕陳春圃來到我被關的地方，把我開出去到樓上主任辦公室問話。柏生問我有何背景與組織，是否與周佛海聯結，我答「沒有，佛海我更向來不屑其人」。陳春圃問，「你文章裏說國民政府不能代表中國？」我答「中國是整個的，今一邊在抗戰，當然不能代表」。他點頭。又問，「可是你說日本必敗，國民政府必亡？」我答「這是我與陳先生閑談中也這樣說的」。他又點頭。春圃到底是個厚道人。汪先生要春圃同來，也是對我尚有好心。柏生因說，「你不願告訴我與春圃，汪夫人總是待你好的，你可寫信向汪夫人悔過，此事就算了結，明日我派人來取信給你呈上」。

他們走後，我回監房，見紙筆已送來。我明白柏生要我寫這封是為可以持示日本人，你們當胡蘭成是國士，他原來這樣無聊。但我寫得很短：

汪夫人鈞鑒：蘭成承夫人知遇，以為平素之志可行於今，豈知身陷刑戮，貽夫人憂，所耿耿耳，仍祝珍攝。晚蘭成上　中華民國三十二年十二月九日

隔得兩日，柏生又來，說我那封信等於不寫，要我再寫過，我拒絕了，因為此外我亦實無可寫。

柏生無奈。他因問，「三品報導部長你與甚麼關係？」我答未見過面。此外他還舉

出幾個日本人，但我實在只識得清水池田。柏生不信，說道，「可是他們現在要救你」我答，「這我亦不知，我關在這裏連家屬也不准接見」。柏生因好言與我說，「蘭成兄是自己人，這次的事汪先生亦不過是要問明情形，隨可以釋放的，但現在夾進日本人，變得不好辦，倒是於你危險了。你寫信給三品他們，要他們停止營救，你說如如何呢？」我答，「我不能要他們營救，亦不能要他們不營救」。柏生又言，我就索性與他明說了，「林先生，我決定不寫，因為寫了我就得死，不寫我就得生」。

我這也許厚誣汪先生，汪先生把我交給柏生春圃查辦，原意不見得要殺我，但柏生顯然不善體汪先生的意思，我寧可鬥死亦不能把性命繫於期望他人的甚至汪先生的寬大。

柏生自此不再至。一星期後，蘇成德來，他送給我罐頭食品，並關照警衛每日供給我香煙，又准許我家裏送棉被來了。我且可以在室外草地上行動，與警衛也廝熟了，常到隊長房裏喫茶寫大字。此地雖然隔絕，但高牆外有人家開無線電收音機，我每聽見播唱，總心裏歡喜，因為我無論怎樣，亦外面天下世界仍在，且近來我已知道我是不致被殺的了。

外面日本方面一味逼住林柏生，柏生最後拿出汪先生寫給他的信來抵抗，信裏有我的罪狀，甚至說我接受重慶的津貼每月五十萬元，柏生這樣做，變得是代表汪先生向日本告發我，他真是對不起汪先生。如此拖延，直到舊曆除夕。

是日池田開會後悲憤回家，就叫他的太太，「你把我的手槍拿來給我，為了胡蘭成今天我要用」。日本婦人的順從，只得取出槍給了他。池田帶手槍，先到憲兵隊見河邊課長，與他說「胡蘭成氏的案件，我們坐視是失信於中國人，要救又說不能用外交的方式，現在我就去上海路十二號解放胡氏，那裏的警衛必阻擋，我就開槍，他們當然還槍，我非死即傷，我是日本大使館的館員，你就有理由出動憲兵去包圍，救出胡氏了」。當下河邊被感動，說道，「不必你去，我亦可這樣做的」。日本的佐官做錯了事受懲處，亦只是調遷，不比池田要犧牲生命。池田問他是否還要請示憲兵司令，他說不用請示，此刻他即可下令，於午後二時武裝出動。

池田與河邊約定了，纔回來報告谷大使。谷大使說，憲兵有此決心，事情就好辦，你還是先去警告林柏生，他們肯釋放胡氏最好。池田就去到柏生家，時已過午，告訴他到午後二時不放，憲兵就武裝出動。柏生這纔驚慌，趕到汪公館，得了汪先生的手令回來，上寫著立即釋放胡蘭成，給池田看了，派郭秀峰接我出獄。一面池田亦備了大使館的汽車來接。汪先生仍要我寫一張悔過書，我也就寫了。我坐池田的車，到家已四點半鐘，英娣與胡金人太太殷萱等正在堂前做湯圓。我在獄凡四十八天。弄到如此，應非我的本意，且亦非汪先生的本意，而寧是我與南京政府緣盡則離。

（三）

我歸家後，河邊課長派了六名憲兵來保護，二名在家裏，四名在前後小巷巡邏，且警告林柏生的人不得來接觸。我再三謝絕了憲兵，自知亦不會再遭暗算。

翌日即是舊曆正月初一，新年我只成日帶同妻小及胡金人殷萱夫婦遊街逛夫子廟。

我喜歡北京飯館的世俗熱鬧。樓下通過帳房櫃台面前，上下樓梯，只聽見一疊聲唱和接客送客。樓下裏間廚房，嘩嘩的灶火，噹噹的鍋鏟，響連四壁。樓上無數盃盤聲，倌倌在客人面前唱菜，樓下廚房裏答應，樓上點盃盤計算報數，樓下掌櫃答應。搬上來的酒肴雲蒸霧沛，滿座的客人猜拳喧笑。中國的舊戲開場必定彈一套將軍令，大鑼大鼓，把人的思想感情的渣滓都砸掉了，然後好聽戲喫東西，北京飯館亦這樣喧嘩而能不是躁音，把飲食作成有聲有色。日色五華，可以只是一道光輝，音響亦可以是一片光明空闊，現代社會的複雜勞動機器喧囂，一旦生於中國文明，亦必可以是這樣的把產業作成有聲有色。

我亦同樣歡喜天子廟的茶樓，滾水不論錢，連桌面亦一次一次用滾水沖洗，叫的麵點豐富便宜，使人不起鄙吝之心，照價的買賣亦能給人這樣慷慨的感覺，這真要有本領。這種茶樓新派的人少來，此外上中下三等人都來，他們到這裏來會會，座位及一兩式簡單的喫食皆平等，真是中國纔有的庶民熙熙。這種茶樓的倌倌亦像北京菜館的倌倌，他們真是在招待客人，不覺其是侍役。

我這樣逛逛，很慶幸自己對於政治有一種生疏，且對民間亦有一種生疏。白蛇傳裏的白蛇娘娘，她在瑤池群仙班裏不合格，來到人間做媳婦又落第，我大約亦帶幾分妖氣。可是天上人間的事，偏又與白蛇多有交涉。谷大使為我置酒壓驚，我亦又要說說政治，請他想法子開放內河航運封鎖，取消城門口及火車站日本憲兵的檢查。二月一日，日軍宣佈了城門口及火車站歸中國警察維持秩序，於是我到上海。

民國女子

張愛玲記

（一）

前時我在南京無事，書報雜誌亦不大看，卻有個馮和儀寄了天地月刊來，我覺和儀的名字好，就在院子裡草地上搬過一把藤椅，躺著曬太陽看書。先看發刊辭，原來馮和儀又叫蘇青，女娘筆下這樣大方俐落，倒是難為她。翻到一篇「封鎖」，筆者張愛玲，我纔看得一二節，不覺身體坐直起來，細細的把它讀完一遍又讀一遍。見了胡金人，我叫他亦看，他看完了讚好，我仍於心不足。

我去信問蘇青，這張愛玲果是何人？她回信只答是女子。我只覺世上但凡有一句話，一件事，是關於張愛玲的，便皆成為好。及天地第二期寄到，又有張愛玲的一篇文章，這就是真的了。這期而且登有她的照片。見了好人或好事，會將信將疑，似乎要一回又一回證明其果然是這樣的，所以我一回又一回傻裡傻氣的高興，卻不問問與我何干。

這樣糊塗可笑，怪不得我要坐監牢。我是政治的事亦像桃花運的糊塗。但我偏偏又有理性，見於我對文章的敬及在獄中的靜。

及我獲釋後去上海，一下火車即去尋蘇青。蘇青很高興，從她的辦公室陪我上街喫蛋炒飯，隨後到她的寓所。我問起張愛玲，她說張愛玲不見人的。問她要張愛玲的地址，她亦遲疑了一回纔寫給我，是靜安寺路赫德路口一九二號公寓六樓六五室。

翌日去看張愛玲，果然不見，只從門洞裡遞進去一張字條，因我不帶名片。又隔得一日，午飯後張愛玲卻來了電話，說來看我。我上海的家是在大西路美麗園，離她那裡不遠，她果然隨即來到了。

我一見張愛玲的人，只覺與我所想的全不對。她進來客廳裡，似乎她的人太大，坐在那裡，又幼稚可憐相，待說她是個女學生，又連女學生的成熟亦沒有。我甚至怕她生活貧寒，心裡想戰時文化人原來苦，但她又不能使我當她是個作家。

張愛玲的頂天立地，世界都要起六種震動，是我的客廳今天變得不合適了。她原極講究衣裳，但她是個新來到世上的人，世人各種身份有各種值錢的衣料，而對於她則世上的東西都還未有品級。她又像十七八歲正在成長中，身體與衣裳彼此叛逆。她的神情，是小女孩放學回家，路上一人獨行，肚裡在想甚麼心事，遇見小同學叫她，她亦不理，她臉上的那種正經樣子。

她的亦不是生命力強，亦不是魅惑力，但我覺得面前都是她的人。我連不以為她是美的，竟是並不喜歡她，還只怕傷害她，美是個觀念，必定如何如何，連對於美的喜歡亦有定型的感情，必定如何如何，張愛玲卻把我的這些全打翻了。我常時以為很懂得了甚麼叫驚艷，遇到真事，卻艷亦不是那艷法，驚亦不是那驚法。

我竟是要和愛玲鬥，向她批評今時流行作品，又說她的文章好在那裡，還講我在南京的事情，因為在她面前，我纔如此分明的有了我自己。我而且問她每月寫稿的收入，聽她很老實的回答。初次見面，人家又是小姐，問到這些是失禮的，但是對著好人，珍惜之意亦只能是關心她的身體與生活。

張愛玲亦會孜孜的只管聽我說，在客廳裡一坐五小時，她也一般的糊塗可笑。我的驚艷是還在懂得她之前，所以她喜歡，因為我這真是無條件。而她的喜歡，亦是還在曉得她自己的感情之前。這樣奇怪，不曉得不懂得亦可以是知音。

後來我送她到衖堂口，兩人並肩走，我說：「你的身裁這樣高，這怎麼可以？」只這一聲就把兩人說得這樣近，張愛玲很詫異，幾乎要起反感了，但是真的非常好。

（二）

第二天我去看張愛玲。她房裡竟是華貴到使我不安，那陳設與傢俱原簡單，亦不見得很值錢，但竟是無價的，一種現代的新鮮明亮幾乎是帶刺激性。陽台外是全上海在天際雲影日色裡，底下電車噹噹的來去。張愛玲今天穿寶藍綢襖褲，戴了嫩黃邊框的眼鏡，越顯得臉兒像月亮。三國時東京最繁華，劉備到孫夫人房裡竟然膽怯，張愛玲房裡亦像這樣的有兵氣。

我在她房裡亦一坐坐得很久，只管講理論，一時又講我的生平，而張愛玲亦只管會聽。男歡女悅，一種似舞，一種似鬥，而中國舊式床欄上彫刻的男女偶舞，那蠻橫潑辣，亦有如薛仁貴與代戰公主在兩軍陣前相遇，舞亦似鬥。民歌裡又有男女相難，說書又愛聽蘇小妹三難新郎，王安石與蘇東坡是政敵，民間卻把來說成王安石相公就黃州菊花及峽中茶水這兩件博識上折服了蘇學士，兩人的交情倒是非常活潑，比政敵好得多了。我向來與人也不比，也不鬥，如今卻見了張愛玲要比鬥起來。

但我使盡武器，還不及她的只是素手。張愛玲的祖父張佩綸與李鴻章的小姐配婚姻，是有名的佳話，因我說起，她就把她祖母的那首詩抄給我看，卻說她祖母並不怎樣會作詩，這一首亦是她祖父改作的。她這樣破壞佳話，所以寫得好小說。

張愛玲因說，她聽聞我在南京下獄，竟也動了憐才之念，和蘇青去過一次周佛海家，想有甚麼法子可以救我。我聽了只覺得她幼稚可笑，一種詫異卻還比感激更好。我連沒有去比擬張佩綸當年，因為現前一刻值千金，草草的連感動與比擬都沒有工夫。

回家我寫了第一封信給張愛玲，竟寫成了像五四時代的新詩，一般幼稚可笑，張愛玲也詫異，我還自己以為好。都是張愛玲之故，使我後來想起就要覺得難為情。但我信裡說她謙遜，卻道著了她，她回信說我「因為懂得，所以慈悲」。

從此我每隔一天必去看她。纔去看了她三四回，張愛玲忽然很煩惱，而且悽涼。女子一愛了人，是會有這種委屈的。她送來一張字條，叫我不要再去看她，但我不覺得世上會有甚麼事沖犯，當日仍又去看她，而她見了我亦仍又歡喜。以後索性變得天天都去看她了。

因我說起登在「天地」上的那張照相，翌日她便取出給我，背後還寫有字：

「見了他，她變得很低很低，低到塵埃裡，但她心裡是歡喜的，從塵埃裡開出花來」。

她這送照相，好像吳季扎贈劍，依我自己的例來推測，那徐君亦不過是愛悅，卻未必有要的意思。張愛玲是知道我喜愛，你既喜愛，我就給了你，我把相片給你，我亦是歡喜的。而我亦只端然的接受，沒有神昏顛倒。各種感情與思想可以只是一個好，這好字的境界是還在感情與思想之先，但有意義，而不是甚麼的意義，且連喜怒哀樂都還沒有名字。

（三）

我到南京，張愛玲來信，我接在手裡像接了一塊石頭，是這樣的有份量，但並非責任感。我且亦不怎麼相思，只是變得愛嘯歌。每次回上海，不到家裡，卻先去看愛玲，踏進房門就說：「我回來了」。

要到黃昏盡，我纔從愛玲處出來，到美麗園家裡，臨睡前還要青芸陪我說話一回，青芸覺得我這個叔叔總是好的，張小姐亦不比等閑女子。一晚我從愛玲處出來逕到熊劍東家，劍東夫婦和周佛海太太在打牌，我在牌桌邊看了一回，只覺坐立不安，心裡滿滿的，想要嘯歌，想要說話，連那電燈兒都要笑我的。

我常時一個月裡總回上海一次，住上八九天，晨出夜歸只看張愛玲，兩人伴在房裡，男的廢了耕，女的廢了織，連同道出去遊玩都不想，亦且沒有工夫。舊戲裡申桂生可以無年無月的伴在志貞尼姑房裡，連沒有想到蜜月旅行，看來竟是真的。

我們兩人在一起時，只是說話說不完。在愛玲面前，我想說些甚麼都像生手拉胡琴，辛苦喫力，仍道不著正字眼，絲竹之音亦變為金石之聲，自己著實懊惱煩亂，每每說了又改，改了又悔。但愛玲喜歡這種刺激，像聽山西梆子的把腦髓都要砸出來，而且聽我說話，隨處都有我的人，不管是說的甚麼，愛玲亦覺得好像「攀條摘香花，言是歡氣息」。

愛玲種種使我不習慣。她從來不悲天憫人，不同情誰，慈悲佈施她全無，她的世界裡是沒有一個誇張的，亦沒有一個委屈的。她非常自私，臨事心狠手辣。她的自私是一個人在佳節良辰上了大場面，自己的存在份外分明。她的心狠手辣是因她一點委屈受不得。她卻又非常順從，順從在她是心甘情願的喜悅。且她對世人有不勝其多的抱歉，時時覺得做錯了似的，後悔不迭，她的悔是如同對著大地春陽，燕子的軟語商量不定。

我的囿於定型的東西，張愛玲給我的新鮮驚喜卻尚在判定是非之先。舊小說裡常有人到了仙境，所見珍禽異卉，多不識其名，愛玲的說話行事與我如冰炭，每每當下我不以為然，連她給我看她的繪畫，亦與我所預期的完全不對。但是不必等到後來識得了纔歡喜佩服，便是起初不識，連歡喜佩服亦尚未形成，心裡倒是帶有多少叛逆的那種詫異，亦就非常好，而我就只憑這樣辛辣而又糊塗的好感覺，對於不識的東西亦一概承認，她問我喜歡她的繪畫麼，只得答說是的，愛玲聽了很高興，還告訴她的姑姑。

我是受過思想訓練的人，對凡百東西皆要在理論上通過了纔能承認。我給愛玲看我的論文，她卻說這樣體系嚴密，不如解散的好，我亦果然把來解散了，驅使萬物如軍隊，原來不如讓萬物解甲歸田，一路有言笑。我且又被名詞術語禁制住，有錢有勢我不怕，但對公定的學術界權威我膽怯。一次我竟敢說出紅樓夢西遊記勝過托爾斯泰的戰爭與和平，或歌德的浮士德，愛玲卻平然答道，當然是紅樓夢西遊記好。

牽牛織女鵲橋相會，喁喁私語尚未完，忽又天曉，連歡娛亦成了草草。子夜歌裡有：

「一夜就郎宿，通宵語不息，黃蘗萬里路，道苦真無極」。

我與愛玲卻是桐花萬里路，連朝語不息。

如此只顧男歡女愛，伴了幾天，兩人都喫力，隨又我去南京，讓她亦有工夫好寫文章。而每次小別，亦並無離愁，倒像是過了燈節，對平常日子轉覺另有一種新意。只說銀河是淚水，原來銀河輕淺卻是形容喜悅。

（四）

基督說，「屬於凱撒的歸凱撒，屬於上帝的歸上帝」，如今共產黨亦即如此把人們來分屬，張愛玲卻教了我沒有禁忌。天下人不死於殉惡，而死殉善，怎樣善的東西若是帶上巫魘禁忌，它便不好了。

我因聽別人常說學生時代最幸福，也問問愛玲，愛玲卻很不喜學校生活。我又以為童年必要懷戀，她亦不懷戀。在我認是應當的感情，在她都沒有這樣的應當。她而且理直氣壯的對我說，她不喜她的父母，她一人住在外面，她有一個弟弟偶來看她，她亦一概無情。這與我的做人大反對。但中國文明原是人行於五倫五常，並不是人屬於五倫五常，而倫常之所以幾千年來不被革命革掉，是因為二十四孝同時也可以有桃花女與樊梨花。

民間看戲，愛看與公公鬥法的桃花女。也喜歡樊梨花，樊梨花殺夫弒父，但大唐世界還是要她這樣美貌有本領的人。還有哪吒，哪吒是個小小孩童，翻江攪海闖了大禍，他父親怕連累，挾生身之恩要責罰他，哪吒一怒，剐肉還母，剔骨還父，後來是觀世音菩薩用荷葉與藕做成他的肢體。張愛玲便亦是這樣的蓮花身。

愛玲是她的人新，像穿的新衣服對於不潔特別觸目，有一點點霧數或穢褻她即刻就覺得。聊齋裡的香玉，那男人對著絳雪道：「香玉吾愛妻，絳雪吾膩友也」，愛玲很不喜。又我與愛玲閑話所識的幾個文化人，愛玲一照眼就看出那人又不乾淨，又不聰明。我每聽她說，不禁將人比己，多少要心驚，但亦無從檢點起。

我稱讚愛玲的房間，她卻說這還是她母親出國前佈置的，若她自己來佈置，她愛刺激的顏色。趙匡胤形容旭日：「欲出不出光辣撻，千山萬山如火發」，愛玲說的刺激是像這樣辣撻的光輝顏色。她看金瓶梅，宋蕙蓮的衣裙她都留心到，我問她看到穢褻的地方是否覺得刺激，她卻竟沒有。她愛看小報，許多惡濁裝腔的句子她一邊笑罵，一邊還是看，亦有妙語，小報上的妙語往往亦是可憐語，一點不得愛玲的同情，但她轉述給我聽時，她亦是這樣的開心好笑。無論她在看甚麼，她仍只是她自己，不致與書中人同哀樂，清潔到好像不染紅塵。

連對於好的東西，愛玲亦不沾身。她寫的文章，許多新派女子讀了，刻意想要學她筆下的人物都及不得，但愛玲自己其實並不喜愛這樣的人物。愛玲可以與金瓶梅裡的潘金蓮李瓶兒也知心，但是絕不同情她們，與紅樓夢裡的林黛玉薛寶釵鳳姊晴雯襲人，乃至趙姨娘等亦知心，但是絕不想要拿她們中的誰來比自己。她對書中的或現時的男人亦如此。她是陌上遊春賞花，亦不落情緣的一個人。

我自己以為能平視王侯，但仍有太多的感激，愛玲則一次亦沒有這樣，即使對方是日神，她亦能在小地方把他看得清清楚楚。常人之情，連我在內，往往姑息君子，不姑息小人，對東西亦如此，可是從來的悲劇都由好人作成，而許多好東西亦只見其紛紛的毀滅，因為那樣的好原來有限，是帶疾的，其實不可原諒的還是不應當原諒。愛玲對好人好東西非常苛刻，而對小人與普通東西，亦不過是這點嚴格，她這真是平等。

愛玲好像小孩，所以她不喜小孩，小狗小貓她都不近，連對小天使她亦沒有好感。一次她搬印書的白報紙回來，到了公寓門口要付車夫小帳，她覺得非常可恥又害怕，寧可多些，把錢往那車夫手裡一塞，趕忙逃上樓來，連不敢看那車夫的臉。中國民間又說小孩的眼睛最淨，睡夢裡會微笑，是菩薩在教他，而有時無端驚恐，則是他見了不祥不潔了。張愛玲一點亦不研究時事，但她和我說日本的流行歌非常悲哀，這話便是說日本將亡，當時我連不敢告訴池田，他若知道，應當大驚痛哭。

（五）

張愛玲喜聞氣味，油漆與汽油的氣味她亦喜歡聞聞。她喝濃茶，喫油膩熟爛之物。她極少買東西，飯菜上頭卻不慳刻，又每天必喫點心，她調養自己像隻紅嘴綠鸚哥。有餘錢她買衣料與臙脂花粉。她還是小女孩時就有一篇文字在報上登了出來，得到五元，大人們說這是第一次稿費，應當買本字典做紀念，她卻馬上拿這錢去買了口紅。

她母親是清末南京黃軍門的小姐，西洋化的漂亮婦人，從小要訓練愛玲做個淑女，到底灰了心。她母親教她如何巧笑，愛玲卻不笑則已，一笑即張開嘴大笑，又或單是喜孜孜的笑容，連她自己亦忘了是在笑，有點傻裡傻氣。愛玲向我如此形容她自己，她對於這種無可奈何的事只覺得非常開心。又道：「我母親教我淑女行走時的姿勢，但我走路總是衝衝跌跌，在房裡也會三天兩天撞著桌椅角，腿上不是磕破皮膚便是瘀青，我就用紅藥水搽了一大搭，姑姑每次見了一驚，以為傷重流血到如此」，她說時又覺得非常開心。

愛玲給我看小時她母親從埃及帶給她的兩串玻璃大珠子，一串藍色，一串紫紅色，我當即覺得自己是男孩子，看不起這種女孩子的東西。她還給我看她小時的作文。她十四歲即寫有一部「摩登紅樓夢」，訂成上下兩冊的手抄本，開頭是秦鍾與智能兒坐火車私奔杭州，自由戀愛結了婚，但是經濟困難，又氣又傷心，而後來是賈母帶了寶玉及眾姊妹來西湖看水上運動會，吃冰淇淋。我初看時一驚，怎麼可以這樣煞風景，但是她寫得來真有理性的清潔。

張愛玲是使人初看她諸般不順眼，她決不迎合你，你要迎合她更休想。你用一切定型的美惡去看她總看她不透，像佛經裡說的不可以三十二相見如來，她的人即是這樣的神光離合。偶有文化人來到她這裡勉強坐得一回，只覺對她不可逼視，不可久留。好的東西原來不是叫人都安，卻是要叫人稍稍不安。

她但凡做甚麼，都好像在承當一件大事，看她走路時的神情就非同小可，她是連拈一枚針，或開一個罐頭，也一臉理直氣壯的正經。眾人慣做的事，雖心不在焉亦可以做得妥當的，在她都十分吃力，且又不肯有一點遷就。但她也居然接洽寫稿的事而不喫虧，用錢亦預算排得好好的。她處理事情有她的條理，亦且不受欺侮。一次路遇癟三搶她的手提包，爭奪了好一回沒有被奪去，又一次癟三搶她手裡的小饅頭，一半落地，一半她仍拿了回來。

我在人情上銀錢上，總是人欠欠人，愛玲卻是兩訖，凡事像刀截的分明，總不拖泥帶水。她與她姑姑分房同居，兩人錙銖必較。她卻也自己知道，還好意思對我說，「我姑姑說我財迷」，說著笑起來，很開心。她與炎櫻難得一同上街去咖啡店喫點心，亦必先言明誰付帳。炎櫻是個印度女子，非常俏皮，她有本領說得那咖啡店主猶太人亦軟了心腸，少算她的錢，愛玲向我說起又很開心。

愛玲的一錢如命，使我想起小時正月初一用紅頭繩編起一串壓歲錢，都是康熙道光的白亮銅錢，亦有這種喜悅。我笑愛玲：「有的父親給子女學費，訴苦說我的錢個個有血的，又或說是血汗」，愛玲聽了很無奈，笑道：「我的錢血倒是沒有，是汗血的錢只使人心裡難受，也就不這般可喜了」。

愛玲用錢，都有一種理直氣壯，是慷慨是節儉，皆不夾雜絲毫誇張。一次說起周佛海家，她道，那麼多值錢的東西都其氣不揚，沒有喜意，我看過之後，只覺寧可不要富貴了。又愛玲住的公寓，鄰房是個德國人，慳吝得叫人連不好笑，愛玲道，「西洋人都是慳吝的，他們雖會投資建設大工程，又肯出錢辦慈善事業，到底亦不懂得有一種德性叫慷慨」。

（六）

愛玲從來不牽愁惹恨，要就是大哭一場。她告訴我有個兩回，一回是她十歲前後，為一個男人，但我記不得是愛玲討厭他或喜歡他而失意，就大哭起來。又一回是在香港大學讀書時，一年放暑假，彷彿是因炎櫻沒有等她就回上海家去了，她平時原不想家，這次卻倒在床上大哭大喊得不可開交。她文章裡慣會描畫惻惻輕怨，脈脈情思，靜靜淚痕，她她本人卻寧像晴天落白雨。

她道，「你說沒有離愁，我想我也是的，可是上回你去南京，我竟要感傷了」。但她到底也不是個會纏綿悱惻的人。還有一次她來信說，「我想過，你將來就只是我這裡來來去去亦可以」。她是想到婚姻上頭，不知如何是好，但也就不再去多想了。

前此我問愛玲向來對結婚的想法，她說她沒有怎樣去想像這個。她且亦不想會與何人戀愛，連追求她的人好像亦沒有過，若有，大約她亦不喜。總之現在尚早，等到要結婚的時候就結婚，亦不挑三挑四。有志氣的男人對於結婚不結婚都可以慷慨，而她是女子，卻亦能如此。

但她想不到會遇見我。我已有妻室，她並不在意。再或我有許多女友，乃至挾妓遊玩，她亦不會喫醋。她倒是願意世上的女子都歡喜我。而她與我是即使不常在一起，相隔亦只如我一人在房裡，而她則去廚下取茶。我們兩人在的地方，他人只有一半到得去的，還有一半到不去的。

我與愛玲亦只是男女相悅，子夜歌裡稱「歡」，實在比稱愛人好。兩人坐在房裡說話，她會只顧孜孜的看我，不勝之喜，說道，「你怎這樣聰明，上海話是敲敲頭頂，腳底板亦會響」。後來我亡命雁宕山時讀到古人有一句話，「君子如響」，不覺的笑了。她如此兀自歡喜得詫異起來，會只管問，「你的人是真的麼？你和我這樣在一起是真的麼？」還必定要我回答，倒弄得我很僵。一次聽愛玲說舊小說裡有「欲仙欲死」的句子，我一驚，連聲讚道好句子，問她出在那一部舊小說，她亦奇怪，說「這是常見的呀」，其實卻是她每每歡喜得欲仙欲死，糊塗到竟以為早有這樣的現成語。

可是天下人要像我這樣歡喜她，我亦沒有見過。誰曾與張愛玲晤面說話，我都當它是件大事，想聽聽他們說她的人如何生得美，但他們竟連慣會的評頭品足亦無。她的文章人人愛，好像看燈市，這亦不能不算是一種廣大到相忘的知音，但我覺得他們總不起勁。我與他們一樣面對著人世的美好，可是只有我驚動，要聞雞起舞。

雜誌上也有這樣的批評，說張愛玲的一支筆千姣百媚，可惜意識不準確。還有南京政府的一位教育部長向我說，「張小姐於西洋文學有這樣深的修養，年紀輕輕可真是難得。但她想做主席夫人，可真是不好說了！」我都對之又氣惱又好笑。關於意識的批評且不去談它，因為愛玲根本沒有去想革命神聖。但主席夫人的話，則她文章裡原寫的是她在大馬路外灘看見警察打一個男孩，心想做了主席夫人就可拔刀相助，但這一念到底亦不好體系化的發展下去云云，如此明白，怎會不懂？而且他們說她文彩欲流，說她難得，但是他們為甚麼不也像我的歡喜她到了心裡去。

七月間日本宇垣大將來上海，我說起張愛玲，他想要識面，我即答以不可招致，往見亦還要先問過她。熊劍東幾次要請張愛玲，且要我陪同往見，我都給她謝絕了。我惟介紹了池田，每次他與愛玲見面，我在一道，都如承大事。池田說，她當炎櫻是他的妹妹，當張小姐是他的姊姊，比他更是大人。張愛玲也說池田好，但是我看池田並沒有從她受到甚麼影響。

我與愛玲只是這樣，亦已人世有似山不厭高，海不厭深，高山大海幾乎不可以是兒女私情。我們兩人都少曾想到要結婚。但英娣竟與我離異，我們纔亦結婚了。是年我三十八歲，她二十三歲。我為顧到日後時局變動不致連累她，沒有舉行儀式，只寫婚書為定，文曰：

胡蘭成張愛玲簽訂終身，結為夫婦，願使歲月靜好，現世安穩。

上兩句是愛玲撰的，後兩句我撰，旁寫炎櫻為媒證。

我們雖結了婚，亦仍像是沒有結過婚。我不肯使她的生活有一點因我之故而改變。兩人怎樣亦做不像夫妻的樣子，卻依然一個是金童，一個是玉女。

（七）

世人多知惡的東西往往有大威力，如云惡煞，會驚得人分開頂門骨，轟去魂魄，不知好的東西亦可以有大威力，它使人直見性命，亦有這樣的驚。佛經裡描寫如來現相，世界起六種十八相震動，竟像是熱核炸彈投下的震動。但惡煞的威是威嚇，驚是驚佈，使人藐小，好的東西則威如祥麟威鳳的威，驚是驚喜，使人飛揚。惟有好的東西亦發揮了大威力，纔能使惡煞的大威力亦化凶為吉。但西洋人惟發現了神，他們的人依然是燔祭的犧牲，不及中國人的可以直見性命，誰擋在面前，雖釋迦亦可以一棒打殺，如漢高祖斬蛇開徑。

我小時看花是花，看水是水，見了簷頭的月亮有思無念，人與物皆清潔到情意亦即是理性。大起來受西洋精神對中國文明的衝擊，因我堅起心思，想要學好向上，聽信理論，且造作感情以求與之相合，反為弄得一身病。紅樓夢裡賈寶玉病重，和尚來說會醫，襲人等把他身上帶的通靈寶石解下來遞出去，那和尚接在手裡只見玉色暗漠昏濁，不覺長歎一聲道，青梗峰下，別來十五年矣，竟如此為貪嗔愛痴所困，你那本性光明何在也！我讀到這一節，回味過來，真要掩泣。

我在愛玲這裡，是重新看見了我自己與天地萬物，現代中國與西洋可以只是一個海晏河清。西遊記裡唐僧取經，到得雷音了，渡河上船時梢公把他一推，險些兒掉下水去，定性看時，上游頭淌下一個屍身來，他喫驚道，如何佛地亦有死人，行者答師父，那是你的業身，恭喜解脫了。我在愛玲這裡亦有看見自己的屍身的驚。我若沒有她，後來亦寫不成「山河歲月」。

我們兩人在房裡，好像「照花前後鏡，花面交相映」，我與她是同住同修，同緣同相，同見同知。愛玲極艷。她卻又壯闊，尋常都有石破天驚。她完全是理性的，理性到得如同數學，它就只是這樣的，不著理論邏輯，她的橫絕四海，便像數字的理直，而她的艷亦像數學的無限。我卻不準確的地方是誇張，準確的地方又貧薄不足，所以每要從她校正。前人說夫婦如調琴瑟，我是從愛玲纔得調絃正柱。

前時我在香港，買了貝多芬的唱片，一聽不喜，但貝多芬稱為樂聖，必是我不行，我就天天刻苦開來聽，努力要使自己懂得它為止。及知愛玲是九歲起學鋼琴學到十五歲，我正待得意，不料她卻說不喜鋼琴，這一言就使我爽然若失。又我自中學讀書以來，即不屑京戲紹興戲流行歌等，亦是經愛玲指點，我纔曉得它的好，而且我原來是歡喜它的。「大學」裏說，「所謂誠其意者，毋自欺也，如惡惡臭，如好好色」我是現在纔有了自己。

愛玲把現代西洋文學讀得最多，兩人在房裏，她每每講給我聽，好像「十八隻抽屜」，志貞尼姑搬出喫食請情郎。她講給我聽蕭伯納，赫克斯萊，桑茂忒芒，及勞倫斯的作品。她每講完之後，總說「可是他們的好處到底有限制」，好像塵瀆了我傾聽了似的。

她一點不覺得我英文不好有何不足，反而是她多對我小心抱歉。可是對西洋的古典作品她沒有興緻，沙士比亞，歌德，囂俄她亦不愛。西洋凡隆重的東西，像他們的壁畫，交響曲，革命或世界大戰，都使人覺得吃力，其實並不好。愛玲寧是只喜現代西洋平民精神的一點。托爾斯泰的「戰爭與和平」，我讀了感動的地方她全不感動，她反是在沒有故事的地方看出有幾節描寫得好。她不會被哄了去陪人歌哭，因為她的感情清到即是理性。連英娣與我離異的那天，我到愛玲處有淚，愛玲亦不同情。

我從來不見愛玲買書，她房裏亦不堆書。我拿了詩經，樂府詩，李義山詩來，她看過即刻歸還。我從池田處借來日本的板畫，浮世繪，及塞尚的畫冊，她看了喜歡，池田說那麼給她吧，她卻不要。她在文章裏描寫的幾塊衣料，我問她，她只在店裏看了沒有買得，我覺可惜，她卻一點亦不覺得有遺憾。愛玲是像陌上桑裏的秦羅敷，羽林郎裏的胡姬，不論對方怎樣的動人，她亦只是好意，而不用情。

她對我這樣百依百順，亦不因我的緣故改變她的主義。我時常發過一陣議論，隨又想想不對，與她說，「照你自己的樣子就好，請不要受我的影響」，她笑道，「你放心，我不依的還是不依，雖然不依，但我還是愛聽」。她這個人呀，真真的像天道無親。

一個人誠了意未必即能聰明，卻是「欲誠其意者，先致其知，致知在格物」，要聰明了然後能意識，知尚在意之先。且不能以致知去格物，而是格物尚在致知是先。格物完全是一種天機。愛玲是其人如天，所以她的格物致知我終難及。愛玲的聰明真像水晶心肝玻璃人兒。我以為中國古書上頭我可以向她逞能，焉知亦是她強。兩人並坐同看一本書，那書裏的字句便像街上的行人只和她打招呼，但我真高興我是與她在一起。讀詩經，我當她未必喜歡大雅，不想詩經亦是服她的，有一篇只唸了開頭兩句，「倬彼雲漢，昭回於天」，愛玲一驚，說「啊！真真的是大旱年歲」。又古詩十九首唸到，「燕趙有佳人，美者顏如玉，被服羅裳衣，當戶理清曲」，她詫異道，「真是貞潔，那是妓女呀！」又同看子夜歌，「歡從何處來，端然有憂色」，她歎息道，「這端然真好，而她亦真是愛他！」我纔知我平常看東西以為懂了，其實竟未懂得。

愛玲不看理論的書，連不喜歷史。但我還是看了她的一篇寫衣裳的散文，纔與民國初年以來的許多大事覿面相見相知，而她這篇文章亦寫衣裝只是寫衣裳，全不用環境時代來說明。愛玲是凡她的知識即是與世人萬物的照膽照心。

（八）

張愛玲是民國世界的臨水照花人。看她的文章，只覺她甚麼都曉得，其實她卻世事經歷得很少，但是這個時代的一切自會來與她有交涉，好像「花來衫裏，影落池中」。一日清晨，我與她步行同去美麗園，大西路上樹影車聲，商店行人，愛玲心裏喜悅，與我說，「現代的東西縱有千般不是，它到底是我們的，於我們親」。

愛玲的母親還在南洋，姑姑已先從歐洲回來，今在怡和洋行做事，一日她說起柏林戰時不知破壞得如何了，因就講論柏林的街道，我問愛玲，愛玲答，「我不想出洋留學，住處我是喜歡上海」。所以我政治上諸般作為，亦終不想要移動她。

我與愛玲同看日本的板畫，浮世繪，朝鮮的瓷器，及古印度的壁畫集，我都伺候看她的臉色，聽她說那一幅好，即使只是片言隻語的指點，我纔也能懂得它果然是非常好的。還有愛玲文章裏描寫民間小調裏的鼓樓打更，都有一統江山的安定，我纔亦對這些東西另眼相看。可是隨即我跟愛玲去靜安寺街上買小菜，到清冷冷的洋式食品店裏看看牛肉雞蛋之類，只覺與我剛纔所懂得的中國文明全不調和，而在她則只覺非常親切，她的新就是新得這樣刺激的。

我與她同看西洋畫冊子，拉斐爾與達文西的作品，她只一頁一頁的翻翻過，翻到密契安琪羅彫刻的人像「黎明」，她停了細看一回，她道，「這很大氣，是未完工的」。塞尚的畫卻有好幾幅她給我講說，畫裏人物的那種小奸小壞使她笑起來。愛玲自己便是愛描寫民國世界小奸小壞的市民，她的「傾城之戀」裏的男女，漂亮機警，慣會風裏言，風裏語，做張做致，再帶幾分玩世不恭，益發幻美輕巧了，背後可是有著對人生的堅執，也竟如火如荼，惟像白日裏的火山，不見燄，只見是灰白的煙霧。他們想要奇特，結局只平淡的成了家室，但是也有著對於人生的真實的如泣如訴。

現代大都市裏的小市民不知如何總是委屈的，他們的小奸小壞，小小的得意，何時都會遇著大的悲慘決裂。現代的東西何時都會使人忽然覺得它不對，不對到可怕的程度，連眼前那樣分明的一切，都成了不可干涉。愛玲與我說，「西洋人有一種阻隔，像月光下一隻蝴蝶停在帶有白手套的手背上，真是隔得叫人難受」。又一次她告訴我，「午後公寓裏有兩個外國男孩搭電梯，到得那一層樓上，樓上惟見太陽荒荒，只聽得一個說再會。真是可怕！」

掃帚星的尾巴有毒，掃著地球，地球上就要動刀兵或是發生大瘟疫，但不致因此就毀滅，如今民國世界便像這樣，亦不過是被西洋的尾巴掃著罷了，所以愛玲還是從赫克斯來的影響走了出來。

中國文明就是直見性命，所以無隔。我與愛玲兩人並坐看詩經，這裏也是「既見君子」，那裏也是「邂逅相見」，她很高興，說「怎麼這樣容易就見著了！」而庾信的賦裏更有：

「樹裏聞歌，枝中見舞，恰對妝台，諸窗併開，遙看已識，試喚便來」，

愛玲與陽台外的全上海即是這樣的相望相識，叫一聲都會來到房裏似的。西洋人與現世無緣，他們的最高境界倒是見著了神，而中國人則「見神見鬼」是句不好聽的話。

中國人說天意，說天機，故又愛玲在人世是諸天遊戲，正經亦是她，調皮亦是她。我是從愛玲纔曉得了中國人有遠比西洋人的幽默更好的滑稽。漢樂府有個流蕩在他縣的人，逆旅主婦給他洗補衣裳，「夫婿從門來，斜倚西北眄」，我與愛玲唸到這裏，她就笑起來道，「是上海話眼睛描發描發」。再看底下時卻是：「語卿且勿眄」，她詫異道：

「啊！這樣困苦還能滑稽，怎麼能夠！」兩人把它來讀完：「語卿且勿晒，水落石自見，石見何磊磊，遠行不如歸」，這末一句竟是對困苦亦能生氣撒嬌。這種滑稽是非常陽氣的糊塗。

愛玲自己，便亦調皮得叫人把她無奈。報上雜誌上凡有批評她的文章的，她都剪存，還有人冒昧寫信來崇拜她，或希望她為前進思想服務的，她亦取存，雖然她也不聽，也不答，也不作參考。我是人家讚揚我不得當，只覺不舒服，責難我不得當，亦只咄得一聲，「無聊」，但他若是誠懇的，我雖不睬他，亦多少珍重他的這份心意。愛玲卻不然。她笑道，「我是但凡人家說我好，說得不對我亦高興」。勸告她責難她得不對，則她也許生氣，但亦往往只是詫異。他們說好說壞沒有說著了她，倒反給她如此分明的看見了他們本人。她每與姑姑與炎櫻，或與我說起，便笑罵，只覺又是無奈，又是開心好玩。是這樣的形相，即不論他們當中雖有心意誠懇的，她亦一概不同情。愛玲論人，總是把聰明放在第一，與「大學」的把格物致知放在誠其意之先，正好偶合。

又我與她正在用我們自己的言語要說明一件事，她卻會即刻想到的一句文藝腔，脫口而出，註曰，這是時人的，兩人都笑起來，她這人就有這樣壞。連她身為女子，亦會揶揄可笑的形容她自己。蘇州靈巖寺客堂掛有印光法師寫的字，是「極樂世界，無有女人，女人到此，化童男身」，蘇青去遊，見了很氣，愛玲卻絲毫沒有反感。

我是從愛玲纔曉得了漢民族的壯闊無私，活潑喜樂，中華民國到底可以從時代的巫魘走了出來的。愛玲是吉人，毀滅輪不到她，終不會遭災落難。

夏天一個傍晚，兩人在陽台眺望紅塵靄靄的上海，西邊天上餘輝未盡，有一道雲隙處清森遙遠，我與她說時局要翻，來日大難，她聽了很震動。漢樂府有「來日大難，口燥唇乾，今日相樂，皆當喜歡」，她道，「這口燥唇乾好像是你對們說了又說，他們總還不懂，叫我真是心疼你」。又道，「你這個人嘎，我恨不得把你包包起，像個香袋兒，密密的針線線線好，放在衣箱裏藏藏好」。不但是為相守，亦是為疼惜不已。隨即她進房裏給我倒茶，她拿茶出來走到房門邊，我迎上去接茶，她腰身一側，喜氣洋洋的看著我的臉，眼睛裏都是笑。我說，「啊，你這一下姿勢真是艷！」她道，「你是人家有好處容易你感激，但難得你滿足」。她在我身傍等我喫完茶，又收盃進去，看她心裏還是喜之不盡，此則真是「今日相樂，皆當喜歡」了，雖然她剛纔並沒有留心到這兩句。

（九）

一日午後好天氣，兩人同去附近馬路上走。愛玲穿一件桃紅單旗袍，我說好看，她道，「桃紅的顏色聞得見香氣」。還有我愛看她穿那雙繡花鞋子，是她去靜安寺廟會買得的，鞋頭連鞋幫繡有雙鳳，穿在她腳上，線條非常柔和。她知我歡喜，我每從南京回來，在房裏她總穿這雙鞋。

有時晚飯後燈下兩人好玩，挨得很近，臉對臉看著。她的臉好像一朵開得滿滿的花，又好像一輪圓得滿滿的月亮。愛玲做不來微笑，要就是這樣無保留的開心，眼睛裏都是滿滿的笑意。我當然亦滿心裏歡喜，但因為她是這樣美的，我就變得只是正經起來。我撫她的臉，說道，「你的臉好大，像平原緬邈，山河浩蕩」。她笑起來道，「像平原是大而平坦，這樣的臉好不怕人」。她因說水滸裏有寫宋江見玄女，我水滸看過無數遍，惟有這種地方偏記不得，央她唸了，卻是「天然妙目，正大仙容」八個字，我一聽當下默住，竟離開了剛纔說話的主題，卻要到翌日，我纔與她說，「你就是正大仙容」，但上句我未聽在心裏，央她又唸了一遍。

還有一次也是，我想要形容愛玲行坐走路，總口齒艱澀，她就代我說了，她道，「金瓶梅裏寫孟玉樓，行走時香風細細，坐下時淹然百媚」。我覺淹然兩字真是好，愛玲說來聽聽，愛玲道，「有人雖遇見怎樣的好東西亦水滴不入，有人卻像絲綿蘸著了胭脂，即刻滲開得一塌糊塗」。又問我們兩人在一淘時呢？她道，「你像一隻小鹿在溪裏喫水」。

我問愛玲，她答說還沒有過何種感覺或意態形致，是她所不能描寫的，惟要存在心裏過一過，總可以說得明白。她是使萬物自語，恰如將軍的戰馬識得吉凶，還有寶刀亦中夜會得自己鳴躍。我說蘇青的臉美，愛玲道，「蘇青的美是一個俊字，有人說她世俗，其實她俊俏，她的世俗也好，她的臉好像喜事人家新蒸的雪白饅頭，上面點有胭脂」。

愛玲與炎櫻要好，炎櫻這個名字是愛玲給她取的，她的本名是**Fatima**。她像燉煌壁畫裏的天女，古印度的天女是被同時代西方的巴比倫與埃及所照亮，炎櫻亦這樣，是生於現代西洋的，但仍是印度女子，且住在中國的上海。她比愛玲淘氣。她只會說幾句中國話，但對她所認識的三五個中國字非常有興趣，建議要與愛玲兩人製新衣裝，面前各寫一句聯語，走到街上，忽然兩人會合在一起，忽然上下聯成了對。

愛玲每讚炎櫻生得美，很大氣，知道我也歡喜她，愛玲很高興。炎櫻每來，活動不停，三人在房裏，我只覺笨拙，不但是我英文不行之故，即使她是講的上海話，恐怕我亦應接不及。她又喜理論，但她滔滔說了許多，結果只像一陣風來去得無影無蹤。有時愛玲要我評評，我就試與炎櫻辯答。我說，但是事實如此，她道「真可怕！」我說社會本來是這樣的，她道「怎麼可以這樣愚蠢！」都只是小女孩的責怪，我的邏輯只好完全失敗，而且甘願認輸。我忽然想起古樂府「歡作沉水香，儂作博山爐」，卻又不切合眼前的光景，但與炎櫻說話，的確好像聞得見香氣。

愛玲與外界少往來，惟一次有個文化人被日本憲兵隊逮捕，愛玲因傾城之戀改編舞台劇上演，曾得他奔走，由我陪同去慰問過他家裏，隨後我還與日本憲兵說了，要他們可釋放則釋放。應酬場面上，只一次同去過邵洵美家裏。又當初有一晚上，我去蘇青家裏，恰值愛玲也來到。她喜歡也在眾人面前看著我，但是她又妒忌，會覺得她自己很委屈。她惟常到炎櫻家裏，雖與我一道她亦很自然。我美麗園家裏她來過幾次，但只住過一晚，平時她惟與姑姑朝夕相見說話，有甚麼事商量商量。

她文章裏有寫姑姑說，從前家裏養叫嘓嘓，剝青豆飼它，她正聽姑姑說下去，卻沒有了。如今手頭沒有愛玲寫的書，不大記得，但心裏尚留著一種好，那是甚麼意義或情調都還未有的好，如前人寫琴，「再鼓聽愈淡」，人世只是歷然都在，甚麼擾亂亦沒有。

（十）

張佩綸當年為御史，攻擊李鴻章議和，力主與法軍戰，朝廷命他督師，兵敗基隆，貶竄熱河七年。罰滿釋歸京師，聽候起復，例須謁李鴻章，意外得到李鴻章的小姐賜以顏色，憂患感激，遂成婚配。但李鴻章因翁婿避嫌，倒反不好保奏了，夫妻遂居南京。同輩張之洞是兩湖總督，吳大徵是江蘇巡撫，盛宣懷是郵傳部大臣，他們或經過，南京晤見，故人樽酒平生，張佩綸曾悲歌慷慨，泣數行下。愛玲說祖父好，姑姑卻不喜，姑姑的漂亮是祖母的，她說祖父相貌不配。

張家在南京的老宅，我專為去踏看過，一邊是洋房，做過立法院，已遭兵燹，正宅則是舊式建築，完全成了瓦礫之場，廢池頹垣，惟剩月洞門與柱礎階砌，尚可想見當年花廳亭榭之跡。我告訴愛玲，愛玲卻沒有懷古之思。她給我看祖母的一隻鐲子，還有李鴻章出使西洋得來的小玩意金蟬金象，當年他給女兒的，這些東西，連同祖母為女兒時的照片，在愛玲這裏就都解脫了興亡滄桑。

愛玲喜在房門外悄悄窺看我在房裏。她寫道，「他一人坐在沙發上，房裏有金粉金沙深埋的寧靜，外面風雨淋瑯，漫山遍野都是今天」。

她是把古人亦當他們是今天的人。非烟傳裏的那女子，與人私通，被拷打至死，惟云「生得相親，死亦無恨」，遂不復言，愛玲說道，當然是這樣的，而且只可以是這樣的。因為愛玲自己就是這樣一個柔艷剛強的女子。她又說會真記裏崔鶯鶯寫給張生的信好，非常委屈，卻又這樣亮烈，而張生竟還去鄭家看她，她當然不見。

好句是使人直見性命。白居易長恨歌有「宛轉蛾媚馬前死」，愛玲歎息道，這怎麼可能！這樣委屈，但是心甘情願，為了他，如同為一代江山，而亦真是這樣的。我聽了忽然想起汪先生，汪先生便像這樣的宛轉死在中華民國馬前。

愛玲與我說趙飛燕，漢成帝說飛燕是「謙畏禮義人也」，她回味這謙畏兩字，只覺是無恨的喜悅，無限的美，女心真像絲棉蘸著胭脂，都滲開化開了，柔艷到如此，但又只是禮義的清嘉。愛玲又說趙飛燕與宮女踏歌「赤鳳來」，一陣風起，她的人想要飛去，忽然覺得非常悲哀。後來我重翻飛燕外傳，原文卻並沒有寫得這樣好，愛玲是她自己有這樣一種欲仙欲死，她的人還比倚新妝的飛燕更美。

愛玲真是錦心繡口。房裏兩人排排坐在沙發上，從姓胡姓張說起，她道「姓崔好，我母親姓黃亦好，紅樓夢裏有黃金鶯，非常好的名字，而且是寫的她與藕官在河邊柳陰下編花籃兒，就更見這個名字好了」。她說姓胡好，我問姓張呢？她道，「張字沒有顏色氣味，亦還不算壞。牛僧孺有給劉禹錫的詩，是這樣一個好人，卻姓了牛，名字又叫僧孺，真要命」。我說胡姓來從隴西，稱安定胡，我的上代也許是羌，羌與羯氐鮮卑等是五胡。愛玲道，「羌好。羯很惡，面孔黑黑的。氐有股氣味。鮮卑黃鬍鬚。羌字像隻小山羊走路，頭上兩隻角」。

她只管看著我，不勝之喜，用手指撫我的眉毛，說，「你的眉毛」。撫到眼睛，說，「你的眼睛」，撫到嘴上，說「你的嘴。你嘴角這裏的渦我喜歡」。她叫我「蘭成」，說當時竟不知道如何答應。我總不當面叫她名字，與人是說張愛玲，她今要我叫來聽聽，我十分無奈，只叫得一聲「愛玲」，登時很狼狽，她也聽了詫異，道，「啊？」對人如對花，雖日日相見，亦竟是新相知，荷花嬌欲語，你不禁想要叫她，但若當真叫了出來，又怕要驚動三世十方。

房裏牆壁上一點斜陽，如夢如幻，兩人像金箔銀紙剪貼的人形。但是我們又很俗氣。愛玲的書銷路最多，稿費比別人高，不靠我養她，我只給過她一點錢，她去做了一件皮襖，式樣是她自出心裁，做得來很寬大，她心裏歡喜，因為世人都是丈夫給妻子錢用，她也要。又兩人去看崔承禧的舞，回來時下雨，從戲院門口討得一輛黃包車，雨篷放下，她坐在我身上，可是她生得這樣長大，且穿的雨衣，我抱著她只覺諸般不宜，但真是難忘的實感。

且我們所處的時局亦是這樣實感的，有朝一日，夫妻亦要大限來時各自飛。但我說

「我必定逃得過，惟頭兩年裏要改姓換名，將來與你雖隔了銀河亦必定我得見」。愛玲道，「那時你變姓名，可叫張牽，又或叫張招，天涯地角有我在牽你招你」。

愛玲還與我說起李義山的兩句詩，這又是我起先看過了亦沒有留心的，詩曰，

「星沉海底當窗見，　雨過河原隔座看」。

其後我親見日本敗戰，南京政府覆沒，又其後國民政府亦逃亡，解放軍渡長江，我總要想起這兩句。見星沉海底雖驚痛，但更可惜解放軍只成了南下而牧馬。中華民國還有新朝要來，如虹氣飛雨掃過河源，那裏是漢民族的出身地。

漢皇解珮

西飛

江先生去日本就醫，南京頓覺冷落。我亦越發與政府中人斷絕了往來，卻辦了個月刊叫「苦竹」，炎櫻畫的封面，滿幅竹枝竹葉。雖只出了四期，卻有張愛玲的三篇文章，說圖畫，說音樂，及桂花蒸阿小悲秋。是時日本的戰局已入急景凋年，南京政府即令再要翻騰一個局面，也是來不及的了。熊劍東為我聯絡好了去重慶，但我想想還是不去。我不慣投奔，且我仍心有不樂。一時的形勢何足道，民國世界倒是還要開出新朝纔算得數。我辦苦竹，心裏有著一種慶幸，因為在日常飲食起居及衣飾器皿，池田給我典型，而愛玲又給了我新意。池田的俠義生於現代，這就使人神旺，而且好處直接到得我身上，愛玲更是我的妻，天下的好都成了私情，本來如此，無論怎樣的好東西，它若與我不切身，就也不能有這樣的相知的喜氣。

我因那篇文章獲罪，想不到頃刻之間會有許多日本友人，他們多是派遣軍的佐官，佩服石原莞爾及大川周明，反對東條，主張對中國罷兵，專對付西洋。他們敢作敢為，與我雖是新交，卻當即可以定終身。南京中山大學的學生成群結隊逃往重慶，沿途被日本憲兵捕獲，我與憲兵隊河邊課長說，中國原不曾分為兩半個，有道則遠人來，無道則近人離，年輕人不如聽其自來自去，他聞言當即下令釋放，連無須躕躇為戰時的甚麼條例。人能這樣的行於無礙，一言可以為定，亦即是平天下的大信了。而且他們是現代人，這現代的感覺使我很喜悅。

池田他們不愛革命，說明治維新不是革命。他們肯定忠孝節義，每每向我提及天皇。這都與我從五四運動得來的思想相異。我雖喫驚，但亦像一張白紙的聽得進去。日本的文物都風格化，故其對西洋精神的衝突遠較中國為甚，但中國文明有些兒像不可以三十二相見如來，我倒是先從日本的定型東西學起的。然後我又從愛玲把這種定型來解脫。原來中國民間對於現代西洋的東西，是像唐人詩裏的：

「石家金谷重新聲　明珠十斛買娉婷
此日語笑得人意　此時歌舞稱人情」

只管無禁忌的採用，但凡稱心得意即為好。文明無須自衛，衛道或護法皆只是喪氣話。可是要這樣乾淨，我還久久未能。

我只是想要做到自己身上沒有學習得來的東西，且不可以私意去干涉人世。是年夏，日軍進攻長沙衡陽，七月，華中日軍司令部請我到漢口，與作戰參謀會見，他向我說日軍此次紀律甚好，我答這是應當的，但日本以新的軍事行動，亦不能解決其軍事現狀的困難的，問題寧是應如何罷兵。

我在漢口三日，即返上海，與宇垣一成大將會見。宇垣是東京派來相機進行與重慶或延安議和的，他邀我在華懋飯店從下午六時談到十二時，清水書記官翻譯。我證言重慶難以任何條件乃至無條件，亦總之不肯和，因其問題在如何收拾戰後局面，故不敢離開聯合國。至於延安，日本或可與之作某種軍事的默契，但於大局完全無益。宇垣聽了無計可施，遂回東京覆命。

宇垣去後，我公開提出日本必須即刻從中國撤兵，岡村寧次總司令官為此逼得在報上發表談話，他說明船舶運輸的條件辦不到，我不禁發怒，這自然是我的蠻橫。事實上當時確已不能撤兵，除非日本對英美亦一齊罷兵。我隨亦直覺到了，纔不再強調。

當時距意大利敗戰尚早，且塞班島硫磺島尚無恙，日本若斷然向英美直接求和，亦不必經過蘇俄，縱使是僅次於降伏的屈辱條約，亞洲亦不致像今天的局面。但是感情上不能這樣做，要這樣做，除非其人如天，斬斷喜怒哀樂。這樣的大人，惟中國歷史上曾經有過，且今後亦仍要有。

這樣的天人之際，我倒是尚須從格物致知到修身做起。我至今只是能無貪，及少圖謀。我在日本軍人中投了一石，擴大他們內裏對東條內閣及軍司令部的爭鬥，如基督說的，「我來不是使你們和平，乃是要使你們動刀兵」，但我其實門無車馬客，亦很少與池田他們引盃看劍。谷大使怕我罷官後生活貧苦，曾叫池田來說，要分他的俸給與我，我亦沒有要。

張九齡詩：

「蘭葉春葳蕤，桂花秋皎潔，欣欣此生意，自爾為佳節，誰知林棲者，聞風坐相悅，草木有本心，何求美人折」。

我小時讀它，心竊愛好，焉知長大後跟人們說為社會為革命，把修身都來忘了，要到如今我纔又有此身，而且我與天下國家纔亦有了新鮮的相關意。我亦豈有與壯士論交，美人誓盟，卻不過是與世人像這樣的聞風相悅罷了。

彼時日本方面頗有人希望我組織政府，且長江流域有些地區尚在日軍手中，未歸南京政府，我亦不是不可以交涉。但是我不急急。漢樂府：

「大婦織綺羅，中婦織流黃，小婦無所為，挾瑟上高堂，丈人且安坐，調絲殊未央」，

我亦且做個無所為的人，因我尚有許多知識與感情未清算，要與中華民國這一代為知音，尚在轉軸撥絃，校正自己。

池田總想我能有一根據地，他偕同清水與谷大使商量，助成葉蓬代揚揆一當了湖北省主席，因若推薦我來當，南京政府決不肯，而與葉蓬是事先言明，凡湖北的事必要聽我的話。是年十一月，我就帶了沈啟無關永吉飛漢口，池田同行，計劃是接收大楚報，並創辦一個政治軍事學校。

南京飛機場山河壯闊，沿途的日本哨兵實在有一種大氣，雖至今尚是敵人，我亦不禁心裏暗暗稱讚。又池田與飛機場的員工說話，沒有中國在西洋人手中的海關郵局銀行

的冷嚴嚇人，我亦看了心裏愛。惟戰時的日本飛機有些危險，池田後來有一次說，「我每飛漢口，前一天總把辦公桌子的抽屜裏整理清楚，萬一跌死，亦不致被同僚說池田生前是那樣亂七八糟的」。我亦知道這些乘客機是超過年齡的，但既坐上了，亦就生死相忘，這生死相忘的境界倒是如天如地。

飛機飛過江西時，天邊有一派灰暗的雲低垂，下界是南昌在落雷雨，飛機前面卻白雲如海，雲上面一輪皓日，太空中沒有水汽與塵埃的微粒反射，這日光竟是無色的，且亦分不出是春夏秋冬。有時飛在雲層下面，纔又看見閭閻在緩緩移過，白雲朵朵著地生在田疇上。但那洪澤湖諸派水，大別山眾峰巒，使人只覺其如陳列館裏的地形模型，有太古洪荒時代的寒冷。飛機如此定定的在空中飛，我寧是多眺望窗外的翼背，風吹日晒中，惟有它與我近。

及至望得見武漢了，飛機漸漸低下，武漢的萬瓦鱗次迤邐展開，我即刻好像到得家裏。下機後坐報道部來接的汽車，只覺街道如波濤，泥土與路邊的籬落草樹都於人親，而燈火輝煌處，是還比天上的星辰燦爛更好。

我此來亦豈有為一代大事，卻只是承眾人的盛情，我亦就無可無不可。我也許連豪傑的氣概亦沒有，每於人世的真實處，我寧只是婉約而已。我若有為國為民，亦不過是像：

「偶賦凌雲偶倦飛　偶然閒慕遂初衣

偶逢錦瑟佳人問　便說尋春為汝歸」

龔定庵這首詩，被王國維評為輕薄，但王國維是以尼采哲學附會紅樓夢的人，他不知漢文明是連楚辭都嫌太認真。

新聞情賦

我到漢口即接收了大楚報，想先花兩三個月把它打定基礎，然後籌備開辦政治軍事學校。孫中山先生當年辦黃埔軍校，出來了國民軍北伐，毛澤東亦在瑞金時即已辦有紅軍大學，今後開創新朝，無論誰來，都得辦這樣一個學校的。校址我已想定利用武昌大學的，武昌大學今被日軍佔領為傷兵病院，不是不可以交涉收回，而經費則我在南京時已有初步接洽，要日軍撥還給我們一部份淮鹽。但是怎樣為一代人立大信，以此施教，如風行地上，我還沒有想好。而我辦大楚報，寧是為這個而思省。

可是要辦好大楚報亦並非容易，一則淪陷區的報紙人民不喜看，二則編輯人員的技術水準很差，三則空襲下長江的船舶漸已斷絕，四則現有的發行網在日本人與朝鮮人手中。

我便先來立起這報館的骨力，第一日的社論即是告日本人，說日本人的傲慢是藐小，要他們明白這裏是在中華民國的地面上，而且戰爭的全面形勢對於日本已臨到了天命不可兒戲。這篇社論即刻連蔡甸這等鄉下的販夫走卒路上相遇都互相告語，但武漢的日本在鄉軍人則一怒之下，連夜出動要襲擊大楚報，卻得華中憲兵隊本部的福本准將把他們彈壓住了。

對編輯技術我是用檢討會，每日午後招開一次，也不過是二十分鐘，我來指出當天報紙上的錯誤及不足之處，按照各人的責任，命令其在限定的期間內改進，而且要做到他們自己曉得當心，漸漸的我可以放手。又對業務部我是凡查出誰有私弊夾帳，一律初犯告誡，再犯記過，三犯開除。鉛字從前用了半年都不換，現在亦做到了每個月全部換上新鑄的，若是條件好，當然還可以每天換一次。

我對甚麼都可有可無，但事情上手，即不許有一點苟且，報館裏我樣樣都親手摸到，只覺凡事做得來條理明達，亦即是人的精神氣爽。可是我從來做怎樣的事亦沒有忙逼過。及規模已立，我就讓報館自己進行，把業務都交給沈啟無，編輯則交給關永吉，我則寫寫社論，每天到報館只要隨意看看，我只覺這樣的與職員及印刷工人之間彼此心意安定，就已很好。我與職工皆是平人相見，薪給的差別極微，且我雖素性不善理財，卻竟也做到了報館自給自足，每次提高待遇，都不等他們要求。可是這樣平等，而且不干涉，亦自然江山有主，凡事令出必行，不用去想到民主或獨裁。

做事情原是個志氣，便怎樣的現代機關，亦可以其人有餘。我開除總經理及工務課主任時，也想到過他們可能聯檔罷工，但罷工我亦照常可以出報，即或幾天不能出報，亦沒有大關係，又甚至竟然坍倒了，但坍倒一個大楚報，亦天地日月依舊無恙的，若說這樣於我會失面子，我更不以為意，所以我就決斷了。同時我從日本人及朝鮮人手裏收回各地發行網，追索欠款，不怕他們少一個錢，如此徹底禁絕了向民家及商店強銷，那決斷亦並非全仗我有大的外交背景。

我經管過現代的行政機關及產業機關，以後且亦注意共產黨的辦事精神，及日本人的工作效率，覺得怎樣的現代技術組織，亦仍要是做人的本色。解放初期的共產黨能那樣的逢山開路，遇水疊橋，亦只因其與中華民國一代人的大志相結，而其主義與鐵的紀律，則到底使人墮落罷了。工作效率亦只是一個人做事要敏捷，手腳乾淨俐落，若必說這是現代工業氛圍，則反為有巫魘。

所謂現代，不過是有今天的可喜愛，人與事物的素面相見，人與人的素面相見，沒有巫魘與機心，世界就清平。彼時我在漢口辦報，即這樣簡靜，接觸的日本人有三品報道部長，福本憲兵隊長，岡田高級參謀，遠藤聯絡課長及中野總領事，但亦不常往來，一個月裏難得見面一次。

外交的事，亦雖在今天，仍使人懷念二千年前的鄭子產與魯仲連。外交還是人比政策更重要，而權術如打撲克的攤牌，則更在其末。南京政府的中央高級官吏，惟依據外交政策以與日方折衝，可是交涉的結果把來實行時，日方幾個轉手，必定又弄得不三不四。此外地方官吏及雜牌軍人政客，則又另有一套對付日本人的手段，或引誘其腐化以為挾制，或虛矯民族氣節以博其看重，但日本人一面被利用，一面亦嘲弄自己，並嘲弄對方。我卻覺得外交亦不過親與敬，親則有人，可以王道無外，敬則有己，只是個謙謙君子。

我每與日本人鋒芒相逼，但從來不去著意到卑與亢。我與他們見面，只是小時母親教我的端然，故雖飲讌終席，亦從來不至於醉。我纔曉得帝王稱為天子，他在天地的面前只是個聽話的子弟，而他若有話說，遂亦就是天語綸音了。外交的折衝可以是更在進逼與讓步以上的止於禮，而最高的外交則還可以是無折衝。

我竟不曾與日本辦過何種轟轟烈烈的外交。我初到漢口，只與福本隊長說過一回，就釋放了前此被關在那裏的幾個新聞記者，而此後亦不再有逮捕記者或教員學生的事發生，簡單到不成為一個交涉。新聞檢查，是三品報道部長下令取消，更不等我抗爭。又如日本在鄉軍人曾要襲擊大楚報，還有一些日本人與朝鮮人因我斷了他們的包銷報紙，及漢口的流氓，因我反對，以致他們開不出賭場，都到憲兵隊及報道部聯絡部密告我，但三處都不受理，連不與我說知，既無事故，當然甚麼外交行為亦不能構成。漢口前時曾有學童口出敵意的言語，被日本兵摜死在江邊石堤上，我留心著，看看可有類似的事件發生，決意嚴重交涉，但是日軍近來亦不再給我這樣的題目。

京戲水漫金山演打仗，變成戲耍槍花，真實的陣前偏有此閒情。西遊記裏孫行者豬八戒戰鬥正當緊關頭，亦每每說話好白相。原來因為簡靜，所以可有文章，我寫大楚報的社論便亦是如此。我如此漸漸與民間成了知己，報紙的銷路增為一萬四千份，雖然長江的航運斷絕沒有法子。

劫毀餘真

十二月初，空襲漸來漸密，且第一次攛了燒夷彈，武漢灰塵濛濛，衣裳纔換洗就又齷齪，人的面目都黦染，真像四郎探母裏唱的「黃沙蓋臉，屍骨不全」。大家都一身煙火氣，暴躁難禁，見面無別話，只講說炸彈，像夢中囈語，越是要說，越咬不清字眼。

關永吉眼爆氣粗，與沈啟無兩個一唱一和埋怨這地方不行，種種不及上海北京，非常之想念喫食與女人。沈啟無是懷戀他在北京家裏的太太，他對此地的日常滿目不堪。我卻想我有張愛玲，雖然她也遠在上海，我必不像他們的有怨懟與貪欲。

空襲從漢口漸漸波及漢陽，漢陽醫院雖然藥品短絀，也忙於救死扶傷，但我每日去報館早出晚歸，不甚留意。一次我通過醫院的一間側屋，出後門到江邊走走，那側屋我不知是太平間，只見有兩個人睡在泥地上，一個是中年男子，頭蒙著棉被，一個是十二三歲的男孩，棉被褪到胸膛，看樣子不是漁夫即是鄉下人，兩人都沉沉的好睡，我心裏想那男孩不要著涼。及散步回來又經過，我就俯身下去給那男孩把棉被蓋蓋好，只是我心裏微覺異樣。到的廊下我與醫院的人說起，纔知兩人都是被炸彈震死的，我大大驚駭，此後有好些日子不敢再走那後門。

漢口是每隔幾天來一次空襲，美國飛機三隻四隻。晚間燈光全熄，地上的高射炮與高射機關槍像放煙火，照見對面一排樓窗緊閉，晾有衣裳未收，馬路上有人群啦啦跑過，想是日本居留民團。那飛機在高空打大圈子，一時被探照燈照住，一時又穿入雲層，忽聽得在頭上唔唔的像重病人的呻吟，就是要俯衝投彈了。一聽見這種聲音，就感覺不吉。但空襲從七月開始到現在，漢口人亦不疏散。

及至十二月二十日左右，漢口人忽然扶老攜幼，挑籮挾筐，紛紛避往鄉下，像天氣潮變，螞蟻會曉得洪水要來，忙忙的搬窠一樣。二十八日果然大空襲，美國飛機延二百隻，反復波狀轟炸，四小時之內把漢口市區的五分之一炸成了平地。是日我從漢陽趕去報館，飛機正投彈，半路我避在臨江邊的人家簷下，街上都閉門息影，惟見日色淡黃，竟如世外悠悠，無有歷史。一家南貨店的排門半開，我閃了進去，看店裏的人正在喫午飯。我到得江漢路大楚報，警報尚未解除，但飛機已去，報館屋頂及二樓編輯部落的燒夷彈當即救熄了，但湯湯的都是水。

這一下可是把漢口人嚇壞了，翌日全市逃避一空。自此一星期，街上不見一輛黃包車，或一個賣油條賣麵餅的攤，且連警察亦沒有一個。那景象，就只是大災大難四個字，此外甚麼形容與想像都按不上。惟大楚報與日本軍營不逃。大楚報竟照常出版，這也是一種骨力，因不懾伏於日本軍，故亦不怕美國與重慶的飛機。

此後逃往鄉下的人漸漸歸來，街上纔又成個市面。空襲仍舊有，地上的對空炮火卻靜寂了，每拉警報，人們便四處逃躲。我先總是夾在人隊裏逃過鐵路線到郊外。一次正到達鐵路線，路邊炸成兩個大穴，有屍體倒植在內，我怕敢看它，但是已經看見了，在人群跑步的啦啦聲裏，一架飛機就在頭頂上俯衝下來，發出那樣慘厲的音響，我直驚的被掣去了魂魄，只叫得一聲愛玲。舊小說裏描寫這樣的境地，只叫得一聲「苦也」，或「我命休矣」，真是這樣的。

但我到底逃到了郊外，直等到警報解除了。阡陌上都是人，像清明節踏青，現在他們都四散歸去。有一婦女與我同行一條田塍路，看她二十幾歲，是個小家小戶的人家人，我問她的姓名，住在漢口那一條街，家裏可有些甚麼人，又是做的甚麼生意，而且告訴了她我是誰。我怎麼竟這樣的多說多話起來，只覺人世非常可得意。

逃過鐵路線其實最危險，此後我改到近地的防空洞裏躲避。洞裏白日幽暗，只聽見外面悶鈍的飛機投彈，我萬念俱寂，似乎面前湧起一朵蓮花，它是歷史的無盡燈。隨後警報解除，我出來到漢陽江皐閑遊，但見晴日田疇村落，皆成金色世界，那警報解除的聲音也與剛才的悽厲大不相同，直是繁華得山鳴谷應。靠近薛家嘴渡頭的小村落有賣酒食的，我進去喫飯，漢水的魚極新鮮。

空襲使我直見性命，曉得了甚麼是苦，甚麼是喜，甚麼是本色，甚麼是繁華，又甚麼是骨力。愛玲原已這樣開導我，但空襲則更是不留情面的鞭撻。天目山有個寺，和尚先要挨毛竹板夾頭夾腦很厲害的一頓打，把他心裏的渣滓都打掉，又史上記曹操為縣令，懸五色棒於門，專打強豪，今世要開太平，真亦要有這樣的峻烈。

我變得很難被伺候，甚至被看作喜怒莫測。日本的豪傑之士，中國的三教九流，或引我為同調，我總心裏要暗暗叫一聲慚愧，因我到底是與他們不同的。我寧是要學學愛玲的不易被感動，也做個神清氣爽的人。

池田三品他們悲歌慷慨，而我愈靜。日本歷史上的人物，他們佩服楠公，我卻覺得德川家康好，他從戰國時代開出三百年一統之局，實與漢唐之以黃老得天下為相近。但日本現在只有軍神。我見三品他們穿上軍服，刻連相貌亦變得很好，且日本的佐官都是這樣的年齡，竟像解脫生老病死似的，這我也是覺得好，但是神境我總不喜。

我在漢口時，一次去憲兵隊見福本准將，他正在大聲斥責部下，那種日本皇軍的威力，使我想起西遊記裏蜈蚣精兩脅下放出金光，把孫行者罩在金光影裏團團打轉。但是為何不做個本色的人？那樣的威力其實於身不親。又一次是三品報道部長帶我到日本軍部指定的食堂，有日本料理與洋酒咖啡，漢口大轟炸後，四近不聞人聲，我又不知此地是甚麼街，只覺好像海島上神道所棲之處，荷馬史詩裏奧地賽遇見過的風景，但是於人世無親，怎麼亦及不得尋常巷陌。

中國人中，我是怕與士接談。池田介紹給我湖北省合作總社社長楊偉昌，是個老實硬漢，絕不貪贓，每天都是鬥志滿滿的，但他與我說革命，說土地國有，及對日本強硬，我聽著只覺無趣。因此我想起北伐時魯迅在廣州，他對騎馬執旗的國民黨軍官，唱國際歌的校工，及普洛文學的戰士郭沫若，一概不以為然，這裏纔正是有著魯迅的真價。蘇東坡天際烏雲帖裏有一首詩：

長垂玉筋殘粧臉　肯為金釵露指尖
萬斛閒愁何日盡　一分真態更難添

中華民國一代人江山有思，豈可一身裝滿革命。

我亦只是能淡泊。前時在上海辦中華日報及國民新聞，江北抗戰將領李明揚，對人說我寫的社論對日本竟能如此嚴正，驚為異事，有人來說，我卻不想要與他通聲氣。如今在漢口辦大楚報，又有華中抗戰區的密使來信求見，說慕岳將軍讀了我的社論很表敬意，但我沒有必要見他，且亦不知慕岳將軍是誰。此外中共軍李先念那裏亦派人來接洽，希望我去延安考察，保證送我回來，我想去看看原無不可，但勞師動眾則很不必，不如派總編輯關永吉去。還有福本隊長一次與我說，我若有意思去重慶，他願派憲兵護送我到境界線，我知他說這話是用心如日月，但我亦只謝謝他。

葉蓬的省主席一上任，即刻背棄了在南京時對我的約束，我亦淡然。他且覺得我在湖北於他不便，但我辦大楚報不以他為對手，他亦到底無法。楊偉昌大聲疾呼要打倒他，結果反被他免了合作總社社長的職。我則知道形勢未可，且自立於不敗之地，對葉蓬不生喜怒。我不過是比楊偉昌比葉蓬有對天理人事的謙遜。

戒定真香

莊子裏寫幾個形骸有殘疾的人，都非常美，至治之世，各正性命，是李鐵拐那樣的醜怪，亦可與年輕漂亮的韓湘子何仙姑同列為八仙的，但亂世情意漂失，便道德文章學問亦於身不親，不能得我敬重。他人看起來，我倒成了個落落難合的人了。

我這樣隨和，但與儕輩從來沒有意思合作，以此每受期望我的人的譴責，我亦怕這是我行動的條件不具。但與現在的賢達們，實在亦沒有甚麼好弄頭。魯迅在他的儕輩中最是個難相與的人，這一點我很能明白。即古人志存天下，開基創業之主，亦是與市井之徒，連字都不識得幾個的人們共舉大事，而縉紳先生則於他們完全無用。他們不得於儕輩，但是能與天下人為知己。我不如他們，寧是因我對儕輩尚戀戀多有顧惜。

大楚報便也是排字鑄字印刷的工人小編輯小事務員等與我彼此相安，不費心機，他們之中雖有笨的壞的調皮的，都不致弄到我不樂。我對他們，還比對沈啟無、關永吉、潘龍濳更有個朋友之意。沈關潘三人是我帶來，一個當副社長，一個當總編輯，一個當撰述主任，對這三人是我也愛才，而他們也敬我憚我，但總不得投機。

潘龍潛不過三十年紀，他的小智小巧，沾沾自喜，原都可愛，且又細緻，又活潑，本性也誠實，做事也還施展得開。但他必要做個非凡的人，不知從那裏學來了Cynical。我與他說，你就不要學Cynical好不好？他每在情意上忽然又有了新發見，我說你只好比一隻小雞在院子裏啄草覓食，忽然瞥見一條青蟲或甚麼了，側起頭唧唧叫，兀自驚疑不已。他愛機鋒，我說話就用機鋒逼他，他著實佩服，但知道我並不看重他所辛苦學得來的東西，他總想從我面前避開。

關永吉則是進步分子，但又只是讀了蘇俄的小說，因他原是個忠厚人，就當真學起斯拉夫人下層社會的粗暴來。一樁事上他手，他就渾身緊張。他又要出週刊，又要出叢書，又要領導編輯部同人，又要發展報館的社會服務，加上空襲，更使他氣急敗壞。連他去延安的事，亦因他把自己弄得太忙，編輯部走不開，延期又延期。我與他說，你把甚麼事都必定要做成像「拍案驚奇」，編輯部已被你殺得馬仰人翻了，你還不夠。從今起只許你聽令，不許你再貪多造作！他雖然知道被我這樣說了就要當心，但是他不能靜，因為一靜下來他就要變得甚麼都沒有。

沈啟無風度凝莊，可是眼睛常從眼鏡邊框外瞟人。他會做詩，原與廢名俞平伯及還有一個誰是周作人的四大弟子，北京的學術空氣及住家的舒服溫暖，在他都成了一種沉湎的嗜好。他的人是個既成藝術品，可以擺在桌上供神，但他的血肉之軀在藝術邊外的就只是貪婪。他要人供奉他，可是他從來亦不顧別人。

我與啟無初來時未帶冬衣，不知漢口大冷，頭幾天大楚報尚未接收，一個朋友送來五萬元，我先給啟無做了一件絲棉袍子，剛好如數。每日渡漢水，在漢陽堤岸上走時，啟無儘埋怨絲棉袍子不夠熱，這也是不行呀，那也是不行呀，我聽他念誦得多了，因道，「我還只穿夾衣，你可是問亦不問一聲」。又行李搬來漢陽，一隻皮箱我與池田替換拎，啟無竟能安然，我拎了幾段路氣起來，說「這箱子裏多是你的東西，你也拎拎！」他只得拎了。

漢陽縣長張人駿為我們在縣立醫院清出樓下兩個大房間，我與啟無永吉龍潛四人居住，每日渡漢水去大楚報，早出晚歸。啟無每去朋友家坐夜晤言，尋找溫暖，深更提燈籠回來，作詩有云，「大江隔斷人語」，與他前時的塞外詩，「五百年有王者興」，皆是佳句。但我很少去朋友家，且不愛冗談，他說我是個難親近的人。報館營業部的人亦奉承他，不奉承我，給他在漢口德明飯店開有個房間，下班後他與永吉就去那裏納福，自有那營業主任來趨候，總是有情有味的。但我只到過一次，略坐坐就走了，我真是個淡而無味的人。

啟無永吉龍潛都覺得我最能瞭解他們，但在我面前，他們總有一種不安。還是龍潛曉得人情世故，但他逃了兩個月空襲，就回南京去了，剩下我與啟無永吉。那關永吉，一日傍晚與沈啟無兩個回醫院，纔走進房裏，我問得一問為甚麼弄得這樣遲，他目睛睒睒如牛，大聲道，「你可知道人家的死活！」我不響，當即明白是啟無利用他向我報復。那次我差一點開除了永吉。我原想把大楚報交給他們兩人，自己可以放開手去創辦軍事政治學校，但永吉戾氣，啟無僭越，他們總是在人世沒有位份，所以要霸佔，遂見了我，像鬼神見了人似的有憎嫉，倒不是為事務上的理由。沈啟無後來我還發覺他在錢財上欺心，我就一下斬斷了情緣。

原來道德學問文章亦可以是偽的。真的好文章，必是他的人比他的文章更好，而若他的人不及他的文章，那文章雖看似很好，其實並不曾直見性命，何嘗是真的格物致知。不但文章，道德學問亦如此。永吉的技術水準與其向上之心，啟無的詩才與其風度凝莊，便皆不曾與人世肝膽相見。還有別的人如葉蓬，你聽他口若懸河，對現代軍事知識很條理清楚，且悲憤不可一世，其實他很不聰明，單是霸氣，且穢褻下流。

張愛玲來信，說上海亦開始防空燈火管制，她與姑姑在房裏拿黑布用包香煙的錫紙襯裏做燈罩，她高高的爬上桌子去遮好，一面說，「我輕輕掛起我的鏡，靜靜點上我的燈」，姑姑大笑。她寫道，「這樣冒瀆沈啟無的詩真不該，但是對於世界上最神聖的東西亦不妨開個小玩笑」。我讀了只覺非常好，像劉邦的喜歡狎侮人而我服善愛才，卻每被鬼神戲弄，以後我還應當學學她。

竹葉水色

漢陽醫院有女護士六七人，除了護士長是山東籍，年紀已三十出頭，其餘皆本地人，二十前後年紀。她們單是本色，沒有北平上海那種淑女或前進女性的，初初打得一個照面即使人括目相看。我們住進來的頭幾天，關永吉即已看傷了，潘龍潛也搖頭，把她們說成惡形惡狀，沈啟無很少插言，但是他喜歡聽，眼睛很穢褻。

我們初到是客，開了個茶會請請護士小姐們，就在我房裏，而她們也都來了。雖是茶會，卻也有酒，永吉提議行一種酒令，拈鬮定出各人是幾球，如甲是一球，乙是二球，丙是三球，甲說我的一球碰二球，乙即須接口說我的二球碰三球，遲頓者罰飲一盃，碰幾球由你的便。當下主客九人，其中惟有個周小姐，永吉龍潛認為還看得過，她是四球，他們就只碰她。我見永吉一般傲慢，留心怕他出口傷人，留心座中有誰被冷落，行令時我就不揀才貌，被我說碰的不注意，且一驚喜，她就遲頓被罰。那周小姐，女伴都叫她小周，我不覺得她有怎樣美貌，卻是見了她，當即浮花浪蕊都盡，且護士小姐們都是脂粉不施的，小周穿的一件藍布旗袍。我只是對眾人都有敬。

此後關永吉找到了一個愛人，是王小姐，也當看護，但在漢口一家教會醫院。這王小姐，慣會裝模裝樣，喬張喬致，面對面立近男人身跟前，眼睛大大的，眼烏珠很黑，可以定定的看你，痴痴迷迷一往情深，好像即刻就要氣絕。永吉渾身都是學得來的誇張東西，與她正好相配。啟無是正統派的學者風度，與永吉別一路，但永吉與王小姐的熱鬧他亦要在場。我鄉下忌嫌木偶戲，因其對於人是冒瀆，有一種鬼神的不吉感，木偶做畢戲到後台，要用手帕把它的臉蓋好，否則它會走到台下人叢中買豆腐漿喫，啟無亦如此對人氣有驚訝與貪婪。他雖在場，亦仍是那風度莊凝，他是神道尚饗，聞聞祭饌的馨香罷了。潘龍瀝則有些不入他們的隊，他看眼前的女性總難合他的標準。他樣樣東西都要不同凡響。惟我是個平常之人，與護士小姐們接近，亦只是平常日子裏與閭閻街坊人家的朝夕相見。

一晚在醫院後門口江邊看對岸武昌空襲我與護士小姐們都立在星月水光裏，四球又害怕，又高興，惟她說話最嘹亮，旁邊有人道，「小周小周，莫給飛機聽見，」一眾人都笑了。武昌已起火，飛機在雲端幾次掠過江這邊來，又轉到對岸去，漢口漢陽亦燈光全熄。護士長說可憐，小周笑道，「我說好看」，梅小姐道，「您家良心恁壞」，護士長道，「我們這些人裏就只小周頂刁」。小周不理，人影裏瞥見我在身邊就叫一聲「胡社長」，她叫得這樣笑吟吟就是調皮。我因問她的名字，她道，「我叫周訓德」，我也好玩，接口道，「我叫胡蘭成」，一語未了，武昌投下炸彈，爆聲沿江水的波浪直滾到這邊大隄下，像一連串霹靂。這是初次問名，就有這樣驚動。

後來事隔多日，我問訓德，「你因何就與我好起來了」，他答沒有因何。我必要她說她想了想道，「因為與你朝夕相見」。我從報館回醫院，無事就去護士小姐們的房裏，她們亦來我房裏。我在人前只能不是個霸佔的存在，沒有野性，沒有性的魅力那種刻激不安，彼此可以無嫌猜。我不喜見憂國憂時的志士，寧可聽聽她們的說話，看看她們的行事。戰時醫院設備不週，護士的待遇十分微薄，她們卻沒有貧寒相，仍對現世這樣珍惜，各人的環境心事都恩深義重，而又灑然如山邊溪邊的春花秋花，紛紛自開落。他們使我相信民間雖當天下大亂，亦不悽慘破落，所以中國歷朝革命皆必有歌舞。

其中小周最小，是年她十七歲。她是見習護士，學產科，風雪天夜裏常出去接生，日裏又要幫同醫生門診與配藥，女兒家的志氣，做事不肯落人後。她的做事即是做人，她雖穿一件布衣，亦洗得比別人的潔白，燒一碗菜，亦捧來時端端正正。她閑了來我房裏，我教她唐詩她幫我抄文章。她看人世皆是繁華正經的，對個個人她都敬重，且知道人家亦都是喜歡她的。有時我與她出去走走，江邊人家因接生都認得她，她一路叫應問訊，聲音的華麗只覺是一片艷陽，她的人就像江邊新濕的沙灘，踏一腳都印得出水來。

小周喜歡說做人的道理，沈啟無說她一身都是理數。年輕人是以理為詩，所以你總不能辯折她。她的人是這樣鮮潔，鮮潔得如有鋒稜，連不可妥協，連不可叛逆，但她又處處留心好，怕被人議論，如詩經裏的：

「將仲子兮，無踰我里，毋折我樹杞，豈敢愛之，畏人之多言，仲可懷也，人之多言，亦可畏也」，

只因為她看重世人。她亦總顧到對方的體面。我生平所見民間幾個婦人女子，如斯太太袁珺，吳太太余愛珍，以及小周，都是亮烈的，是非分明的性情，似說話行事總給對方留餘地，不弄到拉破臉皮，如天網恢恢。人世的莊嚴，如佳節良辰，總要吉利，豈可以被人議論，豈可以拉破對方的臉皮。她們三個，都度量大，做人華麗，其豁達明艷正因其是「謙畏禮義人也」。世界上惟中國文明有對於現世的知恩，日日是好日，人人是好人，連對於賢不肖亦有一種平等，此所以能是王天下。

小周長身苗條，肩圓圓的，在一字肩與削肩之中，生得瘦不見骨，豐不餘肉，相貌像余愛珍，但她自己從來不去想像美不美。她衣裳單薄，十二月大冷天亦只穿夾旗袍，不怕冷，年輕人有三斗三升火，而亦因她的做人，心思清堅。她使我懂得左宗棠在塞外，夜分秉燭處理軍機，冰雪有聲，神情自如，弘一法師修律宗，冬天單衣赤腳著草鞋，而滿面春風，他們亦豈是異人，不過做人有志氣，如孟子說的「志帥氣，氣帥體」。所以小周的美不是誘惑的，而是她的人神清氣爽，文定吉祥。一次喫過夜飯，桌上收拾了碗盞，她坐在燈下，臉如牡丹初放，自然的又紅又白，眼睛裏都是笑，我看得獃了，只覺她正如六朝人銘誌裏的，「若生天上，生於諸佛之所，若生人世，生於自在妙樂之處」。

小周家裏有娘，有一個妹妹叫訓智，比她小兩歲，一個弟弟還在小學讀書。她父親已於戰時逃難到鄉下病故，生前在銀行當秘書。她的娘纔四十歲，是妾，還有嫡母已去世。小周每與我說嫡母，如生身的娘一樣親，最是耐心耐想，笑顏向人，連對家裏自己人亦總是含笑說話，她去世時小周十四歲。小周道，「小時我見了棺材店幾驚心，寧可遶道走，但我母親死時我竟不怕，我還給母親趕做了入殮穿的大紅繡花鞋」，說時她眼眶一紅，卻又眼波一橫，用手比給我看那鞋的形狀，我聽著只覺非常豔，豔得如同生，如同死。

我又聽她說知進醫院看護一個重病人，那人沒有親屬在近，心裏當她如女兒，過得幾天到底死了。半夜裏她被叫醒，去服侍亡者斷氣，病是嫌，死是凶，她當然害怕，但她是見習護士，便亦約制自己，於嫌凶怖畏之上有人事的貞吉。她又說接生，「分娩時好可憐的，產門開得恁大」，她用手勢比給我看，眼波一橫，不勝清怨，她每凡用手勢比物，極像印度舞裏的指法，又她每有像小女孩的眼睛一橫，幾乎是敵意的，因為心事莊嚴，在人世最真實的面前，即刻變得她是她，我是我，好像我對她未必知心。可是我覺她說生老病死，還比釋迦說得好。

小周的父親在時，當她這個女兒是寶貝，她娘現在亦樣樣都聽她，因為她曉事。她提起父親，即嘖嘖責怪，「我父親嘎，幾愛跑馬的！」她娘又愛款待人家，小周道，「我娘現在還是一樣，有甚麼好東西總愛給人家的！」說時亦嘖嘖責怪。但小周自己亦待人慷慨，寧可自己刻苦。有人是可以使你覺得非常好亦是他，非常壞亦是他，如許負相曹操，說他是治世之能臣，亂世之奸雄，但這自是中國的，沒有一點Cynical，而女子則如山谷詞所形容，「思量模樣可憎兒」，但亦自是中國的，並非西洋那種愛與恨。中國的英雄美人是使你覺得你只覺他如天如地，愛也不是，恨也不是，感激也不是。小周這種宜嗔宜喜的批評人，使我曉得了原來有比基督的饒恕更好，且比釋迦的慈悲亦更好的待世人的態度。

我變得每天去報館之前總要看見小周，去了報館回來，第一樁事亦是先找小周。有幾次午後我回醫院，剛剛還見她在廊下，等我進房裏放了東西，跟腳又出來，她已逃上樓去了。我追上樓，又轉過二樓大禮堂，四處護士的房門口張過，都不見她，我從前樓梯上去，往後樓梯下來，也到前診療室配藥間都去張了，只得回轉，卻見她已好好的坐在我房裏像個無事人一樣。她就有這樣淘氣。

飯前飯後，我常與她到後門口沙灘上去走。長江天險，古來多少豪傑，但我們只是這樣平常的兩人。我見唐宋以來的畫冊，畫古今江山，從來亦不畫赤壁鏖兵，卻畫的現前漁樵人家，賈舶客帆，原來是這樣的，人世虛實相生，故能不被赤壁鏖兵那樣的大事塞滿，而平常人並無事故，倒反如實，是人世的貞觀。沙灘上可以坐，兩人坐了說話，又蹲到水邊玩水。我只管看她，如紹興媒婆說的越看越滋味，我說你做我的學生罷。但過得多少日子，又說你還是做我的女兒。後來又說要她做我的妹妹，但到底覺得諸般都不宜。詩經裏「子兮子兮，如此良人何！」沒有法子，只好拿她做老婆，只怕做了老婆亦仍覺拿她沒有法子。我道，「我看著你看著你，想要愛起你來了」，她道，「瞎說！」我仍說「我們就來愛好不好！」她道「瞎說！」兩人這樣的說話，她可是亦不驚，我可是亦沒有心思沉重。

我們的連不像是愛，不但她未經慣，我亦未經慣。她早就曾說要離開此地，到武穴醫院，為甚麼要離開呢？她卻不分明，我當然亦木膚膚，只覺好好的為甚麼要離開，而我勸勸她，她遂亦又留下來了。她這一晌，早晨醒來已在床上唱歌，及下樓看見我，笑吟吟道，「我唱過歌了」，說時忽又歎一氣，她自己也詫異，無可奈何的笑道，「我近來有了個歎氣的毛病了！」她的煩惱是像三春花事的無收管。

一日我忽然決心要斬絕情緣，早晨起來亦不找小周，晚上回來亦不找小周。是日去報館時在漢水渡船上頓覺天地清曠，且漢水上游的風景非常好。可是只得過兩天，兩人又照常了。我今這樣，對愛玲是否不應該，我亦憬然思省，但思省了一大通，仍是既不肯認錯，又不能自圓其說。真的事情，連單是說明都難，何況再加議論。小周亦說，「我怎麼會和你好，自己想想也好氣又好笑的。」又嘖嘖責怪道，「若是別人這樣做，我一定要不以為然，但是到得自己身上，糊塗了！」說時她又笑起來，真真的是無可奈何。

陽曆一月，我與她渡江去漢口，另外一位護士小姐同行，就在醫院後門口下船。在這樣的小船上，我纔曉得了長江的壯闊浩渺，叫人難以相信這是長江，真的東西反為像是假的。小周坐在船頭，穿件青布旗袍，今天她的臉如此俊秀，變得好像沒有感情，她的人就如同舊約創世紀的第一句，「太初有字，」只是一個字。風吹衣裳，江流無盡，她只是唱歌，唱了一隻又一隻，無止無休，今生今世呵，端的是此時心意難說。

小周給我的一張照相，我要她題字，她就題了前日讀過的隋樂府詩：

春江水沉沉　　上有雙竹林
竹葉壞水色　　郎亦壞人心

開歲遊春

小周雖恤人言，但她照樣來我房裏，沒有遮掩，亦自然沒有刺激，所以亦無人說我們的閑話。原來想望天下太平歲月不驚，江山無恙，是要人們閑常都有這樣的德性。

中國人並無西洋那種刺激的革命與戀愛，因為自有好的潑刺。一次有個青年要見小周，那人是向她求愛不得，到南京進了警官學校，不知因何又返來了。我說不必睬他，小周卻出去見了，好言相勸，解脫了他。本來如此，不愛他亦只消好好的說，用不著為難，亦不必傷他人的心。中國人男女之際亦只是人事，遠離聖靈與罪惡那樣的巫魘，女兒家亦明理無禁忌，所以有這樣潑刺。

小周待人厚道，我怕她喫虧，但她倒是不可被欺侮的。一日午後小周在我房裏，聽見窗外院子裏有兩位護士小姐說話，比較各人值班勤惰，焉知小周當即出去對口，幾句話塞住了說話的人的嘴。及她回到房裏，我笑說「你好厲害，我可以放心了。」她的直心竟是殺伐之氣，所以她的待人厚道是謙遜婉轉，還比古印度的忍辱仙人更好。忍辱仙人不正常。

君子直諒，是惟中國文明纔有。佛經裏必說世間苦是無明，西洋人更一苦就陰慘殘忍，惟中國人苦亦苦得有情有義，以苦來激發志氣，來曉事知禮。小周我以為她總不言苦，一日傍晚她從外面回來，見我就熱淚如瀉，說道，「這樣大雪天去漢口取帳，院長不派別人，卻必定派我，下午兩次拉警報，一次我正在漢水渡船上，一次我正在漢口街上，飛機就在頭頂上急降又上昇，炸死了也無人知！」她的流淚使我只覺的艷，她是苦亦苦得如火如荼，艷得激烈。但我要與院長說去，她又攔阻了我。

小周給我抄寫文章，我給她酬勞她必不要，遂給她在大楚報社長室兼了個文書的職，但是不必去辦公，因為不想妨礙她在醫院的工作。她雖淘氣，但交給她一樁事，她當即變得正經聽話，限時限刻把來做得好好的。我與啟無永吉住在醫院裏，僱有車夫，聽差及女傭，自有廚房，我叫小周與我們一桌喫飯。小周本來極會收拾房間及做菜等家務，但是她總不插言插手。有時我不免怨悵，她道，「我當然願意服侍你的，且我自信亦會得服侍，但是現在我來干涉，人家會說出怎樣難聽的話來呢？」蘇軾詩，「乃知天壤間，何處不清安，」只因為她的人不霸佔。

小周我與她說張愛玲，她聽著亦只覺得是好的。我問她可妒忌？她答，「張小姐妒忌我是應該的，我妒忌她不應該。」她說的只是這樣平正，而且謙遜。她連不以為她是有了我。她待沈啟無關永吉不生差別，給我做針線，也給他們做針線。她這人是她自己的，我亦不得把來佔有，這就是真的大方。

她的娘去鄰縣，個把月沒有信息，一日小周進來我房裏，她說，「剛纔我出街，鳥糞落在我衣上，我娘會死的。」我安慰她，路上船舶常有空襲，是要擔心，但亦必不會有意外的。子夜歌裏的「端然有憂色」，愛玲驚歎說好，我卻今在小周臉上纔看見，是這樣的人與憂患素面相見。小周每當大事，她臉上就變得好像甚麼表情亦不是，連美與不美亦不是，而只是她的人，只是個天地貞信。轉瞬舊曆年關，十二月廿二，她的娘回家了。

我說「訓德，日後你嫁給我」，小周道，「不」，問有甚麼不好？她道，「你大我廿二歲」，又道，「我娘是妾，我做女兒的不能又是妾」，我當時聽了也憬然，不即拿話來辯解。但怎樣的立心也是枉然。小時見喜事人家大紅帖子上多寫「天作之合」，原來男女相悅與婚配之事，亦如一代江山，是紹興戲漁樵會裏完顏丞相唱的，「此乃天意當然也」。人家說刻骨相思，我們卻天天在一起，亦一時不見就我尋她，她尋我。但又做得來不過是淘氣，連不像個鄭重的樣子。人家男子向女的求愛，費千斤之力，若被拒絕，即刻世景破裂，我們沒有那樣。兩人在房裏說話，我忽又要她說愛我，她道，「不」，我必要她說，她就嘴巴閉得緊緊的，但亦到底強我不過，只得說「愛」。隨又兩人對面安穩舒齊的坐好，我道，「一言為定，你既說過是愛我的了」，她掠下頭髮，說道，「假的」。我拿她無奈，但亦不以為意。

兩人在後門口江灘上走走，小周道，「人家會說我和你好是貪圖虛榮」，我道，「我今不做官，又且從來沒有錢，你理他們？」小周道，「人家也會說你是貪圖女色，志氣低了」。我道，「我做人自己明白，由他們說去，且也不會有人說我們的」。小周道，「你不怕？」我道，「不怕，我是厚臉皮」。小周聽了嘖嘖責怪道，「也沒有你這樣的人」。她又道，「你也不可箇慢朋友」，我道，「箇是箇了些，傲慢我可沒有」。因評論現地的顯達，我道，「他們有個共通點，即他們的人總不能平帖，只見其是浮氣浪氣戾氣霸氣」。又講到啟無與永吉，我道，「他們近來有點發昏，因為我待他們平等，而我又比他們好」。小周道，「做人要人家說你好，你不可以自稱自」，我道，「我到時候一高興起來，就不禁又要自誇自讚了」。小周又嘖嘖責怪道，「你怎麼可以！」

但是小周到家裏去了回醫院，與我說，「我對娘說起你了的」。我問娘聽了怎麼說，小周道，「娘說要我報你的恩」。她這樣告訴我，顯然心裏歡喜，她的人立在我身跟前，只覺得更親了，我沒有幫小周做過一樁甚麼事，財物更談不到，連送她一塊手帕，我亦店頭看了想過幾天纔決定，因我不輕易送人東西，而她亦總不肯要人的。她娘說的恩都不是這些，而是中國女子纔有的感激，如桃葉歌：

桃葉映紅花　　無難自婀娜
春花映何限　　感郎獨採我

又如說一夜夫妻百夜恩，只因為是這樣的親，又如說女為悅己者容，與士為知己者死一樣的有俠意。

人世如高山流水，我真慶幸能與小周為知音。辛稼軒詞，「斜陽草樹，尋常巷陌，人道寄奴曾住」，中國文明便是在於尋常巷陌人家，所以出來得帝王將相。但如沈啟無關永吉，即不能與護士小姐們素面相見，而以啟無為尤甚，因為他已成了像一尊神道。

一日傍晚，小周去漢口買東西回來，告訴我沈副社長也要買東西，叫她陪同走了幾條街，路上與她說我是有太太的，說她好比一顆桃樹被砍了一刀。她聽了當然不樂。我頓即大怒，小周急道，「你必不可以說他的。他也是為你好」。但我看小周的金面，亦隨又撇開了。我與小周所在的地方，啟無自是夾不進來，犯不著拿他當話題。啟無是像白蛇傳裏的法海和尚，他妒忌，是因為他沒有。

第二天我與啟無從報館回來，在漢陽路上走時，我責問他，「你對小周怎麼說話這樣齷齪！」啟無道，「小周都告訴你了麼？」我叱道，「卑鄙！」他見我盛怒，不敢作聲，只挾著公事皮包走路，仍是那種風度端凝，我連不忍看他的臉。兩人如此默默的一直走到醫院，我走在前面，他跟在後頭，像拖了一隻在沉沒的船。啟無從此懼怕我，出入只與永吉同行，有幾次我在漢水渡船上望見他們兩人已上岸先走了，像紅樓夢裏的一僧一道，飄然而去。

我與小周自然簡靜，連不曾同她去過武昌黃鶴樓。閑常只在後門口沙灘上走走，對著大江東去，亦不生古今興亡之感。漢口大轟炸後，我與她去看過被炸了的一帶街道，斷磚頹垣，不見行人，可是亦沒有悲涼意。有一種境界，如天如地，沒有興亡成毀，果然是這樣的。小周又膽大，冬天月亮夜，有時與我散步到人家背後小山下荒曠地上，她亦不怕。一年又盡，月亮無聲自圓缺，我們對這亦不心驚。

舊曆除夕，小周去家裏轉了一轉，即回醫院，來陪我過年。她下午到漢口街上買得的年紙是一張門神，一張和合二仙，傍晚把來貼在我房裏的牆壁上和門上，貼好了，兩人並肩立著看那張和合二仙看了很久。是木版印，面孔像糯米湯圓，頰上兩搭臙脂，連同袍帶的著色，在蠟燭火裏都是一種清冷冷的喜氣。隨後啟無與永吉也回來了，我們就請護士長下來一道喫年夜飯。喫過飯，桌上仍擺起幾色茶食。

我們也到二樓護士長房裏坐了一回，護士長沒有甚麼張羅，單比平日換上了一件湖綠色的旗袍，成了個家庭婦女了，她從床前抽屜裏取出茶食款待我們。除夕就是這樣的沒有事情，竟亦沒有甚麼可玩，連感觸年華，關山傷遠的話，亦不過是應景就說說，其實並不覺得怎麼樣。因為這真的是除夕，真的是佳節良辰。

惟啟無與永吉，一個要找慰藉，一個要找滿足，他們提了燈籠出去了。我與小周則只在房裏清坐守歲，將近半夜，燈下惺忪迷離，人成了像壁上的和合二仙。後來說還是去睡罷，上床即刻就睡著了，連夢亦沒有一個，也不知啟無永吉是甚麼時候回來的。翌晨醒來，已是正月初一，昨夜的除夕好像是假的，過得連不成名色。

正月初五，小周生日，請護士小姐們喫麵。小周見我給她做生日，在人前有我是她的親人，她心裏當然歡喜，可是反為淡然。我可以想像去年她生日請人喫麵，又或是他人的生日她到場，她總第一個高興，笑語如桃花李花，今天她卻只在廚房裏照看，見人只簡單的招待，連不肯坐席，她的人又變得沒有表情，只是素面，而今天亦只是個平常的日子。

護士小姐們都知我與小周好，她們卻不妒忌，不說是非。有時我去她們房裏玩，她們對我亦照常無嫌猜。小周都看在眼裏，只覺我的人都是好的。而我是與凡人亦相悅，所以能遇仙。護士中有個劉小姐，是院長的妹妹，有舊式女子的安靜，平時少與人往來，出入見我只點頭招呼，不曾交言，可是姑嫂不和，她哥哥又不知體諒，一日剛過正午，小周說劉小姐氣得早飯午飯都不喫，一人在房裏，我叫小周去請她下來喫飯，請了回幾她纔下樓。她纔梳粧了，但仍看得出她哭過。我們原已喫過飯收拾了碗盞，特地為她另做，是蛋炒飯，二菜一湯，我與小周服侍她喫了。她不訴說，我亦不說安慰的話，但我知道她心裏感激。她單是變得柔順聽話。一飯何足道，難得是對她的愛惜，便女子之心亦如韓信的難酬知己之恩。這對人世的知恩，原來只在尋常之際。後來有一次，劉小姐對小周說我好，心思真，小周知道這是專為對她說的，心裏歡喜，像在聽姊姊的教言。

隨又二月將盡，一天比一天晴和。我與小周及護士長遊歸元寺。歸元寺在漢陽鸚鵡洲邊，我們走了去，到了時只見山門外沙隄上遊人甚眾，而小周則使我想起唐詩：

陽春三月踏春陽　何處春陽不斷腸

舞袖弓腰渾不識　蛾眉猶帶九秋霜

只覺那渾不識與九秋霜與艷陽天氣用在一道，真是非常好，現在小周即反為很少語笑，見了遊人亦惟清目一眄。

歸元寺進去羅漢堂，當中觀音文殊普賢，皆是丈六金身，迴廊兩龕五百尊者，燒的檀香很好聞。我們卻不燒香，好像與菩薩羅漢是知人來訪。俗說從踏進門檻第一步數起，各人依照自己的歲數，到得那一尊羅漢跟前，那羅漢即是他的本命。小周數到十八，是一尊抱小孩的羅漢，我與護士長笑她，她不答，只端然橫了那羅漢一眼。

回來時走路熱起來，進去一家小飯店裏喫飯。店堂外漢陽石板舖的街道，滿是太陽，店堂裏卻陰涼疏朗。小周走得熱氣蒸騰越發面如桃花。她穿一件青布單旗袍，傍我而坐，雖然尚有護士長在一道，但我們兩人好比坐在鄉下路亭裏的梁山伯與祝英台。一時搬來飯菜，菜是紅燒鯉魚，極新鮮。長江與漢水的鯉魚，鸚鵡洲的野鴨與大雁，原來是有名的。我歡喜這樣飯店，人與喫食皆世俗而真實，付的價錢亦一文當一文用。

兩地

（一）

陽曆三月裏我要回上海，早幾天就與小周說了。小周笑吟吟道，「這是應該的，家裏人接到信，已在翹望了。你回去也看看張小姐哩，也看看青芸哩，也看看小弟弟小妹妹哩」。又道，「漢口這樣地方，你此去不必再來了的」。她卻不是說的反話。我說我必定就回來，她似信似疑。一晚幾個人在護士長房裏，護士長與王小姐她們說話玩，我與小周則並並在護士長的床沿，我們說我們的，我又說起回上海的飛機時日，因為看她總無惜別之意，因問，「我走後你可想我」，又言，「我只去兩個月，你但照常，夜裏出去接生要衣服穿暖，到得五月裏，你可以數數日子等我回來了」。她道，「你走後我就嫁人」。我裝生氣把她一推，她起去坐到一張帆布椅子上，我瞑目躺在床上，聽見她咳嗽，我亦不理睬。她是前晚出去接生感冒了。後來她牽腸抖肺大嗽起來，我只得起去給她撫挼，等她咳嗽嗽止了，我笑道，「我還想拼的，拼你不過」。她不答，只安然傍著我，這裏都是小姐們，她亦不避，眾亦不驚。

動身的一天，我整日在醫院不出去。小周向來避嫌，我的事有僮僕傭婦在做，她總不搭手，今天她卻一心在廚房給我洗衣，我說交給女傭洗好了，她必不肯。到了下半晝，衣裳都洗好曬出，我與她去後門外江邊散步。現在我與她說去上海有那些事，幾時必定回來，她卻只是靜聽，反話正話都不說。我們走到臨江人家背後堆有蘆蓬的沙灘上，小周千思萬想，口裏就只唱歌，是一隻流行的：

「郎呀，郎呀，我的郎」，

唱時她的臉只是個端然，她的沒有受過技術訓練的聲音裏都是她的人。斜陽如金，在沙灘上移過，我與她並肩走，一面只管看她的腳，她的腳圓緻緻，穿的布鞋十分好式樣。

喫過夜飯收拾行裝，都是小周親手整理，替換衫袴襪子手帕，面巾牙膏，都細心摺好放好。飛機是天未明起飛，因武漢附近上空，怕遭遇重慶與美國的飛機。我要到後半夜纔過漢水去飛機場，此刻理好行裝，且與護士長她們閑談，恰值燈火管制，放下窗簾，房裏點起蠟燭。小周因為日裏辛苦，在我床上靠靠，卻就和衣睡著了，也真是離愁濃重呵。春夜寒冷，我給她輕輕蓋上一條被。及至要動身，我不忍叫醒她，護士長道，「小周醒來見你走了，沒有叫醒她，她會哭的」，我走進去且看一回她睡著的臉，然後俯身叫醒她。她一驚坐起，身上睡意暖香，迷迷糊糊的。她與護士長送我到大門外，此時門外已無人行，亦沒有路燈，我坐上包車，她們站在門口，用手電筒一直照我轉過石板舖的街道彎角，看不見了為止。

天亮時飛機已近九江。我看著身上穿的青布罩袍潔白生輝，是小周昨天所洗，想起在漢口漢陽的四個月，竟是將信將疑。劉伶阮肇入天台，武陵人入桃花源，其中桑竹雞犬，往來種作，男女衣著，都與外面人一樣，有這樣的真實分明，且平凡得不可以想像是遇仙。

（二）

我到南京，汪主席已病故日本，運喪回來，葬於明孝陵附近，我不曾去祭奠，但自深念微喟。汪先生到底是一代江山才人。他見人時的熱情，平正親切，比起西洋民主國的政治家的專講給人好印象，他的是更有對中華民國一代人的照膽照心。他的聰明，受時代感應，是像埋律管於地中，節氣動則葭灰飛出。凡有他的地方，就有風光，平常一句話，經他說就動人。他初到上海召開國民黨代表大會，籌備國民政府還都，有幾個人遲到，我想汪先生要不樂了，焉知他致開會辭時卻一股熱情的說，「中華民國今天舉行這樣莊嚴的大事，遠道同志連來不及的亦都趕了來」，眾人聽了，頓覺會場上如紅日滿窗，晴空萬里無雲翳。這不只是說話的技巧，實在還有中國民間在佳節良辰的吉祥止止。

汪先生不重舊關係，對於跟過他的人，事過境遷他即不負責，所以幹部多是新人，被認為當領袖的一大忌，我倒覺得這是汪先生以禮待天下士，不把他們當作家臣。汪先生又被認為欠重組織，所以鬥不過蔣先生，其實中華民國已現有典章制度，寧是要使其空氣流通，不礙人的大志，行政效率自然會提高，此外再強化組織只有使中華民國走樣。人又說汪先生反覆無常，其實他聯共反共，抗日親日，與蔣友好又交惡，但與胡漢民閻錫山等仍不朋比，他惟如孫中山先生的以直道行於合從連橫的活潑。

汪先生遺言墓前種梅花，他的皎潔與得時代節氣之先，是像梅花。他是個好動的人，但又文靜。他飛揚跋扈一世，而沒有傷害過人，破壞過事，連他的宣佈對英美宣戰，事實上亦不曾損動人間一草一木。梅花占先，不及在後的桃李漫山遍野，但這也是各人的緣會，都不必比羨，不必咨嗟的。

我這次來南京，見了陳公博，他今繼汪先生為代理主席，問我時局的前途，我答戰事已近末梢，國事尚在草創，意謂此間政治尚欠下工夫。他道，「我意重在建軍，每說七分政治，三分軍事，我覺得應當倒轉來，七分軍事，三分政治」。陳公博是親身經歷過北伐，所以說這話，但他亦未必就曉得民間起兵。可是跟汪先生的人，如陳公博且已迷惘，能吏如周佛海梅思平陳群等，更像已經看破紅塵，其他社會上受過學校教育的青年，又渾身都是主義理論，汪先生當年又有誰可與共天下事?可與共天下的只有是民間新起之人。

南宋張孝祥詞，「追想當年事，殆天數，非人力」。我對汪先生與他的一朝人，已恩怨都淨，有思慕亦寧只是反省。漁樵閒話裏的反省。

汪先生去世後，南京的官吏皆落於窮途末日，他們勾結重慶，成了半公開。我出席過一次宴會，到有次長及立法委員六，七人，是專請安徽抗戰區司令官李品仙派來的一位參謀。我見他們卑屈奉承，那參謀亦像此間諸人的身家急命都要靠他來救，我就偏不敬他酒。但是也交了言。我說抗戰是要勝利的，日本必敗，他道，「這是大後方的信念，總在今後兩三年裏」。我道，「我還比你看得近，但是我不投奔，亦不受擒。我只希望蔣先生愛惜抗戰，要想到還有內戰在後。可惜南京無人」。他道，「這個絕對不會，那時國人誰還願意內戰？共產黨若動，國府軍兩星期就解決它」。我只以一句話收束，「不這樣簡單」，也使他知覺我是看不起他。

晚上我去池田家。外面拉警報，熄了電燈，放下重簾，兩人在燭火下對坐，漸漸聽得見飛機聲。意大利已敗亡，德國亦只在旦夕間，但願再有一年半的時間，我們的軍事政治學校可以辦成，可是只怕捱不到了。池田浩歎說，「日本今以一國敵六十國，若有做法，那亦可以，卻又沒有做法，原來亦可以是解放亞洲的戰爭，竟然糟塌了」。但是將來還要來過，惟不由日本，而由中國出面。當下見池田悲憤，我亦陪陪他，明知不能，仍真心想望再得一年半乃至一年。可是中國人與日本人不同，中國人覺得雖成敗現實，亦仍如天地未濟，遂有一種洗然之氣，少有悲憤驚痛。

（三）

隨後我到上海，一住月餘。與愛玲在一起，過的日子只覺是浩浩陰陽移。上海塵俗之事有千千萬，陽台下靜安寺路的電車叮噹來去，亦天下世界依然像東風桃李水自流。我與愛玲說起小周，卻說的來不得要領。一夫一婦原是人倫之正，但亦每有好花開出牆外，我不曾想到要避嫌，愛玲這樣小氣，亦糊塗得不知道妒忌。

我們兩人在一起，只覺眼前的人兒即是天下世界的真實。愛玲亦不避嫌，與我說有個外國人向她的姑姑致意，想望愛玲與他發生關係，每月可貼一點小錢，那外國人不看看愛玲是甚麼人。但愛玲說時竟沒有一點反感，我初聽不快，隨亦灑然。我們原來是與眾人並生。愛玲使我想起民間說觀世音菩薩到一處，要醵資造橋濟人，她化身為持楫女子，立在船中，宣言有能以銀錢擲中其身者，許為夫妻。岸上人擲錢滿船，皆不能中，不妨呂洞賓出來調皮，他喬裝乞丐，摸出一文錢給擲中了，觀世音菩薩知道不好，當即飛昇。這玩笑開得有傷大雅，編這樣的故事即是對觀世音菩薩不敬，但是民間很喜歡這故事，沒有那樣的傻子追問後來觀世音菩薩有沒有嫁給呂洞賓，或呂洞賓該受何種處罰。

我即歡喜愛玲生在眾人面前。對於有一等鄉下人與城市文化人，我只可說愛玲的英文好得了不得，西洋文學的書她讀書得來像剖瓜切菜一般，他們就驚服。又有一等官宦人家的太太小姐，她們看人看出身，我就與她們說愛玲的家世高華，母親與姑母都西洋留學，她九歲即學鋼琴，她們聽了當即吃癟，愛玲有張照片，珠光寶氣，勝過任何淑女，愛玲自己很不喜歡，我卻拿給一位當軍長的朋友看，叫他也羨慕。愛玲的高處與簡單，無法與他們說得明白，但是這樣俗氣的讚揚我亦引為得意。

愛玲也是喜歡在眾人前看看我，一日我說要出席一處時事座談會，她竟亦高興同去。我們兩人同坐一輛三輪車到法租界，舊曆三月艷陽天氣，只見遍路柳絮舞空，紛紛揚揚如一天大雪，令人驚異。我與愛玲都穿夾衣，對自己的身體更有肌膚之親。我在愛玲的髮際與膝上捉柳絮，那柳絮成團成毬，在車子前後飛繞，只管撩面拂頸，說它無賴一點也不錯。及至開會的地點，是一幢有白石庭階草地的洋房，這裏柳絮越發濛濛的下得緊，下車付車錢，在門口立得一回兒，就撲滿了一身。春光有這樣明迷，我竟是第一次曉得，真的人世都成了仙境。

開會在樓上，到有約二十人，多是青年，覺得像在教堂裏。開會中間，忽又拉起警報，隨即聽見擲炸彈，一記一記的鈍聲打到大地的心裏，我正起立說話，幾次停下來等飛機的爆音從頭上過去。飛機時遠時近，這天的空襲時間很長，警報久久不解除。這亦是一種真實，至少使人有切身之感，然而是非常不好的真實，如云無明亦是一種實在。

（四）

青芸今年三十歲，因我回家之便，送她到杭州結婚，婿家姓沈，原是胡村附近地清風嶺下剡溪邊沈家灣人，土裏土氣，出來跟我做做小事情。青芸仍是胡村女子的派頭，不講戀愛，單覺女大當嫁是常道，看中他，是為仍可住在我家照顧弟妹。為了我，她連終身大事亦這樣闊達。她從小有我這個叔叔是親人，對他人她就再也沒有攀高之想，人世的富貴貧賤，她惟有情有義，故不作選擇。她只覺有叔叔送她去成親，已經很稱心。

我在南京救他出來的廖越萬，現在當了杭州特工站主任，在他的新公館裏為我們設宴洗塵，那廖太太我見她竟是架子大，幾位廳長夫人到來，她是主人，能坐著不起身，也要算得辣手。後來我纔知廖是仍在給重慶做工作，所以看不起汪政府的人。那廖太太卻請我到她房裏坐，親自捧茶。及開宴，到有陪客省府各廳處長及市長，歷代新朝草創，原是市井之徒，惟眼前他們總不是江山一代人。酒後廖越萬給我看一件宋瓷，必要送給我，我卻沒有要他的。

我與青芸住在環湖旅館，廖夫婦每朝必來請安，廖太太便給青芸梳粧，她以娘家人自居，好像嫂嫂服侍姑娘出閣。我不喜特工，不指望廖夫婦倒是有人情的。後來抗戰勝利我出亡，廖在上海參加接收工作，我家裏他也還肯照顧。

在杭州凡五日，青芸成婚後，我偕新夫婦遊西湖，到了三潭印月。旅館裏有省府派來的警衛，出眾要放步哨，但我隨即都叫免了。如此我纔可以一人去浣紗路上走走。戰時杭州市壓蕭條惟浣紗路邊楊柳如舊。想起太平時世，桐盧富陽與餘杭塘棲的水陸負販皆來於此，雖不必有嚴子陵錢武肅王微時那樣的人，但亦塵俗穩實有一種平康安樂意。而興亡之感，竟非嗟歎無常，倒只是反省，看見了自己的本相清真，如同那浣紗路邊的楊柳，如同三潭印月的照水欄杆，如同我仍是昔年來杭州遊學時的蕊生。

大隄行

陽曆五月我又回漢陽。飛機場下來，暮色裏漢口的閭閻炊煙，使我覺得真是歸來了。當下我竟是歸心如箭，急急渡過漢水，到得漢陽醫院時，諸人已經喫過夜飯，護士小姐們及啟無永吉都來我房裏熱鬧一堂，一面廚房裏吱吱喳喳又重新炒菜燒飯。我一面與他們問答，說路途行程，一面只拿眼睛向四處瞟，到底問了護士長，「小周呢？」她答纔在樓上的。原來小周聽見我到來，她一鼓作氣飛奔下樓，到得半樓梯卻突然停步，只覺十分驚嚇，千思萬想，總覺我是一去決不再來了的，但是現在聽見樓下我竟回來了，竟似不可信，然而是千真萬真的，與世上真的東西一對面，把她嚇得倒退了。她退回三樓上，竟去躲在她自己房裏，還兀自心裏別別跳。

我隨即到二樓護士長房裏，眾護士小姐相隨，她們上去叫小周，小周纔來了。她卻把我交給她保管的一面鏡，與兩條香煙都拿了來。我拉她到身邊，她就挨我坐下。我見她臉兒黃黃的，簡直不美，我心裏竟是不喜。她沒有話要說，亦沒有話要問，因為她已在我身邊了，反我問她，她纔仰面看著我的臉道，「我瘦了。」而我當下竟亦不去想像別後她的淚珠，甚至沒有憐惜，因為人在眼前即是一切，這一刻的光陰草草，連不可以有感情這渣滓。小周又道，那香煙短了兩包，是一次關先生斷了香煙，夜裏無買處，我給了他一包。還有應城膏鹽公司的董事長陳志遠來看你，我說你在上海還沒有回來，他坐得一歇，我也開了一包香煙敬客。」這樣的小事她也要交代分明，宛如顧命之重。而別後肝膽，亦只可以是說的這些。

剛纔她聽見樓下我已回來，竟這樣驚動，而現在當著人前她挨近我坐著，卻又這樣的不怕難為情，人生原來尋常事亦可以是聲裂金石，而終身大事亦可以是但有婉順自然。我一面仍與護士長她們話契闊，一面執小周的手，見她戴有一隻金指環，非常好，小周道，「是用你留給我的錢買的」。那一點點錢她卻有這樣的用處。

一宿無話，翌日即又諸事如常，好像我從未離開過。小周亦又容貌煥發，惟比以前有了一筆心思。我說起在上海時與愛玲，小周忽然不樂道，「你有了張小姐，是你的太太？」我詫異道，「我一直都和你說的」，小周驚痛道，「我還以為是假的！」她真是像三春花事的糊塗。但是此後她亦不再有妒忌之言。我與她說結婚之事，她只是聽。我因為與愛玲亦且尚未舉行儀式，與小周不可越先，且亦顧慮時局變動，不可牽累小周。這事其實難安排，可是我亦不煩惱。

記得正二月裏漢陽人做棒香，一種土黃，一種深粉紅，攤於竹簟上在郊原曬香，遠看還當是花，我非常喜愛那顏色，原來土黃有這樣好，深粉紅有這樣好，竟是從心底裏與之相知，連人的眼睛都明亮了，而這亦即是格物。天道何親，有人世的這格物便是親，而許多情理上難以安排之處，但得自然，亦不用疑。便是訓德，她的慣會歎氣，自說好氣又好笑的，其實有她的君子樂命。

轉瞬舊曆端午。是日訓德回家去。漢陽人家都在過節。上午日頭花照進我房裏，只覺是濕濕的，庭中輕煙疏淡，節氣就有這樣的正。訓德下午即又來醫院，雖小小的往返，亦是人歸娘家，心在夫家。她卻買來一塊手帕送給我，這手帕與她的心思，亦像節氣的正。

五月裏醫院後門口江水平隄，水氣寒森森。唐宋人詩文裏有一句是「大江流日夜」，看它滿滿的流去，卻因浩渺，成為迴環雜沓奔走，而江心雲日下照，又疑是萬頃新耕的田地，犁翻赭黃土塊無數，有這樣的靜謐。又一句是「濁浪排空」，雖是晴天，醫院的後院門開向江水，亦院子裏的石砌地悄然似在思省，連坐在房裏的人亦變得容貌端敬，只覺是不可以玩物。此時卻仍有大船傍岸行駛，駛過醫院後門口時，那黯赭色的風蓬就像一隻大鳥，翼若垂天之雲，遮影了我房裏。

漢水本來碧清，與長江會合，好像女子投奔男人，只覺心裏委屈難受，還沿漢口迤邐數里，兩種水色不相混。我又喜漢水的渡船，一船搭客七，八人，多是肩挑負販之徒，籮籮擔擔，我來去報館渡河，總與他們一道。但現在漢水亦因上游山洪大至，變成混濁的急流，渡河很危險，渡船的梢公由一人增為二人，撐篙又搖櫓，搭客都要坐好，不可以輕舉妄動。此地離長江口不到半里，是漢水最下游處，水流的急勢被長江的主力一阻，發生許多亂流與旋渦，在渡船的船舷外沸騰，那赭黃的水看著厚厚的，使人不能相信翻了船會死。

那梢公與水爭持，駕船如馭劣馬，到了千鈞一髮處，連喫奶的氣力都使了出來，我留心看他的臉，卻不見有慘厲之色，他臉上的是聖賢當著大事，誠意正心的潑剌，這潑剌是斬斷一切思慮感情的奢侈，何況神鬼，中國即這樣的凡人駕船馭車，亦心正力正，與萬物可以如擊鼓催花，記記中節。

五月將盡，纔又連日好天氣，江水漢水都退落。忽一日半下晝我到三樓小周房裏，這還是初次。小周的人從來不施脂粉，不穿花式衣裳，她房裏亦簡單到只是一床一桌一椅，沒有女人氣，卻窗外長江接天，一片光明空闊，連愛情亦不可以有，可惜那房間太小，雖然房門口還有欄杆可立。不如下去我房裏，又或是去江邊沙灘上走走。我們並肩在沙灘上走時，我總看看她的腳，穿著圓口布鞋，合人的心意，不禁又要讚好。

別的地方我們很少去，我是來了這麼久，連武昌的黃鶴樓也沒有到過，惟鸚鵡洲一人去過幾次，起先也是信步，像武陵人的緣溪行，忘路之遠近，走到了纔知是鸚鵡洲。鸚鵡洲尚有漚釘獸環之家，是木商，向來瀟湘江沿流而下的木材皆集於此，現在戰時雖冷落了，亦感情上仍有太平時世的物阜民殷。彌衡墓我走過看見，因已薄暮，瞑色四合，我只從祠柵門口張了張，不曾進去得，但也為之稍稍佇立了一回，其後雖又幾次走過，但我都沒有進去。彌衡其人，是漢朝日月山川的使人憬然不可以近玩，他墓前的大路單單是走過，已經心裏滿滿的，那裏還可以近攏去遊觀。惟中國歷史上有這樣的人，不像西洋那種殉教徒或先知的傲慢，卻自然韻裂金石，聲滿天地。

此外是琴臺，又叫伯牙臺，我亦來了漢陽很久，纔發興一人去尋訪。西洋歷史上沒有類似的故事，一則二千年前他們的大夫不能想像可與樵夫為友，二則高山流水有知音，先要有人世如高山流水，而西洋只有社會。且他們多著個神，又焉能與人為知音。印度亦枉為有他心通，但動不動說五濁惡世，有了個慈悲，就不能有義結金蘭。日本人忠義，但不懂得他人的心意，縱有俠情亦非知音，他們且又必定造起深邃的神社，豎了許多石燈，叫人感動，也不能有像琴臺的建築。俞伯牙鍾子期的故事可歌可泣，但是琴臺造得這樣軒暢響亮，築基郊原上，下臨月牙湖，四面大風吹來，只覺是在青天白日裏，無跡可求。我記得好像是連碑記題詠亦沒有。

六月荷花開，下午五點鐘醫院裏下了班，我與訓德去琴臺，先到月牙湖坐小船。撐入荷花深處，船舷與水面這樣近，荷花荷葉與人這樣近。回棹時天已昏黑，琴臺的燈火鼓樂來水面，我們便上岸到了那裏。琴臺暑天有茶座，遊人如織，遇見李師長帶了衛兵亦來喫茶，對我招呼，但我只與訓德到廊下一角揀個座位，叫了一壺茶，分兩個盃，恰像店舖的年輕夥計的行事。元明劇曲小說裏常有說「天可憐見」，我們就是天可憐見兒的兩人，在燈火人叢中只是覺得親。

我們纔斟得兩盃茶喝了，忽聽得拉起警報，燈火一齊熄滅，眾人都散。我們出來到星月下，在琴臺的側門口石磴道那裏還立了一回兒，等等警報仍不解除，纔亦走回家去。到得街上，店家都已關門早睡，月亮地下兩人牽著走，訓德手裏執一枝荷花。及至醫院，護士長她們還在樓下我房裏等警報解除，大家說話兒。我房裏有月亮照進來，緊張空氣中，光陰在無聲的流過，大家說的亦不過是里巷新文，乃至鞋頭腳面之事，而眼前這些尋常兒女亦正是江山一代人。「月亮彎彎照九州」是這樣的民間，所以纔出來得八年抗戰，後來還出來得人民解放軍，擊鼓渡長江。

抗戰勝利

夏天池田來，留數日又回南京，他來是助我籌商開辦軍事政治學校，打算於十一月裏成立。池田去後，我忽身體不佳，想是前此五月裏多暴風雨，日日來去報館，被雨淋了之故，但自己尚不覺得。一日下午，醫院裏靜得好像天下世界毫無事故，我一人正在房裏寫社論，也沒有拉警報，忽然一個炸彈落在對岸武漢，像居庸關趕駱駝的人用的繩鞭一揮，打著江水，打著空氣，連這邊醫院院子裏的石砌地，連開著窗門的我房裏，都平地一聲響亮，我大大的震駭，看窗外時，青天白日，院子裏及廊下沒有人。聽見遠處有一隻飛機飛去。自此我變得無故膽怯，夜裏睡在床上，風吹房門開動，我也害怕。這是因為身體虛弱，還有是因為時局急轉直下的預感。

我不想到有病，故亦不說。惟嫌女傭燒的小菜不合口味，有時要訓德燒一只，但亦沒有想要她服侍我，我雖或對她口出怨言，原不過是說說好玩。訓德在診療室工作時，每抽身來我房裏喝茶，轉身又去，一次我寫社論寫得一半，倚在床上休憩，見訓德進來，我叫她小丫頭，要她給我倒盃茶，她不理，再問再不理，我覺不樂，這一半是因為身體不好，肝火旺，一半亦是假裝生氣，遂冷然道，「那你就出去！」訓德翻身逕出。

我隨亦起身去報館，訓德立在診療室面前的廊下，我一直走過，連正眼兒亦不看她。出後醫院大門，走得幾步路，我想想卻又轉回，樓上樓下找了一回，都不見訓德。我就在房裏且把那半篇社論來寫完它。記得是正午，診療室已下班，我耳畔彷彿有啼哭之聲，疑心是訓德，幾次停筆細聽，一跳跳起來又去找，這回找到了地下防空室，這防空室還是新的，有太陽光照進來，果見訓德一人坐在長條凳上哭，見我纔住聲，抬眼看著我道，「你不來，我還要哭的」，說時淚花晶瑩的一笑。我道，「你也不好，我也不好」。兩人還並肩在凳上排排坐了一回，纔攜手出來，回到我房裏。

忽一日，兩人正在房裏，飛機就在相距不過千步的鳳凰山上俯衝下來，用機關槍掃射，掠過醫院屋頂，向江面而去。我與訓德避到後間廚房裏，望著房門口階沿，好像亂兵殺入或洪水大至，又一陣機關槍響，飛機的翅膀險不把屋頂都帶翻了，說時遲，那時快，訓德將我又一把拖進灶間堆柴處，以身翼蔽我。生死一髮之際，她這樣的剛烈為我，可以沒有選擇，如天如地，在她的面前，雖空襲這樣超自然的大力亦為之辟易，我連感激的話後來亦一直不曾對她說，大恩不謝，真是這樣的。飛機去後，漢陽街上撿得機關槍彈的彈頭，像罐頭蘆筍一樣粗與長，人人咋舌。我們到醫院樓上去看，二樓三樓的樓板上亦落有兩粒，是從東邊的水泥鋼骨的牆壁外側穿進來，打到西邊牆壁的裏側，一半嵌進在那裏。

其後我的健康自然恢復了，便不再那樣的驚駭。啟無已於舊曆六月中旬離去，報館的總務我親自來管，倒也不覺得缺少了一個人。啟無原是請假回家裏去看看，要再來的，我順便托他在南京上海北平物色軍政學校的教官人材，但他走後我即發見了他在銀錢上頭欺心，他來信我就不理。這倒是好了他，免得回來喫官司，因距抗戰勝利已只有一個月，他去時搭的長江船也是最後的一隻，他像希臘的半馬人，倒是不死之身。

我對世人的賢不肖有一種平等觀，惟神道的霸佔貪婪與穢褻，及巫魘的禁忌，則我對之決不留情。而且我對於凡是風格化的東西亦不喜。但是我向訓德批評啟無，訓德只是聽，不怒亦不言。上次我回上海，啟無與訓德說我是決不來了的，訓德雖不聽，亦不去想像他的卑鄙，她是對世人都有這樣的尊重，甚至對於神道，亦只以人情處之，且並不當他是神道，所以她的眼睛裏不惹邪崇，如言「聖人出而萬物睹」，自然沒有鬼神。

於是來了決定的一天，八月十五，日本天皇廣播降服詔書。是向午時分，我在江漢路街上人叢中聽見，出了一身大汗，走到報館，日軍報道班已送來電訊。但我隨又心意自然。還有是蔣主席的廣播，說一切寬大為懷，大楚報都把來登出了。隨即我去看報道班的某上尉，他患登革熱新癒，坐著與我說話，一點氣力也沒有，壁上掛著一幅太平洋的地圖，他無意中抬頭瞧著，那緩慢的眼光隨又移開，心裏似明似暗。我強笑道，「但是日本軍的遺跡，那裏將有許多新的民族國家出來」，他聽了連微喟亦不，因為這些都已與日本沒有關係了。

勝利時的確有像清晨的空氣，但是清晨亦隨即要有人事，我不信重慶的人回來會做事眼明手快。抗戰勝利是天意，他們卻貪天之功，以為己力，眼見天意又將離他們而去，我正可以平視他們。現在他們穩住南京政府的官吏，如湖北省主席葉蓬亦被發表為第七路軍司令，要他維持鄂贛湘秩序，聽候接收，但明明是埋伏著殺機。匹夫不可欺，我倒要與他們別別苗頭。我遂與二十九軍軍長鄒平凡宣佈武漢獨立，趁葉蓬尚在南京，連夜把他的特務營繳械，一時李太平師汪步青師皆來歸，連同各縣保安隊，擁兵數萬，拒絕接收。

我的計劃，武漢是重慶人東歸的要道，他們被拒，惟有派軍隊沿長江下來攻打，如此就延阻得兩三個月，可望東南半壁起來響應。重慶的大軍來到，我們當然抵擋不住，其實我們放棄武漢，讓開一條路讓他們的軍隊過去，而我們則退保鄂贛湘三角地帶。他們要急於爭取南京上海，且對付共產黨，必不留下主力軍來徹底打擊我們，我們可站住。站住得五個月，隨著形勢的變化發展，他們即再也不能消滅我們了。這本是我要開辦軍事政治學校的主旨，惟現在時間來不及，只可用這些現成軍隊，此外我且問日軍要了一萬人的武器裝備，用來增強我們的戰鬥力。

我計劃成立軍政府，臨時先成立了武漢警備司令部，鄒平凡為司令。葉蓬聞訊趕回來，我要鄒平凡逮捕他，他在飛機場附近青山過得一宿，翌晨就又逃回南京去了。可是軍政府到底不曾成立，因為起事纔得三，四日，我即傳染了登革熱，登革熱又叫戰墩熱，當時武漢有三分之一的人口傳染，我徧身疼痛，高熱，連茶水都不進，如此一星期，無日無夜只是迷迷糊糊的睡，惟依稀省識訓德在床前服侍我。等我起床，鄒平凡已應蔣主席之召，飛往重慶回來，秘密投降了，起事時大家說好不單獨妥協，現在他就只礙著我，但又不好說，惟勸我也見袁雍。

袁雍是國民黨中央委員，重慶派來的接收大員，到已多日，卻無人理他，只得住在一家倉庫的看守人房間裏，與南京上海的接收大員一到即八面威風，不能相比。他道，「我催鄒軍長，鄒軍長對接收已無問題，他說問題惟在胡先生，總要請胡先生幫忙，使我對中央也可以交代」，他還解釋了許多。我纔知鄒平凡變了，已事不可為，遂答說，「那麼你們可以接收」。他問日期，我道，「現在已午後四時，明天你們就開始」。說罷，我忽然有了怯意，略略向他表明了南京政府諸人不可一概而論，希望國民政府回來以不殺為祥，當下我且打了一個電報給在重慶的陶希聖。這些都可笑，但亦是我有對於危險的現實感。而武漢獨立了十三日，至此遂告終。

翌日接收，武漢郊外國府的遊擊隊及縣市政府纔也敢開了進來。我在醫院，與訓德到廚房後小天井裏，把我寫的社論稿子焚燬。聊齋裏鳳仙焚覆，祝曰：

新時如花開　舊時如花謝

珍重不曾著　姮娥來相借

我的文章亦像這樣的不曾用過，就此交還於天。

京滬等地自勝利的當日即放鞭炮，普天同慶，但武漢猶在驚疑，我們一度獨立，亦是要使人知道中華民國一代事未許輕狂。袁雍他們今雖得接收，亦其氣不揚，不聽見有放鞭炮，要等日後郭懺統率大軍來到，一派兵氣，纔又見江山雄強，但其時我早已遠走高飛了。纔接收的那幾天裏，我尚去報館，但到一到就回來。醫院裏變得荒荒的。醫生亦不來，院長亦不見，護士小姐們不堪冷落，家在本地的多回去了。護士長偶或到我房裏來一來，亦彼此沒有適當的話可說。袁雍送來國民政府的大信封，內有聘任狀，我看了一笑。華中共產黨軍李先念那裏有人來聯絡，要我投過去，我亦不見。我現在只是要安排訓德。

我與訓德說，「我不帶你走，是不願你陪我也受苦。此去我要改姓換名，但避過兩年，我將可出頭做事，不出五年，又可用現在的姓名，至遲到那時我必來迎你。我走後必輿論污人，但你明白就好。朝代還要變。我與你相約，我必志氣如平時，你也要當心身體，不可哭壞了。你的笑非常美，要為我保持，到將來再見時，你仍像今天的美目流盼。我只憂念此後將繼續通貨貶值，你家裏生計艱難。往常我給你錢物，你總不肯要，我心裏敬重，現在我都給你，約夠你添補家用兩年。我此去甚麼都不帶，你不可再說不要。還有一箱衣裳留在你處，窮乏時你也可賣了用，雖然不值幾個錢。我知道你的心思，我交給你的那怕是一根草，你亦重之如千鈞，但你不要固執，東西算得甚麼呢？總是人要緊，既做了夫妻，且不在乎定情之物，何況這些。我們雖未舉行儀式，亦名份已經定了。此番離別，譬如人家出門做生意，三年五年在外，亦是常事，家裏妻子也安心等待。好花總也看不盡，又如好衣裳不可一日都著盡，要留到慢慢著，我們為歡方未央，亦且留到將來，我們還有長長的日子。」

前些日子我給錢訓德買衣裳，但她去到漢口街上回來，仍是給我買了一套羊毛襯衫袴，及一塊浴巾，一隻鬧鐘，她自己的東西甚麼亦沒有買。現在我又好好的向她開說，把我的薪水買了金子給她，連同上次陸續交與她收藏的幾隻戒指，湊起約有十兩，她只得接受，但是她說等時局稍微平定，要把這錢交給我上海家裏的。我又把一包半食米叫車夫載在包車上送到訓德家裏，也喫得三兩個月。時已薄暮，醫院裏暝色荒愁，裝米的蔴包有洞，抬出我房門外階沿時漏出許多米，訓德執燈，與我在地上撿米，一粒粒沉甸甸的，好像兩人的心意。

我最後一次讌集報館全體職工，諸人見我端坐飲酒如平時，他們遂亦不起複雜的感情。有隻兒歌：

「踢腳班班，班過南山，南山撲碌，四龍環環，新官上任，舊官請出」，

重慶的人來了，我要讓位，亦不過是如此。中華民國的事，桃花開了荷花開，我們去了新人來，亦不是我們有何做得不對。我辦大楚報纔九個月，今日離開，像宋人的詞兒，「掛蹻楓前草草盃」，這草草正也有著水遠山長。

我少年時有詩，「神卞施一擊，墮甑不再視」，如今一擊不中，即當遠颺。我對於鄒

平凡亦不惱怒，對於起事諸人的坐以待擒，亦不同情，對於袁雍他們亦不鄙夷，對於此地日本友好，亦不惻念。我連對於自己此去千辛萬苦，亦只平然。

訓德自上回我病，她晝夜服侍，即不再避人，如今時局這個樣子，她更覺得親的只是親，大難當頭，女子有愛，是會有這樣的豪橫絕世。我好比兵敗垓下，但我自然不會像項王的悲歌慷慨，卻與訓德一似平日，喫飯時我留心她勸她加餐。是時八月向盡，天氣仍暑熱，晚餐後早寢，窗門開著，關熄電燈，月亮照在床前地板上，還照進帳子裏。永吉房在隔壁，他回來穿過我房裏，訓德在帳子裏坐起來叫了一聲關先生。我登革熱初愈，身體無力，心裏只是安靜，但待訓德仍如新婦。訓德見我如此，忽然悲慟道，「蘭成，我愛你！」她這樣叫我，說出愛字，還是第一次。我十分懂得這一聲的重量，但我沒有一點悽涼，心裏仍是靜靜的，亦不說安慰她的話。

我出走是接收後第三日，留信給袁雍。信裏說，「國步方艱，天命不易，我且暫避，要看看國府是否果如蔣主席所廣播的不嗜殺人，而我是否回來，亦即在今後三五個月內可見分曉。上固有不可得而臣，不可得而辱，不可得而殺者」。寫好交給訓德，等我人走了纔寄出。

是日半早晨，訓德為我燒搾麵乾，我小時出門母親每燒給我喫，是像粉絲的米麵，澆頭只用雞蛋與筍乾，卻不知漢陽亦有。我必要訓德也喫，她那裏喫得下。我道，「你看我不惜別傷離，因為我有這樣的自信，我們必定可以重圓，時光也是糊塗物，古人說三載為千秋，我與你相聚只九個月，但好像自從天地開闢時起已有我們兩人，不但今世，前生已經相識了。而別後的歲月，則反會覺得昨日今晨還兩人在一起，相隔只如我在樓下房裏，你在廊下與人說話兒，焉有個嗟闊傷遠的」。訓德聽我這樣說，想要答應，卻怕一出聲就要淚落。

等我在房裏喫過麵，起身要走，訓德撐不住痛苦道，「你平日只顧我，自己無享受，你此去喫苦，無人服侍！」我安慰她，因笑道，「天相吉人，出門要講順經，我要你對我一笑」。她只得忍淚，抬眼看著我的臉，嫣然一笑，比平日更艷得驚心動魄。她隨又痛哭道：「我不能送你了」，這樣淚人兒似的送出去給人家看見了不好。我忙說你不要送。她只送到房門口。我走到廊下還回頭望她一下，知她轉身必哭倒在我床上，但是我竟出醫院而去了。

渡漢水時，我把隨身帶的一枝手槍沉於中流。人影在水，白日照漢陽城，對岸漢口的街市，與渡船上挑籮挾擔的販夫販婦，使人緬想詩經裏文王教化南國當年，且喜今天皆這樣的現前，無有滄桑，亦無生離死別。我只覺此身甚親，訓德甚親，故又離別亦是真的，如嵊縣戲梁山伯祝英台十八里相送唱的：

前面來到清水灣，只見雙雁戲沙灘，
雄雁一翅飛千里，雌雁難過萬重山。

天涯道路

震來虩虩

聯合國軍中國戰場總參謀長何應欽發出命令，武漢的飛機火車及長江船舶全部集中聽候調用，不得擅動。只有一隻日本傷兵船開往南京，我即搭這隻船，由日本總領事館軍司令部及憲兵隊各派一人護送，與我皆改扮傷兵。行前我見了富岡秘書，托他帶信與訓德，富岡交了永吉，永吉卻未交到。

我們到碼頭去時天尚未亮，漢口的大鐘叮叮噹噹，夜氣森嚴，街上暗處有日本哨兵上來盤問，見是軍司令部的汽車，敬禮而退。及至江邊，見傷兵都在排隊點名，為時甚久，上船已東方發白，江水都是震彩。我小時到杭州去讀書，過蒿壩換船要走一段路，日頭初出，月亮尚在天邊未沒，真是日月並明，而現在我亦仍像初出茅蘆，去到外面天下世界。

船艙裏我們與許多傷兵的舖位排在一起。看人家敗戰，我惟心裏敬重，且我亦憂患方始，人變得柔和了。他們都很靜。我因是冒充傷兵，避免開口。他們的大鍋米飯極甘香，連湯與肴都有一種像齋供的淨，佛法眾三寶，大眾之食原是天人饌，承他們亦分配與我。在船上三日，過九江蕪湖等碼頭，日本居留民團擲下船來一蔴袋一蔴袋都是餅乾，卻連一陣說慰問與道謝的小小熱鬧亦沒有。一則船亦不停，岸上的代表不到艙裏來，艙裏的傷病兵更不探身望一望岸上，惟立在船頂的人接取贈物罷了。隨後拿進艙裏分給大家喫，我亦有份，他們喫時，惟有切切之意，縱使想要激動，亦已甚麼言辭都不相宜。他們連鄰席的人早晚在一起，亦少有交談。

前幾年我去日本，船在上海楊樹浦要啟碇時，乘客都出來立在船邊，岸上日本人一隊隊唱歌揮旗相送，船上播音機開起「君ガ代」，樂聲與黃浦江水一同在舷外流去，天上白雲移過高桅，那巨大的船身已離岸緩緩開走了，他們的海洋國家真亦使人神旺。但現在這隻傷兵船過長江悄然行駛，另是一種莊嚴。我鄰席臥著個赤痢病人，便穢都由看護婦過來服侍，而我竟亦不畏惡。臨死時看護婦頻頻叫他「遠藤樣」，這樣年紀輕輕的。於是拿來一面日本國旗蓋在他身上，敗戰的苦難的祖國，國旗亦尚護他的兒女。同艙的人們連不驚動，亦不歎息，一種親情，到得浮華都盡，對世上萬事像參禪的似有所悟。

我去盥洗時到舷邊立一回，船在中流行，兩岸遠樹如薺，依稀有炊煙人家。抗戰勝利的感覺不是熱鬧，卻看山只是山，看水只是水，不可以有甚麼聯想，那裏的炊煙人家將如何作我隱身之處，亦竟無從安排。人世於我的親情如此分明，卻毫無狎玩姑息，我不禁微有悽惶，但不是弱者的哀意。我不過是一敗。天地之間有成有敗，長江之水送行舟，從來送勝者亦送敗者，勝者的歡譁果然如流水洋洋，而敗者的謙遜亦使江山皆靜。

九月五日到南京，陳公博已出亡日本，周佛海為京滬衛戍總指揮。周佛海早通重慶，此時遂行逼宮，陳公博行前曾召開緊急會議，陸軍部長蕭叔宣與江蘇省主席陳群主張舉兵反抗，散會後蕭叔宜出門口即被周佛海的人擊殺。陳群是歸宅後自殺。現在南京已由重慶的副參謀長冷欣帶了兵來接管，惟尚賴日軍在維持秩序。

我進日本陸軍病院，住的將官房間，翌晨冷欣派人帶了翻譯來慰問傷病兵，來我房門口宣述蔣主席的德意，那人說一遍，翻譯覆一遍，致敬而退，而我是傷病者，可以臥床不理。晚應日本憲兵隊秘密招餐，詢知各大使及岡村寧次大將皆已往上海。座中問我如何看麥克阿瑟與日本，我說，「情形要比你們現在所想像的嚴重百倍，但是日本有二千六百年的歷史，且二十世紀無亡國」。

第三天我改扮日本軍少佐，由憲兵隊佐官三人陪同坐火車離開南京到上海，谷大使為我安排匿居虹口一日本人家。清水與池田來看我，叫我安心，等到與谷大使同機飛往日本，我道，「谷大使還能平然歸朝述職麼？」日本人是沒有對外國敗戰的經驗，大禍當頭都糊塗了。又有兩隻日本兵艦逃走，秘密來邀我同乘，我亦謝絕，後來一隻被美國兵艦截回。前此日本友人要我趕去還來得及，可以雜在隊伍裏同行，我亦好得沒有去。又有要我與他們坐一隻漁船，飄到日本的那一個島都可以，但是我要逃還是逃在中國的民間。

上海早晚飛機不斷，重慶的兵將與美國軍人絡繹來到，但我不肯輕易就逃，魚兒驚走，也要撥剌一聲，激起浪花，獅為百獸之王，正月裏綽獅子，舞罷而去，也要搖頭擺尾，時或一掉身。我經由池田向谷大使提出書面建議，要在華日軍拒絕投降，而與南京政府的軍隊合編，建立於中國民間，變成中國的革命軍，加以政治的運用，可使重慶知禮，延安亦不得乘虛，美國見日本尚有在國外的軍隊未降伏，亦不敢欺壓日本太甚。又這是中國的事情，美國不能那樣隨便派兵來登陸或投原子彈的。

可是時經一週，谷大使與軍方面討論不決。時乎時乎，我該急退，遂提出另一建議，趁日軍今尚物資金銀在手，保留我們日後再起的政治資金。此亦討議不得結果，因為這樣大的數目無法存放或隱藏。我不能再等待束手被擒，真是此時不走，更待何時了。走之前我寫了一篇文章，交與池田。

那篇文章是「寄語日本人」，意思說，「我今出亡，此後歲月，與你們一樣生於憂患。太平洋戰爭與汪先生的和平運動，多可反省，但亦自有其陽氣的一面。歷史不在於悔罪，而在於荊棘中檢善拾福，莫以今日故，遂忘夙所親也。自茲中國將內亂，此身未死，尚得重論。國際亦美俄將衝突，東南亞將出現許多新獨立國，五年後日本可擺脫敗戰的束縛，十五年後國勢可以恢復。不必報仇雪恨。恢復亦非戀舊，固知大命惟新，又海水自然無宿穢，大則能淨耳。人事有可量有不可量，仍期各愛體素，他日相見，何殊平生」。池田拿去翻譯了寄到東京，當時他們不敢登載，及後我再到日本，日本人尚多有保存。

九月二十日，我住的這家日本人家的主婦引我上三樓，移開衣櫃，有壁穴可通頂閣，我不懂她說的日本話，只知是國民政府的人近要來調查日本居留民，她教我屆時到頂閣躲藏。我謝謝她，當時心裏很難受。我若被捕，寧可像晁錯的衣冠斬於市曹，亦不願被從床底下，或置物間拖出來。又翌日，我遂出走了。

我離開虹口，是青芸來接，至愛玲處一宿，沒有叫兒女來見。翌日即轉杭州，渡過錢塘江，不再回頭。我只帶一兩金子，一隻包袱，裏邊換洗的衣裳，青芸為我趕織了一件毛線衫，路上好穿。訓德的一張照片亦交給青芸收好，隨身不帶。出亡真是大事，我連沒有甚麼話要囑咐青芸，青芸最知我心，她亦不愁不懼不悽涼。惟對愛玲我稍覺不安，幾乎要慚愧。她是平時亦使我驚。洛神賦裏有翩若驚鴻，西廂記裏有驚艷，紅樓夢裏林黛玉初見賈寶玉，喫了一大驚，及史記裏韓信拜將，一軍皆驚，還有天際烏雲帖裏的隴上巢空歲月驚，我從愛玲纔曉得人世真是這樣的令人驚。但我當然是個蠻橫無理的人，愈是對愛玲如此。

渡過錢塘江，在西興公路坐紹簫公路汽車，與小販工匠村人村婦作一起，看他們這樣的活潑新鮮，人世一切都真實，我不覺坐得更端正起來。是因為敬。是因為我有憂患。赤壁賦裏，「蘇子愀然，正襟危坐，而問客曰」，愀然亦感情不蕩逸，卻容態更加端正起來，我小時只知順口讀過，現在纔曉得他的好。

我走後不過十天，京滬各地即開始逮捕審判漢奸。淪陷期間上海有隻流行歌，聽了要失笑，開頭的兩句是：

花兒你為甚麼開，鳥兒你為甚麼唱，

但也不過是這樣問問，並不一定要答案，這問的人可真有春天的爛漫。現在抗戰勝利，上海人一團高興，重慶回來的人卻說你們沒有功勞，為甚麼開？為什麼唱？你們還有罪呢！本來可以是隻歌的，也變了是法庭的問話。本來人事亦有必定要問明究竟，褒貶落實的，像孔子作春秋，可是他們的亦非春秋大義，而是來了神道對世人的審判，行使起原子炸彈那樣的，舊約裏耶和華那樣的超自然的大威力，要有生之倫都驚嚇，地面裂開，南京政府的人都生身陷入地獄，不但偽官，還有偽民，一網達三萬數千人。陳公博林柏生等被從日本解回，雨花台先是葉蓬丁默村被槍斃，周佛海亦入獄，惟他熱淚滿面。在南京，是汪先生被掘墓毀屍，汪先生的女兒在家裏供祀遺像亦被憲兵干涉。在上海杭州乃至紹興這樣縣城裏，連偽商會的小職員也奔逃無路，為要振頓民族紀綱，險不山河土地亦成了偽的。惟有工人彈硬，纔沒有被審判在日本軍佔領時期開電車火車，運轉工廠機器，資敵的罪名。

漢奸原亦應當辦。但是有人可以如中華民國自身，經過淪陷與收復，其實並不失節。即使自己亦以為失了節的人，只要不做過份之事，也該分別輕重，因為法律的輕重分寸可以是人世的理致，好像詩律的細。而且是非一朝事，當時汪夫人在法庭上慷慨答辯，旁聽的人就都鼓掌，上海人還拿周佛海的案子打賭，猜他會不會被判罪，當著這等鼓掌與靜聽的人面前，法官已幾次下不得台。

淪陷區民間亦說汪政府是偽政府，汪政府得勢時叫人參加，多有遭了拒絕的，但因來勸說的人是親友，拒絕也有個委婉，又或是不相干的人，那亦不要激他發怒。及汪政府傾覆，對親友落難了還是護惜，或見鄰里人家有容匿逃犯的，無怨無仇，亦就不說閑言。做人應當如此。不然的話，你雖有正義，但你以正義來傲慢無禮，你就先已不好了。而被判漢奸罪人的家屬，則探監送飯，事已如此，亦只有安慰，沒有責備。處了死刑的領屍收葬，墓前祭祀仍是親人。這份情，這份禮，不因亡者生前為人如何而有增損，所以雖有壞人，亦人世終不劫毀。而彼時那班法官，則如今又何在呢？

如今國民政府逃到台灣，大陸又是另一夥神道，但他們也要金漆剝落的，徒然造成白骨如雪。桃花扇裏的高僧，當明朝亡時大清兵來了遍地，他在佛寺做法事追薦，為生者祈永息刀兵，為死者解冤氣戾氣，一時忠臣義士奸惡小人的亡魂皆來佛前得了超度，我想日後能回大陸，也要在杭州昭慶寺做這樣一個水陸道場。

親人之淚

親人之淚滴在亡者臉上，到來生都還要有記認，這親即是人世的大信。不但五倫九族，便與萬民亦「在親民」，與萬物，亦江山歲月親，此即是我與人世皆在著那裏了。這親不可以是貪嗔愛痴，卻自然清肅，只可以生出敬。而敬亦惟從親纔能有，是我與人世的各正性命，相好莊嚴。敬分尊卑，於卑亦有敬，君子迅雷疾風必變，敬且及於狂愚，「有不速之客三人來，敬之則吉」，敬且及於不識者，故又敬能持劫。惟親與敬，纔是格物。

西洋沒有這樣的親字敬字，他們的本體論認識論實踐論到底阻隔，惟能有社會構造，而無人世，故劫毀相尋。惟日本還比印度更像中國，但日本人的親是感情，故戰後會變成母愛，母愛不過是舐犢情深罷了。與日本人交朋友，可以義重如山，但是終難相親，他們夫婦之間亦義而未仁。日本人又惟敬長敬善，而不能於卑亦有敬，更不能於狂愚，於不速之客亦有敬。日本人會忽然傲慢起來，使你又駭又氣，又痛惜他。日本人的親惟是倫常，敬惟是禮，但倫常與禮皆寧是後天的，從親與敬而來的演繹。日本人是親與敬不足，故特重義氣，而且禪極發達，義氣是最高的情，迫近浩然之氣了，但未即是性，禪的清肅亦迫近人世之親，但親必須是親，不可只取親的境。日本人於格物尚有未至，故有此次大敗戰。

可是中國歷史的縱面及橫面，亦不免有陰晴晦明。陰晦之際，會如秦失其鹿。秦朝是法律嚴，傷害了人世的親與敬，雖始皇帝的嶧山刻石詔書，要四民父慈子孝，男女貞潔，且不廢禮，而耕織商賈，各勤其事，但這些皆只是後天的，失了親與敬即不能格物，所以弄到指鹿為馬。從來朝庭不能格物，則不保其社稷，眾人不能格物，則不保其身家。除了換朝易代，尚有士大夫及細民凶禍橫死，說起來是見機不早，但何以見機不早，即因不能格物，「未死神已泣」，他先已於身亦不親，於已亦不敬了。惟中國歷史的這種陰晴晦明到底不致文明劫毀。乃至共產黨來了，亦只能破壞倫常，毀棄禮義，可是中國文明的親與敬已在於格物的全部。洗腦亦只能洗了感情及知識，可是格物與感情知識及思想邏輯這些簡直無關。

我鄉下每說，他們的是親堂兄弟，或的親表姊妹，滴水不摻的。這滴水不摻的親即是至純，如五音的標準。因明裏說的至正極成，與數學的點那種絕對的精密，竟偏在於親親的人世。詩經裏的「子兮子兮，如此良人何！」即是親之極，到得不可增減，簡直沒有法子，而洪範裏的皇極，與宋人說的為生民立極，便亦即是這個極。

親是無隔。唐詩，「坐來相向益相親，與君雙棲共一身」，佛經裏雖亦說「無我所」，卻惟中國人能始於親親，而為王者的無對於天下。這裏且亦說明了中國何以沒有西洋那樣的宗教。西洋有耶和華已是一隔，有使徒更是二重阻隔，中國卻人世這樣的親，疏不間親，於鬼神惟敬而遠之。子夜歌，「天不奪人願，故使儂見郎」，一種親，天且弗違，何況他人，更何況鬼神。親親的人世是天下文明。

親偏在，敬亦偏在，是故親與敬皆有一種平等。不玩人，不玩物，臨事以莊，此即敬不但是對人，而亦是對物對事的，於人於物於事有一種平等。西洋視人如物，印度視物如人，亦似平等，可是不好。親始於親父母，敬始於敬兄，故論語裏說孝弟是為人之本，但是還要推廣到親民敬眾。過閭里必軾，是敬於市人。而浴乎沂，風乎舞雩，則不但是親於陌路之人，且於歲序，於春服，於水於風，皆有親意了。故又敬物是生在沼澗行潦裏的蘋蘩亦可薦於宗廟，饈於嘉賓，而敬事則不但於大事小事，連到於無事之時亦端然。但基督的饒赦罪人，釋迦的慈悲眾生，則寧是不敬，不及中國人的恕是敬而沒有委屈。釋迦又以馬麥為天人饌，變得不是馬麥了，而中國則蘋蘩是蘋蘩，如此物物分明，王天下是物物各得其正。

親與敬的人世的存在，欲辯已忘言，如數學的點線的存在，不可以邏輯求證，而西洋的唯心論與唯物論，自然主義，現實主義，浪漫主義等，則皆是隔著牆壁在喧嘩。於科學有所不得，要反求之於數學，而一代的歷史大事於理論有所不得，則要反求之於格物。

格物是逐物的反面。格字古訓來，有朋自遠方來，簫韶九成，鳳凰來儀，而王天下是外國自然來朝，皆是這個來字。此惟印度文明尚能相近，釋迦成正等覺，天雨摩尼，地湧金蓮，諸天龍神，世上男女，皆來至佛之處，基督則無此場面，只有他去到上帝那裏。可是現實的王天下惟中國纔有。

熱核能出現，舉世震驚，惟因於物無親，故物愈尊而人愈卑。這是西洋向來如此，現在亦惟愈演愈甚而已。世界史上，惟中國文明可使有菽粟如水火之多，而人愈尊，機械滿前，而人愈閑。拿過去來說，若單說那是手工業或鐵器代，那是一點內容亦沒有的，卻是還要有大唐世界，大明江山。說現在是熱核能的時代，或熱核能的世界，亦一樣的無內容，卻是還要有新的禮樂之世，始可以海宴河清，雖熱核能亦可如放牛於桃林之野，牧馬於華山之陽。

其實歷史上最大的發明是新石器，自此始有文明，其後銅鐵蒸汽電氣乃至熱核的發明，皆不足以相比。前者始有文明，是自無生有，而後者則惟是已有的東西的成就。而現代西洋是窮人袋裏安不得二百錢，也不過是新有了個熱核能罷了，就如此把人的臉相都變得難看了。

我這樣的思省，不是從學問得來，而是從逃難得來。日本降伏，南京政府潰滅，果然應了李義山的那句詩，「星沉海底當窗見」，但我不是在窗口看看，而是自己亦被帶進。蘇軾遊白水岩詩裏有，

「我來方醉後，濯足聊戲侮，迴風捲飛雹，掠面過強弩，山靈莫惡劇，微命安足賭。」

那次我面臨大難，便亦像這樣的驚險，卻還可笑，然而一切都是真的。

我在路上見報上天天登載在京滬逮捕審判漢奸，在日本及德國逮捕審判戰犯，被押上斷頭台，被綁出槍斃，被處無期徒刑與七年至十五年有期徒刑的不知其數，事不關心，關心者驚，我著實哀悼，氣惱，而且鄙夷。德國且不提，我原深惡日本強盛時的無禮，一直對之有敵意，且信其必敗，還有南京政府的人我亦看不起，可是現在戰勝者欺侮他們太甚亦不應該，我就意抱不平，一面為他們難受，責怪他們何故要自招毀滅。

南京政府的人是業重難救，落於巫魘，禽之制在氣，他們是完全被禁制了，連逃亦不曉得逃。業與身孰親？他們是不親其身。他們一種是做了官，即亡命亦必要是政治的亡命，可是偏偏這回政治的亡命最不好辦，租界沒有了，歐美亦不能去，日本亦不能保護，如此就只可斷念，其實雖如陳公博，要逃亦不是逃不脫，只要他當自己原來就是個市井負販之人，如蘇軾南貶，說譬如自己原是惠州秀才，何處不可安身。又一種是自己亦以為犯了罪，冤愆纏身，像拖了腳鍊不能逃走。但罪福皆不過是業，業是身外之物，並非不可以當下解脫。他們且又懾於勝利的威力，以種種感情與推理，使自己不走，如云，我亦本來為國家，如今抗戰勝利了，我亦初願已達，凡我所做的皆有事實可以辯解，照理重慶的人回來了應當寬大，若必定要嚴辦，那就不止我一個，總之憂慮不得這許多云云。他們如此自欺，以致喪生。臨著大事，是凡感情與理論應該當下除斷。

他們真是死得好苦，惟有墳頭上親人之淚，西風斜陽郊原，纔又見人世的真實。而我亦這纔懂得了喪禮。先王以孝治天下，孝是親之始，而禮則喪禮為大，喪禮是親親的人世的最後取證，罪福是非一齊除斷，連宗教都不要。

佛經裏說的無明，真亦使人要悲哀涕泣，無明只是不能格物。日本人於中國事情，及美國的生產力與武器數字，皆明明知道，但是他們仍這樣的不現實，知識徒然更多了一重阻隔。原來是不能以致知去格物，卻要先格物而後能致知，否則知識反會是業。西洋的認識論到底不能直見性命，印度則有成唯識論，知識是還要經過成，可是亦不及格物致知來得好。

麥克阿瑟元帥佔領日本，說「我若願意，可以殺絕日本人」。蒙忒茂利元帥佔領柏林，下令聯軍在街上雖見德國人微笑，亦應鐵面如故。這卻使我想起在南京時一次去日本憲兵隊訪河邊課長，憲兵因知他們的課長與我是契友，不領我到外人候客室，卻引我到他們自己人的休息室等候，那裏的牆壁上貼有這樣的訓令，「對支那人無友情」，及見了河邊，我連不忍問他。但今日本已敗，戰勝者的傲慢使空氣裏都發出驚駭的音響。他們像舊約裏的耶和華是個大威嚇。耶和華一次又一次的以洪水，以火與劍毀滅人類，是因為他於歷史無親。

一部舊約，正是對西洋人所作所為的諷刺，連不好笑。他們的物是耶和華創造的，但佛經裏說的，所造的東西必定無常，他像小孩玩積木，到底不是真的建築物，必定又統統推倒重來過，再沒有比這個更無親無故的了。

凡被毀滅的東西，皆其存在原來是可疑的，凡喪亂破敗時的惡形惡狀，皆其尚在最好的日子已是帶疾的。我如此重新思省西洋，思省日本，思省中國文明。這裏我且想起了警世通言，有一篇拗相公，是說的王安石，王安石免官回金陵，病重時其妻吳國夫人問後事，他惟言多做佛事，故人葉濤來問疾，他以身為戒，勸以少做文章，葉濤既去，他忽記起路中所見壁上的詩句，「竟無好語貽吳國，尚有浮辭誑葉濤」，不覺長嘆一聲，掩面而歿。王安石博識強記，法理嚴明，於學求其必達，於事求其必成，到頭卻只是一個大誑。沈啟無的風度端凝，南京政府諸眾的哀樂營謀，日本軍的敗戰，乃至聯合國軍的勝利，皆到頭只是一個大誑。他們於人世無親無敬，不能格物。

我如此思省，漸漸明白過來，心裏有一種高興，而對現前的時局大變動遂亦不再驚惋氣惱，轉有一種靜意。是這高興使我在逃難中不致氣餒，否則單如螞蟻尚且貪生，急急的逃命，一定更難受。而且是這靜意使我逃難亦如行於無事。故事裏有府將出獵，追趕一隻兔子，過林過澗到一山寺，那兔子忽然不見，惟剛纔射的箭插在廟門上，原來那兔子是月亮裏的。這故事記不真還是出在宋人平話裏，還是我所杜撰，但人是果然可以如金烏玉兔之靜，不被網羅，不中矢石。

我在路上看見報載通緝令，有我的名字，但我相信我必可以逃得脫。我身上沒有業，連家人兒女亦當下斬斷情緣。逃難使我重新觀看自身，觀看人世，我不是個霸佔僭越的人，此即不是個凸出的存在，今雖社會上無我的立足地，但人世裏必可有我的安身處。王陽明格物，格庭前的竹子，我今卻是格憂患。憂患即是憂患，一切Cynical的機智要除斷，一切感情都要真實，把戲劇化的部份戒絕。處憂患亦惟是親與敬。

望門投止

卻說我渡過錢塘江，是有侄婿相陪，先到紹興皋埠，他的姊姊家裏。那姊姊只知是親戚到了，便殺雞做黍款待。紹興地方，連這樣的鎮上亦一片沃野，河裏埠船與烏蓬船來去，臨河街市，一長埭都是糧食店酒作坊魚蝦與水紅菱的攤頭，所以人家裏知人待客，搬出來的餚饌也時鮮。我到時已傍晚，那姊姊入廚下，我坐在堂房間，左右鄰舍炊煙，與街上人語，皆覺天下世界已經抗戰勝利。一時上燈喫夜飯，我看了那煤油燈，燈光裏屋內的傢具，八仙桌上的餚饌，與那姊姊的人，都這樣綿密深穩，而我卻是叛逆的，刺激的，且又是初次攀親見面，總總不宜於寄身。

我在那裏只過得兩夜，就到諸暨去，斯家在斯宅。憂患是這樣的真，一路受驚嚇，在諸暨縣城外遇見大隊官兵，在陳蔡宿夜店又保甲長提了燈籠來查客商，日本軍佔領時行起的國民身份證，現在便被利用，我卻沒有。如此非一，總總得小心。陳蔡過去即是斯宅，到的那天是陽曆九月三十日，侄婿見我在斯家可以歇足，他纔返還上海了。

斯宅在五指山下，村前大路通嵊縣西鄉，居民約三百家，且是好溪山。民國以來，斯家人多有出外做官，山場田地耕作亦肯勤力，所以村中房舍整齊，沿大路一段店舖櫛比，像個小市鎮。橋頭祠堂，牆壁上四個赭紅大字，「肅清漢奸」，另一邊是剿滅共匪，標著殺條與降條，過路軍隊的政治部所製，還是新的。但還有抗戰必勝的大標語，已稍稍被歲月銷磨了。

祠堂轉彎，臨溪畈一宅洋房，即是斯宅。當初老爺在杭州當軍械局長時發心建造，前後化了三萬銀圓，卻不用水泥鋼骨，只用本山上選木料，一式粉牆黑瓦，獸環台門，惟窗是玻璃窗，房間軒暢光亮，有騎樓欄杆，石砌庭除，且是造得高大，像新做人家未完工似的。這房子就像民國世界，而且與溪畈相宜。我纔來時，一問就問著了。

斯伯母為我收拾客房間住下，對鄰舍只說是張先生。十八年前我曾住在杭州金剛寺巷她家裏，今亦仍如子侄，而因我已是大人，好像昔日當過軍需處長的小叔叔，有時從鄉下來杭州，住在她家西廂房，有一種尊嚴。

斯伯母戰時搬回鄉下，惟婔奶奶及頌遠在跟前，頌遠已婚，有兩個小孩，其他兄弟在重慶，姊妹雅珊已嫁，闓闓出外讀書，都是叫應不到，八年的歲月著實艱難。現在勝利了，老二在國民政府外交部當秘書，老五是農林部專員，最小的頌實亦陞到了營長，都就好回來，就只雅珊喪夫，闓闓則在大後方聯大已快畢業，所以依然是有聲望的人家，勝利了連灶肚裡的火也發笑。官宦世家不足為奇，難得是有新做人家的辛苦與志氣。

斯家真好比是一個民國世界，父親當年是響應辛亥起義，光復浙江的軍人，母親又明艷，出來的子女都錚錚。現在惟大的頌德與老三頌久已經去世，與父親一起葬在鄉下，亦墳前溪畈道路，通到外面天下世界，那裡有名城迢遞，馬嘶人語。

頌德在時與我同年，他自出生已是官家子弟，卻能灑然，有他父親的俠烈。他在蕙蘭中學讀書時，比我高兩班，一日學生鬧飯廳，卻見徐校長來了，大家就都噤聲，徐校長喝問是誰敲碗罵廚房，說出來即刻開除，當下無人敢承應，卻見頌德起立承應了。他倒也沒有被開除。他與同班生趙泉澄頂要好。二人同到北京考燕大，路上趙泉澄約頌德，若有一人不取，即同回上海再考別的學校，總不分離。頌德功課比他好，他是怕頌德取了他不取。結果卻是趙考進了燕大，頌德落第一人回上海。其後事隔數年，頌德一次纔與我說起，「當時他說誓約，我嘴裡不言，但比他還早就這樣想到了，他家境貧寒，若他落第，不用說我是不會讓他一人回去的。但是他也把貧富看得太重了」。當下頌德說時，他亦不是責備，惟難免悵然。人家說一諾千金，他待朋友是未諾已千金。

頌德如此高潔的一個人，在蕙蘭時卻一時與趙泉澄去過拱宸橋嫖妓，他當即染了淋病，彼時可惜還未曾發明有治癒淋病的藥。趙是基督徒，只須祈禱悔罪，頌德卻覺若有上帝，或雖是對朋友，自己沒有好事，反為做了壞事請求饒恕，只有更加卑鄙。他亦不告知母親，惟決心不結婚，從此不近女色，親友中許多小姐愛慕他，但是無人知他的意思。他不責怪趙泉澄，因為諉過是可恥。

他進光華大學文科，跟吳梅學元曲，我見過他填的一隻曲調，字句音節極平實爽利。他同時讀西洋哲學，我還這樣想，西洋哲學的濃重，倒是要以他的百伶百俐來把它來變成平實爽利。他在光華時，中間有一年他回杭州養病，那年我正住在他家，我亦只知他是胃不好。他從小學劍，圍碁在杭州無人能敵，我每與他到西湖邊喜雨台，看他與人下碁，且曾與他同去過孤山林和靖墓前看梅花。但是他太高潔正直，我雖怎樣檢點自己，亦必定有些地方不入他的眼。

頌德後來卻從克魯泡特金的國家論受了感動，做了共產黨員，斥絕一切浮華，單為革命。他還是因為那淋病，要為世人立大功業來解。

他當到第四國際中國支部的中央委員，與陳獨秀彭述之等一道被捕。他的父執陳儀葛敬恩等多是國民政府的高官，只要他悔過即可保釋，但是他不肯。他母親到南京去探監，倒也不勉強勸他，斯伯母是待兒女亦相敬如賓。他關了兩年。忽一日喫生雞蛋，敲開隻隻都是黑的，他遂斷葷，且看見了菩薩。當是時，外面已發動蘆溝橋事變。他悔過出了獄。而托派因他變節，當即開除他的黨籍。

頌德出獄之後不到兩星期，陳獨秀彭述之他們不悔過的，亦因國民政府聯合各派抗戰，都釋放了。頌德還去見過陳獨秀，說起生雞蛋變黑之事，陳獨秀道，科學豈有這種迷信，頌德亦自己疑惑起來。等他明白是失了節，他這樣的人怎會如此，當然驚痛。但他收了怯色，亦不辯解求情。時已南京陷落，國民政府西遷，他亦到武漢，自己辦刊物，還是忠於托派，刻苦到冬天夜裡拿報紙當棉被蓋。這回是竭了他最大的精魂，托派亦為之驚歎感動，惟黨紀對他已覆水難收。

而他到底矢盡刀折了。及武漢又陷落，政府退到重慶，他遂東歸。他回斯宅看母親，住了兩個月，忽忽遂成狂疾，說「我是烏鴉」，又見到處都是菩薩。他仍綽了出去到上海，狂疾愈甚，嫖娼，散錢與街上乞丐，嚴冬亦惟穿單衣無寒色。他對自己的一生，真是女媧補天，再也補不得周正。

戰爭第三年我在香港，曾招請頌德辦刊物，不知他已病廢，而他也還翻譯了一篇論世界黃金數字的英文稿，他的學問的底力實在使我看了心裡難受。他對我惟說要養母親。淋病的事便是那時他告訴我的，他至此已只信菩薩，淋病與失節悔過，乃至革命，他皆已心裡不再難過了。他說墜樓亦不死，喫二兩胡椒亦無事。我只得贈資遣歸。及我應汪先生之召到上海，頌德的二娘舅來商量送他到市外瘋人病院，一年的費用便由我預付。其後竟死，他母親去運柩回來故山安葬。現在我避難斯宅，只到了一到他的墳前。

維摩詰經裡有比丘悔罪，舍利弗告以補過，維摩詰言，「舍利弗，毋加重此比丘罪，當直除滅」，這用中國民間的話來說，即是「事情做也已經做了，錯也已經錯了，不要還放在心上難過」。這當下解脫，原不必經過大徹大悟，求道者的大徹大悟往往亦即是魔，頌德的一生，是到底以烏獲孟賁之勇，亦不能自舉其身。

頌德的妹妹雅珊，在學校裡數學第一，且是全國女子體育的選手，性情剛烈，從小嬌養慣，不聽家裡人的勸告，北大畢業後嫁了空軍飛行員，戰時那男人從重慶飛昆明，飛機失事跌死了，遺下五歲三歲兩個男孩，大的男孩又急病不救而死，她把亡夫的遺物與亡兒的服玩，於祭奠時全都焚毀，自己帶了小的一個孩子到中學校裡當數學教員。他們兄弟姊妹中就只頌德與她像是希臘的，但亦仍是民國世界的浪濤潑濺。

老三頌久，更性如烈火，戇直得不得了，卻極其服善，兄弟中惟他讀書最差，就去進了軍校。他是戰前剿共陣亡，已事隔多年。此外現存的幾個兄弟，雖態度思想各有不同，但都有一種烈性，他們在軍政界，做國民政府的官，倒亦是生於北伐後中華民國的平正明達的一面。惟誾誾最溫柔，也是她最明白道理，待人大方。

可是我覺得他們兄弟姊妹都不及他們的父母，那是民國初年的日月山河。民國世界後來多少有點濁亂了，我便亦有這種濁亂。他們兄弟姊妹說話，對彼此的作風都不怎樣心服，便對去世了的父親，他們亦覺得彼時人的思想與科學知識總不大高明，這是因為父親去世時他們都還小。但是母親現在，他們對母親從心裡佩服，自覺怎麼亦不能及。而母親對他們卻不批評干涉，因為中華民國的一代之事，一代之人，只是這樣的，連不可以選擇。

斯伯母所以對我亦不說一句批評話，我應當是個善惡待議論的人，可是斯伯母如天如地，如桃李不言，到了她跟前，我遂亦是不著議論的了。維摩詰經裡有一節寫天女散花，不著佛身，不著菩薩身，我亦如此，罪福一時皆盡，不著於身。

斯伯母與我惟說，「胡先生你住在這裡，不要緊的」，此外連不盤問，亦不寒暄，更不說安慰的話或如何打算的話。她心裡當然在為我思前想後，想種種法子，因為憂患是這樣的真。她沒有一點戲劇化，這就使我亦能處患憂以淨，一切皆是真實的了。我與斯家的前情，斯伯母亦不敘舊。她惟謝謝我待頌德的一段，因頌德已死，這個謝意只有娘來表。至於戰時老五老四到上海，我幾次贈資，雖是為斯伯母，但是斯伯母不掠小輩之美，讓小輩有小輩的面子交情，報恩亦是他們兄弟的事，所以她不謝，她在人世就是這樣的謙遜，不僭越。而且斯家待我是分賓主之禮，仍像在杭州時的有個內外，惟老四陪我，而斯伯母與媳婦，有時是姨奶奶，則除了奉茶飯點心，掃地抹几，白天無事不進我房裡，且敬客之禮無雜談。

姨奶奶我跟他們家裡人叫她范先生。她十八歲守寡，廿三歲那年進杭州蠶桑學校，畢業後在臨安蠶種場當指導員，一個人為掙志氣，有多少熱淚如瀉。戰時杭州臨安淪陷，蠶種場停歇，她回斯宅，一般採茶種地，還去蘭溪做單幫生意，共同維持一家喫用。她的做人完全是自己做出來的，到處有人緣，得人敬重。她的人只是本色，生長城裡，而亦有鄉下人的簡明，只覺她生在官家亦配，生在巷陌小門小戶亦配。她的服裝與派頭，叫人看了只覺順眼，不去想到貧富，亦不生時行與陳舊，新時代與舊時代的議論，她只是民國世界的人。她安詳有膽識，是十足的女性，但在男人淘裡她也自自然然。她本來皮膚雪白，明眸皓齒使人驚，但自從二十八歲那年生過一場大病，皮膚黑了，然而是健康的正色。她有吐血之症，卻不為大害，她是有人世的健康。她比我大一歲，但是使人只覺對年齡亦沒有議論，可比見了菩薩像，個個都是她那樣的年齡似的。

我與她很少交言，但她也留意到我在客房裡，待客之禮可有那些不週全。有時我見她去畈裡回來，在灶間隔壁的起坐間，移過一把小竹椅坐一回，粗布短衫長袴，那樣沉靜，竟是一種風流。我甚麼思想都不起，只是分明覺得有她這個人。

越陌度阡

斯家堂房的大哥哥，淪陷時期在江蘇稅局做事，今亦一家避匿在外。像他這種普通現實之人，我在機關屬員中見過不知多少，只覺把他們身上一覽無餘，可是昔年在杭州，他亦不過是第一中學的總務主任，斯家逢大哥哥大嫂嫂來望孀娘，竟可以是人世的錦上添花。便是現在，斯家對大哥哥，還有四姑丈陳則民，當過江蘇省主席的，今已被捕，提起時亦只是掛念之意。親則不論，敬則不議，此即人世依然安穩深邃，不是無常的貧薄的了。

斯家現在是與小叔叔家在一宅洋房裡分居，小叔叔晚年到滿洲日本人那裡做官，病歿歸葬，今惟小孀孀與頌禹在著，偏他們一家都是冷淡殘刻之人。那小孀孀還是郭黴的妹子，武漢從我走後即開到了郭黴的軍隊。但這位妹子是一點威儀亦沒有，做人做到四鄰不親，亦惟斯伯母還能與她相處得心裡不難過。頌禹有肺病，只讀過中學，如今年已廿七八，也不娶親，也不出外做事，成天在家動腦筋，心思都用在放高利貸與偵伺左鄰右舍。我纔到得三天，他就問老四，你家的客人張先生到底是何等樣人，因為戰時斯家常說起我，他就從這根線索去懷疑。真是干他何事，要他來管？

老四把頌禹的話轉述給我聽，我只覺對這種人真是無可奈何，但不能不小心，白天甚至要哨探村口是否有兵來，夜裡狗叫也喫驚，因為這些日子外面京滬杭紹正開始全面逮捕南京政府的人。斯君就帶我去到遠村外保親友家作客，如此可以行止無定，避過風頭，且看看有甚麼出路。

斯君先帶我到陳蔡中學，他原在那裡教書，叫我與那班教員打牌，住了三天。老四在同事中與一個體育先生最要好，惟對他說出實情商量過，但是商量不出法子。我不免要責怪老四冒失，幸得那體育先生至終守口如瓶，還關心我。學校裡在舉行慶祝勝利，我看了倒是不覺得刺心。陳蔡離諸暨縣城四十里，往時縣城淪陷，縣政府曾搬來此地。我一人去散步，走到街後冷靜的廟裡與祠堂裡，尚有抗戰部署的痕跡如新，為之正襟佇立久之。

於是去到琴絃岡老四的姑母家。琴絃岡是個山村，村端有黃土岡，那黃土且是清潔滋潤，自然形成波紋，條條平行如琴絃，有松有茶，有玉蜀黍與桑竹之屬，山坡開墾出層層的田畝與園地，村中人家閑靜，使人想起臥龍岡。那姑母家卻有些城裡人式氣，對親眷人客大模大樣，卻值她們家的女兒從縣城回娘家，大家即坐在簷頭談天。那女兒與女婿都在縣立農林試驗場做事。我單是聽她說話，看看她。以前辛亥革命時的軍人，民國元年的議員，五四運動時代的女學生，北伐初期的國民政府官吏，乃至諸暨嵊縣鄉下男女，到杭州上海進紗廠與當娘姨的，皆有民國世界的明亮與灑然。而現在是抗戰勝利，連琴絃岡的女人亦這樣的理直氣壯。

斯君只說我是杭州客人，他哥哥的朋友，無事帶我來遊玩。於是又打牌，因為想要逗留，除了打牌無可藉口。那村中有個中年地主，曾在杭州安定中學畢業，與斯君相識，他就來湊了一個搭子，歇了牌還請我們喫飯。我在逃難時處處注意別人，原為避凶趨吉，但多半是閑情，只顧仔仔細細的看。那地主是個孱頭，在地方上到處被欺侮。他的人，他的家裡，沒有那一樁是眉宇軒朗。看了這個，我真不喜地主。他的妻卻是十七八歲的小婦人，皮膚很白，眼睛且是秀氣，在簷前抱著一個嬰孩餵奶，我心裡為她難受，大約那男人亦是要保不牢她的。人無烈性，真是雖生何益。

翌日我們到鄰村，離琴絃岡只二里路，那裡也有一家鄉紳與斯君是世交。我最不記得別人的姓名面貌，到過的地方亦易忘，惟現前相逢即是今生的直證。我今即如此行過那村子裡的石砌路，與井頭桑園邊，且在一家的堂前作客，喫了點心。隨後與斯君去看村裡的小學校，已放了晚學，祠堂裡惟有課桌與黑板，我若能在此地做先生亦好，但是沒有這樣的機緣。是晚仍宿琴絃岡。

斯君與我還是只好且回斯宅，為避人眼目，路上挨到薄暮纔走到家。可是在村口溪邊即遇見步哨，原來有一團兵開到，團長即借住在斯家。他們是為剿共產黨的三五支隊，路過此地，我不要被順手牽羊牽去，但已不能退轉，只得進了家門，倒也無事，且那軍隊第二天一早也都開走了。

我不知如何是好，自己索性甚麼法子也不想，只聽從斯君安排。他又帶我到許村，有四五十里路，與他的一個女學生同行，三人走了去。那女生家裡是許村的鄉紳，父兄出外經商，倒是門庭人物軒朗。許村人煙茂密，青山沃野，是個大鄉，辦的小學也是完全小學，斯君即想介紹我在那裡當教員，但是向那父兄推薦，說話總不得法，住得兩天只得又回來。出許村五里，在路亭裡且坐下歇息。路邊田稻都已收割，稻莖蔀頭好整齊，觸眼都是秋天的淨。下午的陽光照進路亭裡，淡得閑遠，有千年悠悠之思。

這次回到斯家，一住住了七八天。斯君怕我氣悶，也陪我到村端溪邊山邊閑散。一日下午到山上看看玉蜀黍，正值范先生也在，斯君與我說話，她卻不兜搭，惟倚鋤立在一株桐樹下，俛首覛地，楚楚可憐，但她其實是個亮烈人，從端正裡出來溫柔安詳，立著如花枝微微傾斜，自然有千姣百媚。

范先生倒是連日為我肚裡策劃。她見斯君幾次帶我出去想托托親友，總沒有苗頭，就自告奮勇，由她陪我到她的女友處。那女友姓謝，是她在蠶種場的同事，有個男孩認她為義母，兩人算得要好。范先生與我走到縣城，再坐船去還有三十幾里水路，一路上好天氣。傍晚到了那女友家，原來跨上船埠頭即是。范先生只介紹我是她的表弟，造了個甚麼緣由，說想要在這裡養靜一年半載，只借個食宿，我的人品與所需費用，一概由她負責。不料那女友答應不下來，說是男人來信，明春要移家安慶，她的男人在安慶當銀行職員，但這多半是托詞。范先生聽了不樂，因為如果換了是她，她就有這個義氣與膽量答應得下來。

既被拒絕，一宿即要告辭，那女友卻殷勤挽留，又多住了一天。此地是臨水人家，范先生陪我也去看看村前村後。走進一個廟裡，見沒有人，她纔告訴我昨晚臨睡前與那女友商量的經過。雖然說話不多，卻因情勢困難，她待我更當作自己人，我亦分明覺得，只此即有人生現前，所謀不成，我亦不憂急難受，我就是這樣的木膚膚。所以村人見我們兩人像無事閑散，在我倒不是裝。第三天又僱小船到縣城，走回斯宅，半路在陳蔡親戚家過了一夜。在船上時，兩人說話要留心，莫牽涉我的身世，防船老大聽見啟疑。在縣城來去的路上，兩人長長的走，亦說話只像平時，因為雖在憂患，亦天地間並無特別事故發生。但亦因是范先生，她是女性的極致，卻沒有一點女娘氣，我是第一次有這樣的女性以朋友待我，這單單是朋友，就已壯闊無際。

後來還是斯伯母的主意，叫我暫且到楓樹頭住在雅珊的奶媽家，那奶媽知我是從前住在杭州斯家時的胡少爺，我後來的事她亦都知道，所以不必瞞她，當下她毫無難色，到底斯伯母考慮一樁事情不會落空。那奶媽就改口叫我舅少爺，對鄰舍只說是范先生的表弟。她對南京政府的人，與對國民黨，對共產黨，心裡沒有渣滓，一概看人看事來定是非，何況是太太付託，且又與我向來認得，知人待客自有禮意，還比是非更大，如此是非纔不落於宗教，所以收容逃亡而不驚。原來大俠纔能的慷慨義烈，民間尋常男女便能平然行之。韓信感激漂母，感激自身，說他日必有以重報母，焉知漂母聽了很不然。與這一樣，我想我逃難到過的地方，與見過我的人，將來要因我而得名，卻不知民間的偉大竟是蕩蕩莫能名。

楓樹頭是個小村落，離斯宅十五里，在到城縣去的大路邊，山勢逼攏，都是些種田墾地的小戶人家。奶媽家也貧薄，但是可以過日子，她早年喪夫，一女已嫁，現在家裡只她一人。她年已五十以外，卻因去過杭州，活潑灑脫，她叫我住在此地儘管放心，不要緊的。我寧可自己留意，不和村人搭訕，白天只到小澗邊玩玩，有時跟奶媽上山掘番薯，下田裡拔豆。奶媽家裡起坐間聯接灶頭間，夜飯喫過，她一面洗碗盞，一面與我講太太的好處，講打仗時的日本人，那時日本人幾次在楓樹頭經過。

奶媽道，「頭兩年裡來的日本兵都年輕相貌好，後來幾年，一批不如一批，漸漸變得相貌不好了」。她這話竟可比吳季扎觀樂，而知國之興亡。她又說當翻譯的最壞，一次日本兵投宿她家裡，要酒要米，要花姑娘，但是都給她哄過了，那日本兵倒好，翌日開拔時，把用剩的一塊肥皂留給她，那些兵都已走出到了大路上了，那翻譯卻又轉身來問她要了去。肥皂值得幾何，而況兩國正在交兵，可是日本人只要有一分禮，中國民間亦還是心領的。

還有是去年，日本兵已經開走了，夜裡又回來，因有一個日本兵在半途掉隊，被中國游擊隊打死了，他們來尋人，把楓樹頭包圍搜索。村人見來勢不對，一齊都逃，好在是夜裡，微有星月，大家上山的上山，來不及的去躲在麥田裡。奶媽纔逃到麥田裡，已被對面一個日本兵攔住，左逃左兜，右逃右截，背後隔得幾條田塍，大路上又都是日本兵的聲音與手電筒，說時遲那時快，那個日本兵已擎著槍刺向她直衝過來，相去不過一丈，她一驚，卻正色道，「你這是在幹甚麼呀？」竟像是大人叱責小孩，而亦居然給她逃脫了。現在奶媽講到這裡，仍是那種驚惶的帶叱責的笑。這樣的驚險關頭，她在日本兵之前，亦仍是人對人，不是神面對著魔，或魔面對了神。她那笑是人的發揚極致，是真風流。

楓樹頭要算那一次劫最重。村中有個婦人被日本兵捕獲，赤體反綁在路邊樹上。又有個出嫁的女兒回娘家來看護父親的病，不能丟父親一人在病床上管自己逃脫，被幾個日本兵衝上樓來，當著他父親把那女兒來非禮。後來婿家倒亦沒有異言，這可真是心思乾淨。如今日本已敗，奶媽說起這些事，竟是不雜感情。人世原來是非分明，但亦惟如天道福善禍淫就好，若必不勝其恨惡，那是自己已被敵人之業所纏住，不得個豁達了。

有時我不與她攀談，奶媽就一面做事情，一面唱小調，那是年輕女傭與車夫門房背了老爺太太，在前庭後院鬥趣爭勝，打情罵俏的氣概，奶媽年輕時在杭州斯家，本來也是個不讓人的，但是不合她現在這種年齡，況且是在鄉下自己家裡。而我卻喜歡她的這種不調和，像管絃藥裡夾進箏策，裂足開胸，蕩人心魂。

惟有奶媽每到畈上去，從雞籠上翻出一堆破鞋子來換，我看著心裡好不難受。我是為愛玲，總想新時代也要是繁華的。又一次是大路上趕市的務農人經過，扁擔朵拄，邊走邊說話，其中一個大約二十幾歲，在告訴他的同伴，昨天鎮上做戲，他在親戚家過夜，丈母娘抓了一把乾荔枝給他當半夜點心，「真真好味道！臨睡前我丟一顆到嘴裡，又丟一顆到嘴裡，喫得咯啦啦響！」我聽了只覺得慘，那樣的貧窮，做人真是虛度年華。後遊庵裡唱十八隻抽屜：

「第一隻抽屜抽一抽，瓜子花生沒盤頭，第二隻抽屜抽一抽，雲片核桃芝蔴球，第三隻抽屜抽一抽，桂圓荔枝圓丟丟，第四隻抽屜好講究，連環糕上印福壽……」

民國初年嵊縣耕夫村女還有這樣的錦心繡口，現在的破落實在可驚。但我堅信可有新的承平富庶，且必定是這班耕夫村女與大都市裡的小市民來開創天下。

人家說楓樹頭風氣不好。奶媽鄰家有個少婦，白晝在稻田裡。與男人調侃捽交都來，有時夜飯後走過來奶媽家裡，與村中男人喫茶聊天，也口不擇言，說說話又動手動腳起來。這亦有一種健康，像遊仙窟的遺辭設句，但總不免鄙俗。我睡的堂前間，是奶媽與她家兩家共用，籮斗也放在壁角，她的梳粧台也放在我床前窗口。早晨那少婦進來梳粧，有時我尚未起身，好得放下帳子，見她倒是安詳，只掠掠頭髮就掩了鏡子，又翩然逕去，此時最有一種美，而且清明。

范先生來看過我一次，在人前稱姊弟，雖不過是表面的，我亦心裡歡喜。此外是斯君來去縣城，每次都彎到奶媽家裡看看我。我出路費請他到漢口去向郭懺設法，營救訓德，就帶她來此，後來到底沒有去得成。訓德被捕，我是在報上看見，曾起一念要自己投身去代她，但是不可以這樣浪漫，而且她總不久就可獲釋的。我常到澗水邊，在新濕的沙灘上用竹枝寫兩個人的名字，惟風日及澗水知道，亦惟與風日及澗水可以無嫌猜。又在山側路亭的架梁上用鋼筆亦寫著有，連我自己三個名字，還記著年月，小心不致被行人發見。

奶媽的女兒，小時隨母在杭州斯家，與雅珊小姐姊妹相呼，所以說起我，她亦是曉得的。這次是她夫家的村子裡有戲，來接我去散散心，她帶領我走田塍路，轉山過橋，她的人也像山邊的映山紅花，不過五里地，就望見那村子了。到家她搬出盤頭瓜子花生，在人前叫我張先生，待我就像娘家人。喫過點心陪我到戲文台下。

台上正演一個官人出亡，在改扮衣帽，我看了不禁心裡一酸。下去昰盤夫，那官人被嚴嵩相府招親，新婚數日，娘子問他為何不樂，唱：

旦，莫不是，為妻容貌醜，相公心中不意如？

生，夫妻豈在容貌論，你的容貌比西施。

旦，莫不是，家僮丫鬟無禮敬，相公跟前應聲遲？

生，讀書之人有大志，我豈為此掛心思。

底子娘子的唱詞，即昔年玉鳳聽見過的，使人想起東吳孫夫人待丈夫劉備，而因是耕夫村女所撰，更有一種謙卑。官人見她意誠，遂生感激，他唱，生，我道奸相生奸女，不知是，荊棘叢中茁蘭蓀，蘭珍待我是真心，上前執手叫一聲，**白**，娘子，**旦**，官人，**生唱**，你道小生是何人？**旦白**，杭州張榮，**生白**，非也，**唱**，不住杭州住南京，不姓張來本性啊曾」。

看到這裡，我眼淚要流下來，不為憂患悲苦，而是為見了親人。

我在奶媽家住了兩個月。時令已入初冬，外面天下世界依然一派兵氣，國民黨與共產黨在爭搶接收東北，上海報上連日登載吳太太余愛珍與李士群太太葉吉卿像蘇三起解，南京是周佛海在囚車中熱淚滿面。可是此地惟見木落山空，路邊桕子如雪，我如賈島詩，「獨行澗底影，數息樹邊身」，憂患之中，彌於身親。

十八相送

（一）

十二月一日，我離開楓樹頭，轉往金華，這次是除了斯君，還有范先生也同行。金華城外有傅家，傅太太斯君他們叫她小娘娘，把我送到她那裡，或者想得出辦法。

傅家老爺民國初年在杭州當旅長，與斯家老爺先後腳去世。傅太太娘家是諸暨，從小會畫眉毛，十六為舟人婦，卻逃出到了杭州。彼時斯家老太太尚在，見她嬌縱可憐，收為義女，她就趕著斯老爺斯太太叫哥哥嫂嫂，好不親熱，一次嫂嫂不悅，哥哥纔把她嫁給傅老爺做填亡。她在鄉下是童養媳，出身微賤，如今當了旅長夫人，就一直把斯家當作娘家來走動。她原生得標緻，有鄉下人的素質，而且帶點蠻來，加上杭州的繁華與官太太的地位，在她都成了是一種灑脫。她的男人歡喜她，當她是性命。男人死時她還只二十一歲，搬回金華，一年裡仍幾次出去到杭州上海遊玩，不免有些風流之事。十八年前我在杭州斯家見過她，帶了一個小女孩，斯家的女客惟她不避人，在堂前與我招呼說話，那時她夫喪未滿，只穿一件淡藍竹布旗袍，瓜子臉，眼烏珠黑如點漆。現在見面，她當然不會記得我了。

這位小娘娘在鄉下開有酒坊，去年添設醬園，曾要斯君去幫她管理，斯君不曾去得，現在想起推薦我去當帳房，即用斯伯母之名與她商量，她見是嫂嫂所托，總也上心。而范先生自願同去，因想女人與女人說話，可以更方便。

到金華去，原可以從諸暨縣城搭公共汽車，但恐站頭或要檢查，我們寧可走長路去。那日從楓樹頭出發。雇人挑了行李，斯君騎腳踏車，我與范先生步行，走古來一條大路，越畈度嶺，過溪過村。一到義烏東陽地界，只見年輕婦女皆著青布長裙在田地裡種作，謝靈運詩裡的東陽女子，與蘇軾詩裡的於潛女子，皆好像是今天的她們。

義烏東陽出桕油與蔗糖，路亭裡販客相語，及路上行人問答，皆是說的這兩樣東西的價錢。是時勝利了纔三個月，已又鈔票大跌，販客往往為比評價錢耽誤了一日半日，即又行情不同。外面天下世界已又在亂起，且影響到了此地的溪山風日，可是看看那村中人家，村前大路，與行人耕人，遊子之心仍覺得有一種可靠。

與范先生，我不知如何，總像有著男女之界。惟有時斯君騎著腳踏車一直上前去了，我與她落在後頭，兩人走了一回，亦稍事問答。我問她這條路從前可曾走過？她答走過，是到蘇溪買東西。彼時諸暨縣城裡都是日本兵，義烏城裡也到過日本兵，但蘇溪仍歸大後方。她還去過蘭溪。蘭溪是龍鳳鎖裡金鳳姑娘開豆腐店的地方，而范先生是走單幫，亦一般為生計。嵊縣戲梁山伯與祝英台：

「過了一山又一山，只見樵夫把柴擔

詞，

他為何人把柴擔，你為那個送下山」。

這擔柴，開豆腐店，走單幫生意，正有著人世的現實與深穩，風光欲流。而那答

「他為妻子把柴擔，我為賢弟送下山」。

又只是個端正。現在范先生送我，便亦像這樣的思無邪。

第一天我們走了六十里，到義烏地界，已日啣西山，就在白楓嶺下村人家借宿。第二天走了七十里，天尚未大亮即動身，十五里到蘇溪街上，喫了早飯。午飯是在東陽，薄暮到金華城裡過宿。凡到飯店裡喫飯，及在何處借宿，三人站在路端商量，范先生惟俯首無言，都聽斯君與我主張，她是女心婉約，但又眉宇間有著英氣，我看斯君亦非常敬重她。

第三天從金華縣城出發，此去傳村只有五十里路了。路上我問起這位小娘娘的為人，范先生倒也爽蕩無禁忌的答說，她的話卻又自然簡明。那小娘娘原是風流，但比起西洋貴婦的浪漫，似女巫的強烈，而其實荒淫無氣力，則小娘娘的到底有中國民間的現實，她不過是偷葷，有得喫就喫。而人是各人自己做的，且人世自有禮敬，斯家人與她即只是個彼此敬重。現在范先生說起她，便有這種豁達，與她不過是不同調，卻亦不掩其美，亦不存嚮往之心，亦不落衛道君子的恨惡，倒是說說她，又無可奈何的笑起來，這笑裡就有著人世的風光無際。往常讀莊子，「與其是是而非非，善善而惡惡，不如兩

忘而化其道」，從思想去研究，都不及現在親眼所見。

我們半下晝到了小娘娘家裡。范先生與小娘娘女人相見，當下有一番熱鬧。我留心看那小娘娘，她今年五十歲，也還不算衰老，可是她身上年輕時的風頭一過，便成了一無所有，人生一世，草生一秋，即是她這樣的人。人生是不可以有業，但不可以無內容。不可有業，是負著多大的重任，經歷了多大的悲歡離合，仍要像身上沒有故事。不可無內容，是要有功德，做人一世是修行一世，而許多像小娘娘那樣的人是從來亦不曾修行。

他仍行動敏捷，這敏捷在她年輕時是走過畫堂前像一陣風，但現在　看來變得有點亂，有點莽，愚而自信，又無定見。范先生與她亦已十年不見，對我說小娘娘真的老了，還不及斯伯母，斯伯母比她更大十歲，至今依然有女性的華麗與亮烈。小娘娘是她年青時的灑脫，老來也變成了硬性的，既不是男，又不是女。菩薩似男似女，但不男不女則很不好。我倒不是討厭她，惟想要找出她有那一點可以佩服，卻竟也不能。

小娘娘原住在金華城裡，現在日本兵退了，她就要搬回去，所以鄉下家裡這幾天亂紛紛，家具一部份已搬了過去，還有的也要搬，客堂間與房裡都變得沒有內容，像她的人。我們就在她家裡住了五天。她開的醬園酒坊也去看了，但因帳房已請定了人，我想得一枝之棲，又所謀不成。

小娘娘還帶領我們去鄰村玩玩，到一財主家飲茶稍坐。那財主，本地人都稱他為員外，如今年邁半百有餘，家無多人，卻廣有田地，且會做中醫，一半是施診贈藥性質，也算是個本份之人。但他經常受人欺侮，往年日本兵路過，地痞敲他竹槓，共產黨的三五支隊經過，又被敲竹槓，現在國民政府回來了，又課他被敲竹槓之罪，如今正在打官司。我聽了覺得悶氣，但是也不同情他。

我坐在客堂上，聽小娘娘與那員外說話，我只遊目看看這大宅大院，卻沒有東西可以欣悅。我還與他們一道到樓上也去看了，樓板上空落落，只見堆著許多紅漆的桶與盆盤，好像是嫁女用的，可是這家裡既不見女兒，也不見媳婦。我本來歡喜這種舊時款式的東西，但是眼前的這些成了無主，我連不忍多看，莊子說，「仁義者，先王之蘧廬也」，所以稱道仁義，不如稱道先王，而車服器皿的美好，亦是要有人。

回來時在阡陌上走，斜陽西下，餘輝照衣裳，小娘娘的臉有一瞬間非常俊麗，令人想起世事如夢，如殘照裡的風影。一樣的西風殘照，漢家陵闕，就巍峨如山河。可是如今這一代，有許多像小娘娘那樣的人，像員外那樣的人，乃至許多年輕活潑，如火如荼的革命者，都要隨水成塵。但是我並不因此就生起人世無常之感。

小娘娘我看她不大會得料理家務，也不大會得招呼客人，倒是范先生處處照顧我，而我亦變得不能有一刻不見她。我也算得經過世面，而仍像初出茅廬，存著男女之界，連不好意思應酬，單是幼小而聽話，這就只有對范先生。她帶我到村端去看牛車壓瀝甘蔗，大灶猛火煎煉紅糖。她又田畈裡也陪我去走走，直到村子對面的山腳下，只見連疇接壤都是種的白皮甘蔗，她道，「金華倒是好出息，畈裡甘蔗，村裡炊煙人家」。路邊一塊地種的蘿蔔，她也立住看了一回，說道，「下次問這裡要些蘿蔔種籽去，明年做七月半免得到街上去買」。她凡看一樣東西，起一個想頭，都有人世的安穩，所以我總覺得她比我大，心裡當她是姊姊。有著一個親人，而且是姊姊，便憂患之中，也她會用心思，我自己反可以無思無慮。我連替換衣衫也是她說好換下來洗了，我就換下來給她，她去池邊洗衣，我也像小孩的跟了去。

後來小娘娘到金華城裡，我們也同去。她在城裡的一宅洋房戰時被日軍佔用，現在收回來，旁邊倒多了一幢日本式樓房，亦歸於她。洋房樓上可是有藍衣社的金華站主任住著，我聽了一驚，提心吊膽住在樓下的房間三日，與斯君有話商量，亦可只到外面散步時說。

金華城外有大橋，我與斯君散步去過。這裡使我想起桂林城外的江橋，但是桂林的太像風景，不及這裡的天然。聽人說對岸山邊炊煙村落有個清照閣，宋朝李易安避金兵之亂，到此居住過，但是我不想去看。詞客怕登高望遠，對景難排，我倒不是為憂愁。我每到江山勝極處，反為感慨都無，寧是看見了我自己，照影驚心，只覺不可以褻瀆。李清照當年，即我今天，人如蓮花，不可以近玩。

斯君想起要我去溫州。他與范先生商量，溫州有斯君的岳家，而且有范先生的娘家，外婆還在世，母女已二十餘年不見了，問她可不可以送我去，一面亦等於勝利後回娘家見見外婆。他們商量時我在一旁不說話，心裡想，范先生也許要男女避嫌，卻喜得范先生當即答應了。她就是這樣的大方，卻本色到使人不覺其是慨然。

（二）

十二月六日，一清早出發，是雇兩部黃包車，此去麗水要走三天，這樣的長途黃包車我亦是第一次坐。我們過了金華城外大橋，天纔發白，濃霜被野，風吹來貶人肌骨。我的車子在前，范先生的車子在後，我用毯子從膝上蓋到腳面，范先生則踏著腳爐，我時時回頭問她可冷。我想起小時在胡村，胡村人家的新婦冬天一清早就起來，呵手試曉粧，水粉搨得像霜一樣白，紅棉襖外面繫一塊青布圍襴，即下樓去開門掃地燒早飯。現在范先生是出門在路上，身穿一件銀紫色綢旗袍，雖然別無打扮，卻亦有像是新婦的感覺。民歌裡的好男好女，真是要修煉千年纔成得女身。

纔走得七八里，車夫歇下來換草鞋。我下車走到范先生跟前，見她的旗袍給手爐燒焦了指頭大的一塊，變成金黃色，我怕她要難受，她卻並不怎麼樣。她當然也可惜，惟因心思貞靜，就對於得失成毀亦不浪漫。這都是為了我，但我不說抱歉的話，單是心裡知恩。她像漢朝樂府裡的，「不惜紅羅裂，何論輕賤軀」，非必戀愛了纔如此，卻是女子的一生每有的潑辣與明斷，這又叫人敬重，所以在范先生面前，我亦變得了沒有浮辭。

我們上車又行了一段路，太陽纔出出來。霜天烏桕，有日月相隨，紅袖護持，這話有點英雄氣派，其實我不過是個蕩子，偏與道旁村落人家心裡相宜。隨即到一小鎮，車夫去喫早飯，我與范先生是在小娘娘家裡動身時喫了來，現在只找個茶肆歇下。我拿長凳放到對面當街店門口，曬得著太陽的地方，請范先生坐了，從茶肆接過一燜碗熱茶，端去與范先生，真的是敬姊姊，而她亦端然受我服侍，心裡想著我是讀書君子。

自此長亭短亭，曉行暮宿，第一天到永康，第二天到縉雲。李清照當年在金華住下，後來又避到溫州，亦是走的這條路。范先生說起戰時閶閶正十七八歲，去碧梧讀書，浙江大學遷到碧梧，在麗水過去，她與幾個男女同學，肩背雨傘包裹，也是從這裡渡溪過嶺的長走。現在勝利了，永康與縉雲縣城裡，尚有抗戰時的商販景氣及軍隊部署的遺跡如新。而這一切，皆成了我與范先生今天的好。

從縉雲到處州這一段，田畈就仄，一邊是山，一邊是溪，人家都在溪對岸。這條溪即是麗水上游，通到處州，所以處州又叫麗水。沿溪半山腰迤邐一條嶺，總有百餘里，如今正在鑿開汽車路，有幾處我們要走下黃包車步行，且是鬆動筋骨。前此有斯君同行，倒亦不覺，現在他不在一起，我纔如夢初覺，心裡有一種竊喜。我與范先生兩人同行同止，這裡是溪山與行路之人皆對我們無嫌猜。況又是長晴天氣，江南初冬似晚秋紅紫，只聽得溪水聲喧，日色風影皆是言語，我亦不禁想要說話起來了。

兩人每下車走一段路時，我就把我小時的事，及大起來走四方，與玉鳳愛玲小周的事，一樁一樁說與范先生聽，而我的身世亦正好比眼前的迢遞天涯，長亭短亭無際極。

我連把在廣西一中時對李文源的事亦告訴了范先生，這豈是相宜的，而她聽了倒也不覺得有甚麼惡劣。原來看人論世是各有胸襟，曹操與劉備煮酒論當世英雄是書上的事，不如我今與范先生可以這樣的沒有禁忌。

惟有說起頌德，她很不以頌德的革命苦行為然。而革命者是有許多往往因為一種超越精神，其實對於人世欠尊重。她對頌德只是嗟惜，說頌德的想頭是獃的。我聽了果然覺得頌德的剔透伶俐與正直認真，原來並不曉得格物致知。范先生說他不聰明，竟好像是愛玲的批評。因我提起從前，范先生遂亦說說昔年住家杭州，四姑爺來了，斯伯母如何取笑他。四姑爺即是陳則民，後來維新政府及南京政府初期的江蘇省主席，與我也要算得是同僚，我卻不把這般人放在眼裡，可是聽范先生說的當時情景，竟像漢鍾離與李鐵拐亦都可以列為八仙。

也只有我，南京政府倒下來，逃命都來不及，一路上卻還有閒情講說這些。范先生告訴我，去年正月裡斯君連賭幾個通宵，輸了幾石穀子的錢，變得歇手不得，到底斯伯母發話了，她道：「你是輸了錢，不曾輸了人，歇了也罷，」真是一言開脫，而我現在，亦不過是輸了政治罷了。當年觀世音菩薩說與孫悟空，「你到了十分窮極的去處，我許你叫天天應，叫地地靈，」我今與范先生同行，時或停步看一看嶺路左側直下的溪流，亦叫一聲山鳴谷應。

而且我也壞，引誘范先生也說她的事給我聽聽，因為我想要斷定眼前景物與她這個人都是真的。我這對她，亦即是格物，第一要沒有禁忌，纔能相親。男女之際，神秘無窮，皆只是自憐自驚，其實不曾看見對方本人，而神秘亦到底不能無窮，因為幻惑必終於幻滅，我對范先生卻沒有這種驚嚇，竟是甚麼都不管，好比可以親手撫她的眉毛，撫她的眼睛，乃真有親愛之不盡。而范先生亦說話沒有隱蔽，如此刻她的人在日月山川裡。

我聽她說她在斯家及在蠶種場的事，她的少年事與現在事，只覺她的言語即是國色天香。她的人蘊藉，是明亮無虧蝕，卻自然有光陰徘徊。她的含蓄，寧是一種無保留的恣意，卻自然不竭不盡，她的身世呵，一似那開不盡春花春柳媚前川，聽不盡杜鵑啼紅水潺湲，歷不盡人語鞦韆深深院，呀，望不盡的門外天涯道路，倚不盡的樓前十二闌干。

她說起戰時斯家搬回鄉下，頭三年裡家景好不為難，過去得過斯家好處的親友，有幾家很好過日子，斯君曾去開過口，想要商借二百元，八九十里路往返，錢只借到十五元，斯伯母卻無一語怨懟。現在勝利了，斯家諸郎即將隨國民政府歸來，這班親友鄰舍又上斯家來湊熱鬧，斯伯母亦照舊待他們好。花落花開，歲序不言，人世裡有多少興廢滄桑，炎涼恩怨，但斯伯母是好像人世自身，江山依然，風日無猜。

范先生道：「那年老五到上海，胡先生送的錢，他都買貨回來，到家一面解行裝，一面講胡先生。老五要把這批貨運到重慶，更可以賺得三倍五倍的錢，後來他就得在重慶開了個農場。但有一小部份即在斯宅賣了救急，是擺在家門口，四鄰都來看，小件頭頃刻間爭買而盡，如布疋等亦只三天都賣盡。卻說那天日頭尚未落山，賣得的錢，當時就糴米燒夜飯，炊煙鬧洋洋。我不顧來買東西的那班街坊上人聽了會介意，出言道，過去待人是白待，今後卻要看看過人了。胡先生的恩，將來別人不還，我也要還的！」

范先生真是言重了，叫我如何當得，但我被她的烈性所驚，竟離開本題，只是心裡越發敬重起她的人來，她的好處，我每次都好像是初發見，所以她的人於我常是新的。我見她這樣理直氣壯，便人世恩怨皆成為好。西洋人的主僕之恩，仇敵之怨，惟使感情卑屈污濁，總不得這樣慷慨響亮。中國的是平人的直諒。竇娥冤六月雪，是匹夫匹婦亦不可欺，欺即天地都要發生變異。而報恩則如韓信千金投淮水，當年漂母意，亦如漢王對他的知遇，有一代江山。

而且我心裡竊有所喜，是范先生把我當作親人。世上惟中國文明，恩是知己怨是親。小弁之怨親親也，而男女之際稱冤家，其實是心裡親得無比，所以漢民族出來得昭君怨，及王昌齡的西宮怨，李白的玉階怨，皆為西文洋學自希臘以來所無。而恩是知己，更因親纔有。那漂母，不過是請韓信喫了飯，並非救了他的性命，脫了他的大難，但漂母待他的這份意思，無須熱情誇張，亦已使韓信感激。至於男女之際，中國人不說是肉體關係，或接觸聖體，或生命的大飛躍的狂喜，而說是肌膚之親，親所以生感激，「一夜夫妻百夜恩，」這句常言西洋人聽了是簡直不能想像。西洋人感謝上帝，而無人世之親，故有復仇而無報恩，無白蛇傳那樣偉大的報恩故事，且連怨亦是親，更惟中國人纔有。而我現在亡命，即不是靠的同志救護，亦非如佛經裡說的「依於善人」，而是依於親人。我亦不是靠生平的政治事跡，或一種革命的信念，使自己的志氣不墜，而是靠的人世之親，纔不落於無常之感。

（三）

從來說修身齊家治國平天下，但眼前有了范先生這個人，即是有了江山。東南地，昔人有王謝風流，我都不在意，我歡喜的是吳越王錢鏐，他挑鹽出身，做到了「義士還家盡錦衣」，父老聚觀，只覺得他是自己人，他的妃子去娘家歸來，亦陌上花開，與畈婦村女是平輩人。無產階級革命其實孤寒，便英雄美人亦不可另有他的境界，卻是眾人皆可為堯舜。如今范先生即有這樣的人間風光，她與道傍人家，道上行人，皆好像是相識，她的人照山照水，是這樣的現世的身體。這就是修身。佛經裡說，「人身難得，大法難聞」，卻不知身即是法。我今即眼裡心裡都是她這人，連她身上的衣裳給我的感覺亦皆是她的人。我這些年來在外頭，可比打擂台，也會會過天下的英雄好漢，都不如眼前的她有人世的風光無際。

其實，范先生在斯家的地位也非容易。前次在楓樹頭，我聽奶媽閑話往事，當年老爺在時，大少爺頌德官還只十二三歲，曾經很看不起范先生，罵她是妾，女人無品，被老爺打了一頓，但頌德官後來大了，曉得道理，反是他第一個領導弟妹敬重范先生。奶媽卻到底是傭婦的胸襟，至今她說話裡還是偏在太太一邊，不佩服范先生，其實太太待范先生如賓如友，正不必奶媽來凡事護著。如今在路上，我聽范先生說她進蠶桑學校的一段經過，及初進蠶種場那年生過一場大病，她做人實在亦有一種委屈。林黛玉在外祖母家，上下都待她好，但她總要想起這是在他們家，不免多心，自己感傷哭泣，如今范先生對我提到斯伯母，亦稱「他們娘」，她不是為對他們娘，或他們兄弟姊妹有那些不滿的批評，而只為人生鼎鼎百年中，她仍是她自己的，她的志氣如春風亦何擇，桃李自主張。

而我見識過政治的許多大道理，到頭不如聽聽她說家常事，倒是有閭巷風日。戰時范先生幫同維持一家，拿出她的私蓄做本錢，到蘭溪與諸暨縣城走單幫生意，但只做得幾次，連本帶利都給喫用光了，只為她也是斯家人，一體同心也理應。男人私蓄是沒有志氣，但婦女的私蓄則有女心的喜悅，而且她亦肯拿出來，那樣的灑然，卻又是一個個的錢都用得有情有義。她的慷慨與達觀惟是貞靜，非常現實的做人道理。而西洋經濟學裡的私有公有，則真是無一是處，乃至佛經裡說的忘人我之界，亦不及范先生的有人我，而人我皆好。

民歌裡有，「送郎送到一里亭，一里亭上說私情」，如此送到十里亭，一程一程都有知心的話說，拿來比方范先生與我在路上的情形，竟是比方得不對。但如蘇軾拿河豚形容荔枝，不切題的還勝似切題的，比方得不對還好過比方得對。

我又聽范先生說，斯家兄弟中老四從小由她帶領，說與她做兒子，所以這斯君戰時娶親，她在錢財上相助，行聘還問她借一隻金鐲頭，她也取出來給了，只為花燭時新郎新娘要請她上坐受禮。雖在艱難的日子，她亦是把人世之禮看得這樣貴重。其實與她為兒媳不過是一句話，斯君待她的確親熱，但那媳婦就不見得，范先生卻也看得開，她只是盡她做長輩的名份，有給新婦的見面錢，長孫出生，滿月亦有見面錢。至於那一隻金鐲，後來是被變錢用了，雖斯君說過將來閒閒妹妹出嫁時還，但這樣亂世荒荒，將來的事那裡算得到。范先生卻也不惆悵，因為她總覺得人世的日子長著呢，即使事實上不能還，亦萬事依然可信。我時或會有急景凋年，蒼皇失據之感，現在看看范先生，就心裡非常喜愛。

原來中國人的家非止是一種社會組織，而更是人世的風景。古詩有「汝南雄雞登壇喚，萬戶千門天下旦」，雖帝京王氣，亦只在街道里巷人家的都有朝氣。蘇軾詞，「花褪殘紅青杏小，燕子來時，綠水人家繞」，凡名城鬧市，紫陌紅塵，風光皆在人家笑話。乃至山山水水，亦如劉禹錫的竹枝詞，「山上層層桃李花，雲中煙火有人家」，及宋朝誰人的詞，「橫江一抹是平沙，沙上幾千家」，名勝不離人家，所以有這樣的現實的好。那沙上人家，使我想起鸚鵡州的風日妍和。而那雲中煙火，則彷彿是許旌陽全家連雞犬白日飛昇，所以桃花源仙境亦只是世俗人家。

人世風景這樣現前，而且不落劫數。唐詩裡「舊時王謝堂前燕，飛入尋常百姓家」，現前有百姓人家依然，此即江山無恙，那興亡之事，不過如花落花開，而歲序仍自靜好。又誰人的詞，「枯藤老樹昏鴉，小橋流水人家，古道西風瘦馬，斷腸人在天涯」，天涯要算得遠了，那小橋流水人家卻又使人覺得一切都這樣的近，這種遠意近思，即南宋的理學家亦說不得這樣好，而離愁只是親情的日新，則蕩子亦不致放失其心，人世總不飄忽。

我幹政治的願望，亦不過是要使閭里風日閑靜，有人家笑語。但我流亡道路，焉能齊家。便是范先生，亦不能說斯家即是她的家。漢朝有個霍去病，說「匈奴未滅，何以家為？」舊戲裡還有個樊梨花，簡直與楊家為媳婦與薛家為媳婦都不宜。這都不是人家人。人家人像生在庭前的椿萱蘭桂，英雄美人卻是奇柯好花出牆外，招路人眼目，好像是一種破壞，但亦仍是生在那人家。林黛玉不是榮國府的人，但若沒有榮國府那樣的人家，便要寫林黛玉亦無從寫起。世上人家惟是深穩，但是亦要有像霍去病樊梨花林黛玉這樣不宜室家，看來好像離經叛道的人，纔深穩裡還有風光潑辣。我與范先生，亦只是不比得別人的福氣，卻有得可以跌宕自喜。

（四）

梁山伯祝英台十八相送，一個有心，一個糊塗。我今與范先生一路行來，只覺越來越敬重她，且越是現實的，心裡越親。但我不像祝英台的早已想好，卻只像呂洞賓的擲錢擲中觀世音菩薩，未必有野心，無端端弄得自己也驚，但還是要淘氣闖禍。我竟問起范先生這許多年來在外頭，可曾有愛人？聽她答沒有過，但有一個朋友，我還只管問，而她亦就一一都說了。我這問能問得來自然，她的答亦答得來平正裡有著危險。

范先生的朋友是蠶種場的一位男同事，姓厲，黃岩人。這厲先生有中年人的切實，做起事情來至心至意，待范先生處處照應。場裡每年分派技師到各縣鄉下指導養蠶，范先生與她總在一道的時候多，或不在一道，亦地方相近，有一年是兩人同道到蘭溪。如此數年，厲先生對她秋毫無犯。她亦感激他的一番意思，在蠶種場冬天休暇時為厲先生翻棉被，燒小菜，憐他是個男人在這種事情上頭不會。後來厲先生在家鄉的妻死了，遺下小孩，他對范先生，意思是表示過，但范先生沒有與他配姻緣。

我聽她說厲先生，不免稍稍生起了妒忌之心，但還是愛聽。既然這樣小氣，卻又世上凡美好的東西，縱令於我是辛辣的，我也歡喜，會孜孜的只管聽她講下去。及聽到緊要去處，我問她為何不與厲先生結婚？范先生卻道，「我覺得他魄力不夠。男人總要有魄力的好」。我聽了嘴裡不說，心裡卻想，我比那厲先生魄力大。這又是我的蠻來，不能切題的，亦枉對硬對把來切了題，若比作一篇文章，我這樣的起承轉合法，便該打手心。

因范先生說了魄力的話，我倒是要把她從新又來另眼相看，在我眼前的這位范先生，她實在是有民國世界人的氣概。她在家就燒茶煮飯做針線，堂前應對人客，溪邊洗衣汲水，地裡種麥收豆拔菜。她在蠶種場，就做技師，同事個個服她，被派到外面去指導養蠶，鄉下人尊她是先生，待她像自己人。如今她長途送我，多少要避男女之嫌，可是單看她的走路，這樣乾淨俐落，不覺得有何女人的不便，就是她的人大氣。而且兩人說話，我竟得步進步逼到了她的私情上頭來，她不是全無知覺，但她又想你也許不是這種意思。

男子易對人說自己的女友，多有是為了稱能，或者竟是輕薄，女子則把心裡的事情看得很貴重，輕易不出口，姊妹淘中若有知心的還不妨向她披露，這亦說時聲音裡都是感情，好比一盆幽蘭，不宜多曬太陽，只可暫時照得一照。現在范先生卻當著我這個男人說她與厲先生之事，竟不知是說的她與厲先生的私情，還是不知不覺的變成了只是她與我兩人此時的情景，這裡的一種不分明，卻真是非常之好，寫書即不能亦像這樣的對讀者有情，所以我從書上從未見過說私情有像范先生這樣說得好的。

卻說范先生與那厲先生，後來還是照常，兩人要好是要好在心裡，到打仗蠶種場停歇，各歸家鄉，還有信札往來，惟總要隔上一年半載，纔有一封，人世是有這樣的歲月悠長。厲先生後來不知續娶了沒有，好像還沒有似的，又後來從別人纔知道厲先生已在家鄉病歿，那還是勝利前一年，等范先生知道這消息是我們已在溫州，結婚多時了。她當然嗟惜，但是沒有悔恨，因為兩人誰亦沒有相負。厲先生另娶或否，范先生另嫁或否，亦一個是男兒平生意，一個是女子平生意，相見時不會有改變或不自然的。那厲先生，打仗第三年他因事情出來，還到斯宅彎過一彎，只為望望范先生。范先生自己拿出私蓄沽酒殺雞，接待他喫了一餐午飯，這亦是斯家的開明。他半早晨到，午後辭去，范先生送他走過村前的溪畈到大路上，斯宅人見了亦不以為異，只說你家今天有客人。

這種情節，若在西洋人，必定弄得不是太重，即是太輕，不是太深，即是太淺，范先生與厲先生卻做得來自然平正，聖人說中庸之道，乃是這樣的生在中國民間。與這同樣的情節，若在日本人，就必定有一種禪的境界，日本人是他們的男性美，女性美，乃至庭院木石，凡是好的東西皆有一種禪的境界，可是范先生與厲先生亦不落這樣的境界。又佛經裡有解脫，中國人亦不需要解脫，卻是止於禮，自然不致纏縛。范先生與厲先生，是一個亦不曾相負，一個亦沒有被委屈，厲先生生前在世，他與范先生的一段情節，可比春風牡丹庭院，而他雖只是百花中的一花，百草中的一草，春光無私，他亦已得到了他所要的。這亦即是莊子齊物論的風光。人生原來是可以好到「各盡其能，各取所需」，這句語若單是經濟革命的理想就不足道。

（五）

昔人偶到青山綠水的去處，頓覺豁脫了塵俗，而我與范先生說的卻都是塵俗之事，冬日照行人衣裳，隔溪人家，山長水遠，外面有堂堂天下世界。我們的說話一轉轉到了嵊縣戲，講起梁山伯與祝英台，又講到玉蜻蜓。西洋人是他們現實的做人亦戲劇化，而中國民間則戲劇亦本色到與現實的做人一樣是真事。而范先生講梁祝本事，講前遊庵與後遊庵，只就記得的唱詞與說白直敘，一點不穿插形容或加添說明，而自然意思無限。她的述而不作，恰恰是得了嵊縣戲的精神，因為那種戲從民間生出來，亦是述而不作。西洋的藝術與藝術論可是從來亦沒有這樣的發明，惟佛經裡有「夫說法者，當如法說」，亦不及這樣的尋常行之而不覺。這嵊縣戲自身，與范先生的講嵊縣戲，便只是一個好，而且皆成了是現前的她。原來唱嵊縣戲的女子，如傅全香，姚水娟，袁雪芬她們，亦就是像范先生這樣的人。

將近處州，山迴溪轉，路在嶺半，人如到了高台上，下臨麗水，麗水跟我們一路到此，已由溪水變成江水，有曠遠之勢，兩人於此駐足，我稍稍眺望一番，想像當年韓信的拜將壇，想像富春江上高高在半山中的嚴子陵釣台，想像劉備到東吳招親，與孫權並騎上金山，指點江山形勝，二人各自有英雄心事。我亦生起了大志，而且亦自然得沒有慷慨悲歌。古人有荊軻項羽魏徵，是出發之時，失敗之時，未遇未達之時，慷慨悲歌。但漢高帝還鄉與曹孟德赤壁未敗前的慷慨悲歌，卻是在得志之時，轉覺天地之無窮。而當其屢敗之時，那漢高帝是敗亦可喜，當其出發之時，那曹孟德是臨陣安閑，皆沒有慷慨悲歌。便是那韓信，他未遇未達之時，亦是沒有慷慨悲歌的。這倒是合於我的現在，政治失敗到得亡命，亦對世俗的現實多有謙遜喜愛，聽聽范先生的尋常言語，能喜愛那言有好言，語有好語。

但是這樣的山川佳勝去處，我亦不過略略眺望了一番，不可以神魂飛越，或情意耽溺。回頭看那兩個黃包車夫時，把著空車，隔一道山谷，落在我們後頭總有里把路，我們就又步行，到前面再等。因是新鑿的汽車路，且喜得尚未通車，只見雖在半山腰，卻平坦寬闊，鋪的黃泥也鮮潔。我與范先生並肩走，一面只管看她這個人，古時有趙匡胤千里送金娘，現在卻是她五百里送我，我心裡這樣想，口裡卻不說出來比擬。我單是說了趙匡胤與金娘之事。

有隻電影流行歌：

「柳葉，青又青，妹在馬上哥步行，長途跋涉勞哥力，舉鞭策驥動妹心，哥呀……。」

因說起這隻歌，忽我覺自己就好像那趙匡胤，而中華民國則是金娘，中華民國的千里前程，路上有南京重慶延安的人，乃至番邦，意氣豪雄來相干，但仍我是她的親人，唱到動妹心，便江山都驚。我覺悲壯激昂實不及這樣的只是情親，英雄對江山而感慨奮發，不如江山因英雄而動心。

這隻歌我要范先生唱來聽聽，她竟也高興。但她從來不曾學唱過，她纔發聲，我聽了一驚。她是唱得太高了下不來，第三句都還唱不全就停止，如彈琴忽然絃絕，必有英雄竊聽，兩人都笑了。中國東西是四平八穩裡，亦何時都有著跋扈不馴，簡直不顧一切，大安似不安，大和似不調，大順似叛逆刺激，所以是活生生的。

像我現在，即很不調和似的，憂患驚險如此切身，卻與范先生，好像文簫華山遇彩鸞。我還說范先生，你的生相與腰身，人家會看你只有二十幾歲。她道，「前比斯宅有小貨郎擔來，我與閶閶去門口買絲線，那小貨郎還當我們是兩姊妹。斯宅人也說，婉芬做新娘子還不及范先生後生」。她這樣安詳大方，卻也喜歡人家說她年輕，這就依然是女兒性氣。事實上，後來她與我住在雁宕山中學校裡，同事多想她是廿三，四歲。

我們要算在路上說話最自由，但在路亭裡買飯，與到了宿夜店，就要少說話為宜，怕涉及我的生平，旁邊有人聽見起疑。每在人前，范先生處處留心照應我，因此兩人只覺分外親熱。我們的盤纏錢只帶二萬元老法幣，那時一碗麵已要八十元，一包大英牌香煙要五十元，但也老法幣總還值錢，而且交由范先生使用，就有錢財銀子的可珍重。她是用手絹包了鈔票，藏在貼肉小衫袋裡，付錢時取出解開來，有她身體的暖香，這也使我覺得親熱。

十二月八日到麗水，我們遂結為夫婦之好。這在我是因感激，男女感激，至終是惟有以身相許。而她則是糊塗了，她道，「哎喲！這我可是說不出話了」。翌日在往溫州的航船上，她道，「這我可是要蠻來了的呢！你到何處我都要跟牢你了的呢！」她的蠻，亦像戲文裡樊梨花那樣番邦女子的不顧一切。

我問她做女兒時的名字，她喜孜孜的，仍稍稍躊躇，纔說出來是秀美。她道，「我這個名字，是連閶閶亦不知，惟他們娘曉得，今日又聽見你叫了」。中國民間舊時女子，在娘家的名字亦是私情，故定親又叫問名，新娘的名字是與年庚八字用大紅帖子寫了，裝在禮擔盤子裡，交由媒人回過來，且到了夫家，等閑不被人叫，而如玉鳳來我家，長輩對她稱名，則已經是新派。秘密惟是私情的喜歡與貴氣，這樣的秘密就非常好。

我問秀美，昔年我在杭州金剛寺巷斯家作客，你住後院，惟出入經過堂前，時一相見，那時你曾心裡有過意思麼？秀美道，「我肚裡想著你倒是一位好官人，但又想你是已經有了老婆的」，所以她只是好像春色惱人，卻沒有名目得不可以是相思。女人矜持，恍若高花，但其實亦是可以被攀折的，惟也有是拆穿了即不值錢的，也有是折來了在手中，反覆看愈好的。現在秀美這樣說了出來，我只是更加感激歡喜。而且現在她看我，亦依然如同昔年的是個好官人。

我說我今這樣，好像是對不住斯家，秀美卻道，「你與斯家，只是叫名好像子侄，不算為犯上。我這人是我自己的。且他們娘是個明亮的」。她的理直氣壯真是清潔。我因問她可曾想著昔年與老爺的情份？她道，「沒有甚麼可追想，那時我是年紀太小」。年紀太小，是不曉得恩愛的，彼時過的好日子，亦只像春風春水長養好花，其實花與風水兩無情，這亦是一種空闊光明。她是與我，纔有了人世夫婦之好，所以她這樣的喜愛不盡。我問她：「你喜歡我叫你姊姊，還是叫你妹妹？」她說妹妹。

（六）

船上過得兩夜，到了溫州，我們先是住在斯君的丈人家，慢慢尋訪秀美的娘家住址。斯君的丈人家姓朱，我只說是斯君的表兄，改姓名為張嘉儀。嘉儀本是秀美給她女友謝君的小孩，拜她為義母時取的名字，我一聽非常好，竟是捨不得，就把來自己用了，用老婆取的名字，天下人亦只有我。我對朱家是說斯君要我先來，他隨後來，等他來了，商量到台灣去做生意。可是住在朱家，我與秀美要避形跡，我仍叫她范先生，她則叫我張先生。

斯君的丈人當過稅局的課長，現在開著酒店。溫州城裡與蘇州城裡紹興城裡一樣，多有這樣的門第，好像是書香世家，舊式房子，堂屋前後院，欄杆走廊，假山花木，親友來往，人情場面都等樣。我在這樣的人家作客，真要做筋骨，住得日子多了，我難為情是不消說得，連秀美為了我，亦只得厚臉皮。但她比我更有大行不顧細謹的氣魄，她道，「他們麻煩，亦只好且麻煩他們了。論親戚亦不在乎此，前年他們弟弟到斯宅來，也住不少日子」。她是何時都有理直氣壯。我的不安，大約還是因為我不喜這等世家。下午人靜，聽他家二小姐在堂前翻絲綿，反來覆去哼同一隻小調，只覺有個古老的中國，連同這斜陽庭院，要消逝堙滅。

溫州話很難懂。喫食是海鮮多，餐餐有吹蝦。芥菜極大極嫩，燒起來青翠碧綠，因地氣暖，應時甚長。芥菜有芥菜香，味厚，微辛。在朱家，飯桌上每芥菜搬出來，主人總自讚好喫。後來我到日本，住在池田家半年，餐餐有秋魚，主婦總自讚好喫，我想起溫州芥菜，不禁要笑。溫州人烹調不講究火候，小菜多是冷的，好像是供神的，中午冷飯冷小菜，惟有一大碗芥菜現燒熱喫，所以特別動人。城裡又飲水不佳，卻縱橫都是石砌的河溝，既涸又髒。但仍可想像過去太平時世，是從城外引活水進來，家家門前有清流如鏡，可以洗菜洗衣。現代都市惟知填平河溝，其實仍應當有，而且可以保持清潔的。

在朱家住了月餘，尋著秀美的娘家，今惟老母一人，窮苦無依，在竇婦橋徐家台門裡賃一間側屋居住。秀美有個弟弟，從小尋到杭州，阿姊培植他學汽車司機，已娶妻成家，戰時在江西運輸隊，被日本飛機轟炸，一門俱沒。如今我與秀美就搬過去與外婆同住。

外婆已七十歲，一隻眼睛因哭兒子哭瞎，卻乾淨健朗，相貌身裁母女相像，但她老年加上無知無識，變得像小孩，一張面孔笑嘻嘻，滑稽可笑，好比年畫裡的和合二仙。她仍以為兒子未死。她對秀美的身世不覺得做爺娘的對兒女有何抱歉。現在忽見秀美與我一道，她亦只是母女情親，毫不盤問。她是人世的事都是好的。連現在這樣時勢，生活下去要一天比一天艱難了，她亦不曉得憂念，你簡直把她無法。

徐家台門原是三廳兩院的大宅，正廳被日本飛機炸成白地，主人今住在東院，那裡的花廳樓台尚完好。西院的花廳也被炸毀，但廂房後屋，假山池榭尚存，分租給幾份人家，一家做裁縫，一家當小學校長，後屋住的打紙漿的人家。外婆住的一間，則原是一個柴間，長方形的平屋，又窄又是泥地，連一張桌子亦擺不平，一排窗格子糊著舊報紙，小缸灶即擺在房門外簷下，亦是泥地。

那天下午辭了朱家，搬來外婆這裡，外婆已把房間收拾得爍清。她把大床讓給我們，她自己另舖一張單人床，兩張床擠在這樣一間瓦椽泥地的房裡，倒是還舒齊。靠壁一隻大櫥，放衣裳針線筐等什物及碗盞，外婆的一隻大板箱與我們的一隻手提箱，疊在大櫥的橫頭，底下擱塊板。床前脫履處也擱一塊板。瓶瓶罐罐都列在床上。一張桌子靠窗下，在大床的橫頭，用幾塊磚墊平桌子腳，桌子底下一隻盛米的酒罈。只得一把椅子，一隻長條凳。這桌子是梳粧桌，也是喫飯桌，好得我向來是不要書桌的。窗格紙已換過，雖仍是舊報紙，新糊上也有一種清光。泥光掃得淨，也人意幽靜閑遠。我與秀美坐下來，看看倒是落位。

秀美真是到了娘家了，她即刻心安理得。行裝初解，她就自去買小菜，自己烹調。一時夜飯搬上桌來，點起油燈，外婆讓我們先喫，她尚在缸灶頭。小菜是一碟炒雞蛋，一碟豆芽，一碟吹蝦，一碟麻蛤。秀美滿心歡樂，捧起飯碗，拿筷子指著麻蛤道，「這麻蛤」，無故發笑，又指著盛豆芽的碟子道，「這盤子」，又笑。真像崔鶯鶯說的「也教俺夫妻每共桌而食」。我見她這樣歡樂，只能是心裡感激。及外婆隨後亦喫過飯，收拾好碗盞，就早早睡覺，這樣的瓦屋泥地，而且好像正月初一，是只可以早睡的。我還有點怕不好意思，秀美卻已鋪好被褥，坐在床沿解衣，婦人是把人生看得這樣肯定，真實不虛。

我們打算連外婆三人的生活費，一兩金子用得一年，先把米甕裡的米買滿，此外省喫儉用，因與秀美在一起，只覺世上人好物好。我問秀美，「假使沒有結婚，你也這樣真心為我麼？」她答，「那我亦要幫你弄得舒齊，有了安身之所，纔交代的」。因又笑道，「誰知你這個人，我送朋友送出來了老公」。中國民間，原來是從朋友之義出來夫婦之恩，五倫五常惟是這樣的平實。

我在憂患驚險中，與秀美結為夫婦，不是沒有利用之意。要利用人，可見我不老實。但我每利用人，必定弄假成真，一份情還他兩分，史實與機智為一，要說這是我的不純，我亦難辯。我待秀美，即真心與她為夫婦，在溫州兩人同同走街，一面只管看她的身上腳下，越看越愛，越看越親，越看越好，不免又要取笑，像詩經裏的，「惟士與女，伊其相謔」，她又高興又難為情，世界上惟獨中國，妻比愛人還嬌。

秀美也是個會喫醋的，她道，「我惟有這樁事情小氣」。但她不妒忌愛玲與小周，這原是她對人事的現實明達知禮，而亦是她的糊塗可笑。她明知我有愛玲與小周，當時她卻竟不考慮，因為她與我只是這樣的，不可以是易卜生戲劇裏的社會問題，甚至亦不可以是禪回答。她這樣做，不是委屈遷就，而是橫絕一世。西洋人的戀愛上達於神，或是生命的大飛躍的狂喜，但中國人的男歡女悅，夫妻恩愛，則可以是盡心正命。孟子說，「莫非命也」，順受其正」，姻緣前生定，此時亦惟心思乾淨，這就是正命。又說，「知其性，則知天矣」，她與我亦竟可以是法喜，歡樂無涯，好像天道的無思無慮。那明達知禮，是比上達於神更有人事現實的好。那橫絕一世，亦比生命的大飛躍的狂喜來得清潔平正。秀美與我，好像佛經裏說的「法不二，法不待不比」，竟是不可能想像有愛玲與小周會是干礙。她聽我說愛玲與小周的好處，只覺如春風亭園，一株牡丹花開數朵，而不重複或相犯。她的是這樣一種光明空闊的糊塗。

但我故意逗她。我說小周的好處，連愛玲那樣的自信，亦且妒忌，將來會在一起，你不怕被比落？秀美聽了一怔，她道，「這全在乎你的心思。但是我亦已經知足了，因為是與你，甚至聚散，都是好的」。我道，「我是戲戲你的，說的頑話」。秀美想了一回無奈，卻笑道，「戲文裏做從前的人，打天下或是中狀元，當初落難之時，到處結婚緣，好像油頭小光棍，後來團圓，花燭拜堂，都是新娘子來起來一班」。這我卻不答，因為沒有適當的話可答。

我是真心真意的。原先我亦不曾想到要這樣，至少當時不曾聯想到前人有這樣的佳話，亦不足以持謝後世人，以我為例，或以我為戒。我心裏亦想將來能團圓，如若不能，我亦是真心真意的做過人了。今生無理的情緣，只可說是前世一劫，而將來聚散，又人世的事如天道幽微難言。可是陶淵明詩，「意氣傾人命」，又說「世短意常多」，竟對於人事是非與天道幽微，亦能慷慨蠻橫。

我倒是聽秀美說的油頭小光棍，覺得非常好。央她說龍鳳鎖，她就引述：

旦，「我罵你油頭小光棍，半夜三更來敲門」，

生，「我不是油頭小光棍，十三太子林鳳春」，

旦，「你既是林府小舍人，為何不帶老家人」，

生，「我隨帶家人林保寧，一時失散無處尋」，

這樣的問答，問的一一有理，答的亦一一有理，真是「雞鳴桑樹巔，狗吠深巷中，蕩子欲何之，天下方太平」。

如今雖然亂離，亦仍可覺得人世的理性，使山川城郭號令嚴明。我已有愛玲，卻又與小周，又與秀美，是應該還是不應該，我只能不求甚解，甚至不去多想，總之它是這樣的，不可以解說，這就是理了。洪範裏，「星有好星，雨有好雨」，人世的事，亦理有好理，比所謂科學的精神更清潔無邪祟，且亦比秦始皇帝詔書裏的更有男女貞良，道理顯白，制度衡量，莫不如畫的人世。這樣好的理即是孟子說的義，而它又是可以被調戲的，則義又是仁了。

鵲橋相會

二月裏愛玲到溫州，我一驚，心裏即刻不喜，甚至沒有感激。夫妻患難相從，千里迢迢特為來看我，此是世人之事，但愛玲也這樣，我只覺不宜。舊小說裏常有天上的星投胎凡間為人，出生三日，啼哭不止，我與愛玲何時都像在天上人間，世俗之事便也有這樣的刺激不安，只為兩人都有這樣的謙卑。但我因是男人，不欲拖累妻子，愛玲如此為我，我只覺不敢當，而又不肯示弱，變得要發怒，幾乎不粗聲粗氣罵她，「你來做甚麼？還不快回去！」

愛玲住在公園傍一家旅館，我惟白天去陪她，不敢在旅館裏過宿，因怕警察要來查夜。有時秀美也同去。我與秀美的事，沒有告訴愛玲，不是為要瞞她，因我並不覺得有甚麼慚愧困惑。秀美因愛玲是我的人，當然好看好待她，她亦一見就與我說范先生是美的。

我與愛玲結婚已二年，現在亦仍像剛做了三朝，新郎與新娘只合整日閨房相守，無事可為，卻親熱裏尚有些生份，自然如同賓客相待。有時兩人並枕躺在床上說話，兩人臉湊臉四目相視，她眼睛裏都是笑，面龐像大朵牡丹花開得滿滿的，一點沒有保留，我凡與她在一起，總覺得日子長長的，忽然窗外牛叫，愛玲與我聽見了，像兩個小孩面面相覷，詫異發笑。我說牛叫好聽，愛玲因說起這次與斯君夫婦同來，婉芬抱光含坐在轎籠裏，路旁有牛，她教嬰孩學語，說「牛，我光含」，愛玲說著又詫異好笑起來。愛玲又道，「牛叫是好聽。馬叫也好聽，馬叫像風」。

我起來到窗口佇立一回，這旅館後面原是個連接公園的小邱，有樹有草，那牛還在。我與愛玲又坐好說話，卻聽見林中烏鴉叫。我笑道，「我在逃難路上總遇見烏鴉當頭叫，但新近看到書上說唐朝的人以烏啼的吉，主赦」。愛玲道，「今晨你尚未來，我一人在房裏，來了隻烏鴉停在窗口，我心裏念誦，你只管停著，我是不迷信的，但後來見它飛走了，我又很開心」，她說著又笑起來。

兩人也說了些別後的事，但那些事都好像很簡單，雖有著一個朝代變遷，身家性命交關，亦不過如同剛纔在院子裏做了些甚麼，又在門外小立遇見了誰，而此刻是坐在了早飯桌上，隨意說起罷了。如此晝長人靜的好日子，我寧是照常聽她說西洋事兒，因為她是專為說給我聽的。

她說戰時美國出一隻電影片，叫「顏色的爆炸」，還有人構想以各種香氣來作劇，沒有人物，單是氣味。顏色與氣味，都是愛玲所歡喜的，但西洋的這種，沒有性情，只成符號，與一些新派的繪畫一樣，都不過是求助於幾何學，畢竟風行過了又要厭。現代西洋人是連音樂亦只能採用野蠻人的巫魘的熱情，而又要求解脫，如此就成了單是技術的，止於感官的。他們最好的時代，如貝多芬的交響曲，亦只是人情比較平易，但是沒有天機，到底比平易之情亦守不住。

愛玲說美國流行神怪，有一本雜誌上畫一婦人坐在公園椅子上，旁邊一隻椅子，空著無人，她背後掛下一條蛇，那婦人沒有回頭看，只喚著「亨利」，真是恐怖。我問那亨利是給蛇喫了？她道「是呀」。西洋人沒有世景蕩蕩，想要追求無限，只能是這樣的洪荒可惜。而他們的熱鬧，則是沼澤裏原始生命的弱肉強食，性與生育的熾烈。

於是她講了勞倫斯的小說卻爾斯忒夫人，及兩篇短篇小說給我聽，果然哲學也深，文辭也美，但是不好，她當即又向我抱歉。我卻還是歡喜聽。我凡與愛玲在一起，對於無論是好的壞的東西，皆心思很靜，只覺是非分明，可是不落愛憎。我沒有比此時更明於華夷之辨，而不起鬥意。

愛玲是不帶一本書的，我來溫州亦只買得一部清嘉錄及一本聖經，如今就把聖經給她，一人在旅館時可以看。第二天早晨我去得遲了些，她已把舊約看完了一半。她歎息道，「以色列人這個民族真是偉大的！」

她唸給我聽。當下眾人殺了王后耶洗別，把她丟在路上踐踏成了肉醬，要使人們見了不知道這是耶洗別。她唸到末一句，單是好笑，我纔亦即刻懂得了這裏有著一種幼稚的滑稽的好。

又一節是祭司騎驢出城去，被獅子咬死了，獅子立在驢子旁邊，人死在驢子腳邊，從人進城去報告，於是許多人趕到了那裏，於是看哪，獅子立在驢子旁邊，人死在驢子腳邊。那獅子怎麼會不走開？但這寫得來竟是一幅靜物畫，只覺得可愛。

還有是參孫，賭東道叫他的妻族猜，「喫的被喫掉，從肚裏出來」，隱著他來時路上看見死獅子腹中蜜蜂做窠之事，但叫人如何猜得著？後來是他的妻漏言，給猜著了，他卻不給東道，反為搶了妻族的衣物。真是元氣滿滿的蠻不講理，叫你拿他無奈。

翻到士師記，「那時沒有王，各人任意而行」，底下隔得幾節，又說，「那時沒有王，各人任意而行」，愛玲道，這樣複一筆，那時混亂的力量真是大極了！

這個元氣滿滿的民族，到底所為何事呢？他們亡於巴比倫四十年，被擄釋放回來，於廢墟上再建聖殿。看哪，聖殿又被建立起來了，當下以色列人年青的都歡呼，年老的都哭號，因為年老的見過昔年被燬前的聖殿。這時有以闌人與摩押人經過，取笑他們，以色列人答道，「你們曉得甚麼呢？你們於此，無權無份無記念」。

這個民族是悲壯的，但也真叫人難受，愛玲看到傳道書，非常驚動，說是從來厭世最徹底的文辭。她唸給我聽，「金鍊折斷，銀罐破裂，日色淡薄，磨坊的聲音稀少，人畏高處，路上有驚慌」，又道，「太陽之下無新事」。以色列亡於埃及四百年，又亡於巴比倫，最後被羅馬所滅，而傳道書則尚在這之前已深感人世的飄忽無常，除了投向上帝歸宿，人再也沒有力氣了。

以色列人的耶和華，原來只是個超自然力量的驚嚇，早先雅各曾與耶和華摔角到天明，瘤了腿，這悲劇實非古希臘人與命運鬥爭可比，那命運是已知的，但那超自然力量的驚嚇則是不可知的。要比只有白蛇娘娘的鬥法海和尚倒還相近。古印度人把這超自然力量的驚嚇稱為宇宙的大的愚蠢，但惟中國文明纔真有天人清安。以色列人的偉大，是次於印度人，而亦幾乎要觸及這無明與文明的問題了。

摩西領以色列人出埃及，路上一眼照顧不到，婦人們已紛紛脫下簪珥鑄了金牛犢，這是她們自己的，到底比耶和華親。士師記裏也寫著那時的人一面不得不拜耶和華，一面卻家裏藏著偶像。其後列王紀裏的以色列人，仍是於背叛耶和華處有其沽潑新鮮。而他們給耶和華的東西，卻是每次鑄的金痔瘡，非常可笑。

但至約伯，以色列人到底對耶和華無條件降伏了。約伯是最後的抗爭者，傳道書便是這抗爭失敗後的空虛。以色列人是尚在被羅馬所滅之前，已被這超自然力量的驚嚇折斷了脊椎骨了。此後上帝變為慈愛，且纔有了天堂地獄，而人類的社會遂亦整然了。耶穌是這新社會的紳士兼英雄。失敗後的空虛，便惟有敵人是尚可懷念的，因其是惟一的存在，他們對耶和華，可比敗戰後的日本人感激麥克阿瑟。但以色列人從此遂等於被消滅了。自約伯與耶穌以來，西洋就不再有觸及天人之際，而只有耶和華與撒旦之際了。

我枉為教會學校出身，還研究了考茨基的「基督教的起源」，都不及聽我老婆說笑的實惠。但是以色列人與我何干，況又聖經是書本上的事，我一面聽她所說的，一面卻只管鑑賞這說話的人，覺得跟前的愛玲真是「這般可喜娘罕曾見」。而且愛玲是把舊約這樣的好書，亦看過了當即叫我拿回去，連枱子上亦不留放，她就是這樣乾淨的一個人。

我們也去走街。因為愛玲不喜公園。小街裏一家作坊在機器鋸木，響聲非常大，尖銳得刺耳，兩人立住看了一回。又走過幾間門面，另一木匠店裏卻是兩個木匠在拉鋸，也在鋸板，一拉一送，門前日色悠悠，好像與鄰坊的機器鋸板各不相關，亦彼此無害。我笑道，「這倒像士師記裏的各人任意而行，也拜上帝，也拜偶像」，愛玲亦覺得滑稽好笑。

兩人邊走邊說話。愛玲道，「我從諸暨麗水來，路上想著這裏是你走過的。及在船上望得見溫州城了，想你就在著那裏，這溫州城就像含有寶珠在放光」。我聽了卻不答言。白蛇娘娘要報許仙的恩也報不盡，有一種難受，而我是男兒，受紅粉佳人之恩，只是心思很靜，連不可以有悲喜。

我們走過木器店，就停步看舊式床櫃的雕刻，走過寺觀，就進去看神像。中國民間的東西，許多我以為不值一顧的，如今得愛玲一指點，竟是好得了不得。譬如伏魔大帝面前兩行文武站班，有一尊像門神的白面將軍，我不覺得有甚麼好，愛玲一見卻詫異道，「怎麼可以是這樣？他明明知道自己是在做戲！」又如旅館的二樓樓梯口有個財神龕，即在愛玲住的房門口，愛玲說那財神雕塑得好，領我看時，是小小一尊紅臉的神，卻那裏是神，而竟是個走碼頭，做南貨店經理或輪船裏做大班的寧波人，渾身酒色財氣的世俗，煞是熱烙。愛玲看東西，真有如天開眼。

賈寶玉聽林黛玉說蘇州的土儀小玩意兒好，他就要叫人下次再去時撐一船來，獃氣好笑。我亦高興得要陪愛玲看遍溫州的廟觀，不知她只是臨機妙悟，而我總是著跡。又如我聽愛玲說舊式床櫃上的雕刻，竟有這樣好，我就想若有錢即把它買下來，朝晚連睡覺喫飯時也擺在面前看，問愛玲時，愛玲卻一點亦不想要。

我們還看了一個和尚寺，我想佛像也許比道士廟裏的塑像在藝術上的地位更尊，焉知愛玲倒不喜。那寺的側殿已經破敗，塑著十八尊羅漢，真是古印度與西洋的混雜。那些羅漢，有的很諷刺，有的在冥想。數過去看到有一尊，面貌倒也不怪，卻不知如何，那眉目神情竟像是要殺絕無明，也殺絕文明。愛玲看了，驚駭得扯著我倒退，她道，「啊！怎麼這樣可怕，簡直是個超自然的力量！」那羅漢像竟是非常高的藝術，但是不好。

有時秀美也一道，三人晚上走街，是時正值舊曆正月十五前後，店家門上插香，愛玲走近去聞一聞，很開心，卻不為是焚的異香。她對於物只是清潔的喜悅。

愛玲並不懷疑秀美與我，因為都是好人的世界，自然會有一種糊塗。惟一日清晨在旅館裏，我倚在床上與愛玲說話很久，隱隱腹病，卻自忍著，及後秀美也來了，我一見就向她訴說身上不舒服。秀美坐在房門邊一把椅子上，單問痛得如何，說等一回泡盃午時茶喫就會好的。愛玲當下很惆悵，分明秀美是我的親人。

我們三人在房裏，也是一坐大半天。我要秀美也說話來聽聽，問她被派到鄉下指導養蠶，單身女子，是否也有男人看想過她。秀美因說，「一次到鄉下住在一鄉紳家，那鄉紳年近五十，午飯喫過，請我到客堂間坐一回喫茶，說話之間，那人坐坐又立起，停停又走走，像老鷹的旋記旋記，向著我要旋過來了，我見勢頭不對，就逃脫身。」人生這樣火雜雜的現實，那情景宛如在眼面前，愛玲著實佩服她講說得好。她講時臉都紅了，像個鄉下姑娘，完全是男女之間的緊張與驚異。

愛玲儘管看秀美，嘆道，「范先生真是生得美的，她的臉好像中亞細亞人的臉，是漢民族西來的本色的美」。當下她就給秀美畫像，秀美坐著讓她畫，我立在一邊看，見她勾了臉龐兒，畫出眉眼鼻子，正待畫嘴角，我高興得纔要讚揚她的神來之筆，她卻忽然停筆不畫了。秀美去後，愛玲道，「我畫著畫著，只覺她的眉眼神情，她的嘴，越來越像你，心裏好不驚動，一陣難受，就再也畫不下去了，你還只管問我為何不畫下去！」言下不勝委屈，她看著我，只覺眼前這個人一刻亦是可惜的。

我從來不要愛玲安慰我或原諒我，更沒有想到過我來安慰愛玲，因為兩個都是大人。但此番她有話要與我剖明，是為小周。小周的事，前在上海時我向她兩次說起過，她聽了愁怨之容動人，當下卻不說甚麼。而我見她這樣，亦竟不同情，單是微覺詫異，因為我不能想像她是可被委屈的。現在她開口了，是一種最後的決定，而我亦還是糊裏糊塗。

那天亦是出街，兩人只揀曲折的小巷裏走，愛玲說出小周與她，要我選擇，我不肯。我就這樣獃，小周又不在，將來的事更難期，眼前只有愛玲，我隨口答應一聲，豈不也罷了？但君子之交，死生不貳，我焉可如此輕薄。且我與愛玲是絕對的，我從不曾想到過拿她來和誰比較。記得十二歲時我在娘舅家，傍晚父親從三界鎮彎過來看我，帶有金橘，部分給娘舅家的小孩，惟我無份。我心裏稍覺不然，但也曉得要大方。及後跟父親上樓，他卻取出一隻紅艷艷的大福橘，原來是專然留給我的。這可拿來比方我待愛玲。

我道，「我待你，天上地下，無有得比較，若選擇，不但於你是委屈，亦對不起小周。人世迢迢如歲月，但是無嫌猜，按不上取捨的話。而昔人說修邊幅，人生的爛漫而莊嚴，實在是連修邊幅這樣的餘事末節，亦一般如天命不可移易。

愛玲道，「美國的畫報上有一群孩子圍坐喫牛奶蘋果，你要這個，便得選擇美國社會，是也叫人看了心裏難受。你說最好的東西是不可選擇的，我完全懂得。但這件事還是要請你選擇，說我無理也罷」。她而且第一次作了這樣的責問，「你與我結婚時，婚帖上寫現世安穩，你不給我安穩？」

我因說世景荒荒，其實我與小周有沒有再見之日都不可知，你不問也罷了。愛玲道，「不，我相信你有這樣的本領」。她歎了一氣，「你是到底不肯。我想過，我倘使不得不離開你，亦不致尋短見，亦不能再愛別人，我將只是萎謝了」。我聽著也心裏難受，但是好像不對，因我與愛玲一起，從來是在仙境，不可以有悲哀。

我倒是在尋味她方纔說的美國畫報。如今世界上就是這樣的一個美國，一個蘇俄，他們各有那麼的一點點好處，卻要人把資本主義或共產主義選擇下來。其實好的東西應當是清潔的，不要人質，不要比附，我道，「凡事其實應當簡明，即如火車乘客那種襤褸擁擠，單是難看，就該弄好它，要掃除貧窮，亦不過是知恥，使世人皆得揚眉吐氣，如此即革命雖至於不得已而用兵，亦可以一戎衣而定，甚麼主義都不要的」。而愛玲聽了，亦竟為這番美言而喜。她雖然心事沉沉，其人仍宛如清揚。

隨後我們走到松台山。松台山在溫州城裏，上頭有個廟，廟側是操場，有一小隊新兵正在操練，我們一走走到了近前。關於兵，愛玲本來亦沒有意見。前此在上海時，她還講給我聽，一次有三五個日本兵在公寓面前人行道的列樹下放步哨，穿的草綠色服裝，她的姑姑從樓窗口望下去，說他們像樹裏的青蟲，她覺姑姑形容得非常好。還有我問炎櫻，你們印度的獨立領袖鮑斯若要招募女兵，你也去麼？炎櫻道，「去也可以，但是先要照我的心意剪裁出好看的兵裝」。愛玲亦以為然。又若愛玲遇見中國兵與百姓問答，必定看出兩邊都有幼稚可愛的惶惑來。可是現在她見了這些在操練的新兵，當下驚駭得扯住我的衣袖回步，說道，「他們都是大人呀，怎麼在做這樣可怕的兒戲！」

我與秀美住的地方，愛玲只到過一次，那是她要離開溫州回上海的前一晚。秀美先向我說過，「張小姐若來，此地鄰舍會把我如何想法，惟有這點要請你顧我的體面」，所以與鄰舍只說愛玲是我的妹妹。這對愛玲，我是無言可表，但亦不覺得怎樣抱歉，因為我待愛玲，如我自己，寧可克己，倒是要多顧顧小周與秀美。

外婆來倒茶水，愛玲仔細看她，與我說，「這位老太太的臉真是好，滑稽可愛得叫人詫異」。隨後外婆到隔壁阿嬤家裏去了。這柴間一樣的房裏，我坐在床上，愛玲與秀美各端一把椅子凳子坐在床前，三人說話兒。愛玲看看這房裏，看看我與秀美，直到夜深，她還捨不得走。她在溫州已二十天，我像晴雯襲人在外頭，見寶玉竟來望她，只恐褻瀆閃失了，寧願催她早日回上海，愛玲卻一股真心的留戀依惜，她本來還想多住一些日子的。大約愛玲的愁艷幽邃，像元積會真記裏的崔氏，最是亮烈難犯，而又柔腸欲絕。會真記裏與張生之別，崔已陰知將訣矣，恭貌怡聲，對張生說的一番話，及後來她覆張生的信，真是叫人難受。但亦我們不盡與之相似。

第二天下雨，送愛玲上船。數日後接她從上海來信說，「那天船將開時，你回岸上去了，我一人雨中撐傘在船舷邊，對著滔滔黃浪，佇立涕泣久之」。她還寄了錢來，說想你沒有錢用，我怎麼都要節省的。今既知道你在那邊的生活程度，我也有個打算了，叫我不要憂心。

永嘉佳日

驚枝未穩

歐陽修詩，「黃鳥飛來立，動搖花間雨」，就像是說的我在溫州。我在溫州，總是處處小心，因為憂患是這樣的真。但是我亦隨緣喜樂。

舊曆年關，溫州街上一般是魚鮮攤南貨店綢布莊熱鬧，那些魚鮮南貨與布料還在攤裡店裡莊裡，就已像在除夕灶下的都是年貨，像元旦穿在身上的都是新衣了。而我與秀美，單是看看亦好的。我與秀美，除夕是在外婆家裡做起一桌菜，房裏無處攤，只能擺在房門口頹簷下，先供天地，然後叫鄰舍來分歲。秀美還備了紅紙封包，分給隔壁阿嬤家的小孩及外甥壓歲錢。秀美有個妹妹，住在城南，娘家少走動，她今帶了兒女來看阿姐。我這個姑爺，也著實做得過，有妹妹家來請，還有阿嬤家也還請，這都是罩秀美的牌頭。

正月初一街上店家都關門，每隔幾家有敲年鑼年鼓，日色在地，只見遊人穿的新衣服，小孩子手裡都拎一對大紅包頭去親戚家拜年，解開來卻只得十幾顆黑棗或桂圓。我與秀美亦去五馬街走走，只覺什麼事情亦沒有。又轉過巷後，見燕麥青青，已是春天的氣息了。

立春日，舊曆上寫著寅時春至，要半夜過後。外婆與隔壁阿嬤等候迎春，叫我與秀美先睡。及我被喚醒，已外面四處放炮竹，城中千家萬戶都在迎春了。外婆拿紅豆湯到床前與我吃，秀美原來早已起來，此刻聽見她在阿嬤家廚下一道說笑做湯圓。這迎春而非迎神，真有好意思。頃刻之間，果覺庭樹房櫳，連堂前灶下，連人的眉梢，連衣櫃角隅裡，都是春來到了，如同親人，處處都是他。

正月裡是家家都有人來客住，待飯待點心，連鄰婦抱了小孩來沿階小椅子裡坐坐，在日頭下說一回話，亦被當作客人看待。我們的鄰舍，左首當小學校長的一家是自成一院落，那男人兼任鎮長，是個國民黨員，有些高不可攀，惟他的妻偶亦過來我們這邊沿階坐坐，還隨和些，且也叫秀美阿娘，溫州人叫阿娘是姑姑。右首即是阿嬤家，只住一個廂房間，卻有堂前公用。阿嬤家大的兩個兒子，一個做裁縫，一個做店夥，都是二十幾歲，還有一個頂小的纔四歲，是遺腹子。他們平常吃蕃藷的時候多，炊米飯的日子少，但是此地這樣的人家毫不慚愧，亦不見貧窮得悽慘。阿嬤雖然過日了的事耿耿在念，她卻也不怎麼憂，兩個兒子已經成長出道了，只覺天下世界的日子總要這樣過，但凡佳節良辰，對於人情禮節非常肯定。後面打紙漿的人家又是自成一院落，比起來就見得殷實，我有時走後門經過，他們倒總是客氣招呼的。

秀美是住在何處都比我自然，與世人無隔。我每見她坐在簷下與鄰婦做針線說話兒，總驚歎她的人世安詳，入情入理。便是那阿嬤與後院少婦，連同那手抱的小兒，亦都是宋人平話裡的，明清小說裡的，民國說書裡的街坊人家人，她們或妍或媸，人相各有不同，卻皆在人前有個周公之禮，把人世看得很肯定，時勢無常，她們還是有常。便是那阿嬤的弟弟，他靠一根扁擔養活一家，每日天天亮即到小南門魚鮮蔬菜行批了貨，挑到小菜場趕早市擺攤販賣，午後收攤，彎過來看他姐姐，也著實是一條堂堂漢子。

正月初五是小周生日。我們住的竇婦橋，徐家台門右首即是準提寺，我與秀美去觀世音菩薩座前行了香。秀美倒是不介意。她亦有所祈，祈我平安，祈她自身清好，祈小周與世人皆消災得吉。中國人的祈願，意誠而不作哀懇，因為對人世的好情懷，亦只如水面風來，有荷花荷葉的氣息。且人與菩薩各有端莊與灑然，而不可褻瀆，彼此尊重，用不著要到求情的地步。

初八日，與秀美去上新年墳。秀美的父親在世時百無心思，惟嗜酒無剛骨，窮到把女兒都賣了，如今這女兒卻與女婿來他墳前拜掃，只覺恩怨都已解脫，千種萬種複雜的感情，到底還是止於禮，人世就明淨悠遠。是日田畈上走了許多路，溫州是地氣暖，此時已油菜花黃了。

十五日到海壇山，看廟戲。山下即甌江，一埭街原在城牆外面，舊時這裡的城牆是在沿海壇山半腰，附近有葉水心墓，斜陽古碣，令人想南宋當年。海壇山上的廟是漁人舟師所建，所以廟門畫的不是神荼鬱壘，而是戲台上扮的女將，珠冠雉羽，繡袍罩鎧，卻又手裡執的是一隻蕩菱船的槳。殿上供的神像，許多匾額，正中一塊是「海晏河清」。廟門內正對大殿一個戲台，正在演戲，鑼鼓管絃與同戲台下鼎沸的人聲，吃食攤玩具擔的吹哨叫喚，與同殿上的祭饌豐隆，香烟繚繞，恰如秦軍與項羽軍對陣，武安瓦屋皆震，可是又清越縹緲，不但那嘹亮的笛腔，連鑼鼓亦似道調，我們看了下來到半山腰，還佇立聽了一回。而在這樣的熱鬧場所，是如同西湖香市，我與秀美一個像許仙，一個像白蛇娘娘。

此後即是愛玲來。及愛玲回上海，我與秀美日常少出去，只在家門口附近走走。此地大士門有明朝宰相張居正告老還鄉，欽賜邸宅的遺址，當年事蹟，至今溫州人能說，而里巷之人說朝廷，即皆是民間的奇恣。又出後門是曲曲小巷，路邊菜園麥地，不遠處覆井出簷亮著一樹桃花，比在公園裡見的桃花更有人家之好，時令已是三月了。

三月三欄街福，五馬街百里坊皆紮起燈飾，店家門前皆陳設祭桌紅氈，每隔數十步一個彩牌樓，搭台演溫州戲，木偶戲，或單是鼓樂。還有放煙火，舞獅子。中國民間的燈飾與戲，是歌舞昇平，此意雖在亂世亦不可少，見得尚有不亂者在。夜裡我與秀美去看，一派笙歌，燈飾百戲裏有我這個人，就如同姜白石詞裏的：

「兩桁珠簾夾路垂，千枝紅燭舞僛僛，東風歷歷紅樓下，誰識三生杜牧之。星河轉，月漸西，鼓聲漸遠行人散，明朝春紅小桃枝」。

我今不被人識，亦還跟前有秀美，且明朝是吉祥的。看燈回來，沿河邊僻巷，人家都睡了，我與秀美在月亮地下攜手同同走，人世件件皆真，甚至不可以說誓盟。

可是憂患亦這樣的真。報上登載行政專員公署發動突擊檢查，城內分區挨次舉行，這雖是為對付共產黨，但我當然心驚。時已陽曆四月，一日忽有個兵來門前張望一回，穿過後院去了，秀美駭得臉都黃了，立時三刻同我離開外婆家，但小南門她的妹妹家亦不可以暫時隱避，只得又奔諸暨，當晚下船離開溫州。夜半船開，船艙裏並鋪的客人都睡著了，秀美在被內抱住我，忽然痛哭失聲道，「我心裡解不開了！」她知此去斯家，不能不顧忌，等於生生拆散夫妻。人家夫妻是尋常事，惟她艱難貴重，這樣命慳。

前次來時，從麗水坐船到溫州，一宿即達，現在上去是逆流，又值水漲灘急，舟師用櫓用篙撐了三日。晚泊一處，上去村中正在演木偶戲，露天下山勢陰黑，江流白漫漫，星光都是水氣，那木偶戲是演的觀音得道，唱詞只聽見尾腔都是「唉唉唉」的歎息之聲。原來處州之地，宋朝方臘聚眾以叛，如同黃巾紅巾的有一種巫魘，連我聽了亦心裡解不開了。

翌日又泊一埠頭，上去倒有一條小街，見一家在剝剛從地裡拔來的蠶豆，秀美問可賣否？答不賣，只得走回來。我不免微慍，覺此地的人情澆薄。秀美卻道，「想起出門人的難，我們下次遇有過路人要些什麼時，總得辦也辦來給他們。」她是一切感觸皆歸結於做人的道理，像詩經的曲終奏雅，世上自然平靜。

到麗水後仍坐黃包車到縉雲，這回是從縉雲趁長途汽車到諸暨縣城，此去斯宅只有

一程了，在宿夜店裡秀美又潸然淚下，人生實難，現前可惜，我想了兩句句子安慰她，

瀛海三乾人世靜，蝃蝀千里女郎愁，

要她莫嗟文齊福不齊，她的今生總也是奇拔的。

文字修行

這次我回到斯宅，是住在斯家樓上一間房裡。房門反鎖，鄰居皆不知悉。我這樣等於和尚坐關，但我若該有牢獄之災，寧可自己囚禁，亦不落人手。斯伯母為求謹慎，不雇女傭，飲食皆親自送到樓上，或由秀美送來。我遂開手寫武漢記。

我與秀美的事，斯伯母心裡一定明白，她卻什麼亦不說。還有斯君，他則心裡寧是贊成的。秀美偏又身上有異，只得借故一人去上海就醫。那裡有青芸招呼，她是凡我這個叔叔所做的事，對之無奈，而又皆是好的。她待秀美色色上心，秀美亦覺得自己是胡家門的人了，與這個姪女是親人相見。十幾天後秀美回斯宅，一到家就上樓見我，這時正是舊曆五月好晴天，她穿柳條粉紅衫袴，頭髮剪短，面孔胖了，好像是個採茶的鄉下姑娘。她滿心得意，給我看看她已平安無事的回來了。她說醫院動手術後回到旅館，當晚肚痛發熱，心想若是不濟了，亦必要再見丈夫一面，翌日是青芸來陪她又去醫院看，纔看好的。我取笑她，「你初見青芸，是怎麼說明的？不怕難為情？」她佯嗔道，「這也用得著說明？我只把你的字條交給青芸，我見她看了字條想要笑，卻即刻端端正正接待我，我看出她真是愛你這個叔叔的。」

此後秀美仍只是三餐送茶飯時與撤饌具茶器時來我房裡，總不逗留。我一人在樓上，惟聽見她在樓下，又聽見她到門口去了，又聽見她從畈上回來了。一次她來送飯，我迎上去接，她是先把飯鍋菜盤在樓板上放一放，好開房門鎖匙，及至開了，她的人還立在房門口，且不進來，且不去端起飯鍋菜盤，卻傾身對我一笑，還比戲文裡的俏丫鬟來得豔，直使我驚。這樣的豔姿我只見過兩次，另一次即是年夏天愛玲捧茶來陽台上給我時，腰身一斜，看著我的臉，眼睛裡都是笑。雖只得兩次，但是不嫌其少，因為有過一次兩次，已勝卻鶯歌燕舞無數。而雖有了兩次，亦不嫌犯重，因為如同年年歲歲花相似，又如同佛菩薩的表情亦多是相似的，但是每見只覺人間無對，一刻千金。

我避免與愛玲通信，惟斯君去上海時托他遞個字條兒。我原是個無機密的人，但小心起來也一等，且凡事拋得。愛玲帶來外國香煙及安全剃刀片，使我想像她在上海如何與眾人過著戰後的新日子。她疼惜我在鄉下，回信裡有說王寶釧，破窯裡過的日子亦如寶石的川流。那香煙我吸了，刀片我捨不得用，小小的一包連不去拆動封紙，只把它放在箱子底裡，如同放在我心裡。此外是青芸也帶了些日用品來。

我如仙人樓居，樓下即是人寰，詩經裡說鶴鳴於九皋，聲聞於天，人寰的事確也此驚動天上。我聽見樓下灶間在燒點心，堂前間有鄰婦來借什麼。隨後一些日子裡，斯家的兄弟姐妹先後都從重慶回來了。其中老二帶了戰時在重慶娶的妻，到家自有一番謁祠祭祖的熱鬧，老五亦自己定了親，未婚妻寧波人，是在上海的大實業家的小姐。雅珊是帶外甥來住了幾天，見了娘說說話不免傷心哭泣，少婦喪夫是怎麼剛強亦要熱淚如瀉的。還有閶閶已訂了婚，她在大學讀書自己揀中的。我與他們都沒有見面。

他們當然知道我在樓上。我是南京政府的漏網之魚，他們是重慶來的新貴，政治上本來兩路，而且范先生與我的事這樣明，斯伯母大約是沒有向他們說起，但雅珊與閶閶也許是曉得的，他們兄弟姐妹，年輕人的世界各有見解，況又家裡的事有娘作主，亦就不論。他們這次回來亦不過住得幾天，只為見見娘，見見親鄰，還是故鄉溪山人情之美有一種灑然。而我是他人同情我所做的事，我反為要覺得不好意思，但若以我為非，我倒也不承服，現在他們既無表示，我就只是坦然，在不好意思與不承服之間。秀美亦是這樣，稍稍有點心虛，卻能大方無事。

斯伯母是兒女已成立，結婚的結婚，訂婚的訂婚了，自己年紀亦已到壩，趁如今他們皆在跟前，一日她開箱子取出衣裳分給他們，兒子有兒子的一份，女兒有女兒的一份，都是孤裘，青種羊襖等，昔年爹爹在時，娘也年輕，穿過著過的，仍然嶄新值錢。到底是官宦人家深邃，經過世亂，以為窮得什麼都沒有了，但是仍舊有。

幾天之後，他們兄弟姐妹又出門上任去了，家裡又清靜下來。於是來了黃梅天。黃梅天過後是長長的大暑天。我聽見樓下斯伯母招呼門口大路上走過的鄰婦說話。那鄰婦說好熱的天氣，斯伯母答應道，「真是呢，今年夏天怎麼是這樣熱的呀？」她說時詫異得笑起來，又道，「可是過些日子，涼下來又是快得很的呢。」這話真是當下解脫，而且好華麗的聲音。

我在樓上，惟知時新節物來到了盤餐。果然溽暑褪後，秋雨淅瀝，到縣城去的道路幾處漲水，斷絕行人，山風溪流，荒荒的水意直逼到窗前。亦不知過了多少日子，然後秋色正了，夜夜皓月。我寫給愛玲的信裡有說，「每晚窗前月華無聲，只覺浩浩陰陽移，無有歲序甲子，好比是炎櫻的妙年。」

我逐日寫武漢記約三千字，這回竟是重新學習文字，發現寫的東西往往對自己亦不知心。我做的事，當時多只是平地這樣做了，不曾起過什麼依旁的想頭，但事後追寫，總拿書上的人物思想感情的類型來套，焉知不然。梁武帝問達摩，「如何是聖諦第一義」，達摩答，「廓然無聖，」又問，「對朕者誰？」達摩答「不識，」我亦要去盡聖諦與識障，始能見物見其真。且人世之事，有其有的一面，有其無的一面，有的一面是品物流形，無的一面是天機所在，而且品物該是天機裡織出來的文章。

武漢記我寫了五十萬字，等於學射，射中的十無二三，儘管寫時是誠心誠意，寫了出來仍十之七八是誑，「大學」裡說格物還在誠意之先，真真不錯，若未能格物，雖誠意亦不過是戲劇化的認真罷了。這武漢記寫得不成其為一本書，但從一字一句的反省，漸漸明白了那些是本色，那些是浮氣客氣。

如此我亦纔曉得了怎樣去看他人的文章。愛玲帶給我一厚冊英文書，是近二十五年歐洲劇選，我把來都讀完了，原來都是些怪力亂神，於身不親的東西。倒是在樓閣板上翻出一道六朝文絜，其中庚信的山銘及鏡賦燈賦，一字一字我都讀進了心裡去。還有是唐伯虎三笑姻緣，我看了竟亦覺得不可及。又一本小調，如「七把扇子紫竹根，一面兔來一面鷹，一面蝦兒來戲水，一面兔子來趕鷹，」那清潔活潑喜氣，簡直使我驚歎。

我躲在樓上整整八個月，這樣到底不是個了局，也要顧到斯伯母的心想，且溫州檢查戶口總也過了，不如仍去那邊。我遂擇定日子又離開斯宅。這次是斯君送我，取道上海。秀美倒亦不惜別傷離，臨行惟囑我凡事自己小心，到時候她會去溫州看我的，說時她親手給我整一整衣領。

是日我出了斯家門，到諸暨縣城去的路上，只見田畈裡與毛竹山裡初陽照殘雪。「昔我去時，楊柳依依，今我來思，雨雪霏霏，」是征人之詩，我卻毫無悵觸感念，對此景物，只如同學生忽然看見先生，惟是憬然。這憬然其實還比佛經裡說的「覺」好。而路上我與斯君講說我將來的出處，種種圖謀打算，則寧皆是無心之言。可是斯君待我，倒真的如兄如弟。

到上海我在愛玲處一宿，因為去溫州的船要第二日開。我是晌午到，青芸一人來看我，不帶弟妹同來。她亦只是與我見一見，隨即回去了。徐步奎有好語，「把綠色還給草地，嫩黃還給雞雛，」青雲亦是把我這個叔叔，我亦是把青芸與兒女來還給天地，把眼前與將來還給歲月。憂患惟使人更親，而不涉愛，愛就有許多悲傷驚懼，不勝其情，親卻是平實廉潔，沒有那種囉嗦。

隨後房裡只剩我與愛玲，我卻責備起她來，說她不會招待親友，斯君也是為我的事，剛纔他送我來，你卻連午飯亦不留他一留。愛玲聽了很難受，因我從來沒有這樣說過她，況且斯君有青芸在家招待也罷了。愛玲道，「我是招待不來客人的，你本來也原諒，但我亦不以為有那樁事是錯了。」見她激動，我亦驚異，因她對我防衛她自己這是初次。

我生氣有個緣故，愛玲上次在諸暨縣城斯君的親戚及在斯宅住過幾天，不免觸犯鄉下人的生活習慣，如她自己用的面盆亦用來洗腳，不分上下，此外還有些作法連斯君亦看不慣，聽他說起來，我總不快，另一面，我的侄婿上次伴送我到諸暨，他回上海後向愛玲報告我在一路上的情形，及後來斯君幾次到上海向愛玲說到我，想必也是說得不堪。我那侄婿俗氣還在其次，卻是他有紹興城裡人的老練，好像已經世事洞達似的，而斯君則是幼稚，愛玲說他是小城市裡的少爺，一點也不錯，這兩個豈是會說話的？而我的愛玲，她的蘭成，是貴重得他人碰也不可碰一碰，被說成愛玲不像愛玲，蘭成不像蘭成，當然氣惱。但我怪愛玲當然怪得無理。

愛玲因道，「斯君與我說，你得知周小姐在漢口被捕，你要趕去出首，只求開脫她，我聽了很氣。還有許多無關緊要的話，是他說你的，我都願他莫說了，但他仍舊不知道。這斯君就是不識相，為你之故，我待他已經夠了，過此我是再也不能了。」我分善人壞人，愛玲是不聰明的人她就不喜。我聽了她這一番話，當下也略略解釋了幾句，但亦解釋得不適當，好像心不在焉似的。

世上的夫妻，本來是要叮叮堆堆，有時像狗咬的纔好，偏這於我與愛玲不宜。今天的樣子，當然是我不對。這未必是因我在斯宅樓上蟄居久了，變得有點神經質，卻因她是我的親極無愛之人，在這樣不適當的環境裡見了面，一時沒有適當的感情，所以蠻不講理的單是發作了。而我亦纔懂得了劉邦何以開口就罵人，不然即是狎侮人，因為他一時喜怒不知所措。

晚飯後兩人並膝坐在燈下，我不該又把我與秀美的事也據實告訴愛玲，她聽了已經說不出話來。我還問她武漢記的稿本可曾看了，她答，「看不下去」，當為因為裡邊到處都寫著小周的事。而我竟然一獃，因我從不想到她會妒忌，只覺我們兩人是不可能被世人妒忌或妒忌世人的。我是凡我所做的及所寫的，都為的從愛玲受記，像唐僧取經，一向觀音菩薩報銷，可是她竟不看，這樣可惡，當下我不禁打了她的手背一下，她駭怒道「啊！」我這一打，原是一半兒假裝生氣，一半兒不知所措的頑皮，而被她這一叫，纔覺得真是驚動了人天。但是我還有點木膚膚。

是晚愛玲與我別寢。我心裡覺得，但仍不以為意。翌朝天還未亮，我起來到愛玲睡的隔壁房裡，在床前俛下身去親她，她從被窩裡伸手抱住我，忽然淚流滿面，只叫得一聲「蘭成！」這是人生的擲地亦作金石聲。我心裡震動，但仍不去想別的。我只得又回到自己的床上睡了一回。天亮起來，草草弄到晌午，就到外灘上船往溫州去了。

到得溫州，我仍住在外婆家，果然溫州城裡突擊檢查戶口已過，且喜鄰婦阿嬤她們對於上次我與秀美的不別而行不曾啟疑，此次我仍照秀美上次來時的例，分贈他們一些上海帶來的手巾香皂之類，她們亦都高興謝謝。人之相與，本來如此就好，不必更多去研究動疑的。愛玲是仍寄信與錢來。惟秀美這次不同來，但我與外婆兩個亦曉得安排柴米油鹽。

春鶯囀

外婆家隔壁準提寺，大殿裡有八檞經，我無事天天去坐在佛前蒲團上看經。前此我對佛經全然無知，但從逃難以來，有些地方自然的與之意思相通，如今一讀，竟是佩服得要命。我三十歲時，曾想寫一部書，用唯物論辯證法來批評印度哲學，好得沒有做那樣的傻事。可是等我把那三藏經讀了個差不多，我又對它不滿，從它走了出來了。

我買得一冊花間集，又是喜愛得要命還買了一部杜甫詩，不拿它當詩來讀，只拿它當日常的人事來讀。原來佛經的美，中國的詩詞裡都有。我把這意思寫信給北大教授馮文炳，想能勾搭到一個新友亦好。不料他回信說佛理寧是與西洋的科學還相近，當然他是當我幼稚，結交只可息念。一個人新有所得，是一來就要排他的，馮文炳亦未能免，如此我倒亦不服氣。我又買了二冊易經，又從籀園圖書館借來了孫詒讓的周禮正義，這兩部書裡的天道人事，原來還比佛理更好。

我變得非常重功利，凡不能度過災難，不能打天下的人，他便有怎樣的好處，亦總有欠缺。所以我連不喜儒生，更不喜楚辭。連那樣喜愛過的晚唐北宋詞，亦忽然覺得詞到底小，不及詩直諒。詩是我愛李白的，不佩服杜甫，因我不願自己亦像杜甫的窮法，他窮得來合情合理。

我又買得一本嵊縣戲考，有十八相送，樓台會，祝英台哭靈，前遊庵，後遊庵，志貞哭靈，龍鳳鎖，盤夫，及相罵本，未經上海文人修改過的，我把來都唸熟了，偶或忘記，想要移易或添減一二字，竟不可能。如相罵本裡九斤老踏殺了鄰家叔婆的金絲貓，要賠銀子三千吊，九斤老家的年輕媳婦就要她也賠還借去不見了的鑊槍柄，說是月亮裡的娑婆樹。唱詞：

想我公公年紀老，天亮起得清清早，上畈走到下畈到，拾得一根娑婆條。東上上來上勿牢，西上上來上勿巧，上在鑊槍剛剛好。鑊槍柄來一記攢，一鍋清水會變飯，鑊槍柄來一記鏊，一鑊蘿蔔會變肉」。

是這樣直諒而調皮的中國民間，所以五百年必有王者興。

我有愁思，就去外面只管走路走半天。如此一連有過十數日。有幾次在寶婦橋路上，只見天空白茫茫，北邊一道青色澄澄，好像是俗說的天眼開了，遠處無數山，山外是中原，那裡有著愛玲與小周，這我就要有志氣。可是一時許不得心願，作不得打算，惟有想要謠。詩經裡有「我歌且謠」，謠與嘯都是此意難寫，聲音多，字句少，若必說出此時所感，倒是要慚愧的。

我到籀園圖書館看報，留心在南京上海判決漢奸罪名諸人的消息，還有日本與德國也在審判戰犯。我且亦漸漸的借書看。這圖書館是清末經師孫詒讓的遺愛，如今館長姓梅，一個管理員姓陳，底下兩名助手，及一名雜役。這姓陳的帶有蹩腳的殘疾，只小學畢業，也虧他苦出身，得列於溫州的讀書人隊裡。他倒與我攀談起來，我也想在此地能結識一個人，或可於我的安全有益。

他問知我只是做做單幫生意的，說道，「你借閱的書倒都是有程度的」。我說我做生意也是半途出家。他就要我投稿，溫州日報副刊有一個是他在編。我說文章只小時學寫過，向報上投稿更無經驗，只怕不中式。他卻道，「你只管試試，我看若可修改，就給你改改」。他因盛讚周作人的小品，我只傾聽，肚裡想周作人的文章的好處，就在他自己是個才華很高的，而能使斗筲之輩亦有他們的沾沾自喜。投稿的事我就承迎他，也是寫的小品文，但為謹慎，只擇佛經為題，而用詩詞的句子來解釋。我這樣的寫有好幾篇，多蒙他讚賞，改動得亦不多。

但是帶殘疾的人多有一種隱忍狠僻，顯己不顧人，這姓陳的更決不做無益無聊之事，我到底不能希望他介紹朋友，連想把我的通信處由他轉，和他亦沒有得可以商量。我惟在他那裡認識了陣中日報總編輯姓黃的，是藍衣社的人，陣中日報也在附近，我反為要小心。

忽一日，溫州日報上登出飲酒五古一首，作者劉景晨。我受五四運動的影響，不喜近人作的古詩，但這一首卻好，詩最怕藝術化了自成一物，所以好詩倒要不賞其是詩。

我就和作一首，也在同一報上發表了。我是意圖勾搭，惟不識這劉景晨何人，又不敢到報館去問，偶過五馬街裱裝店，見裱有紅梅一幅，題名亦是劉景晨，我肚裡想他倒是又會作畫，因從店夥問得他的住址，是百里坊世美巷二號。但我亦不好冒昧往訪。

如此過了半月有餘，忽一日見報上載有義助小學校經費的個人書畫展覽會，又是劉景晨。我遂去看，見一白鬚老者據案而坐，威嚴清淨，他的人的風貌亦像是畫。我想這一定是了，但是且先看了畫，然後上前致敬，問是劉先生麼，我是張嘉儀。劉先生起立還禮，延我坐，說和詩已見，且是不錯。問我府上那裡，我冒愛玲的家世，答豐潤。劉先生說豐潤清末有張佩綸，我答是先祖，他道，「這是家學有傳了」。我只裝不知，問了劉先生的住址，說他日當拜訪，劉先生頷首。

我不好性急，又隔了幾天纔去他家裡。劉先生延我坐，我一看院落廳房，知道不是等閑之家，我就只執子弟之禮，少說少問。主客剛剛坐定，劉先生劈頭卻道，「我這裡平常不要年輕人來，因為如今這班人總是想利用」。我聽了一驚，我的心虛正被他道著。我必須端詳像個無事之人。

我且要避免要求接近，自從那一次之後，我總每隔數日或旬日纔又去一次，去時必正心正襟，而且一無要求。劉先生倒是也來答訪我過一次，適值我不在，他惟站在房門口缸灶邊與外婆說了幾句話，送了我幾包香煙。這次劉先生來過，鄰舍都知道，不會有人疑我的行跡了。

原來這劉先生是溫州第一耆宿，當過前清時縣長，民國初年國會議員，又當過廈門大學教授，前此南京政府的梅思平，及現今淮海戰場國府軍總司令邱清泉都是他的學生。溫州凡行政專員與縣長到任，總先來拜訪他，他就教飭他們要與民忠信。梅思平是戰前當大教授及江寧縣長時，劉先生已斥絕其人。戰時日軍陷溫州，地方上人要劉先生出來維持，劉先生嚴辭拒絕，避居大若岩。勝利了行政專員公署逮捕殺戮漢奸犯，來請托的人劉先生一個亦不見，但是他向那行政專員就立國的大體及整刷紀綱的本意說話，一言開釋減免了許多人。

劉先生是孫詒讓的學生，有許多地方像孫詒讓，他是出名的剛直不苟，卻又雋極細極韻極，故知陽剛是諸德之本。他卻不是世代書香之家出身，他的父親當年只是個做做生意的至他宦遊四方，歸來門庭灑落，一無恒產積蓄，惟三個兒子都已成立，長子劉節在中大教書，老二老三，一在北寧鐵路局任職，一在開明書局當編輯，惟三女在家，大的當小學教員，肩下兩個還在讀書。自古豪傑多不是出於世家，所以明理，我即愛的劉先生的議論，與他的古文詩詞書畫刻印皆是一種本色，有世俗人事的好。

劉先生的經傳之學極精湛，他卻把它只看作世俗人事的平正。他又給我看他臨摹的李斯嶧山刻石篆書，及他在纂述中的鄭子產列傳，原來劉先生又是個喜愛法令明劃的人。民國世界世俗人事的平正，果然是還要有法令的明劃，如天地不仁。

劉先生家裡響亮靜肅，婦孺無事不到中堂與前院，我去總見劉先生一人在右廂房，裡間是書室及寢息之所，外間是起坐間。他喫飯亦獨自在這前院廂房裡喫，精緻的四碟，必有酒，一巵為度，惟女兒奉茶遞巾侍候。劉先生用的東西都精緻，是沒有暴殄，一盒印泥亦十五年如新。他借給我一部因明的書，唐朝慈恩大師的，又贈我字畫，親自用一張報紙來包，亦必定包得來的角周正。他放一樣東西，都有定位，好像乾坤定位，物物在著那裡，就是個意思無限。

他這裡溫州的士紳不大敢來，惟與商會會長楊雨農夙昔相友善，楊雨農是米店倌出身，民國初年當到浙江省議員，識字不多，卻識事識人，豪華慷慨。對於後輩，劉先生惟看重夏瞿禪與吳天五。瞿禪是浙大教授，填詞當今第一，父親是做做小本錢生意的，他僅中學畢業，自己苦學成名，其詞古語皆成新語，寫今事亦好像是詩經裡的。天五兄事瞿禪，是個至性人，私淑孟子的嚴嚴氣象，曾從黃賓虹學畫，天分極高，字崇王獻之，又曾學古琴，詩文皆根底甚深，而因家境好，他可以不做事，又因已有瞿禪，他可以不作詩文，連字畫亦像他的琴，等閑不作不彈，與人他亦是吉人之辭寡。他們來到劉先生這裡，坐得必恭必正，應對惟謹，倒是我還隨便些。

溫州士紳或學校裡的教員到劉先生家裡，多不敢喫香烟，怕被罵，我照樣喫，劉先生卻亦不罵。有時他還留我便飯，陪他飲酒，只覺酒食之美其實是人美。我又見百作手藝之人及鄉下人來，凡是有親故的，劉先生皆待以賓主之禮。我與劉先生說話，多是說的現前的世景人事。老年人有念誦往事的嗜好，他倒不然。

許多新書劉先生都看，如日本人的中國史考證，他就還比我熟悉。他說陳寅恪寫唐朝的史實寫得好。他因說起十六七歲時讀到梁啟超的一篇文章，說父母於子女無恩，大以為然，喫飯時就與父親說了，他父親叱道，「你這樣的不鄭重！那梁啟超也是，他只顧說話說得高興」。這話我聽了倒是真可思省。

我問劉先生也看近人的小說或話劇麼？他說看過一點，刺激性太大，就不看了。其實他是個潑辣的人，並倒非怕感冒。他很不喜國民黨，看定了天下人皆要反，單是造反這一點上他還對共產黨的用兵有好意。如趙匡胤的華山日出詩起句，「欲出不出光辣撻」，這光辣撻真是強烈，劉先生正因他自己是個潑辣的人，所以不喜刺激。刺激似潑辣，但是只使人蕩佚失志。

溫州過去有永嘉學派，今尚文風甚盛，劉先生卻少所許可。有個王榮年，當過浙江省政府秘書長，章草功夫甚深，卻狂言不可一世，大概他的字裏多著一些什麼，不知何處總有著不對。劉先生當面說他，「字總要有味，榮年的字無味」。溫州畫家有張紅薇，年已七十，她的表侄鄭曼青亦在上海有名。一日我在劉先生處正值鄭寄畫來請教，劉先生打開看得一看，道，「曼青學畫原有天分，早先的還不錯，近來流於放誕，愈畫愈壞了」。一涉狂悖妄誕，是有才亦不足觀，其才已被殺死了，雖存典型，亦都走了味，走了樣了。是故唐伯虎徐文長金聖歎的詩文竟是不好，而王通的文中子亦難有人信用。中國字裡的詭奇譎變皆是好字眼，卻不是他們所能知。

樂清的名門望族有高家，那高老先生是像抗戰初起時組織老子軍的蘇州巨紳張一麐那樣的人物，近屆八旬大壽，其門人輩在籌備刻他的詩文集。我在報上看見，就問劉先生，劉先生惟曰，「咄」！因道，「高某前幾天纔來過，問我的意思，我說你既問我，朋友應當直言，我看是你的文集不妨刻，詩不必刻，你的詩裡沒有一句是詩。」我聽了一驚，只怕我近作的幾首詩亦根本不是詩，而劉先生看了亦沒有稱許過。但我隨又自信，我還做不像詩是真的，總不至於做得都像詩了而仍舊不是詩，因為我做什麼都是有我這個人。

劉先生的字畫我沒有請求，都是他自己高興給我的。我在杭州讀書時跟海寧周承德先生學過寫字，周先生是浙江的名書家，與馬一浮李叔同是儕輩，天姿不及而工力過之，我跟他學寫魏碑及篆隸行草也有數年，但現在看了劉先生的字，纔曉得好字是這樣的。劉先生還寫經，今年他六十六歲，視力絲毫不衰退，看書寫小字不要戴眼鏡。那年日軍空襲溫州，炸彈落到百里坊，他在前院廂房裡寫普門品，神色如常。普門品他已寫有千三百遍了，都是施捨於親友，我問劉先生也有寫錯漏了字的麼？他說數年來只一次寫漏過兩個字，這真是凝神鍊形。他寫的普門品我亦得有一篇，小字彷彿仙葩奇恣，而風骨如隋唐人寫的經。

我見劉先生執的團扇，是馬一浮寫的字，因問馬一浮如何？劉先生道，「馬一浮給人寫字，不肯題上款，題上款得加錢，總是習氣太重。有人求蘇軾的字，追從年餘，得一筐而去，寫字原不過是餘事風流，焉有像馬一浮這樣的」。我說章太炎亦不肯稱人先生，惟題「某某來求字，書此與之」，劉先生聽了卻不加批評。章太炎是有一種可愛，一樣自大，但與馬一浮的認真不同。

字，劉先生還是喜歡弘一的。弘一法師住在溫州延慶寺時，劉先生曾與識面。今因我說起，劉先生就取出弘一寫的「南無阿彌陀佛」橫幅給我看，字徑五寸，墨瀋如新。弘一與馬一浮的交契，可比吳天五與夏瞿禪，但單以字論，馬一浮的是道氣太勝，像謝靈運的詩，弘一的倒像陶淵明，有他世俗的人。

弘一即李叔同，其家世及其所作的詞，有似納蘭成德，其書畫金石，使一切有情皆志氣廉立，連他的油畫與彈鋼琴，亦在中國至今尚無人能及。他在日本留學時演劇，還扮過茶花女。但他出家，捐盡浮華奉律宗，謹嚴堅苦之極，而又謙虛陽和之極，到他面前，只覺你的人亦如春風牡丹。晚年住在福建的寺裡，浙江省主席出巡，廈門市長為至寺開宴，邀請法師識面，先曾托人與他說好的，而他屆時仍不出見，惟以一字條謝謝，寫的是，「為僧只合山中坐，國士筵前甚不宜」，真是領情而不踰義。

但我們在籀園圖書館看到一本書上記弘一示寂，善男信女皆集，他道，「我今可以被你們拜，你們拜吧」，於是諸眾皆拜，如遶佛三匝。我看到這裡，想起自己的身世，不禁大為感動，且是覺得辛酸我就說與劉先生聽，劉先生卻道，「弘一這樣說是不對的」。

可是孔子何以說「天之未喪斯文也，文豈不在茲乎？」孟子亦說，「當今天下，捨我其誰耶？」想必說話還有個上下聯，若是像曹操的說話就很好。曹操與劉備煮酒論英雄，劉備怕遭忌，假痴假獃，曹操卻道，「天下英雄，惟使君與操耳」，劉備一驚落筋。若像這樣的跌宕自喜就非常好，而一臉正經的自大則不好。

便是劉先生，這樣剛毅，我亦每覺他嫵媚。我益益信服劉先生真有經世之才，且是夠骨力，一次衝口而出，我道，「天若厭亂，有朝一日總要請先生出任內閣總理」，劉先生道，「那我也來呀」。又一次是我說起崑曲，劉先生一高興，他道，「我早先不曾學，其實我的嗓子學唱崑曲是不輸人的」。我果覺他的說話聲音好像四郎探母裡芙蓉草唱的蕭太后，又像唐樂齊天樂涉盤調的眾笙，如曙色初動。

唐樂還有李世民的「鶯聲囀」，也是這樣的眾笙吹起來，如山河曙色初動，這可比我現在遇見劉先生。

如生如死

唐朝張鷟的遊仙窟，寫尚未見十娘，先聽見內室琴聲，就「下官聞之，不覺氣絕」，我看了大笑，這樣強烈，但是可愛，而且滑稽。我在溫州，憂患的強烈便像這樣。

我總算結識得劉景晨先生了，在此地多少可以安全，但將來我還是要出去到外面天下世界的，那裡的熟人經過這次浩劫，已經蕩盡，我得事先佈置，想法子結識新人。我就寫信與梁漱溟。是時梁先生調停國共無結果，仍到四川北碚辦勉仁書院。京滬文化人一齊批判梁先生的學問思想不該不合於唯物論辯證法與唯物史觀，「觀察」雜誌上常有梁先生的答辯。

我信裡說他於學問之誠，可算今日中國思想界第一人，惟於己尚有所疑，未能蔚為眾異，如內丹未成，未能變化遊戲，卻走魔走火，諸邪紛乘，而欲以謙虛之心臨之，與之論難，以為此亦慎思明辨之機，其實是惑。且秦興而喋喋者自熄，漢興亦喋喋者自熄，自古喋喋眾說未有因論難而被掃清的。中國今後將有秦興，抑或可免此一劫面直接就開出新的漢朝，此則尚有天意存乎其間。惟志士為學，慎思明辨自有本義。釋迦論外道，孟子難楊墨，是其學之行，非其學之所由成。學之所由成，是先求己之能止於至善，即或知識尚有缺疑，亦但照之以明。否則知識亦是逐物，其入愈深，其出愈難，與時流葛藤堆裡摔角，又幾時得明辨？

梁先生當即回信，說「既十年的老友中，未有針砭漱溟之切如先生者」。信裡並且問到我的生活，他想怎麼刺斜裡跳出了一個張嘉儀。從此我就與他常通信，把我在開手寫的山河歲月告訴他。一次他信裡說，「至今接得的尊函五六封，皆與在中大的友人傳觀，事前未曾徵得先生的同意，尚乞恕之為幸」。

山河歲月起初不叫這書名，我在與外婆同住的柴間屋裡開手寫，是八千字的一篇論文，另寫變成三萬字，與劉景晨先生看了，劉先生道，意思是好，文章要改。我又改寫，不知怎麼就增到六萬字，劉先生只看得一半，說還是不行。他道，「你這是一部極莊嚴的書，但你的文字工夫如雞雛尚未啄破蛋殼，叫人看了替你喫力。可是且放在這裡，待我看完它」，這部書後來費時數年，幾次易稿，在雁宕山時曾達廿三萬字，最後又添刪成十四萬字在日本出版，將來再回大陸，只有焚香以告劉先生之墓了。

西遊記裡孫悟空說，「想我老孫，一生只拜三個人，西天拜佛祖，南海拜菩薩，兩界山師父救我脫難，我拜他四拜」。我是生平不拜人為師，要我點香亦只點三炷半香。一炷香思念愛玲，是她開了我的聰明。一炷香感謝劉先生，是他叫我重新做起小學生。一炷香敬孫中山，是他使我有民國世界的大志。半炷香謝池田篤紀，最早是他使我看見漢唐文明皆是今天。

那劉先生且又對我施了無心之恩，是他介紹我進溫州中學教書，我也虧得有此。我是妖仙，來到人世的貴人身邊避過了雷霆之劫。人世最大的恩是無心之恩，父母生我，是無心的，四時成歲，是無心的，白蛇娘娘報答許仙，那許仙當初救她也是無心的。而我躲過了雷霆之劫，即刻又很高興。

教書的話，也是劉先生想到提起的。一日他道，「你做單幫生意，我覺可惜了，教教書如何？還於做學問相宜」。我巴望不得他說出這一句，但是我仍裝作平靜，答道，「這個我未想到，因如今當教員要資歷，我的資歷好像不夠似的，且在戰時都丟失了，大亂之後，又那裡去補」？劉先生道：「溫州中學我給你介紹，但目前還是三月裡，要等到暑假後。資歷不資歷，我可寫信與李超英」。浙江省教育廳長李超英也是劉先生的學生。我因說謝謝，此後他不再提，我亦不問，因劉先生既已說了，他必然做到的，我若催問，反為小氣。

梁先生的來信，我亦給劉先生看了，他說梁漱溟比馬一浮好。梁先生世俗，亦多有錯誤，但是像維摩詰經裡說的，「以眾生病，是故我病」。我這樣一引用，焉知劉先生不然，他道，「其實萬姓何嘗有這樣多疾病」。我當不憬然。原來悲憫激昂的話，多半是自身不得清安。民間是有王者興，即百花開放，王者未興，亦像花謝後開前，有著意思無限。我這樣被輕微的叱責有過幾次，但劉先生是喜歡我的。

但是教書的事不知道到底行不行，又將來如何再出去到中原，亦只是這樣想想。惟我對於尚未成為事實的天機每有一種竊喜，私心慶幸。只有一次讀到文天祥的七哀詩，他被俘北去道中所作，提到兒女的，有「一雙白璧委道傍」，還有提到他的妾，云：

「天崩地裂龍鳳殂，美人塵土何代無」。

我大受震動，有好幾天竟是心裡解不開。我就生起氣來貶了它。還是李陵的詩好，「安知非日月，弦望自有時」，感情一轉就轉過來了，這纔是天性有餘。

我現在讀書總要拿來比到自己身上，於身親的即是好，於身無益的即是不好。有時我無端想起家鄉的清風嶺，王氏節婦也是被元兵所俘，在此投崖，我誦她石上的題詩，誦到：

「君主無道妾當災，棄女拋男逐馬來，夫面不知何日見，妾身應料幾時回」。

不覺心裡一酸，她的身世與我的不同，且去今已將千年，但人世悠悠，天道渺茫，還是一樣。

我在房裡寫文章，外婆來收拾桌子上的鏡奩茶碗，問道，「你一張紙一張紙寫字」？我道，「寫字可以教書」。一次她把我寫好的一張稿子包東西包掉了，我發起小孩脾氣來，她也害怕了。秀美已到了蠶種場，仍當技師，來信叫我安心，她會寄錢來的。外婆倒是也曉得當值我這個女婿，我卻與她少談天，惟有時要她把秀美小時的事說來聽聽。外婆說秀美五歲時就會替大人手腳，她去河邊洗衣裳，一次跌落水裡，正是晌午，路人看見撈起，已經差一點淹死。九歲患痢，又幾乎不救，這樣的小人兒，生病且是很聽話安靜。後來好了一點，胃口不開，買來一隻角蟹給她過飯，她飯喫了一碗。一隻角蟹她喫了三天，小人兒也曉得家裡艱難。阿婆說時，幾次眼淚直流下來，我聽了無限痛惜，心裡想著我必定要待秀美待得更好。

阿嬤她們說外婆福氣好，女孝婿賢。但我與人連少攀談，真是從何賢起。倒不是因為我的溫州話不行，而是一做了知識人，在廣大的世界裡外婆與阿嬤她們使用的言語，我反會不曉得說了。我不過是比前院當鎮長兼小學校長的國民黨員還好一點。還有房東徐家的兒子，在浙大當助教時，他寒假回來我見過一次，比起來，我覺與他還是與阿嬤她們有話可說這點我真要佩服秀美，她與世人總是可以爰笑爰語。

外婆倒是也有她的朋友，是台門外右首一家的阿婆。那阿婆有子有孫，種菜為生，家門口還擺個小攤頭，賣炒豆針線香煙火柴，家裡還算殷實。他們常時夜漁，網得滿簍小魚，都是四五寸的白條，送來十幾尾給外婆，說「你家有姑爺，也湊湊嗄飯」，我很愛喫，味道極鮮。有時還送來乾菜，他們自己種自己曬的。那阿婆家我也與外婆去過一次，好像小時我跟母親到荷花塘九婆婆家。

我有時簷下小立，看看庭中的一株小樹，它總還有根，好過我蛟龍離了水。阿嬤在堦前揀選做紙漿用的樹皮樹筋，溫州的小戶人家婦人多從紙坊領來這樣的東西，已經搗過一次的，攤在匾裡，閑下來就揀揀，賺的工錢也貼補貼補每天的小菜。這阿嬤，便亦勝過我，她在人世是有根的。她的大兒子去年到上海做裁縫，按月寄錢來家，也羅得米，也買得柴，不必喫番藷過日子了。

轉瞬清明。阿嬤的兒子從上海回來上墳，且定新婦，是親鄰處他皆有上海帶米送人的東西，給我也有一支牙刷，一塊肥皂。這次他在家要住一個月，每日拜親訪友回來，便在房裡當沿堦的窗口裁衣做生活。我聽他講說上海的世面，朋友淘裡，及大世界天蟾舞台這等去處，只覺我真是白住了上海多年，竟像廟裡的神，要說世俗的熱鬧，慷慨忠信，還是這班做手藝的人有風光。那阿嬤當然得意她的兒子，今天已經出山了，抵得過多少仕宦顯達。中國民間是小孩帽子綴的金字，雪白與粉紅兩種米紛做的連環糕上印出的字，也都是「狀元及第」，就有這樣的彩頭。而阿嬤的待兒子，與兒子待娘，單是這母子有親，就已經人世有信。

阿嬤住的廳屋樓上原是一瑞安婦人租處，新近換了姓鄭的，一家四口，倒是士紳舊族。偏是此等人家，一窮就份外襤褸悽慘，面孔的線條都變硬，風趣毫無。那瑞安婦人則搬到就近一個尼姑庵裡她叫陳瑞英，只有一個兒子十八歲，在照相館做事，真真是家徒四壁，看她倒是無事逍遙，快活似神仙。她因丈夫早過，男女之間非常之怕難為情，且是未更世事。去年秀美在這裡，她陪我們去過西山，現在她來陪我到松台上看廟戲。

五六月裡，溫州到處有廟戲。溫州戲的鑼鼓行頭唱做，倒也是堂堂大戲。我在松台山看的是斬顏良，斬韓信，都是斬，見了台上掛出的戲牌我先犯忌，因我也是上戰場的人，因我也是犯法的人。但是戲台上顏良已經出來，我且管看得一看，就竟也走不開了。那顏良，花面甲冑如龍形，手執大刀而舞，好像唐朝舞樂裡的蘭陵王。他舞過一回進去，便出來關羽，關羽不舞刀，而惟是橫刀勒馬，果然好一派神威。跟他的馬前卒一人，作控馬之勢，抑縱騰綽，十分喫緊，只覺真有一匹千里赤兔馬無人可近，戲台下一片聲喝彩。如此舞了一回進去，再出來是曹兵連敗，顏良到陣前搦戰。關羽與曹操在小山上張著傘蓋觀看，他忍不住說了，「以關某視之，取顏良首級，如探囊取物耳」。看到這裡，我心裡一酸。那關羽，身留曹營，心在漢室，此豈是顯能之時？但如現在，中共軍南下搦戰，國府軍屢敗，亦豈無英雄竊歎！

斬韓信的戲也了不起。那韓信，取趙取齊滅楚，開漢朝四百年天下，有十大功勞，封為三齊王，呂后卻把他騙到未央宮，使丞相蕭何數其罪。是時陳豨反，韓信密書教以用兵形勢，書被截獲，蕭何以示韓信。韓信見了物證，他但說，「天下何時都可成可敗，惟惜陳豨無謀。至於寡人，若不帶有幾分反叛，也不是韓信了！」他起行數步，上下四方觀看，蕭何問他，他道，「我仰觀天，天不殺韓信，俯觀地，地不殺韓信，中觀世人，世人不殺韓信」。當初韓信不肯下山，師父許他封過天下的刀槍，都說不殺韓信，不殺韓信，惟叮囑他衣裳不可穿桃紅。但現在卻出來了一個年青的廚娘，向他擲廚刀於地，叫聲三齊王，你識得天下的刀槍，可知道這是甚麼！韓信一獃，便是這廚刀沒有封過。他問廚娘姓名，廚娘道，「我叫桃紅」，當下他想起師父的叮囑，就拾起那廚刀自刎了。真是家常茶飯之事，廚刀鋤頭，使英雄到此心驚。

還有一齣戲是比干丞相被紂王刳了心，出朝門鞭馬而去，街上聽見有婦人叫賣空心菜，他停下來問，「菜有空心，人無心如何？」那婦人道，「人無心則死」，他就大叫一聲跌下馬來死了。比干是大忠臣，被刳了心還能鞭馬荒走，那鑼鼓場面實在緊張感動，然而精誠如白虹貫日，禁不得販婦一言道著，中國民間的口即是聖旨口題破。豪傑不離正常，物物平易無浪漫，此所以雖像紂王的無道，人世亦仍有其清平。

就在竇婦橋離我住的徐家台門左首幾十丈路，張氏宗祠門前隔條大路，一個戲台上也在做戲，我去看了碧玉簪。碧玉簪我小時在胡村看過，是嵊縣戲演，亦有是紹興戲演的，如今又看溫州戲演。演書生娶刑部尚書之女為妻，親迎之夕，遭女家表哥妒忌，冤誣新婦不貞，他怒在心裡，但是不說出來，惟不與共枕席，新婦問問他，他出口就是一句賤人，如此非一。新婦的眼淚只往肚裡流，有道是「爹娘看我如珍寶，冤家當我路邊草」。但他總是自己的親丈夫，對婆婆更其要孝順，新婦娘家回門，好女兩頭瞞，爹娘問起，她總是說婆婆與丈夫待她好的。她生在倫常的世景，比起印度的忍辱仙人，她的只是做人的志氣，戲台下的人看了，個個淚落。

那做婆的憐惜這孝順新婦，氣極兒子是個書蹺頭，她趕來趕去趕阿龍，想要硬撳牛頭喫水，只急得搥打自己，哭起過世的阿龍的爺來，反是新婦來勸她，她纔又收涕以忻。婆是丑旦扮，當頂結的髮髻像一隻牛角，大家叫她牛角髻婆。她舉動滑稽，出言喳七喳八，不上台盤，總之是在士紳淑女之外，然而真是好心爽直人，正大豁達風流，戲台下看的大都對她一片聲喝采。

後來那書生中了狀元，適因某一機緣明白了新婦的被冤誣，始以鳳冠霞帔進，卻遭了拒絕。娘子道的是，「奴家沒有這樣的福份，此生已拼只奉侍婆婆百年之後，去削髮修行罷了」。任那狀元怎樣賠禮，她總是不睬。此時戲台下看的人都說，「應該，應該！」又挽了爺娘來勸解，亦勸解不得她回心。末後還是那牛角髻婆，她道，「我的新娘太娘，阿龍對不住你，只可我做婆的來向你賠不是了」，她待跪下去，慌得新婦趕快先跪下，叫聲婆婆，那眼淚直流下來，纔依順穿戴起鳳冠霞帔。於是鼓樂交拜，這纔是洞房花燭夜，金榜掛名時。中國民間的女子就有這樣的英氣。

我看了溫州戲很高興，想著我現在看一樣東西能曉得她的好，都是靠的愛玲教我。又我每日寫山河歲月這部書，寫到這些句子竟像是愛玲之筆，自己笑起來道，「我真是喫了你的瀺唾水了」。我又焉知就在這六月裡，愛玲來信與我訣絕。

還是今年二三月間，我給愛玲的信裡每講我自己的心境，但不該是那樣的寫法，而且好寫不寫，還寫了鄰婦有時來我燈下坐語，今亦記不清信裡是這樣寫的了。這一則是我與愛玲，像梁山伯與祝英台，我竟獃神附了體，以致不曉得對方的心意。二則我可隨時隨地與現前景物相忘，但每一想到愛玲，即刻又覺得憂患如新，心裡有點搖幌，且我一直避免與舊識通信，給愛玲的信亦怕或被檢查，故信裡寫的竟如說話叵測。三則，我今使用的言語文字，如小孩乳齒纔墮，真齒未生，發音不準確，連自己聽了都未見得能意思明白。所以愛玲那時回信道，「我覺得要漸漸的不認識你了」。而我仍舊得意，因為愛玲向來說我甚麼，我都是高興的。我還以為她漸漸看我看豁邊，正是蘭成有可以與愛玲爭勝的地方。

其後五月裡，我又寫信去闖禍。我是想如今結識了劉景晨先生，在溫州大約是可以站得住了，且又與梁漱溟先生通信成了相契，將來再出中原亦有了新的機緣，那時我有山河歲月這部書與世人做見面禮，這部書我現在一面寫，一面生出自信。我是梅花尚未見蓓蕾，就先已意思滿滿，急得要告訴愛玲，只因我是為來為去都為她。但是怕郵信被檢查，連劉景晨梁漱溟的名字都避去，敘事亦是用的隱語，看這樣的信當然使她狐疑不快，她惟知道我已脫險境，且可以有辦法了。

於是六月十日來了愛玲的信。我拆閱纔看得第一句，即刻好像青天白日裡一聲響亮，卻奇怪我竟是心思很靜。愛玲寫道：

「我已經不喜歡你了，你是早已不喜歡我了的。這次的決心，我是經過一年半的長時間考慮的，彼時惟以小吉故，不欲增加你的困難。你不要來尋我，即或寫信來，我亦是不看了」。

我纔想起一年半前她來溫州，兩人在小巷裡走，要我選擇她或小周，而我不肯。我且又想起她曾幾次涕泣，一次是她離溫州的船上，一次是我這次離上海時。此外想必還有哭過，為我所不知道的。

這裡說的小吉，是小劫的隱語，這種地方尚見是患難夫妻之情。她是等我災星退了，纔來與我訣絕。信裡她還附了三十萬元給我，是她新近寫的電影劇本，一部「不了情」，一部「太太萬歲」，已經上映了，所以纔有這個錢。我出亡至今將近兩年，都是她寄錢來，現在最後一次她還如此。

當下我看完了這信，竟亦不驚悔。因每凡愛玲有信來，我總是又喜歡又鄭重，從來愛玲怎樣做，怎樣說，我都沒有意見，只覺得她都是好的。今天這封信，我亦覺得並沒有不對。我放下信，到屋後籬落菜地邊路上去走走，惟覺陽光如水，物物清潤靜正，卻不知是夏天，亦不知是春天秋天。我想著愛玲的清堅決絕真的非常好。她是不能忍受自己落到霧數，所以要自衛了。趙州當伙夫僧，一日炊飯，見文殊菩薩坐飯鑊上，他即用鑊槍打去，曰：「文殊自文殊，和尚自和尚。」禪宗尚有說縱遇釋迦，亦一棒打殺與狗子喫。愛玲的與我訣絕，便亦好到像這樣。而我此刻亦仍如平時與她在一起，看著她看著她，不禁又要歡喜誇讚了。我這樣的在屋後走了一走，就回房裡，而且當即又伏案繼續寫「山河歲月」這部書。

我惟變得時常會歎氣，正在寫文章，忽然歎一氣，或起坐行走，都是無緣無故的忽又唉一聲。我的單是一種苦味，既非感傷，亦不悲切，卻像麗水到溫州上灘下灘的船，只覺得船肚下軋礫礫擦著人生的河床，那樣的分明而又鈍感，連不是痛楚，而只是苦楚。

我當然不會奔去尋愛玲，亦沒有意思想要寫信。但為敷衍世情，不欲自異於眾，過得兩天我寫了一信給她的女友炎櫻。信裡說，「愛玲是美貌佳人紅燈坐，而你如映在她窗紙上的梅花，我今惟托梅花以陳辭。佛經裡有阿修羅，採四天下花，於海釀酒不成，我有時亦如此驚悵自失。又聊齋裡香玉泫然曰：妾昔花之神，故凝，今是花之魂，故虛，君日以一杯水溉其根株，妾當得活，明年此時報君恩。年來我變得不像往常，亦惟冀愛玲日以一杯溉其根株耳，然又如何可言耶」？炎櫻沒有回信，但我亦知道是不會有回信的。

那些日子裡，炎天大暑，我常到就近河裡去游水。看著這水，只覺像席子的可以晏臥，想它如何會得淹死人？我連不是灰心不灰心，一種心境好不難說，而只是視生如死，視死如生，於生於死皆無貪欲，皆似信非信。佛經裡的「無生忍」，也許就是這樣的。但是如唐詩，「知君用心如日月」，大丈夫行事如生如死，亦不及愛玲說的欲仙欲死，我那愛玲便是比印度的諸天菩薩還好。

愛玲是我的不是我的，也都一樣，有她在世上就好。我仍端然寫我的文章，寫到「山河歲月」裡的有些地方，似乎此刻就可以給愛玲看，得她誇讚我。有時寫了一回，出去街上買塊蛋糕回來，因為每見愛玲喫點心，所以現在我也買來喫，而我對於洋點心本來是不怎麼慣的。愛玲還喜歡用大玻璃杯喝紅茶。

雁蕩兵氣

旅於處

暑夜我與外婆住的房門破院子裡好乘涼，雖然斷垣頹簷，總也是石砌的堦墀，各人掇把竹椅條凳，圍著一張小桌子散散的坐下來，外婆阿嬤與我，還有前院小學校長的太太，後院打紙漿人家的媳婦亦一淘，她們都是剛收拾了碗盞，洗過了浴。地面與屋瓦的日晒氣漸漸收盡，先是風一陣陣吹來，當風處蚊子就少。有幾夜是滿月夜，有幾夜微月一鈎，只見繁星如沸。杜甫詩裡有「河漢聲西流」，真是好句。

我也與她們話說南京上海，話說外面的時勢。但我說時勢要大亂，兵災與飢饉將使千里無人煙，她們聽了竟亦不驚動。原來她們是生於天下世界的，而我說的則只是國際的與國內的局面。她們又是生於禮義的，而我說的兵災與飢饉則只是感官的，她們當然聽不進去這實在使我憬然。後來我在雁宕山看見三五支隊經過村落人家，竟像民歌裡的問答，他們與耕夫村婦連不說國際的國內的局面，卻自然與天下人生於世景，有仁有義。從來王者之間，乃至張角黃巢之眾初起時，皆能與民間無隔，彼此說話聽得進去，這就是大學裡的「在親民」了。

忽一日午後，院門口進來二人尋問張嘉儀先生，我驚得魂靈出頂，想著莫會是來查緝我的，可是既無逃處，亦只得出見那兩個都穿白紡綢長衫，我驚慌中不能辨認人品，而我房裡湫隘，就把他們讓到阿嬷房裡。坐定，二客字道姓名，一是吳天五，一是夏瞿禪。天五道，「夏先生在浙大教書，暑假回里，昨天我們兩個到劉景晨先生處，回家把張先生的稿本一夜讀畢了，今天是特來識面致敬。」我聞言纔心裡一塊石頭落地，但兀自餘悸惝恍難制，應對言語失次。左良玉微賤時犯法，逃於營伍，被侯司徒夜訪，驚匿床下，原來竟是真的。

隔日夏吳二位復來，徵求我願否到溫州中學教書，適值我外出，他們只立在房門口簷下缸灶邊與外婆說話，外婆當即滿口答應。果然溫中隨即送來聘書，自此我纔是個有根蒂來歷的人了，我趕忙寫信去告知秀美，好叫她也高興。

我去回拜夏吳兩位，且去謝了劉景晨先生。對劉先生，我不好輕易說謝謝的話，卻只能算是稟告。夏吳二位，我是這回纔看清楚，瞿禪的相貌有點像羅漢，天五則長身白皙，皆是可親的人，說話行事，愈是久後，愈叫人敬重。是時尚在暑假期內，一晚溫中請瞿禪講長恨歌，我亦去聽。瞿禪講完出來，我陪她走一段路，對於剛纔的講演我也不讚，而只是看著他的人不勝愛惜。我道，「你無有不足，但願你保持健康」。古詩裡常有「努力加餐飯」，原來對著好人，當真只可以是這樣的。

那晚瞿禪講的，先是說詩分兩派，一派沉著頓挫，以杜甫的北征為代表，一派悠揚婉轉，以白居易的長恨歌為代表。我就聽在心裡，久久思省。原來開太平盛世的文章，如初唐北宋。皆是悠揚婉轉的，而庚信的賦則又是開了初唐的，白居易的詩則又是開了北宋的。沉著頓挫易流於楚辭，寧是悠揚婉轉更得詩經之正，但亦怕會流於無氣力。其實兩派皆是詩經的，司馬相如的與李白蘇軾的詩，即得其全，而不落兩派的痕跡，故能是人世的大明終始。

天五說瞿禪還講過一次詩，題目只一個字「轉」，可惜我未聽得。我就想像轉即曲終奏雅。杜甫詩新婚別，那新婦想要不顧一切跟了去，一轉卻是「婦人在軍中，兵氣恐不揚」，只得忍住了。出征詩寫老年從軍，怨苦之極，焉知底下卻是「男兒既介冑，長揖恐不揚」，一股神氣樣子，叫人好笑。此所以能哀而不傷，樂而不淫，原來止於禮是有餘，世界上惟漢民族能如此壯闊活潑喜樂。又瞿禪講詩，多只是講的章法句法，而形式亦即是意思無限，我皆聽在心裡。我是比人能聽話，而且只顧會看那在說話的人。瞿禪的說話與他的人就是悠揚婉轉，會調笑的。

撚指間溫中開學了。我搬進去住，仍要看看那房間的外周，是否一旦事發，可以跳窗越垣而遁。校長金嶸軒，我把他當長輩，他已六十之年，卻仍保持五四運動以來教育的清新。我處處自己小心。無求無爭，同事皆說我脾氣好。我且要把知識收起，當心好不要於不知不覺之間流露出威嚴與慷慨豪爽，要裝得是個未見過大場面的人，和許多同事們一樣。我每日上課三，四小時，星期日還到楊雨農家當家庭教師，餘下來即寫山河歲月這部書。外婆那裡，是隔得兩三天，我去看她一次。

我房裡掛起字畫。一幅是劉先生寫的曹操「對酒當歌」，及他畫的一幅紅梅。還有徐玄長畫的荷花。及瞿禪寫的詞，詞曰：

覆了十分杯，數語便成輕別，念劫短長休問，又柳絲堪折，來禪樓閣好簾櫳，幽恨燕能說，已夠杏花臨影，負一彎黃月。

這是他避日寇至虹橋，天五為築來禪樓居之，又傳寇至，蒼皇避往太荊時所作，但好像就是寫的我離開漢陽。

同事中我與徐步奎頂要好。步奎也是新教員，他纔畢業浙大，是瞿禪的學生，卻學的西洋文學，第一天由瞿禪介紹我認識。西洋文學我見過愛玲的，今見步奎把勃朗寧，沙士比亞，與歌德當作大事，我只略與他說說，就已使他驚伏。我因勸他丟開思想與感情，來讀中國詩，先從杜甫起。他很聽話用功。

徐步奎心思乾淨，聰明清新，有點像張愛玲，但是我很心平，因為他不及愛玲。他因我與瞿禪是儕輩，亦敬我為師。他謙遜喜氣，卻不殉人殉物，他的人如新荷新葉的不可挫揉。他且又生得美，一晚在校長室開校務會議，電燈下他與諸人一淘坐著，唯他齒白唇紅，笑吟吟的像一朵滿開的花，我只顧看他，不禁想起小周。

還有徐玄長，我也是由瞿禪天五介紹認識。他是樂清舊家子弟，年已五十，在家裡仍稱少爺，書畫金石，絲竹吹彈，無一不會，且是個心平氣和人，我惟嫌他有點熟，鋒稜倒了。步奎常到他家唱崑曲，徐玄長吹笛，他唱貼旦。去時多是晚上，我也在一淘聽聽。崑曲我以前在南京官場聽過看過，毫無心情，這回對了字句聽唱，纔曉得它的好，竟是千金難買。

我聽步奎唱遊園，纔唱得第一句「裊晴絲」，即刻像背脊上潑了冷水的一驚，只覺得它怎麼可以是這樣的，竟是感到不安，而且要難為情，可以看張愛玲的人與她的行事，這樣的柔豔之極，卻生疏不慣，不近情理。我又聽姓潘的唱亭會，是小生唱，第一句「月懸明鏡」我聽了只覺真是皓月無聲，那圓正清健都是志氣。

從步奎我又相識了馬驊。馬驊又名莫洛，夫婦戰時在大後方辦左翼文學刊物，歸來家徒四壁，我見了他幾回，不禁愛惜，買過十隻雞蛋送他，叮囑他要注意自身的營養。可惜這樣的好人都被共產黨取去。我與他論文學，他倒是敬重我，當然他亦不能違反黨的紀律。我去他家裡，夫婦以給小孩喫的新蒸米糕盛了一碟請請我，我寫了一首詩送他，詩曰：

莫洛先生正年少，娶得林綿甚窈窕，十年奔走成何事，生男育女累懷抱，閑卻干戈理襁褓，放下彩筆入廚灶，為米為鹽亦本色，灰塵之中鬥清好，客來不能具盤筵，時妨言談幼女牽，不知中原幾何遠，但覺兵氣到窗前，向我殷勤勸茶水，數椽瓦屋尚可寄，況有煌煌一代人，休嗟還鄉作遊子，出巷相逢揖親鄰，仍是當年自在身，林綿雙辮俏人意，莫洛明眸照街新。

這首詩他很喜歡，裱了掛在樓上房裡，後來解放軍常來他家裡，見了亦說好。馬驊是解放後當了溫州新華書店的主任委員，我與他就疏遠了，人生一緣一會，當初的友誼想起來總還是清潔的。而且當初有過一次，步奎來說馬驊恐有被行政專員公署逮捕的危險，因為還是我在溫州士紳界有面子，所以告訴我，我就想到如果出事總要救他。現在我是與共產黨不兩立，但當初我待馬驊那樣，還是沒有咨嗟失悔。

易經裡有西南喪朋，東北得朋，彖曰，「東北得朋，乃以類行，西南喪朋，亦終有慶」，好像就是說的我，我在中原的朋友都盡，今在溫州卻竟有了這些新的知人。又我教的一班裡有個女生王愛娟，十七歲，家裡一股洋派，她的作文與她的人聰明豔極，好像愛玲，不可有一點委屈遷就。她肩下還有個妹妹，則活潑像炎櫻。我每次見了王愛娟，想起愛玲，兀自高興得意，著實壯了膽氣，但隨又幾乎不笑出聲來。前此我有愛玲，仍要引逗小周秀美，現在愛玲已不要我了，我反為想想是莫轉王愛娟的念頭，因為惟有她纔是與愛玲相犯的。我就這樣的且只顧教教書，溫州地方也依然是風花飛墜鳥鳴呼。

溫州多佳節，今年攔街福我是一人去看，在百里坊劉景晨先生家裡，婦女們都站在門外巷口，看一隊隊的花燈迎過，我與劉先生在西廂房清坐，只覺院子裡與坐在廂房裡電燈下的主客，亦像外面街上的一派佳節喜氣。此後是端午，溫州城外，有河江處皆擊鼓划龍船，還勝過紹興，因為此地是濱海之民。七月七夕，我不曾留心得溫州人供雙星是怎樣的。我是年年此夕雖然記得，卻每每好像無心無想的把來過了，原來乞巧就是這樣無所得的。今年中秋，我已進溫中教書，是日到街上走走，只見許多攤頭賣供月的小擺設。過後與劉先生說起，劉先生道，「我家裡幾個女兒供月，往年還盛些，今亦這種小擺設沒有誰家及得」，我聽了深惜中秋夜沒有去劉先生家看看。劉先生剛毅威猛，他偏亦喜愛民間的這些。

九月重陽，記不得楊雨農的生日是不是就在這個月裡，惟記得是日都在楊家，劉先生的壽詩頭兩句是：

仙樹成灰佛塔存，紛華見盡道彌尊。

真是好詩，卻因劉先生是長輩，他給我看詩，我惟敬謹持誦，不可以說讚揚的話。是日在楊宅宴罷回來，我送劉先生一陣，走過公園邊，見臨崖有古塔老樹，塔並不大，樹已焚餘，劉先生言此塔此樹，自兒時已見其在此，日寇之時，樹被空襲。我聽了只覺人世滄桑，今日卻又是天氣暖和澄清，看那樹時，雖然枯死，依然奇姿矯晴空。我與劉先生走，總是稍為走在後面一點，此刻看著劉先生這個人，無端想起了「碧梧棲老鳳凰枝」。

是年有閏九月，兩個重陽節，劉先生很高興，好像是彩頭。是日他畫了一幅紅梅給我。曹操蘇軾也是喜歡討彩頭的。劉先生與我說韓愈的詩好，我想是因為二人骨力相近，其實他許多地方像蘇軾。他且是腰輕腳健，好天氣出門總是步行不坐車。他去楊家，有時順路進來溫中看我，他一到就是上客，在走廊裡遇見校長與教員，都是後輩。他還帶我去過郭公臺，來去有七八里路，我走在劉先生後面，只覺溫州城裡的街巷都有了份量。郭公臺在海壇山那邊，城外一條鬧街的盡頭，面臨甌江口的一個阜邱。劉先生說溫州城相傳是晉人郭璞勘定的地形。這邱雖小又低，底下巖骨卻直下千尋，江水海潮至此而迴。我隨劉先生登了上去，只見風起浪湧，溫州城竟也像石頭城的雄偉。從來江山形勝，還是因為有人。

十月，秀美來。她在蠶種場，今年的秋蠶製種已了結，這回她是與我住在學校裡，同事與學生皆叫她張師母。我們買了火腿與茶葉，夫妻雙雙去劉家。第一次去劉先生不在，太太出來相見，兩位小姐劉萊劉芷在溫中讀書，是我的學生，姐妹捧茶出來，行過禮侍立。太太我還是出次識面，她五十幾歲，且是生得秀逸安詳。她與秀美說劉先生與年青人難得投機，惟每稱道嘉儀先生，秀美就代我謙謝。第二次去，劉先生在家，太太亦仍出來相陪。劉先生完全是長輩對小輩的和樂，還遞香煙與秀美。秀美很高興滿足，回來時路上她道，「今天見了劉先生，我胸口頭好像有一股氣飽飽的」。詩經裡說「既飽以德」，大約就是這樣解釋的。翌日，劉萊送來家製的糯米粉，我與秀美拿這粉到外婆家裡做湯圓。

秀美住在學校裡，人人敬重，先是金校長待她如賓，徐步奎更對這位張師母執小輩之禮。秀美帶來一張蠶種，分給了女生，教她們等到明春如何養蠶。但她對女生與對男生一樣，無事不招攬，她與人相處就是這樣的清好。我又帶她去吳天五家與徐玄長家，都是主人主婦出來堂前敬茶陪客。秀美道，「這回真是過的夫妻的日子，我做人亦稱心了」。中國文明是「夫婦定位」，她在人世就有了位。

我是高中二年級級主任，帶領我這班學生遠足到茶山，秀美亦同去。茶山離溫州三十里，已近瑞安縣境，來去水路，我們包下了小火輪的一隻拖船。秀美在埠頭買了水紅菱，到艙裡分給學生喫，他們都謝謝師母，船到了上岸，走去還有里餘，學生排隊到了山腳下，纔散開各人自便。是日山野晴暖，我與秀美走到山腰亭子欄檻邊看瀑布，當初逃命，想不到以有今天的日子。但是我心裡仍似喜似憂。及回學校，燈下秀美鋪被，我且看些書，一看看到易經的旅，「旅於處，得其資產，我心不快。象曰，旅於處，未得位也，得其資斧，心未快也」，我不禁笑起來。秀美迴臉問我笑甚麼，我說給她聽了，她道，「出頭的日腳總有的，且慢慢的來」。

吳清源家裡不設碁盤碁石，與人對局，月不過二回。日本圍碁九段坂田榮男答記者問，他亦殆無擺碁譜之事，惟新聞碁每天過過眼，新手的發見亦是在對局時，並非先曾研究好。記者問他，到了高段，若仍像當初的用功不斷，豈不更進步？他答並不如此。而學問無段，我只是年來會得很少看書，惟對當今的人與事物比從前留心，要說用功，恐怕只是在自己寫文章時。知識欲也是一種貪，我偶或讀書，湊巧有一句兩句讀到了心裡去，就已歡喜不盡。讀易經我即如此。

易繫辭，「作易者其有憂患乎？」又曰，「易之興也，其當殷之末世，周之盛德邪」，我今即是生於中華民國的變動憂患，「震來虩虩，笑言啞啞」，我與秀美此番受的驚嚇，亦要算得會窮開心。而「震驚百里，不喪七鬯」，卻又只是個端然。我教步奎你也讀讀。步奎的未婚妻肖梅尚在浙大讀書，要明年纔畢業，兩人信札來住，常會無故叮堆堆，一次肖梅半個月不來信，步奎發急發怒，來我房裡，像小孩的要哭出來。我勸解他，他亦不聽正當此際，門房送來了信，他一面拆看，一面已笑起來。我就羞他，唸道，「同人，先號咷而後笑。先號咷，何可解也。後笑，亦可羞也。註曰，出在易經」。步奎詫異道，「易經裡焉有這樣的話，一定是你編造出來的」。

雁蕩兵氣

我在溫中半年，即轉到淮南中學當教務主任。淮中在雁蕩山，從溫州到樂清，要出甌江口，坐的是海船。秀美同行。

正月初七，四更天氣就動身。到江邊趁船處天還沒有亮，沙灘上燈火零亂，有幾處茅蓬攤頭賣茶水，湯年糕，滾熱油豆腐細粉干，我們揀一個攤頭坐下候船。曉風霜氣，如鞭撻無赦，使出門人只許志氣廉立，而不可以是離愁。我卻有秀美在一道，此時兩人心意，便勝卻世上成敗榮辱無數。笑他臨濟語錄只知有賓主歷然，豈識得尚有君臣父子兄弟夫妻歷然，如今我與秀美出門在路上，即是這樣的夫妻有親。

是日坐了海船又換埠船，午飯在樂清城裡喫，日影斜時到虹橋天五的鄉下老家在虹橋鎮外，我們去投宿。他太太回鄉值新年祭祀，一人在家。天五的父母均已去世，他父親在時是舉人，有良田千畝，晚年得子，以三百畝捐贈虹橋慈嬰院誌喜，餘七百畝，天五贈他的妹妹二百畝，此外留出一百畝為塋祭。他妹妹豁達明慧，剛烈像天五，大學畢業後出嫁，夫婦在上海做事，思想左傾，是民主同盟的人。天五的父親就是個有才氣的，至今這老房子裡還可以想見當年的閑庭風日。俱舊宅大院我還是愛那城裡的，有花廳池榭明麗。鄉下地主的宅院，堂後與書齋旁邊的幾間都是穀倉，酒坊，農具，那裡的光線不好，通過時使人感覺生活的沉重。所以天五要搬到溫州城裡住。而那年夏瞿禪避日寇至此，天五是特地為他造了來禪樓，即在老房子後園側首，我們到時，天色尚落日在樹，天五太太領我們開了鎖上去看，有點洋房式子，且是建築得好，如今樓下的傢具都已搬到溫州，空無一物，惟粉壁如新，樓上是環列玻璃書櫥，櫥裡四部叢刊極整潔。我在樓上欄杆邊稍稍佇立望了望，只覺此地亦有山川奇氣，天五的行事好像燕昭王築黃金臺。

夜飯開在堂前喫，小菜與溫州的各異，卻有餅灸細粉，扣肉扣雞，好像胡村人新年待客。原來虹橋已近雁蕩山，山那邊即大荊，通溫嶺黃岩天台嵊縣，鄉風有些相近了。這燭影杯盤，與堂前間的深宏，使我想起小時家裡欸待佳賓，現在卻是我自己結交得來的，單為秀美，我亦心裡得意，嫁得我這個丈夫，她總有面子。天五的太太招待我們，她沒有冗談，卻灑落大方，單是她的人相與身材就非常本色，像唐朝敦煌壁畫裡的，而亦是民國世界的。飯後她把樓上自己的臥房讓給我與秀美，房裡有惲南田的花卉，惲南田的畫多偽作，這一幅卻是真筆。

翌日僱人挑行李，到淮南中學有五十里路，我與秀美走了去。這條路走走又是沙隄，沿山濱海，田疇村落皆在早春的太陽下。時遇行人三五，他們新年出門，或去虹橋，或去溫州。其中年青婦女，都是半城半市半鄉村的打扮，總覺是民國世界的新人。便是男子，民國世界的服色好像未成欵式，他們或穿長衫，或只是短裝褲袴，亦皆看得順眼，在家裡與在日月山川裡都相宜，有漢民族的壯闊自然。

路上我聽秀美講她在蠶種場。蠶種場的同事，薪水都是每月兩百斤米，卻惟秀美安排得來寬裕實惠。有時她還請客，雖不過是到小市鎮上喫餛飩。蠶種場裡過節是一班同事大家湊錢喫一頓，倒也殺雞燉蹄膀，還打了老酒，便在這樣的場合，亦只覺得她出手最大方，且必要有她，纔真是過節。而且閶閶明年出閣，雖然諸事有斯太太是嫡母，秀美總是對親生女，少不得做一床絲棉被與幾件緞子旗袍陪嫁，她也逐年逐月準備得了。此番她來溫州也是她自己積攢下來的路費。她的這點點薪水，竟是可以安排得一個人世。她對於現世是這樣的肯定，我們雖然分居兩地，亦兩人的心意都不會變，但她總要一年一度見面，路費該使用該用，她即亦不惜。不過如今我教書有薪水，可以給她了。

說話之間，已快要走到白溪鎮，只見路邊灣汊裡多蠣黃，原來此地人引海水築壩養蠣黃，好比田裡種慈菇。路邊人家又都在晒海苔，像寧波人做苔條餅用的，他們真成了耕海。我與秀美停下來看了一回又走。兩人仍繼續剛纔的說話，我道，「等閶閶出嫁了，我與你的婚姻也公開，將來時勢稍為定定，我們還要辦喜酒，我在外頭做事，何時都帶你一道，夫妻白首偕老」。秀美卻道，「你的世面在外頭，自有張小姐與小周小姐，我寧可在杭州住，念念佛，終老此生，你到時候來看看我，彼此敬重，我就知足了」。我道，「我最不喜念佛老太婆，你怎想得出來！我們正入中年，三月桃花李花開過了，我們是像初夏的荷花。你一定要和我結婚，你依順我，答應一聲我聽聽」。秀美卻不答應，我生氣管自走路，不與她交口，她亦照樣安靜。每逢這種場合，總是她比我更是大人。

我這完全是無理可笑。難道秀美與我這樣還不算數，卻一定要行婚禮。我今是甚麼處境，靠不住還沒有養老婆的能力，且我不見得是個但求成家立業的安份人，將來的日子亦儘可到了那時再說，此刻秀美便一一答應，我又待怎樣呢？我這生氣也是多的，無端端自己要招來不開心秀美的倒是瀟灑之言，人世無成無毀，無了無不了，我但做得仁至義盡，此外紛紛說甚悲和喜，皆不如還給天地。蘇軾南貶，朝雲相隨，歿於惠州，蘇軾撰的墓誌銘，惟云朝雲幾歲來我家，待我有禮，跟我南貶，罹瘴疾革，誦金剛經四句偈而逝，今為葬於寺側，願佛護祐，一篇文章僅百餘字，不涉兒女燕私悼亡之情，後來我在雁蕩山時讀到了，幾次眼淚要流下來。秀美亦有點像這樣。她與我好比結婚纔是三朝，我鄉下做三朝，這一天就已經是歲月無盡，所以她說單是這樣她也知足了。

但我的生氣也多半是假裝，見秀美安靜不睬，只得自己取蓬，隨拿別的話來說開了。兩人走得熱氣蒸騰，中午到白溪，再走七里，山迴路轉，忽抬頭已看見了淮中校舍。此地是雁蕩山人口，那校舍倒也是洋房，綠窗粉牆，就在山巖下路旁邊。此時大約正值下課，有幾個學生爬在石垣上，望見我們，當是行路之人，正待說出村童的頑皮話來，卻見走在前頭的行李已一直挑進校門，校長出來迎接，我一面仍留心那幾個學生，他們已一哄爬下石垣去了。這樣妍暖的天氣，且是我與秀美，他們縱或對了我們說頑皮話，我們亦只有相視而笑，我還要幫他們也來戲侮秀美的。

校長仇約三，是吳天五的親家翁，仇家在大荊有名望。他師事馬一浮，而近於黃老，現年五十八歲，像三國誌演義裡寫的諸葛孔明，身長八尺，面如冠玉，五綹長鬚，無一莖白。淮中是私立，又在山中，設備差，學生少，教員也鄉里氣，倒是合我的脾胃。那仇校長辦學，不甚依照照育廳的規定，凡事自出心裁，簡靜本色，所以待我這個外行教務主任格外好。他還想留秀美當女生指導員，秀美辭謝了。

我去上課，秀美只在房裡，把她的一塊大圍巾拆了，給我打一件毛線背心。從五四運動到國民革命軍北伐那時候，女學生與少婦作興披毛線織的大圍巾，說起來真是歲月如流，我要秀美保存作為紀念，她卻不聽。她一針一針的編織，心裡是歡喜的，雖然歲月如流，她總現有著親人。

仇校長與我率同全校員生修濬校門前的溪灘，秀美亦雜在女生隊裡扛抬石頭，在水邊栽楊柳。淮中的女生都是鄉下姑娘，與秀美煞是投機，她們有心想的要跟師母學養蠶。我與秀美也到過大荊仇校長家裡，也去遊了靈巖寺與玉女峰。雁蕩山倚天照海，雞犬人家，謝靈運李白蘇軾皆未到過。村人亦很少說起何處最是勝地，惟向我們誇稱這裡的茶葉好。大荊還有香魚，白溪街上小飯店裡賣的蠣黃，銀絲魚。銀絲魚如手指粗細，亮白透明，入口即化，與香魚都是溪水入流海處纔有的。雁蕩山的米多是紅米，色如珊瑚，煮飯堅緻甘香紅心番薯亦比別處的好，整個蒸熟晒乾，一隻隻像柿餅。但學校鄰近的村落總是地瘠民貧。我與秀美卻也不專為去找名產喫喝，寧像本地人一樣。惟仇校長送來一斤香魚，是晒乾的，秀美看見好，又托到大荊搜購了一斤，預備帶去杭州。此外是女學生送來的茶葉與番薯餅。

到了二月中旬，秀美又要回臨安蠶種場。她道，「此番我來看過，可以放心了」。我的月薪是四百斤穀子，時價二十萬元，我預支六百斤，賣了給她做路費，另外十萬元給她買阿膠將補身體，她要我留著自己用，我塞在她的箱子裡，她到杭州開箱子纔看見，來信道，「你待我這樣真心，我眼淚都要流下來。我當即到胡慶餘堂買了阿膠。我從小等於生長在杭州，今天到胡慶餘堂去的街上，想著你是我的親丈夫，我竟是杭州的好女子」。

秀美去後，我每天除了教書，仍繼續寫山河歲月。雁蕩山杏花開過，時節已又是清明，我給秀美的信裡寫了一首詩：

春風幽怨織女勤，機中文章可照影，
歲序有信但能靜，桃李又見覆露井，
好是桃李開路邊，從來歌舞向人前，
大荊餉耕滿田畈，永嘉擊鼓試龍船，
村人姓名迄未識，遠客相安即相悅，

松花艾餅分及我，道是少婦歸寧日，
即此有禮閭里光，世亂美意仍瀟湘，
與君天涯亦同室，清如雙燕在畫梁。

信裡不免又了些戲謔的話。秀美回信道，「我總總依你。此刻在燈下寫信，想著你，身上都熱熱的異樣起來。」她這樣一個本色人，偏是非常豔，好像遊仙窟裡的。

這回我讀王文誥的蘇詩總案，纔看見了蘇東坡的人，一字一字我都讀到了心裡去，有時遂亦作詩。曾有一首是和蘇軾羅浮山詩的韻，今只記得其中寫到靈巖的一節，靈巖寺後巖巒如龍鳳之形，山門左有展旗峰，右有鐘鼓峰，詩曰：

廟門已作千年靜，威鳳天龍戒猙獰，
峰展大旗列鐘鼓，群仙下時如朝庭。

又劉景晨先生來信，贈我一幅綠梅，與一幅秦篆「九嶷仙人」，兩幅合裱成一橫幅，還另箋錄詩相示，我回詩一首，今亦只記得開頭四句：

錦屏巖前日出時，曉風吹動千花枝，
鵲噪夜來桂子落，起尋拾得先生詩。

劉先生作的這幅字畫更比其餘的都好，我得了喜之不勝，卻值有個女學生來我房裡，幫我掛起來，她站在身邊，兩人抬頭觀看，村女不曉得說文話，惟嘖嘖稱讚畫者恁聰明，我聽了益發高興，因為她比任何批評家都說得好。

但我與名山，其實不大有緣。近在校門外咫尺，巖巒詭奇，一一有名色，我卻都不理睬，惟信步走走，我的人在此幽境，倒是好像山鳥自呼名。雁蕩山有瀑布千條，我行行忽到一處，瀑布如簾，裡邊有巖洞軒敞如大廳，那瀑布即落在洞門口，如聽堂上琴筑之音，一個人悄悄的，惟是物物歷然，不可以是何種感情或見解。有些人遊賞風景，乃是干涉，要把這風景來怎麼樣，且把自己來怎麼樣，而我是只在這一刻修到了格物。

雁蕩山是水成岩，太古劫初成時，海水退落，至今巖崖百丈，上有貝螺之迹。我在那裡一年，不見有外來遊客，第一是這點好。這樣的大山，石多土少，林木也稀，人煙也稀，惟翠崖深邃迴複，偶見虎迹，卻不像外國電影裡深山大澤的都是自然界的生存競爭，蟲魚鳥獸相吞噬。此山使人不生恐怖，永絕三途惡趣，遠離原始生命的無明。淮中大門外古轉人山半里，即有兩崖如峽，上礙雲日。再過去二，三里，巖壁上有天龍蜿蜒之迹，長數十丈。我每到這裡，總要想起太古，不是太古有道，更不是洪荒草昧，卻是像昔人詠彈琴的詩裡「古音愈淡」，而又皆是現前的憬然。

瀑布總說大龍湫，一次我也獨自去過，看它從半空中如銀河傾瀉，飛灑遠颺，水氣逼人面，下墜淺潭，如晴天落白雨，庭除裡一片汪洋，珠聲晶泡浮走。此地太陽遍照，觀瀑亭無人到，惟桂花一株已開。旁有山寺，僧出未歸，寺前一塊地上種著番藷。人家在山下溪澗邊。我是見了山下人家，山腰的樵夫與種作，即心裡生出歡喜。它不像外國電影裡的只覺是墾荒，卻像石濤畫裡的充滿野氣，而溫潤如玉。

我只不喜雁蕩山的山勢太逼，處處峰迴路轉，望遠望不到一里，而我則繫情山外中原。我每信步在學校就近走走，總要上到半山腰，纔望得見七里路外的白溪街上，海水一角在陽光裡，好像金盆盛水，可以盥面洗手。雁蕩山的絕嶺是北岡尖，我只與學生遠足去過，清早排隊走起，晌午時分纔到得。山路有幾處峻極難行，但也小心些就是了。我不喜日本的登山隊，他們是學西洋人，常會遭難遇險。李白詩蜀道難的雄大，倒是我們上北岡尖有些相像。有言平步登天，中國人是登天亦但平步。人在北岡尖上望得見溫州城，東邊是白日照海上，雲氣在身邊飛過，恰入秦始皇封禪秦山梁父而望遠海，卻又連平時繫情中原的情亦不可以有。

我是因為愛玲，所以對現代都市相思。我有大願未了，不可以老，不可以披髮入山。我寫山河歲月所為何來？有詩言志：

日日青山厭相望，卻愛人家在道傍，
既然木石來相戲，何坊伊尹生空桑，
天涯蕩子何遊止，暫出村端三五里，
路上樵販相問答，新幣初行兵過市，
獨行山石世不驚，相思金烏玉兔清，
豈欲叩馬諫周發，自搗玄霜為雲英，

其實我並不覺得愛玲與我訣絕了有何兩樣，而且我亦並不一定要想再見她，我與她如花開水流兩無情，我這相思只是志氣不墜。

對小周我亦一樣。人生聚散是天意，但親的只是親，雖聚散亦可不介意。惟她的情形與愛玲不同，年年正月初五她生日，我總拜拜觀世音菩薩有所祈願。此番我來雁蕩山，亦作過一首詩，單道兩人心意：

盡日窗外斷人行，望眼相識惟明月，
月亦何事來空山，輕易拋卻雕欄曲，
有恨年年自圓缺，蒼梧雲開湘水綠，
莫怨天涯相思苦，地上亦有斑斑竹。

小周在漢陽，想必已無事出獄。我今是親友發生怎樣的變故不測，亦不會對之哀痛摧傷，只是無間生死存亡，我總把它放在心上。我的心事便只是這樣的心事。

雁蕩山夏天倒是風涼，暑假中日子長長的。學校裡只有我與庶務馬君，此人倒是個鄉下好兒郎。七月七夕，月亮出得早，與他在校門口梧桐樹下擺起桌椅，供了一碟黃金瓜，兩盞清水，裡邊又擺一枝鮮茶，看牛郎織女渡河。校門口臨大路邊。隔一條溪水即是山，在月亮與星光下白花花。村裡的人有兩個也過來坐坐，一道說話，講今年的年成，又講溫州上海。我心裡漸漸悽涼難受，只覺好不委屈，就先自上樓去睡了。房裡不點燈，月亮照進帳子裡，我和依倚枕，那曉得就此睡著了，好比是哭泣過後。我作有一詩，單道此夕：

瑤關當年笑語人，今來下界拜雙星，
無言有淚眠清熱，忘收瓜果到天明。

翌日一早，卻有人從山裡掘了一叢蘭花，我專為買下了，種在盆裡，就擺在房裡窗口。改姓換名以來已快三年，對著這蘭花，我也可以記省記省自己。

暑假過盡，學校開課，我辭了教務主任，單教教書，一夕大風雨，夢見愛玲，半夜醒來，風雨愈狂，對燈下蘭花，葉舒蕊靜，成詩一首：

近天逼海何意圖，八月風潮夜擊廬，
床搖壁動心知危，披衣起坐敬狂愚，
聽風過壑雨翻山，草木皆欲燈前住，
新栽盆蘭在房帷，舒葉吐花得賓主，
劫中洗得蛾眉清，猶夢伊人非失誤。

雁蕩山雄偉奇恣，我卻並非豪傑，惟是謙卑之人。

風雨過後，漸漸秋正。雁蕩山臨濟寺有幾里路都是桂花，那裡秋陽寂歷，時見三五樵薪人。我亦只會得採桂花，披枝捋蕊採得滿籃，回來攤在匾裡曬乾，有一種金紅的最好，閒常用來泡茶。還藏著有，等秀美明年來時做湯圓喫。

但是此間實在地瘠民貧。我在溪邊路上，見村婦掘來番薯尚未成長，只因家中米糧不繼，要可惜亦沒有法子。那婦人三旬左右年紀，雖衣裳破敝，倒是眉目姣好，籃裡的小番藷已在溪水裡洗過，紅得燁然，我不禁心疼。如今的時世即是這樣的暴殄人，暴殄物，於此始知先王之道，政治經濟亦但是生於仁民愛物之心。

秧歌舞

浙江省境內有共產黨的游擊隊萬餘人，其中在雁蕩山出沒的一百幾十人，名稱只叫三五支隊，國軍卻開來了一旅還征剿他們不了。淮中附近一帶村落都同向三五支隊輸糧，政府的稅吏不敢下鄉來。三五支隊行軍，有田夫樵子先在嶺路上為他們放哨瞭望。一日，他們在蕭延寺晝憩，遭遇國軍掩襲，就只這回頗有死傷。他們且戰且退，據巖險相持，到夜色已深，始得逃脫。傷者匿在路邊山上柴草叢裡，自有村人連夜送水漿乳粉去調護。

這些村落裡卻是既不開會，又不鬥爭。人們的口裡，將來共產黨的天下要分田這句話是有的，但亦不見得是為了這個在刻心刻意的期待，事實上減租運動都不曾聽聞發生。這些村落和別處的村落一樣，只見是男人在畈，婦女在家，畈裡家裡皆風日妍靜。

中國民間是向來不談政治，卻有漁樵閒話與彈詞。政治到了不可以入漁樵閒話，不可以入彈詞，它就是不足道的了，而亦就是天下要大亂了。天下大亂，反者四起，這個感覺就是有氣概的。民間甚至並不重視形勢，聽人說國共的優勢劣勢，都是不可不信，不可全信。民間所知的，寧是政治經濟軍事形勢以上的天數世運。

我聽不進左翼文化人的理論，但我仍喜愛他們的人。他們說，「農民為土地怒吼了」，事實卻並不如此。事實是連上海等大都市裡亦竟無政治性的工潮，鬧得起勁的，只是文化人與大學生。勝利後我看過一部電影片演的抗戰故事，完全是假的，但我仍愛看，因為那劇中人亦分明覺得自己是在做戲，所以好。

可是三五支隊竟這樣清靜。他們都是年青小夥子，規矩聽話。他們心無雜念，去盡誇張。因為民國世界真的是在清早晨。天下大亂，而眼前這些游擊隊卻是可親的子弟，反為只見國民黨在狂躁不安，不得其所，順逆之勢如此倒轉，就是舊朝將沒，新朝將起了。

還是上次暑假將盡時，有幾個教職員先已到校。忽一日，三五支隊經過。我們出去看，只見隊伍散入村中人家造飯，幾個指戰員與政委立在小橋頭。其中一個政治指導員，抗戰時期他曾任美國在華派遣軍的聯絡工作，勝利後回故鄉，到淮中教過書，今番看見，當然要請他到學校裡坐坐。請了幾次，他推卻不過情面，纔與我們同行，好比是請女朋友。

到學校只有幾十步路，我就在大門裡走廊上移過一隻長凳請他坐下。他安靜的坐下，不東張西望，不問這問那。惟我是初識面，馬君蕭君陳君與他同事過，提起別後想念之意，他只答說，「此地有一個中學能存在是好的，我們路過不進來，是為不要引起國民黨的軍隊對學校誤會」。三五支隊的確對淮中明裡暗裡都不做工作。而眼前這個人，卻使我想起史記裡說張良如婦人女子。女子有一種貴氣，不可非禮相干，而又委婉順從。

他坐了約有二十分鐘，馬君要叫廚房燒麵，他辭謝說不必費心，十分卻不過，他只接了一杯開水。我惟見過日本的茶道，有這樣的虛靜清純。他竟不說政治的話，連寒暄亦少，真真是浮花浪蕊都盡，別有淹然風流。他好比是麒麟不忍踐踏生草，而人亦不忍傷害麒麟。日本開三百年一統之局的德川家康，他說過「得天下以慈」，我是這纔知道。

彼時虹橋也有兵，大荊也有兵，白溪也有兵。大荊街上豬肉店還被掛起一顆首級。國軍像明末剿張獻忠李自成的四鎮之兵，一個營長駐在大荊就是小皇帝。他們與城市裡的文化人大學生調同曲不同，都有一種想要揚眉吐氣，可是這只有從民間起兵受記，如散仙要從瑤池蟠桃會受記，所以後來他們一夜之間都變成了解放軍。

是年向盡，淮中正舉行學期結束考試，一日傍晚，忽開到一營兵，把學校包圍，四面架起機關槍，出動搜查教職員寢室與學生宿舍，各人都被先摸過身上，再打開箱篋。我房裡有一個學生在給我鈔寫並油印山河歲月的草稿，正抄到有關國民政府的一章，他停筆欲起，我說無事，你只管抄寫，一面開了房門等待被檢查。一個兵提著步槍正待闖進來，我先說了一聲請，從桌上遞給他一支香煙，我自己亦點一支來吸。他一眼就注意到在油印稿子，就問是什麼？這東西本來最犯忌，但我悠然的只答說是上課的講義。開開箱子，見有一束秀美的信，兵又問，我答是內人來的家信，見他持在手中無法，我就唸了一封給他聽，一面斟杯茶請請他，問他可是也已經結婚了？他答還未結婚。如此就平安檢查完畢。仇校長被抄去燕窩與信件，女學生被抄去毛線衫，其他教員亦各有些東西被抄去，都是一點嫌疑亦沒有的。隨後他們押解全體員生離校，連夜翻山過嶺到大荊，惟我留守校舍。

翌日庶務馬君從大荊來陪我，說已打聽得這次解散淮中是旅長的命令，因仇校長的兒子在上海是民盟的關係，仇校長今被指定在大荊不許出來，惟已請准畢業班的學生即在仇校長家裡做完考試。我到大荊去出題監考回來，還在校裡住了十幾天，把山河歲月油印裝訂好。在這些日子裡，尚有兩次軍隊過境，到校裡借宿，一次是旅長親征，一次是營長帶兵，真要有魂膽來抵擋。等我要回溫州，馬君憂懼道，「張先生在還好，張先生走了，若再有兵來，我豈不驚煞」，我教他不可害怕，惟須安靜婉順，你的人好像是不占面積的存在，即在刀槍叢中亦可行於無礙。

畢業班的試卷評定後，仇校長要我到樂清縣城向教育局要求復校，但是教育局不敢與軍隊交涉，只答應打電報向教育廳請示，如此就無下文。我到溫州，請溫中金校長也上呈文到教育廳，因為金校長是溫屬各中學校的校長會議主席，淮中的事他可以發言，可是秀才遇著兵，終歸完結。

我去到雁蕩山只一年，外面天下世界已發生過無數大事，開國民代表人會，選舉大總統，競選副總統，前線邱清泉軍團大勝，陳布雷自殺，發行金庫券，蔣經國在上海對金融產業界執法如山，溫州街角與城郊築起沙土麻包的碉堡。夏瞿禪在浙大，寒假不回里，他填了一首詞歎息時事：

「欲待花時尋酒伴，醉中容易沾襟，明年紅紫屬何人，無窮門外事，有限酒邊身，併恐花無逃劫地，不如隨水成塵，惱他鶯燕語殷勤，斜陽餘一寸，禁得幾消魂」，讀到「併恐花無逃劫地」，我亦驚動，但我與溫州市井之人一樣，雖走進走出看見碉堡，亦不去想像會發生巷戰，興廢之際，總是天意浩蕩，就沒有急景凋年之感。

及過了年，我仍回溫州中教書，寫信去叫秀美放心。我每月給外婆錢，秀美來信總道謝，這種恩情感激，是女心纔有。我想著愛玲是不喜教書的。我每天上完課，且只把「山河歲月」來刪改重寫。

我仍到時候去看看劉景晨先生。亦常去楊雨農家。楊家有錢我不羨，我喜他有錢能豪華，且豪華得本色。淮中仇校長與我算得投機，但他對村人有一種世家的傲慢，楊雨農卻是米店倌出身，不論穿長衫的穿短褐的他都平人看待。我亦與徐步奎去吳家徐家玩。吳天五實在是至誠君子，聽他說話的聲音就剛而柔，真率懇至，親熱之意出自肺腑，但在他面前，我總覺得自己是個離經叛道之人。徐家卻是惟有唱崑曲這樁事我喜歡，徐玄長人原正派，但一個人縱有千般好，欠少英氣總難為。

要說到相知，還是只有劉景晨先生。其次楊雨農，單是他的與人平等無阻隔就好，與我相知不相知倒在其次。知英雄美人是先要能知世人，我即使單以一個世俗之人而被知，亦已私心自喜。再其次是徐步奎，我與他經常在一起。

我向劉先生想要說出身世，卻道是我有個親戚當年在南京政府，因述其文章與行事，劉先生問叫甚麼名字，我說是胡蘭成，「勝利時他還在漢口漢陽，後來就沒有消息」。劉先生道，「這樣的人，必智足以全其身」。向步奎我亦幾次欲說又止。我問他，「白蛇娘娘就是說出自身的真身，亦有何不好，她卻終究不對許仙說出，是怕不諒解？」步奎道，「當然諒解，但因兩人的情好是這樣的貴重，連萬一亦不可以有」。我遂默然。

又一次是我說起李延年的歌，「北方有佳人，傾世而獨立，一顧傾人城，再顧傾人國，寧不知傾城與傾國，佳人難再得」，步奎道，「這是嚴重的警告」，他說時一點笑容亦沒有，真的非同兒戲，當下我心裡若失，這一回我纔曉得待愛玲有錯，但亦不是悔憾的事。過後愛玲編的電影「太太萬歲」到溫州，我與全校員工包下一場都去看，天五步奎讚好，金校長讚好，坐在我前後左右的人都讚好，我還於心未足，迎合各人的程度，向這個向那個解釋，他們讚好不算，還必要他們敬服。可是只有銀幕上映出張愛玲三個字，她曉得我。人家說得意忘形，我是連離異都糊塗了，詩經「死生契闊，與子成說」，離異的真實亦不過是像死生契闊的真實。

溫中教員宿舍樓前有株高大的玉蘭花，還有繡球花，下雨天我與步奎同在欄杆邊看一回，步奎笑吟吟道，「這花重重疊疊像瑤臺，雨珠從第一層滴零零轉折滾落，一層層，一級級」，他喜悅得好像他的人便是冰涼的雨珠。還有是上回我與他去近郊散步，走到尼姑庵前大路邊，步奎看著田裡的蘿蔔，說道，「這青青的蘿蔔菜，底下卻長著個蘿蔔！」他說時真心詫異發笑，我果覺那蘿蔔菜好像有一樁事在胸口滿滿的，卻怕被人知道。秘密與奇蹟原來可以只是這種喜悅。步奎好像梁祝姻緣裡呂瑞英演的銀心，總使我想起另外一個人。

步奎已與肖梅結婚，他卻於夫妻生活多有未慣，這真是好。他對他教的那班學生亦不溺情。一次他來我房裡，驚駭而且發怒，說道，「學生拔河時，他們的臉叫人不忍看，學校裡這種競賽的教育真是不應該！」我當時想起與愛玲在松台山看見訓練新兵。步奎近來讀沙士比亞，讀浮士德，讀蘇東坡詩集與宋六十家詞。我不大看得起人家在用功，我只喜愛步奎的讀書與上課，以至做日常雜事，都這樣志氣清堅。他的光陰沒有一寸是霧數糟塌的。他一點不去想到要做大事。他亦不憤世嫉俗，而只是與別的同事少作無益的往來。

溫中同事，有的是老教員，他們四平八穩，毫無精彩與毛病。他們在本地教育界的職業地位已根深蒂固，若不經抗戰的播遷蕩析，怕已成為學閥了，如今美中不足的只是年來物價高漲，家庭負擔重了。他們多已年紀五十要出頭，倒還是經過五四運動時代來的，如今只落得為官為商皆不如人。其中卻也有一位董先生，致力學術，長年累月在尋資料，要依照漢書的體例著民國史，已成列傳若干編，在大荊我還見過有一碑文也是他撰的，看樣子他是漸漸要成為宿儒了。但是寫歷史要有一代人的笑語，董先生缺少這個。我與他們，見面惟客客氣氣，從來亦不玩。

尚有比他們年紀輕些，四十幾歲的教員當中，頗有幾個有才情的，可是又才情太多。一個是鄭先生，家裡是樂清地主，北伐時他活動過，但他的家業與他的人已多年來停滯破落了，變得沉湎於冗談，漸漸連他的嘴亦像是夢寐的囈語不清。他卻又博極群書，前朝的掌故亦很熟，現代知識的水準亦很高。我聽他說科舉，考秀才的文章要清通，考舉人的文章要才氣如江海，而中狀元的文章則要如絲竹之音，我覺得非常好。可是那回金校長限制教職員領用信封紙，別人猶還可，忽聽見鄭先生在走廊裡粗聲大罵，我著實喫驚，就把他的人打了折扣。這鄭先生，每隔一兩禮拜必回家去，帶來一盒私菜，飯廳裡與同事一桌喫飯，他拿出私菜，連表面人情亦不做，只顧他自己喫罷了，偏又他的喫相有似狗馬占住自己的槽一心在喫，對周圍甚為嚴重。

鄭先生與曾先生最要好。這曾先生，單名一個猛字，教初中公民與國文，家在茶山，就是上次我帶高中二年級學生與秀美去遠足過的地方。他當過陳獨秀的秘書，雖已脫離多年了，仍說來說去說托派，因為此外他已一無所有。托派的人往年我也見過，卻沒有像他這樣粗暴的，三日兩頭只聽見他在酗酒大罵，聽得慣了，亦無人查問他是在罵的那個，所為何事。他與鄭先生各有一個獨子在溫中讀書，都當自己的兒子是偉大得了不起。此外有個教數學的陳先生，惟他已五十，應列入前面說過的老教員中，但他要找冗談的對手還是只能找鄭先生與曾先生。他以前曾拿數學研究過易經，現在卻比鄭先生還更儱糍糍，必要人聽他撰的對聯，訴說他的處世做人，要你做他的知音。

這三人，本來思想不同，尤其曾某是個草包，靠思想為活的，但是他們合得來，因其沒落是一，便連曾猛的性如烈火，說話像汽車的排氣管放出瓦斯，骨子裡也與鄭先生陳先生一般是儱糍糍，所以不會起衝突。他們常在鄭先生房裡，不然就是在曾猛房裡，買來燒酒，拿花生米或醃肉過過，沉湎於冗談，形勢像是要作長夜之飲，但便是那飲酒亦沒有一點慷慨相。

鄭先生的寢室就在我隔壁，我怕他來我房裡一坐就不肯走，寧可我先到他房裡去一回。亡命以來，我是逢人皆和氣，學一個「千金之子，坐不垂堂」，警戒著不可與人爭是非，但不知鄭先生與曾猛從何看出我有著一點高不可攀的神情，竟是為他們無慈悲。他們的存在，要向世人求証而不得，可比玉泉山關公顯聖，叫喊還我頭來，但我不能像普靜的與以一言點悟，這樣就要有不吉了。

一次是步奎拿一份試題來問我，我說有個字義不通，這句話也平常之極，焉知是鄭先生出的題，他剛巧也在我房裡，當即目露兇光，大聲叱道，「你是甚麼東西！」他走回他自己的寢室，又出來立在廊下，還大罵不已。我一句亦不回口。步奎氣道，「真可怕，一個人怎麼會這樣慘！」

還有曾猛我也觸犯了他。是在他房裡，我，步奎，鄭先生陳先生與曾猛五個人，步奎是來尋我的，我已要走，卻因說了一句吳天五的古文有工夫，想不到曾猛就裝醉大罵吳天五，我來不及拿話給天五收拾，已經夾頭夾腦被罵我是資產階級的走狗了。我與步奎回到我房裡，曾猛還在大罵，也是罵到廊下，聲音就像破鑼破鼓，使我想起古詩裡有一句是「戰敗鼓聲死」。

十五年前我在廣西教書，同事中也有是從時代的前線退下來的，都沒有像這樣子。時光真是不饒人，今天曾鄭的奇拔，乃至董先生的漸漸要學成通儒，乃至金校長的勵精圖治，都是「斜陽餘一寸，禁得幾消魂」。

可是其餘許多教員，年紀多在四十以下，三十以上，單是教書養家，亦有很要朋友的。他們既少野心，亦無卑屈，看來庸庸碌碌，卻熱烙現實，有市井之徒的正直大氣，這就健康。牡丹雖好，全仗綠葉護持，他們與英雄美人倒是性份最相近的。其中有一位教手工圖畫的陳先生，還有一位訓育主任方先生，他們家裡我去過，都有世俗人情的好。我還與方先生上街去喫酒，用錢甚少，亦今天真是風光遊冶了。方先生樂清人，對訓育主任我本來有成見，且又他是國民黨員，焉知他這個人竟是不錯。

尚有少數新教員是步奎的一輩，剛從大學出來，最是他們身上鍾有抗戰時期的朝氣。他們多思想左傾，但他們的好處有在是非之外。八年抗戰的性格是民間起兵，使毛澤東亦見之心驚，不得不收起他的軍事共產主義而與之合流。這雖是詐術，但他的中下級幹部是真的謙遜了。前此從北伐末年到抗戰前夕，共產黨人都悲慘決裂，夜嘯如狐狸，但是這回我在雁蕩山看見的三五支隊與他們的政治指導員，以及在溫州看見的馬驊他們，竟明淨無粗獷。這班年青教員思想固然左傾，但他們在當面背後，提起金校長，或吳天五先生，或叫我一聲張先生，還比別人至心在禮。一個人的品性與他的待你如何，是只要聽他叫你一聲的聲音，即可以曉得的。他們是世人的子弟，亦即可以是天的子弟，天下大亂要出來真命天子了。

如今也真是時勢艱難，同事家裡連請人喫一餐便飯亦請不起，吸煙的人連一根火柴都要可惜。惟步奎新做了一套學生裝，是呢的。他是肖梅亦在教書，兩人都賺薪水。一天下午我去外婆家裡，獨自坐在阿嬤窗前堦沿上，看著那破院子與堂前間，與簡陋的桌子椅子凳子，不禁一陣心酸。我不要世上這樣貧窮破落！為著愛玲的緣故，我要這世上是繁華的，貴氣的！這樣想著，我在小椅子上坐著的人亦會一站站起來，好像昔人的投袂而起。

如今並不是「斜陽餘一寸」。如今的時勢是易經裡的第三卦，「屯，剛柔始交而難生，動乎險中，大亨貞，雷雨之動滿盈，天造草昧，利建侯而不寧」。而隨即果然來了解放軍，只見遍地都是秧歌舞。

原來國軍的精銳，邱清泉黃錫滔等幾個軍團已在淮海戰場覆沒，惟餘桂系的軍隊在武漢，蔣總統退居奉化，副總統李宗仁出主和議，未幾陳明仁與程潛叛變，鄂湘並陷，桂軍亦盡。中華民國三十八年三月，解放軍渡長江，毛澤東的總攻擊令，真真神旺，那文章令人想見周武王誓師孟津當年。

我料得第二次世界大戰，卻料不得中國竟然抗戰。料得德國日本敗戰後美蘇將衝突，國共將內戰，卻料不得會是這樣的解放軍。因為抗戰與這次的解放軍皆是生於中國歷代民間起兵的氣運，蕩蕩如天。蘆溝橋事變與八一三事變當時，國民政府當局如何應欽等，完全不信會發生這樣偉大的抗戰，而這次解放軍的破竹之勢，亦是連毛澤東都想不到會有這樣快。那八年抗戰與這次解放，皆真真是白虹宵映，素靈夜歎，民間聽說國民政府已出奔台灣，竟是糊里糊塗，連我是喜歡推測時事的人，亦無想無念，這種糊塗是好比元旦這一天的過得草草。

南京沒有抵抗就放棄，上海杭州一路響應起義，解放軍晝夜趲程，望見前面的城池早已遍插五星旗，他們的游擊隊在安民籍府庫以待了。我與梁漱溟的通信遂一時中斷。李宗仁代行大總統職務時，報上登載李的親筆信敦請梁先生出任行政院長，梁先生拒絕了。他自上次國共和議失敗，即回四川北碚，專心辦勉仁書院，來信聘我去當教授，就可寄來路費，這是我重新出世之機，焉知不到幾天，經過南京武漢到四川的交通一旦梗絕，且溫州亦於五月裡解放了。溫州也是行政專員響應起義，雁蕩山與瑞安鄉下的三五支隊於一日拂曉進城，再過一個多月，康生的野戰軍纔開到的。

前人說兵敗如山倒，又曰，王者之師，有征無戰，看了這回的情形，奔是這樣的。

歐陽修序五代史，「自古興亡之際，雖曰天命，豈非人事哉？」是為不盡人事者說，而今之史學家惟知事務與辯証法，卻是應該曉得尚有天命。毛澤東貪天之功以為己力，此所以天下至今未定。

解放初期，真的迢迢如清曉。我在山河歲月裡所寫的，一旦竟有解放軍來證明，私心幸喜。我知道民間起兵有這樣好，果然給我親眼看見了。秧歌舞是黃帝的咸池之樂，周武王的大武之舞，漢軍在九里山的遍地楚歌，與秦王破陣樂的生於今天。

我受愛玲指點，纔曉得中國民間的東西好。但我一次曾給瞿禪說玉蜻蜓裡志貞哭靈的唱辭，情之所發，到得無保留，卻能哀而不傷，怨而不怒，與詩經一樣是漢民族的，瞿禪到底亦不省，焉知倒是解放軍做了我的知己。山河歲月裡我寫中國文明的興與賦，初次曉得「五百年必有王者興」這個興字，不勝之喜，但是君毅讀了亦不省，這更使我懷念初期的解放軍。

我研究得中國可以說沒有土地問題，現在亦只須均田，而解放軍果然是行的分田。我研究得中國的治道治術，周以前皆入於周禮，周以來直到今天只須是周禮的翻新。其王官亦是王民，此即比代議制好，其產業政治軍事一體，立法司法行政監察一體，亦比蘇維埃好，其尊王大一統，亦比聯邦制或中央地方集權制好。而解放軍初期的制度，亦果然好比是周禮的翻新。至於文化人的感情與思想，那是只該用秦始皇漢高祖乃至黃巢的方法來對付，纔得天地清安。

我不喜那樣的書名，不喜東條英機，也不喜麥克沃塞，一種東西，若是像城隍廟裡的神道，威靈顯赫，或像白蛇傳裡的法海，是個超自然的大力，且總歸是他有理的，我都不喜，見他倒下來，我比誰還更開心。又如地主與世家，也叫人看了心裡不舒服，他們原做不得甚麼大惡事，因不比西洋的是一個階級，但單為他們的沒出息，也已該有一次掃蕩，使他們亦出來見見天日。

又有一些東西，它原本是好的，但在某種情形下，會使人寧可不要，如愛玲說周佛海家裡的許多值錢的東西，如我所見葉蓬沈啟無的才藝，及那位溫中同事鄭先生的博識。乃至七寶亦不足惜，乃至功業與道德亦不足稱。卻是這種好的東西需要解放，纔又可以風吹花開水流。中國的革命是革天命，是一代人的新的格物致知，物無不親，物無不敬。所以我見了初期的解放軍有這樣高興。但是其後落於共產黨的政權，他縱有千般的好處，我變得對之一概不屑，也仍是這道理。

纔解放沒有幾天，溫中的老派教員惟驚疑。在膳廳喫飯時，有一位王先生說解放軍無學，他的辭典研究不被尊重，言下不勝冤屈似的，傍邊幾個教員付和，說解放軍進城，見了人家洋房裡的現代設備亦不識。他們都是對解放軍又輕視，又無奈。惟鄭先生不發一言，只沉重的歎氣，仍低頭喫飯，我看出他是比誰還內心恐懼。飯後步奎到我房裡，氣道，「他們這種態度是很不應該的！」我亦說解放軍雖許多東西不識，卻還比他們識得的好，且解放軍要識得也並不難。

在雁蕩山見過的三五支隊政治指導員，今是溫州市委，兼溫州人民日報社長，我到報館去看過他兩次。一次去，他留我喫午飯。有鄉下來的代表都是穿短褐的耕田夫，飯開出三桌，椅凳不全，就立著喫，飯是糙米飯，一碟吹蝦，一大碗醃菜，上面鋪著薄薄的幾片豬肉，都是毛，大家就這樣的喫。這裡好比喜事人家，主人與動用人在商討有那些事已做了，等回再做那樣椿，現在且開出飯來胡亂喫一些。又一次是我去時，那社長剛午睡醒來，報館裡他住在前庭一個廂房，只見晝長人靜，他房裡的簡單，好比弘一法師當年在延慶寺。他是要人，共產黨又開會特別多，我看他每天總要工作十四五小時，卻難得仍是這樣的清純，身上沒有權力感。我問他今後或想要結婚麼？他道，今後大約還有十年十五年，不能去想自己的生活改善，我這個人已給了黨了。」我聽了有一種悽涼的喜悅，看著他，叫我想紅樓夢裡的一句話，「可憐繡戶侯門女，獨臥青燈古佛傍。」

我向他說起新近野戰軍開到，四鄉抬豬羊花紅勞軍，我道，「如雁蕩山的鄉村，你也知道，家家飯米都無著，那裏獻的豬羊？莫說用人之財不可竭，便用人之情亦不可盡。」他平靜地答道：「這只是兵士與人民兩相好的意思，兵士遠來辛苦，也要自己人肯親熱。」我聽了隨亦沒有意見。我對初期解放軍，是好比對愛玲，即使有些地方於我不慣，亦無條件的接受。彼時學校裡的教員每天上午要集合一次學習敲鑼鼓唱歌，有一節是，

「共產黨，他辛苦為祖國，共產黨，他一心為民族，他抗戰八年多，他改良了人民的生活。」

那調子如聽母親或姐姐訴說家裡艱難，要你有志氣云云，連我亦真心感激。

我所見的共產黨員，如那姓金的政治指導員與馬驊，他們去盡私意，絕對服從黨，

就好比這個黨是庚信賦裡的鏡子，「鏡乃照膽照心，難逢難值」，所以康生的野戰軍到後，即發動鄉下鬥地主城裡逼公債，馬驊他們還是往好處去想黨的政策。而且開新朝是有一種好像天地不仁，所以鬬地主逼公債做得那樣慘，馬驊他們亦照樣相信黨。此即民間起兵雖被變質為共產黨政權而沒有發生兵變的緣故。其後更三反五反，殺人如麻，則是共產黨要把民間起兵的餘勢及其再燃的可能，轉換方向，消耗以至永絕。

溫州解放，溫中甌中及高商的共產黨教員，一朝都當起全校員生的牛活指導員，你與他一言不合，他當即面孔一沉。他們向來只在城市做左傾文化活動，不比馬驊與三五支隊的那政委是生在民間起兵裡，我不禁拿他們來比鄭先生，一樣的會忽然翻臉，亦即是一樣的沒有出息。其後野戰軍開到，臉上個個兇相，我纔覺得這已不是解放軍而是共產軍了。

十月一日共產黨國慶節，溫州閱兵，所有組織都到，所有秧歌舞及掉龍舞獅子拋彩瓶俱全，抬著毛澤東的照片遊行群眾的隊伍，共產軍的隊伍。看了那軍容與武器，真真叫人感覺大威力。但我排在教職員聯合會的隊伍裡遊行得以十步路，就一人離隊站在橋上看，想起歷史上的兩個人。一個是虬髯客，在茶肆見了李世民，默然心死，又一個是顧炎武，望見大清兵在山下經過，知大事已不可為。我是在雁蕩山時見了三五支隊與那政治指導員，默然心死，但今見了共產黨的大軍與毛澤東的威靈，我反為心思又活了起來，讓他亦只讓幾年。

臨河不濟

暑假後我轉到甌海中學，仍兼教高商，但是學生都解放了，簡直無法上課。共產黨如漁人撒網，一步一步收緊，發動鄉下鬥惡霸，城裡逼公債，只見鄉下人逃來城裡，城裡人逃往上海。我亦認了一份公債，又以一百二十元買艾思奇的大眾哲學，每週參加小組學習，每日跟同事一道唱歌，且填寫自白書。空氣裡漂浮著鐵器的音響，雖是要好的同事淘裡亦寧可少說話。楊雨農家，吳天五家，都已情況不可問。我惟仍去看看劉景晨先生，先日他勸行政專員解甲，沒有想到會是這樣的。馬驊我還見過他一兩面，我看他也與別的黨員一樣，及至發覺自己的純潔被欺騙了，是只有落到自暴自棄的殘忍，將來雖朝代再翻過來，他亦已是個廢人了。

有個學生姓倪，解放前解放後都是他當學生會主席，如今卻不得不休學，因他家在樂清被鬥地主要霸，無錢再讀書，來向我道別，必要送我一套柳條綿布的小衫袴，是他在夏天新做了還未穿過的。他只叫得我一聲「張先生，」別無他言。我心裡一酸，只得接受，卻把這套衫袴放在箱子底裡，一直不忍穿。

到得要放寒假，考試完畢之後，生活指導委員會開會，兩個學生代表發言，決定下學期教職員的去留，當場我被罷免了。我不知今後去到何處好，但亦竟不憂懼，當時是一般人對於正在發生的切身禍福，皆惟茫茫然。寒假我仍住在校裡，照常寫山河歲月，而後來是梁漱溟先生來了信，要我到北京。

梁先生是周恩來電邀他到北京，其時毛澤東尚留在莫斯科。我寫了幾封信給梁先生，要他向共產黨最高當局進言，一即刻停止製造階級鬥爭，二，保持產業的平等和諧，三，平等開向現代西洋，四，如實建立中國史學。及毛澤東回北京，梁先生向他表明不願參加人民政府，惟願以朋友的地位進言，因把我的信都給他看了，毛澤東不以我的信為然，但是答應了梁先生開辦文化比較研究機關，並問聘誰為副，梁先生推薦我，毛澤東亦同意了。我把山河歲月告一結束，又給了外婆一點錢，收拾行李動身。

劉景晨先生來送行，拎了兩只罐頭食品。我道，「劉先生待我的恩，我一向只存在心裡，如今我要走了，實在應當向劉先生磕頭的。此行我亦不熱心，但是看來溫州我是住不下去的了，不得已而去。我不知去到了北京會是怎樣，如今世事都是機括，我亦惟以無心應之罷了。」劉先生道，「溫州原不過是你暫時寄寄身，你應當出去到外面。」我呈劉先生詩，詩曰：

中原方波濤，侈言號令新，卓彼秦皇志，未必能銷兵，隱隱天子氣，焉知非戍耕，永嘉有貞士，日月在戶庭，處為伏生守，遊托黃石名，邂逅圯橋上，子房故已驚。

劉先生看了笑道，「這我不敢當。惟治世是常，亂世是非常。你說的伏虔與黃石都很好的。」我又道，「劉萊劉芷，我當她們是妹子，將來若有機緣，我要帶她們出去。」劉先生道，「那是你們一輩的事。」

溫州解放後第九個月，我就離開。是時溫滬線海船有的逃走了，賸下的又被共產黨作了軍用，我只可仍經由麗水，搭趁埠船。山川如舊，船上的客人變得很少說話，那撐船頭腦亦一言不及共產黨，惟他手裡的篙與灘石水聲相激，物物還是親的，歇下來他蹲在船頭吃飯，惟有這吃飯是真的。

及到杭州，在城站一家旅館歇腳，秀美即來看我。是時春蠶尚未起，秀美與斯伯米都住在杭州。旅館裡鳥清冷落，電燈光昏暗，一股蕭條破敗。我叫茶房去車站取引李，他道，「你自己去取罷！」也無來沖茶。工人是發覺自己被共產黨欺騙高壓，所以惱怒，卻變得對客人兇暴。翌日搬到旗下一家旅館，我謹慎的填了旅客單，謹慎的不使喚茶房，謹慎的住了五日。

秀美來看我，斯君來看我，可比外面是做作風潮的天氣。我也去看斯伯母，她今與秀美及斯君三人租住一個小院落，留我吃午飯。秀美拿體己錢走後門出去買些佳餚，我望望那後門口的衖堂人家，也不知是微雨，也不知是傍晚。有個斯宅人剛從鄉下出來，與斯伯母說話，一見了我，當時就住口。秀美睡的一間，隔層板壁聽得見鄰家的人聲，可比夜船船裡的人聲，人家已不在閭巷，而是要在洪水中漂失了。

我此去北京，應當是件喜事，且斯伯母是個綺言笑語人，可是這回她竟不說壯行的話。秀美對我此行亦只是沒有意見，乃至我亦不向她描寫日後來迎接她去北平同居的打算。今天已遍人間大難臨頭，縱使我此行真是喜事，亦贏不得美人乃至親人的解顏一笑。秀美來旅館裡，亦都是心事，當然不是為我身邊或她身邊會有何危險，她這心事沉重乃是遍人間的憂患。我亡命以來，都沒有像這回的失意過。

我在延齡路上遇見空襲，是從台灣來的國府軍飛機，當時斷絕交通，路人這裡那裡都被趕到店鋪人家簷下。此地馬路廣闊，店鋪人家稀少，一個共產軍手提步槍，在十字路口趕人。那些人偏又不怕空襲，見那兵跑過來了，他們就退到簷下，等他一轉背，又出來到露天下瞭望飛機，他顧了這邊，顧不得那邊。他們多是工人，黃包車夫，還有是婦人，從她們身上的打扮，看不出是主婦還是傭婦，見那兵跑得滿頭大汗，都不同情。有幾個年青的男人嘻笑道，「這樣的神氣活現幹甚麼！」雖是背他說的，卻明明由他去聽見。那兵竟也慚愧惶惑了，顯得孤立無助。飛機倒也不投彈，且是飛得高，空中只見高射砲彈開出一朵一朵的小白雲。我身邊有人道，「這打的都是公債。一砲一分公債。」幾個人就來數，打一砲，數一數。他們真正是小民。投降也最後。

這次我在杭州五天，竟不見秧歌舞，也許街上看過，而我不注意，因為解放初期的風景已經歇滅了。而且我走過浣紗路，亦不曾注意楊柳。日本軍佔領時期，杭州要算得破落，我送青芸出嫁來過，也不像今天的楊柳都無意思。

我與秀美去看看西湖，西湖竟無遊人。我們到了孤山放鶴亭，那裡非常冷落，時候又是快要傍晚但寂靜亦該有意味，暝色亦該有所思，是春陰細雨亦該有春氣息雨情致，偏這等只是個心事索寞，甚麼亦沒有。連在身邊的秀美，我亦快要想不起來她是個似花似玉人。往時在金華道上逃難，只覺得兩人非常親，現在如何變得沒有一點喜氣，甚至對這樣的改變亦不能驚異。

我去訪問了仇約三的老友，那人當過台州中學校長，晚年退隱，在雁蕩山有個草堂，今寄跡西湖邊城隍山那隻角一個寺院裡。我原不喜隱士，約三要我帶給他的一封信又不過是問候問候，而我竟去找他，好像是茫茫然找人世上一宗失落了的東西。偏偏到得那寺院裡又已是傍晚，見著了那人與那寺院，都只使我黯然。人世上已無可愛，若叫我跟共產黨殺人，恐怕我也會的。

浙大的教授宿舍在西湖裡白堤羅苑，我到那裡去看夏瞿禪，他留我吃了一餐午飯，兩人亦沒有將來的事可說，亦沒有可話昔道舊，亦沒有現前的風物可談，這回真是「覆了十分杯」，室內空氣裡都是蒼皇。我只講了一些劉景晨先生及楊雨農的近況，且說天五已又回到溫州了。天五是出來到上海，想找個職業安身，他妹妹在文匯報，亦不能為力，在妹妹家食宿了兩三個月，只得又回去，過杭州時瞿禪為設酒贈別，惟有心裡痛惜此良友。白居易詩，「相看掩淚情難說，別有傷心事豈知，」他與天五的交情便可比白居易與元稹，而因周遭緊張，連這樣傷悼的徘徊餘韻亦沒有。但是我像延齡路上被趕避空襲的小民，還未到得最後投降，當下我就來略略批評中共的做法。瞿禪卻不接口，我可比在空堂自語，聽得見回聲。

我偕秀美去看馬一浮。他住在錢王祠那隻角湖邊一個新築裡，西湖裡要算他這個新築與康有為的一天山園最好，泊舟上去，進院門觸眼新柳馬一浮我小時即景仰他的名望，這回初次見面，想起二十餘年來民國世界裡明亮的杭州，使我心霽，覺得現在的共產黨也不過是暫時的。馬一浮於勝利後，即結束了他在重慶辦的復性書院，回到杭州閉門謝客，惟因梁漱溟先生的關係，他纔見我。我揀山河歲月裡的一兩點與他說了，他聽了以為好，我問他近來也寫字麼？他答只正月裡寫了一篇鶺鴒賦好，就拿出來給我看。他的字是當代最享盛名的，但是我也不貪，看過仍還了他。他說現在他纔曉得張茂先的這篇鶺鴒賦好，我明白他的意思，鶺鴒巢林，不過一枝，馬一浮近於黃老，這時勢也許他通得過。

我遂到上海，住在熊家。斯君同來，他帶我去見了頌聲。頌聲夫妻住的公寓房間，新婚特有一種小家庭的熱烙，頌聲在農林部又愛交朋友，有年青人的火雜雜。可是這回他只請我吃了一餐午飯，沒有問長問短，連往事也不提。他的妻家是有錢反被有錢累，這幾天正在羅掘繳齊公債。他自己在農林部的工作亦不知靠得住靠不住，他是水產專門人才，憑這點也許共產黨還要用他。但如今是他這種新婚小家庭的熱烙，與年青人身上的火雜雜，亦只覺對時代很不調和，成為觸目異奢侈。

我又跟斯君去看閶閶。閶閶也是新婚不久，她的男人這幾天就要被調到東北去工作，公婆都在憂懼，她卻如唐詩裡的少婦，愁也愁的，但男兒理應吃四方飯，做妻子的不可以阻止。可是在共產黨統治下，連她的這種志氣亦被暴殄，像落在地上的玻璃屑。那天她家請吃午飯，見了她的婆婆與小叔子，卻沒有見到她的男人，因辦公未返。翌日閶閶到熊家回望我，送來一盒點心。我與秀美的事想必她心裡有數，所以她待我另有一份親意。

愛玲住過的公寓，我亦去了。我幾次三番思想，想去又不想去，明知她亦未必見我，我亦不是還待打算怎樣，而且她也許果然已經搬走了，但我到底沒有顧忌的上了六樓，好像只是為了一種世俗禮義。到得那房門外，是另一婦人出來應門，問張愛玲小姐，答說不知，這家是六個月前搬來的。而我亦沒有悵觸。有隻廣東民歌：

哥是連妹有真情，水遙山遠也來尋，
雖然水淡情義重，雖然淡水也甘心。

我的亦是這樣一種淡泊罷了。

熊家寥落無客，惟銀行家李思浩的兒子李雪初夫婦夜飯後來坐談，放下窗簾，情景可比空襲之夜。那李太太極會說話，她引述上海人這一晌流行的天機妙語，都是刻薄共產黨的。其中有些是說書人發明，一時茶樓的生意為之大大的興旺。還有三輪車夫自恃是窮人，共產黨拿他無奈，敢發狠罵道，「翻身翻身，翻到陰溝裡去了！」

我在上海二十天，亦不曾留意到街上有沒有秧歌舞，單是那次逼公債之後，上海已像廢墟，秧歌舞亦只是扯淡罷了。此時起來一個傳說，不知是在浦東還是在奉化，地面裂開一穴，有人下去過，只見裡邊一排三支紅燭，一支燭標名，已經燒殘，一支燭標名，點得正旺，但已燒到一半了，還有一支燭不標名字，尚未點過。

可是奇怪，共產黨對這些竟也不管，彷彿漠不相關。此時知識分子是早已噤聲了，城市裡略有身家的與鄉下略有口飯吃的更已從地上消滅。但此外一般小民還不買帳。而中共的下級黨員，他們多是本地游擊隊出身，此番逼公債搞土改，他們做雖做了，那欺誑與殘酷也於心驚疑不安。現在上頭未有新的命令，他們只應避免亂出主意，眼看著三輪車夫大罵共產黨，他們亦不響，這種漠然，是他們對於從前自己的理想，與對於現在的人世，都彷彿漠不相關了。而此後的三反五反政策，便是專為打擊這批下級黨員及一般小民，到了慘憺非人的境界，一種自暴自棄的怨氣戾氣反都成為中共政權的強大無比，開淮河，打朝鮮戰爭。但我這次在上海，是正值逼公債與搞土改之後，三反五反尚未發動之前，雖然說書人已開始被捕，茶樓漸漸無人到，且連三輪車夫這樣的窮人，北京人民政府亦已在為他們預備奴隸勞動集中營，及屍骨作肥料的化學廠，不久就要實施了，但目前還是整個上海市一片冷落，使人只覺得奇異的寂靜。

這種不吉之感，漸漸使我不想去北京。也許我可以去看看，只怕那時就走不脫，且我對這樣的知識慾亦很淡。因此熊太太勸我出國，我就說好的。我在熊家看見鄒平凡，他是昔年勝利後背了我單獨與重慶妥協，等郭懺接收武漢，他交出了軍隊，僅僅保得身家，就此一直住在上海。他今想出國，只因沒有門路，尚在踟躕。而我也有我的為難，我是出國的路費無著。因此我就誇稱與陶希聖可以聯絡，陶希聖今在台灣當蔣總統的秘書，他肯答應幫助我們到日本謀新發展云云。我這人就是這點不好，也會這樣的謊話連篇，不算為罪過。鄒平凡信我所言，他去邀了兩個商人出錢，一位姓陳，一位姓李，連我與鄒平凡，一共四個人，於三月底同道離開上海往香港。

行前我寫信與梁漱溟先生，只說去香港接取家眷然後來北京。惟有青芸好苦。她今已有兩個小孩，男人又調到山西被改造去了，而我的一家仍累她。阿啟已進北京人民大學，寧生也去進了共產黨的學校，肩下小芸與寶寶，一個已十四歲，一個已十二歲，跟了姐姐到熊家來看我，叫我「爹爹。」顧念親人與財產是人的美德，我無財產，兒女之親是有的，但共產黨利用人的美德使之以身殉，則我亦無情，就如此坦然的走了。

我與鄒平凡等四人在上海北站上火車，票子買到廣州。經過杭州時，秀美已先接到信來車站見面，卻因同車有三個蘇聯教授，兩男一女，要到杭州講堂，共產黨的浙江省政府及各團體來歡迎，車站戒嚴，車子的客人不准離車廂一步，車站外的人亦都被攔住不得進來，總有十五分鐘。等這三個俄國客人在樂隊奏樂中下車，到得月台上，歡迎者獻花，致辭，又奏樂，省主席譚震林前導，出車站分乘汽車風馳電掣而去。然後秀美纔得與眾人一擁進來，可是火車已經要開了。她站在月台上，我從車廂裡探頭窗外，與她只說得幾句話，在汽笛聲中，她且顧急急忙忙把包袱裡的換洗小衫袴及兩聽罐頭食物遞進來。車輪轉動了，她跟著跑了幾步，把我伸出去的手又握了一握，一撒手，她的人就退後去了。我還望見她在向我揮手帕。到得望不見了，我纔回到座位，把包袱與罐頭食物放放好。那罐頭食物，一聽是牛肉，一聽是雞肉，現在漲到甚麼價錢，她卻為我買這個，我心裡很不過意。我是決心離開了共產黨的政權，纔又有對於人的親情與物的愛意。

火車到廣州要三天兩夜。我們坐軟席臥車。同車的客人乃至茶房，大家都感覺空氣不平常。客人中或偶有說笑，這一點零落的人情味，可比賭博的人千兩銀子都輸掉了，剩下幾分的錢已無補於事，但是掏出來買碗豆腐漿吃，亦還是可被珍重。亦有客人輕聲問茶房，你們是鐵路工人，生活待遇總該好了？茶房先向四圍窺望一下，纔答說比前不如。他把工會裡的共產黨幹部稱為他們，「他們必定要開會鬥爭。」對於他，車上這些客人還比偉大的毛主席更是自己人。

同車還有個女客，她也是去香港，生得且是漂亮，正當三十幾歲女性的旺年，英法日語都會，看她的樣子是香港上流社交界的風頭人物，與外國人開園遊會，在寫字間做輸出入貿易，乃至做國際間諜，皆於她無有不相宜。鄒平凡便與她搭訕，還有陳君竟入了迷。女人潑辣刺激我亦愛，但不知為甚麼，我只覺共產黨的浪漫與她的浪漫是同一種，總之離我很遠。

我是到了香港，纔恢復本來的姓名。我打聽得了小周的地址，寫信到四川，她果然來了回信。我纔曉得那年我走後她被捕下獄，二月後獲釋，想想氣惱，就嫁了大楚報編輯姓李的年青人，同歸四川。焉知他家裡原有妻子，而他又不能為小周作主。小周已抱孩，幾次三番想要出走，如今忽然接到我的信，當下她大驚痛哭，因為她一直以為我是不會愛她的。她回信裡說，「這回我是決意出走了。」信裡還說我給她的東西，「那年都被國民政府抄去了，但將來我還是要還你的。」我當即再寫信匯路費去，請她來香港，但是都被退回，大約她已不在那裡了。

桃花扇裡侯方域與麗娘，兵荒馬亂中失散，在山寺打醮，不意於人叢中又相見了，當下驚喜交集，卻被那高僧一喝，「佛地無男女情緣，」仍舊不得團圓。我與小周亦只是善男信女同在龍華會上，各人自身清好。還有愛玲，我與她亦不過像金童玉女，到底花開水流兩無情。

轉瞬六月，朝鮮戰爭發生。陶希聖信是有信來，但無從幫忙。我們一行四人只得各謀各的前程。鄒平凡遂航密日本。同來姓陳姓李兩位商人，一回大陸，一留香港找得了個小職業。惟我無去處，寄寓在舊時熊劍東的部下歐文家。香港金錢為貴，警察最尊，天氣又熱，九龍那邊只見滿坑滿谷都是木屋，上海逃來的襤褸難民。我見了樊仲雲，他倒是氣概如平昔，惟亦只能自顧自。

我還去看了林柏生太太，她與曾仲鳴的姐姐曾醒同住在太子道。柏生原與我不睦，但林太太向我說林先生生前清廉正直為國，我只肅然的聽，因為這說話的人，她那妻子之心是真的。她且責備我，「可是你反汪先生，」我亦低頭順受。曾醒已白髮滿頭，年老人似女似男，且是瀟灑。她的夫家娘家，連親戚家汪先生，幾人都為中華民國死難，她自己亦是革命同志，今日在海外相見，卻不聽見她說一句感憤的話。的人她好像即是中華民國，對於蔣介石，對於毛澤東皆有一種豁達。

便是我對共產黨，亦不是有何憎恨，或因他在理論上通不過。我與他遠離，寧是只因他於我的性情不宜。解放初期那種民間起兵，還鮮潔在我心目，但是共產黨的做法有他即沒有我，我所以不服。一天我到沙甸，在小山下泉水邊坐了很久，自問比得過毛澤東麼？答道，我有比得過他的理由。

在香港，我惟結識了唐君毅。我是看了他發表在雜誌上的文章，也不用介紹，就登門去見他與錢穆辦新亞書院，住在校裡。第一次我去只談了十分鐘，把山河歲月的稿本留下請他指教。第二次又去，坐談了兩小時，他的太太搬紅豆湯出來吃。翌日他夫妻來看我，自此就常相見。君毅的人還比他的文章更好，他喜的不是我與他相同，而是我與他相異。他小我兩歲，誠摯像梁漱溟。他的太太極清真，我到他們房裡與君毅說話，唐太太坐在床邊聽，從不插言，問到了她，她亦簡潔回答一句兩句，卻不覺得她在這裡是多餘的，而且要有她纔完全。

我困在香港五個月，不知有甚麼方法去日本，後來是多虧熊太太幫助路費，因沒有護照，密航化錢很多。君毅夫婦來送行，陪我去街上買了一隻金戒指，三錢重，到日本上岸可以兌換了使用。因是密航，此外身上甚麼也不能帶。三十六計，走為上計，而第一計是瞞天過海。中國民間的跌宕自喜，是連對天亦要瞞。

這隻船名叫漢陽輪，它原先是走楊子江的，現在從中共大陸撤退，改走外海。想起漢陽，小周已不在那裡了，她今且亦不在四川了。她是個有志氣的，當然不會來見我，大概她是應募到朝鮮戰場當看護婦去了。人生長恨水長東，天涯還比故鄉好，無情還比有情好，她的悲痛亦是烈性的。

我對日本，總是共患難之情，在溫州街上看見日本軍遺下的菊紋銅瓶，我想要買過。麥克阿瑟元帥的威風，則不在我心上。如今一到溫州外海，船上竟聽見了日本的廣播，別來已經四年了，實在也是悲喜交集。船進了台灣海峽，收到國民政府的廣播，及駛近長江口外，收到上海的廣播，太平洋上的國家就好像是鄰家，夜裡燈火人語。

船近橫濱，海天晴麗，望得見日本國土了，只覺這裡真是天照大神之地。等一回我是扮水手上岸，只許隨身一套衣服，甚麼也不能帶，趁現在船還未進港，我就把手巾及一件多餘的襯衫投入船舷外海水中，獻給天照大神。左傳裡晉公子重耳沉白璧於河，我今纔曉得是甚麼一種心意。

橫濱上陸後乘電車，在月台上我留意看看日本人男女，他們倒是不見憔悴，衣著也還好，我私心喜慰。古詩裡有「努力加餐飯，」又說「君其愛體素，」最真的情是只能如此的。又見電車在站頭開過，車與乘客皆輕盈如花，沒有西洋那種機械的重壓感，更使我高興，因為真是來到日本了。

那天正是中秋節，我到東京居然尋著了清水董三家。日本房子紙障槅子門扉，是晚我即在他家的客廳裡席地就寢，一盞燈是竹骨素紙罩，清輝如月，我千辛萬苦到此，頓覺物物皆平安了。但日本的敗戰尚如新，我住在清水家五天，生怕他們為我多用錢，白天經過菜場魚肆，魚一切五元，蛋一個十元，我看了都存在心頭。

池田篤紀從靜岡縣出來迎接我，一見只說，「你來了，這就好了！」因問我有何計劃，我答現在未有計劃，他聽了亦不覺得缺然。我是不但沒有像他人的要搞第三勢力，或為大陸游擊隊乞師，而且淡然得連沒有對於共產黨的悲憤。

瀛海三淺

櫻花人意

日本東海道三島有禪宗龍澤寺，方丈玄鋒為諸國豪士所仰，嘗結交朝鮮逐臣，年九十退隱。其徒宗圓嗣為方丈，又為地方美人所仰，每年花時與霜楓紅葉時，就樹下為善男信女作茶道，風光明媚，也是個有高行的。一次我偕池田篤紀鈴木廣司往遊，賦詩：

我與遊俠兒，　來參宗圓師，
到門息塵念，　草木皆清觀，
古佛去久晻，　見師忽無疑，
弟子好容顏，　一一正禮儀，
灑掃事耕作，　道高故似卑，
蓬萊水三淺，　扶桑仍鳴雞，
聞有唐土客，　古紀成新契，
餉我茶酒釃，　麵蔬午炊遲，
侍者導周矚，　焉敢忘敬持，

肅肅趨殿陛，迤邐覩晏私，
維摩一室空，天女九秋眉，
循廊得石泓，因竹上山陂，
春事方簡靜，　　林徑似有思，
陟嶺望箱根，昔人從萬騎，
天際隱兩京，群動生滅隨，
惟我所立處，歲月無改移，
此豈資問答，聖凡各自嬉，
平坡有梅花，遙見已在茲，
樹下賓主意，班荊復稍時，
師現菩薩身，諸眾咸淑宜，
蕩子心事重，龍性亦馴夷，
但念平國亂，未許從文殊，
去又為風雷，仍乞師慈悲，

詩中「蓬萊水三淺」是說日本敗戰後的改變，而我遊龍澤寺則已在日本恢復獨立之年了。

卻說池田於敗戰後歸來，腳穿草履，頭戴遮陽笠，推手車販賣蔬果為活，一家人缺衣少食，今為清水市商工會議所理事，五年工夫，纔新製得一襲和服。他接我到他家裏住，吃飯桌上他幾次歡喜道，「胡先生來了，可真是好了！」隨即他又慶幸又驚駭的說，「若是來早兩年，可拿甚麼吃的東西請請胡先生，那時怎麼辦呀？」詩經裏「彼君子兮，曷飲食之？」還有「中心好之，曷飲食之？」真是比說「高情薄雲漢」還貴重。

池田領我去登山。那天到了日本坪，日本坪有點像胡村的郁嶺墩。又彎到鐵舟寺。我第一次聽池田說日本歷史上的武士，心裏只覺不習慣。然後在林徑中，我說還將有第三次世界大戰，他乍聽一呆，敗戰後的日本人簡直沒有想到這個。可是世上已幾經滄桑，兩人的如兄如弟到底也無恙，而目前的生活安排也真可喜慰。他已與每日新聞的東亞部長橘善守說好，請我每月寫稿三篇，還有各地要請我去演講。我初來只有隨身一套西裝，棉被是清水市有個叫做篠原的送我的。五年之別，先時我想也許要找不到了，但這世上有個池田，我叫他一聲必定天地皆應。

我住在池田家，仍如昔年住在杭州斯家一樣，輕易不到別的房裏，遂覺這樣的院宇亦有深邃閒靜。池田家原是清水市的名家，被戰火盡燬，現在的住屋剛剛蔽得風雨，院子裏還種有番薯與豆。但如今秋天，盛開科斯摩斯花，單瓣淡紅，翠莖如煙。我坐在廊檻上，人比花低。

我寫了一信謝梁漱溟先生，信裏說，「比者已行至滬矣，感於孔子聞趙殺竇鳴犢，臨河不濟之事，遂不得到北京相見。仍請轉告時人，今番原可以如漢唐之開創新朝，而彼自比於暴秦，謂以力可以服人。然袁紹語董卓，天下健者，不獨明公，遂拔刀上馬，出朝門投冀州而去。今天下健者，亦豈獨毛公。」梁先生有回信，但是信裏惟寒喧而已。

我寫了一信與徐步奎，想想還是不要說明，惟云，「我是長江之蛟，當年化為白衣秀士，獲接清塵，謝謝。」步奎回信道，「風雨時至，蛟又乘水而去，世人始驚，但單是那白衣秀士，妙解文義，即已可喜。」還有是與秀美通信。而我閒常在清水市，只去屋前屋後走走，像個無事人。

池田家在清水市端，前後田疇，出入見富士山。此地沒有詩人畫家，此山惟如日月的與清水市人相親。我走過人家門前，到阡陌上有溝水處，那溝水且是漣漪，沙淨流細，日色藻影，叫人想要下去伸手弄水。我不是個對景傷離的人，惟常恐人世奄忽若飄塵。此地的一切，與我沒有一點物權的關係，卻像李白詩裏的「永結無情契」單是物物皆在，即已天地有信了。

我有時亦到街上看看店舖攤販。一次我買了一把剪刀回來，三十元，等於一包紙菸的價錢。我向池田說，三十元竟這樣值錢，真覺每天吸菸花費不應該。池田笑而不答。自從國民政府幣值暴落以來，世人無復對於一文錢的愛惜。我出來到香港，把零碎票子亦不當錢，雖這是港幣呀，但在香港是只見商品堆積，連沒有對於物的珍重。現在這裏是日本人的勤儉，纔有海田市郊清健。我在阡陌上見晚稻離離，植竿飄動布條，與縛草人防鳥雀，這種田夫村婦的綿密意，只覺都是情義。

在池田家，夜裏睡靜了，聽見廚房裏自來水涓滴在流，我起來去關，原來是栓塞已壞。涓滴之水能值幾何，我卻幾個晚上聽著於心不安。物是在其比較值之外，尚有其絕對值，如此纔曉得了古人說的惜物。

我住在池田家的那半年裏，最是心思簡靜。對於那房子與傢俱等連沒有意見，只是萬物與我同在。對於池田家人的穿著與我自己的穿著，亦沒有名貴不名貴的分別，總之衣裳就是一種意思的存在。對於每天的飯菜魚肴，亦不起烹調精粗的分別。乃至對於池田家人及鄰人路人，我亦不觀察他們的品格脾氣與才能，而人之相與，本來亦只是一種禮義的存在。釋迦的平等，老莊的絕聖棄知，便有這樣的好。

轉瞬過了年。舊曆正月初五，我走過田畈到山邊，卻見有個觀音堂，柵門關著，香火冷落無人，我投了一枚銅幣，禮佛已，稍稍佇立了一回。今生裏我與訓德，是金玉姻緣也罷，是木石姻緣也罷，單這小小一枚銅幣落到奉納櫃裏的一聲響，已夠驚動了三世十方。

當是時，中共軍大舉投入朝鮮戰爭，國連軍從鴨綠江敗退下來，報上只見美國杜魯門總統與艾契遜國務卿在發表談話，又發表演說，渾身暴躁難禁。我卻想起了諸葛亮。出師表開頭就是「漢賊不兩立，王業不偏安」然而蘇軾望五丈原詩，「有懷諸葛公，萬騎出漢巴，吏士寂如水，蕭蕭聞馬撾。」竟是這樣的心意有餘。

我住在池田家寂然如水。宋亡有志士來日本乞師，終知難為，削髮入寺，我記不得是國光法師還是槐安法師。明末則有朱舜水。而孫文先生當年，亦曾來日本。但我從不拿來比附。今天的自是今天的人事。我在清水市時，每去教日文的先生那裏，路上倒是想起于家三小姐。昔年她離婚後，來日本留學，大約亦像我今天這樣初學日文。想起她的人，她的志氣，只見路邊人家籬落，皆在雨後新陽，春天的陰潤裏，而我遂亦對自己有歡喜了。

可是池田一次說我，「清水市在你看來都成為好，我們實在感激，但你是立在極高的處所看下來，你不是與我們平等。」我因想起紅樓夢裏寶玉出家後，他父親賈政道，「今纔曉得他是哄了老太太十八年。」蘇軾南貶，在惠州儋州，只見他是隨處都喜愛，但他北歸時卻說，「遊山玩水有何好，」他原來是騙騙惠州人儋州人。我今亦是騙騙清水市人，可是人生亦不能還有比這更真的了。

是年三月，我遷居東京都。新交有西尾末廣，宮崎輝。我在日本的生活，頭兩年是橘善守幫忙，此後一直到今天則都是宮崎輝幫忙。我一到日本，池田為我安排初定，我作有一詩：

蓬萊自古稱仙鄉，西望漢家日月長，
惟恐誓盟驚海嶽，且分憂喜為衣糧。

朝鮮志士的詩有「盟山草木動，誓水魚龍知，」性命託於一劍，而我卻是性命託於衣糧。日本人常有因失業一年半載，全家自殺，親友不能救。又常有為盜竊八百一千日元，只夠買一件襯衫的錢，打死人命，現代社會，就有這樣的冷酷，我每從報上看到，只覺自己並不比他們高超，而是還比他們更沒有生活的根基，有時想起來，會心思只往下沉。那次見自由黨總裁緒方竹虎，是在他逝世前兩個月，談了東南亞的情形之後，他問我的近況，我簡約的答了。他道，「今時像胡先生這樣吃的東西有，可以寫自己要寫的文章，我實在羨慕。」而我當下聽了，亦真的高興了。

朱舜水有名藩禮遇，孫中山先生當年來日本，亦有豪士以百萬元贈借，但我與日本諸眾共現代人的為衣糧而憂喜，倒亦不願以此易彼。我還有一首詩也是來日本後所作，今只記得兩句，「星辰戀塵俗，鳳凰思凡禽。」

但我總是有著叛逆之心。如今見電車裏的日本男女皆已衣著像樣，個個有毛線衫，有外套與皮鞋，國民生活的水準提高了，但我總要想起愛玲前回在溫州時說的，「畫報上的美國小孩皆有蘋果吃，面前一杯牛奶，你要就只能是這樣的，好不委屈。」文明是生活稍為寬裕了就要有禮，但西洋的做法是到何時亦不能寬裕，只說要提高生產力，不知還要能從生產力解放，而且也從消費的問題解放。便在這種地方我對現代國家心有不服。雖如中國方今不得不追趕現代產業，亦開始就該確立這樣的性格，即是人要對於產業心意有餘。

我廿一歲時作登杭州六和塔詩，有「憑欄一長嘯，誰為識此意。」現代社會亦仍應可以有人像孫登，孫登棲居蘇門山，而與市井之人甚隨和，阮籍去見他，歷陳興廢之事為問，孫登不答，阮籍遂長嘯而退，行至半嶺，卻聽見孫登在上長嘯，如鸞吟鳳鳴之聲。

我與宮崎輝西尾末廣他們，一年中只見得幾次面。西尾是社會黨的事情忙，宮崎是旭化成的常務取締役，比西尾還忙。我惟與中山優無事常見面。他見了我不勝之喜，每說，「胡先生在日本，不要緊，不要緊。」他好灑然，卻比人一倍真心。

中山優住在多摩川畔。我去看他，他家廳上掛有汪先生的照相，我站著靜靜的看了一回，只覺狛江村槿籬柴門，汪先生的照相掛在這裏很相宜。那天中山優陪我去看大川周明，三人一處坐著說話，中山優看看我，又看看大川，滿心裏歡喜，聽我說會有第三次世界大戰，他也點頭稱是，聽大川說不會有，他也點頭稱是，因為兩個都是他的好人，方纔我在他家立在汪先生的照相前，他在一旁也是這樣的看看我，又看看汪先生，很高興。王維詠西施：

君寵益嬌態， 君憐無是非。

恰如此時人意，而亦是說的汪先生當年。

此外是我與國民政府的官吏偶亦聞名相知。我在香港時見了國防部次長鄭介民，雖然他希望我做的工作於我不宜，單為世移時異，早先敵對過，到此素面相見，也是好的。但我來日本後，代表團還是恨不得逮捕我，警告每日新聞的橘善守不應登我的文章，又怒斥外務省的清水董三不應介紹我在改進黨會場演說。代表團又到麥克阿瑟總司令部誣告我，命令清水市的警察調查我。如此總有一年多，到底不能為害，我亦就不理。而後是何應欽來日本，我去見了他。

何應欽我與他是初見面，真心對他謙卑。北伐及抗戰，當年的山川草木皆可念，何況見了當年的人。至於國民政府的人與我合不來，那是另一回事。我與何應欽說，北伐時有句流行話是「到黃埔去！」抗戰期說「到大後方去！」後來卻說「到延安去！」台灣今亦應如此以來天下之人。何應欽要我把這意見連同對美國的現行朝鮮作戰與擴軍政策的看法寫成書面，由他交由國民政府秘書長王世杰轉呈蔣總統。後來王世杰回信說總統看了頗嘉許，何應欽亦高興，代表團的人亦說我好了。但以後彼此還是少有往來。我是像蘇軾天際烏雲帖裏的：

解珮暫酬交甫意，　泛棹仍作武陵人。

清水市我仍一年中去一二回。池田改在靜岡縣政府作事，他家新居落成，我為榜其園曰餘園，題詩曰：

大道常有餘，　志士或掩關，
三載成小園，　娛我下衙班，
分卉友朋宅，　移松自南山，
戰後仙苑燬，　梅石落人寰，

復得老園工，　為鑿池一灣，
遂覺天下物，　皆來朝廊欄，
慈母日灌溉，　稚子惟戲頑，
雞犬識人意，　相隨花竹間，
客有去國者，　數宿情未闌，
雖懷興亡感，　且以戒貪慳。

這首詩我用雪浪障子紙楷書，池田把來裱成橫幅，掛在開向園子的客廳裏，看看倒是還好，有點像隋朝人寫的字，不過總是生，有些叛逆人意。

春帶

（一）

早晨一枝進來我房裏掃除。我臨窗趺坐，對著新洗抹過的几面，上放著紙與筆，紙如池荷，筆如菡萏，在朝露中尚未有言語。我請一枝坐，她亦就放下巾帚，在几側跽坐一回。我愛這樣低的窗檻，低的几，低低坐著的人，在簷際葡萄的葉葉新陽裏。

在日本人家借房間住，食宿包在一起，就好比是待親戚待人客。我借的是一個六疊的房間，靠近後院，倒是朝南。一枝除了每日三餐捧案齊眉的侍候，還給洗衣裳，早晨進來掃除，晚上臨睡時進來攤好被，放下帳子，然後再拜掩扉而去。日間是她在廚下，或在做針線，稍為有一歇空，就記得送茶來，有時還有點心。若有朋友來看我，她來敬茶敬點心是不必說。

第一天我就留心看她在人前應對笑語清和，而偷眼瞧她捧茶盤捧點心盒的動作，她臉上的正經竟是凜然的，好像是在神前，一枝是掃地煮飯，洗衣做針線，做無論甚麼她都一心一意。空下來她到起坐間跽在阿婆旁邊吃茶，她的人好像花枝的斜斜，而又只是小女孩的端正聽話。

日本的少婦是比少女美，因為她的女心一生無人知，她嫁得丈夫好比是松樹，而她是生在松樹蔭下的蘭蕙，幽幽的吐著香氣。一枝家是士族，她的丈夫卻是入贅的，且有了孩子。日本人家的贅婿大概不自然，尤其上頭有阿婆，她不是一枝的生母。男人的塌葺，阿婆的獨愎，連一枝的小孩亦有阿婆幫在頭裏，敢與一枝平等。因此一枝沒有為妻的成熟，甚至也沒有母性的成熟。又因她皮膚生得白，而且她走路的姿勢像小女孩的可憐相，路上生人還當她是未嫁的姑娘。一枝的父親是當她還在女塾讀書時就去世了，生前因只有她一個女兒，當她如珍寶，父親若在，亦不會給她找這樣一個男人的。

中國畫裏有畫一株牡丹，旁邊畫一塊石頭與荊棘來相配，但不知一枝與阿婆與那男人是不是也可以這樣的相配。她結婚以來，於今十年，前半都在戰爭中。美國飛機來轟炸時，一家疏開到金澤，一枝背了小孩沿街賣柿子，趁錢幫貼家用。一枝後來向我說起，我不禁要心疼她，可惜她，我可以想像她在街頭賣柿子也像在堂前應對嘉賓，而且那一籃柿子也是自家院子裏結的，並非她真的懂得販賣水果。

我相識一家名門，父親是日本當今人物，他的小姐出嫁了，女婿住在岳家，以此她仍得在父親身邊。我去看她父親，都是那小姐出來敬茶上酒饌。她經過人客旁邊時斂身斜趨，翻若驚鴻原來是生於敬。而我亦怕會使她不安，連不敢逼視她。曹子建在人前見甄后，只覺她「神光離合，乍陰乍陽，」亦因曹子建自己是禮義之人。這家小姐的相貌生得像她父親，吊梢眼，悛俏之極，變得都是英氣。

一枝沒有這樣美，但是因她的美不夠規準化，所以更有人生的現實。最現實的存在是世上人家，我只願與她同道生在世上人家裏。世界上惟中國的戀愛故事，每每是仙子謫下凡塵而起的因，如白蛇娘娘，她愛許仙，寧是愛的那人世紅塵。

我搬過去第三天，晚上請阿婆與一枝看電影。在電影院裏，一枝傍著我坐，暑天她穿的短袖子，我手指搭在她露出的臂膀上，自己也分明曉得壞。後來一枝說起，她道，「那晚臨睡前我自己也摸摸臂膀上你的手搭過的地方，想要對自己說話，想要笑起來。」

一枝每朝來我房裏掃除，我總請她在几側稍稍坐一回。我日語只會說一句兩句，攀談時用筆寫，亦不過三五句。先是我問起她的男人，她答說男人對她很冷漠。在生客面前她這樣老實的答話，只因她對我敬重，而她亦真是無邪。當下我只覺肅然，一切都是這樣的好法，連我的壞念頭亦壞得來新鮮。

還有是因為說起簷際的葡萄，我問一枝可曾有過戀人，她答說有過。是她剛畢業女塾的那年，有個醫科大學的學生下宿在她家。但是不能希望招他為贅婿。後來他結婚了，婚後他還來過一次，一枝敬茶上饌，他只與阿婆說話，一枝在廚下，兩人甚麼也沒曾表明心跡，可是一枝知道他的新妻是不合他的意的。她道，「自那時至今十年了，不能忘記。」而她與那人是連執手亦沒有過。一枝的人好像是春雪初霽時墻根的蘭芽，尚未臨風開放。

日本真是神之國，日本的肴饌就像是供神的。一枝使我想起日本神社的巫女，白衣如雪色，一條大紅的裙子攔腰繫在衣衫外面，非常鮮潔的顏色，臉上只是正經與安詳，而因是年青女子的緣故，雖然素面，亦似聞得見脂粉的清香。而日本的男人則是神。印度有隻舞，是一女子在神前焚香拜罷起舞，舞到中間，那尊金身的神像亦下座來，與之偶舞，男性的神舞如此強烈，以致女子竟死。但是我與一枝還比這個更好。

我與一枝竟是兩人都沒有遠慮，且連愛情都尚未有，如中國民間舊式結婚，洞房花燭單是喜氣而不激動。舊式的新郎新娘只是初相見。日本人於元旦這一天去參拜神社叫作初詣，我與一枝相識尚得幾天，連彼此的人都尚未打聽清楚，亦好比是初詣。

（二）

我是陽曆七月底搬到一枝家。至八月中旬，去北海道各地炭礦及造紙廠演說，池田同行。在苫小牧初識宮崎輝，他請我遊洞爺湖。

到洞爺湖已傍晚，我就進了旅館，並不急於想要眺望，雖然湖水之聲即在窗外。帝王垂旒我未見過，我只見過新娘垂旒，她眉目端然，不但非禮勿視，連好東西亦不隨便看，因為風景雖好，可是她的人還比風景貴氣。那窗外湖水之聲分明知道我已來了，但是我還比湖山難覿面。翌朝跟宮崎及池田到湖邊走走，我亦不出主意要泛舟。湖心有小山紅樹團團圓淨，我沒有上去。

在洞爺湖時，池田寫家信，我亦寫了一張明信片與一枝，寫得極簡單公開，等於只是報告了程期。我與一枝相識，至此亦還不過半個月。

翌日到登別溫泉。日本的風景太像風景，我是凡到一處即刻會有想要住下來之意的，但亦不想住在風景區，風景區與工業區一樣的太專門化。可是地獄我還是第一次到。日本人把出溫泉的山谷叫做地獄，登別地獄在山谷中，那裏一派白霧瀰漫，遍地佈滿硫磺，寸草不生，隨處皆是孔穴，硫磺水晝夜汩汩沸湧，一舉步都要當心。遊人約二三十，行走時又警戒又嘻笑，真好比是一群菩薩。記得馬一浮與人書云，「生此亂世，如人行荊棘斷垣中，各有自身莊嚴，」何況我在日本還有閭閻人家之好。

這次到北海道去了半個月，回來卻見一枝病臥在床，半邊腮腫了起來，這種病大概是小孩患的多，我鄉下叫做生朵腮。我寄給她的一張明信片，她懷在胸口貼肉小衣裏，算著日子等我回來。我出外也心裏念著她，竟寫信給她，她以為這是不可能的。

這回病起後，她覺得做著家務事情都有一番新意。日本人家白天很靜，男人上工去了，孩子上學去了。一枝在廚下我也跟到廚下，寫寫文章又尋去到她身跟前。早飯後洗好碗盞，一枝梳粧，我在旁邊看她。問起昨天買的脂粉，她笑道，「昨天下午，我就試擦了，無人自己對鏡一生懸命的學習，為要使你歡喜，說出來都難為情。」我說，我要與你結婚，一枝卻道，「不可，我是人妻，只要像現在這樣子就好。」我的問是自己亦知道不夠誠意，而她的答亦是，怎麼可以這樣不作打算！她梳梳頭又笑，「你說我生得好看，從此對鏡自己端詳，果然還好看似的。」

以前慧文的嫂嫂說阿哥於女人是「好歹不論，只怕沒份，」她這話大約也是笑我。我是陋巷陋室亦可以安住下來，常時看見女人，亦不論是怎樣平凡的，我都可以設想她是我的妻。所以我心裏當一枝已是我的妻倒是真的。一枝每去買小菜回來，總帶一串葡萄回來與我，是用的她自己的錢，這份私情就值千金，況又兩人這樣天天在一起，還不是夫妻是甚麼。即如此刻我看她梳粧，只覺雖是人世的大憂患，到了她這裏亦像小小的口紅，粉盒，梳子，夾髮針，無一不好。我寫了一首詩贈一枝，詩曰：

兵敗英雄盡，　國破王風墜，
尚有好女子，　委婉仍敬止，
灑掃庭戶淨，　日色亦如洗，
對此無邪人，　煩憂忽可理，
與君度千山，　又越萬重水。

（三）

一枝家裏種的葡萄比市上的遲，往往都是頒贈親友鄰舍，雖然統統摘了也只得二三籃。還有是柿子。今年這些草木之實都變為一枝待我的心意。但我在一枝家住了兩年，前庭不過到了一二回。日本人家有講究的，前庭不種花，惟是水木清華，對著它，使人要正襟危坐，而又灑然，可不是叫你下去踏看的。一枝家的前庭沒有這樣講究，我記得柿樹就也種在那裏，而且結實不大。狛江村中山優家，連他院子裏種的玉蜀黍都不如人家的，是因為貧，但亦是中山優的氣概。一枝的比不上人家處亦如此使我思省，她的人看似容易被傷害，最是她與我的事危險潑辣，她這樣幼稚，但是好像李白詩裏的，「衛青不敗由天幸。」

因為提到柿子，一枝說起敗戰直後沒有糖，家家的柿子削下來的皮，鄰舍都來討去熬糖。彼時她家在女塾相近的一宅洋房裏亦種有柿子，那宅洋房我一次與一枝在就近散步時她指給我看過。這樣的房子一枝的父親遺下有五宅，敗戰後阿婆把來三文兩束賣掉了四宅，還把一枝的和服多賣給了鄉下人，換了食糧了。說起種種，一枝可是沒有一點追惜。她對於阿婆，對於亂離的時勢，都只是一個婉順聽話，過的日子簡直沒有遠圖似的，如「長安少年無遠圖」這裏的氣概是自有大信，幾乎要飛揚跋扈了，所以她與我的事亦纔能有這樣好的糊塗。

我愛在一旁看一枝開衣箱，她尚留得幾襲品級很高的和服，是她為女兒時父親做給她的，至今如新。和服是可以在衣箱裏一世，而取出來穿時仍是新的，而一枝的人便也有些像這樣。我開口向一枝要東西只有過一次，是向她要包袱，而她就給了我，上繡著金線鳳凰，是她做新娘時用的，其後我寫今生今世，就用它來包文章稿子。

我又愛看一枝穿和服。一枝平時穿西裝衫裙，有事則穿和服。和服美在外面，艷在裏面，穿的時候與脫的時候特別有女體的清香。那襯在裏邊的是桃紅，我叫不出名字，外穿金繡銀織襦袢，廣袖大帶，一層一層都是女心的喜悅。但一枝對於現代東西都有一種謙虛，她穿西裝衫裙也好看。而有幾次她是為舞給我看，特地穿起和服。

一枝舞得生澀，但是生澀亦好，因為這裏更有她的人。我看過能樂與歌舞伎，但另外還有一種舞，如序之舞與中之舞，是穿古式的衫裙，像劍道的人穿的，素面執扇而舞，動作簡靜大方，連不覺得是舞姿，而只是她的人的端然。一枝的舞便像是這樣，在舞與日常動作之間。

轉瞬十月二十四，一枝生日，我與她去看歌舞伎。這一天她亦特為穿和服。與她在一道，使我對於東京都這個現代大都市只有是好意。一枝在女塾讀書時，父親還在，歌舞伎她常去看的，爾來十餘年，今日纔又與我同道出來，使人對於歲月也只有是好意。

一枝去銀座購物或去何處訪親友，一年中也不過一二次，平時在家只管家務，買菜購物也只在近地。原要有這樣的簡靜，纔現代都市亦可以是悠悠人世。我不與一枝虛華，買給她的只是些家常的衣著與用物，及陪她去配眼鏡。有時我還去小菜場看一枝買東西，小菜場一天裏於午炊晚炊前有兩陣忙頭勢，一枝雜在人群中立於魚肆菜攤前，總不追越奔競，等著見店夥的人手稍空，纔說「お願いします，」像纔被父母與先生教出來的小女孩的規矩。我不禁想起曾國藩題在揚州十二圩的對聯，

金焦兩點，劫後山容申舊好，
萬家食貨，舟中水調似承平，

我是從一枝，纔曉得小菜場與百貨商店有著萬民的生活情意的可珍重，而且想到了承平。

兩人經過百貨商店，站著看一回。一枝並不想要甚麼，她說單是觀看已好。她說，有幾次我買了小菜，想著回去炊夜飯時光尚早，順便進去幾家商店涉覽，阿婆問我耽擱怎久，聽我說了，不信道，「你又不想買，也有個可看的？」又說起她在女塾讀書時與同學去買東西，她一買就買了一件最貴的，付出五塊錢，同學都驚異道，「看不出一枝，平常不見她用錢，卻這樣大派！」

可是一次阿婆叫一枝出去買小菜時帶便買一隻盤子，她卻買回來了兩隻，到我房裏來一轉，笑道，「盤子買壞了。」我去到起坐間，阿婆果告訴我說一枝只曉得價錢便宜，不會買東西。一枝在廚下炊飯燒菜，好像小女孩做錯了事情，聽見大人在說她，她亦不分辯，她亦不介意。我買了那一對盤子來看，是青花彩釉，有庶民的平常無奇，倒是覺得好。阿婆於翌日自去貼錢換得了一隻盤子，形制缺一隻角，但是我不喜那種風格化了的雅致。

我在房裏寫文章，猛不防一枝進來，跳到我背後一蹲身，說道，「好去吃飯了。」我纔回顧，她卻早已坐在几側燈前，眼睛裏都是笑。她忽然感觸道，「但我不是輕浮的呀。」見我信她，纔又歡喜。我立起身來抱她一抱，她叫一聲，「我的好人，」端詳著我臉上，「你是世界上最最好的！」又道，「你若叫我死，我就死。真的，你說一聲，我此刻就死。」

我去清水市，一枝來房裏幫我整好行裝，我立起來在房間中央，執著她的雙手，她微微仰起頭看著我的臉，她的人即刻像一株草的枯萎了下去，說道，「你走後我冷清，」我安慰她，「三兩天就回來的。」二人就是這樣的單純的思慕。

隨著日子多了，我也越來越心實，二人商量結婚的事，但是一枝得先離婚，這個我不能代她出主意。我只想起五四運動時代的解除婚約與離婚，日本人該如何也來一次像這樣的新事，一次在明治神宮外苑，我與一枝看紅葉，我就把中國五四時代青年對家庭尊長的態度說給了一枝聽。可是當下我無因無由的覺得了五四時代的清潔只是中國的，日本若有像這樣的新事，亦畢竟異致。

是年冬我又去北海道演講，池田同行。行前兩天我與一枝小有意氣口角。新近一枝彷彿在想甚麼主意，對我不好明言，她大約是在想要與我斷絕。看她這樣不樂，第一次使我感覺她是大人。北海道紛紛揚揚的下著大雪，我在火車上無時不想著近來與一枝的事，想著就正襟危坐，因為濃愁，反為寂然如水。

但是一枝得知我的歸期，又在車站接我。火車到上野，還要轉車纔到得一枝家附近的車站，一枝在那裏已經等了二小時了。她穿和服，披著大圍巾，好像霞帔，立在月台上。日本的少婦在車站或街頭等人，那種安詳，使人想到尾生之信。還有日本少婦乘電車，不競座位，只安詳的立在扉側，低頭向壁，連風景亦不看，好像新娘垂旒的端然。

一枝也不過是這樣一個尋常婦人。她在車站月台上接著我，下午釀雪的陰天，兩人只是覺得親，卻不是戀愛，乃至不落夫婦，不涉成敗。一枝但說信取到了，我亦但說些途程，告訴她池田已回清水市去了。

自此一枝不再有三心兩意。而且自此一枝變得像大人了，她不再對我作太多的抱歉，而且有些地方不聽我的話。

轉瞬過年，她把天井門窗都撣了塵，備辦年貨，糜糍紅豆魚鮮蔬菜買足，安排敬神祭祖，與新年裏的待人客。做人的事便都像這樣，有多少憂喜在裏頭，但是真實不虛。

元旦開筆，我磨墨執筆，舖好宣紙，寫了一張條幅，要一枝也寫一張，即把前日她做的一首和歌的意思改成漢詩，她照著寫道：

情比他人苦，　意比他人真，
相守越風濤，　相約舞陽春。

（四）

日本過年不及中國人過年繁華，先沒有散入千門萬戶的爆竹。日本人過年也有親友的熱鬧。西洋人聖誕節與新年連在一起，送禮物必是刻意苦慮擇定的紀念品，我總覺不如中國人的送盒擔，單是雞魚時鮮之物。日本人親友間送禮，意思也與中國的相仿，只是儉約些。日本人家的門松非常好，有一種清冷冷的喜氣。街頭與電車中婦女只見是和服翩遷，也真有開歲遊春的感覺。日本婦人繫在當胸與背後的帶，使她的人變為像紙剪帛紮的。腳下白足袋草履，所謂草履，有一種卻不是草編的，底紙有二寸厚，足登在上面，人就像被托在盤子裏，好比是人形了。日本人的新年只覺天下無事，他們元旦去參拜神社曰初詣，好比從祖先以來到得今天，出去外面打江山還在初初起頭。

隨後來了春天。六朝人詩，「春從何處來，拂水復驚梅。」古人定立春是春天初來到的日子，草還是黃的，卻不知如何竟有了青意了。水色更難辨，可是水面風來，已是不同，這彷彿紅樓夢裏賈寶玉問林黛玉的話，「是幾時接了梁鴻案？」也彷彿是我與一枝的事，是幾時起的愛意？如此分明而難辨。

三月三女兒節，日本家家供人形，一枝先一晚上已把來擺設好了，翌朝我纔細細的看。是一個龕，形制像朝庭，中有許多小小的塑像，天皇與皇后南面坐，前列分左右文武百官，下來稼穡工賈，男女伎樂，背景是高天原，一抹旭日如櫻花之色。這本來是天下世界的壯觀，卻都成了小女子的喜悅。

四月櫻花天氣。中山優大野信三古田常司等邀我到村山看櫻花，好花好天氣，出來看花的人漫山野，婦女競試新粧，男子載酒歌舞，彷彿中國漢唐盛時。但我辨味劉禹錫的竹枝詞：

春江月出大隄平，隄上女兒連袂行，
唱盡新詞歡不見，紅霞映樹鷓鴣鳴，

覺得日本的仍是日本，中國的竟是中國。我寧愛的櫻花是高花，而隨處開在里巷，開在沿電車線路的旁邊，好像人家雞犬都在雲日裏。

我與一枝到新宿御苑去看櫻花，但是兩人只顧說話，還比看櫻花要緊。歸途在新宿街上吃點心，我與一枝早已不分彼此，但兩人這樣到點心店裏坐下來又別有一種新意。西廂記裏的「也教俺夫妻每共桌而食」大約自古昔以至現在，食真乃大事，夫妻也要在這裏得到證實。當下兩人吃過點心，走向車站。經過刀劍店，我站住看一回。經過糖食店，一枝買些糖食回家給小孩。

五月鯉幟飄飄。我與池田到京都，在嵐山溪石邊，我心裏想幾時總要帶一枝到這裏來一來。但我不喜二條城，中國三國演義裏的英雄與平民甚近，日本可是太平記裏的武士，乃至源氏物語裏的美人，都太專門化，那二條城的威力有重壓感。我亦不愛奈良的東大寺，太繁褥了。倒是那大佛是唐朝工賈渡來所造，為日月所照，風掃石壇階無塵，使人只覺古往今來，他鄉故國，皆只是一個顯豁。我佩服的是桂離宮的庭院，那池塘實在造得有本領，一派海洋之氣。日本的鯉幟，好處亦在使人只覺閭閻人家，與五月的天空皆是海洋之氣。

歸途在大阪，堺，名古屋，幾處商工會議所演說。在堺參觀紡織工廠，正值星期六下午休假，機器間惟有兩個女工在灑掃，陽光照進來，那女工好像是在人家裏灑掃的悠悠情意。

我凡出門，一枝不能為我整裝解裝，如人家婦人的服侍丈夫，因為環境之故。但我是向來從妻子都沒有過怎樣被服侍的。一枝會指壓，我都不要她按摩。我甚至不慣被愛，卻仍如我小時在胡村所見，男耕女織，是夫婦就是夫婦，沒有所謂愛不愛的。

六月七月，長長的暑天，白晝靜靜的人家，一枝在廚下，時或有小販沿門叫賣。八月盆踊。殘暑仍如夏夜，街上遠遠就聽見鼓樂。

惠比壽驛前廣場上搭台，台的頂層像印度式的塔，中層下層周圍低欄舞廊，圓徑可十餘丈。台上層層燈籠。又從廣場四角椽柱牽繩張到台上，亦懸空掛滿燈籠。初秋晝長，吃過夜飯天色尚早，就已開始。頂層一人擊大鼓，播音機放送民謠，少男少女數十人走上舞廊，應著鼓樂的音節起舞，如推如引，如翱翔，一隊女子間一隊男子，像走馬燈的舞過去。女子多是當地人家自十一二歲至十七八歲的女兒，皆艷服長袖，人如櫻花。男子亦穿和服，惟是庶民裝束，赤腳草履，衣裾拽起塞在腰裏。這種庶民，好像從古以來天下都是他們的，連沒有朝代的間隔。如此中層下層同時起舞，舞過去又舞回來。至第三匝，舞回原處，鼓樂聲停，舞者散下，台上惟餘明晃晃的燈籠。隔得數分鐘，鼓樂又作，又舞如前，如此一遍又一遍。舞隊中尚有扮故事的，好比中國燈市台閣扮八仙過海，但他們是扮的漁樵。

漸漸夜氣愈深，台下看的人愈來愈多，天上的星月，街上的電車，暑夜裏一個天下世界皆在燈籠與鼓樂聲中流去。這盆踊也是多帶海洋之氣，舞兮謠曲皆有些兒蕩。

我與一枝在燈火人叢中看罷回家去，路上月色滿地。一枝說，「方纔你沒有覺察，我立在你身邊儘看著你，你的眉目神情竟使我膽怯起來，想著自己配不上你。」又走得幾步，她在月亮地下停下來，執著我的手，她的身高只到我眉毛。她稍稍舉頭，面對面看著我，只覺天上的月亮這樣高，我的人這樣近。她說，「你莫拋棄我的呀！」我答，等到可以回中國，我與你到胡村去上墳。而此地是日本，一枝的父親的墳，秋天我與一枝去上過。

（五）

我與一枝的事沒有告訴池田。上次我問起姓蕭的，池田道，他與人妻同居，破壞他人的家庭。池田自是心直。但我每在新聞紙上看見現在的日本人稍稍越軌就一敗塗地。為了遊興。為了邪戀。現代社會裏人們的一點點道德，也像他們的一點點薪給一樣，你要揚眉吐氣便休想，你要闖禍自殺便有份。像我這樣身在外國，沒有根蒂搭攀，單靠朋友間彼此敬重，對於男女間這樣的事尤其要小心。但是不然。我倒要做個強者試試，看是不是如此容易就統統壞了。

住在一枝家兩年，後來我遷居，不能再與一枝天天在一起，有時就難免憂愁滿目。一次陰雨連旬，池田久無信來，我忽忽遂病。不是為與一枝的事。而是我的日常情意荒失。至於要不能格物了。原來故國山河之思，五百年必有王者興，徵信只在於現前我對人對事物的好情懷，可是我如何竟會忽然覺得心智短絀，對自己也霧數不可喜了呢？。

我自出亡金華道上以來，常恐人世的大信失墜，那時好得眼前人有秀美。今在日本，有一枝也一樣。但是遷居後，一枝要隔幾天纔來看我一次，常時未免太清寂，甚麼事情我便要去多想。雖說知天可以不憂，達性可以忘情，但我有時仍會心裏解不開。因為憂患是這樣的大，因為這裏是要看你做人的修行。我如今做人，真可比淨飯王的太子入雪山修行，中間有一時期，他曾失去了三十種相好，八十種莊嚴，叫人看了心疼，何況我還比他是個世俗之人，又焉得不有時而憔悴。

我原是鄉下孩童出身，至今天氣變化與人事驚險不能使我病，病多是因為自己做人有欠缺。並非那一樁事情做錯了，而是在一些極小的地方對自己不滿了。每逢這樣的時候，甚麼都無用，惟有等自己想明白了，倒也不是悔改，不知如何，當下就又灑然，病也好起來了。

我如何可以不看重人世的憂患。古來遊戲天人之際者，如李陵的亮烈，諸葛亮的謹慎，他們亦寧是有淚如傾的人，只是他們不見得當真哭泣罷了。而我給朋友寫信，亦從不咨嗟一聲，並非自制，卻是只為面前的紙張筆墨都這樣靜好。解憂不是解決問題，或辦妥了一樁事情就可以，而寧是在與問題或事情本身無關之處，如窗外的一草一木，室內的一桌一椅，對之只覺我與萬物歷然皆在，當下就有著個安心立命了。解大憂是要以格物。

春雨瓦屋庭樹皆淨，我一人在房裏，席地就窗口矮几前趺坐，小病心事如水。無端想起了王昌齡的詩：

西宮夜靜百花香，欲捲珠簾春恨長，
斜抱雲和淨見月，朦朧樹色隱昭陽。

我把來在心裏過了好幾遍，只覺就是寫的我對中華民國的思慕，並且對我自己這個人愛惜起來。聊齋裏有一篇白秋練，那女子因思慕湖水成疾，要她的男人為三誦唐詩「楊柳千條盡向西」當即病若失，我很能明白這種不切題的好。

且說我這回遷居，也是借的日本人家的房間。這家母女三人，敗戰直後那幾年裏全日本的生活很苦，使這位四十幾歲的婦人變為剛硬，她的兩個女兒，大的新近進了銀行勤務，小的也就要高中畢業了，都是標準化得沒有內容，我與她們不大合得來。敗戰後日本的英雄美人一耙平，這也有一種曠蕩，原來可以是平民的清華貴氣，但現在的是這樣一種社會，在那裏正經只能變為藐小，而調戲又只能變為卑鄙。

我不能忍受人與人有阻隔。如果可能，我願意迎合勢利拐騙者，迎合赤腳抬轎者，迎合剛硬無內容的婦女，迎合凡與我說話不通的人，總要使得說話可通。但我和有些人到底落落難合。我為此心裏切切，如云「悲悲切切」，只是沒有悲，而且我仍是我自己的罷了。我是這樣一個天涯蕩子，所以對一枝有感激。

我借住在那家亦二年，一枝倒是心思安定。她頭一趟來看我時，與後來逢年過節，她都買盒點心送與那房東，因為我既在她們家居住，寧可客客氣氣。一枝給我買來一床被面，一條毛毯。她來了就兩人在房裏吃午飯，是方纔我去接她，在驛前買來的麵包牛乳水果。洗了棉被，也是她帶了針線來給我翻訂好。

春天電車線路邊櫻花開時，我在車站接著了一枝，兩人步行到我的住處。她穿的鵝黃水綠衫裙，走得微微出汗，肌體散發著日曬氣與花氣，就像她的人是春郊一枝花，折來拿進我房裏。一枝的臉，原來好像能樂的女面，平安朝以來經過洗煉的日本婦人的相貌，一枝除了眉毛不畫在半額，其他單眼皮，鼻與權顴，神情無有不肖，連嘴巴微微開著也像。但是比起這種典型的美，我寧是喜愛她此刻這樣的走得熱起來，面如朝霞，非常的世俗現實。

我與一枝凡三年。一枝也不知啼泣過多少回，我也不知生氣過多少回，濃愁耿耿都為她。但是後來到底不能了。一枝不能嫁我，而我後來亦另娶了。

我到清水市龍雲寺去住了半年，開手寫「今生今世」。而我如此獨自住在佛寺裏，亦算是與她分苦之意。一枝到時候有信來，還寄來餅乾，給我寫文章夜深肚餓時好當點心。信裏說這只當是貧者的一燈獻佛。她擔心我是不是生活費發生了困難之故。她這關於生活費的一言，即刻使兩人的情意有了份量。她沒有一點兒怨，沒有一點兒疑，沒有一點兒要求。女子的謙卑原來是豁達大氣。

一枝為人妻，不能離婚嫁我，亦不必有恨。那男人雖然一無出色，但亦萬民與豪傑同為今天的一代之人。我嘗見一枝在前廳為家人做針線，雖是裁剪的一塊廉價的衣料，她亦一般的珍重。下午的陽光斜進來，院屋閒靜，外面隱隱有東京都的市聲，天下世界皆生在這裁剪人的端正妙嚴，她的做人有禮敬。

（六）

我於女人，與其說是愛，毋寧說是知。中國人原來是這樣理知的一個民族，紅樓夢裏林黛玉亦說的是，「黃金萬兩容易得，知心一個也難求，」卻不說是真心愛我的人一個也難求。情有遷異，緣有盡時，而相知則可如新，雖仳離訣了的兩人亦彼此相敬重，愛惜之心不改。人世的事，其是百年亦何短，寸陰亦何長。桃花扇裏的男女一旦醒悟了，可以永絕情緣，兩人單是個好。這佛門的覺，在中國民間即是知，這理知竟是可以解脫人事滄桑與生離死別。我與一枝曾在一起有三年，有言賭近盜，奸近殺，我們卻幸得清潔無礙，可是以後就沒有與她通音問。李白詩「永結無情契」我就是這樣一個無情的人。

一枝我敬她是日本婦人，日本民族的偉大，使我此來日本，抵得過昔年玄奘到印度。玄奘學印度文明，果然是不可以談戀愛，我對於日本，卻真要感激一枝。而我見著日本的好人好東西，都是出於無心。

這裏只說有一年春天，我閒遊冰川，在冰川神社恰巧有舞獅子看。音樂只是鼓和笛，那笛聲非常高，細細的，卻震得人耳欲聾。神社的庭中硬泥地上，分四隅站著四個年青女子，自頭至頸，戴上一架花燈似的東西把來遮沒了，和服春帶，和服是棉布質地，橙黃一色，下擺一欄青色印花。她們各人手執兩支咫尺長的竹管，好像是做拍板用的，其中大約是灌的銅片錫片。她們隨著笛聲，向左前斜進一步，又退回來，向右前斜進一步，又退回來，每左右足伸出時，雙手也隨著身體伸出，把兩支竹管左手的按在右手上，擊一下，右手的按在左手上，擊一下，「撒拉！撒拉！」獅子只一隻，是男人扮的，青黑色，從當中空地上舞起，舞到站四隅的女子身跟前，偎偎依依，一個又一個的舞過去，繞過去。

我從來亦未見過有像這樣好的獅子舞，那一天真是好運氣，以後我還常常想起，但是沒有特意打聽什麼節日要再去看過。這就可比是我的對一枝。古人說不貪夜識金銀氣，我是對於愛情亦不貪。

大約也是因為時勢的緣故，前此我與之有夫妻之好的女子，皆不過三年五年，要算與玉鳳最長，七年。但即或只是邂逅相見，亦已可比有人在南山松樹下看見了金雞，或那個朝代出了真命天子，有福份取得了紫大山上的兵書寶劍，這樣的難逢難值。

良時燕婉

一

中華民國四十三年三月，佘氏愛珍來歸我家。而她卻說，你有你的地位，我也有我的地位，兩人仍舊只當是姊弟罷，此言我後來笑她，但她仍不認輸。愛珍是共產黨南下，上海陷落前不久保釋出獄，飛到香港，住香港兩年，轉來日本，與我遂成夫婦。要說不好，當然是我不好，我對她到底存著甚麼心思，說真也真，說假也假。而她亦起先沒有把事情來想想好。至今兩人看著看著又歡喜起來，我道，原來有緣的只是有緣，愛珍卻道，我與你是冤。

大凡女人一從了男人，她當即把兩人的新的身世肯定，但愛珍的肯定中另有她的才氣飛揚，所以不使我想到對她的責任，與她所以能如天地同壽。

婚後頭兩年裏，我想到她的有些地方就要生氣，毒言毒語說她，說她與我稱不得知心，如昔年說玉鳳。而她不像玉鳳。她聽了不當一回事。本來做了夫妻還有甚麼知心不知心，豈不是無話找話？中國民間舊時姻媒，單憑媒妁之言，連未見過一面，成了夫婦，纔是日新月異，兩人無有不好。這種地方愛珍比我更是大人。

至今我與愛珍，兩人是一條性命，饒是這樣，亦兩人天天在一起就未免要有口角之爭，一點不為甚麼，只為我生來是個叛逆之人。而且我總是對於好人好東西叛逆。

我從廿幾歲至今，走走路心有所思，常會自言自語，說出一個「殺」字。我原來也很多地方像黃巢。在日本坐電車，我每每把車票在手裏捏皺了，因為心熱，不安靜之故。在家裏我是每每跡近無聊，無事只管會叫，「愛珍呀！愛珍呀！」愛珍又要做事，又要答應。我道，「我的老婆老了，我心裏有想要掉新鮮的意思。」愛珍笑道，「呵呵，你的良心這樣壞，自己都招了。」又道，「只要你有這個膽。」愛珍在廚下，我站在門檻上，嘴裏還唸，「我與你又無記認，又無媒證，要賴賴掉也容易。」愛珍道，「你敢再說一遍。」我就再說一遍，愛珍笑了。我又幾次三番說要做和尚去，自己亦不知是真心抑是假話，愛珍卻道，「好啊，你揀定日子，我送你上寺廟。」惟一回我說，「我想想做人無趣」，竟連自己聽了亦疑心是真話，愛珍在喫飯的人，當即放下碗筷，淚如雨下，曰，「你這樣說，那麼我做人為何？」我趕忙安慰她。又平常說話之間，提到生死，她道，「你若有個短長，愛珍也跟了你去了。」

原來夫妻頑皮也是我們，但若真有個風吹草動，便迴護之情，即刻天地皆正。昔人詩，「身留一劍答君王」，一樣亦以答朋友，亦以答夫妻。

愛珍原也不聽我的話，而她的不聽話，也許還比順從更好。昔年她在上海，抗戰勝利前一年，我即告訴她要準備逃離，但是她為人上慣了，她的風度如山如河，看事情皆出之以平靜，而且她把重慶來人看得太好了，以為他們總也要問問人家有錯沒有錯，人家蔣總統是做到了總統，他豈有個亂來的。便是戴先生，愛珍亦當他是人，豈知把她來下獄了三年半。財產也是戴先生叫開出去，她就都開出去，答應從中可酌量發還生活費的，結果也都沒收了。提到戴笠亦稱先生，我很聽不慣，但愛珍的是白相人派頭，白相人第一對於人世有敬，看重對方的身份地位，雖背後亦不連名帶姓的叫。

愛珍出獄後，共產黨已在目前了，她還不想離開上海。是一個過房女兒問孔祥熙家別到了一張飛機票，纔催了她走，她甚麼亦不帶，還當是到香港去一趟又可以轉來的。這種地方，我說愛珍到底是婦人，於政治沒有先見之明。但是愛珍不買帳，她道，所以戴笠會飛機跌死，重慶來的那班人會又逃往台灣，你看共產黨下去也不會好的。我聽了只覺政治也許當真是不關智謀之士，而寧在於民間的這種直道。她落難亦是火雜雜的，都是今天。往事我不問她，她就從來不說。她亦不拿過去比現在，她亦不提昔年幫助過某某人，後來都無良心，她亦沒有一回感觸過世態人情炎涼。她是度量大，不作短氣之人。

愛珍的量氣大像她父親。她父親拿錢週濟人，從不再提，或許某人今已生意興隆了，借去的錢也該來還了，父親卻道，「人家剛剛好起來，也要讓他有個安排舒齊，沒有人不想做場面上人的」。父親用的包車夫，父親總關照廚子分自己的飯菜給他。民國初年的新興大產業家其實最有一種平民精神，與對於財物的活潑明理，乃至其娶妾宿妓，亦是真真知道女人之美。我的岳父佘銘三公家裡即一妻數妾，愛珍的生母是第三房。愛珍的相貌像父親，父親生得長大白皙，享壽八十，齒如編貝，耳目聰明不衰。民國初年上海長三堂子有四大金剛，皆傾心於他。

我問四大金剛當中誰生得頂好，愛珍說是胡寶玉。我又問她生得如何好法，聽愛珍說了，我可以想像，原來名妓比名伶更有世俗的現實，不像名伶的人身成了藝術品，而是像良家婦女的深穩風流，只可惜一樹春光盡皆為花，就不結果了。愛珍道，胡寶玉後來嫁了杭州開綢緞莊的小開，財物被騙，脫離了回上海。她常來看我父親，燒了小菜，裝在提盒裏拎來，名為看我母親，她知道我母親最得我父親愛寵。她來了便搓搓麻雀牌，父親有時也陪她搓。我聽了不禁微有悵然。我岳父與胡寶玉，一個是世事根蒂著實之人，一個是淪落紅塵不遇之身，這裏的一片真情，卻在女的只是知禮，並無要求，在男的只是相敬重，因為人世平等，這裏連不可以是感觸傷懷，悲惋抱歉。

愛珍因笑道，我父親有藍頂子。你有沒有看見過藍頂子？我父親凡過年拜祖宗就把它戴起來。小時不知藍頂子是甚麼品級，但知是官身，我問父親，是怎樣得來的，父親道，是捐來的，我當即告訴兄弟姊妹們，父親的藍頂子是捐來的，大家都驚異。這小孩的驚異待說是諷刺，卻又不是，倒是使大人無奈，只可以笑，想要斥責當然不可，連想要任便再答小孩一句甚麼話都不可。今天愛珍在廚下燒小菜，我和說著又笑起來，說道，「藍頂子拿錢可以捐得的」？還是那種小孩的驚異與頑皮。

愛珍小時叫妙珍，是過房給觀世音菩薩做女兒的名字。還有個名字是秀芳，我覺最適合於她，她也生得頎長白皙，秀如蘭芽初抽時的白茸茸，芳如六月裏荷花的大朵有香氣。兄弟姊妹中惟她從小最被父親寵愛。上海初作鋼絲橡皮胎包車，妙珍纔兩歲，即知每天下午到這個時候去坐在大門口，等父親下寫字間回家來，定要父親抱她坐在包車裏去兜一轉，纔肯罷休。及稍稍大了，父親還是處處迴護她，母親看不過，罵父親道，等你上寫字間，我收作她。可是父親會得趕快放龍呢，說你要當心媽要收拾你了，妙珍這一天就變得乖乖的，凡事識相，使母親無可打她。她還會和父親頂撞。一次為小的弟弟喫飯時哭，妙珍要打他，父親道，他還小呢，妙珍就據理說父親不該縱容，氣得三天不見父親的面，放學回來只關在房裏不出來，明明聽見父親向人問起「妙珍呢」？她亦不睬，後來還是父親到她房裏來叫她，纔算和解了。

愛珍從小愛喫田螺，一天父親下寫字間，回家來得早，親自到廚房裏看看，只見大盆裏養著田螺，有螞蟥游出來，驚問誰買這樣的東西來喫，廚子答是三小姐的，父親道，「這還了得，快快倒掉」！關照以後不許。但是妙珍照樣喫，簡直像生番。還有是一年夏天小姆媽生傷寒症，老法不許喫東西，她只得叫妙珍偷偷弄西瓜來喫。夏天西瓜總是論擔的買，妙珍在堂前間與家人們喫西瓜，趁人一個眼錯不見，她已用腳滾了一個西瓜過門檻，抱了去給小姆媽，日日如此，她那裏知道厲害，可是小姆媽的病竟因此特別好得快。原來雖醫生的話，亦不可不信，不可全信，你說妙珍蠻不蠻？

小姆媽是妙珍從小由她帶領一處睡，妙珍每天早晨的辮子也是小姆媽梳，一回卻因小姆媽身上有喜了，眉低眼慢，懶得動彈，還躺在床上，妙珍卻必定仍要她起來給梳辮子，撲在她身上歪纏，因此竟墮了胎，你說闖禍不闖禍？好得小姆媽也不怎樣責怪她，舊時婦人的謙遜，就有這樣豁達。這裏卻使我想起胡村的堂房哥哥梅香，他小時去外婆家拜年，與群兒為戲，放火燒野草竟燒焦了一具暫厝在近邊的棺柩，雖然喜得屍骨未動，亦已經是闖下了潑天大禍。可是聽見人家來報，外公卻也不驚。鄉下老法，外甥大似皇帝，而村人又都是同姓，何況新年新歲，沒有個不可以講開的，世上如此無滯，所以人可以是天驕。

愛珍言她小時父親叫她搓痲雀，那天是胡寶玉來，父親與女兒說，贏就歸你，輸不要你出，散場輸了兩塊銀洋錢，客人一走，她去房裏大哭，父親怎樣哄也哄她不好。她是這樣一個惜物之人，人世的得失在她都如火如荼，她的錢物都是鮮活會得跳的，所以她的待人慷慨有這樣的聲音顏色，一出她手，凡百都成了響亮。

又道，「我小時臉圓得人家都叫我邊鑼。我母親因尚未有兒子，把我打扮男裝到十一二歲，被男同學恥笑，回家來向父親吵鬧，纔改轉姑娘打扮，彼時母親方病，等病起見妙珍換了裝，還怪父親。可是走路動作，就沒個姑娘腔，原來愛珍的美就是女人男相。母親常拿表姊來比罵，一樣的姑娘，人家就斯斯文文。愛珍道，「惟有父親總幫我。母親要我穿尖口襪子我亦不穿，母親罵道，你雙腳將來還有人要！父親卻勸道，你還是由妙珍。其後姊妹淘中卻還是我的腳樣頂好」。母親見表姊腳上的鞋子，問知是她自己做的，瞧著妙珍在旁，就又有話說。妙珍聽在心裏，看在眼裏，一聲不響自己買了料子來，關起房門做鞋，素日她也不拿過針線，此時她也不向人求教，過得幾天就一雙新鞋著在腳上，叫人見了都驚。愛珍的做人有志氣，從小已然，她凡做一件事，未做成之先總不到處說。至於愛珍的一雙手，那也是從小強，做什麼都一看就會，而他人要學她是怎樣亦學不到家。

她卻曉得勸解母親，說名實不能雙佔，父親既常在母親房裏，此外對於諸母你就不必再爭，彼時妙珍也不過是十四五歲，父親把錢莊的摺子交給她，要做衣裳打首飾可以隨意，但妙珍從不獨愎，若今天買了一樣甚麼，她必也分給諸母姊妹。她從小在家裏就為王，卻曉得天下人的衣食不可我一人要光，天下人的面子不可我一人佔光，不可當著場面上摘人台印，也要給別人有條路可以走走。這亦是她生來的性情，以此家裏人都要聽聽她，便是她大哥哥的嫂嫂，也敬重這位小小年紀的姑娘，有事可以和她商量，妙珍的這種大人氣像紅樓夢裏的薛寶釵，但是薛寶釵沒有妙珍的頑皮與喜氣。

妙珍讀書，是與她肩下的妹妹在啟秀女中。父親特為定打一部雙人包車，到學校來回接送，因為打得特別大，同學都叫它老爺包車，妙珍幾回向父親生氣，父親道，「你聽她們？你只管坐得落位」。當時上海新作興皮鞋絲襪，總是她先穿。後來簡太太還說，妙珍家在學校，是甚麼穿戴都她為先。簡太太是在啟秀的同學，出嫁南洋菸草公司簡家，與妙珍一直要好。妙珍讀書，聰明而不用功，人生是可以好到讀書不是為學問。

她長成十六七歲，上學校來去，多有少年追逐。而她也不怕，也不避，覿面就罵，一口大道理，罵這班人沒有爺娘的家教，不曉得用功上進，卻來釘女人。她不知男女之事有何好。父親因她做女兒被寵慣了，怕難做人家的媳婦，特為培植一位故人之子，在東吳大學讀書，意思是要招為女婿，將來還可讓讓女兒，焉知妙珍必不要。那人寒暑假來佘家住，妙珍只不理睬，他到學校後寫信來，妙珍亦不看不答。凡此別無理由，就只是不要老公。她美到如此，卻連不甚知覺自己是女身。

可是又焉知十九歲那年，她被飲醉酒上了一個男人的當。那人姓吳，他爺也當買辦，與佘家原是通家，因想她不成，故串同女眷出此下策。而她翌日竟會沒有知覺，有這樣糊塗。也不是不知覺，是她的性情如此，天坍下來當棉被蓋，雖遭逢了怎樣的大事，亦只當下端然一思省，理它呢？一回兒就自好了。她不信不伏，也不驚懼計較。她簡直可比不知人世有風浪，像孫悟空的不知天上的高低，了得了不得。禪宗有泰山崩墜，東海之水沸翻，莫教濺溼老僧袈裟角的話，其實可以好到只是這種女孩兒家的天驕。愛珍一生便是於世事明確，而於人生糊塗。

她有了身孕，父親要她到香港叫醫生取掉，就此出洋留學。而她不慣於這樣的善後法，不慣於承認做錯了事情的卑屈感，她是生來不帶一點陰暗有禍的感情。吳家曉得妙珍要離開上海，那男人的娘急得來求懇，說她的兒子要自殺，她做娘的對爺不好交代，也只有死，母子兩條性命都在她身上。這都是有己無人的心想，惟有他家的母子之間及老夫婦之間是推板不起，便不管人家的小姐也該被尊重。但是秀芳就去到了那吳家。

秀芳卻又不是就進了那吳家門，而是住在外頭等於小公館，養有一子。吳家隨即另娶了媳婦，也不知是他那母親不敢向他爺說呢，還是一家做鬼？對那樣的人家實在甚麼都不可信，其麼都不必同情。可是秀芳都不問。她是既然這樣做了就不悔，原來她出來時就不要娘家的一樣東西，亦不與爺娘見面。而後來是被嫡妻曉得了，老頭子也說這件事對不住銘三哥，纔把秀芳亦接到家裏。她在吳家十二年。

我問愛珍，彼時何以要這樣委屈，她答道，「就為那男人的娘來說，關係他們母子兩條性命」。那也信得的？還同情他們？但秀芳是看世人世事筆筆皆真，這種真，真到是女兒家的糊塗，亦是她後來做白相人的風光，如春陽無邊際。做人本來是這樣，對人對事情尚有於分別真偽之上的一種平等，縱令萬物皆偽，亦我心皆真，是故王者之興，不作區區分別，而一代人遂亦皆真，如易經裏說的「天下文明」了。而亦沒有人能像愛珍的肯喫虧，所以她一生的富貴榮華亦非他人所可羡望。她的肯喫虧，並非為贖罪的犧牲那樣心理，而是一種謙遜，一種慷慨。

秀芳一心只為撫養兒子。而她侍奉公婆，服侍丈夫，無不盡禮，與那嫡妻亦無間然，吳家的小叔輩都與她這位大嫂親熱，說將來娶妻只要能像大嫂。她的處理家務及燒小菜，都是那時候學會的。秀芳小時，母親每怪父親把她寵壞了，父親道，「不要忙，大起來她自會得曉得的」。她今做人，即立志要做到不被人家說一句不好。她的兒子生得聰明，好相貌，轉瞬兩歲三歲了，又轉瞬四歲五歲了，小人兒也像大人的懂事，曉得娘的心思。這是真的母子之親。她只願兒子在天下人之前有面子，爭為娘的這口志氣，遂使這小小孩童亦曉得母親是明亮而不溺愛的。

秀芳的兒子養到九歲頭上，已經讀書知禮，學堂裏的先生與街坊上人見了無有不愛，可惜就在是年春天染上猩紅熱夭殤了。這年輕為娘的，當然摧臟哭泣，她哭的都是熱淚。此後她還在吳家住了二三年，那嫡妻亦病故，然後忽然有一天，她離開那吳家回來娘家了。她去時廿一歲，回來三十二歲。她這回也是把吳家的東西都留下，不帶走一件。那男人再三來求，她只不見。

那男人被秀芳寵慣了，不能再有第二個人服侍得他這樣好，所以後來他就不再娶。他也要算得是愛秀芳的了，落寫字間回家來，一步亦離不得她，可是秀芳不喜他的小氣，不耐煩男人對自己妻子的這種私溺之愛。但她在吳家盡禮盡心的十二年，也要算得有貞情，焉知她一決絕起來會如此不留情，一段惡姻緣如此一解就解脫了，不留一點陰影或傷痕，她的一生依然如太空皎潔無事。這裏的有情無情何分別，她寧是像天仙的只為一念心熱，謫在塵凡，而後來是緣盡則去。

後來秀芳嫁吳四寶，是她自己看中，而且爺娘也贊成，行了三媒六聘，自此她纔出面。啟秀女中的同學都驚怪她好嫁不嫁，嫁個白相人。她卻喜愛白相人爽快，做事有膽量，重人情體面，到處喫得開。白相人的行為，說壞就壞，說好亦好，這也合於秀芳的性情，她是對於人世的好事壞事都有一種頑皮。還有是秀芳也小心，嫁了吳四寶，好使先前的男人不敢再來糾纏。

四寶娶妻得秀芳，歡喜得不得了，常說自己是個粗人，討得一個這樣好的家主婆，已是十分知足了，愛珍這個名字便是他取的。而他亦果然是民國世界上海白相人中第一條好漢，雖然不曾讀過書，人是聰明極了，見別人眉眉動動，就曉得是為甚麼事情。他這樣一個實心人，言語質樸，但是自有佳趣妙意。他的性格可比雷霆霹靂，卻又細起來極細，調皮起來極調皮，掮木梢他來，做阿瘟他不來。他愛世俗的聲色狗馬，而他不嫖不賭。四寶這個人是有他的清。賭是早先他也逢場作戲，後來被愛珍強制過一次，上賭場去賭的事也就沒有了。他不嫖，是說我的家主婆還比婊子好。溫州有隻民歌，

欄街福來三月三，
看戲歁歁看小旦，
小旦小旦你莫扮，
我老婆扮起比你還好看，

想起四寶，不禁要笑起來。

二

吳四寶是南通人，他的父親在上海成都路開老虎灶賣白滾水，巷堂人家來泡水，一文錢一大壺，取得錢都投入毛竹筒裏，朝夜三場忙頭裏只聽見豁朗朗一片聲錢響，四寶從小就調皮，他來幫手腳，揩油得十文錢就去逛城隍廟。彼時的物價，兩文錢喫得一碗油豆腐細粉，有十文錢可以喫幾式點心，還看了西洋鏡。不久父親去世，哥嫂要分家，四寶卻甚麼都不要，他有一位出嫁的姊姊出來講公話，總算代他爭回了一些東西，而他亦不在其意。他姊夫帶他在跑馬廳牽馬，姊夫是大馬伙，他做小馬伙，後來他給一個英國人開汽車。

天下惟有做白相人不是可以學得來的，做得出做不出，不知要經過多少場鴻門宴。秦舞陽年十三，白晝殺人於市，人莫敢近，四寶初起時亦正當這樣的年紀，但他不過是白晝遊於市上，心思熱，愛管人家的閒事。原來英雄美人的亦不過是閒愁，王者之興亦不過是愛管閒是非，乃至釋迦度人，唐僧取經，亦皆不過是這樣的心思熱。他又出落得好一條大漢，幾次三番把租界巡捕拋到河濱裏去，後來捕房反為來與他結交了。他十六歲，就領得租界的護照，佩帶手槍，提起馬立司路小四寶，人人皆知。

前輩大白相人黃金榮，是當租界捕房的探員出身，惟他卻有氣概，像鄆城縣押司宋江的行事。杜月笙是秤水果出身，繼承黃金榮做清幫老頭子。他們雖然結托中國民間，但是著重還在租界當局，不過把兩方面的意思圓轉溝通了。要到吳四寶，纔不買租界的帳，他結托中國民間，以與租界當局分庭抗禮，亦非合作，亦非對立，而要說合作，也是合作的，要說對立，也是對立的，總之大丈夫處世接物，自然響響亮亮。這等於潛移的租界革命，而與之廓然相忘。中國人是特有一種與世相忘，如辛亥起義，是以革命相忘，又如八年抗戰，是有一種歲月相忘，乃至敵我相忘，彼時上海民間與租界亦有這樣的一種相忘。

吳四寶是清幫，拜小阿榮做先生，但四寶也不靠投門墻出身。國民革命軍北伐後，上海是杜月笙當令，惟有四寶，除非杜先生叫他，他纔到杜公館，他自己總不湊上去。他不喜杜公館一班白鼻頭軍師與二爺們。四寶於在上的人皆不去趨奉，惟人家叫著他時，他總謙恭，執晚輩之禮。我不投人，人來投我，這就是志氣。四寶自有他的一班結拜弟兄與學生子。

四寶二十幾歲，給那英國人開車的時候，娶妻生子，僱的一個奶媽卻為貪圖一付金鐲頭，放火把那嬰孩燒死了，四寶雖覺事跡可疑，他倒亦不難為那奶媽。上海人閒常說起吳四寶，只當是怎樣厲害的一個人，焉知是看他看豁了邊。他的忠厚本色，還有他逢到像這樣的事情，會忽然灑脫如同天意，他這就不是個不勝其情的人。所以四寶還有他的靜。

後來四寶離開那英國人，另外立起場面，兩三年中，正在順風頭上，但是又焉知發生了人命。事情是他那前妻不貞，他不該說了一句憤激話，有個學生子就去闖禍，把那男人劈殺了，為此四寶到北方避風頭。他只寶貴一個女兒，還只六，七歲，他帶了走，把上海家裏的東西交托阿嫂保管。他在北方凡六年，先在山東督軍張宗昌那裏投軍，後來國民革命軍北伐，他加入白崇禧的部隊打到北京，都是當的機器腳踏車隊隊長。當時他拍的許多照相，穿的老棉襖，完全是大兵，卻也到處結交得有朋友，拜把得有弟兄。中華民國的朝氣，從督軍割據到北伐的那一段，總總是天意人事，吳四寶卻只如唐詩裏的：

長安少年無遠圖，一生惟羨執金吾，

而亦惟有這樣的人世的風光，纔是開創新朝的革命的真性情。

經過北伐，四寶想官司的事總也事過境遷了，他纔帶了女兒回上海。是年他三十九歲，去時是三十三，正應了看相算命人說的三十三，亂刀斬。他就是這番回來，與愛珍結了婚。當初多少箱子衣裳及喫用之物，一家一當都交托阿嫂，那嫂子有本事六年工夫把他都拿光。但是這也罷了。後來四寶好了，那嫂子仍來求他照應，一個人本來靠要心重是好不了的。我問愛珍，彼時四寶又得新做人家，即刻手面闊綽，他從北方回來倒是有錢？愛珍道，是靠朋友，白相人走到那裏要帶錢，就不是白相人了。四寶有高卿寶這班朋友。還有謝葆生，是四寶當小馬伙時的夥伴，後來開浴場，開麗都跳舞廳，四寶幫他好多忙的。他們最愛結拜弟兄，四寶是大哥。

可是上海人都知道吳四寶回來了，這樣就生出是非。美人有笙歌簇擁，老爺出巡，有鳴鑼喝道，白相人不用笙歌，不用打鑼鳴鞭放銃，單是錚錚男兒本色，亦所到之處，驚動萬人。彼時就有租界的探長捕頭來講斤頭，為四寶的人命官司未結。愛珍當下答應出一萬銀圓了事，捕房的人見對手是女人，答應得爽脆反為錯了，必要一萬二千圓。愛珍道，「這是你們不漂亮了！」她就一個錢不給，寧可打官司，也不塞狗洞。

她叫四寶藏起來，一切她出面，寧可把錢去好了苦主。苦主覺得事情已隔多年，且死者原亦有錯，今對方既已如此說了，於死者亦有了交代，於生者亦有了安排，且見這位吳太太說話行事這樣漂亮，只覺萬事應當是這樣了結的，就依言上租界會審公堂去告，追吳四寶到案，卻由苦主當官指證姓名雖同，不是此人，就此銷了案。愛珍這裏就倒轉來告探長與捕頭拆梢，得法官當庭斷結，永絕後患。

因這一番，捕房那班人提起吳四寶的女人，個個領了盆。原來白相人的處事，無非是個待人之道，譬如處理這件事情的方法，即只在於如何待苦主，如何待捕房那班人。除了待人之外，不能還有處理事件的方法。想起來，共產黨的不好，即只在處事而不知待人，又今時世界的危機這樣嚴重，亦是美俄他們只在處事而不知待人。

至於四寶看重愛珍，那也不只因為佩服這一樁。愛珍是凡百人事上頭皆明亮公平。四寶逢有學生子打架來告訴，他先入為主，先來告訴的便宜，後來告訴的喫虧，幾次都是愛珍來擺正。起先四寶還氣衝衝的不以為然，但是後來變得他總叫學生子，「你去與師娘說去。」白相人本來好漢不聽婦人之言，四寶卻凡事聽愛珍，沒有一點不自然，因為他是真的白相人，所以本色。四寶不識字，從愛珍學起來，吳雲甫三字他簽名來得個等樣。每天早晨還在床上，他先看報，由愛珍解說給他聽，然後他下樓去，就當著學生子及來客稱能，講起本埠外埠今天有些甚麼新聞，頭頭是道，大家都佩服先生明亮。自從討了師娘，果然是錦上添花，人前顯貴。

四寶與愛珍新做人家，住在環龍路一條巷堂裏，那巷堂的風水又好，年向又利，住過的幾家如陳果夫等都興旺，吳家亦好像火發。有個曹聾彭會看風水，吳家一直相信他。戰前的錢，四寶為人家了事情，進出多是萬數，他的人情又大，手面又闊，一年裏頭，單是四時八節的送禮，就夠開銷有得多。惟有師娘總是體恤人心，見有學生子或親友境況艱難的，收了他的禮，寧可加倍塞錢給他。四寶是今天有了進帳，就給妻買了衣料首飾回家來，把餘錢也如數都交給了妻。愛珍手裏，錢財銀子著實經經過，一生旺夫旺財之相。她到英商匯豐銀行提取十萬元，當時被招待到經理室奉茶點款，真是現代上海大人家的人，她纔年紀三十出頭，腰身極細，向來清素打扮，穿高跟鞋，有時與四寶及一班朋友從靜安寺路步行到外灘，走路還勝過男人。

吳家如此豪闊，還在跑馬廳自己轄有馬，此外好開不開，開著一爿理髮店，雖然不靠此為生，亦是對於人世生計事情的至心在意。好像龍鳳鎖裏金鳳姑娘的豆腐店，遊龍戲鳳裏李鳳姐的酒飯店，四寶夫婦亦與街坊小家小戶是同淘伴。店裏的師傅都是揚州人，愛珍也幫同照看，自己做雪花膏，做凡士林，著實有興緻。還做痧藥水，每年夏天發到鄉下去普施贈送，只覺上海的夏天，四處鄉下的夏天，都有人意如新，如浴後輕衫纖縷見肌膚，聞得見汗香。

那痧藥水，取名施道世，近似施德之濟眾水，為此被控訴，結果也官司還是這邊贏。對方請的律師是名律師，這裏早晨先去電話，叫他識相就不要出庭。他不領盆。等他從法庭出來，六月天紡綢長衫，油紙摺扇，正要上汽車，忽一人手拎西瓜往他頭上一蓋，糞汁淋了他一頭一臉，逃都來不及。不是那癟三逃，是那名律師尷尬得逃都來不及。等他到家，又去電話問他味道好麼，他夾起尾巴不敢再則聲。這律師其後於戰時也來吳家走動，有時打牌，愛珍想起前事忍不住要笑，但是他並不知。白相人做出來的事就是動不動又頑皮，只不作興下流，所以上得台盤。

白相人只是不作逆倫之事，不作欺侮孤兒寡婦之事，此外只要心思好，做甚麼都無礙，他做的有些壞事只是等於頑皮。本來善惡二字在西洋人便成罪福，在中國民間卻只有是非，而且人可以對它調笑。是非分明，而亦可以相忘。是非分明是人世有限的面，是非相忘則是無限的面，人世有限而亦無限。白相人是無惡不作，眾善奉行。如三國志演義裏有讚曹操的詩，曰：

是非功罪非兩人，遺臭流芳本一身。

吳四寶即為書生所深惡，但是為上海民間所艷羨，有他這樣的人，無論如何是一種興發之氣。

白相人就是手段殺辣，對瘟孫屈死本來不必客氣，如天地不仁，因為一落容忍與被容忍，即做人總不得漂亮，古來蕩子皆在這一點上近於黃老。又生意人與土財主，是也有些不入調，四寶常說生意人蠟燭脾氣，你拔他一根毫毛，他也痛徹心肺，你斬掉他一隻大腿，他倒也不過如此。對這種蠟燭脾氣，不見棺材不落淚的人，是也要把點顏色他看看，使他曉得曉得，是他的錢值錢，還是人家的言語值錢。

平常我愛易經，愛其無儒與黃老之分。孔子之時，儒與黃老始分，但直至漢初，亦尚儒俠未分，故孔子之徒有子路子貢，而孟子亦後車數十乘。後來分為讀書人與白相人，讀書人常貧寒，白相人常繁華，而漢唐以來開國英主與將相，即多是白相人出身，沒有讀書人出身的。白相人喫四方飯，所以總希望天下人皆好，到處有弟兄朋友，逢有事情，閒話一句，上海人所謂喫得開。這樣的人世行於無礙，纔真是文明。現代西洋技術組織的社會，人像珊瑚小蟲，竟然建設起了珊瑚島，亦那裏還有人氣，惟獨中華民國的上海，雖一般是現代人的大都市，而仍能有人情意思，如高山流水，所以出來得白相人。

一天風和日暖無事，孔子要幾個學生子言志，子路說的是，「願車馬衣裘與朋友共，敝之而無憾。」白相人即是這樣的窮做窮，決不寒酸。又子路與人鬥，正纓冠而死，白相人也是頭上一頂帽子，身上一套衣裳，腳上一雙鞋子，必定整潔。這種慷慨整潔裏自有一種心意平正，好好比石濤的畫，一派野氣，而溫潤簡靜如玉。白相人皆敬祖先，信仙佛，信時運流年。而因凡事有天老爺，她們做人倒是穩紮穩打，不作投機之事，膽子大歸膽子大。

吳四寶後來開交易所，但他自己從不買空賣空。愛珍是戰時儲備銀行副總裁錢大魁叫她拿金條房地契做押款，利用鈔票跌值，轉手可以賺進，她都不做。有個學生子必要她做紗布交易來一腳試試，也是托托師娘的財氣，討個彩頭之意。愛珍只答應得一聲，第二天，就報告賺了四萬元。問師娘要結麼，她叫再博一記，第三天賺了十二萬元，結了送錢來。她還不要，說自己不曾出過一文，那裏就好當真受起賺頭來了，那學生子說叨師娘的光，他也帶賺了錢了，這一份必定是師娘的，愛珍纔取了。一二不過三，她就只做了這樣一次，再也不做第二回。一則因為她不貪，要這許多錢何用，二則投機與她惜物之心不合，她可以千金散盡無吝色，總要散得錚錚響，投機可是輸贏都使財物蒙受委屈。這是後話不提。

卻說戰前四寶夫婦本來日子過得像神仙，春夏秋冬像個春夏秋冬，過年過節像個過年過節，上海凡有新鮮東西上市，總是吳家先穿著喫用。這份人家的喜氣是人來客去不斷，各碼頭都有朋友。幫會裏的白相人有道是三分錢遊得十八省，凡到一個碼頭，你只要上茶樓，把茶壺茶盃依照一種擺法，自會得有人走過來動問，問你斫何山之柴，飲何江之水這一類的隱話，對答無錯，他即會與你依靠份見禮，留你一宿兩餐，贈你此去到下一碼頭的盤纏。小角色尚且如此，何況吳四寶。他每年清明去南通上墳，從京滬鐵路趁火車，過江過壩搭船，一路都有學生子與弟兄淘裏祇候接送，張宴高會。到得南通，故鄉是故鄉，父老子弟各各有好語，大家都得到他的好處。南通尚有四寶的姊姊家，常來上海走動，到時到節送來南通的吐鐵，銀絲魚，柿餅，還有是學生子送的。這些東西，愛珍都親自點檢，喜愛其有故鄉的好意思，遂覺這裏在上海住家亦是有根蒂，有花有葉的了。

愛珍也同四寶去上墳過。有愛珍一淘，光景又自不同，南通人夾道縱觀，真所謂三月上墳看姣姣。漢書裏李膺與郭林宗同舟，岸上來送者望之如天上人，也不必像李膺郭林宗的道德文章，卻是人世尋常皆可以有這樣的風光。他們大家都留心看這夫婦兩個，女的怎樣待男，男的怎樣待女，這樣的天上人，卻又只是人世的禮義之人。愛珍是好比「小喬初嫁了，」來到這裏是丈夫的根苗之地，不覺的對他更加愛惜，更加安心了。四寶是得意自己的家主婆，雙雙回來上墳，謁祠堂，會親友，好像今天纔發見愛珍是他的妻，時時刻刻照顧她，克盡男家待新婦之禮。上墳去的阡陌上，上墳回來親友的華堂張宴，皆只為這春風牡丹人。四寶說與愛珍，「回南通上墳，我一輩總不脫班，但後輩怕沒有這樣虔心，我與你百年之後即葬在上海，也為子孫近便。」他今正當極盛之時，卻怎麼就與愛珍說起死則同穴之事來？他的意思我曉得，是像古人說的：

羅衣起舞亂桃李，　仍指南山松柏心。

但是古人好像並沒有這樣現成的句子，倒是我不知不覺杜撰出來的。

白相人的富貴榮華，是人爵而亦是天爵，非官非商，而自有福祿壽三星來照臨，喜氣如水。吳四寶夫婦即是這樣的無憂無慮，十分知足。這裏叫人想起陶淵明的桃花源記，其中男女耕作，黃髮垂髫，並怡然自樂，民國世界的上海亦依然好比是這樣。

三

中日戰爭纔起，東南迅即淪陷。四寶有個結拜弟兄陳光宗在湖南當師長，調來防守錢塘江。他與四寶頂要好，發下來的餉銀都托四寶採辦軍需，四寶都是自己開汽車走滬杭公路送去。及後撤退，要四寶跟去，四寶不去。那陳師長是因撤退時炸毀了錢塘江鐵橋，被蔣委員長下手令槍斃了。

四寶在上海參加汪先生的和平運動，七十六號奉丁默村李士群為頭，初時主體卻是四寶夫婦，所以陽氣潑辣。四寶當警衛大隊長，內裏都是愛珍管事，那些衛士都怕吳太太，見了她個個樂於聽命。無論七十六號的隊長處長課長，上至丁李周佛海，旁及滬杭寧一帶軍隊的司令官，如丁錫山程萬里等師長，皆叫愛珍做大嫂或大阿姐。外頭上海有身產財產之人，皆曉得這位吳太太重人情面子，做事漂亮。

彼時汪先生剛到上海，尚未在南京成立政府，重慶的人就來暗殺這邊，這邊七十六號亦襲擊那邊，第一次打導報，第二次打大美晚報，吳太太都同道去，因為說有女人可以順經，吳太太一次還到麗都舞廳去蹤跡對方的暗殺分子，後來又有幾次士群命她聯絡重慶某方面的密使及共產黨新四軍的密使。她做這些，那裏曉得利害，而寧只是青春的頑皮。她的眼睛最尖，只要看過照片，或說了有甚麼標記，她總不會失瞥或弄錯人。士群每讚賞說，「吳太太不做特工，還比受過特工訓練的有本領。」但她只如三笑姻緣裏的秋香，一個人被她在何處見過，她總記得起來，好厲害的一對俊眼。詩經裏的「美目盼兮，」想不到原來亦是這樣厲害的。

吳太太有一次真驚險。租界巡捕因誤會衝突，向她的坐車開排槍射擊，她隨帶的一個學生子保鏢被彈而死，而她竟安然無恙。這事的起因還是林之江他們闖的禍。七十六號這班人坐汽車帶手槍過租界，巡捕來查，他叫巡捕上車同到捕房去講，焉知是開到林之江家裏，給那巡捕結結實實的喫了一頓生活纔釋放。又或者是在鋼甲保險汽車上通了電流，故意引惹巡捕上來喝令停車，用手來開車門要盤問，被電流一彈彈得老遠，跌倒在地，等爬起來要開槍，那汽車已開走不見了。所以這回對吳太太的坐車如臨大敵。

吳太太那天是出去看醫生，還做頭髮。車子開到靜安寺路大西路口，那裏有英租界的巡捕堆疊沙袋為堡壘，盤查往來行人，上來喝令停車，要查手槍護照。吳太太叫保鏢把槍交出，等回不怕捕房不送還。保鏢不肯，說先生派我跟師娘為何事，槍被繳去，還有面子？正在爭持，豈知那巡捕手裏的槍就一聲響，打著了保鏢。吳太太看得分明，他倒是走火，並非存心。說時遲，那時快，保鏢只叫得一聲師娘，「彭！」的還過去一槍，那巡捕就倒在車輪邊馬路上死了，保鏢是死在車上前座。當即別的巡捕都趕來向著這汽車開槍，隨後捕房出動應援的大隊也趕到，一時槍彈如雨。

愛珍此時倒反神志清靜。從前一二八之役，十九路軍在上海抗戰，虹口流彈亂飛，她的母親說過，一個人只要心思正，子彈會來避人。愛珍想今生沒有做過壞事，今天如要死於非命，那是前世的事。她坐在汽車裏端然不動，玻璃的碎片飛濺得她一身，她怕飛著眼睛，用手掩住臉。

這時卻聽見英國巡捕的一個頭腦在說，車裏是個婦人呢，想必已經死了，命令停止射擊，他走近來看，卻見是吳太太好好的坐在車裏。當下正欲說話，卻見滬西那邊塵頭起處，七十六號的大隊人馬趕來，是剛纔有人看見回去報告，林之江一班狠將聽說大嫂被人欺負，連機關槍都背了來，這邊巡捕一見也緊張起來，兩邊展開陣勢，要放排槍機關槍衝殺。吳太太趕快下得車來，揚手向自己人那邊叫，「不可開槍，不然亂槍真要打死我了。你們把槍都繳給巡捕，這不是動打手的事，有外交可以講。」眾人依言，簇擁得吳太太回來。

四寶一見妻子無事回家來，趕快叫人去普善山莊施棺材二百具，一面在堂前點香燭謝神佛祖宗蔭祐。一時四親八眷，弟兄淘裏與學生子都趕來慰問，看見吳太太的坐車彈痕如蜂窠，人竟會無恙，大家驚奇不置。就有沈小姐與弟媳婦及過房女兒等圍隨著吳太太，幫她整髮換衣，把頭髮打開一抖散，豁朗朗都是玻璃屑，大衣袋裏一顆子彈，更不知是怎樣進去的。此時偌大的吳公館，黑壓壓的都是親友與家人，連到沒有隙地，吳太太且是不要休息，她兩大碗飯一喫，只顧敘說剛纔的情景。她的精神又好，說話的聲音又響。她是正當人生得意的極盛期，便怎樣的驚險也都成了是能幹，是慶幸，得千人讚歎，萬人傾聽。

然後捕房亦派人來慰問。吳太太到工部局向那英國人政治部長大鬧，必要工部局賠償汽車，保鏢與那巡捕一命對一命死了，但是保鏢的出喪要在租界通過，由捕房致祭，以為謝罪。工部局只可一一答應，從此七十六號的人可以帶武器過租界了。

翌年四寶做四十九晉一生日，與吳太太的生日，併在一起，擺酒唱戲做堂會三天，京戲荀慧生麒麟童，越劇傳全香姚水娟，及申曲的名角都到，酒席總有幾百桌。正當三月初，愛珍穿一件醬色的旗袍，胸襟佩一朵牡丹花，她的人就像春風牡丹，剛開到八分，沒有遮攔，而自然含蓄不盡。她首飾亦不多戴，只帶一隻鑽戒，二十克拉。華堂張宴，她來到人前那股風頭誰亦不及。別人的富貴多是限於一格，惟有吳家的是上自王侯將相，下至負販走卒的人世風光無際。

四寶夫婦待李士群夫婦要算得盡心。李士群的太太葉吉卿樣樣都要她為能，樣樣都要她為先，吳太太都讓讓她。不為怕她，不為有所貪圖，而只為世人有各式各樣，吳太太待人，好比是江河之水曲折貼地而流，卻也不覺得自己有何委屈難伸，做人本來是要這樣纔有深意。饒是這樣，李太太還要妒忌，因為無論李士群有怎樣的權力，葉吉卿亦妻以夫貴，總比不得吳四寶夫婦在上海人頭上的風光。吳太太待李士群，亦像待李太太的貼心貼意，士群凡托她做一樁甚麼事，她都爽爽氣氣，切實有信義。故此李士群非常看重她，況且士群也要算得是個英雄，他倒真是歡喜吳太太的。可是愛珍這個人依然好像她十七八歲時的一片光明迷離，著不得男女之愛，而且她調皮，看見不對會得脫身。亦因她待士群的親情敬意，正能克邪。

後年李士群毒殺吳四寶，像趙匡胤天下成了，就來斬鄭子明。一次潘三省做生日，擺酒做戲，陳公博周佛海丁李等都到，丁默村上戲台扮呂布，唱了白門樓，必要吳太太也上台，吳太太就演了賀后罵殿，李士群在台下看了，有動於心，與人說吳太太真厲害，她還罵人。而我倒是想起了白蛇娘娘與法海之事，那法海和尚只為盜憎主人，物惡其上，佘愛珍好像白蛇娘娘的妖氣，李士群可是雖有天兵天將亦無意思，上海人頭上的風光還是於他無份。愛珍這樣強烈的人，四寶會遭此大變，她當下像孟姜女哭萬杞梁，險不哭倒了長城，但是她能忍，人家來說是李士群藥死的，她反為撇清，不承認有這樣的事。她的能忍，是對人世愛惜無盡。彼時士群的衛隊有的仍是四寶的學生子，來與師娘說要為先生報仇，吳太太道，「你們不要，你們若做出來事，師娘先就不好做人。好花讓他自謝。」她說的好花讓他自謝，還比老子說的「不敢為天下先」來得好。吳四寶雖死，他的喪葬亦還是風光，吳太太過的日子亦還是歲月悠長。比起後來李士群也被熊劍東毒殺，死得那樣黯淡，做人真不如凡百看開些的好。士群死後，部下皆反，林之江等要為難李太太，愛珍還保全她，說林之江男子漢大丈夫不向孤兒寡婦報仇，纔攔阻住了。是要有愛珍這種氣度，所以能人世不傾動。

愛珍自此只是無思無慮，無憂無愁的過日子，學起唱京戲。她是唱小生，起四郎探母裏的楊宗保。小生的嗓子似生似旦，是年輕人初初男女分界，使人不覺得他的富貴，而只覺得他的清華，不覺得他的權力，而只覺得他的英氣。眾人都驚異，吳太太怎麼初學就唱得這樣好法。她是唱出了她自己的人。此外吳太太是到朋友家裏打牌，對周佛海太太，熊劍東太太，黃吉等，她只是爽爽落落。

黃吉是潘三省的太太，潘三省還有個王三妹，一次在潘家酒席場面上，來賓中那位非常霸氣的太太要替王三妹主張，倒使得潘三省面子上不自然，偏是吳太太拿話幫了黃吉，當即平定。黃吉京戲唱得很好，相貌是臉的上半部得生得美，可惜沒有地角，若拿手掩了下半部，單看她的額角眉毛眼睛，那聰明漂亮是好比會說話兒一般。她先是王曉籟的妾，如今嫁了潘三省亦是聞人，但從早年就有個留學生追求她，那男的是個文靜有真情的人，等她等到了如今，後來黃吉到底跟了他了。潘三省也夠漂亮，一直到分別都敬重她，是平時買給她的東西都贈與她。黃吉自此果然拋卻繁華。與那男人一心一意做家常夫妻去了。

吳太太頂親的朋友是簡太太，兩人同在啟秀讀書時就要好。簡太太的男人早故，當初結婚時就有病，花燭是為了沖喜。她男人的同學鍾可成，兩人在美國留學一道回來，因一個病重，婚事都請他料理，簡家是上海有數的大家，鍾可成留學還受他家栽培，視如子侄，所以與簡太太就相愛了。簡太太的娘家夫家都是有名望的大人家，面子上不能有再婚之婦，公婆亦明知就裏，只是不說穿，且仍分了長房的財產給她。那鍾可成真是好角色，做交易所大去大來，人又聰明，膽量又潑，而且正直，對著杜月笙他都說話不賣帳，對著李士群夫婦他亦會當面批駁。戰時重慶要人在上海的財產多是托他經管，他處在這樣複雜的環境，對汪先生這邊的人與在上海的日本軍，都不覺有甚麼要講應付，實在是他的才氣非凡。他又相貌生得好，上海多少女人傾倒於他，他為了簡太太，十餘年來終不結婚。直到抗戰勝利後，世事大變了，他兩人纔去美國成了夫婦。鍾可成在美國仍做交易，越發大風大浪，一次蝕了二百萬元美金，後來又翻回來。

卻說在上海的那十幾年裏，簡太太色色照顧鍾先生，當他是丈夫服侍，有幾次可成做交易失敗，還拿簡太太的首飾去抵補，然後又贖回來還簡太太。可是兩人還是分開住，顧到簡家的名聲。朋友亦都知道，不過不說穿，便是簡太太與愛珍這樣知己，鍾先生亦常來吳公館打牌，可是都不說起她與鍾先生的戀愛。他們兩人的事本來有些不應該似的，然而真有人世的約於禮。莊子說的天地之間有存而不論，就是好比他們兩人的事。而朋友之間，連簡太太與愛珍這樣的親密亦不說，又真是人之相知，在相知心。他們兩人的事，真是大人之事。

吳太太還有是與錢大魁太太要好，常去錢家打牌。錢太太卻說與吳太太知道，她到錢家亦是再嫁，前夫是銀行家，錢先生也在那銀行裏，年輕位置低，有一段兩相情願的追求情節。如今錢先生當了中央儲備銀行副總裁，當初貧寒出身，也多靠了錢太太手頭一點底子。婦人的私情，在當時的多少為難之處，成功之後卻覺得本該是這樣的，因為兩人都是正經的，如今錢太太追敘那一段情節時，就只是個端然。小時我每被母親叱道，「大人在說話，小人不許吵，」錢太太與吳太太即是這樣的兩個大人在說話。可是隨即搭子來齊了就打牌，都是女太太們，一面講論燒小菜做點心。

吳太太的一只炒辣醬是沒有閒話講，還有是她做的泡菜，大家喫了都說鮮潔，那樣簡單的做法，卻他人看了樣子照著做，亦到底難傳授。吳太太燒的洋蔥牛排，那種好法，在別處就怎麼也不能喫到。她又傳授一班太太們喫田螺，她炒的田螺，大家都爭搶，錢先生他們回家來見了，說「怎麼這樣鄉下氣，野蠻！」嘗得一嘗也說好喫，要討添了。這班太太們是吳太太今天在那家，就大家都到那家，好比愛珍的肉是香的，恨不得把她臠切了大家分了去做香袋兒。

那時吳太太也有個男朋友，是在重慶系銀行做事的。常買衣料送吳太太，他上寫字間落寫字間，行動都打電話報告，三日兩朝來吳公館。那人是有太太的，那太太也是愛愛珍的女友，明知是不可能的，連握手都沒有過，吳太太卻也心喜，一種私情，彷彿只是晨起梳粧好了，自己身上的一股香氣。她就索性只是糊里糊塗遊玩過日子，南京鎮江她都去玩了。

南京是外交部長褚民誼招待她遊中山陵，她也到過丹鳳街石婆婆巷來看我。那時我當法制局長，家裏可是簡單得像中學教員的一樣，記得是春天，忽一日下午吳太太帶了她的女侍從沈小姐來到，我又喜歡，又敬重，只覺得這樣的客廳與她諸般不宜，連沒有留她多坐一回。鎮江是吳太太有學生子在當地方官，接師娘在他家裏住了兩日，鎮江的風俗大約像蘇州，早晨蓮子桂圓白木耳燕窩，點心要上好幾道。午飯有一種銀絲魚，透明如水。愛珍是丈夫在時享丈夫的福，丈夫不在了亦還有本身之福。

姑蘇台上烏棲時，吳王宮裏醉西施，吳歌楚舞歡未畢，青山欲銜半邊日，銀箭金壺漏水多，起看江月墜秋波，東方漸高奈樂何，

這首詩雖然是戒荒淫，卻與「山中無甲子」一樣，有悠悠人世，千秋萬歲之感。

而後來是不知何年代，忽然抗戰勝利了。日本降伏的那一天，吳太太接到電話，她還說這可好了，又焉知重慶的人回來辦漢奸，把她也下獄，抄沒財產。在南京政府這邊相當有地位的人，吳太太與有往來的，此刻忽然三三兩兩暴露其身份，原來是重慶派來做間諜的，又還有是新近纔與重慶搭上了關係的，若男若女，都鼻子翹得百丈高，開出口來，只有他家是人面前的人，除了他家，天下人都要殺頭了。吳太太一見這種情形，就寧可喫官司，也不向他們求教。又還有是來獻殷勤，說自己的妻妾是戴笠的情人，要做上海敵產接收委員了，叫吳太太把財產過戶在他的妻妾名下，可得保全，吳太太卻寧可統統開單子交給了政府，總不做塞狗洞之事。如果她被殺，財產被沒收，那是政府理

曲，她失敗亦如金石擲地一聲響。

四

愛珍被關在南市監獄裏。戴笠先來傳見她與葉吉卿，果然是名不虛傳，這位吳四寶太太來到這樣的地方，亦依然安詳清吉。她見著戴笠亦如見著世人的無阻隔。戴笠倒也客氣，說兩人的案子等他飛回重慶一趟，轉來想法子。戴笠一生只知權力，今天纔知人間真有貴人，他也第一之說話這樣心意誠實。戴笠飛機跌死後，佘愛珍與葉吉卿的案子就散淡無取，只是隨眾出庭，每次有新聞記者特寫，連同照相刊登。

南市監獄裏，樓上男監，樓下女監，都是漢奸犯，出庭時遇見，亦偶然打得招呼。一回是萬里浪，見了叫吳太太，他道，「你們不要緊，我是要去喫露水了。」萬里浪原不是個東西，他向來許多事對不起吳家，後來李士群把七十六號全部交給他管，當上海特工站主任，真真是殺人綁票，偷汽車，無所不為。李士群一死，他就反臉問李太太要歷年特工經費的積餘，全靠吳太太纔把事情擄平了。這回抗戰勝利，重慶的人一來到，就利用他來裏反出，逮捕沒收南京政府的人身與財產，威風得不得了，豈知兔死狗烹，他還不是也一樣被削官入獄？但現在他與吳太太叫應，總也是人與人相見之禮，吳太太當然也好好的回叫應他。

還有蘇成德也被槍斃，七十六號的舊人要算他臨死態度漂亮。最不喫格是丁默村，丁默村調任浙江省主席不久，即逢抗戰勝利，他比別人趕在前投降輸誠，維持秩序，聽候接收，重慶初時發表他威風顯赫的名義，也是利用過了拿他來殺頭，上刑場時他已經顫抖嚇倒在地。蘇成德是山東大漢，在南京當特工兼警察總監，他的小太太是共產黨員，他本人也思想開明，但因他不是黨員，故不能像胡均鶴的從共產黨得到避難的指令。蘇成德在樓上男監，因某種機會，有時與樓下女監叫喊得應，他看見吳太太總叫應，尊一聲大嫂，叫獄卒送餅乾過來。看守的警察許多原先是蘇成德的部下，其中還有是他的學生子。

死得最漂亮的是梁鴻志。論讀書人，恐怕汪先生過了要算他，他當年成立維新政府，與今日他上刑場的從容赴義，其實都有他的闊達明理的肯定。他在南京政府是當監察院長，這回也關在南市監獄，出庭時遇見吳太太總問好，雖然朝代都翻了，彼此皆在縲絏之中，而吳太太亦仍和平日一樣叫他梁院長。他說，「吳太太你不要驚慌，你們女流不要緊的。」他說的那樣安詳，完全是長輩對於弟媳婦兒媳婦的安慰。

女監裏與吳太太同房的除了李太太葉吉卿，還有交際花藍妮，日本婦人中島成子。還有被關了進來不久獲釋的商人婦。李太太進監後變成滿頭白髮，看守外頭的警察有時聞名來窺望，他們自己淘裏在問，明明有一位漂亮的少婦關進來，怎麼不見，卻有個老太婆在那裏？原來早先李太太的頭髮就是染的，今天憂急，自然半白也變成全白了。現在藍妮她們就戲呼她為阿奶，呼愛珍為大囡，又或只叫她阿大，這位阿大是夜裏一覺睡到大天亮，在牢裏她亦凡百事情鮮活得會跳。他利用抽水馬桶洗衣裳，用塊磚頭把垢穢的搪瓷馬桶磨得爍清，連被單都洗得。她用餅乾盒子當鏡子梳頭，照樣梳出橫S頭人人愛。同監房這幾個人凡做甚麼，及有調皮事情，皆奉她為頭，女監的禁卒是個小腳婦人，兇得要死，但是總不能使愛珍就範，幾次叫去要罰她，愛珍對答起來，終又罰不到她身上。愛珍還給這位更年期的女禁卒算好她停經後月經的週期，向同房預告死老太婆今天的脾氣，等一回果然應驗，大家來得個開心好玩。

而愛珍的頑皮亦得了報應。一日她去出庭，正值外頭家屬排班等候接見，她就在甬道點起腳爬得老高在窗口望，不料高跟鞋旗袍一絆跌下來，腰骨摜在蓄水缸沿上。她趕快爬起，照常出過了庭回到監房，睡到半夜裏纔啊喲一聲痛醒，那種痛法，可比被一棒打死，血肉模糊在地，五馬分屍也不過是這樣熬法，同監房的幾個人都慌了，挨到天亮，叫醫生來看，一根肋骨已斷，給打了止痛針，敷了藥，綁上了繃帶，吩咐只可躺著，多少天不許動。但她照樣起來行動，而那條肋骨後來竟又生好了。愛珍算得是金枝玉葉之身，焉知她是這樣的蠻。

如此出庭又出庭。而有幾次是為做干證，有幾個漢奸犯，法官要吳太太李太太指證其昔年犯行，庭上兩人都推說不知有那樣的事，可以開脫總開脫人家。吳太太自身的案子也生不出花樣來，本來丈夫已死，要裝箔頭也不是這樣裝法。後來弄到有幾次開庭是為有些人不要臉，揑稱產業被吳家霸佔，但是事情真的只是真，假的只是假，到底明白了是無實。不覺光陰荏苒，轉瞬數月已過，判決下來，愛珍是有期徒刑七年。那天她出庭聽了宣判回監房，大家見她臉上笑嘻，猜她是可獲釋放，即或判罪，大概亦不過一年半載罷了。愛珍叫她們再猜，眾人詫異道，難道會是兩年三年？愛珍纔說了出來。當晚李士群太太嚇得通宵睡不著，想她自己一定會被判得更重。愛珍只是氣長，不過是被判七年，此後做人的日子長著呢，還著實有得可以打算。焉知李太太倒反為輕減，只判五年。七年五年愛珍都不計較。而後來是關了三年半保釋，兩人同時出獄。

這三年半工夫，外頭世界上滄海桑田，有的人已經人身都轉投胎過了幾趟。愛珍出得監獄回家來，不但南京政府一代人已事跡成空，連當年從重慶勝利回來的國民政府也已在要向台灣撤退，雖然蔣中正新當選了大總統，上海閭巷斜陽，道路皆言共產黨要來了。愛珍在愚園路的舊家已無，自有女兒玲弟借好房子等她回家來。一班學生子與過房女兒都歡天喜地，送來新借樓房裏用得著的家具，曉得師娘是用慣好東西的。過房女兒是爭做衣裳給繼娘，都揀戰後最時新的料子。以及柴米油鹽，時鮮蔬果，日用銀錢，都有人送來。愛珍的人就好比娘娘，受人世香火供養。

舊時要好姊妹惟存錢大魁太太，現在很苦。那時她但要救得錢先生，把所有金條與她的這麼多首飾統統捨了，結果還是人財兩空。錢大魁奉周佛海之命把中央儲備銀行的庫存點交重慶來人，陳公博的自白書中亦強調此點，說點交的現金準備為中儲券發行額之倍，故能際此大變而民生不動，不料國民政府接收後乃以二百折一收換中儲券，東南民間遭淪陷之餘，翹望勝利，勝利了，反會萬民的財產遭此洗劫，是何理也云云。而錢先生被槍斃，又豈是錢太太的夫妻之情能救得。彼時是勝利之後，殺人如麻。

愛珍關在裏頭時，外面亦有人趕趁玲弟，說有二千兩黃金可以運動得判無罪。愛珍教玲弟答他，「先得我媽出來了，憑我媽的一句話，那怕要四千兩黃金亦不難，現在我做女兒的去奔走錢，人家都要擔心我年輕，不知來說話的人靠得住靠不住」。那人一聽口氣，就曉得對方不是好哄騙的。愛珍是甚麼都喫虧得，惟有做阿瘟不來，這是白相人的本色。錢太太是人老實。她今也是借房子住，惟有舊時一個老媽子還跟她，經過這樣大的刺激，惟因她的人端正，窮苦也好比王寶釧玉堂春，或者好比販馬記，可以編得一齣戲，被千人嗟惜，萬古留名。錢太太記牢吳太太的生日，如今她別無東西可禮，惟在箱子裏翻出一塊衣料來與吳太太，表表意思。

吳太太保釋回家來之後，隨即就是舊曆三月初九她生日。學生子與過房女兒頭天晚上就來陪繼娘暖壽。到了正日，他們都衣冠筆挺，打扮得花枝招展來給磕頭。他們送來四桌酒菜，蛋糕也是先施公司定做，頭號頂大的。李士群太太來賀生日，見了這般熱鬧，想起自己出獄後的冷落，她的生日與吳太太的前後腳，早得幾天，卻連她侄媳婦亦不來上門。世人的富貴榮華，往事如夢，真要流淚。但吳太太還有今天，都是她會得做人。李太太道，「我不及你，」說時眼圈一紅，但她當即又笑道，「今天吳太太的好日子，我理該是歡喜的。」她向來霸氣，量小妒忌，今天卻有一回兒她真的心裏對吳太太感激。

但是可惜了玲弟。也是這小人兒有志氣，也是她的偉大。

五

吳家的小姐玲弟，她與肩下的弟弟堃生，二人都是從小領來的。吳四寶與前妻原生有一女，帶她到北方避風頭時，把她寄在一個朋友家裏，那朋友開皮鞋店，也是親熱為好，做了高跟鞋給她穿，還不過是十歲的女孩，走路一別，挫了腳骨，卻瞞著大人不告訴，及後醫來醫去醫不好，那骨頭竟會得蛀空。及四寶娶了愛珍，一家至親就是夫妻女兒三口，這女兒也是得人憐，百事曉得。她爺為醫這個女兒，不知花了多少錢，至十三四歲到底身死。玲弟領來時已經七，八歲，堃生是喫奶時就抱來。原來愛珍昔因子宮外受孕，施過手術，從此不育，四寶安慰她說，二十四孝中幾個是親腹子？對小輩也只是以心換心。他人對領來的子女要隱瞞，四寶夫婦卻不然，玲弟有幾次悄悄周濟生身之父，傭婦來說，愛珍道，「儘管由她，她有這樣的心思，將來對我也不會沒有情義。」又人家說想望依靠子女，愛珍是快快不作此念。她待玲弟堃生無有不寬大柔和，但是響亮殺辣，不為市恩招怨。她待子女，就是待世人的肝膽相照。而小輩亦因爺娘是這樣，自然親熱攏來，曉得聽話，曉得敬重。

堃生從小會得理東西，做事情有手腳，有長心。五六歲時傭人逗他，「弟弟，你有的衣裳穿不著了，不去給人？」他卻道，「我要留著將來討老婆生兒子時，給兒子穿不是好，怎麼就給人了！」他與玲弟，姊弟二人從小有各人的房間，他曉得依時依節自己開箱子換行頭，卻總穿舊的，新衣裳捨不得穿，甚麼都留個有餘。原來也是，東西有著在那裏即是心意，不一定要用它。他這樣做人家，但不貪，吳家多少學生子來趨奉，他沒有自出主意要過一樣東西。吳家左鄰即是李士群家，士群的兒子小寶比堃生年上年下，十一二歲的人閒常亂開手槍，眼睛裏沒有人，堃生卻曉得凡事讓讓他，他有志氣終不到李家去玩。堃生是不管人家的閒事。人家逗他，「弟弟，你媽歡喜阿姊，家私都要給阿姊呢。」你猜他是怎麼回答，他道，「給阿姊是應當，」這也沒有人教他。惟有人家逗他說你媽要嫁人呢，這點他頂小氣，聽不進。

堃生有過一次被娘打，那是他爺死後不久，家裏請的先生來了，他在樓上不肯下去讀書，因不喜那先生的人相與穿著。這一頓打，無人可以勸解，隔了許多天，身上還是一條條瘀青，傭婦給他洗浴，洗一回傭婦流淚一回。愛珍就有這樣辣手辣腳。堃生小時本來說話老得燒不酥，後來漸漸大起來，卻變得無口，要他說話，好比金言。也是因為經過喪亂，他小小年紀，還比大人看得世情透徹。他就是人老實，孝順娘親。如今他在香港考進一家大紡織廠做事，年年有得陞遷，總算為娘爭口志氣。這是後話。

卻說彼時玲弟長成十五六歲，她爺買給她一部湖綠色汽車，自己開開。玲弟就是愛穿衣裳，愛跳舞。吳家是豪門，而亦是清門，這位吳家大小姐竟沒有一點上海灘上的壞風氣。上海的大商家與仕宦之家，多有些帷簿不修，白相人卻最忌亂了兄弟姊妹淘裏的閨門。玲弟到得那裏，你也叫她師妹，我也叫她師妹，都來趨奉，外人更有誰敢動她的壞念頭，只見上海的人頭世界好比南海菩薩那裏的紫竹林，隔斷了凡塵，縱使游絲飛花到得她跟前，亦只是春天長長的日子，甚麼事故都沒有發生。吳家的是真富貴，吳太太與玲弟出來，雖只如或游水滸，或戲洲渚，亦好像是有警蹕辟道清塵。邪祟遠離，吉祥止止。

玲弟是她的爺死，她還像做春夢的糊里糊塗。及至抗戰勝利，吳家被抄沒，娘被關起來，她纔奮發。吳太太初被逮捕時，堃生亦一同下獄。十二三歲的小人曉得甚麼，他們也關他！第一天喫牢飯，堃生接得一盂在手，眼淚直流下來，卻怕娘看見傷心，只把臉朝著墻壁。堃生後來是戴笠批了，總算釋放了，便與阿姊住在外邊。每次家屬接見，都是玲弟來，有時也帶兄弟一道。

可是玲弟到底年紀輕，聽了他人的說話。當抄家時，吳太太把財產帳單與保險箱都交出去了，但也還有一筆金條與首飾存在一知人處，即是愛悅她的那位銀行界的朋友，值得十幾萬美元，想著將來總也還可以過日子。玲弟卻輕聽人言，拿來變賣了做生意，來造公寓房子。她也是看了那時重慶的人剛回來，上海的房子最喫香。她自幼來到吳家為女，不知道金錢的確值，與前途生活的保障到底需要幾何，她想下去長長的歲月，弟弟還小，現在輪到她做女兒的應當起來擔當，他年母親獲釋，好家計有個根蒂，也使母親可以安心。豈知國共內亂的形勢日非，上海的地產暴跌，況她又是外行，變賣金飾作鈔票價錢，再付建築的材料與人工等等費用，正在通貨貶值如水瀉，損失得無從話起，結果造的房子只可半途而廢。這些她都不敢對娘說，因娘關照過不可動用，娘在獄的幾年裏的日用開銷，娘另外有給女兒安排好了的。

還有是玲弟愛上了一個男人。此事傍人不曉得底細，大概總是她上了人家的當。彼時玲弟已二十幾歲，大姑娘十八變，本來的圓臉逼出了俊秀之氣來，且是一雙眼睛生得好，長長的眼睫，就像淺瀨急湍裏的陽光陰影，都成漣漪。她看著你時，只覺她的人與你的人各正性命，沒有遮攔。那男人是有妻室的，玲弟與他不能結婚，生了一個女小孩，養在那男人的家裏。這件事她又是娘跟前說不出話來。

玲弟生的女兒與咪咪同年，抱來過家裏，只說是同學的小孩，吳太太還奇怪那小孩的相貌與玲弟會這樣的相像。是那日本婦人中島成子在獄中生的，吳太太受人之託，獲釋就帶領出來當女兒一般。這也是給玲弟一個刺激，她想如果好好的，今天當然是外婆認外甥，更親似咪咪。

世事如此多失誤，真是人生長恨水長東。玲弟會失誤，因她本來如同仙子，來到塵世是新人。中國民間每說神仙在天上犯了失誤，下謫塵寰。在於天上，或瑤池王母娘娘那裏，亦還會有失誤，果然仙境是亦要這樣纔更可喜愛。但下謫塵寰的人，仍又犯錯誤，如李太白，如楊貴妃，如白蛇娘娘，如梁山伯祝英台，飲恨無窮，卻不是更下謫黃泉，而是仍返天上歸位。玲弟亦好像這樣的只做了二十幾年人。

她曉得娘是要面子的，她的娘不比普普通通的娘，自己在吳家做女兒到如今，有這樣好的爺娘，與肩下一個弟弟堃生，人生貴重得好比祝英台與嫂嫂打賭，埋在樹下的大紅緞子。祝英台去杭州讀書，嫂嫂說她三年工夫必定抱了外甥回來，若應了嫂嫂的聲口，緞子就朽爛，後來祝英台讀書三年回來，掘起緞子大紅全新。玲弟只怪自己不好。

她為來為去還是為了娘。關於那些東西，娘回來是問起過，也沒有一句重言，是玲弟自己覺得交代不過。她又因看了這幾年的人情世態，對娘更加痛惜。一日她說，「做人想想有些事都是空的。姆媽待人，心都挖得出來，但是有幾個人曉得。以後姆媽總要保養身體，我們家也只有一個弟弟。」她與堃生是姊弟非常親的。豈知她這說的是遺言，隔得沒有幾天，玲弟就服安眠藥自殺了。等到發覺，已經救不轉，娘在跟前叫她，她亦昏迷不省，惟喉嚨裏的尚是嗚嗚哭聲。多少日子以來，她是有淚不不給娘曉得。

前一晌玲弟對娘說起過，她做了一個夢，夢見平林曉花，好看得不得了，她歡喜得伸手去採，卻見花都萎了。夢由心生，她是早有死志。但她的死是積極得好像一劍答君王，因為她做女兒的曉得愛珍這個娘做人的真價值她維護娘，是維護人世的尊貴。玲弟說過，她說，「姆媽嗄！人家都在謠傳共產黨要來了。時局這樣翻覆，再要逃難，做人想想真沒有意思。」她不願把人來這樣輕賤如兒戲，所以她的死又是像忠臣的死於社稷，不肯逃走。

可是她青青年紀，這樣殺辣，這點倒是像娘，所以亦惟有愛珍曉得自己的女兒是死得偉大。愛珍總想想自己關在提籃橋那三年裏，玲弟帶著兄弟在外頭多少苦楚，依時來探監送飯，沒有脫過娘一次班。除了那回有兩星期她不來，堃生來，只說是姊姊身體不好，不知她是生產。

愛珍哭玲弟，是哭女兒，是哭知己。玲弟曉得娘歡喜珍珠，首飾有的她變賣了，惟有珍珠一顆不少。她一日取出來與娘看，說將來姆媽百年之後好貼身綴了去。現在愛珍就統統把來綴在玲弟的壽衣上給她陪殮。玲弟睏的棺材一般是楠木的，與她爺的一式。時局這樣艱難，吳家且已無錢無勢，玲弟的喪事還是辦得體體面面，也為玲弟做人一世，生前待娘，爭氣孝順，不比人家的女兒。而且愛珍的做人就是有手腳，從來喪禮不苟且是生民的大信。當下在上天殯儀館開弔發柩，素衣如雪，來送喪哭泣的人這樣多，道傍觀者還以為誰家的福壽老太太，及見神主遺像是這樣一位姑娘，都感歎流淚。玲弟是雖然死得年輕，她也有她的福壽。

玲弟的男人原是醫生，玲弟臨死，他趕來床前晝夜施救，號哭得水漿不進口，還帶了玲弟生的三歲女兒來抱頭送終。當時吳家許多學生子痛悼師妹，白相人豈是好惹的，要與那男家不肯干休。可是吳太太說，「你們不要。你們妹子生前為顧體面，纔走了這一著，如今她還停在板頭，難道倒去拉破她的臉皮？況且還有玲弟的骨血留在那家，也要顧到小輩好做人。」如此纔把事情平了下去。愛珍的這番話無間生死，最曉得玲弟的到底還是娘。

玲弟是為要面子，若照左傳裏的古時君子來說，她可說是善於補過，但不如說這是白相人小姐的氣概。她也柔腸千轉，她也慷慨決絕，她對於娘，對於弟弟堃生，對於她的男人與女兒，她都沒有遺書。本來是如此，她的做人知道的總歸知道，不知道的也就罷了，那裏用得著遺書。她是等到娘保釋了，又拜過了娘的生日，然後纔就死。

六

吳太太到香港，頭年住在李小寶家。是九龍廣東街店面房子，樓下開上海百貨公司，都是小寶的一班阿侄外甥在管帳。小寶夫婦叫吳太太繼娘，親熱義氣的不得了。

李小寶原是上海白相人，在香港仍幹他白相人的營生，雖然此地不比在上海，並無根底財產，亦名氣好像火發的烘烘響。他極愛朋友，凡朋友開口，他送錢來得個快。他就是糊塗，人家來與他商量甚麼，他都答「好呀，」不去考慮這件事的輕重大小，行得行不得，連繼娘在旁看著也要氣他。他是重情面，不能拒卻，且他是個無思無慮，天坍下來當棉被蓋的人。在他看來，天下無阻難之事，樣樣東西都嶄，惟有要他拒卻，說一聲不好，這纔是最最為難。他也是南人北相，生得長大，他的頭臉是虎形，虎眉高吊，虎口咧開，笑迷迷的帶點滑稽。

小寶的女人名叫蓉然，比小寶小十五歲，繼娘叫她小妹妹，生得高個子，奧凸臉，歌星周璇與簡太太也是奧凸臉，所以拍起照相來都上照。小妹妹心思好，就只性子急，不大會理事情，頂會買東西，不曉得心疼錢，自己開汽車請繼娘去淺水灣吃海鮮，到海邊游泳場趕熱鬧。還有是去青山。她自己無事，夜裏開汽車擺渡到皇后道去聽唱申攤。她還是舊式腦筋，婦人以丈夫為天，世界就都安定，她有小寶這個丈夫，況又她比丈夫年紀小，落得凡事有丈夫作主，她連趁丈夫在風頭上，私蓄一點錢下來亦不會。她待繼娘，還比親生的女兒孝順，待堃生就好比嫡親姊弟，惟對咪咪她著實吃醋。婦人本來是像小寶女人的只要敬重丈夫，孝順繼娘就好，不必顯能的。後年小寶在日本出了事情，在獄三年，他太太在香港澳門，錢沒有錢，苦得不得了，然而好像京戲裏的正旦落難，苦得有情有義，到底被她等著了丈夫釋放回來。女子無才便是德，有爺娘有丈夫，她是不需要才，她的人生就好像一襲新衣珍藏在箱子裏，一旦有事拿出來穿，都是新的。婦人無才是元氣保存，男人如寶刀易折，存亡續絕時要靠婦人，她第一不可因平時的才幹把人生先來疲敗用舊了。

翌年吳太太自要搬到加寧公寓，小寶按月送去開銷港幣一千元，蓉然仍晨昏去定省，看需要甚麼就買了送過來。她自己愛的就是衣穿，見有好料子要剪，總先揀繼娘所喜歡，買了給繼娘的，然後買給她自己的。她的待人就是心思真。吳太太五十歲生日，就是小寶夫婦在香港給她做的，擺酒開戲，還有鄧國慶也來變戲法給師娘上壽，鄧國慶原是吳四寶的學生子，帶了一付班底剛在南洋出演魔術後回港。吳太太在香港還有若干學生與過房女兒，過房女兒中有的還著實得法，小寶又有他新收的一班學生子，此外逃到香港來的上海幫中有錢人，誰不知道吳太太，而且李小寶在香港吃得開，他們就都來湊熱鬧，依照輩份，紛紛磕頭拜壽，作揖道喜，禮堂上福祿壽三星高照，龍鳳燭高燒，照著正中紅緞子上綴的金紙大壽字，今天的吳太太依然是人上之人。

第三年，小寶必要租了半山房子，請繼娘去住，房租就要港幣一千三百元，而且那邊的房子也不回掉，你想要多少開銷。白相人就是講闊，尤其小寶，他也不知人事艱難，他也不知物力艱難，不管他是小時貧窮，靠奮鬥靠運氣纔有今天的，這種不知艱難其實是他的元氣。人的元氣若能如天，天即是不知人事與物力的艱難的。抗戰勝利直後，小寶也逃過難，其後且在日本吃過官司，他都精神上不受打擊，沒有一點疲倦萎靡，脾氣也終是不改，叫人拿他無法。彼時儘管有繼娘在旁提醒他，教他要有個分寸，有些事代他回斷了，但是也無用。吳太太且也不想如此，因為做人是各人自做的，小寶又不是三歲兩歲，所以還是另外住開清爽。

小寶夫婦當然孝敬吳太太，而亦是吳太太待他們好。吳太太來香港時多少帶有一點首飾，賣了將款子就幫助小寶，起初小寶也是沒有甚麼錢的。拿錢幫忙，容易弄到感激而不歡喜，要像吳太太與小寶夫婦的感激歡喜，真也難得。吳太太拿錢幫小寶，小寶夫婦亦送來吳太太的開銷，且買東西來孝敬，若要算起來，無形中有一種兩不吃虧，雖然吳太太還給的多些，所以都不是無功受祿。好比張愛玲，我與她為夫婦一場，錢上頭我先給她用的與她後來給我用的，差不多是平打平，雖然她給我的還稍許多些，當然兩人都沒有計算到這個，卻彷彿是天意。吳太太與小寶夫婦的來去，雙方都是有人情華麗。所以亦是白相人最曉得，那一邊都不可以有德色，若有德色，那就是不寫意了。

吳太太在香港三年，仍是打打牌，百無心事，過的日子如花如水。這裏也有一班太太小姐們你搶我奪的只要與她在一淘，喜愛她燒的小菜，喜愛她的人華麗爽氣。簡太太從美國回來過香港，與吳太太相敘，她不喜住在美國。簡太太與鍾可成在美國結婚後，似乎有一種悵然，並非結婚把多年的愛情幻滅了，而是住在紐約的公寓裏不像一份人家。中國人結夫婦是說成人家，夫婦要生在世上人家的風景裏。可成又是做的交易所投機生意，像打仗一樣，風險這樣大，總是心熱，下寫字間也是到夜總會去賭，這樣的人像壯士一樣，只可以有愛人，而不宜於室家。過去他在上海，便是簡太太有家，他無家。今在美國，可是連簡太太亦沒有家了。她要擔心可成的生意的風險，又明知在美國有財產的華僑婦人追求可成，雖然過去在上海時亦一向是如此的，可是今在美國沒有世上人家做她的人生的深穩。

簡太太在香港住了一晌又去美國，翌年就死了。他們住在公寓裏不僱娘姨，雖然在美國人工貴，亦是可成與她有一種新思想，倒並非因為僱不起。他們夫婦且學美國人的分房睡，所以有一天早晨可成發覺簡太太已死，說是心臟病，也不知是甚麼時候斷氣的。每天都是簡太太做早餐，昨晚她亦沒有異樣。她可能是自殺的。可成奉喪回香港開吊，悲慟號哭得不得了，簡太太生前有情有義，死後總算得丈夫這樣哭她。喪葬畢，可成又去美國，不久也病死了，是與朋友去夜總會，正在門口簽名時猝倒，連沒有遺囑，遺產遂亦無從知道。可成這個人，我毫無理由的覺得他他好像北魏燉煌壁畫裏的，好大的氣魄，但是不對。

鍾可成是日本人所說的勝負師，他做證券投機，生活在現代都市的最尖端。我想起我自己下碁。我有一種愁，一種恨，總是心不平，卻彷彿無聊，這時就去下碁，把感情發洩在機智與勝負。我的下碁其實是背後別有正經事情要做。鍾可成的投機或亦如此，背後有他的正事，但因勝負又勝負，把這一天的時間全部浪費了。乃至與我相知相聞的這一代青年，他們原來亦心裏擱著要為中華民國幹一件正經事情，卻去做了革命鬥爭的勝負師，如燉煌北魏壁畫的生命激烈流轉，使我愛惜無明。

卻說吳太太到香港的翌年春天，我也到香港。我一聽說吳太太就在廣東街，當晚去訪她，好像不知有多少話要說，見李小寶那裏人多，我要她去到我住的旅館裏看看。而她竟肯去我處，我實在感激歡喜。在旅館房裏，先是兩人坐著說話，真真是久違了，我不禁執她的手，蹲下身去，臉貼在她膝上。隨後我就送她回去。我滯在香港凡五個月，但是去見吳太太也只有三，四回，我因方在窮途，不肯向她表示知己。

及我要密航來日本，熊太太拿給我一件她的皮大衣，教我托吳太太以二百美金賣掉，就做我的路費。大衣在吳太太處擱了幾天，說沒有人要買，仍拿回去。我只得向吳太太開口，請她幫忙錢，她叫我翌日去。翌日我去了，吳太太在梳頭，我坐在旁邊聽她分說她的環境不比從前，她給了我港幣二百元。我好像弟弟對姊姊的聽話。人家說李小寶如何吃得開，你請吳太太幫忙，她一定有辦法的，但我相信吳太太。後來那路費仍是熊太太給了六百元，另外一個人幫了四百元，合起一千二百元港幣，纔得成行。

兩年後吳太太來日本，住了兩個月又回香港，她臨走前一天我纔接得她的信，心裏一驚喜，當即到新宿去看她，路上轉來轉去總有一小時，尋不見她的住處，已經打算作罷了，卻見路邊有警察崗位，試問問看，豈知就在近頭。所以人之相與，彷彿有天意，我若這次尋不著，就不會再去，吳太太不會再寫信，以後的一段姻緣也就沒有了。

冬天吳太太又來日本，李小寶亦來，住在新宿一起。我大約一星期去看吳太太一次，她那裏人多，我和他人不大打招呼，乃至和吳太太我亦不托熟，心裏想她燒的好菜，但是沒有要過。惟一次我與小寶說起粽子，正值舊曆過年，除夕吳太太在灶間裏粽子，裹好了就來煮熟它，直到夜深，他人都睡了，惟我陪她。中國人夫婦就是生在這種過年過節家人的親情裏，不另外有愛情，但眼前這位吳太太不是我的妻，也該是我的姊姊。

翌年春天，我與愛珍遂成了夫婦。這回我的表示竟是蹩腳得要命。那天我從清水市回東京，當即去看吳太太，下午好天氣，家裏沒有他人。我向吳太太歎了一氣，說道，「火車經過鐵橋，我望著河水，當下竟起了自殺之意。」男人追求女人說要自殺，最是可厭可笑，我也說時自己明明覺得在裝腔，如今提起，渾身汗毛管還要豎起。愛珍聽我這樣說，她倒是當即承認，說道，「你不可這樣，我今後還要望你呢。」她本來最會這樣的拿話勸人，說的又安詳又明達，可是此刻她不覺臉上微紅，眼睛裏泛著笑意。隨後她伏在桌上寫信，見了我回過臉來，乜起一隻眼睛，停筆對我一笑，完全是小女孩的頑皮。我就起了不良之心，在客廳裏追逐她，好像捉迷藏，她著實難被收服。

結了婚頭兩年裏，我與愛珍叮叮對對不絕。本來我一人租住在日本人家，非常之清，現在卻好比落了凡塵，而且她依然不聽我的話。我今纔知道愛珍在香港時的風光，這都是她自己說起來的，不防我聽了會多心，她這樣一個聰明人，竟會這樣的糊塗。我想起她給我的路費二百港幣，當然要不樂。錢是小事，枉為我當她是知己，原來她不了解我，從來亦沒有看重過我。她這樣的對我無心，焉知倒是與我成了夫婦，恰如說的：

有意栽花花不發，　無心插柳柳成陰。

但是後來我心境平和了，覺得夫婦姻緣只是無心的會意一笑，這原來也非常好。而愛珍亦不到得那樣的無知覺，早在上海她家裏時，但凡眾人中有我，雖然與眾人一樣，雖然亦不走近她，她總覺得我與眾人相異，而與她是這樣的相近。我提起從前，愛珍道，「你是有太太的。我想你的脾氣與我也合不來。我又想你不夠魄力。」我問她怎見得我無魄力？她道，「纔來與我說要去重慶，後來卻沒有去。」但我不去其實是我的倔強。我說，「所以你不曉得我，」又要不樂起來。愛珍卻不理，她道，「這些年來我每見你，是也有些避你的意思。」

愛珍見我常常發脾氣，她亦不對嘴，惟一次她臨摹麻姑仙壇記學字，寫寫又不依照碑帖了，我見她是寫的，「穿破十條裙，不知丈夫心。」

七

我自從與愛珍結婚，真是謫墮了紅塵。愛珍在日本吃了三次官司，一次為違反入國管理法令被拘留，還有兩次是受李小寶痲藥嫌疑的連累被拘留，結果都無事出來了，而我所受的驚恐，彼時簡直像被五雷擊頂。我又哀痛，又發怒，經過此番，還比經過政治亡命更為看破了浮世。並非厭煩了，覺得沒有意思了，而是人生實在莊嚴，斷絕戲論。

我與愛珍雖已成親，但她還是強著，未必就肯嫁我，我亦未必待要怎樣。她仍住在新宿，我仍住奧澤，隔幾天我去看她一次。若不是因李小寶的官司牽累，及其後的生活艱難，使我與愛珍兩相扶助，恐怕到今天還各不相下。原來夫婦的相敬愛，亦是生於義氣。

愛珍住在新宿，是李小寶租的房子。愛珍是看在小妹妹面上，說起來她男人單身在外，做繼娘的豈有個不照應他的。小寶與之來往的幾個人我看樣子不像，一日向愛珍直言了。愛珍聽了我的話，也在另覓住居要遷出，與小寶分開。可惜遲得一步，李小寶因痲藥下獄，愛珍因同住在一家，亦被逮捕調查。我向來懶怕動的人亦只得四出奔走，到拘留所送飯，到檢察廳，到麻藥課。如此一回又一回，連同到入國管理局，回回都是感情激動。雖然結果無事，但是那兩三年裏，有幾個強調刺激的出版物還到時候又把愛珍的假名來登一登，有一個雜誌「全貌」，且說到了我頭上來。

名譽的事，我不甚在意。一個人的名譽若那樣容易就會被毀損，那也不是甚麼了不得的了，我連佛經裏的護法都為法委屈，何況護名。而且我的名譽在日本人中已經太好了。開漢朝四百年天下的劉邦，未起時即名譽不見得好，連蕭何亦不信他，說「劉季固多大言，少成事，」我今大事未舉，而先已有小小的名譽，這毋寧是我這個人已經快要沒有出息了。借這回來打破，也是天意，可惜沒有被打破多少。

我有一個大缺點是君子的潔癖。我從小學以來受的教育，對於雅片海洛因，感情上有一種不可饒恕。可是看了李小寶這次，他竟沒有一點抱愧。連愛珍說起小寶這次的事來，亦沒有一點道德上的責備。我聽了詫異而且生氣。但小寶這樣的態度是對的。日本報上常有犯人被警察押走，雙手掩臉的照相，這都是善良之人，可是這樣的善良之人遇見毛澤東就統統完結。中共可以輸出雅片海洛因，亦無傷大雅，而我以君子的潔癖來憎惡，在氣魄上就被毛澤東所笑。

愛珍前次被拘捕調查，還說是自己亦有不好，不該與小寶住在一起，但後來一次連一點因頭都沒有，也拿她關了二十天，愛珍氣得哭了。中國婦人本來激烈，我是愛珍一哭就會起殺心。

愛珍被拘留時，一日我行至日比谷，春陽裏街上的電車與前面層層大廈，紫氣靉靆，如蓬萊仙境，可是我想著愛珍，唉了一聲，不覺停下腳步，面前的街景就像雷峰塔的搖了兩搖，因為白蛇娘娘被鎮之故。京戲裏落難之人穿的襤褸衣裳，亦是簇新的緞子質地，原來人的貴重，果然是這樣的。

我去拘留所面會，愛珍被一個警察開她出來，在鐵柵窗裏坐下，那種派頭，亦好比是在畫堂前，於鼓樂中行步，於眾賓上頭就坐。愛珍是後來她在店裏賣酒，立在櫃台裏與使用人一起，亦風神仍如當年，她的華麗貴氣是天生在骨子裏。這樣的人，不是天所能富貴貧賤她。她自己就是天。文天祥被元兵俘虜北去，道中作詩，有云，「天崩地裂龍鳳殂，美人塵土何代無，」我逃難在溫州時讀了很震動，但是心裏不以為然，今更好得有愛珍在現前。

愛珍在日本的遭遇，好比是有麟遊於魯，魯人不知，鋤而殺之，孔子往視之，曰，麟也，為之掩泣。真幸喜愛珍依然無恙。後來一回是愛珍在福生剛剛開了一爿酒吧，夜裏正上市，麻藥課忽又來了二三十人，把酒吧抄查得沸沸揚揚，像風雨無情，摧了蜘蛛辛苦織成的網，她只說，「可憐呀，可憐呀！」而我在東京，翌日纔知情，到麻藥課辦公廳去探望，她見了我紛紛淚落，悲怨激越，當著麻藥課的諸眾向我說，「我是最愛體面的人呀，他們為甚麼幾次要拉破我的體面！」可是官司過後，她隨又如常，做事有心有想。她進來房裏，把帳本與錢鈔一放，衝過來一躍撲到我身上，雙手抱住我的項頸，身體懸空盪起。這是她老做，她的人又大，我險不被撲倒，笑喝，「好啦，不行！不行！」可是今又見她這樣頑皮，我心裏喜慰，不禁要流淚，只是靜靜的看著她的臉，這回她瘦了好些。

許多事情只能說是時運，大約我交進四十九歲是大敗流年，那年春天我，愛珍，李小寶，及士奎夫婦遊日光，我與愛珍新為夫婦，是我拗氣，她要我同拜觀音菩薩我不拜。五月小寶就出事，以來兩三年，諸般不順經，但也官司到底過去了，連小寶也保釋回澳門去了。

小寶還是那付老樣子，一點不改，他這人還是有竄頭的。他不及前輩吳四寶，是四寶比他心思細，調皮的地方比他調皮，要緊關頭比他信實穩重。李小寶這回是上了別人的當，而且有些地方變得不寫意，似乎繼娘還欠待他好。但愛珍仍給他設法了保釋的費用及買飛機票的錢，然後叫堃生通知小寶女人不用來信，有點像一刀兩斷。愛珍是自己待人如何，不願明心跡，了解不了解是人家的事。做人本來各有自身莊嚴，愛珍又不是想要靠傍他人。簡太太與可成生前那樣敬重愛珍，那樣深的交情，這對夫婦若在，曉得今天愛珍的艱難，幫忙閒話一句，但是愛珍也沒有想到這些上頭來重新惋惜。對於知己尚且如此，對於不知己，她是更臂得開。她只是做事有手腳，待人全始全終，若覺得不好相與，就此後少來往，不像我的決裂。她是好比天無絕人之路。所以人家後來回頭想想還是她好。

愛珍算得小心謹慎，但還是招了這些麻煩，這只可以說是她的命，誰叫她生得這樣調皮呢。她道：別的也都罷了，我只求老佛爺保祐老公，也教俺夫妻們自己有一宅房子，可以做份人家。她給我謄清了「山河歲月」的原稿。她服侍了我割盲腸。她為與我兩人可以生活，去開了一個酒吧。

那年六月裏我患盲腸炎，住在下高井戶秋田外科病院十日，都是愛珍服侍，還有咪咪小女兒也曉得服侍爺。咪咪是一年前纔由池田帶她從香港來日本。來秋田病院的患者都是割盲腸。我住樓上單人房間，樓下是普通房間，熱鬧如許多人家同住，來看護的家族你也淘米洗菜，我也炊茶買冰，愛珍每下去見了，都說與我聽。樓下那些病人割過盲腸第三天就在吃粥，第五天已在吃飯，家人在整治給病人吃的肴饌，簡直沒有禁忌，愛珍都一一看在眼裏。她是於他人的事有心有想，前住在新宿時與她遊御苑，她也是看花的少，看人的多，在她是世人皆成風景。本來大學裏說的在親民，也就是愛珍這樣的，所以世人亦與她親，有朝一日回上海，她還是頃刻之間叫得應千人萬人的。

我先在家裏肚痛，還對愛珍強，說那裏就會是盲腸炎了，所以送病院遲了，手術後變成腸胃痲痺，到第五天始喝米湯，第七天始吃粥，頭幾天腸裏的瓦斯放不出來，晝夜喊痛，簡直危殆，輸了三次血。我向來對於病是硬漢，這回因有愛珍，我還是不逞英雄，寧可做小孩，愛珍說我是一點也吃虧不起的。

疾病本來霧數，又正值黃梅天，陰多晴少，好得愛珍不忌便溺污穢，她把凡百收拾得爍清，病房裏也好像一份新做人家。誰說世路窮蹙，不看看愛珍的做人響亮，做事山鳴谷應？她為服侍我，人都瘦了一殼，但我亦不怎樣感激，因兩人皆沒有憂患苦相。及退了病院回家，先一日愛珍已把家裏灑掃佈置得眼目清亮，床被單都洗過，好像是做了官回來，馬騰人喧。

其後愛珍就去福生開酒吧。愛珍初來日本時手頭尚有錢，為李小寶的緣故用去了。以前而還有是因為慷慨，見人為難，就借錢給他，也無憑據期限利息，到頭被喫沒了。以前在上海，民間自有禮義，吳家又有聲望地位，縱使有小人想要喫沒也不敢，原來人間是要有威嚴，纔可不用憑據。可是現在國家喪亂，在外華僑就多無這樣的忌憚了。好在愛珍亦喫虧得起。我對於小人不免要一刀兩斷，愛珍勸我不要，讓人去好花自謝。她總不拉破他人的臉皮，所以雖怎樣的小人當著她的面亦多少知恥，大事情對她不起，小事情還買她的面子。所以愛珍到得那裏，還是比人一倍有人緣熱鬧。她在這樣的亂世，而能使小人亦多少保持禮義，真可比女媧補天。

有姓夏的一對夫婦，刻薄成家，與人併開料理店，人事不和，要愛珍救他們一家一當，連兒女七條性命在內，趕著愛珍叫姊姊，又趕著我叫大哥。但一等到利用過了，即刻就反臉傲慢傷人。那酒吧便是夏家賣給愛珍的。我發怒與這對男女一刀兩斷，但是只有更壞。這種地方，我不及愛珍量大。所以去年愛珍生日，他們為設宴，雖今年他們亦還叫兒子拎來一隻蛋糕。可是，對我今年的生日，那夏家就全不賣帳。

我在東橫買得赤樫素振一挺，愛其有日本刀之形神，題句曰，

人世蕩蕩，　恩怨歷然，

匹夫廉立，　秦王可斬，

愛珍一生真是恩怨歷然的，但因人世蕩蕩，故不小氣罷了。只看她連與李士群夫婦都不決裂，人家說不共戴天之仇，她卻與恩仇共此世。她是與天下人同在。人家不了解她，她不分辯是她的俠氣。而亦不決裂，則是她的能行於無悔。她不過是經過這一番，曉得了就是了。雖愛珍喫官司時，一股冤屈之氣，她悲痛發怒得急淚如雨，亦仍只是個直道，而且如火如荼，遂使人世不可有陰慘殘酷。論語裏亦說以直報怨，但是還有這種感情的如火如荼更難得。

一天我聽見愛珍在電話裏回答夏家那女的，「一個人活在世上時，人家不知她的心，等她死後，纔會曉得她是怎樣待人的。」當下我不以為然。常時愛珍被我見怪，她也不分辯，只說：「你把我蘿蔔不當籃裏菜，等我死了，你就會想愛珍，想也想不完，」她這話好像傷心，其實像李延年的歌：「寧不知傾城與傾國，佳人難再得，」一樣的激烈。可是對夏家那女的也犯得著這樣說？原來愛珍是與一代人皆披心瀝膽。弘一法師教人敬僧，不可因其是高僧或破戒之僧而生分別，孟子視途人皆可以為堯舜，而創業之主乃與市井之徒相披心瀝膽，故能得天下，愛珍對於世人便有這種廣大平等。

開酒吧我本來不喜，但因是愛珍的事，我纔亦不反對，總之家計若到了要緊關頭，

有我是男子漢應當養妻子，她要開店且顧由她去開。如此愛珍與咪咪便住在福生，我一人仍住松原町。那酒吧的建築倒是大，愛珍住的房間朝東南，她便收拾得好像一份人家，看看兀自得意，她說，「等店裏生意再好些，賺得錢了，來造住宅，留出一間給老公做書房，」我聽了只有笑。愛珍是對於大樓大屋與小門小戶的歡喜得意亦都平等。

愛珍真是貴人，因為她的眼睛裏無賤役。我聽她講說，只覺來飲酒的美國空軍與陪坐陪舞，出去旅館陪歡的日本姑娘，我亦可以與他們如與普通人的沒有阻隔。老子說，「聖人常善救人，故無棄人，」從來打天下就是亦要與小人為伍的。是故世界若尚有繁華，愛珍總是繁華之人。她開這爿吧，收拾得無一處不清潔響亮。雖然外國語是難事，也會給她搞得通，而且姑娘們與配酒的都與她相親。那些人雖是娼妓一流，原來亦要人拿正大待她們，何況還肯知疼著熱。愛珍說待人是以心換心。而她還有說是人騙人，雖親生女兒亦不過騙騙爺娘歡喜，就已經是好的了。這兩句話就有一個禮樂之世，也真心真意，也假仁假義。

愛珍多有得意。如一次六月天，她熱烈歡喜的告訴我，「剛纔我去後園，捧著一面盆溼衣裳要曬，穿著一雙木屐，雨後泥地一滑，半個身體都已經傾倒過去了，心裏一震，趕忙把腳收住，仍舊給我站住了。」我聽了亦覺果然應該稱能。愛珍又多有詫異。如一次春天，她對我說了又說，「店裏窗前小院裏的草木都爆青了！過得一夜看看，雨後都爆青了！」一交春天，愛珍的人亦好像那草木。

自與愛珍結婚，我這裏就常有女子來往。一個是應小姐，她在香港開有一爿小店，賣日本的小些頭東西，如飾物人形之類，來日本是為辦貨。應小姐原是我的前妻，昔年為了張愛玲，發脾氣離了我。她是個柔和硬氣人，待人心思好，我問了她的別後種種，彼此敬重，如兄弟姊妹的親。她今年還只三十二歲，她的人品與相貌，好比一朵白芍藥。我一生就是對好人叛逆，對汪先生，對應，對愛玲。可是我也不悔。與應小姐是天上人間重相見，該是悲喜都淨，但她這樣來做做客，我隨又會言語衝突起來，好好的一句話，我也會肝陽火旺。應小姐與愛珍說起我時，倒是她們兩人越發成了知己。

應小姐說起蘭成的脾氣至今不改，愛珍道，「所以我與他還是分開住兩處的好，若住在一起，總是叮叮對對，不得和順。」其實我與愛珍經過重重風浪，兩人成了一條性命，也該可以悟徹了，豈知不然，雖現在我對愛珍，亦她的有些地方使我一時難以承認，乃至不樂，乃至不安。原來誰也不能怪誰，不知又是誰像曹操的是治世之能臣，亂世之奸雄，叫人與之相處不慣。愛珍笑道，「我不能濃粧，從前上海一班太太小姐們吵著把我打扮來試過，我本來皮膚白，臉如銀盆，再擦粉就像曹操司馬懿，叫人汗毛都豎起來。再點胭脂，也不知是俗氣，也不知是火氣，總之嚇殺人。」她倒也自己曉得。

還有是慧英與繡椿。在東京的中國亦多有叫愛珍為過房娘，惟慧英是點起紅蠟燭磕過頭，投過紅貼子的，所以又自不同。慧英原姓徐，蘇州人，是個美人胎子，行動得人憐，男人生活在有理有秩序的世界煩膩了，見了她就是得了解放。她膽小而強橫，卓天搗地，就是這個卓頭勢吃她不消，又明知她愛說謊話，到處多有是非口角，有她的兇頭勢，不肯讓人，但我與愛珍亦還是喜愛她。她原是好人家的小姐，做了好人家的少奶奶，而她自十五十六那時起，如紅杏搖蕩春風，至今香夢沉酣，奢侈糊塗不醒。這十餘年來，上海蘇州經過朝代變遷，她的身世亦經過流離變故，而她尚在妙年，亦還是不管天高地低，不知人事艱難。

慧英在日本兩年，也是卓天搗地，有事就來尋姆媽，愛珍亦喜她的親熱，叫她小眾生，無有一處不照應她。直到他離婚回香港，愛珍雖有些地方不以她為然，亦吃不消她的煩頭勢，但是仍處處顧到她的體面與前途，臨行她還向姆媽開口要些甚麼，做姆媽的總做到全始全終。梁漱溟先生戰時在重慶北碚辦有勉仁書院，這勉仁兩個字就是愛珍的會做人。慧英到香港之後，有人見她日子過得很好。她來過兩封信，愛珍不曾回得，去年她托人帶來兩雙繡花鞋，愛珍就托原手帶給她一把傘。愛珍待人不膩。便是親人，她亦只要曉得對方生活是好的，同在這世界上，就如桃李不通消息也罷了。

還有鄧繡椿也叫愛珍姆媽。繡椿原是航空小姐，她做人許多地方像愛珍，直直爽爽，不小氣，所以到處有人緣，男朋友女朋友都與她好，她卻又是好不調皮。她生得瘦削，又是廣東女子皮膚黃，又青春自身是個奢侈，不曉得保養，又生活在現代社會的尖端，犯胃病與失眠，饒是這樣，亦笑起來使人覺得她臉如滿月。她的眼睛會說話，她的人風光欲流。她一點也不用功，我送她一本「山河歲月」，她說看了不懂呀。她連張愛玲的秧歌亦看了不懂，這纔是不可饒恕，但我隨亦釋然。她只是與讀書無緣罷了。

繡椿的婚姻不稱心，到底分離了，娘家在上海又都靠她，也要算得憂患，而她過的日子卻又與憂患亦不切題似的。她是吃慣穿慣，只曉得要打扮好，且迷住在幾隻麻雀牌。而她亦說要節省，生活問題使她驚，要自己出發做生意了。

這幾位年青女子各有愛珍的美，至少是各得其性情的一節。愛珍的美原是生在中華民國一代的眾女子中。但愛珍的美是還在性命中洗煉出來的，她做人是滾過釘板來的，別的美貌女子近她學她，是好比歐陽修的明妃曲：

纖纖女手生洞房，　學得琵琶不下堂，
不識黃雲出塞路，　豈知此聲能斷腸。

閒愁記

（一）

卻說上回唐君毅來日本講學，那十幾天裏，正值愛珍又在喫冤枉官司，我每隔一日到立川警察署拘留所去看她，送飯菜與換洗的衣裳。可是我沒有對朋友說起，除非聽者三請。我不說，是因為莊嚴，若說是因為慈悲。

那天正午我在東京車站送水野社長回名古屋，看他火車開走之後，想著愛珍的事，心裏鬱怒不知所適，忽然想到了去尾崎士郎家。但是到了尾崎家，亦只主客相對坐了一回，前廳裏與院子裏皆是晴陽好天氣。我仍怕打擾他寫文章，喫了茶就告辭出來了。經過大森驛前，我還進去一家書店裏與那店員森岡小姐挨撈。去年除夕第一次去尾崎家，承她領路，步行一直把我送到。記得那時她穿大紅毛線衫，底下長褲，木屐，衣衫上螺鈿紐扣，頭上水鑽夾髮針，面上擦粉，十九歲姑娘的身段眼睛，只覺她的人晶瀅如除夕的燈火。現在我向她道謝，這樣斯文，誰亦不知道我有著煩惱。因為我的不是兒童的喜怒，而是大人的憂患。

尾崎士郎家招宴君毅，西尾末廣家留宿君毅，我皆被請在一道。我還陪君毅到三豬信吾家，又同他遊日光，出席座談會，送別會，而不因愛珍的事有所擾亂。在這世界上，愛珍被拘留在警察署裏，與有人在講學，高朋如雲，這種不調和，真是使人潑辣，而且益益明淨。

在尾崎家招宴席上，我還有心思欣賞尾崎與水野。水野是水野成夫，那晚他亦被請做陪客。尾崎士郎我看是當今文章日本第一人，而於他的盛名之下，忙得來像明星，我卻不知要怎樣批評纔好。他的小說「人生劇場」我讀時亦每每要生出意見，但又隨即自動的取消了。這樣無意見的讀書，無意見的看人，我不禁要自己歡喜。尾崎我幾次見到他，想是因為剛巧他徹夜寫稿之故，他的身體彷彿透明，只是精爽魂魄，慌張而又澄靜，一種迫力，使我想起參拜伊勢神宮，天照大神的和魂與荒魂，而在他變得都是喜氣。現在席上，尾崎為主人，卻端坐不飲，我問他，他答，「頭山滿當年亦是喜看人飲，而他自己不飲。」古人多有說對酒，果然對酒不必飲，如對花不必折。

水野成夫即坐我旁邊，與我說起饒漱石，昔年他代表日本共產黨到上海，與之相識。二十年來，兩邊都朝代變更，水野已退出共產黨，當了國策パルプ會社社長，中共軍南下，他見報載饒為華東軍區要人，回家與妻說知，喫夜飯時遙為乾盃。他說饒是好人，而於其新近與高岡同遭肅清一節，卻不置論。我是個事功主義者，非常看重水野在日本產業界乃至政治界的新興實力。他是日本五大銀行行長皆與他是兄弟行，舊勢力連吉田茂亦看待他好像是子弟。日本亦多有慷慨悲歌之士，只議論日本的財界如何，批評近年來歷任的首相如何，他們那裏及得水野成夫的少發議論批評，而切切實實的將日本的力量從上一代的財閥與政閥乃至軍閥的手中讓渡過來，接收過來。其才愈大者，其鬥愈少，而歷史亦原來可以是這樣簡靜的。

日本今有似戰國時代，各人任意而行，而水野成夫即是現代的織田信長。他早先原是學法國文學的，此刻他坐在我旁邊，無端使我想起紹興戲「踢魁」裏的魁星，水野的相貌便真是頭角崢嶸，而他此刻穿著和服，寂然如水。座中尚有他客是出版界，向唐君毅發問，君毅答，池田翻譯，水野成夫就只是聽。及酒行數巡，亞細亞雜誌的小林，他在座中最年少，不知因何忽然激越起來，大聲的議論，水野的座席與他面對面，一般也端然的聽，大約是並不管他說的對與不對，而只覺席上如同：

好鳥枝頭亦朋友，　落花水面皆文章。

但是水野你看他如此沖和，他卻又是雖在技術組織的現代社會，亦一般可以斬蛇開徑的人。

我因想起一家週刊雜誌上有寫水野成夫，他也是對於銀行的小角色叩頭百拜過來的，覺得這實在是莊嚴。我聽景嘉說武技，從師學刀三年，師什麼亦不教，惟教其砍樹砍石頭，要一刀砍下去，力量全都進入樹裏石裏了，沒有一點彈回來，然後纔教你刀法。如此你一刀砍在對方的刀槍上，對方當即虎口震裂，勝負當下就見分曉，尚有許多解數連無須施展。常時我與池田搔首歎息，在現代社會想要有些英雄的舉動，如刀砍石，即刻被彈回來，但這還是因為自己的工夫不到。而水野成夫則有這樣的工夫。他們昔人有織田信長，於桶狹間一戰而得天下，於本能寺一怒而亡其身，此正是日本人的淒絕，乃至亦是明治以來到得今天的日本這一段歷史的本色。那織田信長是好像以毛筆畫蘭竹，成敗一筆為定，連不可以添補修改。

水野與尾崎是俞伯牙與鍾子期之交。是晚尾崎醉了，君毅的說話如何，翌日他問水野，水野道，「樸茂淡遠。」是晚水野先離席去後，席上不知如何就凌亂起來。元曲有一隻「華筵開處風光好，」尾崎想是被這風光所醉了。其間不知如何說起了辻政信，尾崎有感於日本軍在菲律賓投降之事，他悲痛的，大聲的，重複的說道，「若是誰要殺害胡蘭成，我必與之同死！」及宴罷，眾賓起辭，我見尾崎仍坐著不動，門口惟尾崎夫人與小姨送客。君毅與池田坐上前面一輛汽車，已在開動引擎了，我亦正要坐上後面一輛汽車時，卻見尾崎趕出來，他也坐進車子裏，必要送我回家。這樣的夜深路遠，他又酒醉，身上又是在室內著的和服，春寒尚重，豈非要感冒！他的太太與我百般哄他也不肯下來，我只得自己下來說不去了，纔把他哄下車。

尾崎待我，使我感激，但是我抑制自己，覺得現在就來感激，引人為知己，時期還太早。天下人是在舉大事裏纔不知亦成為相知，無才亦成為有才，如在好天氣好庭院裏，雜樹皆成珍木。現在寧可我知尾崎，饒是尾崎不知我。

擾了尾崎家又擾西尾家。西尾末廣出身是大阪三菱機器工場的旋盤工人，而現在日本政界中反為是他最有清華貴氣，他是社會黨人，而能與自由民主黨人無間隔。他太太亦是當女工出身。有一年新年裏，我與愛珍帶過房女兒慧英夫婦去西尾家拜年，西尾夫人與小姐出來招待，都是穿和服，後來慧英再三驚歎艷羨，說西尾家真是宰相人家，夫人是相國夫人，小姐是相府小姐！慧英是蘇州女子，人世的富貴榮華她只在舊戲中看得，如今卻見是這樣天然的生在平民精神裏。而這回是我要君毅看看日本的好人家，就選了西尾家。在西尾家一宿，翌朝西尾夫婦還做茶道，請請君毅，池田，與我。

日本最好的東西是茶道，做茶道時只是親與敬，不可以有愛欲，不可以是生命的迫力感或感覺派云云。不可以是喜怒哀樂。不可以是意見議論。從來打天下的人，最要從感情與意見的末梢走了出來，乃至走在天的先頭，來一個「先天而天弗違，」所以像豐臣秀吉這樣的大英雄都講究茶道。可是西尾夫人還是新學，茶道的儀式她做到中間不明白起來，問她的丈夫，西尾先生當然也是不會，便夫妻商量起來，說大概是這樣的罷，當下使我不覺要笑。原來昔年豐臣秀吉亦是出身平民，而歷史上反是他的茶道這樣有名，如今亦茶道在西尾家，還比在世族舊家更相宜似的。

於是陪君毅遊日光。日光有東照宮，祀第一代將軍德川家康。德川家康開日本三百年太平一統之局，而其遺訓自敘艱難，不敢為先而為後。其東照官，三代將軍家光所建，黃金為飾，本格是神社式，而多受中國明朝建築的影響，還採用南蠻的風物，卻能不發生問題，只覺是彼時日本人的天下之大。這種種，不知為何皆於我非常親切，使我思省。

日光雖已是陽曆三月，尚積雪滿山，在上山下嶺的汽車中，我向君毅問起新亞書院。當初錢穆唐君毅等幾個人從大陸逃出，在九龍租人家的樓房開辦新亞書院，衣食不充，其後得到美國耶魯大學的合作，建起了新校舍，人以為榮，而上次校長錢穆來日本講學，竟無一言及此。君毅亦然，這回是我問他，他道，「本來是應當掉轉來，我們若能資助人家，纔心裏平安。」這是真正的讀書人。這樣的我所敬重的讀書人，在日本也有，是拓殖大學校長矢部貞治。

與君毅，這回我還談起「山河歲月」的稿子。彼時我偷渡來日本，把稿子留在君毅處，又恐郵寄萬一遺失，托他代倩人抄寫一份副本寄來，有是學生抄寫的，有是君毅夫人抄寫的，而且經過君毅親自校正錯字。我非常感激，與池田說古人可以托三尺之孤，寄百里之命，亦不過是基於朋友間這樣的信。焉知君毅道，「你臨走原有百元港幣留下為抄書費的。實情是那時學校裏非常窮，一次我把家裏的香菸罐都搜集起來，有一大筐，拎出去賣，還賣不得一塊錢。我夫妻商量，你留下抄書的一百元，都給別人趁了，不如自己也來趁些。承你說得太好了，不敢當的。」經他一提，我纔記起果然有那一百元。然而君毅的為人我覺得比我原來所想像的更好，因為這樣纔是更真的。

君毅是路過日本，還要去美國講學，送別會開在銀座一家日本菜館。席上我致辭，說，「開創新朝要明理的人，但是他還要能不講理。日本的日蓮上人提創法華經，卻說禪天魔，念佛無間。禪怎麼會是魔，念佛怎麼會是地獄，這豈不是他的不講理？印度的甘地，他做獨立運動也罷了，而他必要弄一部手搖的紡車紡棉花，這也是不講理。」而我因何想到要以這樣的話為對座中日本的政治家與中國的學者的贈言，對兩人責望這麼深，這也是屬於不講理的一類。

我原來是別有所思。從前每凡天下大亂，像張良馬援李靖都尋訪在新人中可有命世之主，我覺得這比千里訪名師好。曹操與劉備煮酒論英雄，是論的人，不是論的學問。中共我不喜他，因他的做法太切題，他的合理卻又並不是明理。而我的仔細看人，衡量人，也是因為我對於當今亂世隨時都有一種切切之意。

君毅去後，愛珍還在立川警察署有幾天，纔獲釋放回家。在那一段憂患期間，我的人反為變得異常的清和，連我自己亦覺得。而愛珍亦經過這最後一次，不再有警察事故了。不然還不會有這樣太平，是我去到他們的麻藥取締機關結結實實的一頓交涉，當著所長，三對六面申斥了那麻藥官的不是，他纔不敢再胡鬧了。

原來取締麻藥果然要嚴，但亦切切不可夾雜宗教的罪福觀念乃至道德的善惡觀念。孟子說是非之心，這單是是非分明，即比說罪福善惡來得清潔。而這亦是法律的基本精神。日本的麻藥取締官的作風卻像特工。其中有一位又原先是日本在華派遣軍的翻譯，彼時的翻譯最壞，如今他還是這樣的對待在日本的中國人。他又連法律的常識都沒有。麻藥課的情報原來是利用壞人做的，若二十件這樣的密告之中，有一件似乎有些因頭，那就是大收穫了。而他一接密告就會同警視廳去搜查家宅，逮捕人身。原來他是把凡被密告皆看作即是事實成立，那天在所長那裏他就這樣說。連前次檢事看了他的調書，也當著愛珍的面問他道，「這豈不是奇怪！」愛珍只因被李小寶牽累過一回，那麻藥取締官就不時要來我家坐坐，探問華僑的行動。他向我說他到別的華僑人家，他們都說他是好人。又威嚇我道，「此地的中國人都在我掌握中，不論他是誰，我有絕對的權力對付他！」他這又是沒有法律常識的話。而他還對我說教麻藥的禍害。

但是我仍好言好語對他，恐怕喫虧。也想若得事過境遷，忘懷了也就算了。我不想法律起訴，對簿公庭，因為我不願與這樣的小人平等，而且我不慣乞援，那怕是向法律乞援。我已生氣過不止一次。我是想過很久的。那天我帶同池田去辦交涉，一種決心那樣的斷然，而又彷彿是偶然的行動。那麻藥取締官在外面辦公廳，看見我進所長室，即刻跟進來，當是可以監視我說話，不防我會當著所長與他的面，把他的行為及他說過的話，一樁一樁都對證出來，毫無容赦的叱責他，也給他知道知道大人的威力煞氣是這樣的，簡直使他沒有可以遮攔隱蔽。他站在那裏，臉相就像中國戲裏扮的牢頭禁子，白鼻頭，眼睛只是兩個小黑洞，翹鬍鬚。

我雖自己亦曾當過法制局長，但對法官警察一直有想狎侮之意，原來他們所奉為尊嚴的東西，一旦遇上了毛澤東或麥克阿瑟就會不過是一場滑稽，而我是連毛澤東與麥克阿瑟都看得是可以被掃蕩的。前次為愛珍的事，我到警視廳干證辯護，說話中間，幾次被警官厲聲一喝，當下我惟默然，一面卻不禁觀看他，見他寫寫口供，掏出一包新生牌香菸放在桌上，一時我竟為那廉價的香菸與他的貧窮傷心。威嚴峻烈原可以成為好，連貧賤亦可以成為好，但總不是像他這樣的，當然我也沒有對他傲慢。

幸得愛珍的痲煩亦到底清結了。今日憑欄看樓前梅花，依然人世自有清華貴氣。敦煌壁畫展覽會在東京開，我偕愛珍去看。南北朝真是一個偉大的時代，熾烈潑辣，西域的無明的東西都做了漢文明的薪火。還有是隋唐的，其中一幅宋國夫人歸朝圖，乘馬，帽上兩朵金花，騎從者捧巾奩，焚香，馬前一隊管弦，女子十數人在舞，有點像秧歌舞。我看之不厭，覺得這真是美，亦看看愛珍，而且不禁要以彼時比起現代，以今人比起昔人來了。

（二）

有一年秋天，我偕池田到小田原演說，翌朝本地人陪同參拜箱根神社，觀豐臣秀吉所奉納的刀，是他在小田原之戰，臨陣所佩者。還有是德川家康的佩刀。今人則有岸信介首相奉納的一架大銅燈，金燦燦的掛在廊前，還是新的。

脇山宮司是熊本地方出身的豪傑，待我以上賓之禮，於我參拜時特為擊鼓巫舞。是年青女巫二人舞於神前，歌豐年之章。歌罷舞歇，一女執壺，一女奉盞，來賜神酒神饌。神官古裝執笏，領導我們拜。拜罷俯伏，神官拔架上白紙撒如大佛麈，來我們頭上祓除已，又拔神前金箔撒來我們頭上拂幾拂。同行二本地人皆大喜，說「平常未有以神前的金箔撒來祓除的，今天對胡先生是異數，可見神喜歡胡先生。」得日本的神喜愛，比得日本的女子與庶民喜愛，更有一種賓主之意，使我也愛惜起自己在人前。

歸途搭觀光巴士，車掌是年青女子，山迴路轉，她一路報告風景，「昔，豐臣秀吉小田原之戰，於此陳兵。」巴士轉彎，又是另一地名，「昔，小田原之戰，豐臣秀吉臨陣，立馬此坡上。盟軍德川家康的軍隊在右手下去山麓川邊。」是處風和日麗，而人世的事成敗如此分明，這真是亮烈。

提起豐臣秀吉，我這回與池田在大阪講演時到過他的舊家，登上了天守閣。天守閣的銅瓦飛簷，實在令人驚歎。我在街頭店裏見過板畫富士三十六景，其中　幅的是海浪捲騰，船從波濤的谷底掀起，好似乘龍欲上天一般。天守閣的銅瓦飛簷便可比這樣的海濤掀舞，直下萬丈。這是日本人獨有的創意。天守閣裏有豐臣秀吉的畫像，這樣好法，我見了當即走不開。我面著他立了好一回，不覺稍稍低下頭來。隨後到窗口，一望山川城市，只覺得是我自身的端正。

我不知何時可以回大陸，與一代人開創新朝，也許如與美人的誓盟，終於誤了佳期。我近來看事情反為不及以前有把握。而且我多有憂怒，修行亦反為不及以前似的。

原來修行是只有宗教者纔會得成熟，如基督的就要去坐在上帝的右手瀉了，或如釋迦的成了正等覺，於凡事永絕搖動與疑惑。而如孔孟則不然。孟子即有一次他的學生萬章看出了他好像是很不高興。因萬章問他，孟子纔說五百年必有王者興，今已其時，但聽他的口氣，不是判斷，而寧是在思省。

孟子之後隨即有秦朝的統一，且接著起來了漢朝，與印度波斯羅馬交際，開出新的禮樂之治。但這算是孟子說對了麼？又漢唐以來的每每開出新朝，果然就是相隔五百年必有王者興麼？可是，這是耶非耶纔正是歷史的明徵，這將信將疑正是歷史的大信。便是往年對日本抗戰必勝的話，當時其實亦是將信將疑。將信將疑是對愛人的，而亦可以好到是對天下大事的。

原來要為天下起義，是好比作書畫，有沒有神來之筆，先頭簡直不能知道。吳清源下碁，他自覺無必勝之理。勝是幸運。他說自己的黑番反為不及以前堅強似的，以前黑番殆必勝，現在可是黑番白番皆在動搖可敗可勝中。而這正是他來日本後強了一目之所以然。如此，我今看事情不及以前有把握，或者倒是我來日本後的進步。

前一晌我偶又讀了諸葛亮的後出師表，他對前途說「此臣之所未解者一也」，「此臣之所未解者二也」，「此臣之所未解者三也」，我從來讀它沒有像這回的親切。唐人詩，「出師一表真名世」，真真不錯。諸葛亮於天數與人事之際，這樣的反覆思省，所以臨表涕泣。而我現在是簡直對景難排。可是共產黨必定敗，敗在他的於天下大事絕對有把握。

西尾末廣是社會黨右派，在黨中稱為西尾派，我所知的朋友中，有進言他應當與左派決裂的，還有進言他應當根本退出社會黨，另組新黨的，惟我以蘇軾寫諸葛丞相的兩句詩贈他，曰：

崎嶇事節制，　隱忍久不決，

西尾很感激歡喜，要我寫字，但因我的書法難有自信，答應了至今尚未寫給他。我現在亦是學會了承認人家。對於異己者，西洋人有說寬容，其實寬容尚是傲慢的字眼，我毋寧喜愛初期解放軍說的學習。

我在日本，好像是在親戚人家作客，又可比是那回與秀美耽擱在金華小娘娘的村子裏，看人看東西，總沒有個自己先來暴躁之理。日本的學生現在多是男阿飛，女阿飛，東京都內，銀座，新橋，澀谷，新建的咖啡店三四層樓，一幢容得千餘人，只見前後多是高中的女學生，男學生。樂隊奏爵士，隨著電機一層樓一層樓的昇降。他們被稱為太陽族，使我想起古埃及人。那爵士樂，煩躁，衝動，性的叫喊，生命的沸沸揚揚，一派夏威夷的熱帶風光，但又的確是日本的年輕一代人。這樣的地方，李華卿帶我去過，還有景嘉與兩位新嘉坡的留學生也帶我去過，而我亦能知其好，因為我謙遜。雖然我還是不喜。

我與中山優到銀座，他說這樣的滿目都是汽車，地下鐵道，水泥鋼骨的大廈，人簡直是走進了蠻荒的樹林沼澤裏。他說地下鐵是共產黨的作法，只講到達目的地，沿路一點沒有風景。我聽了亦覺得他說得好，但是我從不附和著亦來說。我是連對於鳩山內閣的與蘇俄復交，岸內閣的要與中共通商，心裏亦不起反對或想要責難的意思，而寧是端然思省。因為我與一代人要光復大陸，開創新朝，有如豫讓說的，「凡吾所為者極難」，於自己的所見所知，要贊成一樣東西，要反對一樣東西，總不可以有一點誑語綺語。佛經裏每有，「若佛所說，為有餘義，有漏義者，天上地下，決無是事，」我今纔曉得釋迦當年處的時代的重大，所以他這樣謹慎。

不但思想上，感情上我亦如此。我是對於共產黨亦沒有悲憤。我與一代人要滅他，是天要滅他。我拋下子女在大陸，生死不明，也許侄女青芸已經窮餓苦難死了，但是我都不動心。甚至毛澤東一幫共產黨殺人已達千萬以上，我亦不眨眼，原來不殺無辜是人道，多殺無辜是天道，我不能比毛澤東仁慈。我相信喜愛毛澤東，而且想要褒美赫魯曉夫是個角色。但共產黨還是要滅。當然我亦並不怎樣太看得起美國。

士奎一次來，說起家鄉近況，共產黨如何逼害他的妻子，見他在拭淚，當時我坐著的人亦會站起來，動了真怒，但亦嘴裏只咄了一聲，不說別的。我小時作詩有曰：

神鷹施一擊，　墮甑不再視，

大丈夫做事本來應當這樣，沒有個把敵人抓抓癢當作好玩，自己生生氣過日子的。

還有是應小姐稱讚日本的巴士好，她說，在香港你趕巴士，買票的明明看見你趕到只差幾步了，他偏「噹！」的一聲拉鈴開走，而你就成為可笑，可是那買票的亦不笑，單是一張刻薄發青的面孔，因為這一切是這樣的無味。又在巴士裏的乘客，把人家的鞋子絲襪亂踏，你想他為何這般無禮，不免要看那人一眼，你不看還好，你一看，那人反為筆直的問到你臉上，「你該幾多家私哩？你該家私就坐私家車囉，也無須搭巴士！」香港人是這樣的，見人先把你從頭看到腳，估量了你有多少家私，然後答言。你要打量人的貧富，或者是裝作不在意的察看，但香港人是筆直的望到你臉上。

應小姐說罷，我只覺冰在心頭，許多日子難消。後來我轉述與池田聽了，池田駭怒道，「啊！」我卻沒有一句憤慨的話。我對於這樣的事，寧是文明與墮落的對決，第一要判斷那種敗壞的恥辱的風氣有多少勢道力量。我是這些年來已養成這樣的習慣，如臨陣前，只覺不可輕敵。

史記淮南王列傳，伍被言秦之季，天下人欲叛者十之六七，客有說高皇帝者曰，時可矣，高皇帝曰，未也，聖人當起東南間。現今是波蘭匈牙利暴動了，而中國民間亦略試試，覺得時機尚未可，就又趕快收住。這種動心忍性，這種柔弱，是好比早春蘭芽初見，驚聲尚澀。老子真是一部打天下的書，他說草木之生也柔弱。

我今且亦做個柔弱的人。小時同在胡村私塾的一班同學，幾年之後我到杭州讀書，暑假回來，只見他們有的已在商店當學徒出了師，有的則當起了小學教員，有的也和我一樣還在杭州讀書，不過他們是進的安定中學與法政學堂，現在見面，他們都變得老三老四，無論說話動作神情。惟有我仍舊幼稚，老練不出來。再後來，我教書，辦報，做官，亦只見人家是做一樣像一樣，說話談吐，老得來燒不酥。而我簡直是不近人情。我仍是昔年的蕊生，一次忽然想起中庸裏的慎獨，也許就是這樣解釋的。便是現在亦華僑的各種行事少有與我相干。惟前時有個留學生李瑞爽，他在東大學印度哲學，會吹洞簫，比我又另是一種幼稚，倒是與我常往來。我同他帶了簫到新宿御苑，又暑天夜裏他邀我同去田園調布，兩人在月亮地下走到多摩川大橋上。如此兩年，後來他轉學到美國去了。

這李瑞爽，有一次帶我到鎌倉一個佛寺裏去見鈴木大拙。鈴木大拙是禪學大師，昔年與小說家幸田露伴，哲學家西田幾太郎為友，稱為三傑，如今年已八十餘，經常在美國及歐洲講學，地位甚高。他此番回國，小住一兩個月就又要走的。他以為我是李瑞爽一樣的學生，為我們講說西洋是征服自然，東洋是天人一體。我只在留心看他的人，喜愛他的動作活潑。他解開一包饅頭請客，說了兩次，我與瑞爽不喫，他當時就生氣，把饅頭又包包好收起，於是什麼話都沒有了。我與瑞爽就告辭了出來。我覺得自己在人前這樣的柔弱幼稚，真的非常好。

我其實亦不宜於與誰稱知己。若有稱得知己的，亦只是與街坊人家的人們。我於歲月人事每有悠悠千年之思，可是要我參觀古物展覽，我寧可喜愛百貨公司的應時貨品。還有我對於現代西洋的批評，是與昔年釋迦對於埃及，巴比倫，希臘，波斯的批評相同的，而且一般的嚴格。但是我亦仍可與之相忘。一日我從澀谷趁急行電車去橫濱，是新車，車開時播送貝多芬的交響曲，隨著鋼鐵的輪聲，向河流田野中駛去，我忽然發見這交響是與古代波斯及不丹，尼泊爾等地的高原音樂，如傳入唐朝的青海波等曲調，有相通處，所以今天我聽了覺得它好。

還有是一日早晨我在松原町散步，轉彎角裏迎面開來一輛汽車，我避過路邊，那開車的西洋婦人對我一笑。因為年輕，因為是在早晨，只覺她的人非常美，可比我為黃泥墻頭一盆單瓣粉紅的芷草花而停步了，也不知是那芷草花美，也不知是那風日美，也不知是我自己的好情懷。

我原來是憂患之身，每與池田出行，在火車裏，在酒宴終席，他會入睡，我總耿耿清醒，比得過高僧的修行不眠，數十年脇不著席。而我的耿耿清醒又是這樣柔弱的。宋儒有戒昏沉，戒掉舉的話，我先不喜做什麼工夫，焉知一個人生於天下的憂患，自然就是這樣的，君毅前時寫信教我要收斂，我總算也不負良友的規勸了。

但我不是理睬什麼宋儒。我寧是喜愛能樂裏演的義經出亡至渡頭一齣。義經於源平戰爭中，勳略蓋天地，徒以不得於其兄賴朝，日本國人至今哀之，而戲裏錦衣佩劍，以小孩扮，為他的柔弱清和，我看得要流淚，然而這是真的。

（三）

這一晌我起得早，今晨五時起來，出去散步，松原町人家都還關著門，路上清清的，只有一個送牛奶的騎單車走過，又一個收垃圾的推著車子走過，我心裏都對之敬重。路燈還是煌煌的，路燈柱下釘有小小一塊牌，寫道，「電是國之寶，晝間請關熄，」我讀了不知如何有一種太平時世的感覺。我就一路把燈關熄過去，大約也關熄了四五十盞，我成了熄燈行者了。

回來在觀音像前點香。觀音於我或者只是陌路之人，便相識亦不過如同朋友，而我因是中國文明裏出身，也許還有比她高的地方，可是我亦仍舊拜拜。觀音的本色是法華經裏的，但來到中國，她就成了另有一種人情世故的好，可比是我現在對著愛珍，即是對著天下人。

隨後喫過早飯，我伸紙提筆待要寫些什麼，卻睨見愛珍收拾好了廚下，在倒茶喫，我道：「啊喲來，我的老婆好能幹，自己會得倒茶喫！」愛珍笑罵道：「十三點！」

我就索性不寫文章，只顧看愛珍。我說愛珍是插雉雞毛的強盜婆，愛珍道：「那麼你不去叫小周來？」我說小周大約是彼時就到朝鮮戰場當看護婦去了。她不會來見我，如同我不會再去找一枝，是因為尊重。愛珍又問我不找愛玲回來？我答不找她。愛珍道：「也許愛玲來找你呢？我說她必不找我的。愛珍笑道：「可見做你老婆的個個都是紅眼睛，綠眉毛，要算秀美最良善，但她也是個會蠻來的，總不單單我是強盜婆。」

焉知新近收到愛玲寫來的一張明信片，是由池田轉來的，信裏並無別話，連上下款亦不署，只寫：

「手邊如有「戰難和亦不易」「文明的傳統」等書，（「山河歲月」除外）能否暫借數月作參考？請寄（底下是英文，她在美國的地址與姓名）。」

當時我接信在手裏，認那筆跡，幾乎不信真是她寫的。她曉得池田的住址，是前年池田去香港時留下的。那次池田行前，我擱在心裏許多天，到底只說得一句，「你到香港可以去看看張愛玲」，此外我也無信，也無話。而池田去了回來，我亦不問，他亦總不提起。又過了數月，我纔淡然的問了一聲，他說沒有見到。我也知道愛玲不會見他。她今信裏說的兩本書，是我以前在中華日報與大楚報的社論集。

我把信給愛珍看了，愛珍先頭一獃，但隨即替我歡喜，她一向只把我當作是她的，此刻不知怎的，她忽然歡喜看我是天下人的。她催我寫回信，催了幾遍，我寫了，附在信裏還有我新近的照相。我信裏寫道：

愛玲：

「戰難和亦不易」與「文明的傳統」二書手邊沒有，惟「今生今世」大約於下月底可付印，出版後寄與你。「今生今世」是來日本後所寫。收到你的信已旬日，我把「山河歲月」與「赤地之戀」來比並著又看了一遍，所以回信遲了。

蘭成

「赤地之戀」與「秧歌」皆是愛玲離開大陸到香港後寫的小說。我讀自己的文章時，以為已經比她好了，及讀她的，還是覺得不可及。「山河歲月」是香港小報曾提到有人以此書問張愛玲，她不置一辭，我知道她的心思。但我總也不見得就輸給她，所以纔愛玲的來信使我感激。我而且能想像，愛玲見我的回信裏說到把她的文章與我的比並著來看，她必定也有點慌，讓她慌慌也好，因為她太厲害了。

可是愛珍也好笑，她只管催我勸我，要我與張小姐陪個小心，重新和好。她說她要寫封信去也勸勸張小姐，當真她就寫了，我一看信稿，簡直想也想不到，我必不許她去寄。愛珍本來辣手辣腳，她對我與一枝的事，絲毫沒有容讓。愛珍亦反對小周，說她做人道理上頭有大不是。她道，「你若尚存有再見小周之心，現擺著愛珍，勸你快快息了此念！」愛珍是丈夫有了她，即不能再有別人的。惟有對秀美是作別論，她道，「秀美與你是患難交親，她若來時，我可以答應，但是你也莫想再見我了。」可是這回愛玲一來信，我未糊塗，她倒先糊塗了。她這樣的真心真意，我問你不喫醋？她道，「喫醋看地方，你與張小姐是應該在一起的。兩人都會寫文章，多少好！」我說愛玲也不會來，她若來了，你怎樣呢？她道，「那時我就與你撒霞那拉！」問她如此不心裏難受？她答也不難受。中國人真是個理知的民族，愛珍便是連感情都成為理性的乾淨。

「今生今世」付印了十個月，上卷纔得出版，我快快寄去美國，又寫了信去。但是愛玲都無回信。想必是因為我不好，寄書就只寄書罷了，卻在信裏寫了夾七夾八的話去撩她。原來我每到百貨公司看看日本婦人的和服，就會想著愛玲，對於日本的海鮮也是，自從接到她的信之後，更還有折花贈遠之意，但是又不當真。我信裏雖沒有多說什麼，可是很分明。原來有一種境界，是無用避忌，而亦著不得算計圖謀的。

愛珍笑道，「你呀，是要愛玲這樣對付你。想起你對人家絕情絕義，不知有幾何可惡！」但是她教我寫信寄書時用雙掛號，愛玲接到了總得在回單上簽字。我惟說都不是為這些，因問你若換了她，也寫回信不寫呢？愛珍道，「當然不寫。其實呢，她想來想去，這封回信也難寫。」

可是回信到底來了，寫的是

蘭成：

你的信和書都收到了，非常感謝。我不想寫信，請你原諒。我因為實在無法找到你的舊著作參考，所以冒失地向你借，如果使你誤會，我是真的覺得抱歉。「今生今世」下卷出版的時候，你若是不感到不快，請寄一本給我。我在這裏預先道謝，不另寫信了。

愛玲　十二月廿七

我看了只覺一點法子亦沒有。馬上也給愛珍看了，愛珍詫異道，「果然厲害！」隨即笑起來，說「該！該！她叫你不要誤會，以為她有心思朝著你了。她告訴你信與書都收到的，「今生今世」下卷等出版了仍請你寄去。嘿！她就是不寫信與你了。你這人本來是也理睬你不得！」她這樣的單是照信裏的話敘述一篇，也不知是因為晌午好天氣之故，還是別的什麼之故，即刻那信裏的話都成了是忠厚平正的了。

愛珍道，「但是你偏去撩她，寫信與她，你說我沒有誤會呀，你自己不要多心，我們來做個學問上頭的朋友，你說好不好呀？」我接口道，「兩人寫文章可以有進步呀！」愛珍道，「是呀，你就這樣撩她，你說我是要向你請教請教學問呀，且看她如何說。」我道，「她也不如何說，單是我寫信去，她一概不看。」愛珍道，「不會的」。我道，「怎麼不會，你做女兒時，人家寫來求愛信，你就一概不看」。愛珍道：「你與愛玲的情形不同。」

我亦不辯，因道：「上次我寫去的信裏就有撩愛玲，我說她可比九天玄女娘娘，我是從她得了無字天書，就自己會得用兵佈陣，寫文章好過她了。我這樣撩她。」愛珍道：「你還可以信裏請她來日本看櫻花。我教你一個法子，你只當沒有收到這封信，越發寫信去撩她」。這簡直是無賴，我雖不依著做，可是真好。

我與愛玲的事，本來是可以這樣的沒有禁忌，不用鄭重認真到要來保存神聖的記憶，亦不用害怕提起會碰痛傷口。後來隔了許多日子，一次愛珍問我，「你到底沒有寫信去給愛玲？」我道：「不寫。只等書下卷出版了寄去給她，總之現在信是不寫」。愛珍正容道，「你這說得是。而你與愛玲，亦實在是兩人都好。」

舊曆正月十五夜，在松原町，月明如晝，我倚樓窗口看月亮。生在這天下世界，隨來的將是一個採取大決斷的時代，但今天的日子還是且來思省。前此還住在一枝家裏的時候，一晚也是這樣的月亮好得不得了，我作了一首唱詞，當它是山西大同女子配了絃索唱的。詞曰：

晴空萬里無雲，冰輪皎潔，
人間此時，一似那高山大海無有碑碣，
正多少平平淡淡的悲歡離合，
這裏是天地之初，真切事轉覺惝怳難說，
重耳奔狄，昭君出塞，當年亦只謙抑，
他們各盡人事，憂喜自知，
如此時人，如此時月，
卻為何愛玲你呀，恁使我意氣感激！

（四）

王羲之有自誓文，新年我若亦有所誓，即是要做一個現代的文明人，不受委屈。共產國家為了要建設現代產業，真使人眼淚落到飯碗裏，委屈是不必說了。美國的情形較好，但是亦如張愛玲的，他們畫報裏的小孩有蘋果與牛奶，你要就只可選擇這個，我看了不知如何總覺得委屈。一次燈下我寫信給君毅，忽然想起伯夷，覺得自己的心意竟是像他，可是無從說起。

共產革命算得什麼呢？它不過是在產業落後國，要把資本主義先進國兩三百年以來於各階段所做的，使用奴隸勞動，犧牲農村為工業，及掠奪殖民地等等，於三數十年的短期間內，壓縮的，綜合的，以強力來加速達成。而現在是共產國家對民主國家的形勢已在走向核兵器的大戰。

西洋人對於世界的前途本來看得黯淡。中國人看歷史，是由小康之世到大同之世，將來有朝一日是天下為公。日本人亦說歷史彌榮。可是西洋人說世界末日。這就是西洋人對於核兵器戰爭的劫數，缺乏道德的力量。他們雖有達爾文的進化論，但那只是一種知識，不像中國人的禮運與日本人的彌榮是生在情意裏。西洋人的情意是基督教的末日審判。

他們說要禁止核兵器，有如上帝的禁果決不可嘗，潘朵拉的禁箱決不可開，然而那兩次都犯了禁，這一次看來也難保。托爾斯泰有說，一個騎腳踏車的生手，全付注意力對付前面的障礙物，念念於「闖不得的呀！闖不得的呀！」如此就偏偏闖上了。西洋人原來是不能與物相忘。

人情不能因為核兵器戰爭的恐怖是無限的，而放棄了每天例行的有限的生活。如今美國與蘇俄即如此不肯放棄外交的有限的爭點。他們隨時在說雖大戰亦所不辭。讀蘇俄國防部的核兵器戰爭操典，竟是和往常的步兵操典一樣的有確信。現代人的營營，可比洋老鼠，你給它踏輪，它就踏得來有心有想，單單行為即是生命的現實。

原來無明的東西畢竟是無常。前一晌我看了電影沛麗，沛麗是一隻小栗鼠，洪荒世界裏雷火焚林，山洪暴發，大雪封山，生命只是個殘酷。它隨時隨地會遇上敵人，被貂追逐，佯死得遁，而於春花春水春枝下，雌雄相向立起，以前腳相戲擊為對舞，萬死餘生中得此一刻思無邪的戀愛，仍四圍都是危險，叫人看著真要傷心淚下。眾生無明，縱有好處，越見得它是委屈。文明是先要沒有委屈。

現在原子能時代的就是這樣的蠻荒世界，核兵器就是大自然界的風潮。我有時在電車上看看廣告畫，畫的紳士淑女，有的眼睛又大的圓，亮亮的，就像栗鼠的眼睛。又或是誇張細肢體，使人聯想到螳螂。我再看看車廂裏的乘客男女，忽覺人相若如栗鼠螳螂，在美學上亦皆可以成立，寧是這兩足動物的自古以來被欣賞讚美，幾乎要不可置信了。因記得往時住在杭州小客棧裏，臥看墻上水漬，皆成車服美人，不像現在的看人反為皆成昆蟲禽獸之形。

以此我非常憂傷。有一隻日本電影，是恐怖片子，廉價的花紙與木板搭的舞場，粉紅肉體的酒吧女，在橋底下陰溝的黑流中跋涉。我看了回來趕快打水洗面，可比方纔是到園子裏走走，被蛛絲黏住了。現代世界是這樣的不樂意，或許核兵器的戰爭也不過如同打水洗面，洗去了鉛華與蛛絲。可是現代人能像三國周郎赤壁的風流人物，談笑不驚麼？

愛因斯坦與羅素，都說核兵器的世界大戰是不可能防止，而且也來不及防止了。羅素要英國人寧可降伏，像以色列人的在埃及為奴隸四百年，亦還可以有歷史。他這意見人們當然是聽不進。他若把這回的戰爭人類有全類的可能的話再說，也知聽的人怕煩，但是說說他自己總可以，他道，「一九六二年我九十歲，其時世界上的報紙將登載，英國的數理哲學家羅素死亡的消息。」他是把大戰爆發看得這樣近。

現代的人類縱有諸般不好，但若就此全滅了，到底是冤屈的。這一晌我久久心裏解不開，原來也是為這件事自己對答不上來。我幾次甚至想到要自殺，因為至今為止人類的歷史若被證明了竟是這樣的不莊嚴。而同時我亦冷靜地把一部放射能的試寫電影都看完了。這部電影是記錄的日本幾個大學把放射能施於鳩與金魚的試驗，與廣東長崎醫院裏放射能病人的容態對照，中山優與池田可是中途不忍再看，離開戲院了。

以此我亦懂得釋迦與基督的哀痛，他們都是面對著人類的大劫數，一個悟得了解脫，一個則求懇上帝拯救。可是現在的問題比他們那時候的更嚴重，核兵器的戰爭把人類全滅了，那就無論涅槃或上帝乃至中國人的天亦一概沒有了。天亦是因人而纔有的。歷史至今是無明的東西無常，文明則有常，這回可是一概全滅，從來的破無明，說文明，皆不過是一場笑話罷了。

呂仙學點金，聞說五百年後還為鉛錫，遂不欲學。若文明亦有朝一日頓成灰塵，我亦寧可自始即不要這樣的文明了。所謂既有今日，何必當初。那呂仙，是以此一念，故其道成，得與天地齊壽，日月同光。

釋迦於其所悟得，要人為此出家，好奉持不失，基督亦離去世俗，專為奉行其所謂主的道，他們對於大法，得之則生，不得則死，認真鄭重到如此，乃至屈原的問天問漁父，上下而求索，近來我都同情。但是我亦仍舊不喜，仍舊不服。倒是孔子說的對，「未知生，焉知死」，世界上惟有中國人不把死當作一個問題，以宗教或哲學來解決，而只有喪禮與祭禮，喪禮與祭禮乃是生人的行事。原來核兵器時代的劫數亦不能作為一個問題的。現在是惟中國的事尚有得可以想，此外印度亦大概可以避劫。日本危險，日本民族有一種悲，使人心裏解不開。

若把核兵器戰爭的毀滅當作一個問題，那是怎麼思省也不能有解決方法的。可思省的只有是今天的生人的行事。事實上現在一般人都是只顧目前，羅素的警告也無用，你儘管罵他們沒有出息。但若真有大辦法，亦只能從思省眼前現實生活而來。漢朝的詩講到人生如朝露，聖賢不能度，要求不死術，多為藥所誤，結句是：

「不如飲美酒，被服紈與素。」

這就是知生為上，此外不但羅素的警告無用，乃至雖釋迦基督復出，亦是不能度，而裁軍會議與巨頭會談則多是亂用藥罷了。

世界各民族皆有死的問題，連日本亦有伊弉諾尊追亡妻入於黃泉之說，可是中國文明能沒有死的問題。

近來我曾經費盡心力亦發見不出解決核兵器時代人類全滅的問題，但亦到底忽然明白了根本不應把毀滅作為問題。我倒是「今日相樂，且當喜歡」，知者與短見者原來似是而非。

如此，我今且來逍遙遊，遊於日本。屈原的「飲余馬於咸池兮，總余轡乎扶桑」，是將上下而求索，我可是亦不為求索解答。

一年暑天，我偕池田參拜伊勢神宮。那裏溪山迴環，及行至神宮入口處，則豁然敞陽曠遠，如朝庭的開向萬國八荒，這就已氣派非凡。到得神宮柵門前，只見柵門關著，裏邊地上舖的鵝卵石，如太古洪水初退落時，日本人的祖先是來到此地做起人家。伊勢神宮每二十年拆掉重建，這種新意，便好像新做人家二年飯米香。

那建築的形式好到不落宗教，外面山門與木柵關著，望進去二門也關著，但沒有幽邃恐懼，使人只覺是天下世界正有許多大事要發生，卻可比茶道，好到不落思想感情。日本人來到這裏，是子孫來到祖先的面前，分明有自身端然。我與池田參拜罷，轉過坡嶺，尚望見殿脊橫插著一排衝木，兩頭鍍金，煌煌的照耀在海天雲日裏，原來當年他們的祖先在這裏做起人家，是有這樣的揚眉吐氣。

伊勢神宮是祀的天照大神，正殿的鄰近，山坡處尚有小神社二，一祀她的和魂，一祀她的荒魂，池田讀了題額，驚異道，「天照大神也有荒魂？」山坡處再過去是素盞嗚尊的神社。日本的這和魂荒魂，是與中國的性命之學，印度的佛性與無明，同樣偉大的發見，不像西洋的善與惡對立。尤其那素盞嗚尊，非常亂暴，若在西洋，他必定成了撒旦，但在日本他是天照大神的弟弟。

閒常我覺日本男人有他們的非常野蠻可惡，他們卻又壞到怎樣亦臉上有一種天真，叫人不知要怎樣說他們纔好。如今我纔明白他們倒是素盞鳴尊的嫡派子孫。那素盞鳴尊，古事記裏講他因不見姊姊而哭泣，哭得發起脾氣來，他「登！登！登！」的爬上天去，天都為之搖動。他在他的姊姊天照大神那裏搗亂得不成話，結果又被驅逐下來。可是這位素盞鳴尊，他卻又是和歌的始作者。是他開闢了日本國土，他斬八岐大蛇的劍至今傳為日本皇室三種神器之一。

古事記裏記素盞鳴尊一到高天原，天照大神以為他是來奪國，他再三立誓說沒有領土的野心，姊弟二人講好許多條件為證，隨後他卻搗亂高天原的田稻，他姊姊在織布，他生剝一匹小花馬投入殿內，又於天照大神嘗新時，他置糞於其座席下，坐得天照大神一屁股都是糞便。這裏使人想起中日之事，日本兵到中國，即也曾與汪政府要約為信，可是他們在中國的搗亂，有的叫人看了簡直無話可說。那天照大神，後來是為氣他，又讓他，自閉於石窟。中國文明這次亦是因為日本人的搗亂，關閉在共產黨的石窟裏去了，至今天下黯淡。

古事記裏的天照大神，後來是經多神相勸，她纔又出來了。於是諸神皆對素盞鳴尊的批評不好，就這樣把他逐降了，連請求一宿，過了大風雨再行，亦不答應。日本人今番即不但朝鮮人，連東南亞諸國人皆對他不好，如素盞鳴尊的不結人緣。但他還是要開出新的歷史的。

現今的世界，有一位美國的總統艾森豪威爾是正經人，與又一位蘇俄的頭兒赫魯曉夫是大流氓，他們兩位都在隨意的說起核兵器大戰，要打就打，而你連正經亦正經不過艾森豪威爾，流氓更流氓不過赫魯曉夫，你卻來擔憂核兵器的大戰，豈不是上海人說的鴨水臭！我喜愛那素盞嗚尊，他至少流氓得過赫魯曉夫。

以此我決不再作那樣徒然的擔憂。我且亦不再對艾森豪威爾及赫魯曉夫他們的風采發生興趣。我真喜愛自己是在日本，看看日本的市井男女都還比那班人有好風采。我而且是暫時把對於世界的經濟政治軍事及外交會議的觀察來忘懷的好。原來現代人的窮屈正因為太切題了，連報上的懸賞徵文也是推理作文，叫你只把一定的字填進空格裏。正如推理作文的不可能寫出好文章，美國的與蘇俄的頭兒們今在做的是太切題了，所以無救。我不如看看菜館裏的女侍們執巾捧盤，倒是看出苗頭來亦未可知。

有個相識的華僑在新橋開上海菜館，我每無事經過就進去玩玩。女侍當中有個姓勝岡的，生得白皙長大，相貌好像溫州的吳天五太太，她的腰身使我想像愛珍十八九歲時的春風歲月，人世的情義，皆成了她的人的深穩與明麗。而一班女侍當中亦是她手腳最勤快，做事看得入眼。我在二樓看她們捧盤遞菜奔走，大家一樣年輕，都是著的制服與釘有襻帶的白鞋子，惟有著在勝岡身上腳上便自不同。

這家飯店好生意，又兼中國菜館特有一種世俗的繁華熱鬧，此刻正上市，但見一派沸沸揚揚，樓梯口走路處女侍們絡繹如梭，眼睛鼻頭都要闖在一起。其中勝岡捧著一大盤紅燒海參進五號房間，卻被客人嗔道，「上菜不要這麼急！」只得又捧了退出來。夾在忙頭裏，這應當是很尷尬，亦不知是誰錯了，但是她笑了，其餘幾位女侍也笑了，真真是青春的奢侈不介意。我當下忽然覺得中華民國現在的尷尬，對於毛澤東這班客人，亦是可以好到像這樣的不介意。

除夕我也是在這家飯店赴宴，席散後我還留在那裏玩一歇，看店裏收了市，女侍與廚役們喫年夜飯。女侍們皆除了制服，換上新衣粧。勝岡也換上了家常的打扮，就見得是個人世的女子，而為女侍的職務此刻乃另有一種新意。她只撲一點撲粉，亦臉上身上有著細細的香氣，雖是細細的，卻香得來無幽深，連香氣亦是她的人的條達。她的笑語，她的坐相，使我覺得今晚真是佳節，她是大人，而我則如昔年小孩時看堂姊姊，當下不禁看得獃了。

她們拼起長枱子，連廚役坐攏來二三十人，滿枱子倒也是山珍海錯，觥籌交錯，勝岡面前堆著一大盤蜜柑，那橙紅的顏色和在燈光裏，也都成了是除夕的喜氣，青春的精神。幾個廚役都是男人，有一個上手姓早川，生得濃眉大眼，三十年紀，他是手段也有，脾氣也醜，喫醉酒就罵人打人，前一時有個女侍與他口角，就被他打過，那女侍挨了打，也居然不鬧，而其他的女侍們與廚役們見了這樣打人的事也居然不怪。而現在這早川，就喫酒喫到半中間又亂暴起來，而與他同桌喫年夜飯的女侍們竟是沒有一點憎惡之意，也不驚恐，還對他有好意，單為敬他是個男人。我留心看看勝岡，她也一樣，我當下不免悵然。但是轉念一想，我隨亦懂得了那早川的確是好一條男子漢，他此刻在筵席上，就如同素盞鳴尊在高天原。日本的神，果然即是庶民。

如此我忽然生出一種安心。原來天災與貂，在於栗鼠是不可抗的，但在於人，即天災可以消防，貂更可捉了來做皮袍子。如今對於核兵器戰爭的劫數，在於人類，簡直是想不出法子，在於神，則大概是想得出法子的。但西洋人求神，不及日本人的自身即是神。

我所以歡喜住在日本。前回正月初一我與愛珍及女兒咪咪到淺草觀音廟燒香，我抽的籤曰，「紅雲隨步起」，我讀著不禁笑了，我的流年自己知道，我的問本來只是隨意的問問，而菩薩亦是因為新年新歲裏，未能免俗的說句吉利話兒。如今又是二月裏我的生日已過，一日陪愛珍到入國管理局辦一項手續，卻得那女職員說可以不需了，如此馬上就回來，路上且去逛公司。

在東橫百貨公司七樓看了原子力展覽會。還看了京都名物觀光會，也在七樓。愛珍說肚餓，陪她到八樓食堂喫鰻飯。那食堂容得數百人，有的老老小小拖了一群，想是鄉下來的。愛珍只顧看他們，與我說，「日本人真喫得落，你看鄰桌一個婦人，她把一籠蕎麥麵來喫了，又把她的兩個小孩喫剩的壽司，還有一碗紅豆糮糍，統統來喫了。」我聽了也望了望，好意的一笑。

我覺得這樣的春天好天氣，玩玩公司真是可歡喜。以前我與一枝亦到這食堂裏來過，那時也是，今天也是，只覺對於現前的日本乃至天下世界沒有意見。便是剛纔看的原子力展覽會，亦只覺得它是好的。我還繫情於那京都名物，有一種艾菁餅，是與我鄉下清明的艾菁餃一樣做法。

（五）

基督乃至釋迦，他們都不說要打天下，開創新朝，中國人現在卻是必要打得天下，開創得新朝，纔好算數。我也不去曠野裏祈禱，也不去雪山裏求道，我是比西洋與印度的哲人更真實的生於憂患。

印度的是佛境，日本的是神道，中國的卻是仙意。中國從來求仙者，秦皇漢武張良李白蘇軾皆是用世之人。蘇軾有安期生詩，曰，「安期本策士」。還有我喜歡的即是那首漢朝的樂府善者行：

來日大難，口燥唇乾，今日相樂，皆當喜歡，
經歷名山，芝草翻翻，仙人王喬，奉藥一丸，
自惜袖短，內手知寒，慚無靈輒，以報趙宣，
月沒參橫，北斗闌杆，親交在門，飢不及餐，
歡日尚少，戚日苦多，以何忘憂，彈箏酒歌，
淮南八公，要道不煩，參駕六龍，遊戲雲端，

一個人可以是這樣的生於現實的憂患，而滿腔俠氣，變得都是仙意。

前年士奎回香港，他是受小寶之累，又在日本的居住證已到期，但亦是因為他自己在那裏膽子小，他問繼娘資助旅費。士奎也是白相人，愛珍念他過去在上海時待繼娘總算不錯，當下就湊給了他十萬日圓。可是酒吧的生意不能賺錢，乃至年關逼近了，店裏就差這數目發不出人工。愛珍知道我是不輕易求人的，莫要為錢的事朋友有了介意，那就值多了。但她不說我也知道，一日我就說去問尾崎士郎借，愛珍道：「尾崎是曉得世事的，他也不算是借，不會要你還的。」我就問尾崎借二十萬圓，翌日他差人送來十萬圓，我在收條裏寫了明年桂花開時還他。後來咪咪告訴我，「前日媽咪哭了，與我說你爸爸是真心實意待媽咪，敬重媽咪。」愛珍有這樣的感激，可見她的俠烈一似當年。她時時在心記得要還這筆錢，到得翌年八月，她節省下十萬圓交我去還尾崎，尾崎果然不收。

我現在就是不尚虛華，不但對朋友，對世事都是如此。我可以瞭解甘地的手紡車，甚至亦瞭解中共的掃蕩一切，但是一面我好比是在做一種樸學，把現前的東西一一加以考校整理，像我以前接辦大楚報，起先各部門我都親手摸到，然後可以大變革亦只行於自然。現在人家在那裏批評人才，事情，物品，與流行的樣式，我只是聽聽，不參加意見。我這樣的慎重，實實因為當今真是個大變動的時代，許多東西像鯉魚跳龍門，跳得過跳不過都還未知，生的則是得生，死的則是得死。

平常我驚憂原子能時代產業與生活的方式全改變了，也許連家，國，天下，統統沒有了，這豈不是又要被美國人說得嘴響了？但是現在我曉得不會如此。旭化成公司如今即在製造重水，應用原子能於改進人造纖維，而且開始出產誘導彈，而我聽宮崎輝專務說到這些，只覺是現代的謙謙君子，對於新產業有這樣的安詳。

原來原子能產業的時代，亦只要是人世有禮。禮者尚異，單說建築物，自古宮室，城堞，衙門，店肆，作場，倉庫，體制各異，現在亦水泥鋼骨的大廈，為工商業之用的建築物，不能說是不好，不好乃是把住宅的建築體制亦同於公司的寫字間，甚至同於倉庫。又如月賦，購物分期付款，這在開店添置生財是便利，但是一份人家亦流行月賦，新式家庭的預算弄到像商店的一樣，或根本把家庭當作不過是職場的一部份，等於宿舍，那就是不知禮了。我們將來的生活方式，亦決不會是展覽會裏原子能都市模型那樣的無情無義，卻是住家依然可以有日本式的迴廊與庭院的。

平常我又憂懼中共政權若年月久了，會不會把漢文明根絕？我為此非常認真的觀察敗戰後經過美國式大變革的日本，其實也並沒有走樣，那種新的好法與壞處仍是日本人的。印度今獨立解放了，過去二百年英國的殖民地統治亦沒有傷及印度文明的根本。俄國的共產革命已四十多年，斯拉夫民族的品格也還是那樣。中國的事，如此我纔亦新有一個信實了。

而眼前核兵器戰爭的危險若還度得過，是只有靠文明。文明在格物。人類自從知用石斧至出現原子能產業，皆只是制物，要把物如何如何，而格物則不生問題，斷絕諸緣，因為真是天上人間，與物相見了。日本女子穿著和服，她的人與衣裳的那種好法，亦因為是格物。一到達這個境界，即是「止於至善，」故和服可以百年如新。而西洋的宗教與哲學則是在制物到格物之間翻飛搶撞的蝙蝠而已。西洋東西的阻格即是因為不能到達這境界，所以永遠在追求，要止也不能止。

國事我今不去多想，好像荷葉擎的水珠，多想怕會搖動盪出。又好像一盞燈，連風信都不許有，卻會忽然爆出燈花來。我於形勢消息，竟不是研究，而是偶有會意，便欣然忘食。中國不會像蘇俄的也共產數十年，而是自有其解脫之方。匈牙利的暴動亦自是匈牙利的，而中國則將以內戰，共產黨內部叛變與民間起兵相結合。自從毛澤東下台，此新形勢已一天一天顯明，還比可想像與期望的更好。

一日我遊於多摩川畔，那裏登戶驛過去有一株古松，其齡或曰八百年，或曰五百年，總在德川家康入江戶之前，這回是中山優陪我去看。兩人沿向丘遊園背後的山邊走去，此地就有許多好松樹，我一面欣賞，一面與中山優說話。松樹自是多姿，獨樹已奇，連林亦好，我皆看了記在心裏。隨後到一坡阜上，那裏是個神社，有兩株大松樹，那樣的有精神，不像是長上去的，卻像是渴虬怒馬的奔馳上空中去，我走近去把手按在根幹上，覺得心都震了。我連讚「好樹好樹！」一轉身前面一棵大樹蓬蓬然，把天空與遠山都做了只是它的背景，走去應當還有千步之遙，可是好像就逼在眼睛鼻頭前。我不禁大喫一驚，問中山優，「那是棵什麼樹呀？」他答，「就是我邀你來看的松樹」，我即刻慚愧，怎會專為來看的，見了卻不相識！

兩人到了樹下看時，原來這叫稚兒松，生在路邊田隴上，只見其枝柯條葉平正分佈，倒是像一株大芥菜，毫無奇矯之處，但是怎麼會是這樣好法！樹腳下先有一對男女在那裏，大約是近地專修大學的學生，觸目只覺不相稱，而這不相稱也好。我抬頭仰望，竟不是大樹參天，而是青森森的天空來戲樹。那樹幹裏滿是生命力，我單是望望也可比相撲的氣合大喝一聲，我身與樹幹的生命力撲打在一起了。而中山優卻又與我講起日本，這又是與眼前的風景不相稱。可是當下我也毫不相干的竟想著中國的事，只覺我亦可與之像相撲的氣合一聲撲打在一起，而且它可以是像這稚兒松的於已有諸形態之外的好法。

我為什麼要這樣的念念於政治呢？因為我是天涯蕩子，不事家人生產作業。因為「既生瑜，何生亮」，一龍九種，天這樣的生了我。因為當前真是個大時代，全世界的人們，明天就要有個大決斷，而今天是該來個大反省。

我是蕩子，故凡事求其牢靠信實，日本畫家橫山大觀每趁火車，他一小時前已到車站，寧可早等，怕萬一失誤。人生原來是不可以有萬一。我寫「山河歲月」與「今生今世」未成，連乘飛機也避免，怕說不定遭難。除非等到這兩部書都寫成出版了，我決不東撩西撩去創立新的事業計劃。

一日在宴會上，清水董三說：「今時在日本對於中共的研究，不及在美國與香港，因為研究的熱誠是從志氣生出來，日本人今對中國的事無志氣。」我當下聽了忽然很感激，因為我想起了自己做學問的辛苦悲喜，雖然他說話的本意與我無關。我很能瞭解釋迦的要萬人乃至眾生都傳誦他的經，歡喜奉行，要大家把他的經看得比性命還寶貴。我很惋惜沒有好的日文翻譯使尾崎士郎可以讀「山河歲月」與「今生今世」。

但釋迦的是太當真，太鄭重了。基督更責備群眾：「凡是有耳朵的都應當聽，凡是有眼睛的都應當看，」有股兇相。愛珍道：「白相人到處有風光，是他自己會做人，講過閒話落開，並非人家敬他是應當，要說應當就難了，豈有可以是這樣兇相的？」而比起基督，釋迦的是慈悲，這又使我為他難受，覺得委屈。倒是白樂天箋元稹：

「莫怪酒後言語大，　　新排十五卷詩成。」

不過是跌宕自喜，這就非常之好。他這樣巴巴結結的告知元稹，箋裏竟還說：「每被老元偷格律，曾教短李伏歌行，」這怎麼可以！

而現在是楊柳如線，日本的春天像杭州，我寫成了「今生今世」，巴巴結結的想要告知愛玲，如此頓時我又不自在起來，卻聽留聲機唱草橋結拜，銀心忘記是喬裝，叫：「小姐！」袁雪芬扮祝英台叱止她：

「哎！小姐好端端的在家裡，你提她做甚？」

她這說白一個字一個字嵊縣音咬得極清楚，我不禁笑了。真是好端端的我心煩意亂做甚？

右今生今世，自中華民國四十三年三月開始寫，至四十八年三月寫成。文體即用散文記實，亦是依照愛玲說的。

社鼓溪聲

隅田川

櫻花謝後，四月將盡，正岡夫妻請客泛舟隅田川。宮田，清水，矢吹等與我，一船凡十人。舊曆是三月十八九，積雨初過，晚上應有月。船中諸人夾衣，婦女和服，船外水氣郊市，天色灰明微紫，月亮不出來，亦有月夜之意。天氣尚微寒，亦有初暑之意。這夏始春餘的天氣，微有月意的夜晚，與舷外流水，舷內人的衣裳與肌體的感覺，使浮生塵勞頓時放下。我讀書時在杭州，每到西湖西泠印社喫茶，靈隱至韜光一段看竹看水，滿覺攏看桂花，都頓覺放下了塵勞，其實彼時此生尚單純得很，那有什麼塵勞。彼時遊西泠橋頭蘇小小墓，遊岳王墳，皆只覺西湖風光現前。爾來四十年，真的多有了塵勞了，反為登山臨水亦不能頓時放下。蓋放下塵勞之想不能是因為疲倦了要想休歇。而此刻是因為這河水麼？人世大山大海，多有風浪，難得是這樣的只是水。

新聞紙上常見工廠與下水道致隅田川被污染的話，此刻船撐出幾座橋，到了河面空闊去處，依然軟波層層，舷外的水與舷內的人相親。這河水亦如塵勞之身，在親人的面前還是純潔的，亦只有親人看他仍是純潔的呵。軟波層層起伏裡一般有兩岸明燈光影千條。遠處橋上汽車開過，如火樹銀花，市聲與暗塵亦在河水裡柔潤了。我沒有像此刻的只覺東京盈盈如在鏡裡。隅田川是東京的反省，現代都市所缺少的反省，這河水真是活東西。

船中的男人們多有其奇拔的一生，此刻他們說話唱歌，少少飲酒，喫壽司，莫談那奇拔與塵勞，且只是像這河水吧。有矢吹是中年婦人，唱歌唱得很好。她只是個真實的婦人，這就我與之顧盼之間有了一種恩情。福生書店裡有個女店員，年紀二十左右，穿了青布的工作服，要講相貌寧是難看隊裡排，而我每次見她，只覺得好，不生凡對女子的相貌的意見，不生凡對女子的人才學問品格等等的意見。男人與女人是有像這樣無可被選擇的。矢吹亦是這樣的一人。

這船亦好，偶亦用櫓，而裝了馬達，在滿是燈火的河水寬闊處開去，機器的聲音有一種豪華。

甲辰　五月三日

贈安岡正篤先生

平生憂喜何人會，一笑空對異國雲山。此地亦胡馬去後，市井燕嬉，草木猶慚。讀君諫佛驅鱷文字，哀意未忘夢魂間。勸君酒，歌路難。

與女兒咪咪

天下霸王事微異，漂零還愛俗鄰里，隨肩小女有咪咪。
傷亂惜時年尚未，但知春服羅綃起，夭桃出籬柳低水。
柳影池波豈安份，桃花紅到人心裡。

五月卅一日

飛機上

乘噴射機自羽田到福岡，只要一小時十分。去時好天氣，從一萬數千米達以上的高空望下來，連山撲地，山上的植樹都看不見，只見是青苔附著山骨。人家完全望不見，想像著海邊山腳該有街市，注意看時果然有些赭紅的線與塊，似省線上的市區附圖。原來人類在地球上所佔的只是表面這樣薄薄的一層，如果刮去了也只等於刮去了一層青苔。於危險與死都可以相忘。難得有這樣一種空曠虛無，尤其是在於現代人。而飛機又這樣的爽朗無滯，機翼機身，與乘客，空中小姐，一一現實，遠離憂患，科學可以是這樣的只是好意，甚至是熱鬧繁華的。這種境界是老莊的。

歸時可是不同了。我近來每有削髮為僧或自殺之思，今就想到若墜機亦但聽之。天氣不好，在雲上飛，完全望不見下界，已入昏暮，雲亦多是煙氣黑霧，上不見日月星光。惟見機翼兩脇微現紅光，似地獄的火。又如螢火蟲的腹部的光，這點點火光非常非常的可哀。飛機在這樣的高空亦逃不去佛經裡說的無明。及其降下著地，如為燈光所惑的鳥墜地撲翅，可以感覺得鳥的胸膊的鼓動與肌羽的暖意似的。這裡是荒愁的東京都空港。我突然想到了佛說的慈悲，真是心裡難受。宇宙火箭亦逃不出這慈悲吧。世界的前途端在頓時脫落，打開慈悲見老莊。

甲辰　五月四日

羽村

夏天。晨八時十分走出門散步到羽村水堰。著日本浴衣，橡皮涼屐，持幼桑手杖。此地是多摩川上游，水細灘闊，堰下淺瀨，水面露出漚釘石如星羅碁佈，皆生青苔，水花濺濕，我要想踐之而過，試得一試，怕滑跌倒，就回身佇立，且閒看遊人。今天雖是星期日，因時候尚早，水涘寥寥惟有三五人。

隨即開到一汽車，下來一家四人，開車的看去約二十幾歲的是長兄，一妹穿高中女學生的制服，肩下二個弟弟，大的六七歲，小的四五歲。他們去水涘要下一堵石磡，有半人高，哥哥姊姊跳下，那大的小孩亦一跳就跳下，小的一個卻曉得兩手撐住石磡先墜身下去，然後一跳著地，那長兄與阿姊連不回顧，大家就這樣一直的走向水涘去了。我看著不禁愛那灑脫，遂共他們走到一個壩上，壩的斜面很陡，去水高約丈餘，大的小孩就坐倒身溜了下去，阿姊是半坐半蹋的走了下去，小的亦照樣來溜，長兄就趕快先倒走下去一半，兩手虛承著他，而這小的亦居然自己溜下去了。這要我是不敢。他們都是著的橡皮涼屐。兩個小孩下去淺流細湍中，兩人各牽一隻玩具輪船。阿姊只立在水涘，那長兄亦坐在壩上，我亦坐在壩上，看著那兩個小孩戲水。

水中都是青蕪苔，大的小孩滑得一滑，而不跌倒，口中叫出一聲「咦！」即刻不以為意，那長兄看著亦不以為意。小的把一隻屐陷落水中沙泥裡了，那阿姊就涉水下去撈起漂清了給他穿上。兄妹姊弟是平人，不比父母照管的婆婆媽媽，卻別有清潔妙嚴。

此時卻有一婦人驀地從水涘走上陡壩，三跨兩步如履平地。看時纔三十年紀，杏黃衫子黑裙，著屐。纔三十出頭的婦人未減年輕女子的颯爽，單是線條更溫柔了，她身上的衣裙與梳的頭都是感情。是幾時這樣的色香滿喫。她後面有個小孩跟著也爬上壩子的傾斜面，她回頭一顧說：「要小心！」卻不停步等等他，那小孩自己爬上，母子二人走往隄上去了。是此地的家吧，所以出來走走就回去了？

那邊淺瀨處，有二位年青姑娘，都是著的衫裙涼屐，她們如蜻蜓點水，踐漚釘石而過，卻不怕青蕪苔滑跌倒，我望著不禁生起羨慕。這樣的日常等閒事而何處都有驚險，還比專為度繩走索的曲藝更好。她們轉眼之間就度過淺瀨，走在對岸的大隄上了。人世的一切真是有鋒稜，不但角形的，連圓形的亦有鋒稜。而她們的灑落又如流水的活活。

先前那兩個小孩，大的一個亦去到那淺瀨處走走看，這邊他的長兄叫道：「危險的嘎！」那小孩遲疑回步，果然腳被水裡的青蕪苔一滑，幾乎跌下去。他就聽話走回來了。於危險與安全可以這樣的不介意，而亦沒有一點大意，年青人如花，無論開在懸崖與開在平地曉風裡都有一種高絕。於是那哥哥姊姊帶著兩個小弟又坐上汽車開回去了，於風景亦這樣的不沾戀。

那兩位姑娘去過隄上回來了，仍跨漚釘石渡那淺瀨，一個想是失了腳，她索性走在水裡，那一個亦身子一搖晃，好得她扶住了。那在水裡走的一位在半途俯身索性洗洗腳，這一個回身見了亦轉去幫她潑水洗背後裙子，也許是方才滑跌過一次弄髒了。二人隨即到此邊上岸，那一個背後裙子水淋淋的濕了一大片，她只側轉身看了一下，亦不介意的一同走了。她們都是住在近地的麼？

年輕人的世界即他自身，是直接的。而我今年五十九歲了，也許有點旁觀。但也許是在直接與旁觀之際，有一種悟。但也許可被羨慕的倒是那年輕人的行而不覺。又也許最好是在覺與不覺之間。佛說圓覺，也許不如生覺的好，半生不熟的覺；未圓也吧，像月亮的未圓。

朝陽照過半灘，遊人漸多，我這才亦回去了。歸途趁電車，於羽村驛見一好女子，及乘上了電車，她立在我面前，二人都無坐席，我遂得細看她。她大約還只有十八九，不出二十歲。夏天著淺白色衫裙，赤腳穿皮條結的無鞋幫紅鞋，胸襟珊瑚別針。平常我愛和服，對女人的時裝多有意見，焉知時新兩字竟有這樣好。她搽的手指甲與足趾甲桃紅色。眼皮搽淺淺的煙藍。搽指甲油與搽眼皮真乃女子的嚴格考試，女子每天的化粧是創作。她臉上薄薄敷有香粉，可比是新篁初解籜時。她的頭髮式樣亦好，現在女人的多是乾燥雜亂蓬起像雞窩，有這時代的氣息荒荒，而這位姑娘的頭髮卻是略略燙得一燙，不焦曲，前額稍稍做起，梳到後頸朝裡捲，恰如一川綠雲緩緩流著。她眉毛生得開，高高的眼梢甩上，臉頰的曲線如春水池塘的波形。她的身裁豐纖適度。婦人的會是肉感，而年輕姑娘的身體卻只覺其是精神，照面逼人。

電車行駛中，我立在她跟前咫尺，越看越好。她執錢包的一隻手抬起在胸前，那半截露出的臂腕正當我眼下，我看著看著，只覺它是個人世的美好現實。這我對之可以是怎樣的交涉呢？

我書桌的玻璃板下有深水畫的美人，是和服梳辮的姑娘，我朝夕都看看她，歌麿他們的浮世繪我不喜，卻愛深水畫的有現代的清揚。如今電車上的這位姑娘雖不穿和服，亦見了她使人只覺當今亦是清平世界，乃至不可以有戀愛。

我這樣面對面的覷著她，一點點阻隔亦沒有。不在意地，極謹嚴地，只避免與她的目光相觸。而她亦豈有不知，但是她不介意吧？因為青春自身是貞潔。華嚴經如來現相品，爾時世界微動，就像這樣的不是無交涉，而未有事故。此時世界若有事故發生，只可以是比她還小的頑童，撩她一把，挨她罵。

七月五日寫起，至十三日寫完

玉堂祭

八月十六日御岳玉堂祭，有盆踊與煙火，我與愛珍喫過夜飯後去看，到得遲了，盆踊已收場，車站與沿途都是竹笠浴衣草履舞裝的婦女，她們多是近地人，來參加盆踊各領得一份舞裝歸去，所以那竹笠浴衣草履都別有可心愛的了。時已入夜將近八點鐘，煙火方熾，看熱鬧的人如潮水。沿山渡溪，溪上臨時搭起長橋，杉柱松板麻纜猶新濕，迤邐高低曲折，明燈水聲裡，人們逐隊走在上頭，隨著橋身搖曳，女子們不翩遷的也成了翩遷，男子們不俏皮的也成了俏皮。那偏溪山的千千盞明燈，如星如火齊，照的碧樹生煙，水聲皆活。照的人影男女心魂皆在水聲裡流去。

水聲燈影裡人們在橋上逐隊而行的，在橋墝灘石上摩肩接踵而行的，在岸邊樹上佇望的，是年青的皆有其所待望的，分不清她那待望的眼前的人或即是天上的星星是也該，有話想要說，此時心情或只如那水聲潺潺，或只如那水聲裡流去的燈影。那人堆裡的一人，無論是他，無論是她，都有一個故事在剛剛起頭，千人萬人裡，單她傾頭低話時微微觸著了他。漫天爆竹裡，單他眉梢一緊費人猜。而還有是那老年的翁媼與身體尚正在拔長的頑童，老年人活到現在，覺得世界都在，頑童是這大人的世界彷彿都在打破，如打破玻璃燈的一聲響，要他人留心他淘氣，那水聲惺忪，也許就是在說的這個，褒姒的愛裂繒的那一聲響。

御岳重疊是山，煙火在半山放，都是回聲。山，平時對它不知要如何纔好，現在一記一記打上煙火，星辰下夜氣裡，把山打出意思來了，和山也可以有話說了。山也湊熱鬧，請山也下來到玉堂紀念館喝杯茶吧。

今夜的勝會是為玉堂紀念館成立，所以就在玉堂館前舉行。河合玉堂是畫家，年過八十，數年前沒。紀念館玻璃軒窗，溪山星辰無阻隔，室中陳列他的日本畫，明燈下只覺其如新作，這新是明治以來開闢氣運的新，而依然是日本的。室中的電燈光與廊下的燈籠別有一種安靜，但為外面的野氣所侵襲，燈光亦如水潑濺。外面爆竹聲中，這裡掛的玉堂的照相，與其生前作畫之室，火缽几案筆筒畫架都似此刻可用，雖無家人，亦如人家的在過節日，雖不焚香，亦真的是在祭了。

玉堂的有一幅畫即是畫的紀念館前的溪水，波瀾迴環，在電燈底下，這畫的溪流就像一隻野鳥被捉來放在堂前。今晚的盆踊與放煙火即是使溪山都如在堂前。那橋下的沙灘上亦電燈明晃晃，有警察戒備，怕人叢中有被擠落，或有出邊出沿不知危險的大人與小孩。那溪流，急湍翻滾，被電燈光照白了，惺忪裡疑心它是靜止的，與燈籠的顏色，及遊人的衣裳的顏色，且是相配得好。

溪谷的一邊是玉堂紀念館，對面過橋是一觀光旅館，那旅館臨岸傍溪，欄杆掛一排燈籠，如木版畫裡的那種紅色，浸在徧溪山明晃晃的電燈光裡。欄杆上憑滿人，那都是些天上人麼？這與橋上溪灘上的無數人，那都是些地上的遊仙麼？

蘭盆會使山川木石都與人相戲，使千人萬人都成了風景，如革命之際，一切人皆成了相知。

八月廿四日

百合花

愛珍是城裡人，見院子裡花開了必折來插瓶，與我的喜愛花在枝上開落，想法不同。但我亦曉得愛珍的是人與花更在一起。我家院子裡花多，惟百合花只得三株四株。這些日子裡，我留心到有一株快要開了。幾回特意又去看時，卻依然只是蓓蕾。花這樣東西，明明是要開了，而等到它忽然一開，還是使人覺得是意外似的。我雖不曾聽得晨光霧氣中花兒開拆的音響，單是那照眼豁然，就連天下世界的凡百大事都是有可為的了。我心裡想不要給愛珍看見折取了。

果然一天早晨，我還在床上，愛珍去院子裡折了一枝百合花拿到我床前，看她是不勝之喜，她折來這枝花，好像是在池塘裡捉得了一尾鯉，捏在手裡鮮活迸跳。這朵花，一夜之間開得這麼大，搖搖盪盪的，它來到了房裡亦像是在無邊風露中。這真真的是百合花。這真真的是無保留地開放了。而愛珍的人亦真真的與花一起開放了，絕無保留地。我叫了一聲嗳喲！說你又把來折了，想要譴責，但是也不禁看得獃了。

近來我真是虛度光陰，連對於花木都茫漠，天天見面亦如不見，今天的可真是意外。我說給愛珍道：「折了百合花就不結百合，去年有一株也是被你折了，今年它連不再茁了。」愛珍注意地聽我說了，還是興緻緻，說道：「等還有一株開了，也折來。」真是拿她沒有法子。

癸卯年九月三十日

井上眼科

偕愛珍去醫眼，並配眼鏡。我患的是結膜炎，醫生驗視力無事，可以安心了。結膜炎醫生不當一回事，再問時，那年輕的醫生怕煩。愛珍患粒腫，俗說偷針，醫生更不當一回事，它自然會好的，要割亦可，不必吧。井上眼科有名。愛珍偏走到上頭院長的座前再受診，院長是老先生，已八十四歲，愛珍示以粒腫，他卻簡截地說割，當下就割了，那種爽快法，沒有一點疑惑姑息，完全是明治時代的人對於科學乃至對於世事的態度。這最合了愛珍的脾胃。割了之後她一隻眼罩了紗布。

翌日愛珍一人去換紗布，卻挨老先生罵了。愛珍回來很高興，學給我聽道：「是老先生他把舊紗布除下叫我拿在手裡，我一大意把來朝几上一放，老先生即刻大聲叱止：『駄目，黴菌ある！』我倒嚇了一跳。他即刻叫看護婦拿印好的一頁眼科衛生須知給我看。」此刻是下半晝好天氣，愛珍剛回到家裡在洗臉盥手，一次再次以她的不準確的日語發音學那老先生的叱責：「だめ、ばいきんある！」挨了罵還這樣開心。

又翌日，愛珍去看了眼科回來，又講那老先生。老先生今天以中國話問愛珍：「好不好？」看護婦說院長會得幾句中國話。此刻愛珍學他說的「好不好」，又非常開心。愛珍真是有在榮辱以外對於世人的好意。

癸卯年五月三日

登高尾山

重陽節。偕妻愛珍，及應小姐，林文子登高尾山。是日曉天帶陰，遊人行山頭，望坡谷摺疊，萬丈之深，草木似在海水中。都市人家散在田畈，遙從雲山望塵世，皆成仙境。遊人在山頭行，翠嶂煙嵐，遠遠近近，遊人的衣裳與眉眼如對鏡，如藻影參差游魚之活。山頭有飲食座肆，覺此間已近天上，然而一一真實。遊人買喫食，同伴之間依然小氣計較。

歸途買得淮山藥，野百合及板栗。在山頭尚買得異果，曰サケビ，生於巉絕難採處，紅得好看。

癸卯年重陽之翌日

青梅煙火

八月十日傍晚，我一人到青梅看煙火。先是三號夜裡已偕家人到立川溪橋那裡看過煙火了。青梅市納涼煙火大會在半山公園。公園上頭有嶺，巖樹迴複，煙火即在那上頭放，觀眾則在下面公園廣場裡。廣場裡擺有攤頭賣零食，糰子，醬燒墨魚，一串串的串著賣，攤頭的燈與鍋汽炭燄，與樹影人影，皆在黃泥礫地。還有瓜果，都是就地堆列。去國遊子會重新詫異此地是日本，擺攤頭的是日本男婦，買零喫的與在玩耍的是日本孩童，人叢中持扇著ゆかた的日本大姑娘與人妻。消防隊開消防車與救護車防備著。警察手執燈籠往來。廣場人叢裡，看見有燈籠的就知是警察，遂覺對警察亦是親切的了，如同那燈籠的於人親切，雖然此時天色尚早。

及至六點鐘，天還是白日之餘，就已開始打上了爆仗，一響又一響，打在嶺頭樹上空中，像是小小的冒犯，聞聲見光，未成為燄，單是煙。而人們亦像是尚未正經在看煙火。我在鞦韆架邊遊椅上且坐下，與同椅的婦稚及騎在臨崖矮垣上的頑童想要有話，但是不打招呼亦罷了。

漸漸天暗下來了。於是一回兒都是夜氣了。煙火放的繁起來。有的是劈栗拍辣放出流星趕月。亦有像是金燈草花，一盞一盞的。亦有像是銀紅暈白的管狀蕊頭花，天空如水，那煙火都成了是滋潤的，柔得白茸茸的。而突然是一蓬藍色的繖，影襯著銀紅，人叢中近我身邊有婦人嘖嘖的說道：「啊，那藍色！」

有一樣炮竹打上得最多，砰！的一聲響，在空中舒展為一把大繖，千縷萬條的橙紅光彩，掛天而下。那一記一記的砰！砰！堅實激越，險不把天空捶打得凹進去了。廣場臨崖處望下去是鐵路，與市區的建築物，高樓明燈，這一切，在那一記一記的捶打裡只見得是更安定了。捶打成的江山。當初女媧補天，也許就是這樣捶捶打打的。可是像江西人補碗，噹噹的敲給人聽，這世界不會有失手敲碎之虞嗎？看過那原子炸彈的蕈狀雲，叫人真覺得這煙火是吉祥的了。

間隔得一些時候，右手山隩裡忽放起一大串煙火，像高射機關槍彈的衝上空中，熾辣的音響，一簇簇光與顏色的流竄，頑皮地，戲逐地，照見人的眉梢鬢際。

公園的廣場外側臨崖，裡側靠山，我向裡側走去。此時看煙火的人群已像潮水一般只是在漲上來，漲上來，廣場的中心與裡側比較人稀，沒有擺攤頭的燈光，人們坐在地上，像是坐在有沮洳水草的沙灘上，我走過時要留心腳下莫踢著他們。再過去有繩攔住，這裡正當放煙火的嶺頭的直下，怕飛火墮殼會傷人，幾個警察手提燈籠在警戒。可是仍有人出邊出沿的面著繩欄坐下。兩個年輕女人，不知誰是少婦誰是姑娘，完全家常打扮，是晚飯後出來乘涼，也這樣的立在警戒線的出邊出沿。那一記一記的砰！砰！一記一把大繖，遠看是掛天而下，這裡看可是都在頭上。加以每隔一回兒又放起的一大串煙火，竟連這兩位女人亦成了煙火中放出來的景緻了。我忽然有一個思想要走近她們兩人身邊，近得沒有距離，可是走近到了約三尺之處，我想想又止步了。此時我胸中滿滿的都是思想，如煙火的激越，捶打得天空與大地亦都胸口滿滿的。

人群續續的像暗潮的漲上來。八點半鐘了。我穿過人群下山回去，那路上也隨處都是人群。走到山腳下巷口小橋邊，這裡亦立滿了乘涼看煙火的男女，但是自自然然，不到得擁擠難行。漸至小街鬧市，兩邊店面攤頭的電燈如潑水。這裡亦煙火照亮簷瓦，爆竹聲引逗得店裡的與攤頭上的金鐵瓷器布疋瓜果都想要答應，怔怔的，忍俊的，想要有話說。這放煙火真是個大風景，在半山公園的廣場裡，在公園下來的山路裡，在山腳巷口小橋邊，都可以看，不受一個角度的限制。那漫漫的煙火好比是星辰雨露，連整個鬧市都在它的直下，街上的人們縱使不專為抬頭看煙火，亦他們的人都在煙火裡。

靠近電車站的橫街狹巷裡有酒肆，我走過張得一張，裡邊是幾個市井之徒已醉，著ゆがた的侍女在斟酒，這裡亦一般的在漫天煙火中，卻好像是不相干。惺忪悟境，只這一刻的眼前崢嶸男子窈窕娘，便愛煞一生一世，如果起舞，歌詞只應是：

今夕何夕兮？……

癸卯年八月十三日追記十四寫畢

附錄一

胡蘭成的膽識與權謀

陳雲

「世事洞明皆學問，人情練達即文章。」胡蘭成在杭州的教會中學只讀到四年級，他的仕進，權謀，性情與學問，都靠自己的體會和造化。其時中國未經亙古大劫，普通一個人，都可以在繁複綿密的民間禮俗，學得一身本領。好似一個受過所謂高等教育的人，到了意大利鄉族，印度村社或西藏僧院體驗生活，自會嘆為觀止，肅然起敬，知道天地之寬，人物之美，書本知識只是人世的理論概述。胡蘭成被蕙蘭中學開除，事緣他當時是校刊的英文總編輯，校聞欄有一則投稿，記某同學因帳目問題而被罷免了青年會幹事職。校刊的顧問是教務主任，認為事關教會聲譽，禁止登載。胡蘭成向老師講理，老師不語，胡當老師是默許了，於是刊登。發刊之後，老師大怒，叫了他去罵，但他不服，老師以辭職向校長要挾，非要革退胡蘭成不可。胡於是退學還鄉。

山川人世的教化

胡這樣總結當時的學校教育：「但那幾年的學校教育對我也是好的。彼時學校的功課不像現在的忙，考試亦不在其意，很少團體活動，很少競爭比賽，讀書只是讀書，沒有想到要拿它派什麼用場，亦不打算將來的職業，且連對世事的意見有。我所以亦不信基督教，蕙蘭做禮拜，我總是可躲則躲，因為不喜歡基督教的無故鄭重其事。」更重要的是當時的生活環境，「但比學校教育更好的仍是紹興杭州的風景，使我的人亦在風景裏……當年父親帶我到紹興杭州，於我的一生裏就好比屏開牡丹。（《今生今世》，「韶華勝極」章）」讀胡蘭成的《今生今世》和其他由其弟子朱天文整理出版的著作，最可懷念的，是作者記述民初中國的清新氣象（如當時的西式學堂），以及未被敗壞的山川風景和清嘉民風。

第一次讀《今生今世》，是一九八二年在香港中文大學圖書館的陰暗角落。在歡迎新生的迎新營聽罷陳特和謝劍等老師慷慨講學，宵夜閑談，讀經濟學的學長大讚張愛玲，又說胡蘭成的《今生今世》頗值得一看。翌日到圖書館找書，是日本一九五九年出版的兩冊版，書面題字是「今世今生」，序言說「承服部擔風老老先生為題字，卻誤作今世今生，但是也罷了。」逆來順受，隨遇而安，在敗事中生出喜氣，甚得黃老之道，於是便一直追看他的作品。隨後買了《山河歲月》，台北遠景原版，賣十八元。月前重看，才發現缺了版權頁，是香港翻印的。其時香港，還有人翻印此書，居然也賣得不錯。胡蘭成委託遠景出版的《山河歲月》及《今生今世》，料及政治壓力，已自刪近十萬字，奈何依然不容於台灣，而須再度流亡日本。其事見朱天文於三三書坊版《今生今世》編輯報告。可喜的是，我初讀胡蘭成，就可以在自由香港的圖書館讀到日本原版。

漢奸云乎哉？

《莊子．胠篋》有言：「竊鉤者誅，竊國者侯。」賣國是大生意，中國沒幾個人夠資格被稱為「漢奸」的；能賣國者，須有「竊國」之才也。對於胡蘭成，現成的判斷，是認為他出仕汪精衛的南京政府，主張中日之間的「和平運動」，是漢奸無疑。白居易《放言》詩云：「贈君一法決狐疑，不用鑽龜與祝蓍。試玉要燒三日滿，辨材須待七年期。周公恐懼流言日，王莽謙恭下士時。向使當初身便死，一生真偽有誰知。」在滿清覆亡，經濟疲弊而列強環伺之際，當政者或革命者都要勾結外國，李鴻章如是，孫文如是，毛澤東如是。辦洋務的漢官李鴻章要在滿清立足，必須挾洋自重。孫文曾接受日本的濟助，也曾透過法國在安南（今越南）殖民地的總督，接觸巴黎一富商，商借巨款一千萬元，後來法國內閣改選，借款之事遂作罷。數年之前，孫文偕同法國軍官到法國駐軍接壤的廣西，貴州，四川考察。據唐德剛的推斷，孫文隱約提及的法國富商，應是法國政府（《晚清七十年》，第五冊，頁二三七）。當時法國佔領中國藩屬國安南，無疑是敵國，孫文與之密約，又偕法軍視察邊境，是漢奸耶？至於毛澤東，革命之際，從組織，經費到軍備，無一不受蘇聯的接濟與支配。然而，民國草創之際，孫文無受外國支配。

毛澤東當政之後，也疏遠蘇聯，甚至在黑龍江為珍寶島的主權開戰。

政治以情緒盲動為主力

即使接受漢奸這個概念，胡蘭成還未是漢奸。閱讀他的自傳和政論文章，他出仕汪精衛政府，是為了「和平反共建國」。據他判斷，中日戰爭不只是兩國相爭，而是牽涉錯綜複雜的國際勢力，蔣介石不主動議和而被動抗戰，必令中國亡於共產黨。西方列強不願見到日本全勝，亦不想中國慘敗，而意欲奪取兩國戰疲之機，從中支配均勢，扶植附庸（《戰難和亦不易》，遠景，頁七）。他對世界局勢見解精到，早就預料德國會戰敗，主張日本要脫離歐洲的軸心國，避免捲入世界大戰和挑戰英美在亞洲的霸權。中日應在亞洲停戰，養精蓄銳，等待歐美戰後疲弊，中日聯盟而稱霸。他認為日本不應當中國是殖民地，只是掠奪礦藏和農產，日本要扶助中國工業化，以中國的繁榮助長日本的繁榮；日本與中國之間，應參照英國與法國在歐洲的關係，建立亞洲強權，並防止共產主義在國際和國內擴張。假如日本不知停戰，中國必向境外強權尋求援助，亞洲將被歐美瓜分。結果，日本聽不進去，大戰的結果，是國民政府依附美國，延安政權依附蘇聯，中國自此分裂。戰敗後的日本則被美國廢除天皇憲制，並禁止出兵海外，喪失部份國家主權。

胡在著作中常常強調，人事不敵天命，而政治的最大動力，來自非理性力量（情緒盲動）。國軍不肯遷就議和，硬要日本無條件撤兵，是因為草創的中華民國有大志。國力上升的日本就必會征伐朝鮮和中國（唐太宗征高麗也是同一道理），為國民的志氣尋覓一個出處。胡蘭成常譏諷日本人只知義氣，不識格物。日本怎會曉得，結盟比攻佔更為上算？他列舉瘦弱的甘地搖著的木頭紡車，正是印度獨立運動的最大動力，而這卻是非理性的經濟鎖國之路！他曾以《革命要詩與學問》為書名，演述政術密法。

美日交戰之後，胡蘭成料到日本必敗，南京政府與重慶政府亦會消亡，便與駐華日軍合作，在武漢辦軍校訓練軍官，密謀建軍獨立，接管日本撤兵之後的淪陷區，以武漢的咽喉地位，拖延重慶國軍西進。國軍意在借道武漢，奪取上海南京，他便可以轉戰鄂贛湘，盤踞西南，三分天下。然而在軍機火急之際，他患了登革熱，臥床一周，屬下的司令官向重慶納降，大勢已去。後來日本兵敗投降美國，他也透過駐華日使向日本建議，要駐華日軍與南京政府軍隊合編，成為中國軍，抗拒美國收降，而合編後的中日軍隊將運用駐華的日本資金，成立一個新的中國政府。日本大使與東京商議未決，而局勢危急，胡蘭成等待不及，只得毅然出逃。

須知日本與中國文化相近，日本士人仰慕中國文明，日皇的神道又與中國道教相通，日本的神道立國有助恢復中國祭政一體的禮法，而借助君主立憲成功的日本帶引中國維新，當比中國自己的各種革命嘗試為佳。日本的國土與人口，遠少於中國。中日結合，是日本融和中國，還是中國融和日本？這是大權謀，若說胡蘭成是「賣國」，他是要中國和日本都被他出賣的。他在《山河歲月》說中國人忠君又好反，他是同時忠於中國與日本政權，亦會同時背叛兩者，忠於新創的軍事強權。由於事情未成，一切未可判斷。

胡蘭成的仕進與學問

陳雲

「革命者，求職謀事也。」托洛茨基在《自傳》中，批評許多加入俄國十月革命的青年，稱之為求職謀事者（careerists），即港式粵語說的「搵工一族」。舊政權和經濟秩序崩解之際，青年仕進和謀生之途被堵，加入各種革命政黨和幫派，以自己的才學，機變與膽識上進，是生存之路。能不卑不亢，求職謀事之後克盡職守，下野流亡，依然問學不輟，著述不斷，晚年收弟子傳學術，則亂離之際的求職謀事，倒成就了胡蘭成的生存之道。

邊做事，邊做學問

胡蘭成出身山村寒微之家，自小靠過繼，投靠和借貸，渡過人生危機，並得到義父資助入城進學。他初任胡村小學教員，轉任郵務生，因不服局長而遭辭退，借錢到北京遊歷，在燕京大學副校長室當抄寫員，工餘旁聽講課，感染學術新風，並加入國民黨（當時國民黨容共），初沾政治，後來隨同學去了廣西當中學教員，五年之間研究西洋學問，與托派人士研討國際形勢和政治經濟學，因此他的國際政治判斷，根基深厚。軍閥割據之下，他得到第七軍長廖磊聘請，兼辦《柳州日報》。憑藉獨到的政治分析，獲得汪精衛賞識，授職中華日報總主筆，歷任宣傳部次長，法制局長，兼任汪精衛的機要秘書。為官之後，把債務還清，也提攜舊人。

蔣介石回朝，審判汪政府之際，胡蘭成流亡溫州，隱姓埋名，但也買書借書，閱讀不止，並著述《山河歲月》。後來冒張愛玲的家世（他之前得到張愛玲許可），攀交溫州大儒劉景晨，以求庇護，劉以《山河歲月》為憑，推薦胡在溫州中學教書，解決生計。胡結識浙江名士，又與梁漱溟往來通信，切磋學問，梁漱溟大為賞識，後來引薦胡蘭成予毛澤東。

識破共產

胡蘭成致書梁漱溟，曾預言「中國今後將有秦興，抑或可免此一劫而直接就開出新的漢朝，此則尚有天意存於其間。（《今生今世》，下同）」他原期望解放軍以繼承中華民國的大志和中國民間起兵的機運，重建中國，可是共軍席捲中國之後，他目睹到處是鬥地主，逼公債，「其後更三反五反，殺人如麻，則是共產黨要把民間起兵的餘勢及其再燃的可能，轉換方向，消耗至永絕。」他見到的優秀幹部，都被鐵的紀律捆綁，失了性情，慨嘆「共產黨利用人的美德使之以身殉。」「天下人不死於殉惡，而死於殉善。」十月一日，共產黨溫州閱兵慶祝建國，組織全民到會，胡蘭成一人離隊，立在橋頭看，想起顧炎武望見清兵在山下經過，知道大事不可為，但仍寄望毛澤東可以懸崖立馬，他致書梁漱溟，託他向中共最高當局進言，一是停止階級鬥爭，二是保持產業平等（不能剝削農業來補貼工業），三是開向現代西洋，四是如實建立國史。毛澤東不以為然，但答應梁漱溟開辦文化比較研究機關，並聘請胡為副手。胡蘭成應召上京，途中拜訪文人舊友，都禁口不言，百姓鬱悶有之，暴戾有之，胡知道新朝是秦朝，不是漢朝，於是在上海乘船到香港，亡命日本。

胡對共產建國，是澈底的蔑視：「共產革命算的什麼呢？它不過是在產業落後國，要把資本主義先進國兩三百年來於各階段所做的，使用奴隸勞動，犧牲農村為工業，及掠奪殖民地等等，於三數十年的短時期內，壓縮的，綜合的，以強力來加速完成。」共產黨的政術，也十分簡單，「共產國以國家民族之生存換取無產階級之生存，以無產階級之生存換取官僚機關之生存（《戰難和亦不易》，頁二四四。）」

他反省中國引入共產主義，是文人的造孽。「中國向來政治混亂是為政者之咎，而時代的思想混亂則是為士者之恥。北伐以來至於今日，政治上的失敗是由於時代的思想混亂之故，而製造此思想混亂者乃是文化人。文化人若有士之自覺，首先應責難於己。」（《革命要詩與學問》，頁一九四）。他責怪當年的文人苛求民國政府要事事民主，不容得孫文的臨時政府有一點權威，要求馬上結束訓政時期，「這班左傾文人的罪孽，是要等到共產黨來了，殺了中國國民數千萬人，才明白了吧（上書，頁一九〇）。」

衰埋一堆

旅居日本期間，胡與物理學家湯川秀樹，數學家岡潔，作家川端康成，藝術家乃至江湖豪俠結交，並試圖創建自己的學問體系。私見以為，胡蘭成的國學，國際政局，政治權謀，都是生平磨練出來的真知灼見，不同凡響。例如他認為中國近代的劫難，是斷絕了傳統的禮樂文明，唐朝仍有魏晉南北朝的制度為試驗，民國的政治制度無可沿承援引，不得不憑空來創造（《今日何日兮》，頁一一二）。這個判斷，愈久愈見其真。沒有繼承禮樂文明，則毛澤東的共產中國淪亡於貧乏，鄧小平的共產中國淪亡於（局部的）富裕。

胡蘭成的文章，更是不染五四時代的白話與歐化歪風，雖然夾雜方言，章句不平，仍屬第一性情文學。他的《今生今世》，是傳記文學，也是絕佳的民俗誌。然而，他對西洋文明的批評，以及創建的學問體系，試圖證明東方比西洋優越，試圖超越西方現代文明，則屬於浮淺妄作。五四時代的文人，囿於國族孤憤，又囿於時代的忙迫，不能有系統地，有閑地學習西洋學問，便狂妄地意圖超越西洋，寄望東風壓倒西風，於是共產主義乘虛而入，造成國族浩劫。胡蘭成的《山河歲月》，得到劉景晨和江南名士賞識，梁漱溟，毛澤東也引為同道，都由於他們一同囿於「中國超越西方」的妄想。用港式粵語說，是「衰埋一堆」。

胡蘭成說世界文明的起源，是新石器時代的人渡過大洪水，啟悟了「無」，體驗了大自然與生命的飛躍，從「無明」進入「文明」（《建國新書》，頁十四）。他主張「歷史以中國史為正統史，建立中國文明的數學與自然科學，再建禮樂人世，代替今時物質主義的，動物性的所謂福利國家。（《山河歲月》，頁二八六）」他認為宣傳新知識要注意五項事，又將大自然歸結到五個基本法則（《革命要詩與學問》，頁一九四。）他反對議會式民主，蔑視產國主義（日文，意即資本主義結合消費社會），主張神道設教，祭政一體，恢復家庭生產和精細農業與手工業。這種烏托邦思想，上有西漢董仲舒的《春秋繁露》，下有晚清康有為的《大同書》，學者發一家之言猶可，真的付諸實行，與共產主義一樣的禍國殃民。

中國要平成，不要超越

佛教東來，不見魏晉盛唐的人要超越佛教，只是勤行精進，甚至西訪天竺，目的都是要成佛，不是要「超佛」。西學在明朝來華，明儒如徐光啟也是受洗入教，恭敬學習。只是近代中國文人失了根基和敬意，不知道中國人對現代文明的不滿，西洋人也有同感，而且研究得更深，也更迷茫。西洋現代的種種事物，資本主義，市場經濟，議會民主和人權法治，只有幾百年歷史，西洋人也在探討，再探討，連理解都是初步，超越更談不上。國人不應妄圖超英趕美，對於現代文明，應是求平成，不求超越。

平成，語出《古文尚書・大禹謨》，亦見《史記・五帝本紀》，內平則外成也，地平則天成也。日皇明仁一九八九年登基，時值日本滯脹（stagnation），也將年號定為「平成」。愚見以為，國人對於西洋事物，要少孤憤之心，多平正之氣，內平，然後可以外成。一日，胡蘭成向劉景晨痛陳時代的種種疾病，劉責道：「其實萬姓何嘗有這樣多疾病。」胡當下省悟，「原來悲憫激昂的話，多半是自身不得清安。」要平成，先要清靜無為，心無罣礙。

遠景出版事業公司圖書目錄

A 遠景文學叢書

1	今生今世	胡蘭成著	450元
2	山河歲月	胡蘭成著	240元
3	遠見	陳若曦著	180元
4	懺情書	鹿橋著	160元
5	地之子	臺靜農著	180元
6	人子	鹿橋著	160元
7	酒徒	劉以鬯著	180元
8	一九九七	劉以鬯著	180元
9	建塔者	臺靜農著	180元
10	小亞細亞孤燈下	高信譚著	180元
11	花落蓮成	姜貴著	180元
12	尹縣長	陳若曦著	180元
13	邊城散記	楊文璞著	160元
14	再見・黃磚路	詹錫奎著	180元
15	早安・朋友	張賢亮著	180元
16	李順大造屋	高曉聲著	180元
17	小販世家	陸文夫著	180元
18	心有靈犀的男孩	祖慰著	180元
19	藍旗	陳村著	240元
20	男人的一半是女人	張賢亮著	240元
21	男人的風格	張賢亮著	240元
22	萬蟬集	孟東籬著	180元
23	電影神話	羅維明著	180元
24	不寄的信	倪匡著	160元
25	心中的信	倪匡著	160元
26	羅曼蒂克死啦	高信譚著	180元
27	大拇指小說選	也斯編	180元
28	生命之愛	傑克・倫敦著	180元
29	成吉思汗	董千里著	280元
30	馬可波羅	董千里著	180元
31	董小宛	董千里著	180元
32	柔福帝姬	董千里著	180元
33	唐太宗與武則天	董千里著	180元
34	楊貴妃傳	井上靖著	180元
35	續愛眉小札	徐志摩著	180元
36	郁達夫情書	郁達夫著	180元
37	郁達夫卷	王潤華編	180元
38	我看衛斯理科幻	沈西城著	160元

B 高陽作品集

1	緹縈	高陽著	260元
2	王昭君	高陽著	180元
3	大將曹彬	高陽著	160元
4	花魁	高陽著	140元
5	正德外記	高陽著	160元
6	草莽英雄（二冊）	高陽著	360元
7	劉三秀	高陽著	160元
8	清官冊	高陽著	140元
9	清朝的皇帝（三冊）	高陽著	600元
10	恩怨江湖	高陽著	140元
11	李鴻章	高陽著	180元
12	狀元娘子	高陽著	240元
13	假官真做	高陽著	140元
14	翁同龢傳	高陽著	280元
15	徐老虎與白寡婦	高陽著	280元
16	石破天驚	高陽著	210元
17	小鳳仙	高陽著	280元
18	八大胡同	高陽著	160元
19	粉墨春秋（三冊）	高陽著	420元
20	桐花鳳	高陽著	160元
21	避情港	高陽著	120元
22	紅塵	高陽著	140元
23	再生香	高陽著	160元
24	醉蓬萊	高陽著	160元
25	玉壘浮雲	高陽著	150元
26	高陽雜文	高陽著	150元
27	大故事	高陽著	150元

C 林行止政經短評

1	身外物語	林行止著	240元
2	六月飛傷	林行止著	240元
3	怕死貪心	林行止著	240元
4	樓台煙火	林行止著	240元
5	利字當頭	林行止著	240元
6	東歐變天	林行止著	240元
7	求財若渴	林行止著	240元
8	難定去從	林行止著	240元
9	戰海蜉蝣	林行止著	240元
10	理曲氣壯	林行止著	240元
11	蘇聯何解	林行止著	240元
12	民選好醜	林行止著	240元
13	前程未卜	林行止著	240元
14	賦歸風雨	林行止著	240元
15	情迷失位	林行止著	240元
16	沉寂待變	林行止著	240元
17	到處風騷	林行止著	240元
18	撩是鬥非	林行止著	240元
19	排外誤港	林行止著	240元
20	旺市蓄勢	林行止著	240元
21	調控神州	林行止著	240元
22	熱錢興風	林行止著	240元
23	依樣葫蘆	林行止著	240元
24	人多勢寡	林行止著	240元
25	局部膨脹	林行止著	240元
26	鬧酒政治	林行止著	240元
27	治港牌章	林行止著	240元
28	無定向風	林行止著	240元
29	念在斯人	林行止著	240元
30	根莖同生	林行止著	240元
31	股海翻波	林行止著	240元
32	劫後抖擻	林行止著	240元
33	從此多事	林行止著	240元
34	幹線翻新	林行止著	240元
35	金殼蝸牛	林行止著	240元
36	政改去馬	林行止著	240元
37	衍生危機	林行止著	240元
38	死撐到底	林行止著	240元
39	核影幢幢	林行止著	240元
40	玩法弄法	林行止著	240元
41	永不回頭	林行止著	240元
42	誰敢不從	林行止著	240元
43	變數在前	林行止著	240元
44	釣台血海	林行止著	240元
45	粉墨登場	林行止著	240元

D 世界文學全集

1	魯拜集	奧瑪・開儼著	180元
2	人間的條件（三冊）	五味川純平著	720元
3	源氏物語（三冊）	紫式部著	720元

4	蒼蠅王	威廉・高定著	180元
5	查泰萊夫人的情人	D・H・勞倫斯著	180元
6	安娜・卡列尼娜（二冊）	托爾斯泰著	400元
7	戰爭與和平（四冊）	托爾斯泰著	800元
8	卡拉馬佐夫兄弟（二冊）	杜斯妥也夫斯基著	660元
9	三劍客（三冊）	大仲馬著	600元
10	一百年的孤寂	賈西亞・馬奎斯著	200元
11	美麗新世界	赫胥黎著	160元
12	麥田捕手	沙林傑著	160元
13	大亨小傳	費滋傑羅著	160元
14	夜未央	費滋傑羅著	180元
15	黛絲姑娘	哈代著	180元
16	山之音	川端康成著	160元
17	齊瓦哥醫生	巴斯特納克著	360元
18	飄（二冊）	宓西爾著	360元
19	約翰・克利斯朵夫（二冊）	羅曼・羅蘭著	750元
20	傲慢與偏見	珍・奧斯汀著	160元
21	包法利夫人	福婁拜著	240元
22	簡愛	夏綠蒂・白朗特著	180元
23	雪國	川端康成著	160元
24	古都	川端康成著	160元
25	千羽鶴	川端康成著	160元
26	華爾騰——湖濱散記	梭羅著	160元
27	神曲	但丁著	240元
28	紅字	霍桑著	160元
29	海狼	傑克倫敦著	180元
30	人性枷鎖	毛姆著	390元
31	茶花女	小仲馬著	160元
32	父與子	屠格涅夫著	160元
33	唐吉訶德傳	塞萬提斯著	180元
34	理性與感性	珍・奧斯汀著	180元
35	紅與黑	斯湯達爾著	280元
36	咆哮山莊	愛彌兒・白朗特著	180元
37	瘟疫	卡繆著	180元
38	預知死亡紀事	賈西亞・馬奎斯著	180元
39	基姆	吉卜齡著	240元
40	二十年後（四冊）	大仲馬著	800元
41	塊肉餘生錄（二冊）	狄更斯著	400元
42	附魔者	杜斯妥也夫斯基著	480元
43	窄門	紀德著	160元
44	大地	賽珍珠著	160元
45	兒子們	賽珍珠著	160元
46	復活	托爾斯泰著	180元
47	分家	賽珍珠著	160元
48	玻璃珠遊戲	赫塞著	240元
49	天方夜譚（二冊）	佚名等著	500元
50	鹿苑長春	勞玲絲著	180元
51	一見鍾情	愛倫・坡著	180元
52	獵人日記	屠格涅夫著	180元
53	憨第德	伏爾泰著	160元
54	你往何處去	顯克維支著	390元
55	農夫們（二冊）	雷蒙特著	500元
56	獨立之子	拉克斯內斯著	420元
57	異鄉人	卡繆著	160元
58	一九八四	歐威爾著	160元
59	第一層地獄（二冊）	索忍尼辛著	500元
60	還魂記	愛倫・坡著	180元
61	娜娜	左拉著	180元
62	黑貓	愛倫・坡著	180元
63	鐵面人（八冊）	大仲馬著	2000元
64	羅生門	芥川龍之介著	240元
65	細雪	谷崎潤一郎著	360元
66	浮華世界	薩克萊著	360元
67	靜靜的頓河（四冊）	蕭洛霍夫著	1000元
68	偽幣製造者	紀德著	180元
69	鐘樓怪人	雨果著	280元
70	嘔吐	沙特著	180元
71	希臘左巴	卡山札基著	180元
72	浮士德	歌德著	280元
73	死靈魂	果戈里著	240元
74	湯姆・瓊斯（二冊）	菲爾汀著	400元
75	聶魯達詩集	聶魯達著	120元
76	基度山恩仇記（二冊）	大仲馬著	400元
77	奧德賽	荷馬著	320元
78	少年維特的煩惱	歌德著	120元
79	白璧德	辛克萊・劉易士著	280元
80	坎特伯雷故事集	喬叟著	200元
81	兒子與情人	D. H. 勞倫斯著	200元
82	謝利	夏綠蒂・白朗特著	480元
83	明娜	傑洛拉普著	240元
84	十日談（二冊）	薄伽丘著	360元
85	我是貓	夏目漱石著	240元
86	罪與罰	杜斯妥也夫斯基著	280元
87	小婦人	阿爾柯特著	160元
88	尚・巴華的一生	杜嘉德著	280元
89	明暗	夏目漱石著	280元
90	悲慘世界（五冊）	雨果著	900元
91	酒店	左拉著	240元
92	憤怒的葡萄	史坦貝克著	360元
93	凱旋門	雷馬克著	240元
94	雙城記	狄更斯著	240元
95	白癡	杜斯妥也夫斯基著	280元
96	高老頭	巴爾扎克著	160元
97	人世間	阿南達・杜爾著	360元
98	萬國之子	阿南達・杜爾著	360元
99	足跡	阿南達・杜爾著	360元
100	玻璃屋	阿南達・杜爾著	360元
101	伊甸園東	史坦貝克著	280元
102	迷惘	卡內提著	280元
103	冰壁	井上靖著	180元
104	白鯨記	梅爾維爾著	280元
105	國王的人馬	羅伯特・潘・華倫著	360元
106	克麗絲汀的一生（二冊）	溫茜特著	560元
107	草葉集	惠特曼著	240元
108	人之樹	懷特著	480元
109	莊園	以撒・辛格著	280元
110	里斯本之夜	雷馬克著	180元
111	被拯救的舌頭	卡內提著	240元
112	戰地春夢	海明威著	240元
113	阿奇正傳	索爾・貝婁著	480元
114	土地的成長	哈姆生著	240元
115	九點半的彈子戲	鮑爾著	240元
116	熊	福克納著	100元
117	一位年輕藝術家的畫像	喬埃斯著	180元
118	聲音與憤怒	福克納著	180元
119	戰地鐘聲	海明威著	180元
120	洛麗塔	納布可夫著	180元

E 遠景叢書

1	預言者之歌	劉志俠譯著	300元

2	兩性物語	何光明著	160元
3	桃花源	陳慶隆著	180元
4	溪邊往事	陳慶隆著	180元
5	水鬼傳奇	陳慶隆著	180元
6	結婚的條件	陳慶隆著	180元
7	閒遊記饞	張建雄著	160元
8	錢眼見聞	張建雄著	160元
9	商海興亡	張建雄著	160元
10	饞話連篇	張建雄著	160元
11	一元五角車票官司	尤英夫著	160元
12	請問芳名(一)	周平譯	200元
13	請問芳名(二)	陳生保譯	200元
14	請問芳名(三)	譚晶華譯	200元
15	請問芳名(四)	莫邦富譯	200元
16	縱筆	張文達著	160元
17	洋相	蕭芳芳著	160元
18	饞遊偶拾	張建雄著	160元
19	陸鏗看兩岸	陸鏗著	280元
20	點與線	松本清張著	180元
21	霧之旗	松本清張著	180元
22	由莎士比亞談到碧姬芭杜	陳紹鵬等譯	180元
23	濟慈和芳妮的心聲	陳紹鵬等譯	180元
24	現代俄國短篇小說選	高爾基等著	180元
25	天仇	鄭文輝著	240元
26	諸世紀（第一卷）	諾斯特拉達姆士著	180元
27	諸世紀（第二卷）	諾斯特拉達姆士著	180元
28	諸世紀（第三卷）	諾斯特拉達姆士著	180元
29	諸世紀（第四卷）	諾斯特拉達姆士著	180元
30	諸世紀（第五卷）	諾斯特拉達姆士著	180元
31	鑿空行一張騫傳	齊桓著	280元
32	宰相劉羅鍋	胡學亮編著	280元
33	都是夏娃惹的禍	陳紹鵬譯	180元
34	都是亞當惹的禍	陳紹鵬譯	180元
35	都是裸體惹的禍	陳紹鵬譯	180元
36	文學的視野	胡菊人著	180元
37	小說技巧	胡菊人著	180元
38	紅樓水滸與小說藝術	胡菊人著	180元
39	諾貝爾文學獎秘史	王鴻仁著	240元
40	張愛玲的書	陳子善編著	240元
41	把水留給我	盧嵐著	180元
42	多少英倫新事(一)	魯鳴著	240元
43	多少英倫新事(二)	魯鳴著	240元
44	中國經濟史(一)	葉龍編著	240元
45	中國經濟史(二)	葉龍編著	240元
46	歷代人物經濟故事(一)	葉龍著	240元
47	歷代人物經濟故事(二)	葉龍著	240元
48	歷代人物經濟故事(二)	葉龍著	240元
49	太平廣記豪俠小說	楊興安著	240元
50	行止・行止	駱友梅等著	240元
51	天怒	陳放著	280元
52	淚與屈辱	九皋著	240元
53	十年浩劫	九皋著輯	240元
54	逝者如斯夫	丁中江著	390元
55	林行止作品集目錄	沈登恩編	240元
56	亂世文談	胡蘭成著	240元
57	石破天驚逗秋雨	金文明著	280元
58	香港情懷	文灼非著	320元
59	事實與偏見	黎智英著	240元
60	我退休失敗了	黎智英著	240元
61	我的理想是隻糯米鷄	黎智英著	240元
62	水清有魚	練乙錚著	240元
63	說Ho—Ho的權利	練乙錚著	240元
64	斷訊官司	尤英夫著	240元
65	饞遊四海(一)	張建雄著	160元
66	饞遊四海(二)	張建雄著	160元
67	另類家書	張建雄著	160元
68	說不盡的張愛玲	陳子善著	240元
69	張愛玲短篇小說論集	陳炳良著	180元
70	箱子裡的男人	安部公房著	120元
71	饞遊四海(三)	張建雄著	160元
72	六四前後（上）	丁望著	240元
73	六四前後（下）	丁望著	240元
74	初夜權	丁望著	240元
75	蘇東波	丁望編著	240元
76	前九七紀事一：矮人看戲	戴天著	240元
77	前九七紀事二：人鳥哲學	戴天著	240元
78	前九七紀事三：群鬼跳牆	戴天著	240元
79	前九七紀事四：囉哩哩囉	戴天著	240元
80	中西文學的徊想	李歐梵著	240元
81	方術紀異（上）	王亭之著	280元
82	方術紀異（下）	王亭之著	280元
83	風眼中的經濟學	雷鼎鳴著	240元
84	用經濟學做眼睛	雷鼎鳴著	240元
85	紀德日記	詹宏志著	180元
86	愛與文學	宋碧雲譯	240元
87	酒逢知己	楊本禮著	240元
88	皇極神數奇談	阿樂著	160元
89	蜀山劍俠評傳	葉洪生著	240元
90	佛心流泉	孟祥森譯著	180元
91	朱鎔基跨世紀挑戰	任慧文著	320元
92	戰難和亦不易	胡蘭成著	280元
93	滕夢花落	京梅著	280元
94	大宅門（上）	郭寶昌著	280元
95	大宅門（下）	郭寶昌著	280元
96	如夢如煙恭王府	京梅著	280元
97	餘力集	戈革著	280元
98	張愛玲與胡蘭成	王一心著	240元
99	一滴淚	巫寧坤著	280元
100	飲水詞箋校	納蘭性德撰	280元

F 王度盧作品集

1	鶴驚崑崙（上）	王度盧著	180元
2	鶴驚崑崙（中）	王度盧著	180元
3	鶴驚崑崙（下）	王度盧著	180元
4	寶劍金釵（上）	王度盧著	180元
5	寶劍金釵（中）	王度盧著	180元
6	寶劍金釵（下）	王度盧著	180元
7	劍氣珠光（上）	王度盧著	180元
8	劍氣珠光（下）	王度盧著	180元
9	臥虎藏龍（上）	王度盧著	180元
10	臥虎藏龍（中）	王度盧著	180元
11	臥虎藏龍（下）	王度盧著	180元
12	鐵騎銀瓶（一）	王度盧著	180元
13	鐵騎銀瓶（二）	王度盧著	180元
14	鐵騎銀瓶（三）	王度盧著	180元
15	鐵騎銀瓶（四）	王度盧著	180元
16	鐵騎銀瓶（五）	王度盧著	180元

G 梅森探案（賈德諾著）

1	大膽的誘餌	張國禎譯	180元

2	倩影	鄭麗淑譯	180元
3	管理員的貓	張國禎譯	180元
4	滾動的骰子	張慧倩譯	180元
5	暴躁的女孩	張國禎譯	180元
6	長腿模特兒	張艾茜譯	180元
7	蟲蛀的貂皮大衣	張國禎譯	180元
8	艷鬼	施寄青譯	180元
9	沉默的股東	宋碧雲譯	180元
10	拘謹的被告	施寄青譯	180元
11	淘氣的娃娃	張艾茜譯	180元
12	放浪的少女		
13	不服貼的紅髮		
14	獨眼證人	張國禎譯	180元
15	謹慎的風塵女子	鄭麗淑譯	180元
16	蛇蠍美人案	葉石濤譯	180元
17	幸運腿		
18	狂吠之犬		
19	怪新娘		
20	義眼殺人事件		
21	夢遊者的外甥女	方能訓譯	180元
22	口吃的主教	魏廷朝譯	180元
23	危險的富孀		
24	跛腳的金絲雀		
25	面具事件		
26	竊貨者的鞋		
27	作偽證的鸚鵡		
28	上餌的釣鉤		
29	受蠱的丈夫		
30	空罐事件		
31	溺死的鴨		
32	冒失的小貓		
33	掩埋的鐘		
34	蚊惑	詹錫奎譯	180元
35	傾斜的燭火		
36	黑髮女郎	李淑華譯	180元
37	黑金魚	張國禎譯	180元
38	半睡半醒的妻子		
39	第五個褐髮女人		
40	脫衣舞孃的馬		
41	懶惰的愛人		
42	寂寞的女繼承人		
43	猶疑的新郎		
44	粗心的美女		
45	變亮的手指		
46	憤怒的哀悼者		
47	嘲笑的大猩猩		
48	猶豫的女主人		
49	綠眼女人		
50	消失的護士		
51	逃亡的屍體	魏廷朝譯	180元
52	日光浴者的日記		
53	膽小的共犯		
54	最後的法庭	詹錫奎譯	180元
55	金百合事件		
56	好運的輸家	呂惠雁譯	180元
57	尖叫的女人		
58	任性的人		
59	日曆女郎	葉石濤譯	180元
60	可怕的玩具		
61	死亡圍巾		
62	歌唱的裙子		
63	半路埋伏的狼		
64	複製的女兒		
65	坐輪椅的女人	黃恆正譯	180元
66	重婚的丈夫		
67	頑抗的模特兒		
68	淺色的礦脈		
69	冰冷的手		
70	繼女的祕密		
71	戀愛中的伯母		
72	莽撞的離婚婦人		
73	虛幻的幸運		
74	不安的遺產繼承人		
75	困擾的受託人		
76	漂亮的乞丐		
77	憂心的女侍		
78	選美大會的女王	詹錫奎譯	180元
79	粗心的愛神		
80	了不起的騙子	張艾茜譯	180元
81	被圍困的女人		
82	擱置的謀殺案		

H台灣文學叢書

1	亞細亞的孤兒	吳濁流著	180元
2	寒夜三部曲—寒夜	李喬著	320元
3	寒夜三部曲—荒村	李喬著	320元
4	寒夜三部曲—孤燈	李喬著	320元
5	邊秋一雁聲	吳念真著	180元
6	台灣人三部曲	鍾肇政著	900元
7	遠方	許達然著	160元
8	濁流三部曲	鍾肇政著	900元
9	魯冰花（附DVD）	鍾肇政著	240元
10	含淚的微笑	許達然著	160元
11	藍彩霞的春天	李喬著	180元
12	波茨坦科長	吳濁流著	180元
13	一桿秤仔	賴和等著	240元
14	一群失業的人	楊守愚等著	240元
15	豚	張深切等著	240元
16	薄命	楊華等著	240元
17	牛車	呂赫若等著	240元
18	送報伕	楊逵等著	240元
19	植有木瓜樹的小鎮	龍瑛宗等著	240元
20	閹雞	張文環等著	240元
21	亂都之戀	楊雲萍等著	240元
22	廣闊的海	水蔭萍等著	240元
23	森林的彼方	董祐峰等著	240元
24	望鄉	張冬芳等著	240元
25	市井傳奇	洪醒夫著	160元
26	大地之母	李喬著	390元
27	殺生	何光明著	200元
28	紅塵	龍瑛宗著	240元
29	泥土	吳晟著	180元

I遠景大人物叢書

1	生根・深耕	王永慶著	220元
2	金庸傳	冷夏著	350元

3	王永慶觀點	王永慶著	180元
4	黎智英傳說	呂家明著	180元
5	李嘉誠語錄	許澤惠編著	99元
6	倪匡傳奇	沈西城著	180元
7	辜鴻銘印象	宋炳輝編	240元
8	辜鴻銘（第一卷）	鍾兆雲著	450元
9	辜鴻銘（第二卷）	鍾兆雲著	450元
10	辜鴻銘（第三卷）	鍾兆雲著	450元

J歷史與思想叢書

1	西洋哲學史（二冊）	羅素著	600元
2	羅馬史	蒙森著	480元
3	王船山哲學	曾昭旭著	380元
4	奴役與自由	貝德葉夫著	280元
5	群眾之反叛	奧德嘉著	180元
6	生命的悲劇意識	烏納穆諾著	240元
7	奧義書	林建國譯	180元
8	吉拉斯談話錄	袁東等譯	180元
9	中國反貪史（二冊）	王春瑜主編	900元
10	現代俄國文學史	湯新楣譯	320元
11	歷史的跫音	李永熾著	180元
12	鄉土文學討論集	尉天驄編	550元
13	末代皇帝	愛新覺羅・溥儀著	320元
14	當代大陸作家風貌	潘耀明著	480元
15	第二次世界大戰回憶錄	邱吉爾著	360元

K七等生全集

1	初見曙光	七等生著	240元
2	我愛黑眼珠	七等生著	240元
3	僵局	七等生著	240元
4	離城記	七等生著	240元
5	沙河悲歌	七等生著	240元
6	城之迷	七等生著	240元
7	銀波翅膀	七等生著	240元
8	重回沙河	七等生著	240元
9	譚郎的書信	七等生著	240元
10	一紙相思	七等生著	240元

L金學研究叢書

0	金庸傳	冷夏著	350元
1	我看金庸小說	倪匡著	160元
2	再看金庸小說	倪匡著	160元
3	三看金庸小說	倪匡著	160元
4	讀金庸偶得	舒國治著	160元
5	四看金庸小說	倪匡著	160元
6	通宵達旦讀金庸	薛興國著	160元
7	漫談金庸筆下世界	楊興安著	160元
8	諸子百家看金庸（第一輯）	三毛等著	160元
9	談笑傲江湖	溫瑞安著	160元
10	金庸的武俠世界	蘇墱基著	160元
11	五看金庸小說	倪匡著	160元
12	韋小寶神功	劉天賜著	160元
13	情之探索與神鵰俠侶	陳沛然著	160元
14	析雪山飛狐與鴛鴦刀	溫瑞安著	160元
15	諸子百家看金庸（第二輯）	羅龍治等著	160元
16	諸子百家看金庸（第三輯）	翁靈文等著	160元
17	諸子百家看金庸（第四輯）	杜南發等著	160元
18	天龍八部欣賞舉隅	溫瑞安著	160元
19	話說金庸	潘國森著	160元
20	續談金庸筆下世界	楊興安著	160元
21	諸子百家看金庸（第五輯）	餘子等著	160元
22	淺談金庸小說	丁華著	160元
23	金庸小說評彈	董千里著	160元
24	金庸傳說	楊莉歌著	240元
25	破解金庸寓言	王海鴻張曉燕著	160元
26	給金庸小說挑毛病（上）	閻大衛著	160元
27	給金庸小說挑毛病（下）	閻大衛著	160元
28	挑燈看劍話金庸	戈革著	240元
29	解放金庸	餘子主編	240元
30	金庸小說人物印譜	戈革編	800元

M中國古典詩詞賞析

1	青青子衿（詩經選）	林振輝選註	180元
2	公無渡河（樂府詩選）	張春榮選註	180元
3	世事波舟（古體詩選）	李正治選註	180元
4	冰心玉壺（絕句選）	李瑞騰選註	180元
5	飛鴻雪泥（律詩選）	簡錦松選註	180元
6	重樓飛雪（宋詞選）	龔鵬程選註	180元
7	杜鵑啼情（散曲選）	汪天成選註	180元
8	相思千行（明清民歌選）	陳信元選註	180元
9	秋雁邊聲（杜甫詩選）	張犇敬校訂	180元
10	滄海曉夢（李商隱詩選）	朱梅生選註	180元
11	寒月松風（五言絕句選）	鄭犇審校訂	180元
12	江帆千里（七言絕句選）	鄭犇審校訂	180元

N諾貝爾文學獎全集

1	緣起、普魯東詩選	普魯東著
	米赫兒	米斯特拉爾著
2	羅馬史	蒙森著
3	超越人力之外	班生著
	大帆船	葉卻加萊著
4	你往何處去	顯克維支著
5	撒旦頌、基姆	卡度齊、吉卜齡著
6	人生的意義與價值	奧鏗著
	青鳥	海特靈克著
7	尼爾斯的奇遇	拉格洛芙著
	驕傲的姑娘	海才著
8	織工、沉鐘	霍普特曼著
	祭壇佳里	泰戈爾著
9	約翰克利斯朵夫（三冊）	羅曼羅蘭著
10	查理士國王的人馬	海登斯坦著
	奧林帕斯之春	史比德勒著
11	樂土	龐陀彼丹著
	明娜	傑洛拉普著
12	土地的成長	哈姆生著
13	天神們口渴了	法朗士著
	利害牽制	貝納勉特著
14	農夫們（二冊）	雷蒙特著
15	聖女貞德、母親	蕭伯納、德蕾達著
16	葉慈詩選	葉慈著
	創造的進化	柏格森著
17	克麗絲汀的一生（二冊）	溫西特著
18	布登勃魯克家族（二冊）	湯瑪斯・曼著
19	白璧德	劉易士著
	卡爾菲特詩選	卡爾菲特著
20	密賽特世家（三冊）	高爾斯華綏著
21	鄉村、舊金山一紳士	布寧著
	六個尋找作者的角色	皮藍德婁著
	長夜漫漫路迢迢	奧尼爾著

22	尚・巴華的一生	杜嘉德著
23	大地、兒子們、分家	賽珍珠著
24	聖者的悲哀	西蘭帕著
	荒原	艾略特著
25	玻璃珠遊戲	赫塞著
26	偽幣製造者、窄門	紀德著
27	西瑪蘭短篇小說集	密絲特拉兒著
	柏拉特羅與我	希蒙聶茲著
28	聲音與憤怒、熊	福克納著
29	西洋哲學史（二冊）	羅素著
30	巴拉巴	拉格維斯特著
	苔蕾絲、毒蛇之結	莫里亞克著
31	第二次世界大戰回憶錄	邱吉爾著
32	老人與海、戰地春夢	海明威著
33	獨立之子	拉克斯內斯著
34	墮落、異鄉人、瘟疫	卡繆著
35	齊瓦哥醫生	巴斯特納克著
36	人生非夢、遠征	瓜西莫多、佩斯著
37	德里納河之橋	安德里奇著
38	不滿的冬天、人鼠之間	史坦貝克著
39	阿息涅的國王	謝斐利士著
	嘔吐、牆	沙特著
40	靜靜的頓河（四冊）	蕭洛霍夫著
41	訂婚記	阿格農著
	伊萊	沙克絲著
42	總統先生	阿斯杜里亞斯著
	等待果陀	貝克特著
43	雪國、古都、千羽鶴	川端康成著
44	第一層地獄（二冊）	索忍尼辛著
45	一般之歌	聶魯達著
	九點半的彈子戲	鮑爾著
46	人之樹	懷特著
47	詹生短篇小說選	詹生著
	馬丁遜詩選	馬丁遜著
	孟德雷詩選	孟德雷
48	阿奇正傳	索爾・貝婁著
	亞歷山卓詩選	亞歷山卓著
49	莊園	以撒・辛格著
50	伊利提斯詩選	伊利提斯著
	米洛舒詩選	米洛舒著
	被拯救的舌頭	卡內提著
51	一百年的孤寂	賈西亞・馬奎斯著
52	蒼蠅王、啟蒙之旅	威廉・高定著
53	塞佛特詩選	魯斯拉夫・塞佛特著
54	豪華大酒店	克勞德・西蒙著
55	解釋者	沃爾・索因卡著
56	布洛斯基詩選	約瑟夫・布洛斯基著
57	梅達格胡同	納吉布・馬富茲著
58	巴斯葛・杜亞特家族	卡米羅・荷西・塞拉著
59	孤獨的迷宮	奧塔維奧・帕斯著
60	貴客	娜汀・葛蒂瑪著
61	奧梅羅斯	德里克・瓦爾科特著
62	所羅門之歌	東尼・莫里森著
63	萬延元年的足球隊	大江健三郎著
64	希尼詩選	席慕・希尼著
65	辛波絲卡詩選	維絲拉娃・辛波絲卡著
66	不付賬	達里奧・福著
67	失明症漫記	若澤・薩拉馬戈著
68	狗年月	君特・格拉斯著

《諾貝爾文學獎全集》80鉅冊，精裝定價36,000元

平裝定價28,800元

O上海風華

1	上海老歌名典	陳鋼編著	1200元
2	玫瑰玫瑰我愛你	陳鋼編著	390元
3	三隻耳朵聽音樂	陳鋼著	240元
4	我的媽媽周璇	周偉・常晶著	390元
5	摩登上海	郭建英繪・陳子善編	280元
6	雨輕輕地在城市上空落著	毛尖著	240元
7	上海大風暴	蕭關鴻著	280元
8	上海掌故(一)	薛理勇編著	280元
9	上海掌故(二)	薛理勇編著	280元
10	上海掌故(三)	薛理勇編著	280元
11	海上剪影	鄭祖安著	280元
12	滬瀆舊影	張偉著	280元
13	歇浦伶影	張德亮著	280元
14	淞南俗影	仲富蘭著	280元
15	滬濱閒影	羅蘇文著	280元
16	春申儷影	戴云云著	280元
17	上海俗語圖說（上）	汪仲賢著	280元
18	上海俗語圖說（下）	汪仲賢著	280元
19	上海怪味街	童孟侯著	240元
20	老上海	宗部策劃	2500元

P柯賴二氏探案（賈德諾著）

1	來勢洶洶	周辛南譯	180元
2	招財進寶	周辛南譯	180元
3	雙倍利市	周辛南譯	180元
4	全神貫注	周辛南譯	180元
5	財源滾滾	周辛南譯	180元
6	失靈妙計	周辛南譯	180元
7	面面俱到	周辛南譯	180元
8	不是不報	周辛南譯	180元
9	一髮千鈞	周辛南譯	180元
10	因禍得福	周辛南譯	180元
11	一目了然	周辛南譯	180元
12	驚險萬狀	周辛南譯	180元
13	一波三折	周辛南譯	180元
14	馬失前蹄	周辛南譯	180元
15	網開一面	周辛南譯	180元
16	峰迴路轉	周辛南譯	180元
17	詭計多端	周辛南譯	180元
18	自求多福	周辛南譯	180元
19	一誤再誤	周辛南譯	180元
20	禍福無門	周辛南譯	180元

Q阿嘉莎・克莉絲蒂探案（三毛主編）

1	A.B.C謀殺案	宋碧雲譯	180元
2	加勒比海島謀殺案	楊月蓀譯	180元
3	東方快車謀殺案	楊月蓀譯	180元
4	鏡子魔術	宋碧雲譯	180元
5	魔手	張艾茜譯	180元
6	第三個女郎	楊月蓀譯	180元
7	謀海	陳紹鵬譯	180元
8	此夜綿綿	黃文範譯	180元
9	不祥的宴會	陳紹鵬譯	180元
10	鐘	張伯權譯	180元
11	謀殺啟事	張艾茜譯	180元
12	死亡約會	李永熾譯	180元

13	葬禮之後	張國禎譯	180元
14	白馬酒店	張艾茜譯	180元
15	褐衣男子	張國禎譯	180元
16	萬靈節之死	張國禎譯	180元
17	鴿群裡的貓	張國禎譯	180元
18	高爾夫球場命案	宋碧雲譯	180元
19	尼羅河謀殺案	林秋蘭譯	180元
20	艷陽下的謀殺案	景翔譯	180元
21	死灰復燃	張國禎譯	180元
22	零時	張國禎譯	180元
23	畸形屋	張國禎譯	180元
24	四大魔頭	陳惠華譯	180元
25	殺人不難	張艾茜譯	180元
26	死亡終局	張國禎譯	180元
27	破鏡謀殺案	鄭麗淑譯	180元
28	啤酒謀殺案	張艾茜譯	180元
29	七鐘面之謎	張國禎譯	180元
30	年輕冒險家	邵均宜譯	180元
31	底牌	宋碧雲譯	180元
32	古屋疑雲	張國禎譯	180元
33	復仇女神	邵均宜譯	180元
34	拇指一豎	張艾茜譯	180元
35	漲潮時節	張艾茜譯	180元
36	空幻之屋	張國禎譯	180元
37	黑麥奇案	宋碧雲譯	180元
38	清潔婦命案	宋碧雲譯	180元
39	柏翠門旅館之秘	張伯權譯	180元
40	國際學舍謀殺案	張國禎譯	180元
41	假戲成真	張國禎譯	180元
42	命運之門	李永熾譯	180元
43	煙囪的秘密	陳紹鵬譯	180元
44	命案目睹記	陳紹鵬譯	180元
45	美索不達米亞謀殺案	陳紹鵬譯	180元
46	天涯過客	孟華譯	180元
47	無妄之災	張國禎譯	180元
48	藍色列車	張國禎譯	180元
49	沉默的證人	張國禎譯	180元
50	羅傑・亞克洛伊命案	張國禎譯	180元

R 史威德作品集

1	經濟門楣	史威德著	240元
2	經濟家學	史威德著	240元
3	投資族譜	史威德著	240元
4	一脈相承	史威德著	240元
5	投資漫談	史威德著	240元

S 遠景藝術叢書

1	耍藝術不要命	吳冠中著	240元
2	梵谷傳	常濤譯	320元
3	夏卡爾自傳	黃翰荻譯	240元
4	雷諾瓦傳	黃翰荻譯	320元
5	音樂大師與世界名曲	劉璞編著	450元
6	樂樂集1	孔在齊著	240元
7	樂樂集2	孔在齊著	240元
8	鄧肯自傳	詹宏志譯	280元
9	魯賓斯坦自傳（二冊）	楊月蓀譯	900元
10	我的兒子馬友友	馬盧雅文口述	240元
11	水滸人物	黃永玉著	600元
12	我的貓	丁雄泉著	600元
13	笑吧！別忘了感恩	黎智英詩、丁雄泉畫	600元
14	樂樂集3	孔在齊著	240元
15	樂樂集4	孔在齊著	240元
16	莫扎特之魂	趙鑫珊、周玉明著	450元
17	貝多芬之魂	趙鑫珊著	550元
18	攝影藝術散論	莊靈著	280元

T 杜斯妥也夫斯基全集

1	窮人	鍾文譯	160元
2	死屋手記	耿濟之譯	200元
3	被侮辱與被損害者	耿濟之譯	240元
4	地下室手記	孟祥森譯	160元
5	罪與罰	陳殿興譯	240元
6	白痴	耿濟之譯	280元
7	永恆的丈夫	孫慶餘譯	180元
8	附魔者	孟祥森譯	480元
9	少年	耿濟之譯	280元
10	卡拉馬佐夫兄弟（二冊）	陳殿興譯	660元
11	賭徒	孟祥森譯	180元
12	淑女	鍾文譯	120元
13	雙重人		
14	作家日記		

V 林行止作品集

1	英倫采風(一)	林行止著	160元
2	原富精神	林行止著	240元
3	閒讀閒筆	林行止著	240元
4	英倫采風(二)	林行止著	160元
5	英倫采風(三)	林行止著	160元
6	破英立舊	林行止著	240元
7	忠黨報港	林行止著	240元
8	痼疾初發	林行止著	240元
9	如何是好	林行止著	240元
10	英倫采風(四)	林行止著	160元
11	終成畫餅	林行止著	240元
12	本末倒置	林行止著	240元
13	通縮初現	林行止著	240元
14	藥石亂投	林行止著	240元
15	有法無天	林行止著	240元
16	墮入錢網	林行止著	240元
17	內部腐爛	林行止著	240元
18	千年祝願	林行止著	240元
19	極度亢奮	林行止著	240元
20	王牌在握	林行止著	240元
21	破網急墮	林行止著	240元
22	主席發火	林行止著	240元
23	閒在心上	林行止著	240元
24	迫你花錢	林行止著	240元
25	少睡多金	林行止著	240元
26	中國製造	林行止著	240元
27	風雷魍魎	林行止著	240元
28	拈來趣味	林行止著	240元
29	通縮凝重	林行止著	240元
30	五年浩劫	林行止著	240元
31	如是我云	林行止著	240元
32	重藍輕白	林行止著	240元
33	局勢高危	林行止著	240元
34	橫行天下	林行止著	240元
35	港人驅魔	林行止著	240元
36	舞袖長風	林行止著	240元

W 傳記文庫

1	魯賓斯坦自傳（二冊）	楊月蓀譯	900元
2	阿嘉莎・克莉絲蒂自傳	陳紹鵬譯	480元

3	亨利·魯斯傳	程之行譯	180元
4	夏卡爾自傳	黃翰荻譯	240元
5	雷諾瓦傳	黃翰荻譯	320元
6	拿破崙傳	高語和譯	300元
7	甘地傳	許章真譯	400元
8	英格麗·褒曼傳	王禎和譯	240元
9	鄧肯自傳	詹宏志譯	240元
10	華盛頓傳	薛絢譯	240元
11	希爾頓自傳	程之行譯	180元
12	回首話滄桑—聶魯達回憶錄	林光譯	390元
13	回歸本源—賈西亞·馬奎斯傳	卞雙成·胡真才譯	390元
14	韋伯傳（二冊）	李永熾譯	400元
15	羅素自傳（三卷）	張國禎譯	840元
16	羅琳傳—哈利波特背後的天才	黃燦然譯	250元
17	蘇青傳	王一心著	240元
18	高斯評傳	易憲容著	240元
19	王度廬評傳	徐斯年著	280元
20	尼耳斯·玻爾傳	戈革譯	900元

X 林語堂作品集

1	生活的藝術	林語堂著	320元
2	吾國與吾民	林語堂著	160元
3	遠景	林語堂著	140元
4	賴柏英	林語堂著	120元
5	紅牡丹	林語堂著	180元
6	朱門	林語堂著	180元
7	風聲鶴唳	林語堂著	180元
8	武則天傳	林語堂著	120元
9	唐人街	林語堂著	120元
10	啼笑皆非	林語堂著	120元
11	京華煙雲（上下二冊）	林語堂著	780元
12	蘇東坡傳	林語堂著	220元
13	逃向自由城	林語堂著	160元
14	林語堂精摘	林語堂著	160元
15	八十自敘	林語堂著	100元
16	中國與印度之智慧	林語堂著	600元

Y 倪匡科幻小說集

1	老貓	倪匡著	130元
2	藍血人	倪匡著	180元
3	透明光	倪匡著	170元
4	蜂雲	倪匡著	180元
5	蠱惑	倪匡著	130元
6	屍變	倪匡著	170元
7	沉船	倪匡著	170元
8	地圖	倪匡著	170元
9	不死藥	倪匡著	170元
10	支離人	倪匡著	180元
11	天外金球	倪匡著	130元
12	仙境	倪匡著	160元
13	妖火	倪匡著	170元
14	訪客	倪匡著	100元
15	盡頭	倪匡著	130元
16	原子空間	倪匡著	130元
17	紅月亮	倪匡著	130元
18	換頭記	倪匡著	100元
19	環	倪匡著	130元
20	鬼子	倪匡著	130元
21	大廈	倪匡著	130元
22	眼睛	倪匡著	120元
23	迷藏	倪匡著	120元
24	天書	倪匡著	130元
25	玩具	倪匡著	130元
26	影子	倪匡著	100元
27	無名髮	倪匡著	130元
28	黑靈魂	倪匡著	130元
29	尋夢	倪匡著	130元
30	鑽石花	倪匡著	130元
31	連鎖	倪匡著	180元
32	後備	倪匡著	120元
33	紙猴	倪匡著	180元
34	第二種人	倪匡著	130元
35	盜墓	倪匡著	130元
36	搜靈	倪匡著	130元
37	茫點	倪匡著	130元
38	神仙	倪匡著	130元
39	追龍	倪匡著	130元
40	洞天	倪匡著	130元
41	活俑	倪匡著	130元
42	犀照	倪匡著	130元
43	命運	倪匡著	120元
44	異寶	倪匡著	120元

Z 張五常作品集

0	流光幻影—張五常印象攝影集	張五常著	390元
1	賣桔者言	張五常著	
2	五常談教育	張五常著	
3	五常談學術	張五常著	
4	科學說需求——經濟解釋(一)	張五常著	
5	狂生傲語	張五常著	
6	挑燈集	張五常著	
7	憑闌集	張五常著	
8	隨意集	張五常著	
9	捲簾集	張五常著	
10	學術上的老人與海	張五常著	
11	佃農理論	張五常著	
12	往日時光	張五常著	
13	中國的前途	張五常著	
14	再論中國	張五常著	
15	三岸情懷	張五常著	
16	存亡之秋	張五常著	
17	離群之馬	張五常著	
18	五常談藝術	張五常著	
19	供應的行為——經濟解釋(二)	張五常著	
20	制度的選擇——經濟解釋(三)	張五常著	
21	公損之謎	張五常著	
22	偉大的黃昏	張五常著	

遠景叢書 1

今生今世

作　　者　胡蘭成
創 辦 人　沈登恩
出 版 社　遠景出版事業有限公司
郵　　撥　07652558
地　　址　台北縣 220 板橋市松柏街 65 號 5 樓
電　　話　(02)2254-5460
傳　　真　(02)2254-2136

發 行 部　晴光文化出版有限公司
郵　　撥　19929057
電　　話　(02)2254-2899
法律顧問　世紀聯合法律事務所尤英夫律師
印　　刷　中茂分色製版印刷事業有限公司
電　　話　(02)22252627

五　　版　2009 年 5 月
書　　碼　957-39-0727-5
定　　價　新台幣 450 元

行政院新聞局登記證局版台業字第 0105 號